[유형별]
민사기록형연습문제

신관악 민사법학회 편

글샘

머리말

변호사시험 초기에는 시험준비가 선택형, 사례형 학습 위주로 이루어졌습니다. 하지만 인원이 누적되어 갈수록 기록형 시험의 중요성도 높아지고 있습니다.

기록형 시험에 대비해야 할 필요성이 큰 이유는 다음과 같습니다.

첫째, 기록 검토를 연습해야 전체 절차와 법리가 어떻게 구현되는지 파악할 수 있습니다. 부분적인 판례들을 공부하다 보면 망망대해에서 헤엄치는 듯한 느낌을 받았을 것입니다. 기록형을 통해 어떤 절차에서 어떤 판례와 조문이 필요한지를 공부하다보면 전체 구조가 입체적으로 머릿속에 들어오게 됩니다. 그런 이후에는 부분적인 지식들을 쉽게 채울 수 있게 됩니다.

둘째, 기록형 시험 대비는 의외로 긴 시간이 필요하지 않습니다. 물론 각종 쟁점과 판례들을 파악해야 기록형 시험을 풀어낼 수 있지만, 그런 지식은 선택형, 사례형 공부를 통해 채울 수 있으며, 순수하게 기록형만을 위해 필요한 학습량은 많지 않습니다.

이러한 기록형 시험 준비를 위해 본 교재는 다음 사항에 주안점을 두어 작성되었습니다.

첫째, 수십 년간 검증된 사법연수원 민사변호사 기록을 토대로 하여, 유형별로 학습을 할 수 있도록 정리하였습니다. 시간이 아쉬운 수험생들에게는 검증된 수험서가 필요합니다. 오랜 기간 다듬어진 연수원 기록문제야말로 수험의 정석이 될 수 있습니다.

둘째, 지나치게 복잡한 기록은 유형별로 분리하여 정리하였습니다. 변호사시험의 기출문제와 모의고사 문제들이 많겠지만, 이는 단계별 학습을 위한 문제들이 아닙니다. 순수하게 단계별 학습을 위해 만들어진 연수원 기록을, 유형별로 분리함으로써 선택형, 사례형 시험을 같이 준비하는 수험생들의 학습에 보다 용이하게 하였습니다.

셋째, 수험생들은 기출문제와 모의고사를 정리하기에 바쁘다고 하지만, 사실 기본 토대가 다져지고 나면 나머지 문제들은 아주 쉽게 정리할 수 있습니다. 객관식 문제와 서술형 문제만 학습하고 연수원에 입소한 사람들에게 본 교재 정도의 소장작성 연습만 시키고 현직에 내보냈다는 것은, 이정도의 내용이면 기본 토대를 다지기에 충분하다고 본 것입니다.

본 교재를 통하여 공부하시는 모든 분들의 건승을 기원합니다.

2019. 04.
신관악 민사법학회 드림

〈 차 례 〉

제1장 청구취지 작성 1

1. 개 론 3
2. 청구취지의 유형 3
    가. 이행청구 3
    나. 확인청구 4
    다. 형성청구 4
3. 소송비용 4
4. 가집행의 선고 4
5. 주문 연습문제 5

제2장 청구원인 작성 & 실전문제 27

1. 작성방법 29
2. [소장 1] 30
    【모범답안】 39
    【해 설】 41
    ■ 핵심 판례 – 금전청구, 등기청구 42
3. [답변서 1] 48
    【모범답안】 61
    ■ 핵심 판례 – 대표적인 항변(1) 64
4. [소장 2] 72
    【모범답안】 80
    ■ 핵심판례 – 기타 이행청구, 대표적인 항변(2) 85
5. [소장 3] 91
    【모범답안】 99
    ■ 핵심 판례 & 법리 – 확인소송, 대위소송 102

6. [소장 4] ··· 106
　　【모범답안】 ·· 137
　　■ 핵심 판례 – 사해행위 취소소송 ·· 146
　　■ 핵심 판례 – 계속적 채권관계 ·· 158
7. [소장 5] ··· 162
　　【모범답안】 ·· 198
　　■ 해 설 ·· 207
8. [답변서 2] ··· 208
　　【모범답안】 ·· 243
　　■ 핵심 판례 ··· 250
9. [청구취지 및 청구원인 변경신청서] ·· 253
　　【모범답안】 ·· 310
　　■ 해설 – 채권각론 중 도급, 특수불법행위 ··· 316
　　■ 핵심 판례 – 도급, 특수불법행위 ··· 317
10. [소장 6] ··· 320
　　【모범답안】 ·· 345
　　■ 해설 – 채권각론 중 임대차 부분 ·· 356
　　■ 핵심 판례 – 임대차 ·· 356
11. [소장 7] ··· 364
　　【모범답안】 ·· 378
　　■ 해설 – 물권법 중 등기 부분 ··· 384
　　■ 핵심 판례 ··· 384
12. [소장 8] ··· 388
　　【모범답안】 ·· 405
　　■ 해설 – 물권법 중 가등기담보 부분 ··· 411
　　■ 핵심 판례 ··· 411
13. [소장 9] ··· 414
　　【모범답안】 ·· 444
　　■ 해설 – 민사집행법 ·· 450
　　■ 핵심 판례 ··· 450

14. [소장 10] ·· 454
    【모범답안】 ··· 472
       ■ 해설 – 민사집행법 부분 ·· 476
       ■ 핵심 판례 ··· 476
15. [소장, 보전처분신청서 및 공시송달신청서 11] ·· 477
    【모범답안】 ··· 486

제1장   청구취지 작성

제1장 경구투자 전략

제1장 청구취지 작성

1. 개론

　청구취지는 소송에서 얻고자 하는 목적을 간결·명확하게 서술한 것으로, 원고의 청구를 전부 인용하는 판결에서 주문에 대응하는 것입니다. 그러므로 의뢰인이 무엇을 원하는지 파악하고, 그러한 목적을 달성하기 위해 가장 적합한 청구취지를 구현해야 합니다.

　시험 답안에서 가장 중요한 것은 청구취지라고 할 것입니다. 청구취지를 보면 어떤 쟁점을 놓쳤는지, 얼마나 문제를 잘 파악했는지 알 수 있습니다.

　간혹 의뢰인들이 불가능한 요구를 할 경우에는 섣불리 청구를 해서는 안 되기 때문에 유의해야 합니다. 불필요한 청구를 하게 되면 일차적으로는 소가상승으로 인지대 지출이 늘어날 수 있으며, 소송 진행 중에는 불필요한 쟁점이 발생하여 지연될 수 있고, 종국에 가서는 소송비용 분담이 불리하게 정하여질 수 있습니다.

　청구취지를 도출해내는 과정을 법리적으로 서술해 나가는 것이 청구원인이므로, 청구취지가 맞다면 청구이유도 대체로 적절하게 작성된 경우가 많습니다.

　이는 재판연구원 시험을 대비하여 판결 주문 작성을 연습할 경우에도 마찬가지입니다. 사건의 쟁점을 제대로 파악하였다면 청구취지에 대응하는 주문 역시 올바르게 작성할 수 있습니다.

　청구취지를 체계적으로 연습하기 위해서는 전형적인 사안들을 우선 익혀야 합니다. 이를 위하여 바로 기록을 검토하는 방법도 있겠지만, 공격과 방어가 요약되어 드러나 있는 주문연습 문제를 통하여 주문 작성 연습을 하는 것이 좋습니다. 이를 어느 정도 숙지한 다음에 기본적인 기록검토 문제부터 익혀나가시면 됩니다.

　경험상 문제를 푸는 과정에서 대부분의 수험생들이 실수를 많이 할 것으로 예상됩니다. 재판연구원 준비를 하는 것이 아니라면 세세한 형식적인 부분보다는 정답을 맞혔는지를 토대로 연습하시면 됩니다. 주문연습문제 1~6을 반복적으로 서너 번 정도 풀고 나면 대략적인 감을 잡을 수 있을 것입니다. 거의 틀리지 않을 정도로 반복한 후에 다음 단계로 넘어가시길 권장합니다(민사집행법 부분도 문제에 나온 부분만큼은 정확히 파악할 수 있도록 하는 것이 좋습니다).

　그 정도 수준에 이른 후에 다시 민사법을 공부한다면 이전보다 넓은 시야에서 학습이 가능할 것으로 생각됩니다.

2. 청구취지의 유형

가. 이행청구

　주로 금전청구, 인도청구나 등기에 관한 이행청구가 출제됩니다. 물론 1차적으로는 결론을 올바르게 내려야 하지만, 기재순서도 익혀두는 것이 좋습니다. 가령 등기를 표기할 때에는 관할법원, 접수일자, 접수번호 등의 순서로 기재하므로 자연스럽게 나오도록 숙지하여야 합니다.

나. 확인청구

확인의 소는 이행의 소를 바로 제기할 수 있는 경우에는 허용되지 않는 등(보충성) 확인의 이익이 있어야 합니다. 따라서 확인의 소를 제기할 수 있는 경우인지 잘 확인해야 합니다. 또한 답안에서 누락하기 쉽게 때문에 의뢰인의 요구를 만족시킬 마땅한 청구가 없다면 확인의 소를 반드시 검토하여야 합니다.

다. 형성청구

형성의 소는 법원에 대하여 형성권의 존재를 확정하여 그 내용에 따른 일정한 권리 또는 법률관계를 직접 발생, 변경, 소멸시켜 줄 것을 구하는 소로 법률에 이를 허용하는 규정이 있는 때에만 가능합니다. 수험적으로는 이 유형 중에서는 사해행위취소소송이 출제될 가능성이 있습니다.

3. 소송비용

소송비용은 소장 제출시 납부하는 인지대, 송달비용이 있고, 이후 재판과정에서 지출하는 감정비용, 변호사비용도 포함됩니다.

실무적으로는 판결이 확정된 이후, 실제 원고와 피고가 지출한 소송비용을 계산하여 판결에서 정한 분담비율보다 많이 지출한 쪽에서 소송비용액확정결정신청을 하게 되며, 비용부담이 큰 사건에서는 나름대로 중요한 부분입니다. 하지만 수험적으로는 소송비용은 상대방이 부담한다고 작성하면 되며, 자세히 알아둘 필요는 없습니다.

4. 가집행의 선고

가집행의 선고는 확정되지 아니한 종국판결에 집행력을 부여하는 형성적 재판입니다. 가집행의 선고는 가능한 부분에 대하여만 작성하여야 합니다. 가령 소유권이전등기청구 부분은 의사의 진술을 명하는 청구로서 그 판결이 확정되어야만 의사의 진술이 있는 것으로 간주되기 때문에(민사집행법 제263조) 가집행선고를 구할 수 없습니다. 가집행의 선고는 재산권상의 청구에 관한 판결에 하는 것이나, 재산권상의 청구라도 의사의 진술을 명하는 청구(등기절차의 이행청구 등)나 형성 청구(공유물분할 등)와 같이 판결이 확정되어야 집행력이 발생하는 소 등에서는 가집행선고가 허용되지 아니합니다.

5. 주문 연습문제[1]

【문제 1】

1. 김지건은 2009. 7. 1. 주류도매상인 친구 甲에게 영업자금 조로 7,000만 원을 이자 월 3%(매월 말일 지급), 변제기 2013. 6. 30.로 정하여 대여하였는데, 당시 甲의 아들 乙과 그 사촌 丙이 위 甲의 차용금채무에 관하여 연대보증을 섰다.
2. 甲은 2013. 1. 31.까지의 이자만 지급한 채 경영악화로 재산을 탕진하여 더 이상 차용원리금을 변제하지 아니하자, 김지건은 2016. 8. 1. 『甲, 乙, 丙은 연대하여 김지건에게 차용원금 7,000만 원 및 이에 대하여 2013. 2. 1.부터 다 갚는 날까지 월 3%의 비율로 계산한 이자와 지연손해금을 지급하라』는 소를 제기하였다.
3. 乙, 丙이 채무탕감 및 소취하를 부탁하기 위하여 2016. 9. 15. 김지건을 찾아간 자리에서, 다소 까칠한 김지건의 태도에 흥분한 乙과 丙이 갑자기 김지건을 폭행하는 바람에 김지건은 상해를 입고 병원에서 입원치료를 받았다.
4. 이에 김지건은 乙, 丙의 공동폭행으로 상해를 입었다고 주장하면서 2016. 10. 15. 청구취지 및 청구원인 변경신청서를 제출하여 『乙, 丙은 연대하여 김지건에게 치료비 200만 원 및 이에 대한 2016. 9. 15.부터 위 청구취지 등 변경신청서부본 송달일까지는 민법이 정한 연 5%, 그 다음날부터 다 갚는 날까지는 소송촉진 등에 관한 특례법이 정한 연 15%의 각 비율에 의한 지연손해금을 지급하라』는 청구를 추가하였다.
5. 甲·乙·丙이 응소하여 다투던 중, 丙은 위 폭행사건 당시 자신은 乙의 폭행을 말렸을 뿐이라고 주장하면서, 『위 폭행사건과 관련하여 丙의 김지건에 대한 위 200만 원의 치료비 지급채무는 존재하지 않는다』는 취지로 2016. 12. 5. 김지건을 상대로 채무부존재확인을 구하는 반소를 제기하였다.
6. 그런데 소송계속 중이던 2017. 1. 10. 甲이 사망하자 甲의 공동상속인인 처 丁, 자녀 乙, 戊가 소송수계절차를 밟았고, 이에 김지건은 2017. 2. 4. 위 수계인들의 상속분에 따른 청구취지 및 청구원인 변경신청서를 제출하였다.
7. 심리 결과, 김지건의 주장대로 위 대여와 연대보증, 차용원리금 미지급, 그가 치료비로 200만 원을 지출하였고, 丙이 폭행에 공동가담한 점이 모두 증명되었다(과실상계가 문제될 만한 김지건의 부주의는 없는 것으로 상정한다).
8. 한편, 甲, 乙, 丙은 변론과정에서 위 대여원금채권은 이 사건 소제기 당시 이미 그 대여

---

[1] 이하의 문제 1~6은 처음 접하는 사람들에게는 매우 어렵습니다. 이는 지식의 문제라기보다는 이러한 유형의 문제에 낯설기 때문입니다. 같은 문제를 여러번 풀다보면 자연스럽게 익숙해지면서 민사법에 대한 정치한 이해가 가능해집니다. 그러니 반드시 6가지 문제를 정복하셔서 민사법 수준을 높이시길 바랍니다.

일로부터 5년이 경과하여 상사소멸시효가 완성되었고, 이자 및 지연손해금채권도 이 사건 소제기일로부터 역산하여 3년 전에 발생한 것은 모두 민법상의 단기소멸시효가 완성하였다고 항변하였다.
9. 이 사건 소장부본은 2016. 8. 16. 甲, 乙, 丙에게, 위 4)항 기재 청구취지 및 청구원인 변경신청서부본은 2016. 10. 18. 甲, 乙, 丙의 소송대리인 변호사 A에게 각 송달되었으며, 이 사건 변론종결일은 2017. 4. 15., 판결선고일은 2017. 4. 29.이다.

【관련 법리】

○ 소멸시효

1. 주류도매상인 甲이 영업자금을 차용하는 행위는 상인이 영업을 위하여 하는 행위로서 상법 제47조 제1항 소정의 보조적 상행위라고 할 것인데, 당사자 중 1인의 행위가 상행위인 때에는 전원에 대하여 상법이 적용되므로(상법 제3조), 원고의 대여금채권도 상사채권으로 5년의 시효가 적용된다(상법 64조).
   피고들은 이 사건 대여금채권이 상사채권임을 이유로 그 발생일인 2009. 7. 1.로부터 기산하여 5년의 소멸시효기간이 완성되었다는 취지의 주장을 하였는데, 이 사건 대여금채권과 같이 확정기한을 변제기로 정한 채권은 그 발생일이 아니라 확정기한인 변제기가 도래한 때부터 소멸시효가 진행하므로 이 사건 대여금채권에 관하여 그 채권의 발생일로부터 소멸시효기간이 기산되어야 한다는 피고들의 주장은 독자적인 법률상 견해에 따른 것이어서 소멸시효 항변은 주장 자체에서 이유 없다고 할 것이나, 만약 피고가 변제기인 2013. 6. 30.로부터 시효가 가산되어야 한다고 주장하였더라도 그때로부터 본소제기일인 2016. 8. 1.까지 5년의 소멸시효기간이 경과하지 않았음은 역수상 명백하므로, 위 대여금채권 자체에 대한 피고들의 소멸시효 항변은 배척되어야 한다. 만약 주된 권리인 대여금채권의 소멸시효가 완성하였다면, 소멸시효는 그 기산일에 소급하여 효력이 생길 뿐만 아니라(민법 제167조), 그 효력은 종속된 권리에도 미치므로(민법 제183조), 이자 또는 지연손해금 채권도 당연히 소멸하게 된다.
2. 원고의 본소제기일에 재판상 청구에 따른 시효중단의 효과가 생기는데(민사소송법 제265조), 언뜻 소장 접수일인 2016. 8. 1.부터 역산하여 3년이 되는 기간 범위 밖의 이자 및 지연손해금 채권, 즉 대여금 7,000만 원에 대한 2013. 2. 1.부터 2013. 7. 31.까지의 이자 및 지연손해금 부분이 시효로 소멸하였다고 생각해 볼 수도 있겠지만, 변제기 후에 지급하는 지연손해금은 금전채무의 이행을 지체함으로 인한 손해배상금이지 이자가 아니고, 또 민법 제163조 제1호가 정하는 1년 이내의 기간으로 정한 채권도 아니므로 위 조항에 따른 3년의 단기소멸시효가 적용되지 않는다(대법원 1987. 10. 28. 선고 87다카1409 판결, 대법원 1995. 10. 13. 선고 94다57800 판결 등). 한편, 금전채무에 대한 변제기 후의 지연손해금 채권의 소멸시효기간은 원본채권의 소멸시효기간과 같다(대법원 2010. 09. 09. 선고 2010다28031 판결). 따라서 소장 접수일로부터 역산하여 3년을 초과하는 기간에 해당하는 대여원금 변제기까지의 미지급 이자채권(2013. 2. 1. ~ 2013. 6. 30.)만이 단기시효로 소멸하고, 그 후의 지연손해금채권은 원본채권과 같이 5년의 상사시효기간이 적용되어 소멸하지 않는다.

○ 이자제한법

1962. 1. 15. 법률 제971호로 제정되었던 구 이자제한법은 1998. 1. 13. 폐지되었다가, 그 후 2007. 3. 29. 법률 제8322호로 다시 제정되어 2007. 6. 30.부터 시행되고 있는데, 그에 따른 제한이율은 연 30%이었다가 2014. 6. 11. 대통령령이 개정되어 연 25%로 변경되었고, 변경된 이율은 시행일인 2014. 7. 15.부터 최초로 계약을 체결하거나 갱신하는 분부터 적용된다. 이 사건에서도 위 법 시행일 이후의 이율은 월 3%가 아니라 연 25%로 제한된다.

○ 이자제한법 제2조 제1항의 최고이자율에 관한 규정

[시행 2018. 2. 8.] [대통령령 제28413호, 2017. 11. 7., 일부개정]
「이자제한법」 제2조 제1항에 따른 금전대차에 관한 계약상의 최고이자율은 연 24퍼센트로 한다. <개정 2014. 6. 11., 2017. 11. 7.>

【모범답안】

1. 피고(반소원고) 丙의 반소를 각하한다.[2]
2. 원고(반소피고)에게,

가. 피고 乙, 피고(반소원고) 丙은 연대하여 70,000,000원 및 이에 대한 2013. 7. 1.부터 다 갚는 날까지 연 25%의 비율에 의한 금원을,

나. 피고 乙, 피고(반소원고) 丙과 연대하여 위 가항 기재 금원 중, 피고 丁은 30,000,000원,[3] 피고 戊는 20,000,000원 및 위 각 금원에 대한 2013. 7. 1.부터 다 갚는 날까지 연 25%의 비율에 의한 금원을,[4]

다. 피고 乙, 피고(반소원고) 丙은 각자 2,000,000원 및 이에 대한 2016. 9. 15.[5]부터 2016. 10. 18.[6]까지는 연 5%의, 그 다음날부터 다 갚는 날까지는 연 15%의 각 비율에 의한 금원을 각 지급하라.

---

[2] 동일한 권리관계에 기한 이행청구에 대하여 채무부존재확인의 반소를 제기하는 것은 소의 이익이 없다.

[3] 乙, 丁, 戊의 상속분은 2 : 3 : 2 이다.

[4] 주문 제2항의 가항과 나항은 이를 함께 결합하여 "피고 乙, 피고(반소원고) 丙은 연대하여 70,000,000원, 피고 乙, 피고(반소원고) 丙과 연대하여 위 금원 중 피고 丁은 30,000,000원, 피고 戊는 20,000,000원 및 위 각 금원에 대한 2010. 7. 1.부터 ~ "와 같이 원금 부분만 먼저 기재하고 공통된 부분인 지연손해금 부분을 뒤에서 한꺼번에 기재해도 무방하다.

[5] 불법행위로 인한 손해배상채무는 손해발생과 동시에 이행기가 도래하여 지연손해금 청구를 위하여 별도의 최고가 요구되지 않으므로 피해자는 불법행위 당일부터 지연손해금을 청구할 수 있다(대법원 1975. 05. 27. 선고 74다1393 판결).

[6] 소송물이 복수인 경우에는 각 소송물마다 항쟁함이 타당한지 여부를 따로 판단하여야 한다(대법원 2002. 09. 10. 선고 2002다34581 판결). 피고 乙, 丙에 대한 청구 중 불법행위로 인한 치료비 손해배상청구 부분은 그 전부가 인용되므로, 위 피고들이 그 이행의무의 존재 여부나 범위에 관하여 항쟁하는 것이 타당하다고 볼 수 없어 이 부분 청구취지 등 변경신청서가 그 소송 대리인에게 송달된 날까지는 민법이 정한 연 5%, 그 다음날부터 다 갚는 날까지는 소송촉진 등에 관한 특례법이 정한 연 15%의 법정이율을 적용하였다.

3. 원고(반소피고)의 피고 乙, 丁, 戊,에 대한 각 나머지 청구 및 피고(반소원고) 丙에 대한 나머지 본소청구를 각 기각한다.

【문제 2】

1. 김을돌은 2014. 8. 1. 육촌지간인 김을철로부터 그 부모님이 살고 있는 고향집 리모델링 공사를 공사대금 5,000만 원에 도급받아 같은 달 14. 공사를 완공하고 인도하였는데, 공사대금의 지급에 관하여 별도로 이행기를 특정하지는 아니하였다.

2. 김을돌이 위 공사대금을 지급받지 못하고 있던 중 김을돌에 대하여 확정판결에 기한 2,000만 원의 채권을 가지고 있던 A가 위 채권을 집행채권으로 하여, 2015. 1. 10. 채무자를 김을돌, 제3채무자를 김을철로 하여 위 공사대금채권 중 2,000만 원 부분에 대하여 압류 및 추심명령을 받았고, 위 명령은 김을철에게 2015. 1. 16. 송달되었으나 김을돌에게는 2015. 1. 22. 구주소로 잘못 송달되었음에도 제3자가 김을돌 본인인 양 그 송달을 수령하였다.

3. 김을돌의 채권자 B는 2015. 2. 14. 김을돌에 대한 확정된 지급명령에 기한 1,000만 원의 채권을 집행채권으로 하여 위 공사대금채권 중 1,000만 원 부분에 대하여 압류 및 전부명령을 받았고, 위 명령은 제3채무자 김을철에게 2015. 2. 18., 채무자 김을돌에게 2015. 2. 22. 각 송달되어 그 무렵 확정되었다.

4. 김을돌의 다른 채권자 C는 2015. 3. 14. 김을돌에 대한 500만 원의 채권을 피보전채권으로 하여 위 공사대금채권 중 500만 원에 대하여 채권가압류명령을 받았고, 그 명령은 2015. 3. 18. 김을철에게 송달되었다.

5. 한편 김을돌은 2015. 8. 1. D에게 위 공사대금채권 중 1,500만 원을 양도하고 같은 날 내용증명우편으로 채권양도 통지를 하였으며 위 내용증명우편은 2015. 8. 2. 김을철에게 도달되었다. 김을돌은 2015. 8. 12. 김을철에게 다시 내용증명우편으로 위 채권양도통지를 철회한다고 통지하여 위 통지가 2015. 8. 13. 김을철에게 도달되었으나, 위 철회에 대하여 D의 동의나 승낙을 받지는 않았다.

6. 김을철이 계속하여 공사대금을 지급하지 아니하자, 김을돌은 2015. 8. 20. 김을철을 상대로 『공사대금 5,000만 원 및 이에 대한 소장부본 송달 다음날부터 다 갚는 날까지 연 15%의 비율에 의한 지연손해금을 지급하라』는 소를 제기하였다.

7. 김을철은 이 사건 공사대금채권에 관하여 압류 및 추심명령, 압류 및 전부명령, 가압류명

령을 송달받았고, 채권양도까지 있었으므로 김을돌의 청구에 응할 수 없다고 다투었고, 이에 대하여 김을돌은 A의 압류 및 추심명령은 자신에게 송달되지 않아 효력이 없고, B의 전부명령은 A의 압류 및 추심명령과 압류가 경합되어 효력이 없으며, C의 가압류에도 불구하고 채무가 사라지는 것은 아니며, D에 대한 채권양도통지는 적법하게 철회되었을 뿐만 아니라 그렇지 않더라도 C의 채권가압류 이후 채권양도가 이루어진 것이므로 채권양도의 효력이 없다고 주장하였다.
8. 이 사건 소장부본 송달일은 2015. 8. 30., 변론종결일은 2016. 4. 4., 판결선고일은 2016. 4. 25.이다.

【관련 법리】

○ 민사집행

1. 압류 및 추심명령의 효력발생시기는 제3채무자에 대한 송달일이고(민사집행법 제227조 제3항, 제229조 제4항), 제3채무자에게 송달된 이상 채무자에게 송달되지 않았다 하더라도 효력발생에는 아무런 영향이 없다.
따라서 사안에서 압류 및 추심명령이 채무자인 원고에게 송달되지 않았더라도 압류 및 추심명령은 제3채무자인 피고에게 송달시 효력이 발생한다. 그리고 압류의 효력은 종된 권리에도 미치므로 '압류의 효력발생 이후에 생기는 이자 및 지연손해금'에도 미치나, '압류의 효력 발생 전에 이미 발생한 이자 등'은 독립한 채권이기 때문에 압류대상으로 명시하지 않는 한 압류의 효력이 미치지 아니한다.
채권에 대한 압류 및 추심명령이 있으면 제3채무자에 대한 이행의 소는 추심채권자만이 제기할 수 있고, 채무자는 추심명령이 있는 피압류 채권 부분에 대한 이행의 소를 제기할 원고적격을 상실한다.
2. 채권가압류의 효력은 제3채무자에게 가압류결정정본이 송달됨으로써 발생한다(민사집행법 제227조 제3항, 제291조). 채권가압류가 된 경우 제3채무자의 채무자에 대한 채무변제, 채무자의 추심·양도 등 처분행위가 금지되지만, 이는 이러한 변제, 양도 등이 있더라도 가압류채권자에게 대항할 수 없다는 의미일 뿐이다. 즉 가압류된 채권도 이를 양도하는데 아무런 제한이 없고, 다만 가압류된 채권을 양수받은 양수인은 그러한 가압류에 의하여 권리가 제한된 상태의 채권을 양수받는다고 보아야 하고, 다만 그 후에 채권가압류결정의 채권자가 본안소송에서 승소하는 등으로 집행권원을 취득하는 경우에 그 가압류권자에 대한 관계에서 가압류에 의하여 권리가 제한된 상태의 채권을 양수받은 양수인에 대한 채권양도가 무효가 될 뿐이다(대법원 2002. 04. 26. 선고 2001다59033 판결[7] 참조). 또한 채무자는 채권가압류에도 불구하고 여전히 집행권원의

---

[7] 채권양도는 구 채권자인 양도인과 신 채권자인 양수인 사이에 채권을 그 동일성을 유지하면서 전자로부터 후자에게로 이전시킬 것을 목적으로 하는 계약을 말한다 할 것이고, 채권양도에 의하여 채권은 그 동일성을 잃지 않고 양도인으로부터 양수인에게 이전된다 할 것이며, 가압류된 채권도 이를 양도하는데 아무런 제한이 없

취득, 시효중단 등을 위하여 제3채무자를 상대로 이행의 소를 제기할 독자적인 필요가 있고, 이 경우 법원은 가압류가 되어 있음을 이유로 그 청구를 배척할 수는 없으며, 제3채무자로서는 이행을 명하는 판결이 있더라도 집행단계에서 이를 저지할 수 있다(대법원 1989. 11. 24. 선고 88다카25038 판결, 2002. 4. 26. 선고 2001다59033 판결 등). 따라서 이 사안에서 채권자 C 에 의한 채권가압류결정은 원고의 청구에 관한 주문판단에 아무런 영향을 미치지 아니한다.
(가)압류가 경합되는 경우 채권자평등의 원칙상 전부명령이 허용되지 않으나, 같은 채권에 대하여 중복하여 압류 등이 되었더라도 그 효력이 그 채권의 일부에 각 국한되고, 이를 합산하여도 총채권액에 미치지 아니할 때에는 압류의 경합이 있다고 할 수 없어 이 경우 채권의 일부에 대하여 한 전부명령은 유효하다. 따라서 사안에서 압류가 경합되어 B의 전부명령이 무효라는 원고의 주장은 이유 없다.
3. 전부명령은 추심명령과 달리 채무자와 제3채무자에게 모두 송달된 다음 즉시항고가 제기되지 않거나 즉시항고가 기각되는 등으로 전부명령이 확정됨으로써 비로소 효력이 발생하며, 확정된 전부명령의 효력발생시기는 제3채무자에 대한 송달일로 소급한다(민사집행법 제227조 제2항, 제229조 제4항 및 제7항, 제231조). 전부명령이 있더라도 전부채무자가 자신이 이행청구권자라고 주장하는 이상 원고적격을 가지고, 다만 실체법상의 이행청구권 상실로 인하여 본안에서 청구가 기각될 뿐이다.

○ 채권양도

채권양도의 효력은 원칙적으로 양도계약과 동시에 발생하나, 채무자에게 대항하기 위하여는 채무자에 대한 통지 또는 채무자의 승낙이 필요하다. 한편 채권양도인이 양수인에게 채권을 양도하고, 채무자에게 위 양도사실을 통지한 후에 다시 채무자에게 위 채권양도통지를 취소한다는 통지를 하였더라도 양수인이 양도인의 위 채권양도통지철회에 동의하였다고 볼 증거가 없다면 위 채권양도통지철회는 효력이 없으므로(민법 제452조 제2항, 대법원 1993. 7. 13. 선고 92다4178 판결 등), 사안에서 원고가 최초 채권양도통지를 철회하였더라도 양수인인 D의 동의나 승낙이 없는 이상 피고에게 대항할 수 없다.

다 할 것이나, 다만 가압류된 채권을 양수받은 양수인은 그러한 가압류에 의하여 권리가 제한된 상태의 채권을 양수받는다고 보아야 할 것이고(대법원 2000. 04. 11. 선고 99다23888 판결 참조), 이는 채권을 양도받았으나 확정일자 있는 양도통지나 승낙에 의한 대항요건을 갖추지 아니하는 사이에 양도된 채권이 가압류된 경우에도 동일하다고 할 것이다.
그리고 일반적으로 채권에 대한 가압류가 있더라도 이는 채무자가 제3채무자로부터 현실로 급부를 추심하는 것만을 금지하는 것일 뿐 채무자는 제3채무자를 상대로 그 이행을 구하는 소송을 제기할 수 있고 법원은 가압류가 되어 있음을 이유로 이를 배척할 수는 없는 것이 원칙이다. 왜냐하면 채무자로서는 제3채무자에 대한 그의 채권이 가압류되어 있다 하더라도 채무명의를 취득할 필요가 있고 또는 시효를 중단할 필요도 있는 경우도 있을 것이며 또한 소송 계속중에 가압류가 행하여진 경우에 이를 이유로 청구가 배척된다면 장차 가압류가 취소된 후 다시 소를 제기하여야 하는 불편함이 있는데 반하여 제3채무자로서는 이행을 명하는 판결이 있더라도 집행단계에서 이를 저지하면 될 것이기 때문이다(대법원 1992. 11. 10. 선고 92다4680 전원합의체 판결 참조). 또한 위와 같은 채권가압류의 처분금지의 효력은 본안소송에서 가압류채권자가 승소하여 채무명의를 얻는 등으로 피보전권리의 존재가 확정되는 것을 조건으로 하여 발생하는 것이므로 채권가압류결정의 채권자가 본안소송에서 승소하는 등으로 채무명의를 취득하는 경우에는 가압류에 의하여 권리가 제한된 상태의 채권을 양수받는 양수인에 대한 채권양도는 무효가 된다고 할 것이다(대법원 1998. 11. 13. 선고 96다25692 판결 참조).

【모범답안】

1. 이 사건 소 중 20,000,000원 및 이에 대한 지연손해금청구 부분을 각하한다.
2. 피고는 원고에게 5,000,000원[8] 및 이에 대한 2015. 8. 31.부터[9] 2016. 4. 25.까지는 연 5%[10]의, 그 다음날부터 다 갚는 날까지는 연 15%의 각 비율에 의한 금원을 지급하라.
3. 원고의 나머지 청구를 기각한다.

【문제 3】

1. 김병철은 1998. 4. 1. 김병돌로부터 그 소유의 경기도 고양시 가상구 연습동 548-2 공장용지 400㎡(이하 '이 사건 토지'라 한다)를 임대차보증금 1,000만 원, 차임 월 200만 원, 임대차기간 5년으로 정하여 임차한 후, 그 지상에 철근콘크리트조 슬래브지붕 단층 공장 200㎡를 신축하여 김병철 명의로 소유권보존등기를 마치고 거기에서 자동차수리공장을 운영하였다.

2. 그러던 중 김병철은 2001. 3.경 공장을 증축하기로 하여 김병돌의 동의 하에 위 건물에 한 층을 더 올려 철근콘크리트조 슬래브지붕 200㎡를 증축(이하 증축된 부분을 포함한 공장건물 전부를 '이 사건 건물'이라 한다)하였으나, 그 증축부분과 관련한 표시변경등기는 하지 못하였다.

3. 당사자 사이에 별다른 채무불이행 없이 원만하게 거듭 갱신되어 오던 임대차의 계약기간이 2013. 3. 31. 만료하자 김병철은 다시금 계약의 갱신을 청구하였는데, 김병돌은 이 사건 토지에 아파트형 공장건물을 신축하여 임대사업을 운영해 볼 요량으로 계약 갱신을 거절하고 김병철에게 이 사건 건물의 철거를 요구하였다.

---

[8] 주문 제2항의 5,000,000원은 '공사대금 50,000,000원 - 추심명령 대상금액 20,000,000원 - 전부명령 대상금액 10,000,000원 - 채권양도금액 15,000,000원'에 따른 금액이다.
[9] 이 사건 공사대금과 같이 이행기의 정함이 없는 채무에 있어서 채무자는 이행청구를 받은 때로부터 지체책임을 지는바(민법 제387조 제2항), 이 사안에서 피고는 소장부본을 송달받음으로써 비로소 이행청구를 받았으므로 그 다음날부터 지체책임을 지게 된다.
[10] 사안에서는 원고의 청구가 일부 기각되므로 피고가 그 이행의무의 존부나 범위에 관하여 항쟁함이 타당하다고 인정되어 판결선고일까지는 그 지연손해금을 산정함에 있어 소촉법상 연 15%의 이율을 적용할 수 없다. 원고가 소장송달 다음날부터 연 15%의 비율에 의한 지연손해금을 구하였으나 이처럼 판결선고일까지 위 이율을 적용할 수 없는 경우에도, 그 기간 동안 약정이율이나 민·상법상의 법정이율은 적용하여야 할 것인바, 설문상에 달리 약정이율이 있다거나 이 사건 공사대금채권을 상사채권이라고 볼만한 어떠한 사정도 나타나 있지 아니하므로 판결선고일까지는 민사법정이율인 연 5%를 적용하였고, 그 다음날부터 소촉법상의 법정이율인 연 15%를 적용하였다.

4. 김병철이 건물의 철거를 거부하고 매달 말에 지급하던 200만 원의 월차임도 더 이상 지급하지 아니하여, 2013년 4월분부터 8월분까지의 5개월분 차임 상당 부당이득 합계 1,000만 원이 기보유하고 있던 임대차보증금 1,000만 원과 동일한 액수에 이르자, 김병돌은 2013. 9. 10. 김병철을 상대로 『김병철은 김병돌에게 이 사건 건물을 철거하라』는 소를 제기하였고, 그 소장에서 김병돌이 반환할 임대차보증금은 김병철의 위 5개월분 차임 상당 부당이득과 공제되어 모두 소멸하였다고 주장하였다.

5. 김병철은 2013. 12. 12. 변론기일에 법정에 제출한 준비서면을 통하여 지상물매수청구권을 행사한다는 의사를 처음으로 밝히면서, 그에 따라 건물매매계약이 성립하므로 김병돌의 위 건물철거청구는 이유 없다고 항변하였고, 출석한 김병돌에게도 그 부본이 교부되었다. 김병철은 그 후 2013. 12. 31. 공장 집기를 새로 확보한 신공장건물로 전부 이전하였는데, 위 이사 당일 찾아온 김병돌에게 임대차의 목적이었던 기존의 공장열쇠를 모두 건네주면서 '건물등기는 매매대금 8,000만 원을 지급하고 받아가라'고 하였으나, 김병돌은 매매대금이 너무 높을 뿐만 아니라 이 사건 건물에 관하여 지상물매수청구권이 인정될 수 있는지 자체도 의문이라고 하면서 그 대금지급을 거절하였다. 이에 김병철은 2014. 1. 6. 『매매대금 8,000만 원과 이에 대하여 공장건물을 인도한 다음날인 2014. 1. 1.부터 다 갚는 날까지 연 15%의 비율에 의한 지연손해금을 지급하라』는 반소를 제기하였다.

6. 그러자 김병돌은 2014. 1. 21. 법원에 접수한 청구취지 및 청구원인 변경신청서를 통하여, 공장건물의 현황과 등기기록상 표시가 다를 뿐만 아니라 증축된 2층 부분은 건축허가를 받지 아니한 무허가 건물이므로 이 사건 건물에 대하여는 지상물매수청구권이 인정될 수 없다고 다투면서, 일단 종전 청구를 주위적 청구로 그대로 유지하되, 혹시 지상물매수청구권이 인정되어 이 사건 건물에 관하여 매매계약이 성립되었다고 보게 될 경우에 대비하여 『김병철은 김병돌에게 지상물매수청구권 행사에 따른 매매계약의 성립을 원인으로 이 사건 건물에 관한 소유권이전등기절차를 이행하라(공장열쇠는 이미 모두 넘겨받았으므로 건물인도 청구는 하지 아니함)』는 예비적 청구를 추가하였는데, 위 청구취지 및 청구원인 변경신청서에 예비적 청구원인을 기재하는 중에 '매매계약이 성립된 것으로 보아 김병돌이 김병철에게 매매대금을 지급해야 한다면, 김병돌이 김병철로부터 지급받아야 할 2013. 9. 1.부터 2013. 12. 31.까지 이 사건 토지 점유에 따른 차임 상당 부당이득금 합계 800만 원[11])의 채권으로 위 매매대금채무와 대등액에서 상계하고자 한다'는 예비적 상계항변도 함께 기재하였다.

7. 당사자 쌍방은 2014. 4. 24. 변론기일에서, ① 2013. 9. 1. 이후의 이 사건 토지에 대

---

11) 위 차임 상당 부당이득금에 대한 지연손해금은 고려하지 말 것

한 임대차보증금이 없는 상태에서의 월 차임도 종전의 월 차임과 마찬가지로 월 200만 원인 사실에는 다툼이 없고, ② 예비적 본소청구 및 반소청구와 관련하여 만일 김병철의 지상물매수청구권 행사가 정당한 것이라고 한다면, 김병철의 소유권이전등기의무와 김병돌의 매매대금 지급의무는 서로 동시이행관계에 있다고 주장하였다. 시가감정 결과 2013. 12. 현재 이 사건 건물의 시가는 6,000만 원으로 밝혀졌다.

8. 이 사건 반소장부본 송달일은 2014. 1. 14., 청구취지 및 청구원인 변경신청서부본 송달일은 2014. 1. 29., 변론종결일은 2014. 4. 24., 판결선고일은 2014. 5. 15.이다. 한편 이 사건 건물 1층의 등기기록에 그 지번주소와 병기된 도로명주소는 『경기도 고양시 가상구 연습로 25번길 21』이다.

【관련 법리】

○ 지상물매수청구권

민법 제643조는 "건물 기타 공작물의 소유 또는 식목, 채염, 목축을 목적으로 한 토지임대차의 기간이 만료한 경우에 건물, 수목 기타 지상시설이 현존한 때에" 지상권자의 계약갱신청구에도 불구하고 지상권설정자가 계약의 갱신을 원하지 아니하는 경우 지상권자에게 인정되는 지상물매수청구권에 관하여 규정하는 제283조의 규정을 준용하고 있다. 그러므로 임차인의 지상물매수청구권은 기본적으로 위와 같은 요건을 구비한 임차인에게 인정되는 권리인데, 그밖에도 기간의 정함이 없는 임대차가 임대인의 해지통고에 의하여 소멸한 경우에도 민법 제643조의 지상물매수청구권은 인정되지만, 임차인의 채무불이행을 이유로 임대차가 해지되었을 때에는 인정되지 않는다.[12] 한편 임대차계약 종료시에 경제적 가치가 잔존하고 있는 건물은 그것이 토지의 임대 목적에 반하여 축조되고 임대인이 예상할 수 없을 정도의 고가의 것이라는 등의 특별한 사정이 없는 한 건물매수청구권의 대상이 될 수 있고, 비록 미등기의 무허가 건물이라 하더라도 그것이 무허가이기 때문에 곧 철거될 운명에 놓여 있다는 등의 사정이 없는 한 건물매수청구권의 대상이 될 수 있다.[13] 그러므로 임차인의 의무위반 없이 건물 소유를 목적으로 하는 토지 임대차의 기간이 만료하였고 지상 건물은 현존하고 있는데 임차인의 갱신청구가 거절된 본 사안에 있어 임차인 김병철에게는 특별한 사정이 없는 한 건물매수청구권이 인정된다 할 것이고, 김병돌이 주장하는 것처럼 이 사건 건물 중 증축된 부분이 미등기 무허가 건물이라는 사정 때문에 이 사건 건물에 대하여 지상물매수청구권이 인정될 수 없는 것은 아니다. 그런데 김병돌의 주위적 본소청구는 지상물매수청구권이 인정되지 아니함을 전제로 한 것이므로, 김병철의 지상물매수청구권이 인정되어 김병철이 건물을 철거할 의무가 없다고 보아야 하는 이상 그 청구기각을 면할 수 없다.

민법 제643조에 의한 건물매수청구권을 행사한 경우에 그 건물의 매수가격은 건물자체의 가격

---

12) 대법원 1972. 12. 26. 선고 72다2013 판결, 대법원 1977. 06. 07. 선고 76다2324 판결
13) 대법원 1997. 12. 23. 선고 97다37753 판결, 대법원 2013. 11. 28. 선고 2013다48364,48371 판결 참조

외에 건물의 위치, 주변토지의 여러 사정 등을 종합적으로 고려하여 매수청구권의 행사 당시 건물이 현존하는 대로의 상태에서 평가된 시가에 의한다.[14] 사안에서 김병철의 지상물매수청구권 행사로 성립한 이 사건 매매계약에 따라 김병돌이 지급해야 할 매매대금은 감정 결과 밝혀진 건물시가 6,000만 원이라고 할 것이다. 한편 김병철과 김병돌의 매매계약상의 채무와 같이 쌍방의 채무가 동시이행관계에 있는 경우 각 당사자는 상대방 채무의 이행제공이 있을 때까지는 자기의 채무를 이행하지 않아도 지체책임을 지지 않는데, 설문상에 김병철이 이 사건 건물의 소유권이전등기의무에 관하여 이행 또는 이행의 제공을 하였다는 사정이 나타나 있지 아니할 뿐만 아니라, 설사 김병철이 그 이행의 제공을 하였다고 하더라도 김병돌에게 정당한 매매대금액 6,000만 원보다 2,000만 원이나 더 많은 매매대금과 상환으로 그 이전등기의 수령을 최고하였다면 이를 두고 '정당한 상환이행의 조건을 붙인' 제대로 된 이행의 제공이라고 볼 수도 없다고 할 것인바, 김병돌이 동시이행관계에 있는 위 6,000만 원의 매매대금채무에 관하여 지체책임을 부담한다고 볼 수는 없다. 김병철의 지상물매수청구권 행사가 정당하고 그에 따라 김병돌이 6,000만 원의 매매대금채무를 부담하는 것으로 인정되는 이상 김병돌의 예비적 상계항변에 대하여 판단해야 하는데, 2013. 9. 1.부터 2013. 12. 31.까지 이 사건 토지 점유에 따른 차임 상당 부당이득금 합계 800만 원의 자동채권은 그 전액에 관하여 김병돌이 그 이행을 청구할 수 있는 이행기에 있고, 수동채권인 이 사건 건물에 대한 6,000만 원의 매매대금채권은 그 매매계약이 성립한 2013. 12. 12. 현재 김병철이 그 이행을 청구할 수 있는 이행기가 도래하였으나 다만 그 채권에 대하여 김병돌의 동시이행항변권이 붙어 있을 뿐이며, 김병돌이 수동채권과 관련하여 상계의 대상이 된 금액만큼 자신의 동시이행항변권을 포기하고 이들 자동채권과 수동채권에 관하여 상계권을 행사하는 데 아무런 장애사유가 없으므로, 대립하는 두 채권은 김병돌의 예비적 상계항변에 따라 그 대등액에서 소멸하게 되는바, 결국 52,000,000원의 매매대금채권만이 남게 된다.

민법 제643조의 지상물매수청구권은 형성권으로서 그 행사로 임대인과 임차인 사이에 지상물에 관한 매매가 성립하게 되며, 임차인이 지상물매수청구권을 행사한 경우에는 임대인은 그 매수를 거절하지 못한다(대법원 1995. 7. 11. 선고 94다34265 전원합의체 판결). 사안에서는 김병철이 김병돌을 상대로 지상물매수청구권을 최초 행사한 2013. 12. 12.에 이 사건 건물에 관한 매매가 성립되었다.

【모범답안】

1. 원고(반소피고)의 주위적 본소청구를 기각한다.

2. 피고(반소원고)는 원고(반소피고)로부터 52,000,000원을[15] 지급받음과 동시에 원고(반소피고)에게 고양시 가상구 연습동 548-2(연습로 25번길 21)[16] 지상 철근콘크리트조 슬래

---

[14] 대법원 1987. 06. 23. 선고 87다카390 판결

[15] 위 52,000,000원은 건물시가 6,000만 원에서 예비적 상계항변금액 800만 원을 뺀 금액이다.

[16] '경기도 고양시 ...'로 기재하지 않는다. 그리고 건물의 등기기록에 지번주소와 도로명주소가 모두 있는 경우, 판결서의 주문에서 그 건물을 표시함에 있어서는 지번주소 옆에 괄호를 덧붙여 그 안에 도로명과 건물번호를 기재하는 방식으로 도로명주소를 병기한다(도로명주소 도입에 따른 재판서의 주소와 건물 표기에 관한 업무처리지침 제3조 가항 및 다항 참조).한편 건물에 대한 청구만 인용되는 이 사건과 달리, 토지에 대한 청구도 인용되거나 토지에 대한 청구만 인용되는 경우에는 토지를 보다 명확하게 특정하는 의미에서 그 '지목과

브지붕 단층 공장 200㎡17)에 관하여 2013. 12. 12. 매매를 원인으로 한 소유권 이전등기절차를 이행하라.

3. 원고(반소피고)는 피고(반소원고)로부터 제2항 기재 건물에 관하여 2013. 12. 12. 매매를 원인으로 한 소유권이전등기절차18)의 이행을 받음과 동시에 피고(반소원고)에게 52,000,000원을 지급하라.

4. 원고(반소피고)의 나머지 예비적 본소청구 및 피고(반소원고) 나머지 반소청구를 각 기각한다.

【문제 4】

1. 김정철은 2010. 4. 6. 사촌 김정돌로부터 그 소유의 서울특별시 은평구 진관동 324 대지 250㎡(이하 '이 사건 토지'라 한다)를 증여받았으나 그 토지의 인도와 소유권이전등기를 넘겨받지 못한 상태에서 갑자기 뇌출혈로 쓰러졌다.

2. 그러던 중 김정돌의 재산관리를 맡아보던 A와 그 친구 B는 관계서류를 위조하여 2010. 10. 7. 이 사건 토지에 관하여 서울서부지방법원 은평등기소 접수 제7707호로 B 앞으로 소유권이전등기를 마친 다음, C에게 이 사건 토지를 매도하고 2010. 10. 12. 위 등기소 접수 제7817호로 C 앞으로 소유권이전등기를 마쳐주었다.

3. 2011. 5. C로부터 이 사건 토지를 매수한 D는, 그 소유권이전등기청구권을 보전하기 위하여 서울서부지방법원 2011카합2414호로 처분금지가처분을 신청하여 2011. 5. 25. 그 가처분결정을 받았고, 이에 따라 2011. 5. 27. 이 사건 토지에 관하여 위 등기소 접수 제3246호로 처분금지가처분등기가 마쳐졌다.

4. D가 중도금도 제때에 지급하지 아니하자 C는 D와의 위 매매계약을 해제하고 2011. 5. 20. E와 이 사건 토지에 관한 매매예약을 체결하였고, 2011. 5. 31. 위 등기소 접수 제

면적'에 해당하는 '공장용지 400㎡도 함께 기재한다.

17) 등기청구만 인용되는 경우에는 건물의 현황과 등기기록상 표시가 다른 경우에도 등기기록상 표시로 족하므로 등기기록상의 표시 외에 현황 기재를 덧붙일 필요는 없으나, 이 사건과 달리 동일 건물에 대한 등기청구와 인도청구가 병합되어 인용주문을 함께 내는 경우에는 등기기록상 표시에 더하여 '(현황 : 철근콘크리트조 슬래브지붕 2층 공장 1, 2층 각 200㎡)'와 같이 괄호 등을 이용하여 그 현황을 병기한다. 그에 반하여 등기청구 없이 건물의 인도만을 구하는 청구 또는 건물의 철거를 구하는 청구 인용시 건물의 현황과 등기기록상 표시가 다른 경우에는, 현황에 따라 건물을 표시하고 그와 다른 등기기록상의 표시는 괄호 안에 병기하는 것이 관례이다.

18) 단순히 '제2항 기재 소유권이전등기절차'라고 기재하는 방법도 불가능한 것은 아니겠지만, 위 문구는 '52,000,000원을 지급받음과 동시에 이루어지는 소유권이전등기절차'를 가리키는 것은 아닌가 하는 불필요한 논란과 오해의 소지가 없지 아니하므로, 상환이행의 조건 내지 그 내용을 보다 명확히 하는 의미에서 '제2항 기재 건물에 관하여 2013. 12. 12. 매매를 원인으로 한 소유권이전등기절차'라고 기재하였다.

3321호로 위 매매예약에 따른 소유권이전청구권가등기를 마쳐주었다. 그 후 C, E, F는 2011. 6경 위 매매예약상의 매수인 지위를 F가 양수하기로 합의하였고, 그에 따라 2011. 6. 30. 위 등기소 접수 제4301호로 가등기이전등기가 마쳐졌다.

5. 한편 2010. 11.경 C와 지상권설정계약을 체결한 H는 이 사건 토지에 2010. 11. 11. 위 등기소 접수 제8888호로 지상권등기를 마치고, 그 지상에 경량철골조 샌드위치패널 지붕 단층 음식점 150㎡(이하 '이 사건 건물'이라 한다)를 신축한 다음 위 토지와 건물을 점유·사용하며 영업을 하고 있다.

6. 병세가 호전된 이후 위와 같은 사실을 알게 된 김정철은 2013. 9. 10. 다음과 같은 내용의 청구를 1개의 소로 병합하여 제기하였다. 『㉮ 김정돌은 김정철에게』 이 사건 토지에 관하여 2010. 4. 6. 증여를 원인으로 한 소유권이전등기절차를 이행하고, 위 토지를 인도하라. 위 2), 3), 4) 항과 같이 마쳐진 등기는 모두 관계서류를 위조하여 이루어진 것이거나 그에 터잡은 등기로서 무효이므로 이 사건 토지의 수증자인 김정철은 그 토지 인도 및 이전등기청구권을 보전하기 위하여 김정돌의 소유권에 기한 방해배제청구권을 대위하여 행사하는바, 이 사건 토지에 관하여 각 김정돌에게 ㉯ A와 B는 위 소유권이전등기의 말소등기절차를, ㉰ C는 위 소유권이전등기의 말소등기절차를, ㉱ D는 위 가처분등기의 말소등기절차를, ㉲ E, F는 위 가등기의 말소등기절차를, ㉳ F는 위 가등기이전등기의 말소등기절차를 각 이행하고, ㉴ H는 이 사건 건물을 철거하는 한편으로, 이 사건 토지에 관한 위 지상권등기를 말소하고 이 사건 토지를 인도하라.』

7. 이에 대하여 C, E, F, H는 등기기록상의 소유명의자인 B 등으로부터 등기를 경료받은 선의의 제3자임을 이유로 원고의 청구에 각 응할 수 없다고 다투었다.

8. 변론을 분리함이 없이 심리가 진행된 결과 1) 내지 5)의 사실이 그대로 밝혀졌고, 2014. 4. 25. 판결이 선고되었다.

【관련 법리】

○ 등기청구 관련 각하사유[19]

피고 A는 등기의무자가 아니므로 그에 대한 소유권이전등기 말소등기청구의 소는 부적법하다.

법원의 가처분결정에 기하여 그 가처분집행의 방법으로 이루어진 처분금지가처분등기는 집행법원의 가처분결정의 취소나 집행취소의 방법에 의해서만 말소될 수 있는 것이어서 이를 소구할 수는 없다(대법원 1982. 12. 14 선고 80다1872, 1873 판결). 일반적으로, 등기관의 직권이나 법원의 촉

---

[19] 각하사유이므로 소장에서는 절대 기재하면 안되는 항목들이다. 평가에서는 감점사항이 된다.

탁에 의하여 기입된 등기의 말소등기나 말소된 등기의 회복등기는 등기관의 직권이나 법원의 촉탁에 의하여 행하여져야 하므로 그 등기명의인을 상대로 말소등기나 회복등기를 구하는 소는 부적법하다.

가등기이전의 부기등기는 기존 가등기에 의한 권리의 승계관계를 등기기록상에 명시하는 것뿐으로 그 등기에 의하여 새로운 권리가 생기는 것이 아닌 만큼 가등기의 말소등기청구는 양수인만을 상대로 하면 족하고, 양도인은 그 말소등기청구에 있어서의 피고적격이 없다.[20] 근저당권이전의 부기등기가 이루어진 경우에도 마찬가지이다.

가등기이전의 부기등기는 별도로 말소를 구하지 않더라도 주등기의 말소에 따라 직권으로 말소된다.[21]

○ 물권적 청구권

김정돌은 소유권에 기한 방해배제청구권에 기하여 이 사건 토지를 불법점유하는 자를 상대로 토지인도를 구하거나 이 사건 토지에 관하여 원인무효인 등기명의를 보유하고 있는 자를 상대로 그 말소등기를 청구할 수 있는데, 김정돌로부터 이 사건 토지를 증여받은 원고는 김정돌을 대위하여 위 토지인도나 말소등기 등의 방해배제청구권을 행사할 수 있다. 위와 같이 채권자대위권을 행사하여 토지인도나 말소등기를 청구하는 경우 피고의 의무이행 상대방은 피대위자로 함이 원칙이나, 대위채권자인 원고에게 토지인도나 말소등기절차를 이행하라고 하는 것도 가능하다.[22]

건물철거는 그 소유권의 종국적 처분에 해당되는 사실행위이므로 원칙적으로는 그 소유자(민법상 원칙적으로는 등기명의자 또는 미등기 건물의 경우 그 원시취득자)에게만 철거처분권이 있으므로, 이 사안에서 철거청구의 상대방은 H가 되어야 한다. 다만 예외적으로 건물을 전소유자로부터 매수하여 점유하고 있는 등 그 권리의 범위 내에서 점유 중인 건물에 대하여 점유 중인 건물에 대하여 법률상 또는 사실상 처분을 할 수 있는 지위에 있는 자에게도 철거처분권이 있다.[23]

사회통념상 건물은 그 부지를 떠나서는 존재할 수 없는 것이므로 건물의 부지가 된 토지는 그 건물의 소유자가 점유하는 것으로 볼 것이고, 이 경우 건물의 소유자가 현실적으로 건물이나 그 부지를 점거하고 있지 아니하고 있더라도 그 건물의 소유를 위하여 그 부지를 점유한다고 보아야 한다. 한편, 미등기건물을 양수하여 건물에 관한 사실상의 처분권을 보유하게 됨으로써 그 양수인이 건물부지 역시 아울러 점유하고 있다고 볼 수 있는 등의 다른 특별한 사정이 없는 한 건물의 소유명의자가 아닌 자로서는 실제로 그 건물을 점유하고 있다고 하더라도 그 건물의 부지를 점유하는 자로는 볼 수 없다.[24]

---

20) 대법원 1994. 10. 21. 선고 94다17109 판결 등
"가등기의 이전에 의한 부기등기는 기존의 가등기에 의한 권리의 승계관계를 등기부상에 명시하는 것 뿐으로 그 등기에 의하여 새로운 권리가 생기는 것이 아닌 만큼 가등기의 말소등기청구는 양수인만을 상대로 하면 족하고, 양도인은 그 말소등기청구에 있어서의 피고 적격이 없다 할 것이고(당원 1968. 01. 31. 선고 67다2558 판결; 1967. 06. 13. 선고 67다482 판결 참조), 가등기 이전의 부기등기는 기존의 주등기인 가등기에 종속되어 주등기와 일체를 이루는 것이어서 피담보채무가 소멸된 경우에는 주등기인 가등기의 말소만 구하면 되고 위 부기등기는 별도로 말소를 구하지 않더라도 주등기의 말소에 따라 직권으로 말소된다 할 것이다(당원 1988. 11. 22. 선고 87다카1836 판결; 1988. 03. 08. 선고 87다카2585 판결 참조)."

21) 위 94다17109 판결

22) 대법원 1980. 07. 08. 선고 79다1928 판결, 대법원 1995. 05. 12. 선고 93다59502 판결, 대법원 1996. 02. 09. 선고 95다27998 판결 참조

23) 대법원 1986. 12. 23. 선고 86다카1751 판결, 대법원 2003. 01. 24. 선고 2002다61521 판결

24) 대법원 2003. 11. 13. 선고 2002다57935 판결

【모범답안】

1. 원고의 피고 A, D, E에 대한 각 소, 피고 F에 대한 소 중 가등기이전등기의 말소등기청구 부분[25]을 각 각하한다.[26]
2. 서울 은평구 진관동 324 대 250㎡에 관하여,
   가. 피고 김정돌에게,
      1) 피고 B는 서울서부지방법원 은평등기소 2010. 10. 7. 접수 제7707호로 마친 소유권이전등기의,[27]
      2) 피고 C는 같은 등기소 2010. 10. 12. 접수 제7817호로 마친 소유권이전등기의,
      3) 피고 F는 같은 등기소 2011. 5. 31. 접수 제3321호로 마친 소유권이전청구권가등기의,
      4) 피고 H는 같은 등기소 2010. 11. 11. 접수 제8888호로 마친 지상권설정등기의 각 말소등기절차를 이행하고,[28]
   나. 피고 김정돌은 원고에게 2010. 4. 6. 증여를 원인으로 한[29] 소유권이전등기절차를 이행하고, 위 토지를 인도하라.
3. 피고 H는 피고 김정돌에게 제2항 기재 토지[30] 지상 경량철골조 샌드위치패널지붕 단층 음식점 150㎡를 철거하고, 위 토지를 인도하라.

---

[25] 이 때 각하되는 것은 '소'이지 '청구'가 아님을 주의할 필요가 있다.

[26] 1) 이 사안에서 피고별 청구내역 및 그 인용 여부를 정리하면 다음과 같다(O는 인용).

피고	청구 내역	이행상대방	주문
김정돌	소유권이전등기, 토지인도	원고	O
A	소유권이전등기 말소	김정돌	각하
B	소유권이전등기 말소	〃	O
C	소유권이전등기 말소	〃	O
D	가처분등기 말소	〃	각하
E	가등기 말소	〃	각하
F	가등기 말소	〃	O
	가등기이전등기 말소	〃	각하
H	지상권등기말소, 건물철거, 토지인도	〃	O

[27] 말소의 대상이 되는 등기를 표시할 경우 원칙적으로 관할등기소, 접수연원일, 접수번호, 등기종류만을 기재하면 충분하고, 그밖에 등기원인이나 내용을 표시할 필요는 없다. 다만, 변제에 의한 저당권의 소멸 등 후발적 실효사유에 의하여 장래에 향하여 실효됨을 원인으로 말소등기를 할 경우에는 그 사유를 말소등기의 원인으로 기재하여야 한다.

[28] 부동산 등기에 관하여 공신력이 인정되지 아니하는 우리 법제 아래서는 무효인 등기에 기초하여 새로운 법률원인으로 이해관계를 맺은 자가 다시 등기를 이어받았다면 그 명의의 등기 역시 특별한 사정이 없는 한 무효임을 면할 수 없다(대법원 2005. 11. 10. 선고 2005다34667 판결 등 참조).

[29] 소유권이전등기를 명하는 주문에서는 등기원인을 기재하여야 한다.

[30] 건물의 인도 또는 철거를 명할 때에는 건물의 현황이 등기기록과 다른 경우가 아닌 한 그 등기 기록상의 표시에 따라 대지의 지번, 건물의 구조, 층수, 용도, 건축면적 등을 기재하면 되고, 지목이나 토지면적은 원칙적으로 기재할 필요가 없으나, 이 사안과 같이 건물철거 이외에 대지의 인도 또한 명하는 때에는 지목과 토지면적도 함께 기재한다.

【문제 5】

1. 김무돌은 2014. 9. 1. 김무순으로부터 그 소유의 경기도 고양시 가상구 연습동 300-1 대지 200㎡ 및 그 지상의 주택(이하 이들 토지와 주택을 통틀어 '이 사건 ①부동산'이라 한다)을 대금 3억 원에 매수하기로 하면서, 계약금 3,000만 원은 계약 당일 지급하고, 중도금 1억 7,000만 원은 2014. 10. 1. 지급함과 동시에 이 사건 ①부동산을 인도받고, 잔대금 1억 원은 2014. 11. 1. 약속한 부동산공인중개사무소에서 소유권이전등기에 필요한 서류를 교부받음과 상환으로 지급하기로 하였다.

2. 김무돌은 계약금 및 중도금을 그 지급기일에 모두 지급하였고, 위 중도금 지급일에 이 사건 ①부동산을 인도받아 이사를 마치고 그날부터 거기에서 살고 있다. 그 후 잔대금 지급기일인 2014. 11. 1. 김무돌이 잔금을 준비하여 약속장소에 갔으나, 김무순은 잔금 수령을 거절한 채 대금을 1억 원 더 올려주기 전에는 이전등기를 해줄 수 없다고 하며 그 소유권이전을 거부하였다. 그 후 몇 차례의 이행최고에도 불구하고 김무순이 그 이전등기의무를 불이행하자, 김무돌은 2014. 11. 30. 위 매매계약을 해제하였다.

3. 한편, 경기도 고양시 가상구 연습동 300-2 지상의 주택(이하 '이 사건 ②부동산'이라 한다)은 김무돌이 1/3, 김무철이 2/3 지분 비율로 공유하고 있는데, 김무철은 김무돌과 아무런 상의 없이 2014. 10. 1 뛰에게 이 사건 ②부동산을 차임 월 150만 원, 임대차기간 2014. 10. 1.부터 2년간으로 정하여 임대하여 주었고, 이에 뛰이 이사하여 그곳에서 살고 있다.

4. 김무돌은 2015. 9. 3. ㉮ 김무순을 상대로, 그의 귀책사유로 위 매매계약이 적법하게 해제되었음을 이유로 "김무순은 김무돌에게 계약금 및 중도금 합계 2억 원 및 그 중 3,000만 원에 대하여는 그 지급일인 2014. 9. 1.부터, 1억 7,000만 원에 대하여는 그 지급일인 2014. 10. 1.부터 각 소장부본 송달일까지는 민법에서 정한 연 5%, 그 다음날부터 다 갚는 날까지는 소송촉진 등에 관한 특례법에서 정한 연 15%의 각 비율에 의한 이자 또는 지연손해금을 지급하라", ㉯ 뛰을 상대로, 이 사건 ②부동산의 공유자로서 공유물에 대한 보존행위를 한다는 이유로, "뛰은 김무돌에게, 이 사건 ②부동산(주문 기재 시에는 '별지 제2목록 기재 건물'로 인용할 것)을 인도하고, 2014. 10. 1.부터 그 인도 완료일까지 월 200만 원의 비율에 의한 차임 상당 부당이득금을 지급하라"는 소를 병합하여 제기하였다.

5. 김무순은 이 사건 ①부동산의 차임이 월 250만 원이라고 주장하면서 위 소송 계속 중이던 2015. 12. 12. "김무돌은 김무순에게 이 사건 ①부동산(주문 기재 시에는 '별지 제1목록 기재 각 부동산'으로 인용할 것)을 인도하고, 2014. 10. 1.부터 그 인도 완료일까지 월 250만 원의 비율에 의한 차임 상당 부당이득금을 지급하라"는 반소를 제기하였다.

6. 한편 甲은 과반수지분권자인 김무철로부터 이 사건 ②부동산을 임차하여 살고 있으므로, 김무돌에게 이 사건 ②부동산을 인도하거나 차임 상당 부당이득금을 지급할 의무가 없다고 주장하였다.
7. 차임감정 결과 이 사건 ①부동산에 대한 2014. 9.경부터 2016. 3. 말경까지 월 차임 상당액은 200만 원, 이 사건 ②부동산에 대한 2014. 10.경부터 2016. 3. 말경까지 월 차임 상당액은 150만 원인 점이 밝혀졌고, 김무돌과 김무순은 변론기일에서 매매계약 해제에 따른 쌍방의 원상회복의무가 동시이행관계에 있다고 항변하였다.
8. 김무돌이 제출한 소장부본의 송달일은 2015. 9. 16. 이고, 김무순이 제출한 반소장부본 송달일은 2015. 12. 23.이며, 변론종결일은 2016. 4. 23.이고, 판결선고일은 2016. 5. 14.이다.

【관련 법리】

○ 해제와 원상회복의무

매매계약이 해제됨에 따라 쌍방이 부담하는 원상회복의무와 같이 쌍방의 채무가 동시이행관계에 있는 경우에 일방은 자기채무를 이행하였거나 그 이행제공을 하여 상대방이 이행지체에 빠져있다는 사실을 주장·증명하지 않는 한 상대방에 대하여 지체책임을 물을 수 없다. 설문상에 원고(반소피고, 이하 '원고'라 한다)의 이 사건 ①부동산 인도 및 사용이익 반환의무에 관한 이행제공이 있었다는 사정이 전혀 나타나 있지 아니한 이상, 그와 동시이행관계에 있는 피고(반소원고, 이하 '피고'라 한다) 김무순의 계약금 및 중도금 반환의무가 이행지체에 빠졌다고 볼 수는 없다.

한편 일방이 계약을 해제한 때에 각 당사자는 그 상대방에 대하여 원상회복의무가 있고, 이 경우 반환할 금전에는 민법 제548조 제2항에 의하여 그 받은 날로부터 이자를 가산하여 지급해야 하는데, 위 원상회복이자는 일종의 부당이득반환의 성질을 가지는 것이고 반환의무의 이행지체로 인한 지연손해금이 아니므로, 그 이자에 대하여는 금전채무 불이행으로 인한 손해배상액 산정의 기준이 되는 법정이율에 관한 특칙인 소송촉진 등에 관한 특례법 제3조 제1항을 적용할 수 없다.[31]

계약 해제로 인하여 계약 당사자가 원상회복의무를 부담함에 있어서 당사자 일방이 목적물을 이용한 경우에는 그 사용으로 인한 이익을 상대방에게 반환하여야 하는바(대법원 2000. 2. 25. 선고 97다30066 판결), 이 경우 반환하여야 할 사용이익은 보통 차임감정 결과에 따라 그 금액을 인정한다.

○ 공유물 관련 법리

과반수지분의 공유자가 그 공유물의 특정 부분을 배타적으로 사용·수익하기로 정하는 것은 공유물의 관리방법으로서 적법하므로, 과반수지분의 공유자로부터 사용·수익을 허락받은 점유자에 대

---

[31] 대법원 2000. 06. 23. 선고 2000다16275, 16282 판결

하여 소수지분의 공유자는 그 점유자가 사용·수익하는 건물의 철거나 퇴거 등 점유배제를 구할 수 없고, 이 경우 그 점유자는 소수지분권자에 대하여도 그 점유로 인하여 법률상 원인 없이 이득을 얻고 있다고는 볼 수 없다.32) 과반수지분권자가 공유물인 주택에서 직접 거주하거나 혹은 이를 타에 임대하여 그 현상대로 이용하도록 하는 행위는 관리행위의 범주에 속한다고 할 것인바, 원고는 과반수지분권자인 김무철로부터 이 사건 ②부동산을 임차한 피고 甲을 상대로 그 부동산의 인도나 차임상당 부당이득을 구할 수 없다고 보아야 할 것이다.

다만 과반수의 지분을 가진 공유자가 그 공유물의 특정 부분을 배타적으로 사용·수익하기로 정하는 것은 공유물의 관리방법으로서 적법하지만 그 사용·수익의 내용이 공유물의 기존의 모습에 본질적 변화를 일으켜 '관리' 아닌 '처분'이나 '변경'의 정도에 이르는 것이어서는 안 될 것이므로, 예컨대 과반수지분권자라 하여도 나대지에 새로이 건물을 건축한다든지 하는 것은 '관리'의 범위를 넘는 것에 해당할 수도 있다.33)

【모범답안】

1. 피고(반소원고) 김무순은 원고(반소피고)로부터 별지 제1목록 기재 각 부동산의 인도 및 2014. 10. 1.부터 위 각 부동산의 인도 완료일까지 월 2,000,000원의 비율에 의한 금원을 지급받음과 동시에, 원고(반소피고)에게 200,000,000원 및 그 중 30,000,000원에 대하여는 2014. 9. 1.부터, 170,000,000원에 대하여는 2012. 10. 1.부터 각 다 갚는 날까지 연 5%의 비율에 의한 금원을 지급하라.

2. 원소(반소피고)는 피고(반소원고) 김무순으로부터 200,000,000원 및 그 중 30,000,000원에 대하여는 2014. 9. 1.부터, 170,000,000원에 대하여는 2014. 10. 1.부터 각 다 갚는 날까지 연 5%의 비율에 의한 금원을 지급받음과 동시에, 피고(반소원고) 김무순에게 별지 제1목록 기재 각 부동산을 인도하고, 2014. 10. 1.부터 위 각 부동산의 인도 완료일까지34) 월 2,000,000원의 비율에 의한 금원을 지급하라.

3. 원고(반소피고)의 피고(반소원고) 김무순에 대한 나머지 본소청구와 피고 甲에 대한 청구35) 및 피고(반소원고) 김무순의 나머지 반소청구를 각 기각한다.36)

---

32) 대법원 2002. 05. 14. 선고 2002다9738 판결
33) 대법원 2001. 11. 27. 선고 2000다33638, 33645 판결
34) 부당이득은 현재의 부당이득뿐만 아니라 장래의 부당이득도 그 이행기에 지급을 기대할 수 없어 미리 청구할 필요가 없으면 미리 청구할 수 있다(대법원 1975. 04. 22. 선고 74다1184 전원합의체 판결).
35) 피고 甲은 반소를 제기하지 않았으므로, 피고 甲에 대해서는 '본소청구'가 아니라 '청구'를 기각함에 주의하여야 한다.
36) 피고 김무순에 대한 본소에서 소장부본 송달 다음날부터의 기간에 대해서는 원고가 구하는 연 15%의 비율보다 낮은 연 5%의 비율에 의한 이자의 지급을 명하였고, 반소에서 피고 김무순이 구하는 월 250만 원보다 적은 월 200만 원의 부당이득금을 인정하였으며, 쌍방의 동시이행 항변이 받아들여져 질적으로도 일부분이 기각되는 경우이므로, 나머지 본소청구 기각 및 나머지 반소청구 기각의 주문이 필요하다.

【문제 6】

1. 甲은 은행 대출을 받기 위해서 2011. 4. 1. 신용보증회사인 원고와 사이에 보증원금 3억 원, 보증기한 2013. 3. 31.까지로 하는 신용보증약정을 맺고, 같은 내용의 신용보증서를 발급받은 다음, 2011. 4. 15. 위 신용보증서를 담보로 하여 신한은행에서 3억 원을 대출 받았다. 위 신용보증서 및 신용보증약정상의 보증기한은 그 후 한 차례 갱신되어 2015. 3. 31.까지로 연장되었다.

2. 위 신용보증약정에서는 甲이 위 대출금채무를 제때 갚지 못하여 원고가 신용보증채무에 관하여 그 이행청구를 당하는 신용보증사고가 발생하여 원고가 신한은행에 위 신용보증채무를 변제하였을 경우, 甲이 원고에게 구상금으로서 보증채무변제금 및 이에 대하여 보증채무변제일 다음날부터 다 갚는 날까지 원고가 정한 지연손해금률로 계산한 지연손해금, 보증료가 납부된 기한의 다음날부터 보증채무변제일의 전날까지 보증원금에 대하여 원고가 정한 적용보증료율로 계산한 위약금, 구상채권의 집행·보전을 위하여 지출된 비용을 상환하기로 정하고 있다.

3. 甲의 처남인 乙은 2011. 4. 1. 위 신용보증약정에 따라 甲이 원고에 대하여 부담하게 될 구상금채무를 연대보증하였다.

4. 운영하던 기업의 경영 악화로 2015. 2. 9. 부도를 낸 甲이 신한은행에 위 대출원리금채무를 제때 변제하지 못하자 신한은행은 2015. 3. 25. 보증채무자인 원고에게 그 채무이행을 청구하였다. 이에 원고는 2015. 4. 16. 위 신용보증서에 따라 신한은행에 甲의 대출원리금 3억 2,000만 원을 변제하였는데, 위 신용보증약정서에 따른 위약금과 구상금채권의 보전을 위하여 원고가 지출한 가처분 신청비용 등을 합한 금액은 400만 원이며, 그 당시부터 변론종결일까지 원고가 정한 지연손해금률은 연 20%이다.

5. 乙은 2015. 2. 7. 자신의 유일한 재산인 별지 목록 기재 서울 구로구 신도림동 우성아파트 101동 301호(이하, '이 사건 아파트'라 하되, 주문 기재 시에는 '별지 목록 기재 아파트'로 인용할 것)를 자신의 사촌 동생인 丙에게 대금 4억 원에 매도하는 매매계약을 체결하고, 서울남부지방법원 구로등기소 2015. 3. 5. 접수 제13357호로 위 매매계약을 원인으로 하여 丙 앞으로 소유권이전등기를 마쳐주었다. 위와 같이 소유권이전등기를 마칠 당시 이 사건 아파트에는 2010. 3. 10. 설정된 채권최고액 2억 원의 1순위 근저당권과 2010. 10. 8. 설정된 채권최고액 1억 5,000만 원의 2순위 근저당권이 존재하고 있었고, 乙의 채권자 A가 2015. 2. 6. 청구금액을 5,000만 원으로 하여 서울남부지방법원 2013카단1840호로 받은 가압류 등기가 마쳐져 있었다.

6. 丙은 이 사건 아파트에 관하여 위와 같이 소유권이전등기를 마친 다음, 2015. 5. 15. 위

2순위 근저당권의 피담보채무액 1억 5,000만 원을 모두 변제하고 그 근저당권설정등기를 말소하였고, A의 가압류 청구금액도 전액 변제함으로써 위 가압류 등기도 2015. 6. 20. 말소되었다. 한편 이 사건 변론종결일 현재 이 사건 아파트의 시가는 4억 원이고, 잔존하고 있는 위 1순위 근저당권의 피담보채무액은 2015. 2. 7. 당시에는 1억 6,000만 원이었는데, 변론종결일 당시에는 1억 8,000만 원으로 증가하였다.

7. 이에 원고는 2015. 9. 10. ㉮ 甲과 乙에 대하여, 각자 원고가 지급한 보증채무변제금 등 합계 3억 2,400만 원 및 그 중 보증채무변제금 3억 2,000만 원에 대하여 그 변제일 다음 날부터 다 갚는 날까지는 연 20%의 비율에 따른 금원의 지급을 구하는 한편으로, ㉯ 乙과 丙 사이의 위 매매가 채권자인 원고를 해하는 사해행위라고 주장하면서, i) 乙, 丙에 대하여, 각 위 매매계약을 취소하고, ii) 丙에 대하여, 원고에게 2억 5,000만 원(= 이 사건 토지의 시가 4억 원 - 丙이 말소시킨 2순위 근저당권의 채권최고액 1억 5,000만 원) 및 이에 대한 이 사건 소장부본 송달 다음날부터 다 갚는 날까지 소송촉진 등에 관한 특례법에 따른 연 15%의 비율에 의한 지연손해금의 지급을 구하는 소를 병합하여 제기하였다.

8. 이에 대하여 丙은 자신이 2순위 근저당권을 말소하기 위하여 지출한 1억 5,000만 원 외에도 1순위 근저당권의 채권최고액 2억 원과 가압류채권자 A에게 지급한 5,000만 원은 가액배상의 범위에서 제외되어야 한다고 주장하였다.

9. 법원의 심리 결과, 乙과 丙 사이의 매매는 사해행위로 판단되었다. 한편 甲, 乙, 丙에 대한 소장부본 송달일은 모두 2015. 10. 11. 이고, 변론종결일은 2016. 4. 15., 판결선고일은 2016. 4. 29.이다.

【관련 법리】

○ 사해행위취소소송

채권자취소의 소는 수익자, 전득자를 피고로 삼아야 하므로 채무자인 乙은 피고적격이 없다.

사해행위 취소에 따른 원상회복의 방법은 원물반환이 원칙이다. 그러나 (근)저당권이 설정되어 있는 부동산에 관하여 사해행위 후 변제 등에 의하여 기존의 (근)저당권설정등기가 말소된 경우에는 '그 부동산의 가액에서 (근)저당권의 피담보채권액을 공제한 잔액(= 사해행위 목적물이 가지는 공동담보가액)'과 '채권자의 피보전채권액'의 각 범위 내에서 그 중 적은 금액을 한도로 사해행위의 일부를 취소하고 가액배상을 명하게 된다. 이 경우 잔존하는 (근)저당권설정등기가 있는 때에는, 사해행위 목적물의 공동담보가액을 산정함에 있어 그 부동산의 가액(변론종결 당시 기준)에서 말소된 저당권의 실제 피담보채권액과 말소되지 아니한 저당권의 실제 피담보채권액을 모두 공제하여 산정한다.

한편, 사해행위 당시와 변론종결 당시의 피담보채권액이 증감변동한 경우 가액반환의 범위는,

변론종결 당시의 피담보채권액이 사해행위 당시의 그것보다 증가한 경우에는 채권최고액의 범위 내에서 이를 모두 공제하여 산정할 것이나, 감소한 경우에는 사해행위 당시의 피담보채권액을 공제하는 방법에 의하여 가액반환의 범위를 확정하여야 한다.[37]

그러나 사해행위 당시 어느 부동산의 가압류가 되어 있다는 사정은 채권자 평등의 원칙상 채권자의 공동담보로서 그 부동산의 가치에 아무런 영향을 미치지 않으므로 사해행위 후 수익자 또는 전득자가 그 가압류 청구채권을 변제하거나 채권액 상당을 해방공탁하여 가압류를 해제시키거나 그 집행을 취소시켰다 하더라도 법원이 사해행위를 취소하면서 원상회복으로 원물반환 대신 가액배상을 명하여야 하거나, 다른 사정으로 가액배상을 명하는 경우에도 그 변제액을 공제할 것은 아니다.[38]

이 사안에서 변론종결일 현재 원고의 피보전채권액은 387,824,657원[(= 324,000,000원 + 63,824,657원(= 320,000,000원 X 20% X 364/365; 원 미만 버림)]이다. 한편 부동산 가액에서 피담보채권액을 공제한 잔액(공동담보가액)은 7,000만 원[= 변론종결 당시 이 사건 아파트의 시가 4억 원 - 1순위 근저당권의 변론종결 당시 실제 피담보채권액 1억 8,000만 원(피담보채권액이 증가한 경우이므로, 변론종결 당시의 피담보채권액을 공제하여야 함) - 말소된 2순위 근저당권의 피담보채권액 1억 5,000만 원]인바, 위 두 금액 중 적은 금액인 7,000만 원이 가액배상액이 된다. 따라서 이 부분 원고 청구의 일부를 기각하였다.

채권자취소권은 채무자의 사해행위를 채권자와 수익자 또는 전득자 사이에서 상대적으로 취소하고 채무자의 책임재산에서 일탈한 재산을 회복하여 채권자의 강제집행이 가능하도록 하는 것을 본질로 하는 권리이므로, 원상회복을 가액배상으로 하는 경우에 그 이행의 상대방은 채권자이어야 한다(대법원 2008. 4. 24. 선고 2007다84352 판결).

【모범답안】

1. 원고의 피고 乙에 대한 소 중 매매계약취소청구 부분을 각하한다.
2. 피고 甲, 乙은 연대하여[39] 원고에게 324,000,000원 및 그 중 320,000,000원[40]에 대한 2015. 4. 17.부터[41] 다 갚는 날까지 연 20%의 비율에 의한 금원을 지급하라.
3.

---

[37] 대법원 2005. 10. 14. 선고 2003다60891 판결
[38] 대법원 2003. 02. 11. 선고 2002다37474 판결
[39] 이 사건에서 乙은 甲의 연대보증인이므로 원고가 '각자' 지급을 구하였더라도 주문에서 '연대하여' 지급을 명하는 것이 바람직하다. 이때 '나머지 청구를 기각한다'는 주문은 불필요하다.
[40] 실무에서는 신용보증채무변제금에 대해서만 지연손해금을 붙여 청구하는 것이 일반적이므로, 이 사안에서도 원고가 그 변제금 3억 2,000만 원에 대해서만 지연손해금을 청구하는 것으로 하였다.
[41] 출재채무자는 구상금에 대하여 면책일로부터 법정이자를 청구할 수 있다(민법 제441조 제2항, 제425조 제2항). 다만 이 사안에서는 신용보증채무변제금에 대하여 그 변제일 다음날부터 다 갚는 날까지 약정 지연손해금률(원고가 정한 연 20%)에 따른 지연손해금을 지급하기로 약정하였으므로 위 약정이 우선 적용된다. 그 외 이자 있는 소비대차의 경우 목적물을 인도받은 때로부터(민법 제600조), 해제 후 반환금의 경우 이를 받은 날로부터(민법 제548조 제2항) 바로 이자를 청구할 수 있고, 어음금의 경우에도 만기 이후 연 6%의 이자를 청구할 수 있다(어음법 제48조 제2호).

가. 피고[42] 乙과 피고 丙 사이에 별지 목록 기재 아파트에 관하여 2015. 2. 7. 체결된 매매계약을 70,000,000원의 한도 내에서 취소한다.[43]

나. 피고 丙은 원고에게 70,000,000원 및 이에 대한 이 판결 확정일 다음날부터[44] 다 갚는 날까지 연 5%[45]의 비율에 의한 금원을 지급하라.

4. 원고의 피고 丙에 대한 나머지 청구를 기각한다.

---

[42] 이 부분 소송물에 대하여는 '피고 乙'이 당사자의 지위에 있지 않으나, 당사자 표시의 일관성을 위하여 피고로 기재한 것이다. 만일 乙이 소송의 당사자가 아닐 경우에는 '소외 乙'이라고 표시한다.

[43] 형성판결의 주문은 형성효과의 발생을 선언하는 형태를 취하여야 하고, 원고 및 피고에 대하여 그 형성효과 발생을 명하는 형태를 취하여서는 아니 되므로, "~매매계약을 취소하라"와 같이 기재하여서는 아니 된다.

[44] 사해행위 취소로 인한 가액배상 지급의무는 그 전제가 되는 사해행위 취소라는 형성판결이 확정될 때 비로소 발생하므로 판결확정 전에는 지체책임이 발생하지 않고, 따라서 판결확정일까지의 지연손해금은 인정되지 않는다.

[45] 가액배상청구는 장래의 이행을 구하는 것으로서 소송촉진 등에 관한 특례법 제3조 제1항 단서의 적용을 받게 되므로, 그 지연손해금의 비율은 민사법정이율에 의하여야 한다(대법원 2009. 01. 15. 선고 2007다61618 판결).

제2장 청구원인 작성 & 실전문제

제2장 청구원인 작성 & 실전문제

1. 작성방법

 청구원인 작성의 가장 기본적인 유형은 금전이행청구, 등기이행청구 등 이행소송 또는 확인소송의 형태입니다. 사해행위취소소송은 계산이 복잡해질 경우 작성이 상대적으로 어려울 수 있으며, 청구이의의 소와 같은 유형은 민사집행법적 지식이 필요하기 때문에 어려울 수 있습니다.

 모든 시험은 기출문제가 가장 중요합니다. 시험경향을 가장 잘 반영하고 있기도 하고, 잘 다듬어진 문제이기 때문입니다. 하지만 기본 이론공부 없이 기출문제만 공부할 수 없듯이, 기록형 문제도 바로 기출문제에 접근하는 것보다는 기본적인 유형부터 정확하게 공부하는 것이 바람직합니다.

 이하에서는 기본적인 유형부터 연습할 수 있도록 기록형 사례를 배치해 두었으므로, 순서대로 연습하시면 소장작성 연습을 충분히 하실 수 있으리라 생각됩니다. 왜 그러한 문구가 나타났는지 각주까지 유념하면서 학습하시기 바랍니다.

 각 사례들을 검토하면서 등기사항전부증명서, 계약서 등의 증거들의 내용을 파악하는 연습을 하고, 각 청구원인의 요건사실이 어떤 방식으로 작용하는지 파악해야 합니다. 특히 청구원인 작성시에는 요건사실 중 누락되는 것이 없어야 합니다. 이를 위해서는 요건사실론 교재를 숙지할 필요가 있습니다.

 소장1, 답변서1은 초급으로 변호사시험보다 쉬운 기본 형태의 문제이며, 소장 2, 3, 4, 6, 7, 8, 답변서2는 중급 수준의 문제로 변호사시험와 비슷한 난이도의 문제입니다. 소장5, 청구취지변경신청서 문제는 답안의 복잡성 때문에 시험출제는 어려울 수 있으며, 소장 9, 10은 민사집행법 영역으로 실무에서는 중요하지만 지금까지의 경향으로 볼 때 출제가능성은 낮아 보입니다. 소장11은 소장, 보전처분신청서 및 공시송달신청서를 작성하는 문제로 전체적인 문제를 묻기보다는 부동산가압류신청서 또는 공시송달신청서를 작성하라는 문제도 출제될 수 있으므로 종합적인 사안해결을 위한 연습도 필요하기 때문에 확인하라 필요가 있다고 할 것입니다. 이를 참고하여 학습에 강약조절을 하시기 바랍니다.

 우선 가장 기본적인 소장 작성문제로 시작합니다.

 윤태후의 진술을 진실한 것으로 가정하고, 윤태후에게 가장 이익이 되도록 2017. 1. 7.자 소장을 작성하여 보시기 바랍니다. 상담기록에 이어지는 서류들은 의뢰인이 가져온 서류들입니다. 실무에서는 서류에 날인이 없는 경우에 상대방이 다툴 수 있고, 증명책임의 문제가 생길 수 있으나, 본 교재에서는 첨부된 서류들과 인장의 날인 부분은 모두 적법하게 작성되거나 날인된 것으로 간주합니다.

2. [소장 1]

수임번호 2017-07		**사건상담기록**		2017. 1. 5.
의뢰인	윤태후 (730329-1159711)		의뢰인 전화	02-3480-2881
의뢰인 주소	서울 서초구 반포동 234 미생아파트 5 동 206호		의뢰인 팩스	02-3480-2882
상 담 내 용				

윤태후 : 안녕하세요? 안 변호사님. 그 동안 잘 계셨지요? 작년 사건은 변호사님 도움으로 잘 끝났는데요, 다른 문제가 또 하나 생겨서 변호사님 도움을 받을까 하구요. 그리고 새해 복 많이 받으십시오.

변호사 : 그 동안 잘 지내셨어요? 윤 사장님도 새해 복 많이 받으십시오. 그런데 어떤 문제인데요?

윤태후 : 제가 역삼동에서 '원퍼니쳐'라는 가구점을 운영하면서 외국 가구 수입업도 함께 하고 있는 것은 변호사님께서도 잘 알고 계시잖습니까? 그 장사를 하면서 제가 판매한 사무용 의자 대금을 받지 못하고 있는 것이 있어서요.

변호사 : 네, 상세히 말씀해 보세요.

윤태후 : 제가 거래하던 사람 중에 하일곤이라는 사람이 있는데요. 이 사람은 서울 성북구 돈암동에서 '삼봉가구'라는 상호로 가구점을 운영하고 있습니다. 처음부터 이 사람을 제가 만나지 말았어야 했는데, 2012. 10.경에 제 고등학교 친구 주호만과의 술자리에서 처음 만나 알게 되었거든요. 처음에는 사람이 아주 좋아 보이더라고요. 제가 나온 고등학교는 평소 동문들끼리만 잘 뭉치는데, 하일곤은 저희 고등학교를 나오지도 않았거든요. 그렇게 만난지 얼마 되지도 않은 2012. 12.경 하일곤이 저를 찾아와 제가 미국에서 수입하고 있는 사무용 의자를 자신에게 공급해 달라고 하더군요. 이거 아는 사람만 찾는 아주 이름난 의자거든요. 미국에서는 인기 최고라니까요. 제가 그래도 이 방면에서는 전문가인데 그리 쉽게 거래를 해줄 리가 있습니까? 그래서 저는 적절히 핑계를 대고 안 된다고 하였지요. 그랬더니 며칠 후 하일곤이 주호만과 함께 다시 저를 찾아왔더라고요. 또 똑같은 부탁을 하면서... 하일곤만 왔더라면 제가 절대 그런 거래를 안했을 터인데, 제가 원체 정에 약한지라... 주호만은 하일곤이 틀림없는 사람이라고 하면서, 만약 하일곤을 믿지 못하겠다면 주호만 자신이 연대보증을 서겠다고 하더구먼요. 저는 주호만 이외에 충분한 자력이 있는 사람

이 추가로 연대보증을 한다면 하일곤의 요청을 수락하겠다고 하였지요. 그러자 주호만은 그 자리에서 바로 자신과 동서지간이라고 하는 손재호를 연대보증인으로 세우겠다고 하면서 손재호라는 사람에게 전화를 하여 동의를 구하더군요.

변호사 : 그래서 어떻게 되었습니까?

윤태후 : 결국 계약을 체결하였지요 뭐...

변호사 : 그 계약 내용을 말씀해 보시고, 어떤 문제가 있는지 말씀해보세요.

윤태후 : 2013. 1. 15. 계약을 체결하였는데요, 상세한 내용은 이 계약서('공급계약서') 내용과 같습니다.

변호사 : 이 '공급계약서'상으로는 주호만과 손재호가 연대보증인으로 되어 있지 않는데요?

윤태후 : 아, 예 주호만과 손재호로부터는 별도로 이와 같이 '연대보증서'를 받았습니다. 보증서를 따로 받으면 효력이 없는가요?

변호사 : 아, 그래요? 잘 받아 두셨습니다. 그런데 위 계약이 어떻게 문제를 일으키게 되었습니까?

윤태후 : 저는 위 계약에서 정한 일정에 따라 하일곤의 매장에 사무용 의자 400개를 모두 배달해 주었는데요, 하일곤은 2013. 2. 28.이 되기 약 1, 2일 전에 갑자기 저에게 전화를 걸어 말을 빙빙 돌리더니, 결국은 "거래처 외상대금 수금이 늦어져 의자대금을 줄 자금을 준비하지 못했다'면서, 곧 신학기가 되어 학생들에게도 제품을 팔기 시작하면 그 수입금으로 대금을 지급하는 데에는 아무 문제가 없으니 2013. 2. 28.에 지급하기로 약정한 1차분 대금 40,000,000원 중 20,000,000원만 우선 지급할 것이니 나머지 대금 20,000,000원의 지급기일은 며칠만 연기해 달라고 사정하더군요.

변호사 : 그래서요?

윤태후 : 돈 주어야 할 사람이 안주는데 받을 사람이 무슨 방법이 있습니까? 저는 안된다고 하였는데, 원체 정에 약하다 보니 하일곤의 말에 넘어갔지요.

변호사 : 그래서 결국 지급기일을 연기해 주었습니까?

윤태후 : 그렇지요 뭐. 하일곤은 2013. 3. 5.에 수금할 돈이 있는데 그 돈을 우선적으로 저에게 지급하겠다고 하면서 그때까지만이라도 지급기일을 늦춰달라고 하더군요. 그래서 저는 주호만의 얼굴도 있고 또 주호만과 손재호가 연대보증까지 해주었기 때문에 할 수 없이 2013. 2. 28.에 받아야 할 돈 중 20,000,000원만 받고, 나머지는 하일곤의 요청대로 지급기일을 2013. 3. 5.로 연기해 주었습니다.

변호사 : 그래서 그 이후에는 어떻게 되었습니까?
윤태후 : 제가 장사를 하면서 이렇게 속아본 적은 없는데, 이번에는 크게 당한 것 같습니다. 위와 같은 합의 후 하일곤은 2013. 2. 28. 주기로 한 20,000,000원은 약속대로 보내주어서 저를 안심시키더구면요. 그런데 하일곤이 2013. 3. 5. 주기로 약속한 나머지 20,000,000원은 2013. 3. 5.은 물론 2013. 3. 30.이 지나도록 전혀 주지 않았습니다. 저도 워낙 급해서 저의 직원을 보내 약속한 대금의 지급을 독촉하였더니, 하일곤은 거래처로부터 수급이 되지 않아 대금을 지급하지 못하였으니 조금만 더 기다려 달라고 사정하더구면요. 그래서 제가 구체적인 방안을 대라고 하였더니 제대로 제시하지 못하였습니다. 저의 장사 경험에 비추어 보면 너무 구체적으로 지급방법을 제시하는 것도 믿을 수 없지만, 아무런 구체적인 지급방법을 제시하지 않는 경우에도 거의 거짓말이거든요. 그래서 제가 냉정하게 바로 갚으라고 했습니다.
변호사 : 윤 사장님이 하일곤에게 보낸 직원은 누구인가요?
윤태후 : 장기래라는 사람입니다.
변호사 : 현재의 상황은 어떤 상태입니까?
윤태후 : 그 이후 저도 부도가 날 판이라 거듭해서 독촉하였으나, 하일곤은 곧 지급하겠다고 하면서 차일피일 미루기만 할 뿐 기한을 연기해준 나머지 1차분 의자대금은 물론 2013. 3. 30.에 주기로 했던 2차분 대금도 전혀 주지 않고 있습니다. 최근 들리는 소문에 의하면 하일곤이 매장을 너무 키우다가 외상구매를 너무 많이 하여 자금사정이 매우 좋지 않답니다. 곧 부도가 난다는 말도 있고, 이미 중국으로 도주하였다는 소문도 있는데, 자세한 사정은 알 수 없습니다.
변호사 : 그러면, 윤 사장님은 받지 못한 의자대금만 받으시면 됩니까?
윤태후 : 아닙니다. 다른 문제도 하나 있습니다. 손재호와의 문제인데요, 저는 의자 등 수입한 가구제품을 보관할 장소를 신축하기 위하여 그 부지를 물색하고 있었는데, 또 운이 나빴는지 주호만이 끼어들어 자신의 동서인 손재호 소유 부동산 중 창고 부지로 적합한 곳이 있는 것 같다고 하더군요. 그래서 손재호로부터 부동산을 샀는데, 손재호가 아직 그 등기를 넘겨주지 않고 있습니다. 주호만이 생전에 저와 무슨 악연이 있었는지 모르겠습니다. 이거 사기죄로 고소할 수 없을까요? 저는 2013. 10. 27.에 손재호로부터 그 소유 토지를 샀는데, 그 매매계약서가 이것(별첨 '토지매매계약서')입니다.
변호사 : 매매대금은 모두 지급하였습니까? 그런데 손재호에 대해서는 이미 그 때 앞서 하일곤과의 의자 매매계약에 따라 윤 사장님이 보증책임을 물을 수도 있었는

데, 그런 상황이라면 의자대금을 정산하고 매매대금을 지급하시던지 하였어야 하지 않을까요?

윤태후 : 아, 당시 제가 하일곤으로부터 대금을 받지 못하고 있기는 하였지만, 하일곤이가 계속 조만간 갚겠다고 하여, 설마 손재호에게까지 보증금청구를 하는 사태는 벌어지지 않을 거라고 생각했기 때문에, 손재호의 하일곤에 대한 보증 문제는 아예 생각도 하지 못하였던 것이지요. 게다가 저는 이 토지 문제와 하일곤에 대한 문제는 따로따로 정리하고 싶습니다. 합치면 문제가 복잡해질 것 같아서요.

변호사 : 매매대금은 이 '토지매매계약서'에 적힌 대로 주었습니까?

윤태후 : 계약금은 계약 당일에 직접 지급했고, 중도금은 중도금 지급 날짜가 되기도 전인 2013. 11. 1.경 손재호의 신한은행 계좌로 모두 송금해 주었습니다. 이미 그때부터 손재호는 다른 곳에 팔면 두 배 이상의 값으로 팔 수 있다는 등 이상한 말을 하여 제가 약간 불안하긴 했었습니다. 제가 당시 자금사정이 좀 안 좋았는데, 혹시나 계약 이행에 탈이 생길까 싶어 급전까지 꿔서 잔금지급기일인 2013. 12. 26.에 잔금지급장소인 강남구 논현동에 있는 가우스공인중개사 사무실에서 만나자고 통보하고 그곳에 나갔는데, 결국 손재호는 무슨 장난을 하려는 속셈인지 약속 장소에 나타나지 않았고 전화도 받지 않더군요. 그 후 우여곡절 끝에 손재호를 만나서, 여러 차례에 걸쳐 위 부동산에 관한 소유권이전등기를 해줄 것을 요구하였으나 손재호는 계약 이후 땅값이 많이 올랐으니 돈을 더 지급하라고 요구하는 등 억지를 부리며 지금까지 소유권이전등기를 해주지 않고 있습니다. 제가 보기에는 이들이 거의 계획적으로 이러는 것이 아닌가 생각합니다. 두 동서와 저와는 아무런 일면식도 없던 하일곤을 소개하여 거액의 돈을 물리게 해놓고, 제가 돈이 궁한 상태일 것이라는 것을 알면서도 자신의 부동산을 또 팔고는 잔대금을 받으려고 하지도 않으니 말입니다.

변호사 : 그러면, 제가 어떻게 해드리면 될까요?

윤태후 : 누구를 상대로 하든 소를 제기하여, 받지 못한 의자대금을 받아 주십시오. 받기만 하면 수임료는 변호사님께서 달라는 대로 드리겠습니다. 그리고 제가 산 토지를 한시라도 빨리 제 명의로 넘겨받을 수 있도록 해주십시오. 소송이든 다른 조치든 모두 변호사님께 일임합니다.

변호사 : 일단 민사소송만 제기하는 것으로 하고, 형사고소가 가능한지 여부는 차후에 다시 검토해보기로 하지요. 그리고 손재호에 대하여 소유권이전등기 청구를 하더라도, 손재호에 대한 보증금청구는 별도로 청구하겠습니다.

윤태후 : 예, 알겠습니다. 모두 변호사님께서 알아서 처리해 주십시오.

변호사 : 좋습니다. 그런데 하일곤의 주민등록이 되어 있는 주소를 알고 계시는가요?

윤태후 : 예, 제가 알고 있기로는 성북구 돈암동 98-76, 3통 5반으로 알고 있습니다. 그리고 주민등록번호는 660214-1153423으로 알고 있습니다.

변호사 안영이 법률사무소
전화번호 : 02-3480-9811, 팩스 02-3480-9812, 이메일 : mir@nate.com
서울 서초구 서초동 1234 승리빌딩 701호

供 給 契 約 書

매도인 원퍼니처
  대표 윤태후
  서울특별시 강남구 논현동 313-1
매수인 삼봉가구
  대표 하일곤
  서울특별시 성북구 돈암동 131 삼단빌딩 1층

원퍼니처(대표 윤태후)는 삼봉가구(대표 하일곤)에게 사무용 의자(품명 DK-2500G) 400개를 1개당 30만원씩 합계 1억 2,000만 원에 공급하기로 하고, 그 구체적 조건을 아래와 같이 정한다.

- 아 래 -

1. 윤태후는 2013. 2. 28. 사무용 의자 400개를 하일곤의 영업장소인 서울 성북구 돈암동 131 삼단빌딩 1층 삼봉가구로 배달해 준다.
2. 하일곤은 위 의자대금 1억 2,000만 원 중 4,000만 원은 2013. 2. 28.까지, 나머지 8,000만 원은 2013. 3. 30.까지 윤태후의 신한은행 통장(110-084-107374)으로 송금하여 지급한다.
3. 기타 사항은 법률과 상관례에 따른다.

2013년 1월 15일

매 도 인   윤태후 ㊞

매 수 인   하일곤 ㊞

연 대 보 증 서

윤태후(원퍼니처) 사장님 귀하

하일곤(삼봉가구)이 2013. 1. 15. 귀하로부터 매수한 사무용 의자 400개의 대금을 지급하지 아니하는 경우 하일곤과 연대하여 지급할 것을 보증하기로 하여 이에 각서합니다.

2013. 1. 15.

연대보증인

주 호 만 ㊞
서울특별시 동작구 대방동 113-57 이승빌라 304호
(740225-1435828)

손 재 호 ㊞
서울특별시 강남구 논현동 39-62 노블아파트 102동 503호
(640913-1359732)

土地賣買契約書

매도인 '손재호'와 매수인 '윤태후'는 아래 토지에 관하여 다음과 같이 합의하여 매매계약을 체결한다.

1. 부동산의 표시

소 재 지	경기도 용인시 처인구 모현면 능원리 245			
토 지	지목	대지	면적	1,314㎡ (평)
건 물	구조 : 용도		면적	㎡ (평)

2. 계약내용

제1조 (매매대금) 위 부동산매매에 있어 매수인은 매매대금을 아래와 같이 지급키로 함.

매 매 대 금	금 2億 원정	₩200,000,000
계 약 금	20,000,000	원정은 계약시 지급하고
중 도 금	80,000,000	원정은 2013년 11월 26일 지급하며
잔 금	100,000,000	원정은 2013년 12월 26일 지급함.

제2조 (동시이행의무) 매도인은 매수인으로부터 매매 잔금을 수령함과 동시에, 매수인에게 소유권이전등기에 필요한 모든 서류를 교부하고 이전등기신청에 협력하여야 하며 또한 위 부동산을 인도하여야 한다.

※ 특약사항
1. 계약금 2,000만 원은 당일 지급하고, 중도금은 매도인의 신한은행 계좌(110-084-363950)로 입금한다.
2. 대금의 지급을 지체한 때에는 월 2%의 이자를 지급하기로 한다.
3. 잔금지급장소는 논현동 소재 가우스공인중개사로 한다.

2013년 10월 27일

매도인	성명	손재호 ㊞	주민등록번호 640913-1359732
	주소	서울특별시 강남구 논현동 39-62 노블아파트 102동 503호	
매수인	성명	윤태흑 ㊞	주민등록번호 730329-1159711
	주소	서울 서초구 반포동 234 미생아파트 5동 206호	
입회인	성명	이복덕 ㊞	
	주소	서울 강남구 논현동 321 가우스공인중개사	전화 567-3412

[토지] 경기도 용인시 처인구 모현면 능원리 245   고유번호 1234-5678

[표 제 부]		(토지의 표시)			
표시번호	접 수	소재지번	지목	면적	등기원인 및 기타사항
1 (전 3)	2001년 5월 4일	경기도 용인시 처인구 모현면 능원리 245	대	1,314㎡	부동산등기법시행규칙부칙 제3조 제1항의 규정에 의하여 2001년 9월 1일 전산이기

[갑 구]		(소유권에 관한 사항)		
순위번호	등기목적	접 수	등기원인	권리자 및 기타사항
1 (전 3)	소유권이전	2001년 7월 11일 제24398호	2000년 6월 8일 매매	소유자 손재호 640913-1359732 부동산등기법시행규칙부칙 제3조 제1항의 규정에 의하여 2001년 9월 1일 전산이기

--- 이하여백 ---

수수료 800원 영수함
관할등기소 : 수원지방법원 용인등기소 / 발행등기소 : 법원행정처 등기정보중앙관리소

이 증명서는 등기기록의 내용과 틀림없음을 증명합니다.
서기 2017년 1월 7일
법원행정처 등기정보중앙관리소 전산운영책임관

* 실선으로 그어진 부분은 말소등기사항을 표시함. * 등기기록에 기록된 사항이 없는 갑구 또는 을구는 생략함. * 증명서는 컬러 또는 흑백으로 출력 가능함.

문서 하단의 바코드를 스캐너로 확인하거나, 인터넷등기소(http://www.iros.go.kr)의 발급확인 메뉴에서 발급확인번호를 입력하여 위·변조 여부를 확인할 수 있습니다. 발급확인번호를 통한 확인은 발행일부터 3개월까지 5회에 한하여 가능합니다.

발급확인번호 0682-ALIK-YDCP   발행일:2017/1/7

【모범답안】

소 장

원　　고　　윤태후 (730329-1159711)[46]
　　　　　　서울 서초구 반포동 234 미생아파트 5동 206호
　　　　　　소송대리인 변호사 안영이
　　　　　　서울 서초구 서초동 1234 승리빌딩 701호
　　　　　　전화 02-012-9811, 팩스 02-012-9812, 전자우편 mir@nate.com

피　　고　　1. 하일곤 (660214-1153423)
　　　　　　　서울 성북구 돈암동 98-76 (3통 5반)
　　　　　　2. 주호만 (740225-1435828)
　　　　　　　서울 동작구 대방동 113-57 이승빌라 304호
　　　　　　3. 손재호 (640913-1359732)
　　　　　　　서울 강남구 논현동 39-62 노블아파트 102동 503호

물품대금 등 청구의 소

청 구 취 지

1. 원고에게,

가. 피고들은 연대하여 100,000,000원 및 그 중 20,000,000원에 대하여는 2013. 3. 6.부터, 80,000,000원에 대하여는 2013. 3. 31.부터 각 이 사건 소장 부본 송달일까지는 연 6%의, 그 다음날부터 다 갚는 날까지는 연 15%의 각 비율에 의한 금원을 지급하고,

나. 피고 손재호는 원고로부터 100,000,000원을 지급받음과 동시에 용인시 처인구 모현면 능원리 245 대 1,314㎡에 관하여 2013. 10. 27. 매매를 원인으로 한 소유권이전등기절차를 이행하라.

2. 소송비용은 피고들이 부담한다.

3. 제1의 가항은 가집행할 수 있다.[47]

---

[46] 개정된 개인정보보호법에 따라 등기·등록의 의사표시를 명하거나 공유물분할을 내용으로 하는 판결서에는 종전처럼 당사자 등의 성명, 주소뿐 아니라 주민등록번호고 기재하고, 주민등록번호를 알 수 없는 경우에는 생년월일이나 한자성명 중 하나를 기재하거나 모두 병기하는 경우를 제외하고는 주민번호를 생략한다.

[47] 소유권이전등기청구 부분은 의사의 진술을 명하는 청구로서 그 판결이 확정되어야만 의사의 진술이 있는 것으로 간주되기 때문에(민사집행법 제263조) 가집행선고를 구할 수 없다.

라는 판결을 구합니다.

청 구 원 인

1. 물품대금청구

가. 가구 판매업을 하고 있는 원고는 2013. 1. 15. 피고 하일곤에게 사무용 의자(모델명 DK-2500G) 400개를 개당 300,000원씩 총 대금 120,000,000원에 매도하면서, 위 사무용 의자를 2013. 2. 28. 인도하고, 위 대금 중 40,000,000원(이하 '제1차 대금'이라 한다)은 2013. 2. 28.에, 나머지 80,000,000원(이하 '제2차 대금'이라 한다)은 2013. 3. 30.에 각 지급받기로 약정하였습니다. 피고 주호만, 손재호는 위 계약 당시 피고 하일곤의 위 물품대금채무를 연대보증하였습니다.

원고는 피고 하일곤에게 위 약정대로 위 사무용 의자 400개를 모두 인도하였고,[48] 피고 하일곤의 요청으로 제1차 대금 중 20,000,000원의 지급기일을 2013. 3. 5.로 연기해 주었습니다.

나. 그러나 피고 하일곤은 2013. 2. 28. 원고에게 제1차 대금 중 20,000,000원을 지급한 외에는 나머지 물품대금을 지급하지 않고 있습니다.

다. 따라서 피고들은 연대하여 원고에게 위 물품대금 100,000,000원(제1차 대금 중 잔액 20,000,000원 + 제2차 대금 80,000,000원) 및 그 중 20,000,000원에 대하여는 유예된 제1차 대금 지급기일 다음날인 2013. 3. 6.부터, 80,000,000원에 대하여는 제2차 대금 지급기일 다음날인 2013. 3. 31.부터 각 이 사건 소장 부본 송달일까지는 상법 소정 연 6%의, 그 다음날부터 다 갚는 날까지는 '소송촉진 등에 관한 특례법' 소정 연 15%의 각 비율에 의한 지연손해금을 지급할 의무가 있습니다.

2. 소유권이전등기청구

가. 원고는 2013. 10. 27. 피고 손재호로부터 용인시 처인구 모현면 능원리 245 대 1,314㎡(이하 '이 사건 토지'라고 한다)를 대금 200,000,000원에 매수하면서 계약금 20,000,000원은 계약 당일 지급하고, 중도금 80,000,000원은 2013. 11. 26., 잔금 100,000,000원은 2013. 12. 26. 소유권이전등기에 필요한 서류와 상환으로 각 지급하기로 약정하였습니다.

원고는 위 계약금은 계약 당일, 중도금은 2013. 11. 1. 각 지급하였으나, 잔금은 피고 손재호의 수령거피로 아직 지급하지 못하고 있습니다.

나. 그러므로 피고 손재호는 원고로부터 잔금 100,000,000원을 지급받음과 동시에, 원고에게 이 사건 토지에 관하여 2013. 10. 27. 매매를 원인으로 한 소유권이전등기절차를 이행할 의무가 있습니다.

---

[48] 물품대금청구만 할 것이라면 '인도' 사실은 요건사실이 아니나, 지연손해금까지 청구하기 위해서는 '인도' 사실도 기재하여야 한다.

3. 결 어

이상과 같은 이유로 원고는 본소를 제기하기에 이르렀습니다.

증 명 방 법 (생략)

첨 부 서 류 (생략)

2017. 1. 7.

원고 소송대리인 변호사 안영이

서울중앙지방법원 귀중

【해 설】

이행소송 중 대금청구와 이전등기청구를 구하는 기본적인 사안으로 언제든지 출제될 수 있다고 보아야 합니다. 기본적인 사안에서는 이자청구, 동시이행관계 등 기본적인 항목에서 실수를 하지 않도록 하여야 합니다.

판결문은 -점차 변화되어가는 추세이기는 하지만- 어느정도 정형적인 문구나 배열순서가 있으나, 소장의 청구원인은 그렇지 않습니다. 필요한 항목만 논리적인 순서에 따라 배열하면 됩니다. 필요한 항목 중 기본이 '요건사실'입니다. 이 사안에서는 매매의 요건사실, 임대차의 요건사실을 기본적으로 파악하고 있어야 합니다. 특히 재판연구원 시험까지 생각하고 있는 분이라면 요건사실은 숙지하고 있어야 하며, 전형적인 사건 유형에서 청구원인과 항변, 재항변이 어떤식으로 전개되는지를 익혀야 합니다. 자세한 내용은 요건사실론 교재를 참고하시기 바랍니다. 본 교재는 요건사실론 내용 중에서도 기록형에 출제될 가능성이 높은 쟁점만 정리하였습니다.

이행소송의 대표적인 유형에 대응하여 주로 나오는 항변들이 있습니다. 매매대금청구의 경우에는 해제, 변제, 동시이행 항변들이 주로 나올 수 있고, 대여금청구의 경우에는 변제, 시효소멸, 상계 항변들이 주로 나옵니다. 이러한 항변들이 기록에 나타날 때는 주로 문제가 되는 쟁점들이 있고, 그에 대한 판례들이 있습니다. 이러한 판례들은 각 기록형 문제마다 정리해 놓았습니다. 본 교재에 없는 판례들도 언제든지 출제될 수 있으나 이는 선택형 문제 학습으로 보완이 되리라 생각합니다.

▣ 핵심 판례 - 금전청구, 등기청구

가. 금전청구 관련

1) 「소송촉진 등에 관한 특례법」 [49]

[원 칙]

금전채무의 지연손해금채무는 금전채무의 이행지체로 인한 손해배상채무로서 이행기의 정함이 없는 채무에 해당하므로, 채무자는 확정된 지연손해금채무에 대하여 채권자에게서 이행청구를 받은 때부터 지체책임을 부담하게 된다.[50]

[예 외]

사해행위취소소송에서 가액배상청구는 장래의 이행을 구하는 것으로서 소송촉진 등에 관한 특례법 제3조 제1항 단서의 적용을 받게 되므로, 그 지연손해금의 비율은 민사법정이율에 의하여야 한다.[51]

일방이 계약을 해제한 때에 각 당사자는 그 상대방에 대하여 원상회복의무가 있고, 이 경우 반환할 금전에는 민법 제548조 제2항에 의하여 그 받은 날로부터 이자를 가산하여 지급해야 하는데, 위 원상회복이자는 일종의 부당이득반환의 성질을 가지는 것이고 반환의무의 이행지체로 인한 지연손해금이 아니므로, 그 이자에 대하여는 금전채무 불이행으로 인한 손해배상액 산정의 기준이 되는 법정이율에 관한 특칙인 소송촉진 등에 관한 특례법 제3조 제1항을 적용할 수 없다.[52]

---

49) 실무에서 빈번하게 적용되며, 수험적으로도 기록형 문제에서는 항상 문제될 수 있는 부분이다. 따라서 적용범위, 적용시점에 대하여 숙지하여야 한다. 세세한 내용은 모르더라도, 기본적으로는 소장 부본 송달일 다음날부터 연 15%를 적용시키면 되고, 다만 사해행위취소소송과 같은 예외적인 경우가 있다는 것을 알아두면 된다.

50) 대법원 2010. 12. 9. 선고 2009다59237 판결 등.

51) 대법원 2009. 01. 15. 선고 2007다61618 판결 :
가액배상의무는 사해행위의 취소를 명하는 판결이 확정된 때에 비로소 발생하므로 그 판결이 확정된 다음날부터 이행지체 책임을 지게 되고, 따라서 소송촉진 등에 관한 특례법 소정의 이율은 적용되지 않고 민법 소정의 법정이율이 적용된다 할 것이므로(대법원 2002. 03. 26. 선고 2001다72968 판결 참조), 원심이 가액배상금에 대한 지연손해금으로서 이 판결확정일 다음날부터 완제일까지 민법 소정의 법정이율인 연 5%의 비율에 의한 지연손해금을 인용한 조치는 정당하고, 거기에 상고이유에서 주장하는 바와 같은 법리오해 등의 위법이 없다.

52) 대법원 2000. 06. 23. 선고 2000다16275, 16282 판결 :
민법 제548조 제2항은 계약해제로 인한 원상회복의무의 이행으로서 반환하는 금전에는 그 받은 날로부터 이자를 가산하여야 한다고 하고 있는바, 위 이자의 반환은 원상회복의무의 범위에 속하는 것으로 일종의 부당이득반환의 성질을 가지는 것이지 반환의무의 이행지체로 인한 손해배상은 아니라고 할 것이고(대법원 1995. 03. 24. 선고 94다47728 판결, 대법원 1996. 04. 12. 선고 95다28892 판결 등 참조), 한편 소송촉진등에관한특례법 제3조 제1항은 금전채무의 전부 또는 일부의 이행을 명하는 판결을 선고할 경우에 있어서 금전채무불이행으로 인한 손해배상액 산정의 기준이 되는 법정이율에 관한 특별규정이므로, 위 이자에는 소송촉진등에관한특례법 제3조 제1항에 의한 이율을 적용할 수 없다 할 것이다.

장래에 이행할 것을 청구하는 소에 있어서는 소촉법 제3조 제1항 본문 소정의 지연손해금을 청구할 수 없다.

동시이행관계

근저당권설정등기가 되어 있는 부동산을 매매하는 경우 매수인이 근저당권의 피담보채무를 인수하여 그 채무금 상당을 매매잔대금에서 공제하기로 하는 특약을 하는 등 특별한 사정이 없는 한 매도인의 근저당권말소 및 소유권이전등기의무와 매수인의 잔대금지급의무는 동시이행의 관계에 있는 것이다.[53]

임대차보증금반환채무와 임차건물인도채무, 매매 잔대금 지급의무와 매도인의 소유권이전등기의무, 도급인의 손해배상채권과 수급인의 공사대금채권, 계약 해제 시 일방의 손해배상의무와 상대방의 원상회복의무 등은 동시이행관계에 있는바, 원고가 동시이행으로 피고에게 지급하여야 할 금원이 미확정인 경우에는 그 시기, 종기 및 비율을 명시하여 동시이행 청구를 한다.

청구취지 작성 예시)

피고는 원고로부터 40,000,000원에서 2016. 2. 1.부터 별지 목록 기재 건물의 인도 완료일까지 월 1,000,000원의 비율에 의한 금액을 공제한 나머지 금원을 지급받음과 동시에 원고에게 위 건물을 인도하라.

※ 선이행관계

근저당권설정등기나 담보 목적의 가등기 또는 소유권이전등기에 기한 피담보채무의 변제의무는 위 각 등기의 말소의무보다 선이행관계에 있다.[54]

2) 청구취지 작성 예시)

피고는 원고로부터 100,000,000원을 지급받은 다음 원고에게 별지 목록 기재 부동산에 관하여 서울남부지방법원 구로등기소 2015. 10. 1. 접수 제3452호로 마친 근저당권설정등기의 말소등기절차를 이행하라.

---

53) 대법원 1991. 11. 26. 선고 91다23103 판결
54) 대법원 1980. 05. 27. 선고 80다482 판결

나. 등기청구

1) 취득시효 완성[55]

취득시효기간이 경과하기 전에 등기부상의 소유명의자가 변경된다고 하더라도 그 사유만으로는 점유자의 종래의 사실상태의 계속을 파괴한 것이라고 볼 수 없어 취득시효를 중단할 사유가 되지 못하므로, 새로운 소유명의자는 취득시효 완성 당시 권리의무 변동의 당사자로서 취득시효 완성으로 인한 불이익을 받게 된다 할 것이어서 시효완성자는 그 소유명의자에게 시효취득을 주장할 수 있는바, 이러한 법리는 새로이 2차의 취득시효가 개시되어 그 취득시효기간이 경과하기 전에 등기부상의 소유명의자가 다시 변경된 경우에도 마찬가지로 적용된다고 봄이 상당하다.[56]

취득시효기간 만료 후에 새로이 그 토지의 소유권을 취득한 사람에 대하여는 시효취득으로 대항할 수 없고,[57] 점유기간 중에 당해 부동산의 소유권의 변동이 있는 경우에는 취득시효를 주장하는 자가 임의로 기산점을 선택하거나 소급하여 20년 이상 점유한 사실만 내세워 시효완성을 주장할 수 없으며, 법원이 당사자의 주장에 구애됨이 없이 소송자료에 따라 진정한 점유의 개시시기를 인정하고, 그에 터잡아 취득시효 주장의 당부를 판단하여야 한다.[58] 점유가 순차 승계된 경우에 있어서는 자기의 점유만을 주장하거나 또는 자기의 점유와 전 점유자의 점유를 아울러 주장하거나, 전 점유자의 점유를 아울러 주장하는 경우에도 어느 단계의 점유자의 점유까지를 주장할 것인가는 이를 주장하는 사람에게 선택권이 있고, 다만 전 점유자의 점유를 아울러 주장하는 경우에도 그 점유의 개시시기를 어느 점유자의 점유기간 중의 임의의 시점을 선택할 수 없으며,[59] 이와 같은 법리는 반드시 소유자의 변동이 없는 경우에만 적용되는 것은 아니다.[60]

점유로 인한 취득시효 완성 당시 미등기로 남아 있던 토지에 관하여 소유권을 가지고 있던 자가 취득시효 완성 후에 그 명의로 소유권보존등기를 마쳤거나,[61] 그러한 등기명의자로부터 상속을 원인으로 소유권이전등기를 마쳤더라도,[62] 이로써 소유권의 변동이 있었다고 볼 수 없으므로 취득시효 완성을 주장할 수 있는 시점에서 역산하여 취득시효 기간이 경과되면 그 시점의 취득시효 완성을 원인으로 소유권이전등기를 구할 수 있고, 토지 소유권의 변동이 있었더라도 어떠한 사유로

---

[55] 사안에서는 부동산 매매로 인한 소유권이전등기청구가 나왔으나, 취득시효 완성, 진정명의 회복 등 다른 원인으로 인한 소유권이전등기청구 사례도 출제될 수 있다. 각 사례들을 숙지하여 문제에서 무엇을 원하는지 파악할 수 있어야 한다.
[56] 대법원 2009. 07. 16. 선고 2007다15172,15189 전원합의체 판결.
[57] 대법원 1991. 04. 09. 선고 89다카1305 판결.
[58] 대법원 1995. 05. 23. 선고 94다39987 판결.
[59] 대법원 1981. 04. 14. 선고 80다2614 판결.
[60] 대법원 1998. 04. 10. 선고 97다56822 판결.
[61] 대법원 1995. 02. 10. 선고 94다28468 판결.
[62] 대법원 1998. 04. 14. 선고 97다44089 판결.

취득시효완성 당시의 소유자에게로 소유권이 회복되었으면[63] 취득시효완성을 주장할 수 있다.

2) 명의신탁

「부동산 실권리자명의 등기에 관한 법률」에 의하여 동법 시행일(1995. 7. 1.) 이후에는 부동산의 명의신탁은 무효이므로 '명의신탁해지'를 원인으로 한 소유권이전등기청구는 원칙적으로 할 수 없다. 다만, 양도담보와 가등기담보, 구분소유적 공유관계에서의 상호명의신탁, 신탁법에 의한 신탁, 종중이 종중 외의 자의 명의로 등기한 경우, 배우자 명의로 등기한 경우, 종교단체 명의로 그 산하 조직이 보유한 부동산에 관한 물권을 등기한 경우로서 각 조세포탈 등을 목적으로 하지 않은 경우(동법 제8조)에는 동법이 적용되지 않으므로, 이 경우에는 '명의신탁해지'를 원인으로 한 등기청구가 가능하다.

「부동산 실권리자명의 등기에 관한 법률」 제11조의 유예기간이 경과한 후에도 실명화 등의 조치를 취하지 아니한 명의신탁자가 명의수탁자에 대하여 부당이득의 법리에 따라 가지는 소유권이전등기청구권의 소멸시효기간은 10년이다.[64] 단, 부동산 명의수탁자가 신탁자에게 부동산 보유로 인한 세금을 납부해줄 것을 요구했다면 수탁자가 소유권이전등기를 해줄 채무를 승인한 것으로 보아야 하므로 소멸시효가 중단된다.[65]

구분소유적 공유관계에서 어느 일방이 그 명의신탁을 해지하고 지분소유권이전등기를 구함에 대하여 상대방이 자기에 대한 지분소유권이전등기 절차의 이행이 동시에 이행되어야 한다고 항변하는 경우, 그 동시이행의 항변에는 특별한 사정이 없는 한 명의신탁 해지의 의사표시가 포함되어 있다고 보아야 한다.[66]

[1] 부동산경매절차에서 부동산을 매수하려는 사람이 다른 사람과의 명의신탁약정 아래 그 사람의 명의로 매각허가결정을 받아 자신의 부담으로 매수대금을 완납한 경우, 경매목적 부동산의 소유권은 매수대금의 부담 여부와는 관계없이 그 명의인이 취득하게 되고, 매수대금을 부담한 명의신탁자와 명의를 빌려 준 명의수탁자 사이의 명의신탁약정은 부동산 실권리자명

---

63) 대법원 1991. 06. 25. 선고 90다14225 판결:
   부동산에 대한 점유로 인한 소유권취득시효가 완성되었다 하더라도 이를 등기하지 않고 있는 사이에 그 부동산에 관하여 제3자에게로 소유권이전등기가 경료되면 점유자가 그 제3자에게는 그 시효취득으로 대항할 수 없음은 소론과 같다.
   그러나 그로 인하여 점유자가 취득시효완성 당시의 소유자에 대한 시효취득으로 인한 소유권이전등기청구권을 상실하게 되는 것은 아니고 위 소유자의 점유자에 대한 소유권이전등기의무가 이행불능으로 된 것이라고 할 것인데, 그 후 어떠한 사유로 취득시효완성 당시의 소유자에게로 소유권이 회복되면 그 소유자에게 시효취득의 효과를 주장할 수 있다고 보아야 할 것이다(당원 1965.4.13. 선고 65다157, 158 판결 참조).
64) 대법원 2009. 07. 09. 선고 2009다23313 판결..
65) 대법원 2012. 10. 25. 선고 2012다45566 판결.
66) 대법원 2008. 06. 26. 선고 2004다32992 판결.

의 등기에 관한 법률 제4조 제1항에 의하여 무효이므로, 명의신탁자는 명의수탁자에 대하여 그 부동산 자체의 반환을 구할 수는 없고 명의수탁자에게 제공한 매수대금에 상당하는 금액의 부당이득반환청구권을 가질 뿐이다.

[2] 경매절차에서 매수대금을 부담한 명의신탁자와 매수인 명의를 빌려준 명의수탁자 및 제3자 사이의 새로운 명의신탁약정에 의하여 명의수탁자가 다시 명의신탁자가 지정하는 제3자 앞으로 소유권이전등기를 마쳐 주었다면, 제3자 명의의 소유권이전등기는 위 법률 제4조 제2항에 의하여 무효이므로, 제3자는 소유권이전등기에도 불구하고 그 부동산의 소유권을 취득하거나 그 매수대금 상당의 이익을 얻었다고 할 수 없다. 또한, 제3자 명의로 소유권이전등기를 마치게 된 것이 제3자가 명의수탁자를 상대로 제기한 소유권이전등기 청구소송의 확정판결에 의한 것이더라도, 소유권이전등기절차의 이행을 명한 확정판결의 기판력은 소송물인 이전등기청구권의 존부에만 미치고 소송물로 되어 있지 아니한 소유권의 귀속 자체에까지 미치지는 않으므로, 명의수탁자가 여전히 그 부동산의 소유자임은 마찬가지이다.[67]

3) 진정명의회복

무효의 등기를 순차로 말소하는 대신 진정한 등기명의의 회복을 원인으로 하여 직접 소유권이전등기를 구할 수 있는 경우도 있다.[68] 이미 자기 앞으로 소유권을 표상하는 등기가 되어 있었거나 법률에 의하여 소유권을 취득한 자가 최종 명의자를 상대로 하여서는 물론, 사해행위취소소송에 있어서 취소 목적 부동산의 등기명의를 수익자로부터 채무자 앞으로 복귀시키고자 하는 경우에도 가능하다.[69]

4) 회복등기

말소된 등기의 회복등기절차 이행을 구하는 소는 회복등기의무자만 피고적격이 있는바, 가등기가 이루어진 부동산에 관하여 제3취득자 앞으로 소유권이전등기가 마쳐진 후 그 가등기가 말소된 경우 그와 같이 말소된 가등기의 회복등기절차에서 회복등기의무자는 가등기가 말소될 당시의 소유자인 제3취득자이므로, 그 가등기의 회복등기청구는 회복등기의무자인 제3취득자를 상대로 하여야 한다.[70]

부동산처분금지가처분의 기입등기는 채권자나 채무자가 직접 등기공무원에게 이를 신청하여

---

67) 대법원 2009. 09. 10. 선고 2006다73102 판결
68) 대법원 2001. 09. 20. 선고 99다37894 전원합의체 판결.
69) 대법원 2000. 02. 25. 선고 99다53704 판결.
70) 대법원 2009. 10. 15. 선고 2006다43903 판결.

행할 수는 없고 반드시 법원의 촉탁에 의하여야 하는바, 이와 같이 당사자가 신청할 수 없는 처분금지가처분의 기입등기가 법원의 촉탁에 의하여 말소된 경우에는 그 회복등기도 법원의 촉탁에 의하여 행하여져야 하므로, 이 경우 처분금지가처분 채권자가 말소된 가처분기입등기의 회복등기절차의 이행을 소구할 이익은 없다. 가처분해제신청서가 위조되었다고 주장하는 가처분 채권자로서는 가처분의 집행법원에 대하여 집행이의를 통하여 말소회복을 구할 수 있을 것이고(만일 가처분기입등기의 회복에 있어서 등기상 이해관계가 있는 제3자가 있는 경우에는 그의 승낙서 또는 이에 대항할 수 있는 재판의 등본을 집행법원에 제출할 필요가 있다.), 그 집행이의가 이유 있다면 집행법원은 가처분기입등기의 말소회복등기의 촉탁을 하여야 한다.[71]

5) 기 타

원인무효의 등기가 순차로 다수 이루어진 경우 원인무효의 등기 명의자는 그 등기로 아무런 권리를 취득하지 못하므로 그 후에 이루어진 등기명의자들에 대하여 말소를 구할 권한이 없고,[72] 소유자가 각 등기 명의자들을 공동으로 또는 개별로 상대하여 직접 말소 청구를 할 수 있으므로,[73] 원고에 대하여 말소할 것을 구한다. 그러나 채무자의 말소등기청구권을 대위 행사하는 경우에는 말소등기청구권자인 채무자에게 말소할 것을 청구함이 상당하나, 원고에게 말소할 것을 구하였다 하여 위법은 아니다.[74]

1필지의 토지의 특정된 일부에 대하여 소유권이전등기의 말소를 명하는 판결을 받은 등기권자는 그 판결에 따로 토지의 분할을 명하는 주문기재가 없더라도 그 판결에 기하여 등기의무자를 대위하여 그 특정된 일부에 대한 분필등기절차를 마친 후 소유권이전등기를 말소할 수 있으므로 토지의 분할을 명함이 없이 1필지의 토지의 일부에 관하여 소유권이전등기의 말소를 명한 판결을 집행불능의 판결이라 할 수 없다.[75]

---

71) 대법원 2000. 03. 24. 선고 99다27149 판결
72) 대법원 1982. 12. 28. 선고 82다카349 판결
73) 대법원 1998. 09. 22. 선고 98다23393 판결
74) 대법원 1995. 04. 14. 선고 94다58148 판결
75) 대법원 1987. 10. 13. 선고 87다카1093 판결

3. [답변서 1]

[답변서 작성 유의사항]

- 소장은 주호만, 손재호가 각각 2017. 1. 18. 법원에서 송달을 받은 것입니다.
- 소장은 앞의 모범답안과 다르므로 유의하시기 바랍니다.
- 갑호증은 앞 문제의 서류를 참고하시기 바랍니다.
- 의뢰인의 주장을 진실한 것으로 보고, 의뢰인의 의사를 존중하여 의뢰인에게 최대한 이득이 되도록 사실관계 및 법률이론을 구성하시오.

수임번호 2017-25	사건상담기록		2017. 2. 15.
의뢰인	1. 주호만 : 02-597-4334 서울 동작구 대방동 113-57, 이승빌라 304호 2. 손재호 : 02-615-7775 서울 강남구 논현동 39-62, 노블아파트 102동 503호		
사 건	서울중앙지방법원 2017가합3699	제한(응소)시한	2017. 2. 18.
사건명	물품대금 등	진술인	주호만, 손재호
상 담 내 용			

윤태후 : 안녕하세요, 제 친구 중에 박승민이라는 친구가 있는데, 변호사님하고 같은 고등학교 출신이라고 하더구먼요. 그 친구가 변호사님을 소개해 주어서 찾아왔습니다. 아주 꼼꼼하게 일을 잘 해주신다고 해서요. 그 친구가 전화 드리지 않았습니까?

변호사 : 아... 예, 전화 받았습니다. 무슨 보증 문제와 땅 문제라 하시던데... 제가 할 수 있는 것이면 해드리죠.

주호만 : 이 분은 제 동서인데, 저 때문에 이 사건에 말려들어 고생하고 있습니다.

손재호 : 안녕하세요, 손재호라고 합니다. 잘 부탁드립니다.

변호사 : 예, 반갑습니다. 그런데 어떤 일이신가요?

주호만 : 하일곤 사장이 그럴 줄을 몰랐습니다.

변호사 : 제가 도와드릴 수 있는 일인지 한 번 자세히 들어보지요. 두 분 선생님께 불리하다고 생각되는 내용들이라도 빠짐없이 말씀해 주시는 것이 제가 판단하는 데 도움이 됩니다. 먼저 이 소장에 기재되어 있는 내용을 처음부터 하나하나 살펴봅시다.

주호만 : 소장은 읽어보니 사실대로 기재되어 있습니다. 다만 제가 억울한 것은 제가 하일곤 사장에게 속은 것은 제 불찰이지만 윤태후도 가구장사를 하면서, 무슨 물량을 그렇게 많이 한꺼번에 하일곤에게 주었느냐는 것이지요. 저야 하일곤 사장과의 친분 때문에 어쩔 수 없이 하일곤 사장을 보증해 주겠다고 하였지만, 윤태후는 하일곤 사장과 오래 거래한 것도 아닌데, 물량을 조금 주던지, 아니면 하일곤 사장에게 물적 담보를 넣으라고 하던지 하였어야 하지 않느냐 하는 것이지요.

변호사 : 그러면 윤태후와 하일곤이 짜고 그랬다는 것인가요?

주호만 : 그랬다는 의미는 아니지만, 사정이 그런 것과 진배없다는 것입니다. 그리고 제가 하일곤 사장으로부터 들은 이야기인데, 윤태후가 공급한 사무용 의자 중 상당수는 부품불량으로 하일곤 사장이 판매하지 못한 것도 많이 있다고 하였습니다.

변호사 : 그런 불량품이 얼마나 있었는지 알고 계신가요?

주호만 : 저야 구체적으로는 잘 모르지요. 그러나 이 사건이 정식으로 문제되었으니 하일곤 사장이 그런 주장을 하겠지요.

변호사 : 하일곤 사장이 그런 불량품에 대하여 어떤 조치, 가령 윤태후에게 반품을 요구하거나 또는 대금을 깎아달라고 하는 등의 어떤 행동을 하였다는 말을 들은 적은 없습니까?

주호만 : 대금 일부를 깎아달라는 내용증명을 보내야겠다는 등의 말을 하는 것은 들은 적이 있는데, 구체적으로 언제 어떤 행동을 하였는지는 알지 못합니다.

변호사 : 상대방이 소장과 함께 보내온 이 소송서류들도 모두 제대로 작성된 것인가요? 이 서류에 찍혀 있는 두 분의 도장은 두 분이 모두 제대로 찍은 것인가요?

주호만, 손재호 : 아, 예 서류나 도장은 모두 맞습니다.

변호사 : 주 선생님이 가져오신 이 1,000만원짜리 영수증은 뭡니까? 이 영수증을 왜 주 선생님이 가지고 계신가요?

주호만 : 아, 예. 그건 제가 2013. 3.경 우연히 하일곤 사장의 가게에 갔었는데요... 하 사장이 마침 가게에 있더군요. 그래서 저는 지나가는 말로 '내가 보증 선 건은 다 해결되었느냐'고 물었더니, 그때까지 1차 대금으로 총 2,000만 원을 지급하였는데, 나머지는 불경기 때문에 아직 지급하지 못하고 있다고 하더군요. 그 얼마 뒤 윤태후를 만났는데 아직 대금을 다 받지 못하였다고 하길래 하 사장의 가게로 갔더니 하 사장은 없고 마침 제가 안면이 있던 종업원이 있더군요. 제가 그간의 사정을 물어 보았더니 윤태후에게 1차로 주기로 했던

대금 4,000만 원 중 2,000만 원의 지급기일이 며칠 연기되었는데 그 연기받은 돈 2,000만 원은 하일곤 사장이 직접 윤태후 사장의 매장으로 찾아가 처리한 것으로 안다면서 매장에 보관 중이던 1,000만 원짜리 영수증을 보여 주었습니다. 그래서 제가 만약에 대비하여 그 자리에서 영수증을 복사해달라고 하니 그 종업원이 제가 보증인인 것을 아는지라 별 이의 없이 복사해 주어서 받아가지고 왔는데, 그 서류가 바로 이 영수증입니다. 그런데 이 사건이 문제된 후 제가 윤태후 사장에게 왜 하일곤 사장이 2013. 3. 초까지 갚았다고 하는 2,000만원까지 청구하느냐, 2,000만 원은 빼고 나머지 잔금만 청구하여야 하는 것이 아니냐, 아는 처지에 이럴 수가 있느냐고 따졌는데, 윤태후는 사실과 다르다고 하더군요. 하일곤 사장이 거짓말을 하는지, 윤태후가 거짓말을 하고 있는지는 잘 모르겠습니다.

변호사 : 그렇다면 이 영수증에는 왜 "일천 만원"이라고 기재되어 있나요?

주호만 : 그것이 좀 이상하기는 한데, 어쨌든 저는 하일곤 사장이 2013. 2. 28. 지급한 2,000만 원 이외에도 3월 초까지 2,000만 원을 더 지급한 사실이 있다는 말은 분명히 들었습니다.

변호사 : 이 영수증에는 장기래라는 사람이 윤태후를 대리하여 수급한 것으로 되어 있는데, 장기래라는 사람이 평소에도 윤태후를 대리하여 수금하는 일까지 해오던 사람인가요?

주호만 : 저도 그 점이 궁금해서 윤태후에게 물어보았는데, 윤태후도 그런 사실은 인정합니다. 하일곤 사장 말로는 2013. 3. 5.이 윤태후가 발행한 어음의 만기일이어서 수금을 해야 자신도 다른 곳에 결제를 해줄 수 있다고 하면서 "부장"이라고 하는 장기래를 시켜서 하일곤 사장에게 독촉을 해왔고, 독촉에 못이긴 하일곤 사장이 윤태후의 가게로 가서 장기래에게 직접 돈을 주었다고 하던데요. 그런데 2,000만 원은커녕 이렇게 확실한 영수증까지 있는 1,000만 원조차도 윤태후는 안 받았다고 하니... 혹시 장기래가 횡령을 한 것이 아닐까요?

변호사 : 장기래를 찾을 수는 있나요?

주호만 : 잘 모르겠습니다.

변호사 : 이 '부동산가압류결정'은 무엇인가요? 아, 상대방이 하일곤 씨의 부동산을 가압류해 놓았군요?

주호만 : 예, 그렇습니다. 하일곤 사장이 안산에 토지를 가지고 있는 것이 있다고 하여 제가 등기부등본을 발급받아 보니 윤태후가 이미 가압류를 해놓은 것을 알게 되어, 윤태후에게 그러면 하일곤 사장에게서 받으면 되지 왜 나한테까지 청구를 하느냐고 하면서 옥신각신하다가 윤태후로부터 한 부 복사하여 받은 것입니다.

변호사 : 손 선생님은 이 소장에 쓰여진 내용을 모두 읽어 보셨나요? 2013. 1. 15.에 이 소장에 쓰여진 내용으로 하일곤 씨를 위해 연대보증을 한 것이 사실인가요?

손재호 : 예, 모두 사실입니다. 제 동서가 말한 것이 모두 사실입니다. 다만 저는 하일곤의 채무를 연대보증하기는 하였지만, 그 이후 윤태후와 하일곤 사이에 다시 돈을 주기로 한 날을 연기하였다거나, 돈을 언제 얼마를 주었다는 등의 사실은 잘 모르는데요?

변호사 : 그러시겠지요. 그러나 만약 제가 손 선생님 사건을 맡아서 하게 된다면, 손 선생님께 유리한 사실들은 손 선생님이 모르고 계신다 하더라도 선생님께 유리하게 주장하도록 하겠습니다. 그래도 되겠지요?

손재호 : 예, 그러십시오. 제가 뭘 압니까?

변호사 : 이 소장에 쓰여진 것처럼 손 선생님 토지를 윤태후 씨에게 판 것도 사실인가요?

손재호 : 아닙니다. 사실과 완전히 다르지요.

변호사 : 그러면 손 선생님은 소장에 쓰여진 것처럼 윤태후 씨에게 손 선생님의 용인 토지를 판 적이 없다는 것이네요?

손재호 : 아, 그게 아니라, 소장에는 마치 저의 동서가 먼저 제 땅을 사라고 제의한 것처럼 쓰여 있는데, 윤태후가 먼저 제 동서를 통해서 저에게 땅을 팔라고 사정하여 제가 마지못해 판 겁니다. 그런데 무슨...

변호사 : 예, 잘 알겠습니다. 그것 말고 사실과 다른 것도 있습니까? 윤태후 씨가 주었다는 돈의 액수는 맞습니까?

손재호 : 제가 윤태후로부터 당초 약속한 2억 원 중 1억 원은 받고, 1억 원이 현재 남아 있는 것은 맞습니다. 그런데, 윤태후가 분명히 말한 게 있거든요. 지금 이 땅값이 얼마나 나가는 줄 아세요? 윤태후에게 팔 때에 비해서 거의 두 배는 뛰었다고 복덕방에서 그러더라고요. 그러나 제가 당하고만 있을 수는 없지요. 지금이라도 제가 다른 곳에 팔아버리면 어떨까요? 지금까지 그대로 있었던 것을 보면 윤태후도 사실상 이 땅을 포기하고 있었던 것 같은데요?

변호사 : 중도금까지 받으신 상태인데 현 상태에서 아무 조치 없이 다른 사람에게 팔면 형사 문제가 될 수 있으니, 그러시지 않는 것이 좋겠습니다. 그런데 2013년에 계약을 하였는데, 왜 지금까지 그대로 있었습니까? 계약이 해약, 또는 해약되었다고 주장할 만한 사실이 있습니까?

손재호 : 아, 예. 있습니다. 저는 세금 폭탄이 떨어질 것이라는 헛소문 때문에 이 땅을 너무 싸게 팔았거든요. 그래서 너무 억울해서 아는 데 물어보니 계약금 배액만 주면 해약할 수 있다고 하더라고요. 저는 아파트 전세만 그런 줄 알았는데 모든 계약이 다 그렇다고 해서, 2013. 11. 3. 계약금의 배액인 4,000만 원과 윤태후로부터 송금받은 8,000만 원을 신한은행 발행 자기앞수표 4,000만 원

권 1장, 8,000만 원 권 1장으로 각각 준비해서 윤태후가 운영하는 가구점으로 찾아가, 윤태후에게 주면서 계약을 해약한다고 말하였습니다. 제 구좌에서 발행된 수표이니 신한은행에 조회해보면 바로 증명할 수 있습니다.

변호사 : 그 돈을 윤태후 씨가 받던가요?

손재호 : 물론 안 받았지요. 땅값이 얼마나 올랐는데... 그렇지만 저는 성의를 충분히 표시했으니 해약된 것이 아닌가요?

변호사 : 그건 좀 더 연구해 보아야겠습니다. 그런데 상대방이 중도금 8,000만 원을 송금해온 날짜가 정확히 언제인지 아시는가요?

손재호 : 통장을 보니 2013. 11. 1.이네요.

변호사 : 예, 잘 알겠습니다. 해약 문제는 좀 생각해 보아야 하겠습니다. 그런데 윤태후 씨가 2016. 2. 8.자로 보낸 이 통고서는 주 선생님께서 받으신 겁니까?

주호만 : 예, 제가 2016. 2. 9. 직접 받았습니다.

변호사 : 잘 알겠습니다. 구체적인 대응방법은 제가 연구를 좀 해서 답변서를 작성한 후 두 분께 보내드리든지 아니면 직접 오셔서 보실 수 있도록 하겠습니다. 보신 후 수정하거나 추가할 사항이 있으면 말씀해 주십시오. 제가 보기로는 몇 가지 주장할 만한 점이 있을 것 같습니다. 그리고 손 선생님은 땅을 판 것에 대해서는 잔금을 받는 것 외에는 다른 특별한 방법이 없더라도 저에게 소송을 위임하시겠습니까?

손재호 : 예, 아무리 연구해도 아무 방법이 없다면 할 수 없지 않습니까? 그래도 변호사님께서 맡아 처리해 주십시오.

변호사 : 잔금을 받기 위해서는 반소를 제기하는 방법도 있는데, 반소까지 제기해 드릴까요? 그러려면 한 50만원 정도 인지대가 듭니다.

손재호 : 반소까지는 필요 없습니다. 만약 해약이 되지 않더라도 저쪽에서 등기를 넘겨 갈 때 저에게 돈을 주도록 확실히 해놓기만 하면 됩니다.

변호사 : 만약 종전의 계약해제가 효력이 없는 것으로 결론이 난다면, 손 선생님께서 다시 상대방에게 잔금을 가져오라고 최고하고 상대방이 잔금을 가져오지 않을 때 계약을 해제하는 방법도 있는데, 이런 시도를 해보는 것은 어떨까요?

손재호 : 그건 이 소송과는 별도로 변호사님께서 맡아서 처리해 주십시오. 윤태후가 돈을 안 가져 올 리가 없습니다. 땅값이 많이 올라서요.

변호사 : 알겠습니다. 말씀하신 내용대로 처리하도록 하겠습니다.

변호사 오변론 법률사무소
전화번호 : 02-529-5871, 팩스 02-529-5877, 이메일 : mia@nate.com
서울특별시 서초구 서초동 271 정곡빌딩 309호

소 장

원 고   윤태후
            서울 서초구 반포동 234 미생아파트 5동 206호
            소송대리인 변호사 오변론
            서울 서초구 서초동 1234 승리빌딩 701호
            전화 02-012-9811, 팩스 02-012-9812, 전자우편 mir@nate.com

피 고   1. 하일곤
            서울 성북구 돈암동 98-76 (3통 5반)
          2. 주호만
            서울 동작구 대방동 113-57 이승빌라 304호
          3. 손재호
            서울 강남구 논현동 39-62 노블아파트 102동 503호
            송달장소 서울특별시 양천구 목동 87 유니온빌딩 401호(귀족물산)

물품대금 및 소유권이전등기 청구의 소

청 구 취 지

1. 원고에게,

가. 피고들은 연대하여 100,000,000원 및 그 중 20,000,000원에 대하여는 2013. 3. 6.부터, 80,000,000원에 대하여는 2013. 3. 31.부터 각 이 사건 소장 부본 송달일까지는 연 6%의, 그 다음날부터 다 갚는 날까지는 연 15%의 각 비율에 의한 지연손해금을 지급하라.

나. 피고 손재호는 원고에게 경기도 용인시 처인구 모현면 능원리 245 대 1,314㎡에 관하여 2013. 10. 27. 매매를 원인으로 한 소유권이전등기절차를 이행하라.

2. 소송비용은 피고들이 부담한다.

3. 제1항은 가집행할 수 있다.

라는 판결을 구합니다.

청 구 원 인

1. 물품대금 등 청구

가. 원고는 서울 강남구 논현동에서 '원퍼니처'라는 상호로 가구점을 운영하면서 각종 외국 가구 수입업도 함께 하고 있는 상인이고, 피고 하일곤은 서울 성북구 돈암동에서 '삼봉가구'라는 상호로 가구점을 운영하는 상인입니다.

나.

1) 원고는 고교 동창인 피고 주호만의 소개로 2012. 10.경 피고 하일곤을 알게 되었는데, 피고 하일곤은 2012. 12.경 원고를 찾아와 원고가 미국에서 수입하고 있는 사무용 의자(모델명 DK-2500G)를 자신에게 공급하여 달라고 요청하였습니다. 원고는 처음에는 피고 하일곤의 재력이나 사업규모를 알지 못하여 난색을 표시하였는데, 피고 하일곤은 며칠 후 피고 주호만과 함께 다시 원고를 찾아와 사무용 의자의 공급을 재차 요청하였고, 피고 주호만도 피고 하일곤을 위하여 자신이 연대보증을 서겠다고 하면서 피고 하일곤의 요청을 받아줄 것을 원고에게 부탁하였습니다. 원고는 피고 주호만 역시 별다른 재산이 없다는 사실을 잘 알고 있었으므로, 피고 주호만 외에 자력이 충분한 사람을 추가로 연대보증인으로 세우면 위 요청을 수락하겠다고 하였고, 피고 주호만은 자신과 동서지간인 피고 손재호를 연대보증인으로 세우겠다고 하였습니다.

2) 이에 따라 원고는 2013. 1. 15. 피고 하일곤과 다음과 같은 내용으로 사무용 의자(모델명 DK-2500G)에 대한 물품공급계약을 체결하였고, 그때 피고 주호만, 손재호는 피고 하일곤을 위하여 연대보증인이 되었습니다.

① 원고는 피고 하일곤에게 미국산 사무용 의자(모델명 DK-2500G) 400개를 1개당 30만 원씩 총 1억 2,000만 원에 공급한다.

② 원고는 위 사무용 의자 400개를 2013. 2. 28.까지 피고 하일곤이 운영하는 '삼봉가구'에 납품한다.

③ 피고 하일곤은 원고에게 위 사무용 의자 대금 1억 2,000만 원 중 4,000만 원(이하 '제1차 대금'이라 한다)은 2013. 2. 28.까지, 나머지 8,000만 원(이하 '제2차 대금'이라 한다)은 2013. 3. 30.까지 원고의 신한은행 예금계좌(110-084-107374)에 각 송금하는 방식으로 지급한다.

3) 원고는 위 계약에서 정한 일정에 따라 피고 하일곤의 위 매장에 위 사무용 의자 400개를 모두 납품해 주었습니다.

다.

 1) 그런데 피고 하일곤은 제1차 대금기일인 2013. 2. 28.의 1~2일 전에 갑자기 원고에게 전화를 걸어와, 거래처 외상대금 수금이 늦어져 자금이 준비되지 못하였다면서 2013. 2. 28.로 약정도니 제1차 대금 4,000만 원 중 우선 2,000만 원만 지급하겠고 그 나머지 2,000만 원은 며칠만 기일을 연기해 달라고 사정하였습니다. 원고는 내키지 않았지만, 결국 위 요청을 수락하고 제1차 대금 중 2,000만 원의 지급기일을 2013. 3. 5.로 연기하기로 상호 합의하였습니다.

 2) 피고 하일곤이 2013. 2. 28. 위 제1차 대금 중 연기되지 않은 2,000만 원을 약속대로 송금하였으나, 연기된 제1차 대금기일인 2013. 3. 5.은커녕 제2차 대금기일인 2013. 3. 30.이 지나도록 연기된 나머지 대금과 제2차 대금은 입금 조치가 없었습니다. 이에 원고는 장기래 부장을 보내 대금의 지급을 독촉하였더니, 피고 하일곤은 경기가 좋지 않다, 거래처로부터 수금이 원활치 않다 하면서 조금만 기다려 달라고 사정할 뿐 구체적인 지급방안을 제시하지 못하였습니다.

라. 그 후 원고의 거듭된 독촉에도 불구하고 피고 하일곤은 연락을 회피하거나 이런저런 이유를 대며 차일피일 미루기만 할 뿐 나머지 제1차 대금과 제2차 대금을 전혀 지급하지 않고 있습니다. 그동안 원고는 연대보증인인 피고 주호만과의 친분관계 등을 감안하여 계속 선의로 그 이행을 기다려 왔습니다. 그런데 최근 들리는 소문에 의하면 피고 하일곤이 불경기로 인한 자금사정 악화로 부도위기에 몰려 있고, 운영하던 매장도 사실상 폐업상태에 있다고 합니다.

마. 그렇다면 피고 하일곤과 그 연대보증인인 피고 주호만, 손재호는 연대하여 원고에게 미지급 사무용 의자 대금 1억 원과, 그 중 나머지 제1차 대금 2,000만 원에 대하여는 2013. 3. 6.부터, 제2차 대금 8,000만 원에 대하여는 2013. 3. 31.부터 각 계산하여 이 사건 소장부본이 피고들에게 송달된 날까지는 상사법정이율인 연 6%의, 그 다음날부터 다 갚는 날까지는 소송촉진 등에 관한 특례법상 법정이율인 연 15%의 지연손해금을 각 지급할 의무가 있습니다.

2. 소유권이전등기청구

가. 원고는 2013. 10. 27. 피고 손재호로부터 용인시 처인구 모현면 능원리 245 대 1,314㎡(이하 '이 사건 토지'라고 한다)를 대금 200,000,000원에 매수하면서 계약금

20,000,000원은 계약 당일 지급하고, 중도금 80,000,000원은 2013. 11. 26.에 피고 손재호의 신한은행계좌(110-084-363950)로 송금하며, 잔금 100,000,000원은 2013. 12. 26.에 잔금지급장소에서 직접 지급하기로 약정하였습니다.

나. 원고는 위 계약금은 계약 당일, 중도금은 2013. 11. 1. 각 지급하였습니다. 그리고 약정한 잔금 지급기일에 피고 손재호에게 잔금지급장소인 서울 강남구 논현동 소재 가우스공인중개사 사무실에서 만날 것을 통고하였는데, 피고 손재호는 그곳에 나오지 않았고 전화도 받지 않았습니다. 그 후에도 원고가 몇 번 피고 손재호에게 위 부동산에 관한 소유권을 이전해 줄 것을 요구하였으나, 피고 손재호는 위 부동산 지역이 개발된다는 소문이 있어 땅값이 많이 올랐으니 5,000만 원을 더 지급하라고 하는 등 억지를 부리며 지금까지 소유권이전등기를 해 주지 않고 있습니다.

다. 이에 원고는 피고 손재호로부터 위 부동산에 관한 소유권이전등기를 넘겨받기 위하여 이 소송을 제기하였습니다.

증 명 방 법

1. 갑 제1호증(공급계약서)
2. 갑 제2호증(연대보증서)
3. 갑 제3호증(토지매매계약서)
4. 갑 제4호증(등기사항전부증명서)

첨 부 서 류 (생략)

2017. 1. 7.

원고 소송대리인 변호사 오변론

서울중앙지방법원 귀중

영 수 증

금 일천만(10,000,000)원 정

위와 같이 정히 영수함.

2013. 3. 5.

영수인   윤태혁 대리인 장기래 ㊞

하일곤 귀하

수원지방법원 안산지원
제1민사부
결 정

사　　　건　　2015카합25951 부동산가압류
채　권　자　　윤태후 (730329-1159711)
　　　　　　　서울 서초구 반포동 234 미생아파트 5동 206호
채　무　자　　하일곤 (660214-1153423)
　　　　　　　서울 성북구 돈암동 98-76(3통 5반)

주 문

채무자 소유의 안산시 단원구 선부동 45 잡종지 320㎡를 가압류한다.
채무자는 다음 청구금액을 공탁하고 집행정지 또는 집행취소를 신청할 수 있다.

청구채권의 내용 : 2013. 1. 15.자 사무용 의자 판매대금 및 지연손해금
청구금액 : 금 113,134,245원(1억 원 및 그 중 20,000,000원에 대하여는 2013. 3. 6.부터, 80,000,000원에 대하여는 2013. 3. 31.부터 각 다 갚는 날까지 연 6%의 비율에 의한 금원)

이 유

이 사건 부동산가압류신청은 이유 있으므로 담보로 별지 첨부의 지급보증위탁계약을 맺은 문서를 제출받고 주문과 같이 결정한다.

2015. 6. 2.

　　　　재판장　　　판사　　　신재훈
　　　　　　　　　　판사　　　채동훈
　　　　　　　　　　판사　　　류진현

(공탁보증보험증권의 첨부는 생략)

[토지] 경기도 안산시 단원구 선부동 45 고유번호 1234-5678

[표 제 부]			(토지의 표시)			
표시번호	접 수	소재지번	지목	면적	등기원인 및 기타사항	
1 (전 3)	~~1996년 3월 7일~~	~~경기도 안산시 선부동 45~~	~~잡종지~~	~~320㎡~~	~~부동산등기법 제177조의6 제1항의 규정에 의하여 2001년 9월 1일 전산이기~~	
2		경기도 안산시 단원구 선부동 45	잡종지	320㎡	2002년 11월 1일 행정구역 명칭변경으로 인하여 2002년 11월 4일 등기	

[갑 구]			(소유권에 관한 사항)	
순위번호	등기목적	접 수	등기원인	권리자 및 기타사항
1 (전 3)	소유권이전	2003년 8월 23일 제3259호	2003년 8월 16일 매매	소유자 김보영 520408-2789001 서울 종로구 삼청2동 180
2	소유권이전	2007년 9월 20일 제9605호	2007년 8월 17일 매매	소유자 하일곤 660214-1153423 서울 성북구 돈암동 98-76
3	가압류	2005년 6월 3일 제20103호	2015년 6월 2일 수원지방법원 안산지원의 가압류결정(2015카합25951)	청구금액 금 113,134,245원 채권자 윤태후 730329-1159711 서울 서초구 반포동 234 미생아파트 5동 206호

--- 이하여백 ---

수수료 800원 영수함
관할등기소 : 수원지방법원 안산지원 등기과 / 발행등기소 : 법원행정처 등기정보중앙관리소

  이 증명서는 등기기록의 내용과 틀림없음을 증명합니다.
       서기 2017년 3월 6일
    법원행정처 등기정보중앙관리소 전산운영책임관

* 실선으로 그어진 부분은 말소등기사항을 표시함. * 등기기록에 기록된 사항이 없는 갑구 또는 을구는 생략함. * 증명서는 컬러 또는 흑백으로 출력 가능함.

통 고 서

주호만에게,

2월에 들어서도 계속 날씨가 쌀쌀한데, 건강 유의하기 바란다. 동창인 자네에게 이런 통지서를 보내게 되어 더욱 마음 아프다.

자네는 2012년 하반기쯤 같은 동호회원으로 잘 안다면서 하일곤을 소개하였고, 내가 아직 그를 잘 알지도 못하는 데도 그와 거래를 하도록 나에게 권유하여, 결국 자네의 연대보증 아래 2013. 1. 15. 하일곤과 사무용 의자 공급계약을 하게 된 것은 자네도 잘 기억할 것이다. 그런데 이게 뭔가. 하일곤은 1차 대금 4천만원 중에 2천만원만 지급하고, 나머지 2천만원은 며칠 지급을 유예해 달라고 사정하여 승낙해 주었더니, 그 다음부터 아예 깜깜 무소식 아닌가? 나로서는 모든 것을 해주었는데, 하일곤은 총 1억 2천만원 중 고작 2천만원만 지급하고는, 경기가 안 좋다, 이런저런 핑계를 대면서 차일피일, 결국 지금에 이르렀다.

나는 3년 가까운 시간을 자네와의 관계나 하일곤의 인간성을 믿고 선의로 기다려 주었으나 이제 더 이상은 기다릴 수 없는 형편이다. 최근 듣자하니 하일곤이 사업도 거의 폐업하고 행방도 묘연하게 되었다고 하던데, 자네가 하일곤의 연락처를 알아봐 주면 좋겠다. 또한 자네와 손재호씨는 연대보증인 아닌가. 하일곤이 스스로 갚지 않는다면 결국 자네와 손재호씨가 책임질 수밖에 없는 것이니, 이 문제를 조속히 해결해 주기 바란다.

하일곤 본인이든, 연대보증인인 자네나 손재호씨든, 나에게 조속히 연락을 주기 바라고, 곧바로 물품잔대금 1억원을 나에게 지급해주기 바란다. 그렇지 않을 시에는 부득이 법적 절차에 들어갈 수밖에 없다는 점을 명심하기 바란다.

조속한 회답과 성의있는 조치를 기다리며.

2016. 2. 8.
윤태후
(서울 서초구 반포동 미생아파트 5동 206호)

이 우편물은 2016년 2월 8일 등기 제23987호에 의하여 내용증명 우편물로 발송하였음을 증명함
서울서초우체국장 ㊞

【모범답안】

답 변 서

사　　건　　2017가합3699 물품대금 등
원　　고　　윤태후
피　　고　　하일곤 외 2
　　　　　　피고 주호만, 손재호의 소송대리인 변호사 오변론
　　　　　　서울 서초구 서초동 271 정곡빌딩 309호
　　　　　　전화 02-013-9811, 팩스 02-013-9812, 전자우편 mia@nate.com

위 사건에 관하여 피고 주호만, 손재호의 소송대리인은 다음과 같이 답변합니다.

청구취지에 대한 답변

1. 원고의 피고 주호만, 손재호에 대한 청구를 각 기각한다.
2. 소송비용은 원고가 부담한다.
라는 판결을 구합니다.

청구원인에 대한 답변

1. 물품대금 등 청구에 대하여

가. 다투지 않는 사실

　가구 판매업을 하고 있는 원고와 피고 하일곤이, 2013. 1. 15. 원고가 주장하는 바와 같은 내용으로 사무용 의자 400개에 대한 매매계약을 체결하면서, 2013. 2. 28.까지 위 사무용 의자를 모두 인도하고, 그 대금 중 40,000,000원(이하 '제1차 대금'이라 한다)은 2013. 2. 28.에, 나머지 80,000,000원(이하 '제2차 대금'이라 한다)은 2013. 3. 30.에 각 지급하기로 한 사실, 원고가 피고 하일곤에게 위 약정대로 위 사무용 의자 400개를 모두 인도하였고, 원고와 피고 하일곤의 합의에 따라 제1차 대금 중 20,000,000원의 지급기일을 2009. 3. 5.로 연기한 사실, 피고 주호만과 손재호가 2013. 1. 15. 피고 하일곤의 원고에 대한 위 대금지급채무를 연대보증한 사실에 대해서는 피고 주호만, 손재호도 이를 인정합니다. 그러나 나머지 사실은 부인합니다.

나. 시효소멸

　　상인인 원고가 판매한 이 사건 물품에 대한 대금채권은 상품의 대가로서, 이에 대해서는 상법 제64조 단서, 민법 제163조 제6호에 따라 3년의 단기소멸시효가 적용되므로, 2013. 3. 5. 이행기가 도래한 제1차 대금 잔액 2,000만 원의 채권 및 2013. 3. 30. 이행기가 도래한 제2차 대금 채권은 이 사건 소 제기 당시 이미 각 그 이행기로부터 3년이 경과하여 시효로 소멸하였습니다.[76] 따라서 이 채권에 대한 피고 주호만, 손재호의 보증채무도 소멸하였습니다.

다. 20,000,000원 추가 변제

　　그렇지 않다 하더라도 피고 하일곤은, 원고가 자인하고 있는 바와 같이 2013. 2. 28. 원고에게 제1차 대금 중 20,000,000원을 지급한 외에도,[77] 2013. 3. 5. 원고가 대금 수령 권한을 위임한 원고의 직원 장기래에게 20,000,000원을[78] 제1차 대금 잔액 전부 변제조로 교부하였습니다.

라. 물품의 하자

　　원고가 공급한 사무용 의자 중 상당수가 부품불량으로 판매할 수 없어 피고 하일곤은 많은 손해를 입었습니다. 위 사무용 의자의 정확한 하자 정도 및 수량, 피고 하일곤의 피해정도 등은 추후에 감정 등을 통하여 입증하겠습니다.[79]

　　피고 하일곤은 위와 같은 물품의 하자를 알게 된 즉시 원고에게 이를 고지하고 교환 또는 반품을 요구하였으나 원고는 이에 응하지 않았습니다.[80] 따라서 피고 하일곤의 원고에

---

[76] 원고의 피고 주호만, 손재호에 대한 연대보증금청구채권의 소멸시효 진행은 2015. 6. 2.자 가압류결정 및 같은 달 3.자 가압류집행에 의하여 중단되었다. 채권자가 채무자의 재산에 대하여 가압류를 한 경우 가압류의 집행보전의 효력이 존속하는 동안 가압류에 의한 시효중단의 효력이 계속되기 때문이다(대법원 2000. 04. 25. 선고 2000다11102 판결 등). 그러나 소멸시효 중단 주장은 원고가 주장, 입증할 사항이므로 피고는 원고가 어떤 주장을 할 것인지 고려하지 말고 반드시 소멸시효 완성 주장을 해두어야 한다.

[77] 원고가 이를 자인한 바 있으므로, 이를 원용해두기 위하여 이와 같이 기재한 것이다.

[78] 상담내용 및 이미 확보된 서증만으로는 하일곤이 2013. 3. 5. 윤태후에게 20,000,000원을 지급한 사실이 명백히 드러나지는 않으나, 입증은 추후에 할 수도 있으므로 일단 피고 주호만의 주장에 따라 이와 같이 주장해둘 필요가 있다.

[79] 상담기록만으로는 "물품의 하자로 인한 손해배상청구"의 요건이 구비되었는지 알 수 없다. 그러나 불명확한 주장이라도 실기하지 않기 위해서는 모두 제출해 놓는 것이 좋다.

[80] 사무용 의자에 하자가 있었다면 일반적으로 피고 하일곤은 ① 계약해제, ② 대금감액, ③ 손해배상을 주장할 수 있으나, 그 하자를 발견한 즉시 매도인(원고)에게 통지하여야 하고, 즉시 발견할 수 없는 하자가 있는 경우라 할지라도 매매목적물 수령 후 6월 내에 이를 발견하여 즉시 통지하여야 한다(상법 제69조 제1항). 변호사는 상담 시 하일곤이 이와 같은 통지를 하였는지 여부를 확인하려 하였으나, 피고 하일곤으로부터 사건을 수임한 것이 아니어서 사실 확인을 하지 못한 바 있다. 따라서 이 시점에서 이와 같은 주장을 하는 것은 추후 입증이 될지 안될지 확신이 서지 않는 것이긴 하지만, 의뢰인이 사무용 의자의 하자 주장을 계속 유지할 경우에 대비하여 이를 기재해두었다. 단, 이 경우 상법 제69조의 요건을 감안하여 '통지' 사실은 반드시 주장하여야 한다.

대한 대금지급의무자체가 없거나, 있더라도 대부분 감액되어야 합니다. 가사 대금지급채무가 남아 있다고 하더라도, 피고 하일곤은 원고가 하자담보책임에 따른 교환이나 손해배상책임을 이행할 때까지 잔대금 지급을 거절할 동시이행의 항변권이 있으므로, 피고 하일곤이 원고에게 잔대금을 지급하지 않은 것이 이행지체에 해당할 수 없습니다. 따라서 이에 따른 지연손해금청구는 이유 없습니다.

또한 피고 주호만, 손재호는 민법 제433조에 따라 피고 하일곤의 위 항변권을 행사하는 바이므로, 무조건적인 제2차 대금 청구는 이유 없습니다.

2. 소유권이전등기청구에 대하여

가. 다투지 않는 사실
원고와 피고 손재호가 원고 주장의 토지에 관하여 원고 주장과 같은 매매계약을 체결한 사실, 피고 손재호가 원고로부터 계약당일 계약금 20,000,000원, 그 후[81] 중도금 80,000,000원을 각 수령한 사실에 대해서는 피고 손재호도 이를 인정합니다.

나. 계약해제
피고 손재호는 2013. 11. 3. 원고에게 위 계약금의 배액에 해당하는 액면금 40,000,000원의 신한은행 발행 자기앞수표 1장을 원고에게 제시하고 그 자리에서 위 매매계약을 해제한다는 의사표시를 하였습니다. 그러므로 위 매매계약은 해제되었습니다.[82]

다. 동시이행
가사 위 매매계약이 여전히 유효하다고 하더라도, 피고 손재호는 위 매매대금 중 100,000,000원을 아직 지급받지 못하였으므로, 100,000,000원을 지급받기 전에는 원고의 소유권이전등기청구에 응할 의무가 없습니다.

3. 결 어
이상과 같은 이유로 원고의 피고 주호만, 손재호에 대한 청구는 이유 없으므로 전부 기각되어야 합니다.

---

81) 뒤에서 보는 바와 같이 계약해제가 유효하려면 중도금 수령일자가 중요한 의미가 있으므로 피고 손재호에게 불리한 중도금 수령일자는 미리 인정할 필요가 없다.
82) 원고가 피고 손재호의 계약해제 의사표시가 있기 전에 중도금을 지급함으로써 이행에 착수하였다는 사실은 원고가 계약해제의 효력을 다투기 위하여 제출할 재항변사유이므로 피고 손재호가 미리 고려할 필요는 없다.

증 명 방 법 (생략)

첨 부 서 류 (생략)

2017. 2. 18.

피고 주호만, 손재호의 소송대리인
변호사 오변론

서울중앙지방법원 제17민사부 귀중

핵심 판례 – 대표적인 항변(1)

가. 금전청구에 대한 항변들

1) 소멸시효

① 시효제도의 존재이유에 비추어 보아 부동산 매수인이 그 목적물을 인도받아서 이를 사용·수익하고 있는 경우에는 그 매수인을 권리 위에 잠자는 것으로 볼 수도 없고 또 매도인 명의로 등기가 남아 있는 상태와 매수인이 인도받아 이를 사용수익하고 있는 상태를 비교하면 매도인 명의로 잔존하고 있는 등기를 보호하기 보다는 매수인의 사용·수익 상태를 더욱 보호하여야 할 것이므로 그 매수인의 등기청구권은 다른 채권과는 달리 소멸시효에 걸리지 않고,[83] 이러한 법리는 3자간 등기명의신탁에 의한 등기가 유효기간의 경과로 무효로 된 경우에도 마찬가지로 적용되어 그 경우 목적 부동산을 인도받아 점유하고 있는 명의신탁자의 매도인에 대한 소유권이전등기청구권 역시 소멸시효가 진행되지 않고,[84] ② 부동산의 매수인이 그 부동산을 인도받은 이상 이를 사용·수익하다가 그 부동산에 대한 보다 적극적인 권리 행사의 일환으로 다른 사람에게 그 부동산을 처분하고 그 점유를 승계하여 준 경우에도 그 이전등기청구권의 행사 여부에 관하여 그가 그 부동산을 스스로 계속 사용·수익만 하고 있는 경우와 특별히 다를 바 없으므로 위 두 어느 경우에나 이전등기청구권의

---

83) 대법원 1976. 11. 6. 선고 76다148 전원합의체 판결.
84) 대법원 2013. 12. 12. 선고 2013다26647 판결.

소멸시효는 진행되지 않는다고 보아야 한다.[85]

보증채무에 대한 소멸시효가 중단되었다고 하더라도 이로써 주채무에 대한 소멸시효가 중단되는 것은 아니고, 주채무가 소멸시효 완성으로 소멸된 경우에는 보증채무도 그 채무 자체의 시효중단에 불구하고 부종성에 따라 당연히 소멸된다.[86]

가) 소멸시효기간

피고가 10년의 소멸시효를 주장하였더라도 그 청구권이 구 지방재정법 53조 소정의 5년의 소멸시효에 걸리는 권리인 이상 법원으로서는 위 규정에 의한 소멸시효완성 여부를 심리하여야 한다(대법원 1977. 9. 13. 선고 77다832 판결). 같은 맥락에서 피고가 원고의 청구권이 보험금청구권에 해당하므로 2년의 소멸시효기간이 적용된다고 한 주장 속에는 그보다 장기간인 5년의 소멸시효기간에 관한 주장이 포함되어 있다고 보아야 한다.[87]

한편, 소멸시효 기간과 관련하여, 일반 민사채권의 소멸시효기간은 원칙적으로 10년이나(민법 제162조 제2항), ① 수급인의 공사대금채권의 경우 '도급받은 자의 공사에 관한 채권'으로 민법 제163조 제3호에 의하여 3년의 시효에 걸리고, ② 채권이 상인이 판매한 상품의 대가인 경우에는 상법 제64조 단서의 규정에 의하여 민법 제163조 제6호가 우선 적용되어 3년의 시효에 걸리며(다만, 이는 상품의 매매로 인한 대금 그 자체의 채권만을 의미하는 것으로서, 상품의 공급 자체와 등가성이 있는 청구권에 한한다), ③ 상행위로 인한 채권의 경우 상법 제64조 본문에 의하여 5년의 시효에 걸린다. 한편, ④ 변제기 이후에 지급하는 지연이자는 금전채무

---

85) 대법원 1999. 03. 18. 선고 98다32175 전원합의체 판결.
86) 대법원 2002. 05. 14. 선고 2000다62476 판결
87) 대법원 2006. 11. 10. 선고 2005다35516 판결
    위 2005다35516 판결 이유 : 원고의 이 사건 청구는 원고와 피고의 각 무보험자동차특약보험이 상법 제672조 제1항이 준용되는 중복보험에 해당함을 전제로 하여 그 부담비율에 따른 구상권을 행사하는 것인데, 각각의 보험계약은 상행위에 속하는 점, 원고와 피고는 상인이므로 중복보험에 따른 구상관계는 가급적 신속하게 해결할 필요가 있다고 보여지는 점 등에 비추어, 상법 제64조가 적용되어 5년의 소멸시효에 걸리는 것으로 보아야 할 것이다.
    그런데 기록에 의하면 피고는 처음에, 원고의 이 사건 청구권은 상사채권으로서 5년의 소멸시효기간이 적용되는데 원고가 1998. 5. 28.경 이 사건 보험금을 피보험자에게 지급한 후 5년이 경과한 2004. 7. 13.에야 이 사건 소를 제기하였으므로 원고의 청구권은 시효소멸되었다는 취지로 항변하였다가, 이를 철회한 다음 원고의 이 사건 청구는 보험금청구에 해당하므로 2년의 소멸시효기간이 적용되어야 한다고 주장하였음을 알 수 있다.
    사정이 이와 같다면, 원고의 이 사건 청구권이 2년의 소멸시효에 걸린다는 피고의 주장 속에는 그보다 장기간인 5년의 소멸시효에 걸린다는 취지의 주장도 포함되어 있는 것으로 봄이 상당하다고 할 것이다(대법원 1977. 9. 13. 선고 77다832 판결 등 참조). 그럼에도 불구하고, 원심은 피고의 단기소멸시효완성의 항변 속에 5년의 상사채권소멸시효도 완성되었다는 취지가 포함되어 있는지 여부 및 그 당부를 가려 보지도 아니한 채 단순히 원고의 이 사건 청구권에 2년의 소멸시효기간이 적용될 것이 아니라는 이유만으로 피고의 항변을 배척하고 말았으니, 원심판결에는 심리를 다하지 아니하고 이 사건 청구에 적용될 소멸시효기간에 관한 법리를 오해하여 판결에 영향을 미친 위법이 있다고 할 것이다.

의 이행을 지체함으로 인한 손해배상금이지 이자가 아니고 또 민법 제163조 제1호 소정의 1년 이내의 기간으로 정한 채권도 아니므로 단기 소멸시효의 대상이 되는 것도 아니어서 10년의 시효에 걸리는 것이 원칙이나, ⑤ 은행이 그 영업행위로서 한 대출금에 대한 변제기 이후의 지연손해금은 민법 제163조 제1호 소정의 단기소멸시효의 대상인 이자채권도 아니고, 불법행위로 인한 손해배상채권에 관한 민법 제766조 제1항 소정의 단기소멸시효의 대상도 아니어서, 상행위로 인한 채권에 관하여 적용될 5년의 소멸시효를 규정한 상법 제64조가 적용되어야 한다는 것이 판례의 태도임을 유의하여야 한다.

보증채무는 주채무와는 별개의 독립한 채무이므로 보증채무와 주채무의 소멸시효기간은 채무의 성질에 따라 각각 별개로 정해진다. 그리고 주채무자에 대한 확정판결에 의하여 민법 제163조 각 호의 단기소멸시효에 해당하는 주채무의 소멸시효기간이 10년으로 연장된 상태에서 주채무를 보증한 경우, 특별한 사정이 없는 한 보증채무에 대하여는 민법 제163조 각 호의 단기소멸시효가 적용될 여지가 없고, 성질에 따라 보증인에 대한 채권이 민사채권인 경우에는 10년, 상사채권인 경우에는 5년의 소멸시효기간이 적용된다.[88]

채권자와 주채무자 사이의 확정판결에 의하여 주채무가 확정되어 그 소멸시효기간이 10년으로 연장되었다 할지라도 그 보증채무까지 당연히 단기소멸시효의 적용이 배제되어 10년의 소멸시효기간이 적용되는 것은 아니고, 채권자와 연대보증인 사이에 있어서 연대보증채무의 소멸시효기간은 여전히 종전의 소멸시효기간에 따른다.[89]

나) 소멸시효의 중단

채권자가 채무자의 제3채무자에 대한 채권을 압류 또는 가압류한 경우에 채권자의 채무자에 대한 채권에 관하여는 시효중단의 효력이 생기나, 압류로 인한 시효중단의 발생시기에 관하여는 집행신청시설, 집행행위시설 등이 있으나 집행신청시설이 통설이다. 또한 가압류로 인한 시효중단의 시점에 관하여 판례는 '신청시설'을 취하고 있는 것으로 해석된다.[90]

압류 또는 가압류된 채무자의 제3채무자에 대한 채권에 대하여는 이러한 확정적인 시효중단의 효력이 생기지 않는다. 다만, 채권압류 및 추심명령의 제3채무자에 대한 송달은 채무자의 제

---

[88] 대법원 2014. 06. 12. 선고 2011다76105 판결 : 건설자재 등 판매업을 하는 甲이 乙주식회사를 상대로 제기한 물품대금 청구소송에서 甲승소판결이 확정된 후 丙이 乙회사의 물품대금채무를 연대보증한 사안에서, 상인인 甲이 상품을 판매한 대금채권에 대하여 丙으로부터 연대보증을 받은 행위는 반증이 없는 한 상행위에 해당하고, 따라서 甲의 丙에 대한 보증채권은 특별한 사정이 없는 한 상사채권으로서 소멸시효기간은 5년이라고 한 사례.

[89] 대법원 2006. 08. 24. 선고 2004다26287 판결

[90] 대법원 2002. 02. 26. 선고 2000다25484 판결

3채무자에 대한 채권에 대하여 최고로서의 효력이 인정되므로,[91] 그때로부터 6월 내에 재판상 청구 등을 한 사실을 증명하면 채권압류 및 추심명령 송달시에 시효중단의 효력이 있었음을 주장할 수 있다.

민법 제168조에서 가압류를 시효중단사유로 정하고 있는 것은 가압류에 의하여 채권자가 권리를 행사하였다고 할 수 있기 때문인데 가압류에 의한 집행보전의 효력이 존속하는 동안은 가압류채권자에 의한 권리행사가 계속되고 있다고 보아야 할 것이므로 가압류에 의한 시효중단의 효력은 가압류의 집행보전의 효력이 존속하는 동안은 계속된다.[92]

보증채무에 대한 소멸시효가 중단되었다고 하더라도 이로써 주채무에 대한 소멸시효가 중단되는 것은 아니고, 주채무가 소멸시효 완성으로 소멸된 경우에는 보증채무도 그 채무 자체의 시효중단에 불구하고 부종성에 따라 당연히 소멸된다.[93]

사망한 사람을 피신청인으로 한 가압류신청은 부적법하고 그 신청에 따른 가압류결정이 내려졌다고 하여도 그 결정은 당연 무효로서 그 효력이 상속인에게 미치지 않으며, 이러한 당연무효의 가압류는 민법 제168조 제1호에 정한 소멸시효의 중단사유에 해당하지 않는다.[94]

채권양도 후 대항요건이 구비되기 전의 양도인은 채무자에 대한 관계에서는 여전히 채권자의 지위에 있으므로 채무자를 상대로 시효중단의 효력이 있는 재판상의 청구를 할 수 있고, 이 경우 양도인이 제기한 소송 중에 채무자가 채권양도의 효력을 인정하는 등의 사정으로 인하여 양도인의 청구가 기각됨으로써 민법 제170조 제1항에 의하여 시효중단의 효과가 소멸된다고 하더라도, 양도인의 청구가 당초부터 무권리자에 의한 청구로 되는 것은 아니므로, 양수인이 그로부터 6월 내에 채무자를 상대로 재판상의 청구 등을 하였다면, 민법 제169조 및 제170조 제2항에 의하여 양도인의 최초의 재판상 청구로 인하여 시효가 중단된다.[95]

---

91) 대법원 2003. 05. 13. 선고 2003다16238 판결
   위 2003다16238 판결 이유 : 소멸시효 중단사유의 하나로서 민법 제174조가 규정하고 있는 최고는 채무자에 대하여 채무 이행을 구한다는 채권자의 의사통지(준법률행위)로서, 이에는 특별한 형식이 요구되지 아니할 뿐 아니라 행위 당시 당사자가 시효중단의 효과를 발생시킨다는 점을 알거나 의욕하지 않았다 하더라도 이로써 권리 행사의 주장을 하는 취지임이 명백하다면 최고에 해당하는 것으로 보아야 할 것이므로(대법원 1992. 02. 11. 선고 91다41118 판결 참조), 채권자가 확정판결에 기한 채권의 실현을 위하여 채무자의 제3채무자에 대한 채권에 관하여 압류 및 추심명령을 받아 그 결정이 제3채무자에게 송달이 되었다면 거기에 소멸시효 중단사유인 최고로서의 효력을 인정하여야 한다.
   원심이 적법하게 확정한 사실관계에 의하면, 원고는 오세영의 임금 및 퇴직금채권 전부가 시효소멸하기 전에 위 압류 및 추심명령을 받아 집행법원을 통하여 제3채무자인 피고 회사에 송달하였고, 그로부터 6개월이 경과하기 전에 이 사건 추심의 소를 제기하였다고 할 것이므로 위 압류 및 추심명령이 피고 회사에 송달되기 전에 이미 소멸시효가 완성된 임금채권을 제외한 오세영의 임금 및 퇴직금채권에 대한 소멸시효의 진행은 적법하게 중단되었다고 할 것이다.
92) 대법원 2000. 04. 25. 선고 2000다11102 판결
93) 대법원 2002. 05. 14. 선고 2000다62476 판결
94) 대법원 2006. 08. 24. 선고 2004다26287 판결

물상보증인이 그 피담보채무의 부존재 또는 소멸을 이유로 제기한 저당권설정등기 말소등기 절차이행청구소송에서 채권자 겸 저당권자가 청구기각의 판결을 구하고 피담보채권의 존재를 주장하였다고 하더라도 이로써 직접 채무자에 대하여 재판상 청구를 한 것으로 볼 수는 없는 것이므로 피담보채권의 소멸시효에 관하여 규정한 민법 제168조 제1호 소정의 '청구'에 해당하지 아니한다.[96]

다) 소멸시효 이익의 포기

채무자가 소멸시효 완성 후 채무를 일부변제한 때에는 그 액수에 관하여 다툼이 없는 한 그 채무 전체를 묵시적으로 승인한 것으로 보아야 하고, 이 경우 시효완성의 사실을 알고 그 이익을 포기한 것으로 추정된다. 따라서 이미 소멸시효가 완성된 어음채권을 원인으로 하여 집행력 있는 집행권원을 가진 채권자가 채무자의 유체동산에 대한 강제집행을 신청하고, 그 절차에서 채무자의 유체동산 매각대금이 채권자에게 교부되어 그 채무의 일부변제에 충당될 때까지 채무자가 아무런 이의를 진술하지 아니하였다면, 그 강제집행 절차의 진행을 채무자가 알지 못하였다는 등 다른 특별한 사정이 없는 한 채무자는 어음채권에 대한 소멸시효 이익을 포기한 것으로 볼 수 있고, 그때부터 그 원인채권의 소멸시효 기간도 다시 진행하지만, 이렇게 소멸시효 이익을 포기한 것으로 보기 위해서는 채무자의 유체동산 매각대금이 채권자에게 교부되어 그 채무의 일부변제가 이루어졌음이 증명되어야 한다.[97]

채권의 소멸시효가 완성된 후에 채무자가 그 기한의 유예를 요청하였다면 그때 소멸시효의 이익을 포기한 것으로 보므로, 이러한 사실들은 소멸시효 이익포기사실에 해당한다.

2) 해 제

매수인은 민법 제565조 제1항에 따라 본인 또는 매도인이 이행에 착수할 때까지는 계약금을 포기하고 계약을 해제할 수 있는바, 여기에서 이행에 착수한다는 것은 객관적으로 외부에서 인식할 수 있는 정도로 채무의 이행행위의 일부를 하거나 또는 이행을 하기 위하여 필요한 전제행위를 하는 경우를 말하는 것으로서 단순히 이행의 준비를 하는 것만으로는 부족하고, 그렇다고 반드시 계약내용에 들어맞는 이행제공의 정도에까지 이르러야 하는 것은 아니지만, 매도인이 매수인에 대하여 매매계약의 이행을 최고하고 매매잔대금의 지급을 구하는 소송을 제기한

---

95) 대법원 2009. 02. 12. 선고 2008두20109 판결
96) 대법원 2004. 01. 16. 선고 2003다30890 판결
97) 대법원 2010. 05. 13. 선고 2010다6345 판결

것만으로는 이행에 착수하였다고 볼 수 없다.[98]

쌍무계약인 부동산매매계약에 있어서는 특별한 사정이 없는 한 매수인의 잔대금지급의무와 매도인의 소유권이전등기서류 교부의무는 동시이행관계에 있다 할 것이고, 이러한 경우에 매도인이 매수인에게 지체의 책임을 지워 매매계약을 해제하려면 매수인이 이행기일에 잔대금을 지급하지 아니한 사실만으로는 부족하고, 매도인이 소유권이전등기신청에 필요한 일체의 서류를 수리할 수 있을 정도로 준비하여 그 뜻을 상대방에게 통지하여 수령을 최고함으로써 이를 제공하여야 하는 것이 원칙이고, 또 상당한 기간을 정하여 상대방의 잔대금채무이행을 최고한 후 매수인이 이에 응하지 아니한 사실이 있어야 하는 것이며, 매도인이 제공하여야 할 소유권이전등기신청에 필요한 일체의 서류라 함은 등기권리증, 위임장 및 부동산매도용 인감증명서 등 등기신청행위에 필요한 모든 구비서류를 말한다. 그러나 매수인이 매매대금을 준비하지 아니하고 대금지급기일을 넘기는 등 계약을 이행함과 동시에 소유권이전등기를 수령할 준비를 하지 아니한 경우에는 매도인으로서는 부동산매도용 인감증명서를 발급받아 놓고, 인감도장이나 등기권리증 등을 준비하여 놓아, 잔대금수령과 동시에 법무사등에게 위임하여 이전등기신청행위에 필요한 서류를 작성할 수 있도록 준비함으로써 이행의 제공을 하고 잔대금지급의 최고를 할 수 있다고 보아야 할 것이고, 이와 같은 경우 위의 서류 등은 자신의 집에 소지하고 있음으로써 족하다고 할 것이다.[99]

매매당사자 간에 계약금을 수수하고 계약해제권을 유보한 경우에 매도인이 계약금의 배액을 상환하고 계약을 해제하려면 계약해제 의사표시 이외에 계약금 배액의 이행의 제공이 있으면 족하고 상대방이 이를 수령하지 아니한다 하여 이를 공탁하여야 유효한 것은 아니다.[100]

부동산 매매에 관한 가계약서 작성 당시 매매목적물과 매매대금 등이 특정되고 중도금 지급방법에 관한 합의가 있었다면 그 가계약서에 잔금 지급시기가 기재되지 않았고 후에 정식계약서가 작성되지 않았다 하더라도 매매계약은 성립하였다. 또한, 매매계약 당시 매수인이 중도금 일부의 지급에 갈음하여 매도인에게 제3자에 대한 대여금채권을 양도하기로 약정하고, 그 자리에 제3자도 참석한 경우, 매수인은 매매계약과 함께 채무의 일부 이행에 착수하였으므로, 매도인은 민법 제565조 제1항에 정한 해제권을 행사할 수 없다.[101]

민법 제565조가 해제권 행사의 시기를 당사자의 일방이 이행에 착수할 때까지로 제한한 것은 당사자의 일방이 이미 이행에 착수한 때에는 그 당사자는 그에 필요한 비용을 지출하였을

---

98) 대법원 2008. 10. 23. 선고 2007다72274 판결
99) 대법원 1992. 07. 14. 선고 92다5713 판결
100) 대법원 1992. 05. 12. 선고 91다2151 판결
101) 대법원 2006. 11. 24. 선고 2005다39594 판결

것이고, 또 그 당사자는 계약이 이행될 것으로 기대하고 있는데 만일 이러한 단계에서 상대방으로부터 계약이 해제된다면 예측하지 못한 손해를 입게 될 우려가 있으므로 이를 방지하고자 함에 있고, 이행기의 약정이 있는 경우라 하더라도 당사자가 채무의 이행기 전에는 착수하지 아니하기로 하는 특약을 하는 등 특별한 사정이 없는 한 이행기 전에 이행에 착수할 수 있다.

매도인이 민법 제565조에 의하여 계약을 해제한다는 의사표시를 하고 일정한 기한까지 해약금의 수령을 최고하며 기한을 넘기면 공탁하겠다고 통지를 한 이상 중도금 지급기일은 매도인을 위하여서도 기한의 이익이 있다고 보는 것이 옳고, 따라서 이 경우에는 매수인이 이행기 전에 이행에 착수할 수 없는 특별한 사정이 있는 경우에 해당하여 매수인은 매도인의 의사에 반하여 이행할 수 없다고 보는 것이 옳으며, 매수인이 이행기 전에, 더욱이 매도인이 정한 해약금 수령기한 이전에 일방적으로 이행에 착수하였다고 하여도 매도인의 계약해제권 행사에 영향을 미칠 수 없다.[102]

나. 부동산소송에서 나타나는 기타 항변 – 법정지상권

[대법원 1985. 04. 09. 선고 84다카1131 전원합의체판결]

법정지상권을 가진 건물소유자로부터 건물을 양수하면서 법정지상권까지 양도받기로 한 자는 채권자대위의 법리에 따라 전건물소유자 및 대지소유자에 대하여 차례로 지상권의 설정등기 및 이전등기절차이행을 구할 수 있다 할 것이므로 이러한 법정지상권을 취득할 지위에 있는 자에 대하여 대지소유자가 소유권에 기하여 건물철거를 구함은 지상권의 부담을 용인하고 그 설정등기절차를 이행할 의무있는 자가 그 권리자를 상대로 한 청구라 할 것이어서 신의성실의 원칙상 허용될 수 없다.

[대법원 2012. 10. 18. 선고 2010다52140 전원합의체 판결]

[1] 동일인의 소유에 속하고 있던 토지와 그 지상 건물이 강제경매 등으로 소유자가 다르게 된 경우, 건물 소유를 위한 관습상 법정지상권이 성립하기 위하여 토지와 그 지상 건물이 원시적으로 동일인 소유에 속하였을 것이 요구되는지 여부(소극)

[2] 강제경매의 목적이 된 토지 또는 그 지상 건물의 소유권이 강제경매로 인하여 그 절차상 매수인에게 이전된 경우, 건물 소유를 위한 관습상 법정지상권의 성립 요건인 '토지와 그 지상 건물이 동일인 소유에 속하였는지'를 판단하는 기준 시기(=압류 또는 가압류의 효력 발생 시)

---

[102] 대법원 1993. 01. 19. 선고 92다31323 판결

[대법원 2013. 04. 11. 선고 2009다62059 판결]

강제경매의 목적이 된 토지 또는 그 지상 건물에 관하여 강제경매를 위한 압류나 그 압류에 선행한 가압류가 있기 이전에 저당권이 설정되어 있다가 강제경매로 저당권이 소멸한 경우, 건물 소유를 위한 관습상 법정지상권의 성립 요건인 '토지와 그 지상 건물이 동일인 소유에 속하였는지'를 판단하는 기준 시기(=저당권 설정 당시)

4. [소장 2]

[유의사항]

- 오변론 변호사는 2017. 4. 26. 목포수협 총무과장 이진삼으로부터 소송사건의 처리를 의뢰받음
- 사실관계에 관한 의뢰인의 주장은 모두 진실한 것으로 보고, 의뢰인의 의사를 존중하여 사실관계 및 법률이론을 구성하여야 하며, 의뢰인에게 가능한 한도 내에서 가장 이익이 되도록 처리할 것.
- 단, 오변론 변호사는 이미 송영수가 사기와 사문서위조죄로 1심에서 유죄판결을 받은 사정을 감안하여, 이 사건 대출계약에 관하여 송영수가 목포대학교 총장을 대리할 권한이 있었다거나 표현대리가 성립하는 것을 전제로 그에 따른 대출금반환청구를 하는 것은 승산이 없다고 판단하고, 다른 방향에서 청구를 하기로 마음먹었으므로 이에 따른 소장을 작성할 것.
- 한편, 기간 계산에 있어서는 계산의 편의상 연, 월 단위로 계산하되, 6월은 0.5년으로, 4월은 12분의 4년으로 셈할 것.

수임번호 2017-07	사건상담기록		2017. 4. 26.
의뢰인	목포수협(담당 : 총무과장 이진삼)	의뢰인 전화	061-230-1124
의뢰인 주소	목포시 목포2동 456 조합장 이유달	의뢰인 팩스	061-230-1125
상 담 내 용			

1. 국립 목포대학교(주소 : 목포시 목포1동 123, 총장 : 김대영)는 학교 주관으로 소비조합 및 기숙사를 운영하고 있는데, 송영수는 목포대학교 총무과 후생계장으로서, 2012. 3. 2.경부터 위 대학교 총장에 의해 위 소비조합의 지출관 및 기숙사운영위원회의 간사로 지명되어 그 업무를 겸하고 있다.

   위 소비조합과 기숙사운영위원회는 사단이나 재단의 실체를 갖추지는 못하였고 위 대학교의 부속기관이다.

   이에 따라 송영수는 목포대학교 총장은 물론 위 소비조합의 이사장(교무과장 최종철)과 기숙사운영위원회 위원장(학생지도과장 박영민)의 명을 받아 그 일상적인 사무를 보조하고 운영자금을 관리하는 등의 일을 하여 왔다.

2. 송영수는 2012년 이래 매년 학기 초 위 소비조합의 수익금 및 기숙사 운영자금의 예치·인출 및 그 운영관리에 관한 대리권을 가지고, 위와 같이 이를 목포수산업협동조합(목포시 목포2동 456, 조합장 이유달. 이하 편의상 '목포수협')에 예탁하거나 인출하여 왔다. 목포수협은 그 관내 각급 학교로부터 예금을 받는 경우 그 학교를 예금주로 하고 그 총장이나 학장, 교장 등을 대표자로 표시하여 그 대표자의 인장을 거래인감도장으로 날인케 하고 있는데, 이는 통상 총·학장이나 교장이 학교운영자금을 관리하고 예금하는 등의 권한을 가지고 있는 데에 따른 것이다.

송영수는 2015. 1. 12.에도 목포대학교 총장의 승인 하에 그를 적법하게 대리하여 목포수협에 위 소비조합의 수익금 및 기숙사에 입주해 있는 학생들이 납부한 기숙사 운영자금 8,000만 원을 목포대학교의 명의로 정기예금하였다(계좌번호 : 263-65-037091, 이자율 : 월 0.5%, 만기 : 2017. 1. 11., 만기 이후에도 실제 반환 시까지 월 0.5%의 이자를 가산하여 지급하기로 함).

3. 송영수는 2015. 3. 12. 목포수협의 영업부장(지배인)인 박창선에게 기숙사 수선비로 사용한다며 목포대학교 명의로 대출한도를 2억 원으로 하여 상호종합통장 대출(일명 마이너스통장 대출)신청을 하였다.

4. 송영수로부터 위와 같은 대출 신청을 받고 박창선은, 송영수가 당연히 목포대학교 총장을 대리하여 위 대학교를 위해 대출신청을 할 권한까지 가지고 있는 것으로 믿고, 원리금 변제기는 2017. 3. 11., 이율은 연 12%, 지연배상금율은 연 24%로 하여, 목포대학교에게 2억 원의 한도 내에서 목포대학교의 인출신청에 따라 대출금을 지급하기로 하는 내용의 대출계약을 그 당일 송영수와 체결하였다.

5. 송영수는 위와 같은 대출계약을 체결한 당일인 2015. 3. 12. 위 마이너스통장에서 2억 원을 인출하였는데, 그 돈을 위 대학교 총장 등의 승인을 받은 바 없이 허위로 대출받아 자신의 채무변제 등 개인용도에 사용하였다는 혐의(사기, 사문서위조)로 목포대학교의 고소에 따라 수사를 받고 불구속 기소되어, 2017. 4. 30. 광주지방법원 목포지원에서 징역 10월의 형을 선고받고 현재 항소심절차가 진행 중이다.

6. 목포대학교는 2017. 4. 초경 목포수협에게 위 정기예금을 지급해달라고 요구하였으나, 목포수협은 이를 거절하고 상계취지가 담긴 통지서를 발송하여 분쟁이 발생하였다.

그러자 목포대학교는 송영수가 대출에 관하여 적법한 대리권을 수여 받은 바 없음에도 이를 가장하여 대출을 받았다며 금융감독원에 진정을 하였고, 이에 금융감독원과 교육과학기술부는 각각 목포수협과 목포대학교에게 위 분쟁을 조속히 해결할 것을 종용하고 있다.

7. 한편, 위 송영수는 위 대출금에 대하여 자신이 도의상 일부 책임을 지겠다며 2016. 9. 11. 목포수협에게 송영수 자신이 소유하고 있던 아파트(삼보아파트 401호)를 대출금의 일부(그 당일자로 원금 8,000만 원에 충당하기로 합의함) 변제 명목으로 양도해주었다.

그런데 위 아파트에는 권성일의 전세권설정등기와 임은호의 위 전세권에 대한 가압류등기가 되어 있다. 이에 관하여 송영수는 "전세권은 2014. 3. 20. 이미 합의해지되어 전세금도 모두 반환하고 내가 아파트를 인도받기까지 하였는데, 다만 전세권설정등기를 말소하지 못한 것뿐이다. 권성일에게 말만 하면 전세권말소는 전혀 문제없으니 나중에라도 내가 책임지고 말소해주겠다"고 약속하였으나, 송영수는 약속을 지킬 생각을 전혀 하지 않고 있어 목포수협은 실질적인 재산권 확보를 못하고 있는 실정이다.

8. 의뢰인의 희망사항

1) 목포대학교에 대한 잔존 대출금을 받아 달라.

2) 만약 법률적인 문제로 목포대학교 측으로부터 위 대출금을 받지 못하게 된다면(현재 송영수가 자력이 충분치 않으므로 위 학교 측으로부터 돈을 받는 것이 가장 좋겠는데, 이미 송영수가 목포대학교 측의 고소에 따른 형사재판에서 유죄판결을 받았기 때문에 걱정스럽다) 송영수에게라도 받아 달라.

3) 송영수에게서 양도받은 아파트 역시 타인 명의의 전세권설정등기와 이에 대한 가압류등기로 인해 재산권 행사를 제대로 못하고 있으니, 이 문제도 해결해 달라. 끝.

변호사 오변론 법률사무소
전화번호 : 02-550-2267, 팩스 02-550-2268, 이메일 : mir@nate.com
서울 서초구 서초동 1567 정곡빌딩 동관 1009호

통 지 서

발신인 : 목포수산업협동조합 (목포시 목포2동 456)
        조합장 이유달
수신인 : 목포대학교 (목포시 목포1동 123)
        총장 김대영

1. 귀 대학의 무궁한 발전을 기원합니다.
1. 귀 대학은 2015. 3. 12. 본 조합으로부터 2억 원을 대출받았으나 약정한 상환일인 2017. 3. 11.까지 그 원리금을 상환하지 않았습니다.
1. 본 조합은 위 대출금과 관련된 채권으로 귀 대학이 2015. 1. 12. 본 조합에 예치한 정기예금채권(계좌번호 : 263-65-037091, 이자율 : 월 0.5%, 만기 : 2017. 1. 11.)에 상계하고 대등액에서 변제에 충당하고자 합니다.
1. 귀 대학에도 어려운 사정이 있겠으나, 본 조합은 금융기관으로서 부득이 위와 같은 조치를 취할 수밖에 없는 사정을 양해하여 주시기 바라오며, 이후에도 변함없는 성원을 부탁드립니다.

                    2017. 4. 10.
              목포수산업협동조합 [목포수산업협동조합장의인]
                  조합장 이유달

이 우편물은 2017. 4. 10. 등기 제23987호에 의하여 내용증명 우편물로 발송하였음을 증명함
              서울서초우체국장 [印]

우편물배달증명서

수취인의 주거 및 성명			
목포대학교 (목포시 목포1동 123) 총장 김대영			
접수국명	전남 목포	접수연월일	2017. 4. 10.
접수번호	제13-2349호	배달연월일	2017. 4. 13.
적 요 총무과 문서수발담당 이지수 ㊞			2017. 4. 19. 목포우체국장 [목포우체국장의 인]

교 육 부

서울 종로구 세종대로 209 정부중앙청사 813호
전화 02-6222-6060 / 전송 02-2100-6133
장관 서남수, 인재정책실장 최민식

수신 : 목포대학교 총장 2017. 4. 20.
참조 : 사무국장
제목 : 학교자금관리철저

---

1. 귀 대학의 무궁한 발전을 기원합니다.
1. 귀 대학교 총무과 후생계장인 송영수가 귀 대학교 소비조합의 지출관 및 기숙사운영위원회의 간사로 임명되어 그 운영자금을 관리하는 기회를 이용하여 귀 대학교 명의로 목포수산업협동조합으로부터 금 2억원을 대출받아 개인 용도에 사용한 것으로 인해 귀 대학과 위 수협 사이에 분쟁이 발생해 아직까지 해결되지 못하고 있는바, 귀 대학교에서는 당부에서 기 시달한 바 있는 학교자금관리운영지침(2010. 9. 12. 교학 2006-5230호)에 의거 조속히 분쟁을 해결하고, 그 조치결과를 30일 내에 당부에 보고하여 주시기 바랍니다.
1. 아울러 향후 이와 같은 일이 재발하지 않도록 귀 대학 총장 및 사무국장 책임 하에 학교자금 관리 및 운영에 철저를 기하여 주시기 바랍니다.

2017. 4. 20.
교육부장관 [교육부 장관인]

인재정책실장 전결

[집합건물] 경기도 수원시 단원구 신길동 459 삼보아파트 제207동 제4층 제401호   고유번호 1234-5678

[표 제 부]		(1동의 건물의 표시)		
표시번호	접 수	소재지번, 건물명칭 및 번호	건물내역	등기원인 및 기타사항
1	2004년 5월 1일	경기도 수원시 단원구 신길동 459 삼보아파트 제207동	철근콘크리트조 슬래브지붕 4층 아파트 1층 863.50㎡ 2층 863.50㎡ 3층 863.50㎡ 4층 863.50㎡ 지층 859.57㎡	도면편철장 제6책 제65면
		(대지권의 목적인 토지의 표시)		
표시번호	소재지번	지목	면적	등기원인 및 기타사항
1	경기도 수원시 단원구 신길동 459	대	52,368.2㎡	2004년 5월 1일

[표 제 부]		(전유부분의 건물의 표시)		
표시번호	접 수	건물번호	건물내역	등기원인 및 기타사항
1	2004년 5월 1일	제4층 제401호	철근콘크리트조 131.83㎡	도면편철장 제6책 제65면
		(대지권의 표시)		
표시번호	대지권종류		대지권비율	등기원인 및 기타사항
1	소유권 대지권		1000분의 1.72	2004년 5월 1일 대지권 2004년 5월 1일 등기

[집합건물] 경기도 수원시 단원구 신길동 459 삼보아파트 제207동 제4층 제401호   고유번호 1234-5678

[갑 구]   (소유권에 관한 사항)

순위번호	등기목적	접 수	등기원인	권리자 및 기타사항
1	소유권보존	2004년 5월 1일 제8390호		소유자 삼보건설 주식회사 110111-0007979 서울 종로구 계동 141-25
2	소유권이전	2004년 9월 25일 제35571호	2004년 3월 2일 매매	소유자 송영수 640207-1957387 목포시 산호동 187-2 정호빌라 에이동 107호
3	소유권이전	2016년 9월 11일 제15315호	2016년 9월 11일 매매	소유자 목포수산업협동조합 100824-4335391 목포시 목포2동 456

[을 구]   (소유권 이외의 권리에 관한 사항)

순위번호	등기목적	접 수	등기원인	권리자 및 기타사항
1	전세권설정	2012년 5월 6일 제35570호	2012년 5월 5일 설정계약	전세금 금20,000,000원 범 위 건물 전부 존속기간 2012년 5월 5일부터 2017년 5월 4일까지 전세권자 권성일 630725-1057329 서울 서초구 서초동 1054 무지개아파트 7동 1205호
1-1	1번 전세권가압류	2014년 11월 7일 제19350호	2014년 11월 5일 서울중앙지방법원의가압류결정 (2014카단7129)	청구금액 금30,000,000원 채권자 임은호 580321-1055221 서울 서초구 방배동 874

--- 이하여백 ---

수수료 1200원 영수함   관할등기소 : 수원지방법원 등기과
이 증명서는 등기기록의 내용과 틀림없음을 증명합니다.
서기 2017년 4월 25일
광주지방법원 목포지원 등기과   등기관 이용민   ㊞

광주지방
법원목포
지원등기
과등기관

* 실선으로 그어진 부분은 말소사항을 표시함. * 등기기록에 기록된 사항이 없는 갑구 또는 을구는 생략함.

【모범답안】

소　장

원　고　　목포수산업협동조합[103]
　　　　　목포시 목포2동 456
　　　　　대표자 조합장 이유달
　　　　　소송대리인 변호사 오변론
　　　　　서울 서초구 서초동 1234 승리빌딩 701호
　　　　　전화 02-012-9811, 팩스 02-012-9812, 전자우편 mir@nate.com

피　고　　1. 대한민국[104]
　　　　　　법률상 대표자 법무부장관 ○○○
　　　　　2. 송영수 (640207-1957387)
　　　　　　목포시 산호동 187-2 정호빌라 에이동 107호
　　　　　3. 권성일 (630725-1057329)
　　　　　　서울 서초구 서초동 1054 무지개아파트 7동 1205호
　　　　　4. 임은호 (580321-1055221)
　　　　　　서울 서초구 방배동 874

손해배상(기) 등 청구의 소

청　구　취　지

1. 피고 대한민국, 송영수는 각자 원고에게 4,740만 원 및 이에 대한 2017. 1. 12.부터 이 사건 소장 부본 송달일까지는 연 5%의, 그 다음날부터 다 갚는 날까지는 연 15%의 각 비율에 의한 금원을 지급하라.

2. 원고에게,

가. 피고 권성일은 별지 목록 기재 아파트에 관하여 수원지방법원 2012. 5. 6. 접수 제35570호로 마친 전세권설정등기[105]에 대하여[106] 말소등기절차를 이행하고,

---

[103] 실체가 민법상의 조합인 경우 그 조합은 단순한 계약관계에 불과하여 당사자능력이 없으나, 명칭이 조합이라도 그 실체가 사단법인 또는 법인격 없는 사단인 경우에는 당사자능력이 있다. 수산업협동조합은 수산업협동조합법 제4조 제1항에 따라 법인격이 있다.

[104] 국가는 당연히 법인격을 갖고 당사자능력이 있다. 이 사건에서 대한민국은 공무원인 피고 송영수의 사용자로서 불법행위책임의 당사자가 된다.

[105] 등기사항증명서는 광주지방법원 목포지원 등기과 등기관이 발급하였으나 아파트의 소관 등기소는 수원지방

나. 피고 임은호는 위 전세권설정등기의 말소등기에 대하여 승낙의 의사표시를 하라.
3. 소송비용은 피고들이 부담한다.
4. 제1항은 가집행할 수 있다.[107]

라는 판결을 구합니다.

청 구 원 인

1. 금전지급청구

가. 원고의 금전 대출과 피고 송영수의 불법행위

1) 피고 대한민국은 그 산하에 목포대학교를 설립·운영하고 있는데, 위 대학교 총무과 후생계장인 피고 송영수는 2015. 3. 12. 원고 조합의 지배인인 박창선에게 기숙사 수선비로 사용한다며 위 대학교의 명의로 상호종합통장 대출(일명 마이너스통장 대출) 신청을 하였습니다.

2) 이에 원고 조합을 대리한[108] 위 박창선은 당일 위 대학교 총장 김대영의 대리인으로 행세한 피고 송영수와, 원리금 변제기는 2017. 3. 11., 이율은 연 12%, 지연배상금율은 연 24%로 하되, 대출금은 2억 원의 한도 내에서 인출신청에 따라 지급하기로 하는 대출계약(소비대차계약)을 체결하였고(갑 제1호증 참조), 피고 송영수가 그 즉시 위 대학교 총장의 명의로 2억 원을 인출신청하므로 원고 조합은 이를 지급하였습니다(갑 제2호증 참조).

3) 그러나 피고 송영수는 위 대출계약에 관하여 위 대학교 총장으로부터 대리권을 수여받은 바 없음에도, 박창선을 기망하여 이 사건 대출계약을 체결하고 대출금 상당액을 인출·사용하는 불법행위를 하였습니다(피고 송영수는 이로 인해 2017. 4. 30. 광주지방법원 목포지원에서 사기 및 사문서위조죄로 징역 10월의 판결을 선고받아 현재 항소심절차가 진행 중입니다).

원고는 이로 인해 대출금 및 그 법정 지연손해금 상당액의 손해를 입었는바,[109] 피고

법원 등기과이므로 이를 기재하여야 한다.

106) 승낙의 대상인 말소할 등기는 가압류등기가 아니라 가압류의 목적인 권리를 표상하는 전세권설정등기인 점에 주의하여야 한다.

107) 소유권이전등기청구 및 전세권설정등기의 말소등기청구와 그에 대한 승낙청구 부분은 의사의 진술을 명하는 청구로서 그 판결이 확정되어야만 의사의 진술이 있는 것으로 간주되기 때문에(민사집행법 제263조) 가집행선고를 구할 수 없다.

108) 수산업협동조합은 동법 제59조 제2항에 의거 각 조합의 정관에 따른 간부직원을 두어야 하는데, 이들에 대하여는 동법 제59조 제4항에 의거 상법 제10조, 제11조 제1항의 지배인에 관한 규정이 준용되므로 그 지배인인 간부는 조합을 대리할 권한이 있다.

109) 피고 송영수의 대리가 무권대리여서 무효이면 원고는 그 대출금 상당액을 편취당한 것이 되고, 그 손해액은 대출 원금 상당액과 법정이율에 의한 지연손해금이지 대출계약상의 약정 이자 상당액이 아니다.
한편, 이 사건 대출금이 목포대학교 예금계좌에 입금된 이상 그로써 대한민국이 부당이득을 한 것이 아닌가 하는 의문이 있을 수 있으나, 목포대학교는 예금계좌에 돈이 입금된 사실도 알지 못하였고, 그 입금된 즉시 송영수가 인출함으로써 목포대학교가 그 예금계좌에 입금된 돈에 대하여 지배권을 행사할 여지가 전혀 없었

대한민국과 송영수는 이에 따른 손해배상책임을 면할 수 없습니다. 즉, 피고 송영수는 피고 대한민국 소속의 공무원으로서 위와 같이 목포대학교 총무과 후생계장이자, 2012. 3. 2.경에는 위 대학교 소비조합의 지출관 및 기숙사운영위원회 간사로 지명되어 평소 위 대학교 총장과 소비조합 이사장(교무과장 최종철), 기숙사운영위원회 위원장(학생지도과장 박영민)의 지휘·감독 하에 소비조합의 수익금 및 기숙사 운영자금을 위 대학교 명의로 입출금하였는바, 이는 피고 송영수의 직무에 해당합니다.

그리고 피고 송영수가 이 사건 대출계약에 관하여 위 대학교 총장의 대리인으로 행세하면서 기숙사 수선비로 사용한다며 위 대학교 명의로 이 사건 대출을 받은 것은 외형상 객관적으로 직무행위에 해당하거나 직무행위와 밀접한 관계가 있는 행위에 해당합니다.

그러므로 피고 대한민국은 피고 송영수가 위와 같이 그 직무를 집행함에 있어 고의로 법령에 위반하여 원고 조합에게 손해를 가한 데에 대하여 국가배상법 제2조 제1항 본문110)에 따른 손배해상책임이 있고, 피고 송영수는 고의의 불법행위자로서 피고 대한민국과 부진정연대하여 손해를 배상할 책임이 있습니다.

나. 채권 일부의 대물변제

원고 조합은 2016. 9. 11. 피고 송영수로부터 그 소유이던 별지 목록 기재 아파트를 위 대출금채무의 일부로 대물변제 받되 이를 원금 8,000만 원의 변제에 충당하기로 합의하였고, 이에 따라 당일 원고 앞으로 소유권이전등기를 마쳤습니다(갑 제3호증 참조).111)

다. 상 계

1) 피고 송영수는 2015. 1. 12. 위 대학교 총장을 대리하여 원고에게 위 소비조합의 수익금 및 기숙사 운영자금 8,000만원을 위 대학교 명의로 정기예금하였는데, 이율은 월 0.5%, 만기는 2017. 1. 11.로 하고, 만기 이후에도 실제 반환 시까지 월 0.5%의 이자를 가산하여 지급하기로 약정하였습니다(갑 제4호증 참조).

2) 이에 원고는 2017. 4. 10. 위 대출과 관련된 채권(손해배상채권)을 자동채권으로 하고 위 예금채권을 수동채권으로 하여 상계의사가 담긴 통지서(갑 제5호증의 1)를 발송하였고, 그 통지서는 2017. 4. 13. 목포대학교에 도달하였습니다(갑 제5호증의 2 참조).112)

기 때문에 사회통념상 목포대학교가 이를 영득하였다고 보기 어렵다.

110) 국가배상법이 적용되는 사안에 대하여는 동법이 민법의 특별법으로서 우선 적용되고, 동법에 규정이 없는 사항은 민법이 적용된다(국가배상법 제8조 본문 참조).

111) 대물변제는 채권자와 채무자의 합의를 요하고(민법 제464조), 요물계약으로서 채무자가 현실적으로 급부를 한 때에 변제의 효력이 발생한다. 따라서 부동산의 경우 채권자 앞으로 소유권이전등기까지 하여야 한다(대법원 1979. 09. 11. 선고 79다381 판결 등).

112) 상계는 상대방 있는 단독행위로서 그 상계의 의사표시가 상대방에게 도달하여야 효력을 발생하므로, 상계의 효력을 주장하는 자는 그 의사표시를 한 시기와 도달시기를 반드시 주장 입증하여야 한다. 상계통지서라는 명

따라서 상계적상일(위 예금채권의 만기)인 2017. 1. 11. 위 손해배상채권과 예금채권은 대등액에서 소멸하였는바,[113] 2017. 1. 11. 현재 손해배상채권액은 대출원금 잔액 1억 2,000만원 및 당초의 원금 2억 원에 대한 2015. 3. 12.부터 대물변제에 의한 일부 원금의 변제일인 2016. 9. 11.까지 민법상의 지연손해금 1,500만원(2억 원 × 0.05 × 1.5년)과 위 1억 2,000만 원에 대한 2016. 9. 12.부터 2017. 1. 11.까지의 지연손해금 200만 원(1억 2,000만 원 × 0.05 × 4/12년)을 합한 1억 3,700만 원이고, 위 예금채권액은 원금 8,000만 원 및 이자 960만 원(8,000만 원 × 0.005 × 24월)을 합한 8,960만 원으로서, 자동채권인 손해배상채권액이 수동채권인 예금채권액을 초과하므로 민법 제499조, 제479조 제1항에 따라 자동채권 및 수동채권의 각 이자, 원본의 순서로 변제충당하면,[114] 자동채권의 지연손해금 1,700만 원 및 원본 중 7,260만 원의 합계액 8,960만 원과 수동채권의 이자, 원본의 합계액 8,960만 원이 각기 소멸하여, 자동채권인 위 손해배상채권은 결국 원금 잔액 4,740만 원(1억 2,000만 원 - 7,260만 원) 및 이에 대한 위 상계적상일 다음날인 2017. 1. 12.부터 이 사건 소장 부본 송달일까지는 민법상 연 5%의, 그 다음날부터 다 갚는 날까지는 소송촉진 등에 관한 특례법상 연 15%의 각 비율에 의한 금원을 지급할 의무가 있습니다.

2. 전세권설정등기의 말소청구

가. 전세권의 설정과 해지

피고 송영수는 별지 목록 기재 아파트에 관하여 2012. 5. 5. 피고 권성일과 전세권설정계약을 체결하고 2012. 5. 6. 청구취지 제2의 가항 기재와 같이 피고 권성일 앞으로 전세권설정등기를 마쳐주었습니다(갑 제3호증 참조). 한편, 피고 권성일과 피고 송영수는 2014. 3. 20. 위 전세권설정계약을 합의해지하였고, 피고 송영수는 전세금을 반환하였습니다.

나. 가압류 등

피고 임은호는 2014. 11. 5. 서울중앙지방법원 2014카단7129호로 위 전세권에 대한 가압류결정을 받았고, 이에 따라 수원지방법원 2014. 11. 7. 접수 제19350호로 그 가압류등기가 마쳐졌습니다. 원고는 그 후 위와 같이 위 아파트를 피고 송영수로부터 대물변제받아 2016. 9. 11. 소유권이전등기를 마쳤습니다.[115]

칭을 사용한 것이 아니더라도 그 같은 의사표시가 담긴 것이면 상계의 의사표시로서 효력이 있음은 물론이다.

113) 상계적상일은 자동채권과 수동채권이 상계할 수 있었을 때, 즉 원칙적으로 양 채권의 최종 이행기가 도래한 때이다. 사안의 경우 수동채권의 이행기(예금채권의 만기)인 2017. 1. 11.에 최종적으로 이행기가 도래하였고, 그 날이 상계적상일이 된다. 그리고 상계의 의사표시가 상계적상일 뒤에 있었더라도 상계의 효력은 상계적상일로 소급하여 양 채권의 대등액에서 각 채무가 소멸한다(민법 제493조 제2항).

114) 민법은 자동채권액이 수동채권액을 초과하는 경우의 변제충당 방법에 관하여 규정하고 있지 않으나, 이 역시 반대의 경우와 동일하게 처리함이 상당하다(이설 없음).

115) 이는 원고가 피고 권성일, 임은호에 대하여 전세권설정등기의 말소등기절차의 이행 등을 구하는 실체법상의

다. 소결론

그러므로 피고 권성일 명의의 위 전세권설정등기는 그 등기원인이 소멸하여 말소되어야 하고, 피고 임은호의 가압류는 그 목적인 전세권 및 전세금반환청구권이 이미 소멸한 뒤에 이루어진 것이어서 실체법상 무효입니다.

따라서 원고는 소유권에 기한 방해배제청구권에 기하여,[116] 피고 권성일에 대하여는 위 전세권설정등기의 말소등기절차의 이행을, 피고 임은호에 대하여는 위 말소등기에 대한 승낙의 의사표시를 구합니다.

3. 결론

이상과 같은 이유로 원고는 청구취지와 같은 재판을 구합니다.

증 명 방 법 (생략)

첨 부 서 류 (생략)

2017. 4. 26.

원고 소송대리인 변호사 오변론

서울중앙지방법원 귀중

목 록

1동의 건물의 표시

경기도 수원시 단원구 신길동 459 삼보아파트 제207동

철근콘크리트조 슬래브지붕 4층 아파트

1층 863.50㎡, 2층 863.50㎡, 3층 863.50㎡, 4층 863.50㎡, 지층 859.57㎡

권원을 구성하는 요건사실이다. 한편, 원고의 소유권 취득 사실이 앞서도 나왔으나, 이는 피고 대한민국과 송영수에 대한 관계에서 금전청구와 관련하여 언급한 것일 뿐 피고 권성일, 임은호에 대한 관계에서 언급한 것은 아니므로(변론독립의 원칙) 다시 간단하게나마 언급해주어야 한다.

116) 전세권의 용익권능이 소멸하고 전세금반환채권도 소멸한 때에는 더 이상 전세권설정등기가 유지될 수 없어 전세권자는 그 등기를 말소하여야 하는바(대법원 1999. 02. 05. 선고 97다33997 판결 참조), 전세권 설정 후 그 부동산의 소유권이 제3자에게 이전된 경우 그 제3자는 소유권에 기한 방해배제청구권에 의해 전세권자를 상대로 그 등기의 말소를 구할 수 있다.

> 대지권의 목적인 토지의 표시
> 　　　경기도 수원시 단원구 신길동 459 대 52,368.2㎡
> 전유부분의 건물의 표시
> 　　　제4층 제401호 철근콘크리트조 131.83㎡
> 대지권의 표시
> 　　　소유권 대지권 1,000분의 1.72. 끝.

■ 핵심판례 – 기타 이행청구, 대표적인 항변(2)

가. 기타 이행청구

1) 불법행위(국가배상청구)

불법행위로 인한 손해배상채무의 지연손해금의 기산일은 불법행위 성립일임이 원칙이고,[117] 불법행위에 있어 위법행위 시점과 손해발생 시점 사이에 시간적 간격이 있는 경우에는 손해발생 시점이 기산일이 된다고 할 것이다.[118]

국가배상법 제2조 제1항 본문 및 민법 제756조 제1항에 따른 손해배상책임이 성립하려면 피용자의 행위가 외형상 객관적으로 직무행위에 해당하거나 직무행위와 밀접한 관계가 있는 행위에 해당하여야 한다.[119] 여기에서 외형상 객관적으로 사용자의 사무집행에 관련된 것인지 여부는 피용자의 본래 직무와 불법행위와의 관련 정도 및 사용자에게 손해발생에 대한 위험창출과 방지조치 결여의 책임이 어느 정도 있는지를 고려하여 판단하여야 한다.[120] 그리고 여기서의 '공무원의 직무'에는 권력적 작용뿐만 아니라 비권력적 작용도 포함되며, 다만 행정주체가 사경제주체로서 하는 활동만 제외된다.[121] 이 사건에서 목포대학교 후생계장이자 소비조합의 지출관, 기숙사운영위원회 간사의 지위에서 송영수가 기숙사 수선을 위한다는 명목으로 한 대출신청과 그 약정이 사경제적 작용이라고 볼 여지도 있으나, 대학교가 그 학생들의 후생복지와 학습 편의의 증진을 위하여 소비조합 및 기숙사를 운영하는 것은 영리를 위한 것이 아니므로 사경제주체로서의 작용이라고 보기 어렵다.[122]

---

117) 대법원 1975. 05. 27. 선고 74다1393 판결, 대법원 1993. 03. 09. 선고 92다48413 판결 등 참조
118) 대법원 2011. 07. 28. 선고 2010다76368 판결 참조
119) 대법원 2001. 01. 05. 선고 98다39060 판결, 대법원 2008. 01. 18. 선고 2006다41471 판결 등.
120) 대법원 2001. 03. 09. 선고 2000다66119 판결.
121) 대법원 2001. 01. 05. 선고 98다39060 판결, 대법원 2008. 01. 18. 선고 2006다41471 판결 등

한편, 피용자의 불법행위가 외관상 사무집행의 범위 내에 속하는 것으로 보이는 경우에도 피용자의 행위가 사용자나 사용자에 갈음하여 그 사무를 감독하는 자의 사무집행행위에 해당하지 않음을 피해자 자신이 알았거나 중대한 과실로 인하여 알지 못한 경우에는 사용자책임을 물을 수 없는바, 이 경우 중대한 과실이라 함은 거래의 상대방이 조금만 주의를 기울였더라면 피용자의 행위가 그 직무권한 내에서 적법하게 행하여진 것이 아니라는 사정을 알 수 있었음에도 만연히 이를 직무권한 내의 행위라고 믿음으로써 일반인에게 요구되는 주의의무에 현저히 위반하는 것으로 거의 고의에 가까운 정도의 주의를 결여하고, 공평의 관점에서 상대방을 구태여 보호할 필요가 없다고 봄이 상당하다고 인정되는 상태를 말한다.[123]

공무원이 고의 또는 중대한 과실로 직무집행에 관하여 타인에게 손해를 가한 경우에는 그 사용자인 국가와 중첩적으로(부진정연대책임) 손해배상책임을 진다.[124]

한편, 부진정연대채무자 상호 간에 채권의 목적을 달성시키는 변제와 같은 사유는 채무자 전원에게 절대적 효력이 있는바, 이때 부진정연대채무자 중 소액 채무자가 자신의 채무 중 일부를 변제한 경우, 그 변제된 금액은 소액 채무자가 다액 채무자와 공동으로 부담하는 부분에 관하여 민법의 변제충당 일반원칙에 따라 지연손해금, 원본의 순서로 변제에 충당되고 이로써 공동 부담 부분의 채무 중 지연손해금과 일부 원금채무가 변제로 소멸하게 되나,[125] 다액 채무자가 자신의 채무 중 일부를 변제한 경우에는 다른 채무자와 공동으로 채무를 부담하는 부분이 아니라 다액채무자가 단독으로 채무를 부담하는 부분에 먼저 충당된다.[126]

국가배상법 제2조 제1항 본문 및 제2항의 입법 취지는 공무원의 직무상 위법행위로 타인에게 손해를 끼친 경우에는 변제자력이 충분한 국가 등에게 선임감독상 과실 여부에 불구하고 손해배상책임을 부담시켜 국민의 재산권을 보장하되, 공무원이 직무를 수행함에 있어 경과실로 타인에게 손해를 입힌 경우에는 그 직무수행상 통상 예기할 수 있는 흠이 있는 것에 불과하므로, 이러한 공무원의 행위는 여전히 국가 등의 기관의 행위로 보아 그로 인하여 발생한 손해에 대한 배상책임도 전적으로 국가 등에만 귀속시키고 공무원 개인에게는 그로 인한 책임을 부담시키지 아니하여 공무원의 공무집행의 안정성을 확보하고, 반면에 공무원의 위법행위가 고의·중과실에 기한 경우에는 비록 그 행위가 그의 직무와 관련된 것이라고 하더라도 그와 같은 행위는 그 본질에 있어서 기관행위로서의 품격을 상실하여 국가 등에게 그 책임을 귀속시킬 수 없

---

122) 대법원은 2008. 01. 18. 선고 2006다41471 판결에서, 군부대 인사처장으로서 복지시설 운영 및 관리업무를 맡고 있는 군인이 부대 내의 골프장 관리비용 사용을 위한다며 법인카드를 신청한 것과 관련하여, 이는 직무와 관련 있는 행위라면서 사경제적 행위로 보지 않았다.
123) 대법원 2008. 01. 18. 선고 2006다41471 판결
124) 대법원 1996. 02. 15. 선고 95다38677 전원합의체 판결 등
125) 대법원 2012. 02. 09. 선고 2009다72094 판결
126) 대법원 2010. 02. 25. 선고 2009다87621 판결 등

으므로 공무원 개인에게 불법행위로 인한 손해배상책임을 부담시키되, 다만 이러한 경우에도 그 행위의 외관을 객관적으로 관찰하여 공무원의 직무집행으로 보여질 때에는 피해자인 국민을 두텁게 보호하기 위하여 국가 등이 공무원 개인과 중첩적으로 배상책임을 부담하되 국가 등이 배상책임을 지는 경우에는 공무원 개인에게 구상할 수 있도록 함으로써 궁극적으로 그 책임이 공무원 개인에게 귀속되도록 하려는 것이라고 봄이 합당하다.[127]

2) 승낙의 의사표시를 구하는 경우

부동산등기법상 권리의 변경이나 경정의 등기(제52조 제5호), 말소등기(제57조), 회복등기(제59조)를 신청하는 경우에, 등기상 이해관계 있는 제3자가 있는 때에는 그의 승낙이 있음을 증명하는 정보 또는 그에게 대항할 수 있는 재판이 있음을 증명하는 정보가 등기소에 제공되어야 한다. 가처분등기 이후의 등기의 말소등기를 신청하는 경우에도 일정한 경우에는 위와 동일한 정보가 첨부정보로서 제공되어야 한다(부동산등기법 제94조, 부동산등기규칙 제152조).

원인무효인 소유권이전등기 명의인을 채무자로 한 가압류등기와 그에 터잡은 경매신청기입등기 명의자에 대하여는 원인무효의 소유권이전등기 말소에 대한 승낙을 구하여야 할 것이고 직접 말소 청구를 할 수 없다.[128]

제한물권 취득자에 대하여는 실체법상 대항할 수 있는 경우 그 등기의 직접 말소를 구할 수도 있으나, 압류, 가압류, 가처분등기는 법원사무관등의 촉탁에 의하여 기재되고, 법원사무관등의 촉탁 또는 등기관의 처분으로 말소되는 것으로서,[129] 그 등기명의자와 공동 신청하는 방법으로 말소하는 방법이 없으므로 그 등기명의자를 상대로 말소청구의 소를 제기할 수도 없다.

3) 기타 의사의 진술을 구하는 경우

채권양도 계약을 하고도 양도인이 양도의 통지를 하지 아니하는 경우 그 통지 권한을 부여받았다면 양수인이 양도인의 사자 또는 대리인으로서 채권양도통지를 할 수 있으나,[130] 그렇지 아니한 경우 이를 구하는 확정판결을 받아 양수인이 이를 제3채무자에게 도달케 함으로써 대항요건을 갖출 수 있다. 채권양도인이 양도의 의사표시를 한 경우에는 "피고는 소외 박갑동(721020-1032300, 주소 : 서울 서초구 방배로 29)에게, 별지 목록 기재 채권을 2015. 12.

---

127) 대법원 1996. 02. 15. 선고 95다38677 전원합의체 판결
128) 대법원 1998. 11. 27. 선고 97다41103 판결
129) 민사집행법 제293조 제3항, 제301조, 부동산등기법 제22조, 제92조, 제94조. 단, 부동산등기법 제89조의 가등기가처분은 예외.
130) 대법원 1994. 12. 27. 선고 94다19242 판결

21. 원고에게 양도하였다는 취지의 통지를 하라."는 청구를 하게 될 것이나, 부당이득반환으로 채권의 양도를 구하는 경우와 같이 양도인이 채권양도의 의사표시조차 하지 아니한 때에는 "피고는 … 채권양도의 의사표시를 하고, 그 취지의 통지를 하라"는 청구를 하여야 할 것이다.

지명채권이 이중으로 양도된 경우의 양수인 상호간의 우열은 통지 또는 승낙에 붙여진 확정일자의 선후가 아니라 확정일자 있는 양도통지가 채무자에게 도달한 일시 또는 승낙 일시의 선후에 의하여 결정된다.[131] 채무자는 채권양도를 승낙하면서 조건을 붙여서 할 수도 있다.[132]

나. 기타 대표적인 항변

1) 변제충당

부진정연대채무자 상호간에 채권의 목적을 달성시키는 변제와 같은 사유는 채무자 전원에게 절대적 효력이 있는바, 이때 부진정연대채무자 중 소액 채무자가 자신의 채무 중 일부를 변제한 경우, 그 변제된 금액은 소액 채무자가 다액 채무자와 공동으로 부담하는 부분에 관하여 민법의 변제충당 일반원칙에 따라 지연손해금, 원본의 순서로 변제에 충당되고 이로써 공동 부담 부분의 채무 중 지연손해금과 일부 원금채무가 변제로 소멸하게 되나,[133] 다액 채무자가 자신의 채무 중 일부를 변제한 경우에는 다른 채무자와 공동으로 채무를 부담하는 부분이 아니라 다액채무자가 단독으로 채무를 부담하는 부분에 먼저 충당된다.[134]

2) 상계항변

소송 외에서 어음채권을 자동채권으로 하여 상계의 의사표시를 하는 경우에는 어음채무자의 승낙이 있다는 등의 사정이 없는 이상 어음의 교부가 필요불가결하고 어음의 교부가 없으면 상계의 효력이 생기지 않으며, 이때 어음의 교부는 상계의 효력발생요건이라 할 것이므로 상계의 의사표시를 하는 자가 이를 주장·입증하여야 한다.[135]

항변권이 붙어 있는 채권을 자동채권으로 하여 다른 채무(수동채권)와의 상계를 허용한다면 상계자 일방의 의사표시에 의하여 상대방의 항변권 행사의 기회를 상실시키는 결과가 되므로 그러한 상계는 허용될 수 없고, 특히 수탁보증인이 주채무자에 대하여 가지는 민법 제442조의

---

131) 대법원 1994. 04. 26. 선고 93다24223 전원합의체 판결.
132) 대법원 2011. 06. 30. 선고 2011다8614 판결.
133) 대법원 2012. 02. 09. 선고 2009다72094 판결
134) 대법원 2010. 02. 25. 선고 2009다87621 판결
135) 대법원 2008. 07. 10. 선고 2005다24981 판결

사전구상권에는 민법 제443조 소정의 이른바 면책청구권이 항변권으로 부착되어 있는 만큼 이를 자동채권으로 하는 상계는 허용될 수 없다.[136] 다만, 자동채권과 수동채권이 서로 동시이행관계에 있는 경우에는 이러한 우려가 없으므로 상계가 허용된다.[137]

금전채권에 대한 가압류로부터 본압류로 전이하는 압류 및 추심명령이 있는 때에는 제3채무자는 채권이 가압류되기 전에 압류채무자에게 대항할 수 있는 사유로써 압류채권자에게 대항할 수 있으므로, 제3채무자의 압류채무자에 대한 자동채권이 수동채권인 피압류채권과 동시이행의 관계에 있는 경우에는, 그 가압류명령이 제3채무자에게 송달되어 가압류의 효력이 생긴 후에 자동채권이 발생하였다고 하더라도 제3채무자는 동시이행의 항변권을 주장할 수 있고, 따라서 그 상계로써 압류채권자에게 대항할 수 있다. 이 경우에 자동채권 발생의 기초가 되는 원인은 수동채권이 가압류되기 전에 이미 성립하여 존재하고 있었으므로, 그 자동채권은 민법 제498조 소정의 "지급을 금지하는 명령을 받은 제3채무자가 그 후에 취득한 채권"에 해당하지 아니한다.[138]

피고가 매매대금채권을 자동채권으로 하여 상계항변을 하였다면 피고가 주장하는 매매계약 체결사실로부터 피고가 매매대금채권과 동시이행관계에 있는 매매목적물의 이전등기의무 또는

---

[136] 대법원 2001. 11. 13. 선고 2001다55222 판결
[137] 대법원 2001. 03. 27. 선고 2000다43819 판결.
위 2000다43819 판결 이유 : 금전채권에 대한 가압류로부터 본압류로 전이하는 압류 및 추심명령이 있는 때에는 제3채무자는 채권이 가압류되기 전에 압류채무자에게 대항할 수 있는 사유로써 압류채권자에게 대항할 수 있으므로, 제3채무자의 압류채무자에 대한 자동채권이 수동채권인 피압류채권과 동시이행의 관계에 있는 경우에는, 그 가압류명령이 제3채무자에게 송달되어 가압류의 효력이 생긴 후에 자동채권이 발생하였다고 하더라도 제3채무자는 동시이행의 항변권을 주장할 수 있고, 따라서 그 상계로써 압류채권자에게 대항할 수 있다. 이 경우에 자동채권 발생의 기초가 되는 원인은 수동채권이 가압류되기 전에 이미 성립하여 존재하고 있었으므로, 그 자동채권은 민법 제498조 소정의 "지급을 금지하는 명령을 받은 제3채무자가 그 후에 취득한 채권"에 해당하지 아니한다(대법원 1993. 09. 28. 선고 92다55794 판결 참조). 또한 동시이행의 항변권은 당사자 쌍방이 부담하는 각 채무가 고유의 대가관계에 있는 쌍무계약상의 채무가 아니더라도 구체적 계약관계에서 당사자 쌍방이 부담하는 채무 사이에 대가적인 의미가 있어 이행상 견련관계를 인정하여야 할 사정이 있는 경우에는 이를 인정하여야 한다(대법원 1993. 02. 12. 선고 92다23193 판결 참조).
이 사건에서 보면, 당초 매수인인 피고의 이 사건 매매잔대금 지급채무와 매도인인 유소자의 이 사건 대지에 대한 원고 명의의 가압류기입등기말소의무는 동시이행의 관계에 있었는데, 유소자가 위 가압류기입등기말소의무를 이행하지 않고 있는 동안 이 사건 대지에 관한 원고의 가압류에서 비롯한 강제경매절차가 진행되자 이 사건 대지의 소유명의자로서 제3취득자인 피고가 부득이 집행채무자인 유소자를 대위하여 위 강제경매의 집행채권액과 집행비용을 변제공탁한 결과 유소자가 피고에 대하여 구상채무를 부담하게 되었으므로, 이 구상채무는 위 가압류기입등기말소의무의 변형으로서 피고의 이 사건 매매잔대금 지급채무와는 여전히 대가적인 의미가 있어 그 이행상의 견련관계가 인정되므로 두 채무는 서로 동시이행의 관계에 있다고 봄이 옳다. 따라서 비록 제3채무자인 피고의 집행채무자인 유소자에 대한 이 사건 구상금채권이 이 사건 가압류명령이 피고에게 송달된 후에 발생하였어도 피고는 이 사건 구상금채권에 의한 상계로 압류채권자인 원고에게 대항할 수 있으므로, 이 사건 가압류에서 본압류로 전이하는 압류 및 추심명령에 의하여 원고가 그 추심권능을 취득한 이 사건 매매잔대금채권은 이 사건 구상금채권액의 대등액 범위 안에서 상계되어 소멸한 것으로 보아야 한다.
그럼에도 불구하고, 원심은 피고의 이 사건 구상금채권과 원고의 피압류채권이 동시이행의 관계에 있는지의 여부를 살펴보지 아니하고 판시와 같은 이유만으로 피고의 상계항변을 배척하였으니, 원심판결에는 판결에 영향을 미친 채무의 동시이행과 상계에 관한 법리를 오해한 위법이 있다.
[138] 대법원 2001. 03. 27. 선고 2000다43819 판결

인도의무를 부담하고 있는 점이 드러나게 되는 것이므로 피고가 이러한 의무를 이행하였거나 이행의 제공을 하였다는 사실까지 주장·증명하여야 한다.[139]

부진정연대채무자 중 1인이 자신의 채권자에 대한 반대채권으로 상계를 한 경우에도 채권은 변제, 대물변제, 또는 공탁이 행하여진 경우와 동일하게 현실적으로 만족을 얻어 그 목적을 달성하는 것이므로, 그 상계로 인한 채무소멸의 효력은 소멸한 채무 전액에 관하여 다른 부진정연대채무자에 대하여도 미친다고 보아야 한다. 이는 부진정연대채무자 중 1인이 채권자와 상계계약을 체결한 경우에도 마찬가지이다. 나아가 이러한 법리는 채권자가 상계 내지 상계계약이 이루어질 당시 다른 부진정연대채무자의 존재를 알았는지 여부에 의하여 좌우되지 아니한다.[140]

부진정연대채무자 사이에는 고유의 의미에 있어서의 부담부분이 존재하지 아니하므로 위와 같은 고유의 의미의 부담부분의 존재를 전제로 하는 민법 제418조 제2항은 부진정연대채무에는 적용되지 아니하는 것으로 봄이 상당하고, 따라서 부진정연대채무에 있어서는 한 부진정연대채무자가 채권자에 대하여 상계할 채권을 가지고 있음에도 상계를 하지 않고 있다 하더라도 다른 부진정연대채무자가 그 채권을 가지고 상계를 할 수는 없는 것으로 보아야 한다.[141]

---

[139] 대법원 2001. 11. 13. 선고 2001다55222, 55239 판결
  위 2001다55222, 55239 판결 이유 : 항변권이 붙어 있는 채권을 자동채권으로 하여 다른 채무(수동채권)와의 상계를 허용한다면 상계자 일방의 의사표시에 의하여 상대방의 항변권 행사의 기회를 상실시키는 결과가 되므로 그러한 상계는 허용될 수 없고(대법원 1969. 10. 28. 선고 69다1084 판결), 특히 수탁보증인이 주채무자에 대하여 가지는 민법 제442조의 사전구상권에는 민법 제443조 소정의 이른바 면책청구권이 항변권으로 부착되어 있는 만큼 이를 자동채권으로 하는 상계는 허용될 수 없다(대법원 1982. 05. 25. 선고 81다595 판결).
[140] 대법원 2010. 09. 16. 선고 2008다97218 전원합의체 판결
[141] 대법원 1994. 05. 27. 선고 93다21521 판결

5. [소장 3]

[유의사항]

- 오변론 변호사는 2017. 4. 26. 최서원으로부터 소송사건의 처리를 의뢰받음
- 사실관계에 관한 의뢰인의 주장은 모두 진실한 것으로 보고, 의뢰인의 의사를 존중하여 사실관계 및 법률이론을 구성하여야 하며, 의뢰인에게 가능한 한도 내에서 가장 이익이 되도록 처리할 것.
- 한편, 기간 계산에 있어서는 계산의 편의상 연, 월 단위로 계산하되, 6월은 0.5년으로, 4월은 12분의 4년으로 셈할 것.

수임번호 2017-07	사건상담기록		2017. 4. 26.
의뢰인	최서원 (600202-2034567)	의뢰인 전화	061-230-1124
의뢰인 주소	목포시 목포2동 456	의뢰인 팩스	061-230-1125
상 담 내 용			

1. 최서원은 2016. 1. 12. 송영수에게 5,000만 원을 변제기 2017. 1. 11., 이자 연 5%로 정하여 대여하여 주었는데, 송영수는 2017. 1. 12. 전까지의 이자는 변제하여 왔으나, 변제기가 이후부터 지금까지는 아무런 소식이 없는 상태이다.

2. 송영수의 부 송철민(300305-1257389, 최후 주소 : 수원시 단원구 신길동 324)은 수원시 단원구 신길동 245 답 800㎡를 소유·경작하여 왔는데 2011. 4. 15. 사망하였고, 송영수는 송철민의 단독상속인이다. 위 토지는 송영수의 조부인 소외 송금술(1899. 5. 11.생)이 일정시대에 그 명의로 사정(査定)을 받아 1947년경 이를 유일한 자식인 아들 송철민에게 증여하였는데 아직 소유권보존등기가 되어 있지 않고, 토지대장의 소유자란에 "송철민"이라는 이름만 기재되어 있을 뿐이다(6·25 동란의 와중에 토지대장이 멸실된 후 1960. 6.경 복구되면서 자료부족으로 그리 된 것이라 하며, 송금술과 송철민은 모두 사망하였고, 송금술의 처 이숙자는 송금술보다 먼저 사망하였음). 위 송철민은 생전에 자신의 주민등록번호와 주소 등을 토지대장에 기입하여 달라는 요청을 하였으나, 지적공부 소관청인 수원시(주소 : 수원시 팔달구 원촌동 127, 시장 : 김용서)에서는 위 토지대장에 소유자로 등재되어 있는 "송철민"이 송영

수의 부친인 송철민과 동일인인지 알 수 없다는 이유로 그 요청을 거부하여 송철민은 위 토지에 대한 소유권보존등기를 하지 못하였고, 송영수는 최서원의 강제집행을 우려해 현재까지 아무런 조치도 취하지 않고 있는 실정이다.

3. 의뢰인의 희망사항

 1) 송영수에 대한 대출금을 받아 달라.

 2) 현재 송영수는 그 부친에게서 상속한 위 수원 소재 토지 외에는 아무런 재산이 없는데, 그 토지가 미등기상태라 의뢰인은 가압류조차 할 수 없는 상태이니, 이 문제도 해결해 달라. 끝.

변호사 오변론 법률사무소

전화번호 : 02-550-2267, 팩스 02-550-2268, 이메일 : mir@nate.com

서울 서초구 서초동 1567 정곡빌딩 동관 1009호

고유번호	4545011400-10096-02			도면번호	6	발급번호	050115-0072-01
토지소재	경기도 수원시 단원구 신길동		토지대장	장번호	1-1	처리시각	15시 44분 10초
지번	245	축척	1:1200	비고		작성자	박창진㊞

토 지 표 시			소 유 자		
지목	면적	사 유	변동일자	주 소	
^	^	^	변동원인	성명 또는 명칭	등록번호
(02) 답	*800*	(47) 1981년 6월 9일 면적정정		송철민	
	- 이하여백 -			- 이하여백 -	

등급수정 년월일	1997. 1. 1. 수정	2002. 1. 1. 수정	2004. 1. 1. 수정	2006. 1. 1. 수정	2008. 1. 1. 수정	2012. 1. 1. 수정	2013. 1. 1. 수정
토지등급 (기준수확량등급)	213	221	243	315	350	500	480
개별공시지가기준일	- 생 략 -						
개별공시지가(원/㎡)	- 생 략 -						

토지대장에 의하여 작성한 등본입니다.

2017년 4월 25일

경기도 수원시장

[경기도 수원시장의인]

수 원 시

"세계로 도약하는 선진 경기, 수원시가 앞장섭니다"
수원시 팔달구 원촌동 시청로 1
전화 6222-6060 / 팩스 2100-6133

수신 : 송 철 민   2010. 5. 9.
　　　수원시 단원구 신길동 324
참조 :
제목 : 소유자등록신청에 대한 회신

---

1. 귀 대학의 무궁한 발전을 기원합니다.
1. 우리 시 관내인 수원시 단원구 신길동 245 답 800㎡는 현재 그 토지대장에 "송철민"의 소유로 등재되어 있습니다.
1. 귀하께서는 위 토지의 소유자임을 주장하며 2010. 5. 1. 그 토지대장의 소유자란에 귀하의 주민등록번호(300305-1257389)와 주소(수원시 단원구 신길동 324)를 등재하여 달라는 신청서를 우리 시에 제출하였으나, 귀하의 주장을 증빙할 만한 아무런 자료가 없어 귀하가 위 토지의 진정한 소유자인지 여부를 우리 시에서는 확인이 불가합니다.
1. 이에 따라 귀하의 민원신청을 수용할 수 없음을 유감스럽게 생각하며, 이 점 깊이 이해하시고 앞으로도 우리 시의 시정 발전에 많은 협조 부탁드립니다.

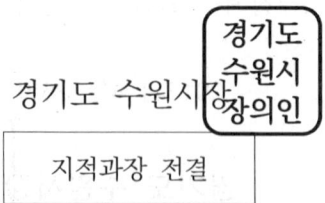

경기도 수원시장

지적과장 전결

제 적 등 본

본적	경기도 수원시 팔달구 인계동 240의 2
호적 편제	[편제일] 2003년 03월 09일
호적 재제	[재제일] 2004년 04월 15일 [재제사유] 멸실우려(전산화)
전산이기	[이기일] 2006년 11월 11일 [이기사유] 호적법시행규칙 부칙 제2조 제1항

전호주와의 관계		송금술의 자			전호적	
부	송금술	성별	남	본		
모	이숙자			廬山	입적 또는 신호적	
호주	**송철민(宋哲閔)** [제적]				출 생	서기 1930년 03월 05일
					주민등록 번호	300305-1257389

출생	[출생장소] 경상남도 함안군 군북면 소포리 240의 2 [신고일] 1934년 12월 20일 [신고인] 호주
혼인	[혼인신고일] 1950년 01월 13일 [배우자] 이길자
호주 상속	[호주상속일] 1989년 06월 29일 [호주상속사유] 전호주 사망 [신고일] 1989년 07월 10일
사망	[사망장소] 수원시 팔달구 원촌동 65 성빈센트병원 [사망일] 2011년 04월 15일 [신고일] 2011년 05월 11일 [신고인] 자 송영수

부	이덕만	성별	여	본	전호적	경상남도 창녕군 고암면 계상리 53
모	김애자			全州		
처	**이길자(李吉子)** [제적]				입적 또는 신호적	
					출 생	서기 1932년 06월 24일
					주민등록 번호	320624-2257390

출생	[출생장소] 경상남도 창녕군 고암면 계상리 53 [신고일] 1936년 08월 13일 [신고인] 호주
혼인	[혼인신고일] 1950년 01월 13일 [배우자] 송철민
사망	[사망장소] 서울 동작구 대방동 425 일성병원 [사망일] 2004년 05월 18일 [신고일] 2004년 05월 25일 [신고인] 호주

부	송철민	성별	남	본	전호적	
모	이길자			廬山		
자	영수(英洙) 제적				입적 또는 신호적	
					출 생	서기 1964년 02월 07일
					주민등록 번 호	640207-1957387
출생	[출생장소] 제주도 북제주군 구좌면 안기리 113 [신고일] 1965년 12월 23일 [신고인] 부					

위 등본은 제적의 내용과 틀림없음을 증명합니다.
서기 2017년 4월 25일

경기도 수원시장   [경기도 수원시 장의인]

제 적 등 본

본적	경기도 수원시 팔달구 인계동 240의 2					
호적 편제	[편제일] 2011년 05월 11일					
전산이기	[이기일] 2011년 12월 30일 [이기사유] 호적법시행규칙 부칙 제2조 제1항					
전호주와의 관계		송철민의 자			전호적	
부	송철민	성별	남	본		
모	이길자			廬山	입적 또는 신호적	
호주	송영수(宋英洙)			제적	출 생	서기 1964년 02월 07일
					주민등록 번 호	640207-1957387
출생	[출생장소] 제주도 북제주군 구좌면 안기리 113 [신고일] 1965년 12월 23일 　　[신고인] 부					
호주 승계	[호주승계일] 2011년 04월 15일 　[호주승계사유] 전호주 사망 [신고일] 2011년 05월 11일					

위 등본은 제적의 내용과 틀림없음을 증명합니다.
서기 2017년 4월 25일

경기도 수원시장

| 가 | 족 |

가족관계증명서

| 등록기준지 | 경기도 수원시 팔달구 인계동 240의 2 |

구 분	성 명	출생연월일	주민등록번호	성별	본
본 인	송영수 (宋英洙)	1964년 02월 07일	640207-1957387	남	廬山

가 족 사 항

구분	성 명	출생연월일	주민등록번호	성별	본
부	송철민(宋哲民) 사망	1930년 03월 05일	300305-1257389	남	廬山
모	이길자(李吉子) 사망	1932년 06월 24일	320624-2257390	여	全州

위 가족관계증명서는 가족관계등록부의 기록사항과 틀림없음을 증명합니다.
서기 2017년 4월 25일

경기도 수원시장 [경기도 수원시 장의인]

【모범답안】

소 장

원　　고　　최서원 (600202-2034567)
　　　　　　목포시 목포2동 456
　　　　　　소송대리인 변호사 오변론
　　　　　　서울 서초구 서초동 1234 승리빌딩 701호
　　　　　　전화 02-012-9811, 팩스 02-012-9812, 전자우편 mir@nate.com

피　　고　　1. 대한민국[142]
　　　　　　　　법률상 대표자 법무부장관 김현웅
　　　　　　2. 송영수 (640207-1957387)
　　　　　　　　목포시 산호동 187-2 정호빌라 에이동 107호

손해배상(기) 등 청구의 소

청 구 취 지

1. 피고 송영수는 원고에게 5,000만 원 및 이에 대한 2017. 1. 12.부터 이 사건 소장 부본 송달일까지는 연 5%의, 그 다음날부터 다 갚는 날까지는 연 15%의 각 비율에 의한 금원을 지급하라.
2. 원고와 피고 대한민국 사이에서 수원시 단원구 신길동 245 답 800㎡가 피고 송영수의 소유임을 확인한다.[143]
3. 소송비용은 피고들이 부담한다.
4. 제1항은 가집행할 수 있다.[144]

라는 판결을 구합니다.

---

[142] 국가는 당연히 법인격을 갖고 당사자능력이 있다. 이 사건에서 대한민국은 공무원인 피고 송영수의 사용자로서 불법행위책임의 당사자인 동시에 미등기 토지에 대한 소유권 확인의 당사자가 된다.
[143] 확인의 소에 있어서는 원칙적으로 현재의 권리 법률관계에 대하여만 확인을 구할 수 있으므로, 사안의 경우 확인의 대상은 현재 소유자인 피고 송영수의 소유이지 과거 송철민의 소유였다는 사항이 아님에 주의하여야 한다.
[144] 확인의 소는 집행을 전제로 하지 않으므로 가집행이 있을 수 없다.

청 구 원 인

1. 금전지급청구

피고 송영수는 2016. 1. 12. 원고로부터 5,000만 원을 변제기 2017. 1. 11., 대출이자 연 5%로 정하여 대여하였고, 변제기 이전까지의 이자는 모두 지급하였으나, 변제기가 경과하였음에도 대출원리금을 갚지 않고 있습니다.

따라서 피고 송영수는 원고에게 위 변제기 다음날인 2017. 1. 12.부터 이 사건 소장 부본 송달일까지는 민법상 연 5%의, 그 다음날부터 다 갚는 날까지는 소송촉진 등에 관한 특례법상 연 15%의 각 비율에 의한 금원을 지급할 의무가 있습니다.

2. 소유권확인청구

가. 이 사건 토지의 소유관계

1) 수원시 단원구 신길동 245 답 800㎡(이하 '이 사건 토지'라 합니다)는 소외 송금술(1899. 5. 11.생)이 일정시대에 그 명의로 사정(査定)을 받아 원시적으로 소유권을 취득하였는바,[145] 송금술은 소유권보존등기를 마치지 않았습니다.

2) 한편 위 송금술은 1989. 6. 29. 사망하고 그 처인 이숙자는 그 전에 사망하여 송금술의 유일한 자식인 소외 송철민이 송금술의 재산을 단독상속하였는데, 위 송철민 역시 2011. 4. 15. 사망하여 그 아들인 피고 송영수가 그 재산을 단독상속함으로써 이 사건 토지는 피고 송영수의 소유가 되었습니다.[146]

3) 그런데 한국전쟁의 와중에 이 사건 토지의 토지대장이 멸실되었고, 이에 수원시장은 1960. 6.경 이를 복구하였으나 그 소유자란에 단순히 "송철민"이라는 성명만을 기재하였습니다.[147] 그리하여 위 송철민은 이 사건 토지에 대한 소유권보존등기를 하기 위하여 2010. 5. 1. 수원시장에게 토지대장에 동인의 주소, 주민등록번호를 기입하여 달라고 신청하였으나, 수원시장은 위 송철민이 소유자임을 인정할 자료가 없다는

---

[145] 대법원 1984. 01. 24. 선고 83다카1152 판결 등. 한편, 토지조사령에 의하여 토지조사부에 소유자로 등재되어 있는 자는 이의, 재심절차에 의하여 사정내용이 변경되지 않는 한 그 토지의 소유자로 사정받은 것으로 볼 수 있으며, 토지대장이 6.25 당시 소실된 후 토지조사부에 의하여 정부가 직권으로 이를 복구하였고 부동산의 소재지, 지적 및 소유자 명의가 동일하다면 특별한 사정이 없는 한 소유자의 주소의 기재가 없어도 동일한 명의의 타인이 없는 한 토지조사부에 등재된 사람의 소유로 추정된다(위 83다카1152 판결).

[146] 사안의 토지가 현재 송영수의 소유임을 밝히기 위한 것이다. 한편, 의뢰인들의 말에 의하면 송금술이 1947년경 이 사건 토지를 송철민에게 증여하였으나, 이는 입증하기 용이하지 않고, 또 그것이 사실이라고 하더라도 증여에 따른 소유권이전등기를 하지 않은 이상 송철민은 민법 부칙 제10조 제1항에 의하여 이미 취득한 소유권을 상실하므로 굳이 이에 따른 법률관계를 주장할 필요가 없다.

[147] 1975. 12. 31. 법률 제2801호로 공포되어 1976. 4. 1.부터 시행된 지적법 시행 이전의 구지적법(1950. 12. 1. 법률 제165호로 공포, 시행된 것) 시행 당시에 복구된 토지대장은 법령상의 근거가 없이 복구된 것이므로, 그 기재 내용만으로는 소유권확인소송에서 승소판결을 받기에 부족하다(대법원 1991. 03. 27. 선고 90다13536 판결, 대법원 2003. 06. 24. 선고 2001다4705 판결 등). 따라서 변호사는 이 사건에서 국가기록원에 대한 문서송부촉탁신청 등의 방법을 통해 토지조사부를 증거로 제출하여 이 사건 토지를 송금술이 사정받은 사실을 입증하여야 한다.

이유로 이를 거부하였습니다.

그러므로 피고 송영수는 피고 대한민국에 대하여 이 사건 토지가 그 소유임의 확인을 구할 이익이 있습니다.

나. 원고의 대위권 행사

원고는 위와 같이 피고 송영수에 대하여 대출금반환채권이 있습니다.[148] 그런데 피고 송영수는 현재 이 사건 토지를 제외하고는 원고에 대한 위 채무를 변제할 자력(책임재산)이 없음에도,[149] 원고의 강제집행을 우려하여 피고 대한민국을 상대로 이 사건 토지에 대한 소유권확인청구권을 행사하지 않고 있으므로,[150] 원고는 피고 송영수를 대위하여 피고 대한민국에게 청구취지 제2항과 같은 확인을 구합니다.[151]

4. 결 론

이상과 같은 이유로 원고는 청구취지와 같은 재판을 구합니다.[152]

증 명 방 법 (생략)

첨 부 서 류 (생략)

2017. 4. 26.

원고 소송대리인 변호사 오변론

서울중앙지방법원 귀중

---

148) 원고가 채권자대위권을 행사하기 위하여 피보전권리가 있음을 밝히기 위한 것이다. 이 사건에서는 피보전채권의 이행기는 이미 도래하였지만, 피대위권리(국가에 대한 소유권확인의청구의 소 제기권)의 행사가 보전행위에 속하므로 이행기가 도래하지 않았어도 무방하다.
149) 금전채권을 피보전권리로 한 채권자대위권의 행사에 있어 채무자가 무자력임을 밝히기 위한 것이다.
150) 채권자대위권의 행사에 있어 채무자가 피대위권리를 행사하지 않고 있는 사실을 밝히기 위한 것이다.
151) 채권자대위소송에 있어서는 대위권을 행사한다는 사실을 분명히 밝혀야 한다.
152) 소결론을 이미 쓴 경우에는 대결론은 이와 같이 간단하게 기재한다.

▣ 핵심 판례 & 법리 - 확인소송, 대위소송

가. 확인의 소

1) 확인의 이익

확인의 소는 확인의 이익이 있을 경우에만 가능하다. 확인의 이익은 권리 또는 법률상의 지위에 현존하는 불안·위험이 있고, 그 불안·위험을 제거함에 있어 확인 판결을 받는 것이 가장 유효·적절한 수단일 때에 인정된다.

건축물대장이 생성되지 않은 건물에 대하여 구 부동산등기법(2011. 4. 12. 법률 제10580호로 전부 개정되기 전의 것) 제131조 제2호에 따라 소유권보존등기를 마칠 목적으로 제기한 소유권확인청구의 소는 당사자의 법률상 지위의 불안 제거에 별다른 실효성이 없는 것으로서 확인의 이익이 없다.

공정증서에 대한 청구이의의 소를 제기하지 않고 공정증서의 작성원인이 된 채무에 관하여 채무부존재확인의 소를 제기한 경우, 그 목적이 오로지 공정증서의 집행력 배제에 있는 것이 아닌 이상 청구이의의 소를 제기할 수 있다는 사정만으로 채무부존재확인소송이 확인의 이익이 없어 부적법하다고 할 것은 아니다.[153]

2) 국가를 상대로 하는 경우

가) 일반론

확인의 소에 있어 확인의 이익이 있으려면 상대방인 피고나 원고의 권리나 법률상 지위를 다투는 등으로 법률관계를 즉시 확정할 필요가 있어야 한다. 미등기 토지에 대한 소유권확인청구의 소에서 원고는 대상 토지가 자신의 소유인 것으로 확인판결을 받으면 소유권보존등기를 할 수 있어 자신의 권리구제에 유효적절한 수단이 되므로 소의 이익이 있다. 한편, 미등기 토지에 대한 소유권 확인의 소는 토지대장이나 임야대장에 타인 명의로 소유권등록이 된 때에는 그 등록된 자(단, 최초의 소유자로 등록된 자여야 하고 소유권이전등록이 된 자는 제외된다) 또는 그 상속인을 상대로 제기하여야 한다.[154]

① 토지대장이나 임야대장에 전혀 소유자 기재가 없는 경우, ② 토지대장이나 임야대장에 소유자 기재가 있긴 하나, 주소 기재가 없거나 허황된 주소가 기재된 등으로 그 명의자가 누구인지

---

153) 대법원 2013. 05. 09. 선고 2012다108863 판결
154) 대법원 2009. 10. 15. 선고 2009다48633 판결, 등기예규 제1253호 참조

알 수 없는 경우, ③ 국가가 대장상의 등록명의자 소유를 부인하면서 국가 소유를 주장하는 경우에는 국가를 상대로 소유권 확인의 소를 제기할 수 있다.155) 사안의 경우 위 ②에 해당한다.

이때 확인청구의 상대방은 토지대장 보관기관인 수원시장이 아니라 국가임에 주의하여야 한다. 지적관리 사무는 국가 사무이고 시장, 군수, 구청장은 국가로부터 기관위임을 받아 토지대장 등 지적공부를 관리하는 것에 불과하기 때문이다(「측량·수로조사 및 지적에 관한 법률」 제2조 제18, 19호, 제64조, 제69조 참조). 이와 같이 미등기 토지에 대한 소유권확인청구의 소에 있어 피고적격자는 확인에 대하여 반대의 이익을 가지는 자여야 하는바, 시장, 군수 등은 자치단체의 장으로서 국가로부터의 기관위임에 의해 토지대장 등 지적공부를 보관하고 법령에 따라 일정한 사무를 처리하는 행정법상의 행정청에 불과하여 민사소송에서의 당사자능력을 갖지 않는다(소장에서 피고를 자연인인 시장, 군수 등으로 기재한 경우는 당사자능력을 갖는다고 할 것이지만, 원고의 진정한 의사는 통상 자연인이 아닌 행정청으로서의 시장, 군수, 구청장을 의욕한 것으로 해석하여야 할 것이다). 그러므로 미등기 토지에 대한 소유권확인청구의 소에서 시장, 군수, 구청장은 국가사무의 기관수임자로서 소유권확인에 대하여 반대의 이익을 갖기는 하지만 민사소송의 당사자능력이 없어(토지대장에의 일정한 내용의 기재신청 등의 거부처분에 따른 행정소송에서는 당사자능력 및 피고적격이 모두 있음) 그 소는 부적법한 것으로 보아야 할 것이므로, 법원은 소 각하를 하는 것이 옳다고 할 것이다. 만일 이와 달리 시, 군, 구를 상대로 미등기 토지에 대한 소유권확인청구의 소를 제기하였다면, 시, 군 등은 현행 법체제상 토지에 대한 어떠한 관리권한이나 의무도 없고, 이에 대한 권한과 의무는 모두 국가에 있으므로(「측량·수로조사 및 지적에 관한 법률」 제2조 제18, 19호, 제64조, 제69조 등 참조), 결국 시, 군 등은 확인에 관하여 반대의 이익을 갖지 않는 것으로 봄이 타당하여 피고적격이 없는 것으로 보아 역시 그 소를 각하함이 타당하다고 생각된다. 그러나 당사자적격 문제는 특수한 문제이고 확정적인 법적 근거도 없으므로 견해를 달리 할 여지가 많고, 따라서 시, 군, 구는 법률상 확인의무가 없는 것으로 보아 청구기각을 하여도 무방하다고 생각된다.

부동산등기법 제65조 제2호 소정의 판결은 그 내용이 신청인에게 소유권이 있음을 증명하는 확정판결이면 족하고, 반드시 확인판결이어야 할 필요는 없고, 이행판결이든 형성판결이든 관계없으며, 화해조서 등 확정판결에 준하는 것도 포함된다. 다만 위 판결의 상대방은 [① 토지(임야)대장 또는 건축물대장상에 최초의 소유자로 등록되어 있는 자 또는 그 상속인, 그 밖의 포괄승계인(대장상 오류가 있어 정정등록된 소유명의인도 포함), ② 미등기토지의 지적공부상 "국"으로부터 소유권이전등록을 받은 자, ③ 토지(임야)대장상의 소유자표시란이 공란으로 되어 있거나 소유자표시에 누락이 있어 대장상의 소유자를 특정할 수 없는 경우에는 국가]이어야 한다.156)

---

155) 대법원 2001. 07. 10. 선고 99다34390 판결 등 참조
156) 대법원 2013. 02. 22. 등기예규 제1483호 미등기부동산의 소유권보존등기 신청인에 관한 업무처리지침

나) 판 례

국가를 상대로 한 토지소유권확인청구는 어느 토지가 미등기이고, 토지대장이나 임야대장상에 등록명의자가 없거나 등록명의자가 누구인지 알 수 없을 때와 그 밖에 국가가 등록명의자인 제3자의 소유를 부인하면서 계속 국가소유를 주장하는 등 특별한 사정이 있는 경우에 한하여 그 확인의 이익이 있다.[157]

미등기토지에 대하여 임야대장상 등록명의자가 국가를 상대로 토지소유권확인을 구함에 대하여 국가가 그 토지를 시효취득하였다고 주장하는 경우, 이는 국가가 해당 토지에 대하여 시효취득으로 인한 소유권이전등기청구권이 있다는 주장을 하는 것에 불과한 것이므로 확인의 이익이 없다.[158]

가옥대장의 비치·관리업무는 국가사무라고 할 수도 없고 또한 건물의 소유권에 관하여 국가가 이를 특별히 다투고 있지도 아니하다면 국가는 그 소유권 귀속에 관한 직접 분쟁의 당사자가 아니어서 이를 확인하여 주어야 할 지위에 있지 아니하며,[159] 또한 국가를 상대로 소유권확인 판결을 받는다고 하더라도 그 판결은 부동산등기법 제131조 제2호에 해당하는 판결이라고 볼 수 없어 이를 근거로 건물의 소유권보존등기를 신청할 수도 없다.[160]

미등기 토지에 관한 토지대장에 소유권을 이전받은 자는 등재되어 있으나 최초의 소유자는 등재되어 있지 않은 경우, 위 토지대장상 소유권이전등록을 받은 자에게 국가를 상대로 토지소유권확인청구를 할 확인의 이익이 있다.[161]

나. 채권자대위소송

채무자가 채권자대위권행사의 통지를 받은 후에 채무를 불이행함으로써 통지 전에 체결된 약정에 따라 매매계약이 자동적으로 해제되거나, 채권자대위권행사의 통지를 받은 후에 채무자의 채무불이행을 이유로 제3채무자가 매매계약을 해제한 경우 제3채무자는 계약해제로써 대위권을 행사하는 채권자에게 대항할 수 있다. 다만 형식적으로는 채무자의 채무불이행을 이유로 한 계약해제인 것처럼 보이지만 실질적으로는 채무자와 제3채무자 사이의 합의에 따라 계약을 해제한 것으로 볼 수 있거나, 채무자와 제3채무자가 단지 대위채권자에게 대항할 수 있도록 채무자의 채무불이행을 이유로 하는 계약해제인 것처럼 외관을 갖춘 것이라는 등의 특별한 사정

---

157) 대법원 1994. 03. 11. 선고 93다57704 판결
158) 대법원 2003. 12. 12. 선고 2002다33601 판결
159) 대법원 1995. 05. 12. 선고 94다20464 판결
160) 대법원 1999. 05. 28. 선고 99다2188 판결
161) 대법원 2009. 10. 15. 선고 2009다48633 판결

이 있는 경우에는 채무자가 피대위채권을 처분한 것으로 보아 제3채무자는 계약해제로써 대위권을 행사하는 채권자에게 대항할 수 없다.162)

피보전채권이 특정채권이라 하여 반드시 순차매도 또는 임대차에 있어 소유권이전등기청구권이나 인도청구권 등의 보전을 위한 경우에만 한하여 채권자대위권이 인정되는 것은 아니며, 물권적 청구권에 대하여도 채권자대위권에 관한 민법 제404조의 규정 및 채권자대위권의 행사 요건인 채권보전의 필요성을 인정하기 위한 판단 기준에 관한 법리가 적용될 수 있다.163)

① 채무자에 대한 부동산의 소유권이전등기청구권 등 특정채권을 보전하기 위하여 채무자가 방치하고 있는 그 부동산에 관한 특정권리를 대위하여 행사하는 경우,164) ② 임대차보증금반환청구채권을 양수한 채권자가 그 이행을 청구하기 위하여 임차인의 가옥명도가 선 이행되어야 할 필요가 있어서 그 명도를 구하는 경우,165) ③ 수임인이 민법 제688조 제2항 전단 소정의 대변제청구권을 보전하기 위하여 채무자인 위임인의 채권을 대위행사하는 경우166)에는 채무자의 무자력을 요하지 않는다.

---

162) 대법원 2012. 05. 17. 선고 2011다87235 전원합의체 판결
163) 대법원 2007. 05. 10. 선고 2006다82700,82717 판결(토지의 소유권에 기초한 건물철거청구권을 피보전권리로 하여 건물임차인에 대한 건물소유자의 임대차계약해지권을 대위행사한 사례)
164) 대법원 1992. 10. 27. 선고 91다483 판결
165) 대법원 1989. 04. 25. 선고 88다카4253, 4260 판결
166) 대법원 2002. 01. 25. 선고 2001다52506 판결

6. [소장 4]

○ 소장 작성시 유의사항

- 집행권원을 얻을 수 있는 부분(주식회사 맥스에 대한 금전청구를 제외함)에 대해서는, 현실적으로 집행이 가능한지를 따지지 말고 모두 소를 제기할 것
- 의뢰인의 희망사항을 반영하여 그들에게 가장 유리하게 작성하되, 명백히 기각될 청구는 하지 말고, 소장 작성 날짜는 2017. 2. 14.로 할 것
- 피고들 사이에는 공동소송의 요건이 충족된 것으로 봄.
- 청구취지와 청구원인 기재 시에 선택적 또는 예비적으로 기재하지 말 것.

수임번호 2017-07	사건상담기록		2017. 2. 14.
의뢰인		의뢰인 전화	
의뢰인 주소		의뢰인 팩스	
상 담 내 용			

I. 한재정의 설명

1. 한정직의 취업

한재정의 부친 한정직은 대학교 후배 안천수로부터, 안천수가 경영하는 주식회사 맥스('맥스'라고 씀)의 업무를 도와달라는 부탁을 받고, 2014. 3. 24.부터 맥스의 이사 겸 공장장으로 근무하게 되었다. 한정직은 맥스의 주식이나 지분을 갖지 않았고 공장 운영에만 관여하였으며, 자금이나 인사 등 경영 전반을 맥스의 대표이사이자 맥스 주식 전부의 소유자인 안천수가 맡았다.

2. 국민은행 제1차 대출금

맥스는 2014. 4. 27. 한국보증보험 주식회사('한국보증보험'이라고 씀. 본점 : 서울 마포구 공덕동 49. 대표자 : 대표이사 최정우)와 신용보증약정을 맺었다. 맥스는 당일 한국보증보험으로부터 보증금액 2억 원, 보증기간 2015. 4. 26.까지로 한 개별거래용 신용보증서를 발급받아 주식회사 국민은행('국민은행'이라고 씀) 서초지점에 제출하고, 1억 5,000만 원을 변제기 2015. 4. 26., 이자 연 7%, 변제기 후의 지연손해금 월 1%로 약정하고 대출받아 사용하였다(이 대출금을 '제1차 대출금'이라고 씀).

3. 한정직의 연대보증

가. 맥스와 한국보증보험이 2014. 4. 27. 체결한 신용보증약정 등에 따르면, 「맥스가 국민은행에 대출금을 변제하지 아니하여 한국보증보험이 대위변제할 경우, 맥스는 대위변제한 금액에 대위변제일부터 완제일까지 연 18%의 비율에 의한 지연손해금을 가산하여 한국보증보험에게 지급」하도록 되어 있다. 한정직과 안천수는 맥스의 한국보증보험에 대한 위 채무를 연대보증하였다.

나. 한정직은 위 연대보증을 하지 않으려고 하였으나, 안천수가 「이사는 당연히 연대보증을 하게 되고, 종전의 이사들도 모두 보증을 하였습니다. 만약 일이 생기면 선배님(한정직)께 손해가 가지 않도록 제 재산으로 먼저 책임지겠습니다」라고 말하면서 각서까지 써 주기에, 부득이 위 연대보증을 하였다.

다. 한국보증보험 측에서도, 한정직은 실권 없이 명목만 이사인 줄을 알고 있었지만, 법인의 경우에는 이사 지위에 있는 사람을 보증인으로 세우고 그가 퇴임하면 보증인을 변경하는 것이 거래 관행이었기 때문에, 한정직으로부터 연대보증을 받았다.

4. 국민은행 제2차 대출금

가. 맥스는 2015. 4. 26. 제1차 대출금 채무를 변제할 자금은 있었으나, 이를 갚지 않은 채 2015. 4. 27. 변제기를 2016. 5. 26.까지로 연장 받고 이에 기하여 국민은행으로부터 변제기한을 연장 받았는데, 이를 한정직에게 알리거나 한정직의 동의를 받은 일은 없다.

나. 맥스는 보증기간이 연장된 위 신용보증계약에 기하여 한정직과 상의 없이 2015. 4. 29. 한국보증보험으로부터 보증금액 2억 원, 보증기간 2016. 5. 26.까지로 한 개별거래용 신용보증서를 따로 발급받아 국민은행 서초지점에 제출하고, 1억 5,000만 원을 변제기 2016. 5. 26., 기타 조건은 제1차 대출금 약정과 동일하게 대출받아 사용하였다(이 대출금을 '제2차 대출금'이라고 씀).

5. 당좌대출거래 및 한정직의 연대보증

가. 맥스는 2014. 12. 21. 기술신용보증기금(본점 : 서울 영등포구 여의도동 25. 대표자 : 이사장 정상태)과 신용보증약정을 맺었다. 맥스는 당일 기술신용보증기금으로부터 신용보증원본한도액 4억 원, 신용보증기간 2014. 12. 21.부터 2016. 12. 20.까지로 한 한도거래용 신용보증서를 발급받아 주식회사 신한은행('신한은행'이라고 씀)

서울역지점에 제출하고, 대출한도 4억 원, 거래기간 2014. 12. 21.부터 2016. 12. 20.까지로 한 당좌대출거래약정을 맺었다.

나. 위 거래약정에 따라, 맥스가 발행한 당좌수표가 신한은행에 지급제시되면 신한은행은 맥스의 당좌예금계좌 잔액으로 이를 결제하되, 잔액이 당좌수표를 결제하기에 부족하더라도 약정 대출한도 내에서는 신한은행이 당좌수표를 결제하고, 부족액을 대출로 처리하게 되었다.

다. 한정직은 이사라는 이유로, 기술신용보증기금의 요구와 안천수의 간청에 따라 위 신용보증약정의 연대보증인이 되었고, 기술신용보증기금의 구상채권에 대하여 대위변제일부터 완제일까지 연 18%의 지연손해금을 가산하여 지급하기로 약정하였다. 한정직은 기술신용보증기금에 대한 채무를 담보하기 위하여 자신 소유의 부동산에 근저당권까지 설정하여 주었다.

라. 맥스는 2014. 12. 21.부터 당좌수표를 발행하였고, 맥스의 당좌예금계좌의 잔액이 당좌수표를 결제하기에 부족한 부분은 대출로 처리되어 왔다. 2014. 12. 21.부터 2016. 5. 26.까지 그 당좌예금계좌의 대출금액(마이너스금액)은 다음 표와 같다.

기간		당좌대출잔액	변제기
부터	까지	(통장에 표시된 잔액)	
2014. 12. 21.	2015. 01. 19.	-210,000,000	당좌대출계약만기일 (2016. 12. 20.)
2015. 01. 20.	2015. 02. 12.	-120,000,000	
2015. 02. 13.	2015. 05. 15.	0	
2015. 05. 16.	2015. 12. 18.	-84,000,000	
2015. 12. 19.	2016. 01. 31.	0	
2016. 02. 01.	2016. 02. 12.	-320,000,000	
2016. 02. 13.	2016. 03. 25.	0	
2016. 03. 26.	2016. 04. 28.	-84,000,000	
2016. 04. 29.	2016. 05. 26.	-390,000,000	

6. 한정직의 사직 및 맥스의 부도

가. 안천수는 2016. 1. 10.경 맥스의 주식 전부를 한정직이 알지 못하는 김어중에게 양도하고 그때부터 외형상 대표이사 직위만 유지하였으며, 김어중이 맥스를 경영하였다. 이때까지도 맥스의 재산상태는 모든 채무를 변제하고도 남을 정도였다. 한정직은 그즈음부터 사직을 강요받다가 2016. 2. 14. 사직하였다.

나. 한정직은 사직과 동시에, 한국보증보험에게 「나는 보증책임이 없다」고 통지하고, 기술신용보증기금에게 「나는 맥스의 이사를 사임하였으니 연대보증인에서 빼달라」고 요구하였다. 한정직은 안천수에게도 「이제는 보증책임을 질 수 없으니 신용보증계약상의 연대보증인을 변경해달라」고 요청하였고, 안천수도 곧 변경해 주겠다고 약속하였다.

다. 맥스는 2016. 5. 26. 운영난으로 부도를 냈다. 맥스는 그때까지도 한국보증보험 및 기술신용보증기금과 체결한 각 신용보증약정상의 연대보증인에게 한정직을 빼 주지 않았으나, 한정직은 자신이 연대보증인의 지위에서 벗어난 것으로 알고 있었다.

7. 대위변제

한국보증보험은 2016. 5. 26. 국민은행에 3억 원(제1차 대출금 1억 5,000만 원 + 제2차 대출금 1억 5,000만 원)을 대위변제하였다. 기술신용보증기금은, 맥스의 부도를 당좌대출거래 종료사유로 정한 맥스와 신한은행의 당좌대출약정에 따라, 부도일까지의 당좌대출원금 3억 9,000만 원을 신한은행에 대위변제하였다. 위 각 변제일까지 맥스가 연체한 이자나 지연손해금은 없었다.

8. 가압류 및 임의경매

가. 한국보증보험은 한정직이 임차하여 거주하던 주택(서울 강남구 도곡동 46 단독주택)의 임차보증금반환청구채권 중 일부에 가압류를 신청하여, 그 가압류결정은 2016. 6. 7. 임대인에게 송달되었다.

나. 기술신용보증기금은 위 대위변제를 한 뒤, 한정직에게 위 대위변제금을 갚으라고 요구하면서 한정직이 근저당권을 설정해 준 부동산에 관하여 임의경매를 신청하여, 현재 임의경매절차가 진행되고 있다.

다. 한정직은 신세를 한탄하다가 사망하였고, 한정직의 재산상속인으로는 처 김진숙과 아들 한재정이 있는데, 위 임차 주택에서 함께 살고 있다.

9. 안천수의 아파트 매매

가. 안천수는 자신의 소유로 등기된 유일한 재산이던 아파트에 관하여 맥스의 현(現) 이사인 민유철 명의로 소유권이전등기를 마쳤다. 민유철은 안천수에게서 받아야 할 채권이 있어 위 아파트를 넘겨받았다고 주장한다.

민유철은 위 아파트에 설정된 근저당권의 실제 피담보채권액 2억 5,000만 원(소유권이전등기 시와 변제 시에 같은 금액이었음)을 변제하고 근저당권을 말소하였다.

나. 안천수와 민유철이 위 아파트를 거래한 가격을 알 수 없으나, 위 아파트와 동종이자 거래 조건이 흡사한 아파트의 실제거래가격을 알아보니, 2016. 1. 1.부터 동년 3. 31.까지는 4억 2,000만 원, 2016. 4. 1.부터 2016. 7. 31.까지는 4억 3,000만 원, 2016. 8. 1.부터 2017. 2. 14.까지는 4억 원 정도라고 한다.

10. 안천수의 기타 재산

가. 안천수가 시흥시에 있는 공장용지를 매입하였다는 이야기를 듣고 한재정이 매도인을 만나 보니 매도인은, 「실제로 매매계약을 체결하여 계약금과 중도금을 약정대로 받았고 2016. 5. 30. 잔금 중 3,000만 원을 받으면서 위 토지를 안천수에게 인도하였지만, 아직 약정 잔금의 나머지를 받지 못하였다」고 하였다.

나. 안천수는 모 은행에서 대출을 받아 위 토지의 매매대금을 지급하였고, 추가로 대출을 받아 나머지 대금을 지급할 계획이라고 한다. 안천수에게 다른 재산은 없다.

II. 의뢰인의 희망사항

1. 맥스에 대해서는 청구를 할 생각이 없다. 그 외의 관계인에 대해서는 가능한 모든 조치를 취하되, 의뢰인 측의 손해를 최소화하는 방법을 강구해 달라.

2. 진행중인 경매절차를 정지시킬 수 있는 소를 제기해 달라.

3. 임차보증금반환청구채권에 대한 가압류를 해제할 수 있는 본안의 소(가압류이의신청이나 제소명령을 제외)를 제기해 달라.

4. 한정직(상속인들 포함)의 손해액을 안천수로부터 실질적으로 받아낼 수 있는 소를 제기해 달라.

5. 안천수가 매수한 공장용지에 대해서 강제집행을 할 수 있는 방법을 강구해 달라. 끝.

변호사 오변론 법률사무소
전화번호 : 02-550-2267, 팩스 02-550-2268, 이메일 : mir@nate.com
서울 서초구 서초동 1567 정곡빌딩 동관 1009호

신용보증약정서(개별거래용)

본인은 귀 한국보증보험 주식회사(이하 '회사'라 약칭함)에게 신용보증을 부탁하며, 본인과 연대보증인은 연대하여 아래 약정에서 정한 모든 의무를 부담하고 이행하겠음.

제1조(신용보증의 부탁)
　본인이 부담하는 주채무에 대하여 아래와 같이 귀 회사에게 신용보증을 부탁함.
1. 신용보증원금한도액 : 금 四億(사억) 원
2. 신용보증기간 : 2014. 4. 27.부터 2015. 4. 26.까지
3. 종속채무 : 귀 회사와 채권자 간의 보증계약에 의하여 제1호의 신용보증원금에 추가하여 부담하는 신용보증 종속채무

제2조(신용보증방법 등)
① 귀 회사는 본인이 부담하는 주채무에 대하여 신용보증서를 발급하는 방법으로 신용보증을 할 수 있기로 하며, 신용보증계약의 내용은 귀 회사와 채권자 간에 정하는 바에 따르겠음.
② 귀 회사는 본인이 부담하는 주채무에 대하여 **개별보증** 방법으로 신용보증을 할 수 있기로 함.
③ 본인과 보증인은 주채무가 분할 대출되는 경우에는 귀 회사가 신용보증원금 범위 내에서 분할하여 보증하여도 이의 없겠음.

제3조(주채무 이행의무)
　본인과 보증인은 귀 회사가 신용보증한 주채무 원금과 종속채무를 그 이행기일까지 전부 변제하여 귀 회사가 보증채무를 이행하는 일이 없도록 하겠음.

제4조(사전구상)
① 본인에 대하여 다음 각호의 1에 해당하는 사유가 생긴 때에는 본인과 보증인은 귀 회사로부터의 통지, 최고 등이 없더라도 귀 회사가 보증하고 있는 금액을 귀 회사의 보증채무 이행 전에 상환하겠음.
　1. 압류, 가압류, 가처분, 경매의 신청 또는 파산, 화의개시나 회사정리절차 개시의 신청이 있는 때, 또는 청산에 들어간 때
　2. 폐업하였거나 3개월 이상 계속하여 영업을 하지 아니한 때
　3. 조세공과를 체납하여 압류를 당한 때
　4. 어음교환소로부터 거래정지처분을 받았을 때

5. 귀 회사가 본인을 위한 신용보증의 채권자가 다수인 경우에 그 중 어느 채권자로부터라도 귀 회사와 채권자 간의 신용보증계약에 정한 신용보증사고 통지 또는 보증채무이행 청구가 있을 때
   6. 전 각호 외에 신용상태가 크게 악화되어 객관적으로도 채권보전이 필요하다고 인정되는 때
② (생략)

제5조(통지의무) (생략)

제6조(담보 등) (생략)

제7조(보증채무이행 및 통지 등) (생략)

제8조(보증채무이행금 등의 상환)
① 귀 회사가 보증채무를 이행한 때에는 그 금액과 이에 대하여 귀 회사가 보증채무를 이행한 때부터 본인과 보증인이 이를 완제하는 날까지 연 18%의 율에 의한 지연손해금을 상환하겠음.
② 제1항의 상환금 이외에 다음 각호의 비용도 귀 회사가 정한 율에 의한 지연손해금을 가산하여 상환하겠음.
   1. 귀 회사의 보증채무이행에 소요된 비용
   2. 귀 회사가 보증채무이행으로 취득한 권리의 보전, 이전 및 행사에 소요된 비용

제9조(변제 등의 충당순서)
   변제 또는 귀 회사의 회수액이 채무전액을 소멸시키기에 부족한 때에는 민법에서 정하는 바에 따라 변제충당을 할 수 있기로 함.

제10조(연대보증인)
   보증인은 이 약정에 의하여 부담하는 모든 채무에 관하여 본인과 연대하여 채무이행의 책임을 부담함.

제11조(대위담보권에 관한 특약)
   본인이나 보증인이 채권자에게 설정한 담보를 귀 회사가 보증채무를 이행하여 대위한 경우에 그 담보권으로부터 이 약정에 의한 채무를 변제받는 것을 동의함.

이상과 같이 약정함. 끝.

2014. 4. 27.

			확인란
신용보증 의뢰인	(주소) 서울특별시 강서구 공항동 274 (상호) 주식회사 맥스 (대표자 성명/漢子) 安天壽 (대표자 성명/한글) 안천수	[주식회사맥스대표] ㊞	㊞
	(주민등록번호) 471207-1984755	1.신규 2.추가 3.교체	
연대보증인	(주소) 성남시 분당구 수내동 83 (성명/漢子) 安天壽 (성명/한글) 안천수	[壽安印天] ㊞	㊞
	(주민등록번호) 471207-1984755	1.신규 2.추가 3.교체	
연대보증인	(주소) 서울 강남구 도곡동 46 (성명/漢子) 韓正直 (성명/한글) 한정직	[直韓印正] ㊞	㊞
	(주민등록번호) 430728-1080631	1.신규 2.추가 3.교체	

한국보증보험 주식회사 귀중

신용보증약정서(한도거래용)

본인은 귀 기술신용보증기금(이하 '기금'라 약칭함)에게 기술신용보증기금법에 의한 신용보증을 부탁하며, 본인과 연대보증인은 연대하여 아래 약정에서 정한 모든 의무를 부담하고 이행하겠음.

제1조(신용보증의 부탁)
본인이 부담하는 주채무에 대하여 아래와 같이 귀 회사에게 신용보증을 부탁함.
1. 신용보증원금한도액 : 금 四億(사억) 원
2. 신용보증기간 : 2014. 12. 21.부터 2016. 12. 20.까지
3. 종속채무 : 귀 기금과 채권자 간의 보증계약에 의하여 제1호의 신용보증원금에 추가하여 부담하는 신용보증 종속채무

제2조(신용보증방법 등)
① 귀 회사는 본인이 부담하는 주채무에 대하여 신용보증서를 발급하는 방법으로 신용보증을 할 수 있기로 하며, 신용보증계약의 내용은 귀 기금과 채권자 간에 정하는 바에 따르겠음.
② 귀 회사는 본인이 부담하는 주채무에 대하여 **근보증** 방법으로 신용보증을 할 수 있기로 함.

제3조(주채무 이행의무)
본인과 보증인은 귀 기금이 신용보증한 주채무 원금과 종속채무를 그 이행기일까지 전부 변제하여 귀 기금이 보증채무를 이행하는 일이 없도록 하겠음.

제4조(사전구상)
① 본인에 대하여 다음 각호의 1에 해당하는 사유가 생긴 때에는 본인과 보증인은 귀 기금으로부터의 통지, 최고 등이 없더라도 귀 기금이 보증하고 있는 금액을 귀 기금의 보증채무 이행 전에 상환하겠음.
  1. 압류, 가압류, 가처분, 경매의 신청 또는 파산, 화의개시나 회사정리절차 개시의 신청이 있는 때, 또는 청산에 들어간 때
  2. 폐업하였거나 3개월 이상 계속하여 영업을 하지 아니한 때
  3. 조세공과를 체납하여 압류를 당한 때
  4. 어음교환소로부터 거래정지처분을 받았을 때

5. 귀 기금이 본인을 위한 신용보증의 채권자가 다수인 경우에 그 중 어느 채권자로부터라도 귀 기금과 채권자 간의 신용보증계약에 정한 신용보증사고 통지 또는 보증채무이행 청구가 있을 때
6. 전 각호 외에 신용상태가 크게 악화되어 객관적으로도 채권보전이 필요하다고 인정되는 때

② (생략)

제5조(통지의무) (생략)

제6조(담보 등) (생략)

제7조(보증채무이행 및 통지 등) (생략)

제8조(보증채무이행금 등의 상환)
① 귀 기금이 보증채무를 이행한 때에는 그 금액과 이에 대하여 귀 기금이 보증채무를 이행한 때부터 본인과 보증인이 이를 완제하는 날까지 연 18%의 율에 의한 지연손해금을 상환하겠음.
② 제1항의 상환금 이외에 다음 각호의 비용도 귀 기금이 정한 율에 의한 지연손해금을 가산하여 상환하겠음.
  1. 귀 기금의 보증채무이행에 소요된 비용
  2. 귀 기금이 보증채무이행으로 취득한 권리의 보전, 이전 및 행사에 소요된 비용

제9조(변제 등의 충당순서)
변제 또는 귀 기금의 회수액이 채무전액을 소멸시키기에 부족한 때에는 민법에서 정하는 바에 따라 변제충당을 할 수 있기로 함.

제10조(연대보증인)
보증인은 이 약정에 의하여 부담하는 모든 채무에 관하여 본인과 연대하여 채무이행의 책임을 부담함.

제11조(대위담보권에 관한 특약)
본인이나 보증인이 채권자에게 설정한 담보를 귀 기금이 보증채무를 이행하여 대위한 경우에 그 담보권으로부터 이 약정에 의한 채무를 변제받는 것을 동의함.

이상과 같이 약정함. 끝.

2014. 12. 21.

			확인란
신용보증 의뢰인	(주소) 서울특별시 강서구 공항동 274 (상호) 주식회사 맥스 (대표자 성명/漢子) 安天壽 (대표자 성명/한글) 안천수	주식회 사맥스 ㊞ 대표	㊞
	(주민등록번호) 471207-1984755	1.신규 2.추가 3.교체	
연대보증인	(주소) 성남시 분당구 수내동 83 (성명/漢子) 安天壽 (성명/한글) 안천수	壽安 印天 ㊞	㊞
	(주민등록번호) 471207-1984755	1.신규 2.추가 3.교체	
연대보증인	(주소) 서울 강남구 도곡동 46 (성명/漢子) 韓正直 (성명/한글) 한정직	直韓 印正 ㊞	㊞
	(주민등록번호) 430728-1080631	1.신규 2.추가 3.교체	

기술신용보증기금 귀중

통 지 서

통지인 : 한정직 (서울 강남구 도곡동 46)
피통지인 : 한국보증보험 주식회사 (서울 마포구 공덕동 49)
　　　　　대표이사 최정우

　본인 한정직은 주식회사 맥스의 이사로 재직하다가 2016. 2. 14. 사직하였습니다. 본인은 주식회사 맥스의 이사로 재직하던 중 동 회사가 귀 회사로부터 신용보증서를 발급받으면서 귀 회사와 신용보증약정을 체결할 때 주식회사 맥스의 귀 회사에 대한 구상채무를 연대보증하였습니다. 날짜는 2014. 4. 27.부터 2015. 4. 26.까지로 알고 있습니다. 그러나 본인은 2015. 4. 26. 후 위 보증 기간을 연장하는 데 동의한 적이 없고, 귀 회사도 본인에게 말이 없었기 때문에 이제 위 보증계약은 더 이상 본인에게 효력이 없습니다. 혹시 귀사가 채권을 보전하는 데 장애가 생길지 몰라 선의에서 이와 같이 통보하니, 업무에 참고하시기 바랍니다.

2016. 2. 14
위 통지인
주식회사 맥스의 전(前) 이사 한정직 (印)

이 우편물은 2016. 2. 14. 등기 제23987호에 의하여 내용증명 우편물로 발송하였음을 증명함
　　　　　서울서초우체국장 (印)

우편물배달증명서			
수취인의 주거 및 성명 　한국보증보험 주식회사 (서울 마포구 공덕동 49) 　　대표이사 최정우			
접수국명	서울 서초	접수연월일	2016. 2. 14.
접수번호	제13-2349호	배달연월일	2016. 2. 15.
적 요 총무과 문서수발담당 이지수 ㊞		2016. 2. 19. 서울서초우체국장　서울서초우체국장인	

통 지 서

통지인 : 한정직 (서울 강남구 도곡동 46)
피통지인 : 기술신용보증기금 (서울 영등포구 여의도동 25)
　　　　　대표자 이사장 정상태

　본인 한정직은 주식회사 맥스의 이사로 재직하다가 2016. 2. 14. 사직하였습니다. 본인은 주식회사 맥스의 이사로 재직하던 중 동 회사가 귀 기금으로부터 신용보증서를 발급받으면서 귀 기금과 신용보증약정을 체결할 때 주식회사 맥스의 귀 기금에 대한 구상채무를 연대보증하였습니다. 날짜는 2014. 12. 21.이었던 것으로 알고 있습니다. 귀 기금도 아시다시피 위 연대보증은 본인이 주식회사의 주주나 기타 특별히 연대보증을 할 만한 위치에 있어서가 아니고 피용인에 불과하지만 오로지 이사 직위에 있었기 때문에 한 것입니다. 본인이 주식회사 맥스의 이사에서 물러난 터에 위 연대보증을 계속할 이유가 없으므로 이제 위 연대보증을 해지합니다. 그러므로 본인이 본인 소유의 부동산에 설정해 준 근저당권도 말소하여 주시기 바랍니다. 참고로 본인이 사직한 사실이 등기된 법인등기부 등본을 동봉합니다. 속히 귀 기금의 후속 처리가 있기를 바라며, 본 통지로써 본인의 연대보증은 종결되었음을 분명하게 통지합니다. 귀 기금의 발전을 기원합니다. 끝.

　　　　　　　　　　2016. 2. 14
　　　　　　　　　　위 통지인
　　　　　　주식회사 맥스의 전(前) 이사 한정직

이 우편물은 2016. 2. 14. 등기 제23987호에 의하여 내용증명
우편물로 발송하였음을 증명함
　　　　　　　서울서초우체국장 ㊞

<div align="center">**우편물배달증명서**</div>			

수취인의 주거 및 성명
   기술신용보증기금 (서울 영등포구 여의도동 25)
     대표자 이사장 정상태			

접수국명	서울 서초	접수연월일	2016. 2. 14.
접수번호	제16-2349호	배달연월일	2016. 2. 15.
적 요 총무과 문서수발담당 이지수 ㊞		2016. 2. 19 **서울서초우체국장** 서울서초우체국장인	

기 본 증 명 서

등록기준지	충청북도 옥천군 옥천읍 옥명로 925-3

구분	상 세 내 용
작성	[가족관계등록부 작성일] 2008년 01월 01일 [작성사유] 가족관계의 등록 등에 관한 법률 부칙 제3조 제1항

구분	성 명	출생연월일	주민등록번호	성별	본
본인	한정직(韓正直) 사망	1943년 07월 28일	430728-1080631	남	韓山

일반등록사항

구분	상 세 내 용
출생	[출생장소] 충청북도 옥천군 옥천읍 삼양리 925번지의 3 [신고일] 1943년 07월 30일 [신고인] 호주 한주수
사망	[사망장소] 서울 강남구 역삼동 465 영동세브란스병원 [사망일] 2016년 12월 17일 [신고일] 2016년 12월 30일 [신고인] 처 김진숙

위 기본증명서는 가족관계등록부의 기록사항과 틀림없음을 증명합니다.

2017년 2월 11일

충청북도 옥천군 옥천읍장

가 족 관 계 증 명 서

등록기준지	충청북도 옥천군 옥천읍 옥명로 925-3

구분	성 명	출생연월일	주민등록번호	성별	본
본인	한정직(韓正直) 사망	1943년 07월 28일	430728-1080631	남	韓山

가족사항

구분	성 명	출생연월일	주민등록번호	성별	본
부	한주수 사망	1915년 7월 25일	150725-1080592	남	韓山
모	박복숙 사망	1918년 5월 19일	180519-2070479	여	密陽
배우자	김진숙(金眞淑)	1946년 11월 18일	461118-2080632	여	金海
자녀	한재정(韓載正)	1971년 12월 01일	711201-1689625	남	韓山

위 가족관계증명서는 가족관계등록부의 기록사항과 틀림없음을 증명합니다.

2017년 2월 11일

충청북도 옥천군 옥천읍장

등기번호	002221	등기사항일부증명서(말소사항포함)[제출용]		
등록번호	130149-1265493			
상 호	주식회사 맥스		. .	변경
			. .	등기
본 점	서울 강서구 공항로27길 74		. .	변경
			. .	등기

임원에 관한 사항

이사 정철 660703-1******
　(이하 생략)

이사 정천량 540425-1******
　(이하 생략)

이사 박종환 641012-1******
　(이하 생략)

이사 정평화 550616-1******
　(이하 생략)

대표이사 안천수 471207-1******　성남시 분당구 수내동 83
　2013년 02월 11일 취임　2013년 02월 11일 등기

이사 한정직 430728-1******
　2014년 03월 24일 취임　2014년 03월 24일 등기
　2016년 02월 14일 사임　2016년 02월 14일 등기

이사 민유철 490215-1******
　2016년 02월 15일 취임　2016년 02월 15일 등기

감사 박경근 570925-1******
　(이하 생략)

수수료 1000원 영수함
관할등기국 : 서울중앙지방법원 등기국
　이 증명서는 등기기록의 내용과 틀림없음을 증명합니다.

　　　　　　　　　　서기 2017년 2월 11일
　　　　　서울중앙지방법원 등기국　　등기관　이용민

* 실선으로 그어진 부분은 말소사항을 표시함.
발행번호 1136LIKYDCP021311121　　　1/1　　　발행일:2017/2/11

[집합건물] 경기도 안양시 동안구 갈산동 459 갈산아파트 제207동 제3층 제302호   고유번호 1234-5678

[표 제 부]		(1동의 건물의 표시)		
표시번호	접 수	소재지번, 건물명칭 및 번호	건물내역	등기원인 및 기타사항
~~1~~	~~2007년5월1일~~	~~경기도 안양시 동안구 갈산동 459 갈산아파트 제207동~~	~~철근콘크리트조 슬래브지붕 4층 아파트~~ ~~1층 863.50㎡~~ ~~2층 863.50㎡~~ ~~3층 863.50㎡~~ ~~4층 863.50㎡~~	~~도면편철장 제6책 제65면~~
2		경기도 안양시 동안구 갈산동 459 갈산아파트 제207동 [도로명 주소] 경기도 안양시 동안구 갈산로 459, 207동 302호 (갈산동, 갈산아파트)	철근콘크리트조 슬래브지붕 4층 아파트 1층 863.50㎡ 2층 863.50㎡ 3층 863.50㎡ 4층 863.50㎡	2016년 7월 31일 등기

(대지권의 목적인 토지의 표시)				
표시번호	소재지번	지목	면적	등기원인 및 기타사항
1	경기도 안양시 동안구 갈산동 459	대	52,368.2㎡	2007년 5월 1일

[표 제 부]		(전유부분의 건물의 표시)		
표시번호	접 수	건물번호	건물내역	등기원인 및 기타사항
1	2007년 5월 1일	제3층 제302호	철근콘크리트조 벽식구조 145.83㎡	도면편철장 제6책 제65면

(대지권의 표시)			
표시번호	대지권종류	대지권비율	등기원인 및 기타사항
1	소유권 대지권	1000분의 1.72	2007년 5월 1일 대지권 2007년 5월 1일 등기

[집합건물] 경기도 안양시 동안구 갈산동 459 갈산아파트 제207동 제3층 제302호   고유번호 1234-5678

[갑 구]   （소유권에 관한 사항）

순위번호	등기목적	접 수	등기원인	권리자 및 기타사항
1	소유권보존	2007년 5월 1일 제8390호		소유자 삼보건설 주식회사 110111-0007979 서울 종로구 계동 141-25
2	소유권이전	2010년 9월 25일 제35571호	2010년 3월 2일 매매	소유자 안천수 471207-1984755 고양시 일산구 장항동 675 호수마을 아파트 102동 708호
2-1	2번등기명의인표시변경	2016년6월9일 제15314호	2011년10월15일 전거	안천수의 주소 성남시 분당구 수내동 83
3	소유권이전	2016년 6월 9일 제15315호	2016년 6월 8일 매매	소유자 민유철 490215-1647109 수원시 장안구 팔달로 2가 47

[을 구]   （소유권 이외의 권리에 관한 사항）

순위번호	등기목적	접 수	등기원인	권리자 및 기타사항
~~1~~	~~근저당권설정~~	~~2010년 9월 25일 제35570호~~	~~2010년 9월 25일 설정계약~~	채권최고액 금 300,000,000원 채무자 안천수 ~~고양시 일산구 장항동 675 호수마을 아파트 102동 708호~~ 근저당권자 주식회사 하나은행 ~~100364-1945321~~ ~~서울 서초구 서초동 1189(서초지점)~~
2	1번근저당권설정등기말소	2016년7월11일 제17534호	2016년7월11일 해지	

--- 이하여백 ---

수수료 1000원 영수함   관할등기소 : 수원지방법원 안양지원 안양등기소
이 증명서는 등기기록의 내용과 틀림없음을 증명합니다.
서기 2017년 2월 11일
법원행정처 등기정보중앙관리소 전산운용책임관   이용민

* 실선으로 그어진 부분은 말소사항을 표시함. * 등기기록에 기록된 사항이 없는 갑구 또는 을구는 생략함.

[토지] 충청남도 공주시 반죽동 산35   고유번호 1234-5678

[표 제 부]		(토지의 표시)			
표시번호	접 수	소재지번	지목	면적	등기원인 및 기타사항
1 (전 3)	1998년11월12일	충청남도 공주시 반죽동 산35	임야	156,624m²	
					부동산등기법시행규칙부칙 제3조 제1항의 규정에 의하여 2002년 6월 15일 전산이기

[갑 구]		(소유권에 관한 사항)		
순위번호	등기목적	접 수	등기원인	권리자 및 기타사항
1 (전 3)	소유권이전	1985년2월1일 제894호	1984년5월9일 상속	소유자 한정직 430728-1080631 충청남도 연기군 조치원읍 신흥리 271
				부동산등기법시행규칙부칙 제3조 제1항의 규정에 의하여 2002년 6월 15일 전산이기
1-1	1번등기명의인 표시변경	2012년12월21일 제19347호	2009년3월5일 전거	한정직의 주소 서울 강남구 도곡동 46
2	임의경매신청	2016년8월2일 제10493호	2016년8월1일 대전지방법원공주지원 의경매개시결정(2016 타경1288)	채권자 기술신용보증기금 130111-0008359 서울 영등포구 여의도동 25

발행번호 1136LIKYDCP021311121   발행일:2017/2/11

[토지] 충청남도 공주시 반죽동 산35   고유번호 1234-5678

[을 구]	(소유권 이외의 권리에 관한 사항)			
순위번호	등기목적	접 수	등기원인	권리자 및 기타사항
1	근저당권설정	2014년12월21일 제19438호	2014년12월21일 설정계약	채권최고액 금 400,000,000원 채무자 한정직 　서울 강남구 도곡동 46 근저당권자 기술신용보증기금 　130111-0008359 　서울 영등포구 여의도동 25

수수료 1000원 영수함
관할등기소 : 대전지방법원 공주지원 등기계 / 발행등기소 : 법원행정처 등기정보중앙관리소

　이 증명서는 등기기록의 내용과 틀림없음을 증명합니다.
서기 2017년 2월 11일
법원행정처 등기정보중앙관리소 전산운영책임관

* 실선으로 그어진 부분은 말소등기사항을 표시함. * 등기기록에 기록된 사항이 없는 갑구 또는 을구는 생략함. * 증명서는 컬러 또는 흑백으로 출력 가능함.

부동산매매계약서

매도인과 매수인은 합의 하에 다음과 같이 부동산 매매 계약을 체결한다.

1. 부동산의 표시
　시흥시 계수동 55 공장용지 2,000㎡

2. 계약내용
제1조 매수인은 위 부동산을 대금 2억 원에 매수하되, 매매대금은 다음과 같이 지불하기로 한다.
　1. 계약금 : 금 2천만원을 계약 당시 지불한다.
　2. 중도금 : 금 1억 원을 2016. 4. 30. 지불한다.
　3. 잔금　 : 금 8천만 원을 2016. 9. 30. 지불한다.

제2조 매도인은 2016. 9. 30. 잔금과 상환으로 위 부동산을 매수인에게 인도한다.
제3조 매도인은 매매 대금의 잔금을 수령함과 동시에 소유권이전등기에 필요한 모든 서류를 매수인에게 교부하여 소유권을 이전한다.
제4조 위 부동산에 관하여 발생한 수익과 공과금 등의 지출 부담은 부동산의 인도일을 기준으로 하여 그 전일까지는 매도인에게, 그 이후부터는 매수인에게 귀속한다.
제5조 본 계약을 매도인이 위약시는 계약금의 배액을 변상하고, 매수인이 위약시는 계약금을 포기하고 반환청구를 하지 않기로 한다.

※ 특약사항
1. 매수인이 은행대출을 받아 나머지 잔금을 지급하고자 할 경우, 매도인은 이에 최대한 협조하기로 한다.

2016년 1월 19일

매도인	성명	김상식 ㊞	주민등록번호 510428-1789691	
	주소	서울 종로구 삼청2동 180		
매수인	성명	안철수 ㊞	주민등록번호 471207-1984755	
	주소	성남시 분당구 수내동 83		
소개인	성명	최상영 ㊞		
	주소	서울 강남구 대치동 188 삼일공인중개사	전화 567-3412	

[토지] 경기도 시흥시 계수동 55   고유번호 1234-5678

[표 제 부]			(토지의 표시)		
표시번호	접 수	소재지번	지목	면적	등기원인 및 기타사항
1 (전 3)	1988년1월12일	경기도 시흥시 계수동 55	공장용지	2,000㎡	
					부동산등기법시행규칙부칙 제3조 제1항의 규정에 의하여 2005년 6월 15일 전산이기

[갑 구]			(소유권에 관한 사항)	
순위번호	등기목적	접 수	등기원인	권리자 및 기타사항
1 (전 3)	소유권이전	1990년2월1일 제894호	1989년1월1일 상속	소유자 김상식 510428-1789691 서울 종로구 삼청2동 180
				부동산등기법시행규칙부칙 제3조 제1항의 규정에 의하여 2005년 6월 15일 전산이기

--- 이하여백 ---

수수료 1000원 영수함
관할등기소 : 수원지방법원 안산지원 시흥등기소 / 발행등기소 : 법원행정처 등기정보중앙관리소

이 증명서는 등기기록의 내용과 틀림없음을 증명합니다.
서기 2017년 2월 11일
법원행정처 등기정보중앙관리소 전산운영책임관

* 실선으로 그어진 부분은 말소등기사항을 표시함. * 등기기록에 기록된 사항이 없는 갑구 또는 을구는 생략함. * 증명서는 컬러 또는 흑백으로 출력 가능함.

발행번호 1136LIKYDCP021311121   1/1   발행일:2017/2/11

근저당권설정계약서

> ○ 담보의 제공은 재산상 손실을 가져올 수도 있는 중요한 법률행위이므로 미리 뒷면 "담보 제공자가 꼭 알아 두어야 할 사항"과 계약서 내용을 잘 읽은 후 신중한 판단을 하시고,
> ○ 굵은선 □으로 표시된 란(당사자란, 제1조 및 계약서 끝부분)은 담보제공자가 반드시 자 필로 기재하시기 바랍니다.

2014년 12월 21일

① 채권자 겸 근저당권자 : 기술신용보증기금
   주소 : 서울 영등포구 여의도동 25
   이사장   정 상 태 ㊞

② 채무자 겸 근저당권설정자 : 한정직 ㊞
   주민등록번호 : 430728-1080631
   주소 : 서울 강남구 도곡동 46

위 당사자들은 아래와 같이 근저당권설정계약을 체결한다.

제1조 근저당권의 설정

근저당권 설정자(이하 "설정자"라 한다)는 채무자와 채권자의 기본거래약정을 승인하고, 이 계약서 끝부분 "근저당물건 목록"란에 기재한 물건(이하 "근저당물건"이라 한다)에 다음 내용으로 근저당권을 설정한다.

1. 피담보채무의 범위

채권자는 피담보채무의 범위를 달리하는 다음의 세 유형 가운데 어느 하나를 설정자가 선택할 수 있음을 설명하였다.
설정자는 그 가운데 ┃특정근담보┃에서 정한 채무(이자, 지연배상금, 부대채무를 포함한다)를 담보하기로 한다.

특정근담보
채무자가 채권자(본·지점)에 대하여 다음 약정서에 의한 거래로 말미암아 현재 및 장래에 부담하는 모든 채무 　　　　　2014년 12월 21일자   신용보증약정서 　　　　　　－　년　　월　　일자　　　　　　약정서

> **한정근담보**

채무자가 채권자(본·지점)에 대하여 다음 종류의 거래로 말미암아 현재 및 장래에 부담하는 모든 채무

――――――――――――――― 거래, ――――――――― 거래
――――――――――――――――――― 거래, ――――― 거래

> **포괄근담보**

채무자가 채권자(본·지점)에 대하여 현재 및 장래에 부담하는 다음 채무
  가. 어음대출, 증서대출, 당좌대출, 어음할인, 지급보증, 매출채권거래, 상호부금급부, 사채인수, 유가증권대여, 외국환거래 기타 여신거래로 말미암은 모든 채무
  나. 신용카드거래로 말미암은 채무(채무자 이외의 제3자가 담보를 제공한 경우 제외)
  다. 채권자와 제3자와의 위 '가'의 거래에 대한 보증채무
  라. 채권자가 제3자와의 위 '가'의 거래로 말미암아 취득한 어음 또는 수표상의 채무

2. 채권최고액

> 금 四億(사억) 원

3. 근저당권 결산기

채권자는 근저당권 결산기를 정하는 다음의 세 유형 가운데 어느 하나를 설정자가 선택할 수 있음을 설명하였고, 설정자는 [장래지정형] 에서 정한 날을 결산기로 하기로 한다.

> **지정형**

――――――― 년 ――― 월 ――― 일

> **자동확정형**

정하지 아니한다.
이 경우 계약일부터 3년이 경과하면 설정자는 서면통지에 의하여 근저당권 결산기를 지정할 수 있기로 하되, 그 결산기는 통지 도달일부터 14일 이후가 되어야 하며, 이에 미달하는 때에는 통지도달일부터 14일이 되는 날을 결산기로 한다. 다만, 5년이 경과할 때까지 설정자의 별도 의사표시가 없는 경우에는 계약일부터 5년이 되는 날을 결산기로 한다.

> **장래지정형**
>
> 정하지 아니한다.
> 단, 신용보증계약기간이 만료되는 시점에는 결산하기로 하되, 그 이전이라도 설정자의 연대보증계약이 적법히 해지되면 그 시점에 결산하기로 한다.

제2조 ~ 제10조 (생략)

제11조 특약사항

위 외에 특별한 약정 사항은 없으며, 분쟁이 생길 경우 민법 및 일반 법리에 따른다.

채무자 겸 근저당권설정자 : 한정직 ㊞

근저당물건목록

대상목적물의 표시	순 위
1. 충청남도 공주시 반죽동 산 35 임야 156,624㎡. 끝.	1번

※ 설정자는 다음 사항을 읽고 본인의 의사를 사실에 근거하여 자필로 기재하여 주십시오.
 (기재예시 : 1. 수령함. 2. 들었음.)

1. 신용보증약정서와 이 계약서 사본을 확실히 수령하였습니까?	수령함
2. 위 신용보증약정서와 이 계약서의 중요한 내용에 대하여 설명을 들었습니까?	들었음

※ 설정자가 타인을 위하여 부동산을 담보로 제공하는 경우에는 설정자는 이 계약서 작성일을 포함하여 3일 이내에 담보제공을 철회할 수 있습니다. 또한, 철회권을 미리 포기하고 이 설정계약을 즉시 확정할 수도 있습니다.
(기재예시 : 철회함.   년 월 일,   포기함.   년 월 일)

담보제공의사를 철회합니까? (철회한 때에는 이 계약은 취소되고 설정자는 담보책임을 부담하지 않습니다. 이때 담보설정·해지에 드는 비용은 설정자가 전부 부담하여야 합니다.)	년 월 일
철회권을 포기합니까? (철회권을 포기한 때에는 이 설정계약은 즉시 확정됩니다.)	포기함 2014년 12월 21일

자서 및 인감 확인함

책임자 직명 : 영업부 대리

성명 : 주 철 민 ㊞

이 계약서에 따라 등기되었음을 확인하고, 등기필증 사본을 수령함 2014년 12월 24일 설정자　한 정 직 ㊞

각 서

주민등록번호 : 471207-1984755
주소 : 성남시 분당구 수내동 83
성명 : 안천수

 본인은 주식회사 맥스의 대표이사로서, 이번에 맥스가 한국보증보험으로부터 금 4억 원 한도로 신용보증을 받아 국민은행에서 대출을 받음에 있어, 귀하를 신용보증계약의 연대보증인으로 입보시키되, 만약 주식회사 맥스가 대출금을 변제하지 못하는 사태가 발생할 때는 귀하에게 책임이 돌아오지 않도록 본인이 미리 조치를 취할 것이고, 한국보증보험 주식회사가 보증채무를 이행한 경우는 물론이고, 그 이전이라도 언제든 문제가 생기면 본인의 재산으로 이를 변제하여 귀하에게는 절대 구상책임을 지우지 않겠습니다. 주식회사 맥스가 자금부족 등의 사태에 처할 때에는 귀하가 보증책임을 이행하기 전이라도 미리 보증액 전액에 대하여 본인의 재산에 대하여 집행을 하더라도 이의가 없습니다. 끝.

2014. 4. 25.

안 천 수 (인)

한정직 이사님 귀하

서울중앙지방법원
제51민사부
결 정

사 건	2016카합3626 채권가압류
채 권 자	한국보증보험 주식회사
	서울 마포구 공덕동 49
	대표이사 최정우
채 무 자	한정직 (430728-1080631)
	서울 강남구 도곡동 46
제3채무자	김명수 (660508-1754215)
	서울 동작구 상도동 89 대림아파트 5동 801호

주 문

채무자의 제3채무자에 대한 별지 목록 기재 채권을 가압류한다.
제3채무자는 채무자에게 위 채권에 관한 지급을 하여서는 아니 된다.
채무자는 다음 청구금액을 공탁하고 집행정지 또는 집행취소를 신청할 수 있다.

청구채권의 내용 : 2014. 4. 27.자 신용보증계약에 의한 보증금
청구금액 : 금 300,000,000원

이 유

이 사건 가압류신청은 이유 있으므로 담보로 금 120,000,000원을 공탁하게 하고 주문과 같이 결정한다.

2016. 6. 1.

재판장   판사   신동열
         판사   채동훈
         판사   류진현

목 록

서울 강남구 도곡동 46 소재 단독주택에 관한 임대차계약에 따라 채무자가 제3채무자에 대하여 가지는 보증금반환청구채권 중 청구금액에 이르기까지의 금액. 끝.

【모범답안】

소 장

원　　고　1. 한재정 (711201-1689625)
　　　　　2. 김진숙 (461118-2080632)
　　　　　원고들 주소 서울 강남구 도곡동 46
　　　　　소송대리인 변호사 오변론
　　　　　서울 서초구 서초동 1234 승리빌딩 701호
　　　　　전화 02-012-9811, 팩스 02-012-9812, 전자우편 mir@nate.com

피　　고　1. 한국보증보험 주식회사
　　　　　　　서울 마포구 공덕동 49
　　　　　　　대표이사 최정우
　　　　　2. 기술신용보증기금
　　　　　　　서울 영등포구 여의도동 25
　　　　　　　대표자 이사장 정상태
　　　　　3. 안천수 (471207-1984755)
　　　　　　　성남시 분당구 수내동 83
　　　　　4. 민유철 (490215-1647109)
　　　　　　　수원시 장안구 팔달로 2가 47
　　　　　5. 김상식 (510428-1789691)
　　　　　　　서울 종로구 삼청2동 180

채무부존재확인 등 청구의 소

청 구 취 지

1. 원고들의 한국보증보험 주식회사에 대한 2014. 4. 27.자 신용보증약정에 기한 연대보증채무[167]는 원고 한재정의 6,000만 원, 원고 김진숙의 9,000만 원 및 각 이에 대한 2016. 5. 26.부터 다 갚는 날까지 연 18%의 비율에 의한 금액을 초과하여서는 존재하

---

[167] 청구취지 제1항을 "원고들의 한국보증보험 주식회사에 대한 2014. 4. 27.자 신용보증약정에 기한 2015. 4. 29.자 1억 5,000만 원 대출에 따른 원고 한재정의 6,000만 원, 원고 김진숙의 9,000만 원 및 각 이에 대한 2016. 5. 26.부터 다 갚는 날까지 연 18%의 비율에 의한 연대보증채무는 존재하지 아니함을 확인한다"라고 쓸 수도 있다. 원고들의 채무는 대출금반환채무가 아닌 연대보증채무이므로 "2011. 4. 29.자 1억 5,000만 원의 대출금반환채무는 존재하지 아니함을 확인한다."라고 기재하는 것은 부적절하다.

지 아니함을 확인한다.

2. 피고 기술신용보증기금은 원고들에게, 별지 목록 1 기재 부동산에 관하여[168] 대전지방법원 공주지원 2014. 12. 21. 접수 제19438호로 마친 근저당권설정등기에 대하여, 확정채무부존재를 원인으로 한 말소등기절차를 이행하라.

3. 원고들의 한국보증보험 주식회사에 대한 2014. 4. 27.자 신용보증약정에 기한 연대보증채무[169]는 원고 한재정의 6,000만 원, 원고 김진숙의 9,000만 원 및 각 이에 대한 2016. 5. 26.부터 다 갚는 날까지 연 18%의 비율에 의한 금액을 초과하여서는 존재하지 아니함을 확인한다.

4. 피고 기술신용보증기금은 원고들에게, 별지 목록 1 기재 부동산에 관하여[170] 대전지방법원 공주지원 2014. 12. 21. 접수 제19438호로 마친 근저당권설정등기에 대하여, 확정채무부존재를 원인으로 한 말소등기절차를 이행하라.

5. 피고 안천수는 원고 한재정에게 6,000만 원, 원고 김진숙에게 9,000만 원 및 각 이에 대한 2016. 5. 26.부터 다 갚는 날까지 연 18%의 비율에 의한 금액을 지급하라.

6.

가. 피고 민유철과 피고 안천수 사이에 별지 목록 2 기재 부동산에 관하여 2016. 6. 8. 체결된 매매계약을 1억 5,000만 원을 한도로 하여, 원고 한재정과 피고 민유철 사이에서는 6,000만 원,[171] 원고 김진숙과 피고 민유철 사이에서는 9,000만 원 및 각 이에 대한 2016. 5. 26.부터 피고 안천수가 이를 다 갚는 날과 이 사건 변론종결일 중 앞선 날까지 연 18%의 비율에 의한 금액 범위 내에서 각 취소한다.

나. 피고 민유철은 원고 한재정에게 6,000만 원, 원고 김진숙에게 9,000만 원과 각 이에 대한 2016. 5. 26.부터 피고 안천수가 이를 다 갚은 날과 이 사건 변론종결일 중 앞선 날까지 연 18%의 비율에 의한 금액 및 위 각 금액에 대한 이 판결확정일 다음날부터 다 갚는 날까지 연 5%의 비율에 의한 금액을 지급하라.[172]

---

[168] 원고들의 각 지분에 관하여 말소를 구해도 무방하다.

[169] 청구취지 제1항을 "원고들의 한국보증보험 주식회사에 대한 2014. 4. 27.자 신용보증약정에 기한 2015. 4. 29.자 1억 5,000만 원 대출에 따른 원고 한재정의 6,000만 원, 원고 김진숙의 9,000만 원 및 각 이에 대한 2016. 5. 26.부터 다 갚는 날까지 연 18%의 비율에 의한 연대보증채무는 존재하지 아니함을 확인한다"라고 쓸 수도 있다. 원고들의 채무는 대출금반환채무가 아닌 연대보증채무이므로 "2011. 4. 29.자 1억 5,000만 원의 대출금반환채무는 존재하지 아니함을 확인한다."라고 기재하는 것은 부적절하다.

[170] 원고들의 각 지분에 관하여 말소를 구해도 무방하다.

[171] 채권자취소권의 요건을 갖춘 각 채권자는 고유의 권리로서 채무자의 재산처분 행위를 취소하고 그 원상회복을 구할 수 있으므로 여러 명의 채권자가 사해행위취소 및 원상회복청구의 소를 제기하여 여러 개의 소송이 계속중인 경우에는 각 소송에서 채권자의 청구에 따라 사해행위의 취소 및 원상회복을 명하는 판결을 선고하여야 하고, 수익자 또는 전득자가 가액배상을 하여야 할 경우에도 수익자 등이 반환하여야 할 가액을 채권자의 채권액에 비례하여 채권자별로 안분한 범위 내에서 반환을 명할 것이 아니라, 수익자 등이 반환하여야 할 가액 범위 내에서 각 채권자의 피보전채권액 전액의 반환을 명하여야 한다. 이와 같은 법리는 여러 명의 채권자들이 제기한 각 사해행위취소 및 원상회복청구의 소가 민사소송법 제141조에 의하여 병합되어 하나의 소송절차에서 심판을 받는 경우에도 마찬가지이다(대법원 2008. 06. 12. 선고 2008다8690 판결).

7. 피고 김상식은 피고 안천수에게서 5,000만 원을 지급받음과 동시에 피고 안천수에게 별지 목록 3 기재 부동산에 관하여 2016. 1. 19. 매매를 원인으로 한 소유권이전등기절차를 이행하라.
8. 소송비용은 피고들이 부담한다.
9. 제3항은 가집행할 수 있다.

라는 판결을 구합니다.

청 구 원 인

1. 원고들의 신분 및 상속관계

소외 한정직은 2014. 3. 24.부터 2016. 2. 14.까지 소외 주식회사 맥스('맥스'라고 약칭합니다)의 이사로 재직한 후 2016. 12. 17. 사망하였고(갑 제1호증), 자인 원고 한재정은 5분의 2, 처인 원고 김진숙은 5분의 3의 각 비율로 한정직의 재산을 상속하였습니다.

2. 신용보증약정 및 대출

가. 피고 한국보증보험 주식회사와의 신용보증약정

한정직이 맥스의 이사로 재직 중이던 2014. 4. 27. 맥스는 한국보증보험 주식회사('한국보증'이라고 약칭합니다)와 신용보증원본한도액 4억 원, 신용보증기간 2014. 4. 27.부터 2015. 4. 26.까지로 한 개별거래용 신용보증약정을 맺고, 당일 한국보증에게서 보증금액 2억 원, 보증기간 2015. 4. 26.까지로 한 개별거래용 신용보증서를 발급받아 소외 주식회사 국민은행('국민은행'이라고 약칭합니다) 서초지점에 제출하고, 1억 5,000만 원을 변제기 2015. 4. 26., 이자 연 7%, 변제기 후의 지연손해금 월 1%로 약정하여 대출받았습니다(이 대출금을 '제1차 대출금'이라고 약칭합니다).

위 신용보증약정을 맺으면서 맥스와 한국보증은, 만약 맥스가 국민은행에 대출금을 변제하지 아니하여 한국보증이 위 신용보증약정에 따라 국민은행에 대위변제를 하게 되면, 대위변제한 금액에 대위변제일부터 다 갚는 날까지 연 18%의 비율에 의한 지연손해금을 가산하여 지급하기로 약정하였고, 당시 맥스의 이사이던 한정직과 대표이사이던 피고 안천수는 맥스의 한국보증에 대한 위 구상채무를 연대보증하였습니다.

그 후 맥스는 한국보증에게서, 2014. 4. 27. 체결한 신용보증약정의 보증기간을 2016. 5. 26.로 연장 받고 2015. 4. 29. 위 신용보증약정에 기하여 보증금액 2억 원, 보증기간 2016. 5. 26.까지로 한 개별거래용 신용보증서를 따로 발급받아 국민은행 서초지점에 제출하고, 1억 5,000만 원을, 변제기 2016. 5. 26., 기타 조건은 제1차 대출금과 동일하게 약정하여 대출받았습니다(이 대출금을 '제2차 대출금'이라고 약칭합니다).

나. 피고 기술신용보증기금과의 신용보증약정

맥스는 2014. 12. 21. 피고 기술신용보증기금('기술신보'라고 약칭합니다)에게서 신

---

172) 원고들이 변론종결일 전에 위 돈을 변제받으면 청구취지와 청구원인을 변경하여야 한다.

용보증원본한도액 4억 원, 신용보증기간 2014. 12. 21.부터 2016. 12. 20.까지로 한 한도거래용 신용보증서를 발급받아 소외 주식회사 신한은행('신한은행'이라고 약칭합니다) 서울역지점에 제출하고, 신한은행과 대출한도 4억 원, 거래기간 2014. 12. 21.부터 2016. 12. 20.까지로 한 당좌대출거래약정을 맺었습니다.

위 당좌대출거래약정에 따라 맥스가 발행한 당좌수표가 신한은행에 지급제시되면, 신한은행은 맥스의 당좌예금계좌에 있는 잔액으로 결제하되, 만약 잔액이 당좌수표를 결제하기에 부족하더라도 4억 원의 대출한도 내에서는 신한은행이 수표를 결제하고, 부족액을 대출로 처리하기로 하였습니다.

기술신보에게서 위 신용보증서를 발급받기 위하여 맥스가 기술신보와 한도거래용 신용보증약정을 맺을 때에도 한정직은 신용보증약정의 연대보증인이 되었고, 기술신보의 구상채권에 대해서는 대위변제일부터 완제일까지 연 18%의 비율에 따른 지연손해금을 가산하여 지급하기로 약정하였습니다.

3. 피고 한국보증에 대한 채무부존재확인청구

가. 맥스가 2016. 5. 26. 부도를 내자, 맥스를 신용보증한 한국보증은 2016. 5. 26. 국민은행에 3억 원(제1차 대출금 1억 5,000만 원 + 제2차 대출금 1억 5,000만 원)을 대위변제하였습니다.

나. 맥스가 2015. 4. 26.로 종기가 도래한 한국보증과의 신용보증약정의 보증기간을 2016. 5. 26.까지로 연장 받고 새로운 신용보증서를 발급받아 국민은행에게서 제2차 대출을 받은 것은, 한정직의 동의 없이 맥스가 단독으로 한 일이었고 한정직은 그 일을 몰랐습니다.

다. 채권자와 주채무자 사이에서 주계약상의 거래기간이 연장되었으나 채권자와 보증인 사이에서는 보증기간이 연장되지 아니한 경우, 원래의 보증기간이 지난 뒤의 거래로 발생한 채무에 대해서는 보증인이 보증책임을 지지 않으므로,173) 한정직 또는 그 상속인인 원고들은 제1차 대출금의 구상채무에 대해서만 보증책임을 집니다. 따라서 한국보증에 대하여, 원고 한재정은 6,000만 원(1억 5,000만 원 × 2/5), 원고 김진숙은 9,000만 원(1억 5,000만 원 × 3/5) 및 각 이에 대한 2016. 5. 26.부터 다 갚는 날까지 연 18%의 비율에 따른 금액을 넘는 부분은 이를 지급할 의무가 없습니다.

라. 한국보증은 한정직이 제1, 2차 대출금 전액에 대하여 책임이 있음을 전제로 한정직의 소외 김명수에 대한 임차보증금반환청구채권을 가압류하였습니다. 이에 원고들은 지급할 의무가 없는 부분에 대하여 채무의 부존재 확인을 구할 필요가 있습니다.174)

---

173) 한정직과 한국보증의 연대보증약정은 개별보증으로 해석된다. 따라서 그것이 계속적 보증의 일부분인지에 관계없이 한정직은 유효한 보증기간이 종료되는 때에 남은 확정채무에 대하여 보증채무를 진다(대법원 2003. 11. 14. 선고 2003다21872 판결). 채무가 특정된 확정채무에 대한 물상보증인이나 연대보증인은 채무의 이행기가 연장되고 거기에 동의하지 않았더라도 물상보증인으로서의 책임이나 연대보증인으로서의 채무를 부담한다(대법원 1999. 09. 07. 선고 98다19578 판결, 대법원 2002. 06. 14. 선고 2002다14853 판결).

174) 가압류채무자가 제기한 피보전권리부존재확인청구소송에서 가압류채권자가 실체법상의 이유로 패소확정된 때에는 보전처분을 취소할 수 있는 사정변경이 있는 것으로 본다(대법원 1963. 09. 12. 선고 63다354 판결, 대법원 1973. 03. 20. 선고 73다165 판결 등). 원고들은 한국보증에 대한 채무(일부) 부존재확인청구 소송에서 승소하면 잔존 채무를 변제공탁한 다음 한국보증을 상대로 사정변경을 원인으로 한 가압류취소신청을 하

4. 피고 기술신보에 대한 근저당권설정등기말소청구

가. 한정직과 기술신보가 연대보증약정을 맺을 때 한정직은 맥스의 주식이나 경영권을 갖지 않았고 피고 안천수와 친·인척 관계도 없었으며, 오로지 '이사로 근무하는 사람은 회사 채무의 보증인이 된다'는 관행에 따라 연대보증인이 되었고, 기술신보도 이런 사정을 알고 있었습니다.

나. 계속적 보증계약[175]에 있어서 보증인의 주채무자에 대한 신뢰가 깨지는 등 보증인이 보증계약을 해지할 만한 상당한 이유가 있는 때에는 보증인이 일방적으로 보증계약을 해지할 수 있는데, 한정직이 기술신보와 체결한 연대보증약정은 한정직이 맥스의 이사 지위에 있다는 이유만으로 체결된 것[176]이어서 한정직이 이사 지위를 떠난 경우에는 해지할 수 있습니다.

다. 한정직이 기술신보와 연대보증약정을 맺을 때 맥스의 주식은 모두 피고 안천수의 소유였으나 동인은 2016. 1. 10. 주식 전부를 소외 김어중에게 양도하여 그 후에는 외형상으로만 대표이사 지위에 있었고, 한정직은 그때부터 사임을 강요받아 2016. 2. 14. 맥스의 이사직에서 사임하고 사임등기를 마쳤습니다. 이런 상황에서 한정직은 기술신보와의 위 연대보증약정을 유지할 필요가 없었기에 2016. 2. 14. 위 연대보증약정을 해지하였고, 그 의사표시는 2016. 2. 15. 기술신보에 도달하였습니다. 그때까지는 맥스의 기술신보에 대한 사전구상채무가 발생•확정되지 않았으므로,[177] 한정직과 기술신보의 위 연대보증약정은 위 해지의사표시 도달 시에 해지되었습니다.

라. 한정직이 기술신보와 위 연대보증약정을 맺을 때, 한정직은 기술신보에 대한 연대보증채무를 담보하기 위하여 한정직의 소유인 별지 목록 1 기재 부동산에 관하여 대전지방법원 공주지원 2014. 12. 21. 접수 제19438호로 채권최고액 4억 원의 근저당권을 설정하여 주면서, "신용보증계약기간이 만료되는 시점에는 결산하기로 하되, 그 이전이라도 설

고, 그 결정에 의하여 임차보증금반환청구채권에 대한 가압류를 해제할 수 있다.

[175] 학설과 판례도 '계속적 보증' 개념을 인정한다. 판례는, 계속적 거래관계로부터 현재 및 장래에 발생하는 불확정적 채무에 관하여 부담하기로 하는 보증책임(대법원 1984. 10. 10. 선고 84다카453 판결 등), 계속적 거래관계에서 발생하는 불확정한 채무를 위한 보증(대법원 2000. 03. 10. 선고 99다61750 판결) 및 계속적 상거래관계, 계속적 대리점 거래계약, 계속적 병원치료비 지급관계, 계속적 금융신용거래관계 등 계속적 장래 채무에 관한 각종 보증 등을 계속적 보증이라고 본다(대법원 1992. 11. 24. 선고 92다10890 판결).

[176] '한정직의 이사 퇴임' 사실은 보증계약의 해지 사유가 되지만, 이것만으로는 해지 통보 없이도 보증계약이 해지되었다고 주장할 수 없다. 판례도 「은행이 회사의 대출금채무를 지급보증한 뒤 이른바 대환절차를 거침에 있어 그 지급보증이 중요한 부분에 있어서 변경되었고 회사 및 그 연대보증인들은 은행거래약정을 새로 맺고 관계 서류도 새로 받았으며 그 연대보증인도 이미 퇴직한 이사들이 제외된 당시의 이사 중에서 새로 세웠다면 당초 지급보증에 따른 회사의 구상금채무를 연대보증하였으나 당시 퇴직한 이사에 대하여는 그 대환의 경위 등에 비추어 그 연대보증인에서 제외시키려는 것이었다」고 봄으로써(대법원 1991. 12. 10. 선고 91다29828 판결), 엄격한 조건 하에서만 별도의 해지 통보 없이도 보증계약이 해지되었다고 인정한다.

[177] 계속적 보증의 성질을 가지는 신용보증계약상의 구상금채무를 연대보증한 자가 사정변경을 이유로 보증계약 해지를 주장함에 있어서 만약 해지 이전에 주채무자의 사전구상채무가 이미 확정되어 있는 상태라면 해지주장은 배척된다(대법원 2002. 05. 31. 선고 2002다1673 판결).
 맥스와 기술신보 사이의 신용보증약정서 제4조 제1항에 사전구상권이 발생하는 사유가 기재되어 있는데, 이 사유들이 한정직의 해지의사표시 도달 이전에 있었음이 밝혀지면, 한정직은 연대보증계약을 해지할 수 없다. 그러한 사유들이 없고, 오히려 맥스의 자산상태가 좋았다고 하므로(기록 참조), 한정직의 해지는 유효하다.

정자의 연대보증계약이 적법히 해지되면 그 시점에 결산하기로 한다"고 약정하였습니다.

마. 위와 같이 연대보증약정을 해지함에 따라 위 근저당권은 해지의 효력 발생일인 2016. 2. 15. 확정되었고, 그때 피담보채권은 없었습니다.[178] 따라서 원고들은 공유자로서의 보존행위권에 기하여 각기 위 근저당권에 관하여 확정채무부존재를 원인으로 한 말소등기절차의 이행을 구합니다.

5. 피고 안천수에 대한 약정금청구

가. 앞서 본 바와 같이, 한국보증이 국민은행에 대위변제한 3억 원 중 원고 한재정은 6,000만 원, 원고 김진숙은 9,000만 원 및 각 이에 대한 2016. 5. 26.부터 다 갚는 날까지 연 18%의 비율에 의한 금원을 한국보증에 지급할 의무가 있습니다.

나. 피고 안천수는 2014. 4. 25. 한정직에게, 맥스가 자금부족 사태에 처할 때에는 한정직이 한국보증에 대한 보증책임[179]을 이행하기 전이라도 한정직에게 보증책임액 전액을 지급하여 맥스의 한국보증에 대한 구상채무 전부를 책임지기로 약정하였으므로, 피고 안천수는 원고 한재정에게 6,000만 원, 피고 김진숙에게 9,000만 원 및 각 이에 대한 2016. 5. 26.부터 다 갚는 날까지 연 18%의 비율에 의한 금액[180]을 지급할 의무가 있습니다.

6. 피고 민유철에 대한 사해행위취소 등

가. 사해행위취소

피고 안천수는 한정직에 대하여 채무[181]를 진 상태에서 2016. 6. 8. 별지 목록 2

---

[178] 주채무가 확정되기 전에 계속적 보증이 해지되면, 해지 당시 주채무가 남아있는지에 관계 없이 보증인은 보증책임을 면하는 것이 원칙이다.
　한정직이 계속적 보증에 대한 해지 의사표시를 하여 의사표시 도달 당시 맥스가 기술신보에 대하여 채무가 있었더라도, 채무가 확정되어 있지 않다면 한정직은 보증책임을 면한다. 기록에서는 한정직의 해시 의사표시 당시 맥스의 채무가 확정되었다는 사실이 나타나있지 않을 뿐만 아니라, 해지 의사표시 도달 시인 2016. 2. 15. 맥스의 기술신보에 대한 채무도 없었으므로, 한정직은 보증책임을 면할 수 있다.

[179] 기술신보에 대한 보증채무와 달리 한국보증에 대한 보증채무는 개별거래를 위한 것이므로 해지할 수 없다. 한국보증과 관련한 구상금채무 중 '제1차 대출금'에 관련된 구상금채무는 한국보증과의 신용보증계약기간 중에 발생되어 대출채무의 변제기만 연장받은 것이므로, 이 판례가 적용될 것도 없이 한정직은 구상채무에 대한 연대보증책임을 부담한다.

[180] 수탁보증인이 민법 제442조에 의하여 주채무자에 대하여 미리 구상권을 행사하는 경우에 사전구상으로서 청구할 수 있는 범위는 주채무인 원금과 사전구상에 응할 때까지 이미 발생한 이자와 기한 후의 지연손해금, 피할 수 없는 비용 기타의 손해액까지이고, 주채무인 원금에 대한 완제일까지의 지연손해금은 포함될 수 없으며, 사전구상권은 장래의 변제를 위하여 자금의 제공을 청구하는 것이므로 수탁보증인이 아직 지출하지 아니한 금원에 대하여 지연손해금을 청구할 수도 없다(대법원 2004. 7. 9. 선고 2003다46758 판결 참조).
　안천수의 '각서' 내용을 민법 제442조의 범위를 넘는 사전구상권에 관한 특약으로 해석하여, 본문과 같이 청구하였다.

[181] 원고들은 아직 한국보증에 연대보증채무를 이행하지 않았으므로 이들의 구상권을 피보전채권으로 하여 사해행위취소를 구할 수는 없다. 민법 제442조 제1항 제4호에 따른 사전구상권 행사는 주채무자에 대한 구상권 행사이고, 연대보증인들 간에는 민법 제448조 제2항에 의하여 민법 제425조 내지 제427조의 「연대채무자 상호 간의 구상권」 조항이 적용될 뿐이기 때문이다. 만약 사전구상이 가능하다고 하더라도 구상의 범위는 7,500만 원(구상채권 1억 5,000만 원 × 부담부분 1/2)밖에 되지 않으나, 2014. 4. 25.자 약정에 기한 채권

기재 부동산을 피고 민유철에게 매도하고, 수원지방법원 안양지원 안양등기소 2016. 6. 9. 접수 제15315호로 소유권이전등기를 마쳐주었습니다.

위 매매 당시 피고 안천수의 채무는, 한정직에게 위 1억 5,000만 원, 주식회사 하나은행에게 2억 5,000만 원(별지 목록 2 기재 부동산 상의 근저당권 피담보채무), 피고 김상식에게 5,000만 원(별지 목록 3 기재 부동산 매매잔대금 채무), 모 은행에게 1억 5,000만 원(별지 목록 3 기재 부동산 매수대금의 융자금 채무), 기술신보에게 3억 9,000만 원(2014. 12. 21.자 연대보증채무) 등 합계 9억 9,000만 원이었던 반면, 적극재산은 별지 목록 2 기재 부동산의 소유권(위 매매 당시의 가액은 4억 3,000만 원), 별지 목록 3 기재 부동산의 소유권이전등기 청구권(가액 1억 5,000만 원) 등 등 합계 5억 8,000만 원뿐이어서, 채무초과상태였습니다.

따라서 피고 안천수가 별지 목록 2 기재 부동산을 매도한 행위는 '일반채권자의 공동담보에 제공된 부분'(별지 목록 2 기재 부동산의 처분 당시 가액 4억 3,000만 원 − 별지 목록 2 기재 부동산 상의 근저당권 피담보채무 2억 5,000만 원)을 감소시키는 행위이고, 당시 맥스의 이사로 재직하고 있던 민유철은 피고 안천수와의 인적관계상 위 매매가 사해행위라는 사실을 알고 있었습니다.

이러한 이유로, 한정직의 상속인들인 원고들은 위 매매계약에 대하여 채권자 취소권을 행사합니다.

나. 취소와 원상회복의 범위

위 부동산에는 위 사해행위 전인 2010. 9. 25. 수원지방법원 안양지원 안양등기소 접수 제35570호로 채권최고액 3억 원, 채무자 안천수, 근저당권자 주식회사 하나은행으로 된 근저당권이 설정되어 있었는데, 피고 민유철은 위 사해행위에 따른 소유권이전등기가 마쳐진 후인 2016. 7. 11. 피담보채권액 2억 5,000만 원을 변제하고 위 근저당권을 말소하였습니다. 위 부동산의 이 사건 변론종결일에 가까운 현재의 가액은 4억 원입니다.

따라서 위 사해행위는 1억 5,000만 원(4억 원 − 2억 5,000만 원)을 한도로 하여, 원고 한재정과 피고 민유철 사이에서는 6,000만 원, 원고 김진숙과 피고 민유철 사이에서는 9,000만 원 및 각 이에 대한 2016. 5. 26.부터 피고 안천수가 이를 다 갚는 날과 이 사건 변론종결일 중 앞선 날까지 연 18%의 비율에 의한 금액[182]의 범위 내에서 각 취소되어야 합니다.

그러므로 피고 민유철은 원고 한재정에게 6,000만 원, 원고 김진숙에게 9,000만 원과 각 이에 대한 2016. 5. 26.부터 피고 안천수가 이를 다 갚는 날과 이 사건 변론종결일 중 앞선 날까지 연 18%의 비율에 의한 금액 및 위 각 금액에 대한 이 판결확정일 다

을 피보전채권으로 하는 쪽이 원고들에게 더 유리하다.

[182] '피고 안천수가 원고들에 대한 구상금채무를 다 갚는 날'이 이 사건 소송의 변론종결일 후라면, 변론종결일까지의 연 18%의 지연손해금만이 가산된다. 원고들의 피보전채권액 계산시 원금에 변론종결일 전 또는 변론종결일까지의 연 18%의 지연손해금이 가산되더라도, 원고들이 피고 민유철에 대하여 원상회복을 구할 수 있는 금액은 원고들의 채권원리금액이나(대법원 2008. 11. 13. 선고 2006다1442 판결) 공동담보가액 1억 5,000만 원(대법원 2001. 09. 04. 선고 2000다66416 판결) 중 적은 금액을 한도로 한다.

음날부터 다 갚는 날까지 연 5%의 비율에 의한 지연손해금을 지급할 의무가 있습니다.

7. 피고 김상식에 대한 소유권이전등기청구

가. 피고 안천수는 원고들에게 앞에서 본 금액을 각 지급할 의무[183]가 있고, 그 변제기가 지났음[184]에도 불구하고, 이를 지급하지 않고 있습니다.

나. 피고 안천수는 2016. 1. 19. 피고 김상식에게서 별지 목록 3 기재 부동산을 대금 2억 원에 매수하고, 계약금 2,000만 원과 중도금 1억 원을 각 약정기일에 지급하였는데, 잔금 8,000만 원은 2016. 9. 30.까지 소유권이전등기를 받으면서 지급하기로 약정하였으나, 위 잔금 중 5,000만 원을 지급하지 않으면서 소유권이전등기를 받을 권리를 행사하지 않고 있습니다.

다. 현재 피고 안천수는 위 부동산에 관한 소유권이전등기청구권 외에 다른 재산이 없고 채무만 있는 상태이므로[185] 원고들은 피고 안천수를 대위하여 피고 김상식에게, 피고 안천수에게서 위 5,000만 원을 지급받음과 동시에 위 부동산에 관하여 피고 안천수 앞으로 소유권이전등기를 해 주도록 청구할 권리가 있습니다.

8. 결 론

이상과 같은 이유로 원고는 청구취지와 같은 재판을 구합니다.

증 명 방 법 (생략)

첨 부 서 류 (생략)

2017. 2. 14.

원고 소송대리인 변호사 오변론

서울중앙지방법원 귀중

---

[183] 금전채권을 피보전채권으로 한 채권자대위청구가 많으나, 채권자대위의 피보전채권은 반드시 금전채권일 필요가 없고, 소유권이전등기청구권이나 인도청구권 등과 같은 특정채권은 물론 물권적청구권도 피보전채권이 될 수 있다(대법원 2007. 05. 10. 선고 2006다82700, 82717 판결).

[184] 피보전채권의 '이행기 도래'는 채권자대위권 행사의 요건이다. 피대위권리의 행사가 보전행위에 속할 때에는 이행기가 도래하지 않아도 무방하다(민법 제404조 제2항 단서).

[185] 금전채권인 피보전채권을 보전하기 위하여 채권자대위권을 행사하려면 채무자가 무자력상태이어야 한다. 채무자의 무자력을 가릴 때에는, 채권자가 대위행사하려고 하는 당해 권리의 가액은 채무자의 일반재산에 합산하지 않는다.

○ 위 사안에서 다음과 같은 사실관계를 가정한다면, 변호사가 한재정의 승소확정판결을 집행하기 위해서는 누구를 상대로 어떠한 청구취지를 작성하여야 하는가?

1. 변호사가 한재정만을 원고로 하고 안천수만을 피고로 한 소를 제기한 결과, "1. 피고는 원고에게 1억 원 및 이에 대한 2016. 5. 26.부터 다 갚는 날까지 연 15%의 비율에 의한 금원을 지급하라."는 판결을 받아 확정되었으나 안천수의 재산이 없어 강제집행을 하지 못하고 있다.
2. 그러던 중, 안천수는 김상식에게 위 토지의 매매대금을 완불하였고, 김상식 및 안길수(안천수의 동생)와 사이에 위 토지에 관하여 소유 명의만을 안길수 앞으로 해 두기로 약정하였다. 이에 따라 위 토지에 관하여 수원지방법원 안산지원 시흥등기소 2016. 10. 12. 접수 제12345호로 2016. 1. 19. 매매를 원인으로 하여 안길수 명의로 소유권이전등기가 마쳐졌다.

(등기말소 방법을 택하는 경우)
시흥시 계수동 55 공장용지 2,000㎡에 관하여, 피고(안길수)는 피고(김상식)에게 수원지방법원 안산지원 시흥등기소 2016. 10. 12. 접수 제12345호로 마친 소유권이전등기의 말소등기절차를 이행하고, 피고(김상식)은 소외 안천수 (471207-1984755, 주소 : 성남시 분당구 수내동 83)에게 2016. 1. 19. 매매를 원인으로 한 소유권이전등기절차를 이행하라.

(진정명의회복 방법을 택하는 경우)
시흥시 계수동 55 공장용지 2,000㎡에 관하여, 피고(안길수)는 피고(김상식)에게 진정명의회복을 원인으로 한 소유권이전등기절차를 이행하고, 피고(김상식)은 소외 안천수 (471207-1984755, 주소 : 성남시 분당구 수내동 83)에게 2016. 1. 19. 매매를 원인으로 한 소유권이전등기절차를 이행하라.

■ 핵심 판례 – 사해행위 취소소송

가. 당사자

　사해행위취소로 인한 말소등기를 누구에게 이행하라고 명할 것인가에 관하여 과거에 채권자 또는 등기권리자에게 이행할 것을 명하였으나, 최근에는 채무자에게 이행할 것을 명하는 판결도 있다. 어느 경우나 위 판결을 가지고 원고 단독으로 말소등기 신청을 할 수 있다.

　채권자가 채권자취소권을 행사하려면 사해행위로 인하여 이익을 받은 자나 전득한 자를 상대로 그 법률행위의 취소를 청구하는 소송을 제기하여야 되는 것으로서, 채무자를 상대로 그 소송을 제기할 수는 없다.

　채권자취소권은 채무자의 사해행위를 채권자와 수익자 또는 전득자 사이에서 상대적으로 취소하고 채무자의 책임재산에서 일탈한 재산을 회복하여 채권자의 강제집행이 가능하도록 하는 것을 본질로 하는 권리이므로, 원상회복을 가액배상으로 하는 경우에 그 이행의 상대방은 채권자이어야 한다.[186]

나. 피보전채권

　채권자취소권에 의하여 보호될 수 있는 채권은 원칙적으로 사해행위라고 볼 수 있는 행위가 행하여지기 전에 발생된 것임을 요하나, ① 그 사해행위 당시에 이미 채권성립의 기초가 되는 법률관계가 발생되어 있고, ② 가까운 장래에 그 법률관계에 기하여 채권이 성립되리라는 점에 대한 고도의 개연성이 있으며, ③ 실제로 가까운 장래에 그 개연성이 현실화되어 채권이 성립된 경우에는 그 채권도 채권자취소권의 피보전채권이 될 수 있다.[187]

　채권자의 채권이 사해행위 이전에 성립한 이상 사해행위 후에 양도되었다고 하더라도 양수인은 채권자취소권을 행사할 수 있다.[188]

　특정채권(예컨대 소유권이전등기청구권 등) 그 자체의 보전을 위해서는 채권자취소권을 행사할 수 없고, 특정채권이 금전채권으로 변환될 수 있는 경우라 하더라도 채무자의 사해행위 당시 이미 손해배상채권으로 변환되어있지 않는 한 채권자취소권을 행사할 수 없다. 그러나 대여금 채무의 담보로 이전등기를 하여 주기로 약정한 후 사해행위를 하였다면 본래의 대여금 채권자로서 대여금 채권의 보전을 위해 취소를 구할 수 있다.[189] 사해행위취소소송에서 피고인 수익

---

[186] 대법원 2008. 04. 24. 선고 2007다84352 판결
[187] 대법원 2000. 02. 25. 선고 99다53704 판결 등
[188] 대법원 2012. 02. 09. 선고 2011다77146 판결
[189] 대법원 1977. 06. 28. 선고 77다105 판결

자는 취소채권자의 채권에 대하여 시효소멸을 주장할 수 있다.

다. 권리보호의 이익

채권자취소권의 요건을 갖춘 각 채권자는 고유의 권리로서 채무자의 재산처분 행위를 취소하고 그 원상회복을 구할 수 있는 것이므로 여러 명의 채권자가 동시에 또는 시기를 달리하여 사해행위취소 및 원상회복청구의 소를 제기한 경우 이들 소가 중복제소에 해당하지 아니할 뿐만 아니라, 어느 한 채권자가 동일한 사해행위에 관하여 사해행위취소 및 원상회복청구를 하여 승소판결을 받아 그 판결이 확정되었다는 것만으로는 그 후에 제기된 다른 채권자의 동일한 청구가 권리보호의 이익이 없게 되는 것은 아니고, 그에 기하여 재산이나 가액의 회복을 마친 경우에 비로소 다른 채권자의 사해행위취소 및 원상회복청구는 그와 중첩되는 범위 내에서 권리보호의 이익이 없게 된다.[190]

채권자가 어느 수익자(전득자 포함)에 대하여 사해행위취소 및 원상회복청구를 하여 승소판결을 받아 그 판결이 확정되었다 하더라도 그에 기하여 재산이나 가액의 회복을 마치지 아니한 이상 채권자는 자신의 피보전채권에 기하여 다른 수익자에 대하여 별도로 사해행위취소 및 원상회복청구를 할 수 있고, 채권자가 여러 수익자를 상대로 사해행위취소 및 원상회복청구의 소를 제기하여 여러 개의 소송이 계속중인 경우에는 각 소송에서 채권자의 청구에 따라 사해행위의 취소 및 원상회복을 명하는 판결을 선고하여야 하며, 수익자가 가액배상을 하여야 할 경우에도 다른 소송의 결과를 참작할 필요 없이 수익자가 반환하여야 할 가액 범위 내에서 채권자의 피보전채권 전액의 반환을 명하여야 한다. 그리고 이러한 법리는 채무자가 동시에 여러 부동산을 수인의 수익자들에게 처분한 결과 채무초과 상태가 됨으로써 그와 같은 각각의 처분행위가 모두 사해행위로 되고, 채권자가 그 수익자들을 공동피고로 하여 사해행위취소 및 원상회복을 구하여 각 수익자들이 부담하는 원상회복의무의 대상이 되는 책임재산의 가액을 합산한 금액이 채권자의 피보전채권액을 초과하는 경우에도 마찬가지이다.[191]

라. 사해행위

사해행위 성립여부를 판단하기 위한 취소채권자의 채권액 산정기준시기는 사해행위 당시이다. 그러나 취소의 범위를 정하는 데 있어 기준이 되는 취소채권자의 취소채권액에는 사해행위 이후 사실심 변론종결 시까지 발생한 이자나 지연손해금이 포함된다.

---

190) 대법원 2005. 11. 25. 선고 2005다51457 판결
191) 대법원 2008. 11. 13. 선고 2006다1442 판결

채무자가 수개의 재산처분행위를 한 경우에는 원칙적으로 각 행위마다 그로 인하여 무자력이 초래되었는지의 여부에 따라 각 행위의 사해성 여부를 판단하여야 한다. 채무초과 상태에 있는 채무자가 그 소유의 부동산을 채권자 중의 어느 한 사람에게 채권담보로 제공하는 행위는 특별한 사정이 없는 한 다른 채권자들에 대한 관계에서 사해행위에 해당하나, 목적물에 이미 타인의 담보권이 설정되어 있고 그 담보되는 채권액이 목적물의 가격을 초과하고 있는 때에는 당해 목적물의 양도는 사해행위에 해당하지 아니한다.[192]

새로 설정된 담보권의 말소를 구하는 사해행위취소 청구에 앞서 선순위 담보권 설정행위가 사해행위로 인정되어 취소되고 그에 기한 등기가 말소되었거나 채권자가 선순위 담보권과 후순위 담보권에 대한 사해행위취소 및 등기말소를 구하는 소송에서 선순위 담보권 설정행위가 사해행위로 인정되는 경우에는 후순위 담보권 설정행위가 사해행위에 해당하는지 여부를 판단함에 있어 그 선순위 담보권의 피담보채무액을 당해 부동산에 설정된 담보권의 피담보채무액에 포함시켜서는 안 된다.[193]

가등기에 기하여 본등기가 경료된 경우 가등기의 원인인 법률행위와 본등기의 원인인 법률행위가 명백히 다른 것이 아닌 한 사해행위 요건의 구비 여부는 가등기의 원인된 법률행위 당시를 기준으로 하여 판단하여야 한다.[194]

부동산에 관하여 부동산 실권리자명의 등기에 관한 법률 제4조 제2항 본문이 적용되어 명의수탁자인 채무자 명의의 소유권이전등기가 무효인 경우에는 부동산은 채무자의 소유가 아니므로 이를 채무자의 일반 채권자들의 공동담보에 제공되는 책임재산이라고 볼 수 없다. 채무자가 부동산에 관하여 제3자와 근저당권설정계약을 체결하고 그에게 근저당권설정등기를 마쳐주었다 하더라도 채무자의 책임재산에 감소를 초래한 것이라고 할 수 없으므로 이를 채무자의 일반 채권자들을 해하는 사해행위라고 할 수 없고, 채무자에게 사해의 의사가 있다고 볼 수도 없다. 한편 명의수탁자인 채무자가 제3자와 근저당권설정계약을 체결하고, 그에 따른 근저당권설정등기를 마쳐준 후에 채무자의 일반 채권자가 신청하여 위 부동산에 관하여 강제경매절차가 개시되었더라도 이로써 무효인 채무자 명의의 소유권이전등기가 유효로 되거나 위 부동산이 채무자의 일반 채권자들의 공동담보에 제공되는 책임재산이 되는 것이 아니므로, 채무자의 근저당권설정행위가 사해행위가 된다고 할 수 없다.[195]

부동산 실권리자명의 등기에 관한 법률의 시행 후에 부동산의 소유자가 그 등기명의를 수탁

---

192) 대법원 2002. 11. 08. 선고 2002다41589 판결
193) 대법원 2007. 07. 26. 선고 2007다23081 판결
194) 대법원 2001. 07. 27. 선고 2000다73377 판결
195) 대법원 2012. 08. 23. 선고 2012다45184 판결

자에게 이전하는 이른바 양자간 명의신탁의 경우에 그 명의신탁약정에 의하여 이루어진 수탁자 명의의 소유권이전등기는 원인무효로서 말소되어야 하고, 그 부동산은 여전히 신탁자의 소유로서 신탁자의 일반채권자들의 공동담보에 제공되는 책임재산이 된다. 따라서 신탁자의 일반채권자들의 공동담보에 제공되는 책임재산인 신탁부동산에 관하여 채무자인 신탁자가 직접 자신의 명의 또는 수탁자의 명의로 제3자와 매매계약을 체결하는 등 신탁자가 실질적 당사자가 되어 법률행위를 하는 경우 이로 인하여 신탁자의 소극재산이 적극재산을 초과하게 되거나 채무초과상태가 더 나빠지게 되고 신탁자도 그러한 사실을 인식하고 있었다면 이러한 신탁자의 법률행위는 신탁자의 일반채권자들을 해하는 행위로서 사해행위에 해당할 수 있다. 이 경우 사해행위 취소의 대상은 신탁자와 제3자 사이의 법률행위가 될 것이고, 원상회복은 제3자가 수탁자에게 말소등기절차를 이행하는 방법에 의할 것이다.[196]

부동산 실권리자명의 등기에 관한 법률 제4조 제1항, 제2항에 의하면 이른바 계약명의신탁약정에 따라 수탁자가 당사자가 되어 명의신탁약정이 있다는 사실을 알지 못하는 소유자와 사이에 부동산에 관한 매매계약을 체결한 후 그 매매계약에 따라 수탁자 명의로 소유권이전등기를 마친 경우에는 신탁자와 수탁자 사이의 명의신탁약정의 무효에도 불구하고 수탁자는 당해 부동산의 완전한 소유권을 취득하게 되고, 다만 수탁자는 신탁자에 대하여 매수대금 상당의 부당이득반환의무를 부담하게 된다. 또한 신탁자와 수탁자 사이에 신탁자의 지시에 따라 부동산의 소유 명의를 이전하기로 약정하였더라도 이는 명의신탁약정이 유효함을 전제로 명의신탁 부동산 자체의 반환을 구하는 범주에 속하는 것에 해당하여 역시 무효이다. 그리고 이와 같이 신탁자가 수탁자에 대하여 부당이득반환채권만을 가지는 경우에는 그 부동산은 신탁자의 일반채권자들의 공동담보에 제공되는 책임재산이라고 볼 수 없고, 신탁자가 위 부동산에 관하여 제3자와 매매계약을 체결하는 등 신탁자가 실질적인 당사자가 되어 처분행위를 하고 소유권이전등기를 마쳐주었다고 하더라도 그로써 신탁자의 책임재산에 감소를 초래한 것이라고 할 수 없으므로, 이를 들어 신탁자의 일반채권자들을 해하는 사해행위라고 할 수 없다.[197]

사해성 여부를 판단하기 위한 부동산 가액의 평가는 부동산 가액의 하락이 예상되는 등 특별한 사정이 없는 한 사후에 환가된 가액을 기준으로 할 것이 아니라 사해성 여부가 문제되는 재산처분행위 당시의 시가를 기준으로 한다. 처분행위 당시에는 채권자를 해하는 것이었다고 하더라도 그 후 채무자가 자력을 회복하여 사해행위취소권을 행사하는 사실심의 변론종결 시에는 채권자를 해하지 않게 된 경우에는 책임재산 보전의 필요성이 없어지게 되어 채권자취소권이 소멸하는 것으로 보아야 할 것인바, 그러한 사정변경이 있다는 사실은 채권자취소소송의 상대방이 증명하여야 한다.[198]

---

196) 대법원 2012. 10. 25. 선고 2011다107375 판결
197) 대법원 2013. 09. 12. 선고 2011다89903 판결

채무초과의 상태에 있는 채무자가 적극재산을 채권자 중 일부에게 대물변제조로 양도하는 행위는 채무자가 특정 채권자에게 채무 본지에 따른 변제를 하는 경우와는 달리 원칙적으로 다른 채권자들에 대한 관계에서 사해행위가 될 수 있다.[199] 대물변제조로 양도한 재산이 채무자의 유일한 재산이 아니거나 채권액에 미달한 경우에도 마찬가지이다.[200] 다만 사해성의 일반적인 판단 기준에 비추어 그 행위가 궁극적으로 일반채권자를 해하는 행위로 볼 수 없는 경우에는 사해행위의 성립이 부정될 수 있다. 예컨대 채무초과 상태의 채무자가 유일한 재산인 전세권과 전세금반환채권을 특정 채권자에게 그 채무 일부에 대한 대물변제조로 양도한 행위가 최고액 채권자와의 거래관계를 유지하면서 채무초과 상태에 있던 회사의 갱생을 도모하기 위한 유일한 방안이었던 경우[201]가 그러하다.

주채무자 또는 제3자 소유의 부동산에 대하여 채권자 앞으로 근저당권이 설정되어 있고, 그 부동산의 가액 및 채권최고액이 당해 채무액을 초과하여 채무 전액에 대하여 채권자에게 우선변제권이 확보되어 있다면, 그 범위 내에서는 채무자의 재산처분행위는 채권자를 해하지 아니하므로 연대보증인이 비록 유일한 재산을 처분하는 법률행위를 하더라도 채권자에 대하여 사해행위가 성립되지 않는다고 보아야 할 것이고, 당해 채무액이 그 부동산의 가액 및 채권최고액을 초과하는 경우에는 그 담보물로부터 우선변제받을 액을 공제한 나머지 채권액에 대하여만 채권자취소권이 인정된다고 할 것이며, 피보전채권의 존재와 그 범위는 채권자취소권 행사의 한 요건에 해당된다고 할 것이므로 이 경우 채권자취소권을 행사하는 채권자로서는 그 담보권의 존재에도 불구하고 자신이 주장하는 피보전채권이 그 우선변제권 범위 밖에 있다는 점을 주장·입증하여야 한다.[202]

채권자의 채권원리금이 그 우선변제권에 의하여 전액 담보되지 아니하는 경우에는 변제충당의 법리를 유추적용하여 사해행위 시점에서는 이자채권이 원금채권에 우선하여 우선변제권에 의하여 담보되고 있다고 볼 것이므로 담보되지 아니하는 부분 가운데에는 원금에 해당하는 금원이 포함되어 남아 있게 될 것이고, 따라서 채권자가 채권자취소권을 행사할 수 있는 범위는 그 이후 담보권의 실행 등으로 소멸한 부분을 제외하고 난 다음 실제로 남은 미회수 원리금 전부가 아니라 사해행위 당시 채권최고액 및 담보부동산의 가액을 초과하는 부분에 해당하는 채무원리금 및 그 중 원금 부분에 대한 사실심 변론종결시점까지 발생한 지연이자 상당의 금원이 이에 해당한다.[203]

---

198) 대법원 2007. 11. 29. 선고 2007다54849 판결
199) 대법원 2010. 09. 30. 선고 2007다2718 판결
200) 대법원 2009. 09. 10. 선고 2008다85161 판결
201) 대법원 2010. 09. 30. 선고 2007다2718 판결 사안
202) 대법원 2002. 11. 08. 선고 2002다41589 판결

사해성 판단의 시기는 원칙적으로 사해행위시고, 사해행위로 인한 취소권 행사시(사실심 변론종결시)에도 사해성을 갖추고 있어야 한다. 그러므로 처분행위시 채권자를 해하는 행위라 하더라도 사실심 변론종결 시에는 채권자를 해하지 아니하면 채권자취소권은 소멸한다. 그러나 반대로 채무자의 처분행위시 채권자를 해하는 행위가 아니라면, 그 후 채무자의 재산상태가 악화되더라도 사해행위는 성립하지 아니한다.[204]

무상양도나 염가의 매각은 당연히 사해행위가 되나,[205] 판례는 유일한 부동산을 매각한 경우 "상당한 가격" 여하를 불문하고 사해성을 인정한다.

근저당권이 설정된 부동산이라 하더라도 그 부동산의 가액에서 근저당권의 피담보채권액을 공제한 잔액의 범위 내에서는 일반채권자들의 공동담보에 공하여져 있으므로, 채무자가 채무가 초과된 상태에서 근저당권이 설정된 자신의 부동산을 제3자에게 양도하고 그 양도대금은 근저당권의 피담보채무를 인수함으로써 그 지급에 갈음하기로 약정한 경우, 채무자로서는 실제로 매매대금을 한푼도 지급받지 아니한 채 일반채권자들의 공동담보에 공하여져 있던 부동산을 부당하게 저렴한 가액으로 제3자에게 양도한 것으로 될 것이어서, 그와 같은 양도행위도 채권자를 해하는 사해행위에 해당된다.[206]

채무자들이 11억5천만원 상당의 채무를 부도내고 잠적하면서 그들 소유의 부동산들을 채무자들의 가까운 친척들에게 매매를 원인으로 소유권이전등기를 넘겨준 경우 채무자들에게 다른 재산이 다소간 있다고 하더라도 그것이 위 채무액 전액을 변제하고 남을 정도가 된다는 증명이 없는 한 사해행위가 성립하고 위 수익자들이 채무자에게 채권이 있더라도 채무가 초과된 채무자가 특정 부동산을 일부 채권자에게 대물변제로 넘겨주는 것도 사해행위가 될 수 있다.[207]

마. 원상회복의 방법

사해행위의 취소에 따른 원상회복은 원칙적으로 그 목적물 자체의 반환에 의하여야 하는바, 이때 사해행위의 목적물이 ① 동산 또는 금전이고 그 현물반환이 가능한 경우에는 취소 채권자는 직접 자기에게 그 목적물의 인도를 청구할 수 있고,[208] ② 목적물이 채권인 경우 수익자가 취득한 채권의 채무자에의 양도와 그 양도 통지 형태가 될 것이며,[209] ③ 목적물이 부동산인

---

203) 대법원 2002. 11. 08. 선고 2002다41589 판결
204) 대법원 2002. 11. 08. 선고 2002다41589 판결
205) 대법원 1999. 11. 12. 선고 99다29916 판결 등
206) 대법원 1996. 05. 14. 선고 95다50875 판결
207) 대법원 1990. 11. 23. 선고 90다카27198 판결
208) 대법원 2003. 11. 28. 선고 2003다50061 판결 등
209) 대법원 1997. 10. 10. 선고 97다8687 판결

경우 수익자나 전득자 명의의 등기 말소를 구하는 것이 원칙이나, 수익자나 전득자인 현재의 등기명의인을 상대로 채무자 앞으로 직접 소유권이전등기절차의 이행을 구할 수도 있다.210)

채권자의 사해행위취소 및 원상회복청구가 인정되면, 수익자 또는 전득자는 원상회복으로서 사해행위의 목적물을 채무자에게 반환할 의무를 지게 되고, 원물반환이 불가능하거나 현저히 곤란한 경우에는 원상회복의무의 이행으로서 사해행위 목적물의 가액 상당을 배상하여야 하는바, 원래 채권자와 아무런 채권·채무관계가 없었던 수익자가 채권자취소에 의하여 원상회복의무를 부담하는 것은 형평의 견지에서 법이 특별히 인정한 것이므로, 그 가액배상의 의무는 목적물의 반환이 불가능하거나 현저히 곤란하게 됨으로써 성립하고, 그 외에 그와 같이 불가능하게 된 데에 상대방인 수익자 등의 고의나 과실을 요하는 것은 아니다.

원물반환이 불가능하거나 현저히 곤란한 경우라 함은 원물반환이 단순히 절대적, 물리적으로 불능인 경우가 아니라 사회생활상의 경험법칙 또는 거래상의 관념에 비추어 채권자가 수익자나 전득자로부터 이행의 실현을 기대할 수 없는 경우를 말하고, 사해행위의 목적물이 수익자로부터 전득자로 이전되어 그 등기까지 경료되었다면 후일 채권자가 전득자를 상대로 소송을 통하여 구제받을 수 있는지 여부에 관계없이, 수익자가 전득자로부터 목적물의 소유권을 회복하여 이를 다시 채권자에게 이전하여 줄 수 있는 특별한 사정이 없는 한 그로써 채권자에 대한 목적물의 원상회복의무는 법률상 이행불능의 상태에 있다고 봄이 상당하다.211)

"원물반환이 불가능하거나 현저히 곤란한 경우"를 판별하는 기준으로는, 대체로 ① 목적물의 멸실, 일반재산에 혼입되어 특수성을 상실하는 것과 같이 사실상 불가능한 경우, ② 수익자가 선의의 전득자에게 양도해 버린 경우와 같이 법률상 불가능한 경우, ③ 사해행위 이전에 설정된 저당권의 소멸로 인하여 공평의 관념에서 원물반환이 불가능한 경우 등이 제시되고 있다.

고의의 불법행위로 인한 손해배상채권의 채무자는 그 채권을 수동채권으로 한 상계로 채권자에게 대항하지 못하고(민법 제496조), 그 결과 채권이 양도된 경우에 양수인에게도 상계로 대항할 수 없게 되나(민법 제451조 제2항 참조), 채권양도가 사해행위에 해당하는 경우 불법행위로 인한 손해배상채권의 채무자가 채권양도인에 대한 별도의 채권자 지위에서 채권양수인에게 채권자취소권을 행사하여 채권양도의 취소를 구함과 아울러 취소에 따른 원상회복 방법으로 직접 자신 앞으로 가액배상의 지급을 구하는 것 자체는 민법 제496조에 반하지 않으므로 허용된다.212)

저당권이 설정되어 있는 부동산에 관하여 사해행위가 이루어진 경우에 사해행위 후 변제 등에 의하여 저당권설정등기가 말소되었거나, 채무자가 제3자에 대한 채무 담보의 목적으로 신탁

---

210) 대법원 2000. 02. 25. 선고 99다53704 판결
211) 대법원 1998. 05. 15. 선고 97다58316 판결
212) 대법원 2011. 06. 10. 선고 2011다8980 판결

법에 의하여 신탁한 부동산을 매도한 행위가 사해행위에 해당하는 경우, 매수인이 채무자를 대위하여 제3자에 대한 채무를 변제하고 신탁계약을 해지하여 그 부동산의 소유권을 이전받은 경우,[213] 원물의 원상회복은 부당하므로 부동산의 가액에서 피담보채무액을 공제한 잔액의 한도 내에서 매매계약의 일부 취소와 그 가액의 배상을 청구할 수 있다.[214] 사해행위인 매매예약에 기하여 수익자 앞으로 가등기를 마친 후 전득자 앞으로 가등기 이전의 부기등기를 마치고 가등기에 기한 본등기까지 마친 경우, 채권자는 수익자를 상대로 사해행위인 매매예약의 취소를 청구할 수 있는데, 이 경우 채권자는 수익자를 상대로 가등기 및 본등기에 의하여 발생된 공동담보 부족에 관하여 원상회복으로서 가액의 배상을 구할 수 있다.[215] 가액 산정은 사실심 변론종결 시를 기준으로 한다.[216]

사해행위 당시 어느 부동산이 가압류되어 있다는 사정은 채권자 평등의 원칙상 채권자의 공동담보로서 그 부동산의 가치에 아무런 영향을 미치지 아니하므로, 가압류가 된 여부나 그 청구채권액의 다과에 관계없이 그 부동산 전부에 대하여 사해행위가 성립하고, 따라서 사해행위 후 수익자 또는 전득자가 그 가압류 청구채권을 변제하거나 채권액 상당을 해방공탁하여 가압류를 해제시키거나 또는 그 집행을 취소시켰다 하더라도, 법원이 사해행위를 취소하면서 원상회복으로 원물반환 대신 가액배상을 명하여야 하거나, 다른 사정으로 가액배상을 명하는 경우에도 그 변제액을 공제할 것은 아니다.[217]

가액배상의무는 사해행위의 취소를 명하는 판결이 확정된 때에 비로소 발생하므로 그 판결이 확정된 다음날부터 이행지체 책임을 지게 되고, 따라서 소송촉진 등에 관한 특례법 소정의 이율은 적용되지 않고 민법 소정의 법정이율이 적용된다 할 것이다.[218]

저당권을 말소시킨 변제자가 누구인지에 따라 가액반환인지 원물반환인지 그 방법이 달라지지는 않는다.[219]

저당권이 설정된 부동산이 채무자의 사해행위로 저당권자 이외의 제3자에게 양도되어 그 후 변제 등에 의하여 저당권설정등기가 말소됨으로써 저당권이 소멸한 경우에는 판례는 공평의 견지에서 가액배상만을 인정한다.[220]

---

213) 대법원 1999. 11. 9. 선고 99다50101 판결
214) 대법원 1998. 02. 13. 선고 97다6711 판결
215) 대법원 2015. 05. 21. 선고 2012다952 전원합의체 판결
216) 대법원 2001. 12. 27. 선고 2001다33734 판결
217) 대법원 2003. 02. 11. 선고 2002다37474 판결
218) 대법원 2009. 01. 15. 선고 2007다61618 판결
219) 대법원 2001. 06. 12. 선고 99다20612 판결
220) 대법원 1996. 10. 29. 선고 96다23207 판결; 대법원 1998. 02. 13. 선고 97다6711 판결 등

위 법리가 적용되기 위해서는 원칙적으로 ① 당해 부동산에 저당권이 설정되어 있을 것, ② 저당권이 설정되어 있는 상태에서 사해행위가 있을 것(단, 그에 따라 소유권이 이전될 것), ③ 그 이후 저당권이 소멸되었을 것의 3가지 요건이 시간 순서대로 구비되어야 한다. 본 문제 사안에서는 이 요건을 충족한다. 사해행위 후 소유권이전등기가 마쳐지기 전이라도, 사해행위시에 채무자의 책임재산이 이미 고정되었으면, 소유권이전등기가 마쳐지기 전에 먼저 저당권이 소멸되고 그 후에 소유권이전등기가 마쳐지더라도 원상회복은 가액배상 방법으로 한다. 대법원도 사해행위 당시 존재하던 근저당권이 사해행위 후 소유권이전등기가 이루어지기 전에 말소된 사안[221]에 있어서도 가액배상을 하여야 할 것으로 판시한 바 있다.

사해행위 후 근저당권의 피담보채권 중 일부가 변제됨으로써 법원이 사해행위취소로 인한 원상회복으로 가액배상을 명하는 경우, 부동산의 시가(변론종결 시의 가액)에서 공제할 근저당권의 피담보채권액은 일부 변제된 후가 아닌 사해행위 당시의 피담보채권액이다(대법원 2007. 7. 12. 선고 2005다65197 판결).

사해행위시의 피담보채권액보다 사실심 변론종결시의 피담보채권액이 증가한 경우에는, 채권최고액 한도 내에서 그 증가된 실제의 채권액을 공제한다.[222]

부동산에 대한 매매계약이 사해행위임을 이유로 이를 취소함과 아울러 원상회복으로 가액배상을 명하는 경우, 주택임대차보호법 제3조 제1항이 정한 대항력을 갖추었으나 그전에 이미 선순위 근저당권이 마쳐져 있어 부동산이 경락되는 경우 소멸할 운명에 놓인 임차권의 임차보증금반환채권은, 임대차계약서에서 확정일자를 받아 우선변제권을 가지고 있다거나 주택임대차보호법상의 소액임차인에 해당한다는 등의 특별한 사정이 없는 한 수익자가 배상할 부동산의 가액에서 공제할 것은 아니다.[223]

저당권말소 등으로 사해행위의 일부를 취소하고 가액배상을 하여야 하는 경우, 특별한 사정이 없는 한 그 취소 및 가액배상은 사해행위의 목적물이 가지는 공동담보가액과 채권자의 피보전채권액 및 수익자나 전득자가 취득한 이익의 각 범위 내에서 그 중 적은 금액을 한도로 이루어져야 한다. 이 경우 채권자의 피보전채권액에는 사해행위 이후 변론종결시까지 발생한 이자나 지연손해금이 포함된다.[224]

근저당권이 설정되어 있는 부동산에 관하여 사해행위가 이루어진 후 근저당권이 말소되어 그 부동산의 가액에서 근저당권 피담보채무액을 공제한 나머지 금액의 한도에서 사해행위를 취

---

221) 대법원 2002. 11. 08. 선고 2002다41589 판결
222) 대법원 2005. 10. 14. 선고 2003다60891 판결
223) 대법원 2001. 06. 12. 선고 99다51197 판결
224) 대법원 2001. 09. 04. 선고 2000다66416 판결, 대법원 2001. 12. 11. 선고 2001다64547 판결 등

소하고 가액의 배상을 명하는 경우 그 가액의 산정은 사실심 변론종결시를 기준으로 하여야 하고, 기존의 근저당권이 말소된 후 사해행위에 의하여 그 부동산에 관한 권리를 취득한 전득자에 대하여도 사실심 변론종결시의 부동산 가액에서 말소된 근저당권 피담보채무액을 공제한 금액의 한도에서 그가 취득한 이익에 대한 가액 배상을 명할 수 있다.[225]

바. 사해의사

채권자취소권의 주관적 요건인 채무자가 채권자를 해함을 안다는 이른바 채무자의 악의, 즉 사해의사는 채무자의 재산처분 행위에 의하여 그 재산이 감소되어 채권의 공동담보에 부족이 생기거나 이미 부족 상태에 있는 공동담보가 한층 더 부족하게 됨으로써 채권자의 채권을 완전하게 만족시킬 수 없게 된다는 사실을 인식하는 것을 의미하고, 그러한 인식은 일반 채권자에 대한 관계에서 있으면 충분하고 특정의 채권자를 해한다는 인식이 있어야 하는 것은 아니다.[226]

채무자가 이미 채무초과에 빠져 있는 상태에서 채권자 중 한 사람과 통모하여 그 채권자만 우선적으로 채권의 만족을 얻도록 할 의도로 채무자 소유의 중요한 재산인 공장 건물과 대지를 그 채권자에게 매각하되, 현실로는 매매대금을 한푼도 지급받지 아니한 채 그 대금 중 일부는 채권자의 기존의 채권과 상계하고 그 대지를 담보로 한 은행융자금 채무를 채권자가 인수하며 나머지 대금은 채무자가 그 공장 건물을 채권자로부터 다시 임차하여 계속 사용하는데 따른 임차보증금으로 대체하기로 약정하였다면, 비록 그 채무자가 영업을 계속하여 경제적 갱생을 도모할 의도였다거나 그 매매가격이 시가에 상당한 가격이라고 할지라도 채무자의 매각행위는 다른 채권자를 해할 의사로 한 법률행위에 해당한다.[227]

채무자가 자기의 유일한 재산인 부동산을 매각하여 소비하기 쉬운 금전으로 바꾸거나 타인에게 무상으로 이전하여 주는 행위는 특별한 사정이 없는 한 채권자에 대하여 사해행위가 된다고 볼 것이므로 채무자의 사해의 의사는 추정되는 것이고, 이를 매수하거나 이전 받은 자가 악의가 없었다는 입증책임은 수익자에게 있다.[228]

채권자가 사해행위의 취소로서 수익자를 상대로 채무자와의 법률행위의 취소를 구함과 아울러 전득자를 상대로도 전득행위의 취소를 구함에 있어서, 전득자의 악의는 전득행위 당시 그 행위가 채권자를 해한다는 사실, 즉 사해행위의 객관적 요건을 구비하였다는 것에 대한 인식을 의미하므로, 전득자의 악의를 판단함에 있어서는 단지 전득자가 전득행위 당시 채무자와 수익자

---

[225] 대법원 2001. 09. 04. 선고 2000다66416 판결
[226] 대법원 1998. 05. 12. 선고 97다57320 판결
[227] 대법원 1995. 06. 30. 선고 94다14582 판결
[228] 대법원 2001. 04. 24. 선고 2000다41875 판결

사이의 법률행위의 사해성을 인식하였는지 여부만이 문제가 될 뿐이지, 수익자와 전득자 사이의 전득행위가 다시 채권자를 해하는 행위로서 사해행위의 요건을 갖추어야 하는 것은 아니다.[229)]

사. 제척기간

채권자취소권 행사에 있어서 제척기간의 기산점인 채권자가 '취소원인을 안 날'이라 함은 채권자가 채권자취소권의 요건을 안 날, 즉 채무자가 채권자를 해함을 알면서 사해행위를 하였다는 사실을 알게 된 날을 의미한다고 할 것이므로, 단순히 채무자가 재산의 처분행위를 하였다는 사실을 아는 것만으로는 부족하고, 그 법률행위가 채권자를 해하는 행위라는 것 즉, 그에 의하여 채권의 공동담보에 부족이 생기거나 이미 부족상태에 있는 공동담보가 한층 더 부족하게 되어 채권을 완전하게 만족시킬 수 없게 되었으며 나아가 채무자에게 사해의 의사가 있었다는 사실까지 알 것을 요한다.[230)]

채권자취소권 행사에 있어서 채권자가 취소원인을 알았다고 하기 위하여서는 단순히 채무자가 재산의 처분행위를 하였다는 사실을 아는 것만으로는 부족하고 구체적인 사해행위의 존재를 알고 나아가 채무자에게 사해의 의사가 있었다는 사실까지 알 것을 요하나, 나아가 채권자가 수익자나 전득자의 악의까지 알아야 하는 것은 아니다.

이미 채무초과의 상태에 빠져 있는 채무자가 그의 유일한 재산인 부동산을 채권자들 가운데 어느 한 사람에게 대물변제로 제공하는 행위는 다른 특별한 사정이 없는 한 다른 채권자들에 대한 관계에서 사해행위가 되고, 특히 채무자가 자기의 유일한 재산인 부동산을 매각하여 소비하기 쉬운 금전으로 바꾸는 행위는 특별한 사정이 없는 한 채권자에 대하여 사해행위가 되어 채무자의 사해의 의사가 추정되는 것이므로, 이와 같이 채무자가 유일한 재산인 부동산을 처분하였다는 사실을 채권자가 알았다면 특별한 사정이 없는 한 채무자의 사해의사도 채권자가 알았다고 봄이 상당하다.[231)]

채권자가 민법 제406조 제1항에 따라 사해행위의 취소와 원상회복을 청구함에 있어 사해행위의 취소만을 먼저 청구한 다음 원상회복을 나중에 청구할 수 있으며, 이 경우 사해행위 취소 청구가 민법 제406조 제2항에 정하여진 기간 안에 제기되었다면 원상회복의 청구는 그 기간이 지난 뒤에도 할 수 있다.[232)]

어느 시점에서 사해행위에 해당하는 법률행위가 있었는가를 따짐에 있어서는 당사자 사이의

---

229) 대법원 2006. 07. 04. 선고 2004다61280 판결
230) 대법원 2003. 12. 12. 선고 2003다40286 판결
231) 대법원 2000. 09. 29. 선고 2000다3262 판결
232) 대법원 2001. 09. 04. 선고 2001다14108 판결

이해관계에 미치는 중대한 영향을 고려하여 신중하게 이를 판정하여야 할 것이고, 사해행위에 해당하는 법률행위가 언제 있었는가는 실제로 그러한 사해행위가 이루어진 날을 표준으로 판정할 것이되, 다른 특별한 사정이 없는 한 처분문서에 기초한 것으로 보이는 등기부상 등기원인일자를 중심으로 그러한 사해행위가 실제로 이루어졌는지 여부를 판정할 수밖에 없을 것이다.233)

채권자가 전득자를 상대로 민법 제406조 제1항에 의한 채권자취소권을 행사하기 위해서는, 같은 조 제2항에서 정한 기간 안에 채무자와 수익자 사이의 사해행위의 취소를 소송상 공격방법의 주장이 아닌 법원에 소를 제기하는 방법으로 청구하여야 하는 것이고, 비록 채권자가 수익자를 상대로 사해행위의 취소를 구하는 소를 이미 제기하여 채무자와 수익자 사이의 법률행위를 취소하는 내용의 판결을 선고받아 확정되었더라도 그 판결의 효력은 그 소송의 피고가 아닌 전득자에게는 미칠 수 없는 것이므로, 채권자가 그 소송과는 별도로 전득자에 대하여 채권자취소권을 행사하여 원상회복을 구하기 위해서는 위에서 본 법리에 따라 민법 제406조 제2항에서 정한 기간 안에 전득자에 대한 관계에 있어서 채무자와 수익자 사이의 사해행위를 취소하는 청구를 하지 않으면 아니 된다.234)

아. 기 타

사해행위취소로 가액의 배상을 구하는 것은 판결의 확정으로 사해행위가 취소됨으로써 발생하는 원상회복 의무를 미리 청구하는 것이므로 이에 대하여 가집행을 붙일 수는 없으나, 판결 확정일 다음날부터 지연손해금 청구는 미리 청구할 수도 있다. 대법원 2002. 6. 14. 선고 2000다3583 판결은 가액배상 판결의 경우 판결 확정일 다음날부터 다 갚는 날까지 연 5%의 비율에 의한 지연손해금만을 인정하고 있다.

사해행위취소의 효력은 상대적이기 때문에 소송당사자인 채권자와 수익자 또는 전득자 사이에만 발생할 뿐 소송의 상대방이 아닌 제3자에게는 아무런 효력을 미치지 아니한다.

채무자의 수익자에 대한 채권양도가 사해행위로 취소되고, 그에 따른 원상회복으로서 제3채무자에게 채권양도가 취소되었다는 취지의 통지가 이루어지더라도, 채권자와 수익자의 관계에서 채권이 채무자의 책임재산으로 취급될 뿐, 채무자가 직접 채권을 취득하여 권리자로 되는 것은 아니므로, 채권자는 채무자를 대위하여 제3채무자에게 채권에 관한 지급을 청구할 수 없다.235)

사해행위의 취소는 취소소송의 당사자 간에 상대적으로 취소의 효력이 있는 것으로 당사자

---

233) 대법원 2002. 11. 08. 선고 2002다41589 판결
234) 대법원 2005. 06. 09. 선고 2004다17535 판결
235) 대법원 2015. 11. 17. 선고 2012다2743 판결

이외의 제3자는 다른 특별한 사정이 없는 이상 취소로 그 법률관계에 영향을 받지 않는다. 사해행위의 취소에 상대적 효력만을 인정하는 것은 사해행위 취소채권자와 수익자 그리고 제3자의 이익을 조정하기 위한 것으로 그 취소의 효력이 미치지 아니하는 제3자의 범위를 사해행위를 기초로 목적부동산에 관하여 새롭게 법률행위를 한 그 목적부동산의 전득자 등만으로 한정할 것은 아니므로, 수익자와 새로운 법률관계를 맺은 것이 아니라 수익자의 고유채권자로서 이미 가지고 있던 채권 확보를 위하여 수익자가 사해행위로 취득한 근저당권에 배당된 배당금을 가압류한 자에게 사해행위취소 판결의 효력이 미친다고 볼 수 없다.[236]

　채권자취소권은 채권의 공동담보인 채무자의 책임재산을 보전하기 위하여 채무자의 일반재산으로부터 일탈된 재산을 모든 채권자를 위하여 수익자 또는 전득자로부터 환원시키는 제도로서, 그 행사의 효력은 채권자와 수익자 또는 전득자와의 상대적인 관계에서만 미치는 것이므로 채권자취소권의 행사로 인하여 채무자가 수익자나 전득자에 대하여 어떠한 권리를 취득하는 것은 아니라고 할 것이고, 따라서 수익자가 채무자에게 가액배상금 명목으로 금원을 지급하였다는 점을 들어 채권자취소권을 행사하는 채권자에 대하여 가액배상에서의 공제를 주장할 수는 없다.[237]

■ 핵심 판례 – 계속적 채권관계

가. 일반론

　계속적 보증에서는 보증인에 대한 보호 필요성이 문제된다. 보증인을 보호하더라도 보증인과 주된 채무자와의 관계, 채권자보호 등과의 조화를 고려하여야 하는데, 그 방법으로는 책임범위의 제한과 책임 존속의 제한(=보증인의 해지권)이 주로 논의된다.

나. 범위 제한

　계속적 채권관계에서 발생하는 주계약상의 불확정 채무에 대하여 보증한 경우의 보증채무는 통상적으로는 주계약상의 채무가 확정된 때에 이와 함께 확정되는 것이지만, 채권자와 주채무자와 사이에서는 주계약상의 거래기간이 연장되었으나 보증인과 사이에서 보증기간이 연장되지 아니함으로써 보증계약관계가 종료된 때에는, 보증계약 종료시에 보증채무가 확정되므로 보증인

---

[236] 대법원 2009. 06. 11. 선고 2008다7109 판결
[237] 대법원 2001. 06. 01. 선고 99다63183 판결

은 그 당시의 주계약상의 채무에 대하여는 보증책임을 지나, 그 후의 채무에 대하여는 보증계약 종료 후의 채무이므로 보증책임을 지지 않는다고 보아야 한다.[238]

신용보증기금이 행한 개별적 신용보증이 원래의 한도거래 신용보증에서 정한 기간과 한도금액 범위 내에서 이루어졌고 그 보증기한 종료시에 부담하는 채무가 확정된 경우에는 그 개별적 신용보증이 계속적 보증의 일부분인지 여부에 관계없이 신용보증기금의 구상금채권에 대하여 보증한 보증인으로서는 위 확정된 주채무에 대하여 신용보증약정에 따른 의무를 이행한 신용보증기금의 구상금채권에 대하여 보증책임을 부담한다고 할 것이고, 이러한 법리는 계속적 채권관계에서 채권자와 주채무자 사이에서는 주계약상의 거래기간이 연장되었으나 보증인과 사이에서는 보증기간이 연장되지 아니하여 보증계약관계가 종료됨으로써 그 보증계약 종료시에 확정되는 보증채무가 있는 경우와 마찬가지이다.[239]

근보증으로서의 신용보증채무 이행으로 인한 구상채무를 보증한 자가 신용보증채무가 확정되기 전에 보증계약을 해지한 경우에는 그 구상채무 보증인은 보증책임을 면하는 것이므로, 피보증인의 당좌부도가 발생하여 당좌대출거래가 종료됨으로써 보증인의 신용보증채무가 확정되기 전에 구상채무에 대한 보증계약이 해지된 경우, 그 구상채무의 보증인은 피보증인의 구상채무에 대하여 아무런 보증책임을 지지 아니한다.[240]

다. 해지권

기간의 정함이 없는 계속적 보증계약은 보증인의 주채무자에 대한 신뢰가 깨어지는 등 보증인으로서 보증계약을 해지할 만한 상당한 이유가 있는 경우에 보증인으로 하여금 그 보증계약을 그대로 유지존속케 한다는 것은 사회통념상 바람직한 바 못되므로 그 계약해지로 인하여 상대방인 채권자에게 신의칙상 묵과할 수 없는 손해를 입게 하는 등 특단의 사정이 있는 경우를 제외하고는 보증인은 일방적으로 이를 해지할 수 있다.[241]

계속적 보증계약에서 보증인이 보증계약을 해지할 수 있는 '상당한 이유'의 기준으로서 다음과 같은 요소를 생각해 볼 수 있다.

① 보증경위 : 보증할 때부터 보증을 할 만한 사정이 없음에도 불구하고 그러한 사정이 있는 것으로 중대한 착각을 하여 전혀 관계없는 제3자의 채무를 보증하였다거나, 주채무자의 적극적인 기망이나 위협이 그러한 착각에 개재된 경우라면, 이는 동기의 착오에 해당할 수 있

---

238) 대법원 1999. 08. 24. 선고 99다26481 판결
239) 대법원 2003. 11. 14. 선고 2003다21872 판결
240) 대법원 1998. 06. 26. 선고 98다11826 판결
241) 대법원 1986. 09. 09. 선고 86다카792 판결

다. 만일 그러한 부분이 계약상 표시가 되었고, 또한 법률행위의 중요부분의 착오에 해당될 만한 정도의 내용이라면 보증계약의 효력을 장래에 향하여서만 소멸시키는 해지권을 인정할 수도 있다. 판례는 보증인의 형인 소외인이 주채무자에게 가해한 것으로 잘못 알고 치료비 채무를 보증하였으나, 나중에 보니 보증인의 형은 상대방의 부상과 아무런 관련이 없고 순전히 상대방 자신의 부주의로 상처를 입은 것이라는 사실이 밝혀진 사안에서 보증인의 계약해지권을 인정하고 있다.[242]

② 상당기간의 경과 : 예컨대 채권자와 주채무자의 거래를 보증인이 추천·소개한 경우 거래초기에 주채무자에 대한 채권자의 신용불안에 대한 담보로서 보증을 하였으나, 거래가 상당기간 지속되어 채권자 스스로 주채무자의 신용상태를 충분히 파악 대처할 수 있을 정도로 긴밀해진 경우에는 상당기간의 경과만을 이유로 한 해지도 가능할 것이다.

③ 신뢰의 상실 : 보증계약을 체결함에 있어 장차 주채무자가 상당기간 안에 별도의 물적 담보 또는 추가담보를 제공하기로 하고 우선 보증인의 인적 담보만으로 거래를 시작하였으나, 그 후 거래규모가 확대되었음에도 불구하고 주채무자가 물적 담보를 제공하지 아니하는 경우, 주채무자가 방만한 경영을 하여 보증당시 예상한 규모 이상으로 거래가 확대되고 채무가 증대해 가는 경우나 기존 채무를 제때에 갚지 못하여 연체가 누적되고 장차 더 채무가 생기면 보증인으로서는 책임을 이행한 후 구상권의 확보를 기대하기 어렵게 된 경우 등에 있어서는 보증인과 주채무자 사이의 당초의 신뢰관계는 파탄된 것이라 할 수 있다. 판례도 「기간의 정함이 없는 계속적 보증계약은 보증인의 주채무자에 대한 신뢰가 깨어지는등 보증인으로서 보증계약을 해지할 만한 상당한 이유가 있는 경우에 보증인으로 하여금 그 보증계약을 그대로 유지존속케 한다는 것은 사회통념상 바람직한 바 못되므로 그 계약해지로 인하여 상대방인 채권자에게 신의칙상 묵과할 수 없는 손해를 입게 하는등 특단의 사정이 있는 경우를 제외하고는 보증인은 일방적으로 이를 해지할 수 있다」[243]고 하고 있다. 다만 특정채무에 대한 단일보증의 사안[244]에서는 사정변경의 원칙에 의한 계약해제를 인정하지 않는 종전의 태도[245]를 유지하고 있다.

④ 보증인의 지위 변동 : 회사의 이사 등 임원이나 경리담당자가 회사채무에 대한 계속적 보증을 하였다가 그 직을 그만둔 경우처럼 일정한 직무나 지위를 전제로 하여 보증을 한 자가 직무·지위를 떠난 경우에는 보증의 기초된 사정에 중대한 변경이 있으므로 해지권을 인정할 수 있다.[246]

---

242) 대법원 1978. 03. 28. 선고 77다2298 판결
243) 대법원 1986. 09. 09. 선고 86다카792 판결
244) 대법원 1986. 09. 23. 선고 85다카1957 판결
245) 대법원 1955. 05. 14. 선고 4286민상231 판결 등

⑤ 채권자 측의 사정 : 보증인이 채권자에 대하여 주채무자의 신용이 악화되고 있는 사정을 통고하고 계속거래에 신중을 기하거나 중지하라고 촉구했음에도 채권자가 듣지 않는 경우, 주채무자에게서 추가담보를 제공받기로 하고도 그 이행이 없는 상태에서 계속거래규모를 확대시키는 경우 또는 기존담보의 유지·보존에 현저히 불성실한 사정이 있는 경우 등 보증인의 채권자에 대한 신뢰에 중대한 변화가 생긴 경우에는 이를 이유로 한 해지권의 발생도 고려할 수 있다는 견해가 있다. 이에 관한 판례는 없다.

라. 기타 해지권 관련 판례

회사의 이사의 지위에서 부득이 회사와 제3자 사이의 계속적 거래로 인한 회사의 채무에 대하여 보증인이 된 자가 그 후 퇴사하여 이사의 지위를 떠난 때에는 보증계약 성립 당시의 사정에 현저한 변경이 생긴 경우에 해당하므로 이를 이유로 보증계약을 해지할 수 있고, 보증계약상 보증한도액과 보증기간이 제한되어 있다고 하더라도 위와 같은 해지권의 발생에 영향이 없다.

계속적 보증계약의 보증인이 장차 그 보증계약에 기한 보증채무를 이행할 경우 피보증인이 계속적 보증계약의 보증인에게 부담하게 될 불확정한 구상금채무를 보증한 자에게도 사정변경이라는 해지권의 인정 근거에 비추어 마찬가지로 해지권을 인정하여야 한다.[247]

회사의 이사의 지위에서 부득이 회사와 제3자 사이의 계속적 거래로 인한 회사의 채무에 대하여 보증인이 된 자가 그 후 퇴사하여 이사의 지위를 떠난 때에는 보증계약 성립 당시의 사정에 현저한 변경이 생긴 경우에 해당하므로 이를 이유로 보증계약을 해지할 수 있는 것이고, 한편 계속적 보증계약의 보증인이 장차 그 보증계약에 기한 보증채무를 이행할 경우 피보증인이 계속적 보증계약의 보증인에게 부담하게 될 불확정한 구상금채무를 보증한 자에게도 사정변경이라는 해지권의 인정 근거에 비추어 마찬가지로 해지권을 인정하여야 할 것이나, 이와 같은 경우에도 보증계약이 해지되기 전에 계속적 거래가 종료되거나 그 밖의 사유로 주채무 내지 구상금채무가 확정된 경우라면 보증인으로서는 더 이상 사정변경을 이유로 보증계약을 해지할 수 없다.[248]

---

[246] 대법원 1990. 02. 27. 선고 89다카1381 판결
[247] 대법원 1998. 06. 26. 선고 98다11826 판결
[248] 대법원 2002. 05. 31. 선고 2002다1673 판결

7. [소장 5]

○ 유의사항

소장 작성 일자는 2017. 8. 21.로 하고, 원고에게 최대한 이익이 되도록 하되, 기각될 것이 명백한 청구는 하지 말 것이며, 청구원인은 추가 주장이 필요 없도록 충분하게 사실 및 법률적 주장을 할 것.

수임번호 2017-07		사건상담기록		
의뢰인	최홍만, 이태현		의뢰인 전화	
의뢰인 주소			의뢰인 팩스	
상 담 내 용					

소신금융그룹 산하 소신캐피탈 주식회사(이하 '소신캐피탈'이라고만 함)의 지배인 최홍만과 소신신용보증보험 주식회사(이하 '소신신용'이라고만 함; 본점소재지 : 서울 중구 중림동 874; 대표이사 : 배춘택)의 지배인 이태현은, 2017. 8. 21. 오변론 변호사를 찾아와 아래와 같이 설명하고 별첨 서류를 교부하면서 함께 소송을 위임하였다.

1. 소신캐피탈의 대출

가. 소신캐피탈은 2012. 10. 8. 식기, 조리기구 등 주방용품을 제조하는 주식회사 개성금속(이하 '개성금속'이라고만 함)에게 10억 원을 대출해주었다. 대출조건은 변제기 2014. 11. 30., 이자 월 0.5%, 지연손해금 월 1%로 하였다. 동 회사 대표이사 김수경은 개성금속의 위 채무를 연대보증하면서 동인 소유의 공장 건물과 공장 부지를 담보로 제공하였다.

나. 그 후 개성금속은 2014년 초경 공장을 재건축하겠다고 하여 소신캐피탈은 이를 승낙해 주었다. 개성금속은 당시 공장 저당이 되어 있던 기존 공장 건물을 철거한 후 대동건설 주식회사에 공장 건물 신축공사를 도급주었는데, 사기를 당하고 자금 사정이 악화되어 건물을 신축하지 못하였다. 2014. 11. 30. 위 대출만기가 도래하자, 개성금속 대표이사 김수경이 소신캐피탈에 와서 위 대출금에 대한 2014. 11. 1.부터 2014. 11. 30.까지의 이자를 변제하면서(이로써 연체이자는 없음), 위 대출금의 상환기한을 연장해달라고 사정하였다. 그러나 소신캐피탈은 개성금속의 자금상황이 더 이상 거래를 유지할 수 없을 정도라고 판단하고 대출기한을 연장해주지 않았다.

2. 소신신용의 신용보증

소신신용은 2013. 12. 1. 개성금속이 주식회사 신한은행(이하 '신한은행'이라고만 함)으로부터 2억 원을 변제기 2015. 11. 30., 이자 월 0.5%, 지연손해금 월 1%로 약정하여 대출을 받을 때 개성금속이 주식회사 신한은행에 제출하는 신용보증서를 발급해주었다. 그 신용보증약정에 따르면, 추후 개성금속이 신한은행에게 위 대출금을 변제하지 못하면 소신신용이 신한은행에게 이를 대위변제한다는 것이었으며, 개성금속의 대표이사 김수경은 소신신용의 대위변제로 인하여 개성금속이 소신신용에 부담할 구상채무를 연대보증하였다.

3. 개성금속의 부도 및 경매

가. 개성금속은 신한은행에 대한 대출이자를 납부하지 못하여 이미 기한의 이익을 상실한 상태였는데, 결국 2014. 12. 1. 부도를 냈다. 이에 소신신용은 2014. 12. 1. 당시까지 개성금속이 신한은행에 부담하고 있던 대출원리금 전액 2억 2,000만 원을 대위변제하고, 2014. 12. 22. 공장용지(용인시 구성면 언남리 115-1)를 가압류하여, 가압류기입등기도 마쳐졌다.

나. 소신캐피탈은 2015. 4.경 위 공장용지에 관하여 임의경매를 신청한 결과, 시가 11억 원으로 감정되었으나, 1차 유찰된 후 낙찰(매각)되어 2017. 1. 31. 9억 6,000만 원을 배당받았다.

4. 의뢰인들의 채권회수 노력

위 공장용지의 시가는 위 대출 이후에도 계속 11억 원 정도였고 그 이하로는 떨어진 적이 없어서, 소신캐피탈은 위 경매에서 위 채권 전액을 충분히 배당받을 것으로 예상하고 있었는데, 경매를 늦게 신청한 데다가 경매절차도 유찰로 늦어지면서 지연손해금이 늘어나 대출원리금 중 일부를 배당받지 못하게 되었다. 그제서야 소신캐피탈은 배당받지 못한 나머지 대출금을 회수하기 위하여 소신신용과 함께 개성금속 및 그 대표이사 김수경의 재산을 찾아보았다. 그러나 개성금속은 이미 완전히 폐업한 상태로 집행할 만한 재산이 전혀 없고, 김수경에게도 현재는 재산이 전혀 없다.

5. 김수경의 재산처분행위

다만 김수경은 과거에 자신의 재산에 대하여 다음과 같이 처분행위를 한 사실이 있다.

① 서울 영등포구 여의도동 38-1 장미아파트 2동 206호

이 아파트에는 현재도 김수경이 살고 있는데, 김수경은 과거에 이 아파트를 소유하고 있다가 2015. 1. 31. 유재석에게 소유권을 넘겨주었고, 현재는 위 유재석으로부터 위 아파트를 보증금 없이 월 50만 원의 월세로 임차하여 거주하고 있다. 유재석은 김수경의 동생의 아들(생질)이다. 김수경은 유재석으로부터 무이자로 4억 원을 차용하여 개성금속의 사업자금으로 사용했는데, 2015. 1. 31. 당시 시가 4억 원이던 위 아파트를 위 차용금에 대한 대물변제조로 유재석에게 양도해 주었다.

② 서울 강남구 개포동 715 주공아파트 2차 203동 202호

이 아파트도 김수경의 소유였는데, 이는 김수경이 동인의 사위인 박수용에게 2016. 8. 31. 매매를 원인으로 2016. 9. 17. 소유권이전등기를 해주었다. 박수용은 자신이 정당하게 매수하였다고 주장하고 있다. 2015. 1. 1. 이래 박수용에게 위와 같이 매도할 때까지, 위 아파트의 시가는 5억 원 정도였다.

③ 김포시 운양동 347 잡종지 500㎡

이 토지는 김수경이 2011. 11. 15.부터 소유하다가 2016. 9. 25. 김수철의 명의로 이전등기하였다. 김수철은 김수경의 오빠인데, 이 토지를 이전등기 받은 즉시 최종찬에게 근저당권을 설정해 주었다. 이 토지의 2014. 1. 1. 이래 2017년 현재까지의 가격은 3억 3,000만 원 정도인데, 김수철은 이를 3억 원에 매수하였으며, 소유권이전등기를 넘겨받기 전에 위 토지에 설정되어 있던 주식회사 우리은행의 근저당권의 실제 피담보채무 3억 원(2015. 1. 1. 이래 그 실제 피담보채무는 계속 3억 원이었음)을 변제하고 근저당권을 말소한 후 소유권이전등기를 넘겨온 다음 다시 최종찬에게 채권최고액 3억 원의 근저당권을 설정해 주었다. 최종찬은 김수철의 처남으로, 김수경이 부도를 내고, 그 후 김수철이 김수경의 위 토지에 대한 소유권이전등기를 넘겨올 때부터 그 사정을 잘 알고 있다.

6. 주공아파트의 처분 경위

가. 김수경이 강남구 개포동 715 주공아파트 2차 203동 202호를 박수용에게 넘긴 경위를 좀 더 상세히 알아보니 다음과 같았다.

나. 위 아파트 상의 근저당권자이던 하나은행이 경매를 신청하였는데, 처음에는 위 아파트의 시가가 5억 원으로 감정되어(2015. 1. 이후부터도 시가는 5억 원이었다), 2016. 8. 23. 민영우가 5억 원에 최고가 매수신고인이 되었다.

다. 그러자 박수용은 위와 같이 공장 부도로 자력이 전혀 없는 위 김수경을 대신하여 위 아파트가 다른 사람 손에 넘어가는 것을 막고, 또 박수용 자신이 2014. 12. 10. 김수경에게 빌려준 돈 3,000만 원도 돌려받기 위하여, 민영우가 매각대금을 납부하기 전인 2016. 8. 31. 위 김수경과 사이에 위 아파트의 임대보증금 채무 등을 떠안는 조건으로 4억 3,000만 원에 위 아파트를 매수하고, 그 소유권을 넘겨받았다.

라. 위 약정에 따라 박수용은 위 민영우가 매각대금을 납부하기 전인 2016. 9. 15. 민영우의 동의를 얻어 하나은행에 하나은행 근저당권의 피담보채무 5,000만 원을 변제하였는데, 위 아파트를 임차해 거주하고 있는 연흥보에 대한 임대보증금(1억 원) 채무는 추후에 박수용 자신이 직접 물어주려고 하고 있고, 위 아파트를 인수한 후 국민은행에 대하여 부담하고 있던 근저당권 피담보채무 원리금(2017. 7. 31. 당시에는 1억 3,000만 원이 남아 있었음) 중 3,000만 원도 박수용이 위 아파트 소유권을 넘겨온 이후 변제하여 현재 1억 원만이 남아있으며, 국민은행에 대한 나머지 1억 원의 근저당권 피담보채무(변론종결일까지 발생하는 이자는 본 기록에서는 무시함)도 조만간 박수용 자신이 모두 변제할 것이라고 하고 있다.

마. 또한 박수용은 위 아파트 등기부에 경료된 신용보증기금의 가압류채무 2,000만 원도 2016. 11. 11. 자신이 모두 변제하였고, 최상수의 근저당권 피담보채무 1억 원도 2016. 9. 25. 모두 변제하여 동인의 근저당권을 말소하였으므로, 자기는 줄 돈을 모두 주고 정당하게 집을 샀다고 하면서 국민은행, 최상수, 신용보증기금에 채무를 갚고 받아둔 영수증 등을 사본하여 제시하였다.

7. 의뢰인들의 희망사항

소신캐피탈과 소신신용은 어떻게든 회수하지 못한 대출금, 구상금을 최대한 지급받을 수 있는 소를 제기해달라고 한다. 개성금속은 현재 재산이 없을 뿐만 아니라 향후에도 재기를 하거나 그 명의로 재산을 취득할 가능성이 전혀 없으나, 김수경은 추후 친정 부모로부터 재산을 상속받을 가능성이 있다고 한다. 끝.

변호사 오변론 법률사무소
전화번호 : 02-550-2267, 팩스 02-550-2268, 이메일 : mir@nate.com
서울 서초구 서초동 1567 정곡빌딩 동관 1009호

신용보증약정서(개별거래용)

본인은 귀 소신신용보증보험 주식회사(이하 '회사'라 약칭함)에게 신용보증을 부탁하며, 본인과 연대보증인은 연대하여 아래 약정에서 정한 모든 의무를 부담하고 이행하겠음.

제1조(신용보증의 부탁)
본인이 부담하는 주채무에 대하여 아래와 같이 귀 회사에게 신용보증을 부탁함.
1. 신용보증원금한도액 : 금 貳億(이억) 원
2. 신용보증기간 : 2013. 12. 1.부터 2015. 11. 30.까지
3. 종속채무 : 귀 회사와 채권자 간의 보증계약에 의하여 제1호의 신용보증원금에 추가하여 부담하는 신용보증 종속채무

제2조(신용보증방법 등)
① 귀 회사는 본인이 부담하는 주채무에 대하여 신용보증서를 발급하는 방법으로 신용보증을 할 수 있기로 하며, 신용보증계약의 내용은 귀 회사와 채권자 간에 정하는 바에 따르겠음.
② 귀 회사는 본인이 부담하는 주채무에 대하여 **개별보증** 방법으로 신용보증을 할 수 있기로 함.
③ 본인과 보증인은 주채무가 분할 대출되는 경우에는 귀 회사가 신용보증원금 범위 내에서 분할하여 보증하여도 이의 없겠음.

제3조(주채무 이행의무)
본인과 보증인은 귀 회사가 신용보증한 주채무 원금과 종속채무를 그 이행기일까지 전부 변제하여 귀 회사가 보증채무를 이행하는 일이 없도록 하겠음.

제4조(사전구상)
① 본인에 대하여 다음 각호의 1에 해당하는 사유가 생긴 때에는 본인과 보증인은 귀 회사로부터의 통지, 최고 등이 없더라도 귀 회사가 보증하고 있는 금액을 귀 회사의 보증채무 이행 전에 상환하겠음.
 1. 압류, 가압류, 가처분, 경매의 신청 또는 파산, 화의개시나 회사정리절차 개시의 신청이 있는 때, 또는 청산에 들어간 때
 2. 폐업하였거나 3개월 이상 계속하여 영업을 하지 아니한 때
 3. 조세공과를 체납하여 압류를 당한 때
 4. 어음교환소로부터 거래정지처분을 받았을 때

5. 귀 회사가 본인을 위한 신용보증의 채권자가 다수인 경우에 그 중 어느 채권자로부터라도 귀 회사와 채권자 간의 신용보증계약에 정한 신용보증사고 통지 또는 보증채무이행 청구가 있을 때
6. 전 각호 외에 신용상태가 크게 악화되어 객관적으로도 채권보전이 필요하다고 인정되는 때

② 제1항의 경우에 본인 및 보증인은 귀 회사에 대한 상환의무 또는 주채무에 대한 담보의 유무에 불구하고 보증채무 이행 전에 귀 회사가 구상권을 행사하여도 이의 없겠으며, 귀 회사에 대하여 담보의 제공 및 주채무의 면책을 청구하지 아니하겠음.
③ (생략)

제5조(통지의무) (생략)

제6조(담보 등) (생략)

제7조(보증채무이행 및 통지 등)

귀 회사의 보증채무 이행방법, 시기, 금액 등은 채권자와의 보증계약에 근거한 귀 회사의 결정에 위임함.

제8조(보증채무이행금 등의 상환)

① 귀 회사가 보증채무를 이행한 때에는 그 금액과 이에 대하여 귀 회사가 보증채무를 이행한 때부터 본인과 보증인이 이를 완제하는 날까지 월 1%의 율에 의한 지연손해금을 상환하겠음.
② 제1항의 상환금 이외에 다음 각호의 비용도 귀 회사가 정한 율에 의한 지연손해금을 가산하여 상환하겠음.
 1. 귀 회사의 보증채무이행에 소요된 비용
 2. 귀 회사가 보증채무이행으로 취득한 권리의 보전, 이전 및 행사에 소요된 비용

제9조(변제 등의 충당순서)

변제 또는 귀 회사의 회수액이 채무전액을 소멸시키기에 부족한 때에는 민법에서 정하는 바에 따라 변제충당을 할 수 있기로 함.

제10조(연대보증인)

보증인은 이 약정에 의하여 부담하는 모든 채무에 관하여 본인과 연대하여 채무이행의 책임을 부담함.

제11조(대위담보권에 관한 특약)

본인이나 보증인이 채권자에게 설정한 담보를 귀 회사가 보증채무를 이행하여 대위한 경우에 그 담보권으로부터 이 약정에 의한 채무를 변제받는 것을 동의함.

이상과 같이 약정함. 끝.

2013. 12. 1.

			확인란
신용보증 의뢰인	(주소) 경기도 파주시 법원읍 법원리 495-12 (상호) 주식회사 개성금속 (대표자 성명/漢子) 金秀京 (대표자 성명/한글) 김수경	[주식회사개성금속대표 ㊞]	㊞
	(주민등록번호) 490125-2047235	1.신규 2.추가 3.교체	
연대보증인	(주소) 서울 영등포구 여의도동 38-1 장미아파트 2동 206호 (성명/漢子) 金秀京 (성명/한글) 김수경	[京金印秀 ㊞]	㊞
	(주민등록번호) 471207-1984755	1.신규 2.추가 3.교체	
연대보증인	(주소) (성명/漢子) (성명/한글)		㊞
	(주민등록번호)	1.신규 2.추가 3.교체	

[토지] 경기도 용인시 구성면 언남리 115-1   고유번호 1234-5678

[표 제 부]		(토지의 표시)			
표시번호	접 수	소재지번	지목	면적	등기원인 및 기타사항
1 (전 3)	2009년 9월 16일	경기도 용인시 구성면 언남리 115-1	공장용지	5,124㎡	부동산등기법 제177조의6 제1항의 규정에 의하여 2009년 6월 5일 전산이기

[갑 구]			(소유권에 관한 사항)	
순위번호	등기목적	접 수	등기원인	권리자 및 기타사항
1 (전 3)	소유권이전	1994년 8월 18일 제12438호	1994년 4월 30일 경락	소유자 김수경 490125-2047235 서울 영등포구 여의도동 38-1 장미아파트 2동 206호
				부동산등기법 제177조의6 제1항의 규정에 의하여 2009년 6월 5일 전산이기
2	가압류	~~2014년12월 24일 제 19277호~~	~~2014년 12월 22일 서울중앙지방법원의 가압류결정(2014카단7142)~~	~~청구금액 금 220,000,000원 채권자 소신신용보증보험 주식회사 1114740493652 서울 중구 중림동 874~~
3	임의경매신청	2015년 4월 16일 제 15672호	2015년 4월 15일 수원지방법원의 경매개시결정(2015타경8654)	채권자 소신캐피탈 주식회사 110111-0545563 서울 종로구 내수동 167
4	소유권이전	2017년1월 20일 제 3678호	2016년12월10일 임의경매로 인한 매각	소유자 민정기 610922-1934562 서울 강남구 압구정동 265-35 거래가액 금 965,000,000원
5	3번가압류등기말소	2017년1월 20일 제 3678호	2016년12월10일 임의경매로 인한 매각	
6	3번임의경매신청등기말소	2017년1월 20일 제 3678호	2016년12월10일 임의경매로 인한 매각	

170 제2장 청구원인 작성

[토지] 경기도 용인시 구성면 언남리 115-1   고유번호 1234-5678

[을 구]		(소유권 이외의 권리에 관한 사항)		
순위번호	등기목적	접 수	등기원인	권리자 및 기타사항
1 (전 1 4)	근저당권설정	2012년 10월 8일 제11887호	2012년 10월 7일 설정계약	채권최고액 1,500,000,000원 채무자 주식회사 개성금속 ~~파주시 법원읍 법원리 495-12~~ 근저당권자 소신캐피탈 주식회사 110111-0545563 ~~서울 종로구 내수동 167~~ 공동담보 동소 지상 공장 건물 부동산등기법 제177조의6 제1항의 규정에 의하여 2009년 6월 5일 전산이기
2	1번근저당권말소	2017년 1월 20일 제3678호	2016년 12월 10일 임의경매로 인한 매각	

수수료 1200원 영수함
관할등기소 : 수원지방법원 용인등기소 / 발행등기소 : 법원행정처 등기정보중앙관리소

이 증명서는 등기기록의 내용과 틀림없음을 증명합니다.
서기 2017년 8월 5일
법원행정처 등기정보중앙관리소 전산운영책임관

* 실선으로 그어진 부분은 말소등기사항을 표시함. * 등기기록에 기록된 사항이 없는 갑구 또는 을구는 생략함. * 증명서는 컬러 또는 흑백으로 출력 가능함.

발행번호 1136LIKYDCP021311121   2/2   발행일:2017/8/5

근저당권설정계약서

2012년 10월 7일

① 채권자 겸 근저당권자 : 소신캐피탈 주식회사
   주소 : 서울 종로구 내수동 167
   대표이사 尹世玟 ㊞

② 채무자 : 주식회사 개성금속
   주소 : 경기도 파주시 법원읍 법원리 495-12
   대표이사 김수경 ㊞

③ 근저당권설정자 : 김수경 ㊞
   주소 : 서울 영등포구 여의도동 38-1 장미아파트 2동 206호

위 당사자들은 아래와 같이 근저당권설정계약을 체결한다.

제1조 근저당권의 설정

근저당권 설정자(이하 "설정자"라 한다)는 채무자와 채권자의 기본거래약정을 승인하고, 이 계약서 끝부분 "근저당물건 목록"란에 기재한 물건(이하 "근저당물건"이라 한다)에 다음 내용으로 근저당권을 설정한다.

1. 피담보채무의 범위

채권자는 피담보채무의 범위를 달리하는 다음의 세 유형 가운데 어느 하나를 설정자가 선택할 수 있음을 설명하였다.

설정자는 그 가운데 포괄근담보 에서 정한 채무(이자, 지연배상금, 부대채무를 포함한다)를 담보하기로 한다.

특정근담보
채무자가 채권자(본·지점)에 대하여 다음 약정서에 의한 거래로 말미암아 현재 및 장래에 부담하는 모든 채무
년   월   일자   약정서

> **한정근담보**
>
> 채무자가 채권자(본·지점)에 대하여 다음 종류의 거래로 말미암아 현재 및 장래에 부담하는 모든 채무
>
> ──────거래, ──────거래
> ──────거래, ──────거래

> **포괄근담보**
>
> 채무자가 채권자(본·지점)에 대하여 현재 및 장래에 부담하는 다음 채무
>   가. 어음대출, 증서대출, 당좌대출, 어음할인, 지급보증, 매출채권거래, 상호부금급부, 사채인수, 유가증권대여, 외국환거래 기타 여신거래로 말미암은 모든 채무
>   나. 신용카드거래로 말미암은 채무(채무자 이외의 제3자가 담보를 제공한 경우 제외)
>   다. 채권자와 제3자와의 위 '가'의 거래에 대한 보증채무
>   라. 채권자가 제3자와의 위 '가'의 거래로 말미암아 취득한 어음 또는 수표상의 채무, 전부금 채무, 추심금 채무

2. **채권최고액**

   금 壹什伍億(일십오억) 원

3. **근저당권 결산기**

   채권자는 근저당권 결산기를 정하는 다음의 세 유형 가운데 어느 하나를 설정자가 선택할 수 있음을 설명하였고, 설정자는 │ 장래지정형 │에서 정한 날을 결산기로 하기로 한다.

> **지정형**
>
>   년   월   일

> **자동확정형**
>
> 정하지 아니한다.
> 이 경우 계약일부터 3년이 경과하면 설정자는 서면통지에 의하여 근저당권 결산기를 지정할 수 있기로 하되, 그 결산기는 통지 도달일부터 14일 이후가 되어야 하며, 이에 미달하는 때에는 통지도달일부터 14일이 되는 날을 결산기로 한다. 다만, 5년이 경과할 때까지 설정자의 별도 의사표시가 없는 경우에는 계약일부터 5년이 되는 날을 결산기로 한다.

장래지정형	
정하지 아니한다. 단, 이 경우 계약일부터 1년이 경과하면 설정자는 서면통지에 의하여 근저당권 결산기를 지정할 수 있기로 하되, 그 결산기는 통지 도달일 24:00로 한다.	

제2조 ~ 제10조 (생략)

제11조 특약사항

위 외에 특별한 약정 사항은 없으며, 분쟁이 생길 경우 민법 및 일반 법리에 따른다.

근저당물건목록

대상목적물의 표시	순 위

1. 경기도 용인시 구성면 언남리 115-1
   공장용지 5,124 평방미터
2. 위 지상
   시멘트 블록조 스레트지붕 단층 공장
   1,164.73평방미터
	1번

이 계약서에 따라 등기되었음을 확인하고, 등기필증 사본을 수령함

2012년 10월 15일
설정자 김 수 경 ㊞
주민등록번호 490125-2047235

여신거래기본약관을 확실히 수령함	근저당권설정자	서울 영등포구 여의도동 38-1 장미아파트 2동 206호 김수경 ㊞

인지생략	계	대리 과장	차장 부부점장	부점장

대출거래약정서
(기 업 용)

2012. 10. 08.
년 월 일

본　　　인 　주식회사 개성금속
　　　　　　대표이사 김수경 (인)
주　　　소 　경기도 파주시 법원읍 법원리 495-12

서초동 지점

연 대 보 증 인 　김 수 경 (인)
주　　　소 　서울 영등포구 여의도동 38-1
　　　　　　장미아파트 2동 206호
주 민 등 록 번 호 　490125-2047235

　본인은 소신캐피탈 주식회사(이하 "소신캐피탈"이라 한다)와 대출거래를 함에 있어 은행여신거래기본약관(통장한도거래대출 및 가계당좌대출의 경우 관련 수신거래약관 포함)이 적용됨을 승인하고(단, 아래에서 명시적으로 그 적용을 배제하는 부분은 제외) 다음 각 조항을 확약한다.

제1조 거래조건

　거래조건은 다음과 같다

　(거래방식이 수 개로 되어있는 경우 소신캐피탈 직원의 설명을 듣고 해당되는 "□"내에 "V"표시 한다.)

대출과목	기업운전대출			
대출(한도)금액	금 壹什億(10억) 원			
대출개시일	2012년10월08일	대출기간 만료일	2014년11월30일	
이자율	월 0.5% 단, 기간연장으로 대출기간이 2년을 초과하게 되는 경우에는 은행이 정한 기간 가산 금리를 적용할 수 있다.	이자 및 지연배상금 계산방법	지연배상금율	월 1%
			월 단위로 계산하되, 월 미만의 날은 해당 월의 일수를 기준으로 일할 계산한다.	

대출실행방법	■ 대출개시일에 전액 실행한다. □ 대출개시일로부터 증빙서류나 현물 등에 의하여 은행이 필요 금액을 확인하고 분할 실행한다. □ 본인의 청구가 있는 대로 실행한다.
상환방법	■ 대출기간 만료일에 전액 상환한다. □ 대출개시일로부터 ( )년 ( )개월 동안 거치하고, ( )년 ( )월 ( )일부터 매( )개월마다 분할 상환한다. □ 거치기간 없이 ( )년 ( )월 ( )일로부터 매( )개월마다 분할 상환한다. □ 대출 실행 후 매월 대출개시 해당일에 분할 상환한다.
이자지급방법	□ 최초이자는 대출개시일로부터 ( )개월 이내에, 그후의 이자는 지급한 이자의 계산 최종일 익일부터 ( )개월 이내에 지급한다. □ 분할상환금 상환일 또는 월적립금 납입일에 지급한다. ■ 매 1월마다 매월 (말)일에 후납한다. □ 대출기간 만료일에 지급한다.
상계특약	별도로 규정하지 않는다.
변제충당특약	변제충당에 관해서는 은행여신거래기본약관을 적용하지 않고, 민법의 규정에 따른다.

제2조 지연배상금

① 대출기간 만료일에 채무를 이행하지 아니하는 경우, 또는 매월 정한 이자납입일에 이자를 납입하지 아니할 때에는 그 즉시 기한의 이익을 상실하고, 대출기간 만료일 또는 미지급된 이자의 기산일부터 대출금잔액에 대하여, 곧 지연배상금을 지급하기로 한다.

② 재형저축자금대출 중 소액자금대출 및 적립식 신탁대출 등 부금관련대출의 경우, 상계전일까지는 지급하여야 할 이자에 대하여, 상계후에는 대출금 잔액에 대하여 곧 지연배상금을 지급하기로 한다.

③ 통장한도거래대출 및 가계당좌대출의 경우, 한도초과지급 및 이자원가 등으로 한도금액을 초과한 금액에 대하여, 곧 지연배상금을 지급하기로 한다.

④ "근로자의 주거안정과 목돈마련지원에 관한 법률"에 의한 주택자금대출의 경우, 분할상환 원(리)금의 상환을 6개월 이상 계속하여 지체한 때에는 그때부터 대출금 잔액에 대하여 곧 지연배상금을 지급하기로 한다.

제3조 연대보증인의 책임

연대보증인은 민법의 규정에 따라 본인의 채무를 연대하여 이행하여야 한다.

중간 부분 생략

본인 및 연대보증인은 은행여신거래기본약관 및 이 약정서 사본을 확실히 수령하고, 중요한 내용에 대하여 충분한 설명을 듣고 이해하였음.	본인	주식회사 개성금속 대표이사 김수경 (인)
	연대보증인	김 수 경 (인)
	연대보증인	(인)

대출명세표

2017. 3. 16. 17:02:51 현재

업체명	대출일	금액	만기일	추심일	어음번호	지급지	발행인	비고
㈜개성금속	2012/10/8	1,000,000,000	2014/11/30					부도연체중

연 체 이 자 계 산 서

기준일 : 2017-01-31
업체명 : ㈜개성금속

대출일	금액	발행인	만기일	연체월수	연체이자 (월1%)	연체 총액
2012/10/8	1,000,000,000	비어음 채권	2014/11/30	26	260,000,000	1,260,000,000

수원지방법원
배 당 표

2015타경8654 부동산임의경매

	배 당 할 금 액	금	965,757,970
명 세	매 각 대 금	금	965,000,000
	지 연 이 자	금	0
	전낙찰인의 경매보증금	금	0
	항 고 보 증 금	금	0
	보 증 금 이 자	금	757,970
	집 행 비 용	금	5,757,970
	실 제 배 당 할 금 액	금	960,000,000
	매각부동산	용인시 구성면 언남리 115-1 공장용지 5,124㎡	
	채 권 자	소신캐피탈주식회사	
채 권 금 액	원 금	1,000,000,000	
	이 자	260,000,000	
	비 용	0	
	계	1,260,000,000	
	배 당 순 위	1	
	이 유	근저당권자	
	채권최고액	1,500,000,000	
	배 당 액	960,000,000	
	잔 여 액	0	
	배 당 비 율	76.19%	
	공 탁 번 호	금제 호 (. . .)	금제 호 (. . .)	금제 호 (. . .)

2017. 1. 31.
판 사 노 재 호 (인)

[집합건물] 서울특별시 영등포구 여의도동 38-1 장미아파트 2동 206호　　　고유번호 1234-5678

[표 제 부]　　(1동의 건물의 표시)

표시번호	접 수	소재지번,·건물명칭 및 번호	건물내역	등기원인 및 기타사항
~~1~~ (전1)	~~1997년12월 22일~~	~~서울특별시 영등포구 여의도동 38-1 장미아파트 2동~~	~~철근콘크리트조 경사슬래브지붕 4층 아파트 1층 1270.72㎡ 2층 1270.72㎡ 3층 1270.72㎡ 4층 1270.72㎡~~	~~도면편철장 제5책 제922면 부동산등기법시행규칙 부칙 제3조 제1항의 규정에 의하여 2003. 11. 17. 전산이기~~
2		서울특별시 영등포구 여의도동 38-1 장미아파트 2동 [도로명주소] 서울특별시 영등포구 국제금융로7길 23	철근콘크리트조 경사슬래브지붕 4층 아파트 1층 1270.72㎡ 2층 1270.72㎡ 3층 1270.72㎡ 4층 1270.72㎡	도로명주소 2012년 6월 29일 등기 도면편철장 제5책 제922면

　　　　　　　　　(대지권의 목적인 토지의 표시)

표시번호	소재지번	지목	면적	등기원인 및 기타사항
1 (전1)	서울특별시 영등포구 여의도동 38-1	대	79,165.3㎡	1997년 9월 16일 부동산등기법시행규칙 부칙 제3조 제1항의 규정에 의하여 2003. 11. 17. 전산이기

[표 제 부]　　(전유부분의 건물의 표시)

표시번호	접 수	건물번호	건물내역	등기원인 및 기타사항
1 (전1)	1997년 12월 22일	2층 206호	철근콘크리트조 58.16㎡	도면편철장 제21책 제65면 부동산등기법시행규칙 부칙 제3조 제1항의 규정에 의하여 2003. 11. 17. 전산이기

　　　　　　　　　(대지권의 표시)

표시번호	대지권종류	대지권비율	등기원인 및 기타사항
1 (전1)	소유권 대지권	79,165.3분의 58.16	1997 9월 16일 대지권 부동산등기법시행규칙 부칙 제3조 제1항의 규정에 의하여 2003. 11. 17. 전산이기

[집합건물] 서울특별시 영등포구 여의도동 38-1 장미아파트 2동 206호 고유번호 1234-5678

[갑 구]		(소유권에 관한 사항)		
순위번호	등기목적	접 수	등기원인	권리자 및 기타사항
1 (전2)	소유권이전	2010년 6월 18일 제14647호	2010년 6월 16일 매매	소유자 김수경 490125-2047235 서울 서대문구 홍은3동 19-20 라동 대경주택 204호
1-1	1번등기명의인 표시변경	2012년 1월 26일 제1911호	2011년 7월 12일 전거	김수경의 주소 서울 영등포구 여의도동 38-1 장미아파트 2동 206호
2	소유권이전	2015년 1월 31일 제1912호	2015년 1월 31일 매매	소유자 유재석 850325-1298557 서울 동대문구 이문동 981 거래가액 금 400,000,000원

--- 이하여백 ---

수수료 1200원 영수함   관할등기소 : 서울남부지방법원 영등포등기소 / 발행등기소 : 법원행정처 등기정보중앙관리소

이 증명서는 등기기록의 내용과 틀림없음을 증명합니다.
서기 2017년 8월 5일
법원행정처 등기정보중앙관리소 전산운영책임관

* 실선으로 그어진 부분은 말소등기사항을 표시함. * 등기기록에 기록된 사항이 없는 갑구 또는 을구는 생략함. * 증명서는 컬러 또는 흑백으로 출력 가능함.
발행번호 1136LIKYDCP021311121   2/2   발행일:2017/8/5

[집합건물] 서울특별시 강남구 개포동 715 주공아파트 2차 203동 202호   고유번호 1234-5678

[표 제 부] (1동의 건물의 표시)

표시번호	접 수	소재지번, 건물명칭 및 번호	건물내역	등기원인 및 기타사항
1 (전1)	~~1995년12월 12일~~	~~서울특별시 강남구 개포동 715 주공아파트 2차 203동~~	~~철근콘크리트조 경사슬래브지붕 5층 아파트 1층 570.72㎡ 2층 570.72㎡ 3층 570.72㎡ 4층 570.72㎡~~	~~도면편철장 제5책 제302면 부동산등기법시행규칙 부칙 제3조 제1항의 규정에 의하여 2007. 11. 17. 전산이기~~
2		서울특별시 강남구 개포동 715 주공아파트 2차 203동 [도로명주소] 서울특별시 강남구 언주로 21	철근콘크리트조 경사슬래브지붕 5층 아파트 1층 570.72㎡ 2층 570.72㎡ 3층 570.72㎡ 4층 570.72㎡	도로명주소 2012년 6월 29일 등기 도면편철장 제5책 제302면

(대지권의 목적인 토지의 표시)

표시번호	소재지번	지목	면적	등기원인 및 기타사항
1 (전1)	서울특별시 강남구 개포동 715	대	86,394.7㎡	1995년 8월 14일 부동산등기법시행규칙 부칙 제3조 제1항의 규정에 의하여 2007. 11. 17. 전산이기

[표 제 부] (전유부분의 건물의 표시)

표시번호	접 수	건물번호	건물내역	등기원인 및 기타사항
1 (전1)	1995년 12월 12일	2층 202호	철근콘크리트조 49.72㎡	도면편철장 제18책 제2981호 부동산등기법시행규칙 부칙 제3조 제1항의 규정에 의하여 2007. 11. 17. 전산이기

(대지권의 표시)

표시번호	대지권종류	대지권비율	등기원인 및 기타사항
1 (전1)	소유권 대지권	86394.7분의 58.20	1995년 8월 14일 대지권 부동산등기법시행규칙 부칙 제3조 제1항의 규정에 의하여 2007. 11. 17. 전산이기

[집합건물] 서울특별시 강남구 개포동 715 주공아파트 2차 203동 202호   고유번호 1234-5678

[갑 구]   (소유권에 관한 사항)

순위번호	등기목적	접 수	등기원인	권리자 및 기타사항
1 (전2)	소유권이전	2004년8월20일 제25797호	2004년 7월 25일 매매	소유자 김수경 490125-2047235 서울 서대문구 홍은3동 19-20 라동 대경주택 204호
1-1	1번등기명의인 표시변경	2011년7월22일 제51751호	2011년7월12일 전거	김수경의 주소 서울 영등포구 여의도동 38-1 장미아파트 2동 206호 부동산등기법시행규칙 부칙 제3조 제1항의 규정에 의하여 2007. 11. 17. 전산이기
2	가압류	~~2016년3월4일 제49173호~~	~~2016년3월2일 서울중앙지방법원의 가압류결정 (2016카단59673)~~	~~청구금액 금 20,000,000원~~ ~~채권자 신용보증기금~~ ~~114271-0001636~~ ~~서울 마포구 공덕동 254-5~~
3	임의경매신청	~~2016년3월6일 제50321호~~	~~2016년3월4일 서울중앙지방법원의 임의경매개시결정 (2016타경41858)~~	~~채권자 주식회사 하나은행~~ ~~110111-0606214~~ ~~서울 종로구 적선동 66~~ ~~(무교동지점)~~
4	3번임의경매신청등기말소	2016년 9월 15일 제80033호	2016년9월15일 취하	
5	소유권이전	2016년9월17일 제80555호	2016년8월31일 매매	소유자 박수용 720108-1025429 서울 강남구 개포동 713 주공아파트 117동 402호 거래가액 금 430,000,000원
6	2번가압류등기말소	2016년11월15일 제95427호	2016년11월11일 취하	

[집합건물] 서울특별시 강남구 개포동 715 주공아파트 2차 203동 202호   고유번호 1234-5678

[을 구]		(소유권 이외의 권리에 관한 사항)		
순위번호	등기목적	접 수	등기원인	권리자 및 기타사항

1 (전2)	근저당권설정	2003년11월14일 제6712호	2003년11월12일 설정계약	채권최고액 금 200,000,000원
				채무자 유희석
				  서울 강남구 개포동 713 주공아파트 117동 108호
				근저당권자 주식회사 국민은행 110345-0711187
				  서울 영등포구 여의도동 36-3
				  (취급지점: 불광동지점)

1-1	1번근저당권변경	2004년8월22일 제25813호	2004년8월20일 면책적채무인수	채무자 김수경 서울 영등포구 여의도동 38-1 장미아파트 2동 206호
				부동산등기법시행규칙 부칙 제3조 제1항의 규정에 의하여 2007. 11. 17. 전산이기

2	근저당권설정	2014년1월10일 제34671호	2014년1월9일 설정계약	채권최고액 금 80,000,000원
				채무자 김수경
				  서울 영등포구 여의도동 38-1 장미아파트 2동 206호
				근저당권자 주식회사 하나은행 110111-0606214
				  서울 종로구 적선동 66(무교지점)

3	근저당권설정	2015년1월2일 제59404호	2015년1월2일 설정계약	채권최고액 금 150,000,000원
				채무자 김수경
				  서울 영등포구 여의도동 38-1 장미아파트 2동 206호
				근저당권자 최상수 530312-1879411
				  서울 종로구 누상동 887

4	2번근저당권말소	2016년9월15일 제80397호	2016년9월15일 해지	
5	3번근저당권말소	2016년9월25일 제81344호	2016년9월25일 해지	

--- 이하여백 ---

발행번호 1136LIKYDCP021311121　　　　3/4　　　　발행일:2017/8/5

수수료 1200원 영수함　　　관할등기소 : 서울남부지방법원 영등포등기소 / 발행등기소 : 법원행정처 등기정보중앙관리소

이 증명서는 등기기록의 내용과 틀림없음을 증명합니다.
서기 2017년 8월 5일
법원행정처 등기정보중앙관리소 전산운영책임관

* 실선으로 그어진 부분은 말소등기사항을 표시함. * 등기기록에 기록된 사항이 없는 갑구 또는 을구는 생략함. * 증명서는 컬러 또는 흑백으로 출력 가능함.

부동산임대차계약서

임대인과 임차인은 다음과 같이 임대차계약을 체결한다.

1. 부동산의 표시

소재지	서울 강남구 개포동 715 주공아파트 2차 203동 202호			
건물	구조/용도	철근콘크리트조 슬래브지붕 2층/아파트	면적	49.72㎡

2. 계약내용

제1조 (보증금 등) 임차인이 위 부동산을 전세 및 월세로 사용함에 있어 쌍방은 합의하에 아래 각 조항과 같은 조건으로 계약한다.

보증금	100,000,000원	월세금액	원정(매월 일 후불함)
계약금	10,000,000	원정은 계약시 지급하고	
중도금	————	원정은 년 월 일 지급하며	
잔금	90,000,000	원정은 2013년 4월 26일 지급함.	

9천만 원을 2013. 4. 26. 영수함 김수경 (인)

제2조 (인도) 임대인은 2013. 4. 27. 임차인에게 위 부동산을 인도한다.
제3조 (임대기간) 임대기간은 2013. 4. 27.부터 (54개월)로 한다.
제4조 임차인은 임대인의 승인 하에 개축 또는 변조할 수 있으나 계약대상물을 명도 시에는 임차인이 일체 비용을 부담하여 원상복구 하여야 함.
제5조 임대인은 중개물건 확인설명서를 작성하여 서명 날인하고 임차인은 이를 확인 수령함.
제6조 본 계약을 임대인이 위약 시는 계약금의 배액을 변상하며 임차인이 위약 시는 계약금을 무효로 하고 반환을 청구할 수 없음.

위 계약조건을 틀림없이 지키기 위하여 본 계약서를 2부 작성하여 임대인, 임차인 각자 1부씩 보관한다.

2013년 4월 7일

확정일자 제5339호

2016. 9. 25.
서울중앙지방법원등기관의인

임대인	성명	김수경 ㊞	주민등록번호 490125-2047235
	주소	서울 영등포구 여의도동 38-1 장미아파트 2동 206호	
임차인	성명	연흥보 ㊞	주민등록번호 640620-1362515
	주소	경기도 안양시 동안구 평촌동 꿈마을 상아맨션 102동 104호	

변제확인서

본 은행이 서울특별시 강남구 개포동 715 주공아파트 2차 203동 202호에 설정받은 채권최고액 80,000,000원의 2번 근저당권 피담보채권은 2014. 1. 10. 이래 2016. 9. 15. 현재까지 금 50,000,000원이며, 본 은행은 금일 이를 모두 변제받았음을 확인합니다.

2016. 9. 15.
주식회사 하나은행 무교지점
지점장 강호동 (인)

박수용 귀하

영 수 증

금 : 일억(100,000,000)원

서울특별시 강남구 개포동 715 주공아파트 2차 203동 202호에 대한 본인의 근저당권(3번) 피담보채권은 2015. 1. 2. 이래 2016. 9. 25.(금일) 현재까지 일억원(100,000,000원)이며, 본인은 금일 이를 전액 영수하며, 더 이상 위 근저당권의 피담보채권이 없음을 확인합니다.

2016년 9월 25일

최상수 (530312-1879411) (인)
서울 종로구 누상동 887

박수용(720108-1025429) 귀하

채무잔액확인서

서울특별시 강남구 개포동 715 주공아파트 2차 203동 202호 1번 근저당권의 피담보채권원리금은 2015. 1. 1. 이래 2017. 7. 31.까지는 1억 3,000만 원이었으나, 2017. 7. 31. 금 3,000만 원 및 그날까지의 지연손해금 전액이 납입되어, 2017. 8. 1. 현재의 채권원리금 잔액은 금 1억 원 및 이에 대한 2017. 8. 1. 이후 월 1%의 비율에 의한 금액임을 확인함.

2017. 8. 16.
주식회사 국민은행 불광동지점

대리 이중곤 (인)

박수용 귀하

영 수 증

박수용(720108-1025429) 귀하

<u>금 : 이천만(20,000,000)원</u>
위 금은 2014. 10. 1.이래 현재까지 김수경씨가 본 기금에 부담하고 있는 채무액으로서 서울특별시 강남구 개포동 715 주공아파트 2차 203동 202호에 대한 서울중앙지방법원 2016카단59673 가압류결정의 피보전채권액이기도 한 바, 본 기금은 금일 위 금액을 박수용씨로부터 전액 영수하였으므로, 즉시 위 가압류를 해제해줄 것을 약속합니다.

2016년 11월 11일

신용보증기금 대표이사 조용필 (인)

주 민 등 록 표
(등 본)

이 등본은 세대별 주민등록표의 원본내용과 틀림없음을 증명합니다.
담당자 : 이봉민 (02) 563-2587
2017년 8월 6일

서울특별시 강남구 개포동장

세대주 성명(한자)	연흥보(燕興甫)	세 대 구 성 사유 및 일자	전입세대구성 2013-4-28

번호	주 소 (통/반)	전입일/변동일
		변 동 사 유
현주소 전입	서울특별시 강남구 언주로 21, 203동 202호(개포동, 주공아파트 2차)	2013-4-28 / 2013-4-28 전입

번호	세대주 관계	성명(한자) 주민등록번호	전입일/변동일	변 동 사 유
1	본인	연흥보 (燕興甫) 640620-1362515	2013-04-28	2013-04-28 전입
2	처	정일순 (鄭日順) 710109-2036322	2013-04-28	2013-04-28 전입
3	자	연경호 (燕京浩) 940827-1362513	2013-04-28	2013-04-28 전입
4	자	연효진 (燕孝眞) 970627-2362519	2013-04-28	2013-04-28 전입

서류발행일 2017년 8월 6일
서울특별시 강남구 개포동장

개포동
동장인
민원사무용

수입증지
350원
서울특별시

[수입증지가 인영(첨부)되지 아니한 증명은 그 효력을 보증할 수 없습니다]

부동산매매계약서

매도인과 매수인은 합의 하에 다음과 같이 부동산 매매 계약을 체결한다.

1. 부동산의 표시
서울 강남구 개포동 715 주공아파트 2차 203동 202호 49.72㎡

2. 계약내용
제1조 매수인은 위 부동산을 대금 430,000,000원에 매수하되, 매매대금은 다음과 같이 지불하기로 한다.
1. 계약금 : 없음
2. 중도금 : 금 3천만원을 2014. 12. 10.자 대여금과 상계한다.
3. 잔 금 : 금 4억 원을 2016. 9. 15. 지불한다.

제2조 매도인은 매수인으로부터 매매대금의 잔금을 수령함과 동시에 매수인에게 소유권이전등기에 필요한 모든 서류를 교부하고 이전등기에 협력하여야 하며, 또한 위 부동산을 인도하여야 한다.
제3조 매도인은 위 부동산에 설정된 저당권, 지상권, 임차권 등 소유권의 행사를 제한하는 사유가 있거나, 조세공과 기타 부담금의 미납금 등이 있을 때에는 잔금 수수일까지 그 권리의 하자 및 부담 등을 제거하여 완전한 소유권을 매수인에게 이전하여야 한다. 다만 승계하기로 합의하는 권리 및 금액은 그러하지 아니한다.
제4조 위 부동산의 전부 또는 일부가 그 인도전에 천재지변 등 불가항력의 사유로 멸실, 훼손된 경우와 공용수용 등 당사자 쌍방의 책임 없는 사유로 부담이 과하여졌을 경우 그 손실은 매도인의 부담으로 한다. 다만 매수인의 수령지체 중에 위와 같은 사유가 발생한 경우 그 손실은 매수인의 부담으로 한다.
제5조 매수인이 매도인에게 중도금(중도금이 없을 때에는 잔금)을 지불할 때까지는 매도인은 계약금의 배액을 상환하고, 매수인은 계약금을 포기하고 이 계약을 해제할 수 있다.

※ 특약사항 : 잔금 400,000,000원의 지급은 국민은행 근저당채무 130,000,000원, 하나은행 근저당채무 50,000,000원, 임대보증금 채무 100,000,000원, 신용보증기금 가압류채무 20,000,000원, 최상수 근저당채무 100,000,000원의 채무를 매수인이 인수하는 것으로 갈음함.

2016년 8월 31일

매도인	성명	김수경 ㊞	주민등록번호 490125-2047235
	주소	서울 영등포구 여의도동 38-1 장미아파트 2동 206호	
매수인	성명	박수용 ㊞	주민등록번호 720108-1025429
	주소	서울 강남구 개포동 713 주공아파트 117동 402호	

[토지] 경기도 김포시 운양동 347   고유번호 1234-5678

[표 제 부]   (토지의 표시)

표시번호	접 수	소재지번	지목	면적	등기원인 및 기타사항
1 (전 2)	2006년 6월 15일	경기도 김포시 운양동 347	잡종지	500㎡	
					부동산등기법시행규칙부칙 제3조 제1항의 규정에 의하여 2006년 7월 14일 전산이기

[갑 구]   (소유권에 관한 사항)

순위번호	등기목적	접 수	등기원인	권리자 및 기타사항
1 (전 2)	소유권이전	2006년7월6일 제21453호	2006년7월3일 매매	소유자 박상현 530325-1349454 광명시 소하1동 884 동양2차아파트 304동 409호
				부동산등기법시행규칙부칙 제3조 제1항의 규정에 의하여 2006년 7월 14일 전산이기
2	소유권이전	2011년11월15일 제33451호	2011년11월15일 매매	소유자 김수경 490125-2047235 서울 영등포구 여의도동 38-1 장미아파트 2동 206호
3	소유권이전	2016년9월25일 제29757호	2016년9월24일 매매	소유자 김수철 450611-1547473 서울 영등포구 여의도동 981 미도아파트 209동 1304호 거래가액 금 300,000,000원

192 제2장 청구원인 작성

[토지] 경기도 김포시 운양동 347　　　　　　　고유번호 1234-5678

[을 구]		（소유권 이외의 권리에 관한 사항）		
순위번호	등기목적	접 수	등기원인	권리자 및 기타사항
1	근저당권설정	2013년6월15일 제23543호	2013년6월12일 설정계약	채권최고액 금 300,000,000원 채무자 김수경 490125-2047235 　서울 영등포구 여의도동 38-1 장미아파트 2동 206호 근저당권자　주식회사　우리은행 110139-0025894 　서울 중구 소공동 874
2	1번근저당권설정등기말소	2016년9월21일 제29700호	2016년9월16일 해지	
3	근저당권설정	2016년9월27일 제33456호	2016년9월26일 설정계약	채권최고액 300,000,000원 채무자 김수철 　서울시 영등포구 여의도동 981 미도아파트 209동 1304호 근저당권자 최종찬 671227-1963456 　서울 영등포구 여의도동 874

수수료 1200원 영수함
관할등기소 : 인천지방법원 부천지원 김포등기소 / 발행등기소 : 법원행정처 등기정보중앙관리소

　　이 증명서는 등기기록의 내용과 틀림없음을 증명합니다.
　　　　　　　　　　　서기 2017년 8월 5일
　　　　　　　법원행정처 등기정보중앙관리소 전산운영책임관

＊ 실선으로 그어진 부분은 말소등기사항을 표시함. ＊ 등기기록에 기록된 사항이 없는 갑구 또는 을구는 생략함. ＊ 증명서는 컬러 또는 흑백으로 출력 가능함.

확 인 서

  당행이 김포시 운양동 347 잡종지 500㎡상에 설정받아 두었던 1번 근저당권(채권최고액 300,000,000원)의 실제 피담보채권액은 2015. 1. 1. 이래 계속 300,000,000원이었으며, 당행은 2016. 9. 16. 이를 모두 변제받았음을 확인함.

2016. 9. 16.

주식회사 우리은행 소공동지점

지점장 박재순

위 확인함.
책임자 직명 : 영업부 대리
성명 : 이창민 (인)

등기번호	054565
등록번호	110111-0545563

등기사항전부증명서(현재사항)

상 호	소신캐피탈 주식회사	. . . 변경
		. . . 등기

본 점	서울 종로구 내수동 167	2004. 03. 09. 변경
		2004. 03. 22. 등기

공고방법	서울시내에서 발행하는 일간 매일경제에 게재한다. 다만 불가항력으로 인하여 매일경제에 게재할 수 없을 때에는 대한매일에 게재한다.	2007. 12. 30. 변경
		2008. 01. 02. 등기

1주의 금액 금 10,000원		. . . 변경
		. . . 등기

발행할 주식의 총수 50,000,000주		2007. 12. 30. 변경
		2008. 01. 02. 등기

발행주식의 총수와 그 종류 및 각각의 수	자본의 총액	변경연월일
		등기연월일
발행주식의 총수	금 242,398,510,000원	2007. 12. 30. 변경
보통주식 24,239,851주		2008. 01. 02. 등기

회사성립연월일	1996년 09월 25일

등기용지의 개설 사유 및 연월일
상업등기처리규칙 부칙 제2조 제1항의 규정에 의하여 구등기용지로부터 이기
                                                        2003년 01월 03일   등기

목   적

1. 여신전문금융업법에서 정한업무(신용카드 및 할부금융업)
2. 제1호 업무의 대행 및 위임
3. 통신판매업무·보험대리점업무·여행관련용역의 제공업무
4. 환전업무
5. 카드의 제작 대행업무
6. 회원등을 위한 동호회 조직 및 운영업무
7. 업무관련 출판물의 발행
8. 부동산 임대업
9. 전각호의 부대업무 및 관련법령에서 정하는 업무
             2007년 12월 30일 변경   2008년 01월 02일 등기

등기번호	054565

임원에 관한 사항

이사 전영표 400620-1069323
원인 취임
연 월 일 2017년 07월 20일　　　　　　　등기연월일 2017년 07월 25일

이사 김강희 450710-1067911
원인 취임
연 월 일 2015년 08월 20일　　　　　　　등기연월일 2016년 08월 25일

대표이사 전영표
서울 강남 신사 646-23
원인 취임
연 월 일 2017년 07월 21일　　　　　　　등기연월일 2017년 07월 25일

감사 박정석 431118-1046810
원인 중임
연 월 일 2016년 08월 20일　　　　　　　등기연월일 2016년 08월 25일

이사 김철우 510223-1035212
원인 취임
연 월 일 2016년 08월 20일　　　　　　　등기연월일 2016년 08월 25일

이사 이명구 541115-1002310
원인 취임
연 월 일 2016년 08월 20일　　　　　　　등기연월일 2016년 08월 25일

기 타 사 항

1. 2015년 4월 25일 서울 강남구 역삼동 701-2 제일할부금융주식회사를 합병
   2015년 8월 25일 등기

1. 2016년 12월 30일 서울 강남구 역삼동 668-19 조은신용카드 주식회사를 합병
   2017년 01월 02일 등기

지배인에 관한 사항

지배인의 성명과 주민등록번호, 주소
최홍만 830209-1004319
경기 안양시 동안구 평촌동 933 꿈마을아파트 308-301
지배인을 둔 장소 서울 종로구 내수동 167
원인 선임
연 월 일 2017년 04월 13일　　　　　　　등기연월일 2017년 04월 23일

(이 하 생 략)

감정평가서

경기도 용인시 구성면 언남리 115-1
공장용지 5,124㎡

한국감정원
KOREA APPRAISAL BOARD

부동산 평가표

본 감정평가서는 40년 전통의 출자 감정평가 전문기관인 한국감정원에서 「부동산가격공시 및 감정평가에 관한 법률」 등 관련법규에 따라 성실·공정하게 작성하였습니다.

평 가 가 액	가격시점	가 액
	2015. 01. 31.	₩1,100,000,000
	2016. 08. 31.	₩1,100,000,000

평가 의뢰인	소신캐피탈 주식회사	평가목적	자체평가
채 무 자	주식회사 개성금속	제출처 (채권기관)	소신캐피탈 주식회사
평 가 조 건		가격시점 당시를 기준함	

목록표시근거	등기사항전부증명서	가격시점	조사기간	작성일자
		2015.01.31.	2017. 07.	2017.08.10.
		2016.08.31.	2017. 07.	2017.08.10.

평가내용	종별	면적 또는 수량	단가 가액시점	단가 가액	평가가액
	토지(용인시 구성면 언남리 115-1	5,124㎡	2015.01.31.	214,676/㎡	1,100,000,000
			2016.08.31.	214,676/㎡	1,100,000,000
	== 이하 여백 ==				

위 평가결과는 평가 가격시점을 기준으로 하여 전후 4월 이내 시점의 가격으로도 활용할 수 있습니다.

조사자	**임수병** (인)	감정평가사	**권일욱** (인)
임수병		권일욱	

【모범답안】

소 장

원　　고　1. 소신캐피탈 주식회사[249]
　　　　　　　서울 종로구 내수동 167
　　　　　　　대표이사 전영표
　　　　　　　지배인 최홍만[250]
　　　　　2. 소신신용보증보험 주식회사
　　　　　　　서울 중구 중림동 874
　　　　　　　대표이사 배춘택
　　　　　　　지배인 이태현
　　　　원고들 소송대리인 변호사 오변론
　　　　서울 서초구 서초동 1234 승리빌딩 701호
　　　　전화 02-012-9811, 팩스 02-012-9812, 전자우편 mir@nate.com

피　　고　1. 김수경 (490125-2047235)[251]
　　　　　　　서울 영등포구 국제금융로7길 23, 2동 206호(여의도동, 장미아파트)
　　　　　2. 유재석 (850325-1298557)
　　　　　　　서울 동대문구 이문동 981
　　　　　3. 박수용 (720108-1025429)
　　　　　　　서울 강남구 개포동 713 주공아파트 117동 402호
　　　　　4. 김수철 (450611-1547473)
　　　　　　　서울 영등포구 여의도동 981 미도아파트 209동 1304호
　　　　　5. 최종찬 (671227-1963456)
　　　　　　　서울 영등포구 여의도동 874

사해행위취소 등 청구의 소

청 구 취 지

---

[249] 각 채권자는 고유의 권리로 채권자취소권을 가지므로 동시 또는 이시(異時)에 별소로 사해행위취소소송을 제기할 수 있으나(중복제소가 아니다 : 대법원 2003. 07. 11. 선고 2003다19558 판결), 채권자취소의 효과는 모든 채권자의 이익을 위한 것이므로 어느 채권자가 승소 확정판결을 받고 그에 따라 재산의 회복을 마친 후에는 다른 채권자는 다시 취소소송을 제기할 수 없다(이미 회복을 하여 중첩되는 범위 내에서는 소의 이익이 없어 각하된다 : 대법원 2000. 07. 28. 선고 99다6180 판결 등). 채권자취소권도 채권자대위권의 대상이

1. 피고 김수경은,

가. 원고 소신캐피탈 주식회사에게 300,000,000원 및 이에 대한 2017. 2. 1.부터 이 사건 소장 부본 송달일까지는 월 1%의, 그 다음날부터 다 갚는 날까지는 연 15%의 각 비율에 의한 금원을 지급하고,

나. 원고 소신신용보증보험 주식회사에게 220,000,000원 및 이에 대한 2014. 12. 1.부터 이 사건 소장 부본 송달일까지는 월 1%의, 그 다음날부터 다 갚는 날까지는 연 15%의 각 비율에 의한 금원을 지급하라.

2. 원고 소신신용보증보험 주식회사와 피고 유재석 사이에서,

가. 피고 유재석과 피고 김수경 사이에 별지 목록 기재 제1부동산에 관하여 2015. 1. 31. 체결된 매매계약을 취소한다.

나. 피고 유재석은 피고 김수경에게 별지 목록 기재 제1부동산에 관하여 서울남부지방법원 영등포등기소 2015. 1. 31. 접수 제1912호로 마친 소유권이전등기의 말소등기절차를 이행하라.

3. 원고들과 피고 박수용 사이에서,

가. 피고 박수용과 피고 김수경 사이에 별지 목록 기재 제2부동산에 관하여 2016. 8. 31. 체결된 매매계약[252]을 220,000,000원의 한도 내에서 취소한다.[253][254][255][256]

된다(대법원 2001. 12. 27. 선고 2000다73049 판결).

250) 소송대리권이 위임에 의하여 발생하지 않고 법령의 규정에 의하여 발생하는 경우에는 그 지위, 자격을 기재하고 주소는 기재하지 않는다. 상법 제11조에 의하여 대리권을 갖는 "지배인"이란 통상 등기사항(전부)증명서(구 법인등기부)에 지배인으로 등재된 사람을 의미하므로 일반인의 호칭이 '지매인'이라고 하여 지배인으로 기재하여서는 안 된다.

251) 사해행위취소의 소는 상대적 효력을 가질 뿐이므로 수익자 또는 전득자(필요에 따라서는 모두)를 피고로 삼아야 하고 채무자는 사해행위취소의 소의 피고적격이 없다(대법원 1991. 08. 13. 선고 91다13717 판결). 이 사건에서 김수경을 피고로 지정한 것은 김수경이 나중에 상속을 받을 가능성이 있다고 하므로 미리 집행권원을 확보해두고자 하여 그런 것이지, 사해행위취소의 소만 제기한다면 김수경까지 피고로 지정할 필요는 없다.

252) 제척기간을 소멸시효기간과 혼동하여 처분금지가처분만 하여놓고는 상대방과의 합의 등을 위하여 시간을 지연하면서도 소제기기간이 경과되지 않는다고 생각하면 안된다. 변호사는 수임과 동시에 당사자가 어떤 가처분을 해놓은 것이 있는지, 또는 사해행위취소의 원인을 알면서 원상회복을 구하는 내용의 의사표시를 한 사실(가령 원상회복을 구하는 내용증명우편을 발송한 사실) 등이 있는지 면밀히 살펴보아야 하고, 당사자가 이런 사실이 없다고 말하는 경우라도 당사자에게는 '언제까지 소를 제기할 것이니 그렇게 하더라도 이의가 없는가'라고 물어 당사자의 동의를 받아 놓는 것이 좋다.

가압류의 경우에는 가압류 당시의 구체적 사정에 따라 채권자가 가압류 시에 채무자가 사해행위를 한 사실을 알았다고 보는 판결(대법원 1999. 04. 09. 선고 99다2515 판결, 대법원 2012. 01. 12. 선고 2011다82384 판결)과 채권자가 채무자 소유의 부동산에 대한 가압류 신청 시 첨부한 등기부등본에 수익자 명의의 근저당권설정등기가 경료되어 있었다는 사실만으로는 채권자가 가압류신청 당시 취소원인을 알았다고 인정할 수 없다는 판결(대법원 2000. 06. 13. 선고 2000다15265 판결) 등이 있어서 일률적으로 취소원인을 알았다고 인정되지는 않으나, 변호사로서는 만일의 경우에 대비하여 일단 가압류, 가처분이 되어 있기만 하면 가압류, 가처분신청에 착수한 최초의 날부터 제척기간이 진행된다고 간주하고 수임사무를 처리하는 것이 안전하다.

이 사건의 경우, 장미아파트에 대한 사해행위는 2015. 1. 31. 이루어졌으나, 원고들이 위 사해행위를 안 시기는 배당이 이루어진 다음 피고 김수경의 재산상태를 조사해보기 시작한 2017. 1. 31. 이후이므로 2017. 8. 21. 현재 제척기간을 도과하지 않았다.

나. 피고 박수용은,
  1) 원고 소신캐피탈 주식회사에게 110,000,000원 및 이에 대한 2016. 9. 1.부터 이 사건 변론종결일까지 월 1%의 비율에 의한 금원[257]과 각 이에 대한 이 판결확정일 다음날부터 다 갚는 날까지 연 5%의 비율에 의한 금원을 지급하고,
  2) 원고 소신신용보증보험 주식회사에게 220,000,000원 및 이에 대한 이 판결확정일 다음날부터 다 갚는 날까지 연 5%의 비율에 의한 금원을 지급하라.[258]

4. 원고들과 피고 김수철, 최종찬 사이에서,
가. 피고 김수철과 피고 김수경 사이에 별지 목록 기재 제3부동산에 관하여 2016. 9. 24. 체결된 매매계약을 취소한다.
나. 피고 김수경에게, 별지 목록 기재 제3부동산에 관하여,
  1) 피고 김수철은 인천지방법원 부천지원 김포등기소 2016. 9. 25. 접수 제29757호로 마친 소유권이전등기의 말소등기절차를 이행하고,
  2) 피고 최종찬은 같은 등기소 2016. 9. 27. 접수 제33456호로 마친 근저당권설정등기의 말소등기절차를 이행하라.

5. 소송비용은 피고들이 부담한다.
6. 제1항은[259] 가집행할 수 있다.

---

[253] 이 사건의 경우에는 원고들의 피보전채권이 대여금, 구상금채권이므로 별다른 문제가 없으나, 가령 대여금 채권을 담보하기 위하여 채권자 앞으로 양도담보로서의 소유권이전등기를 해주기로 한 후 사해행위를 하였다면, 피보전채권이 특정채권으로 되었기 때문에 사해행위취소를 구할 수 없지 않는가 하는 의문이 들 수 있다. 그러나 판례는 이 경우 본래의 대여금채권에 기하여 사해행위취소를 구할 수 있다고 하고 있다(대법원 1977. 06. 28. 선고 68다2022 판결).
[254] 채권자취소권은 소를 제기하는 방법으로 행사하여야 하고, 단순히 소송상의 공격방어방법으로는 행사할 수 없다(대법원 1998. 03. 13. 선고 95다48599, 48605 판결).
[255] 원고들이 동시에 장미아파트, 주공아파트, 김포 토지에 대한 사해행위의 취소를 구하는 것도 법리상 가능하다.
[256] 사해행위취소의 범위는 각 취소채권자의 피보전채권액을 넘을 수 없으므로 원칙적으로는 원고별로 따로 각자의 원상회복청구의 범위와 동일하게 취소의 범위를 특정하여야 하나(전 문제 모범답안 참조), 너무 복잡하므로 본 답안에서는 편의상 다액을 기준으로 취소를 구하였다.
[257] 이 금액(원본 및 이에 대한 변론종결일까지의 이자 및 지연손해금)은 뒤에서 보는 바와 같이 박수용이 취득한 이익인 2억 2,000만 원을 한도로 하는 것이나, 변론종결시까지 가더라도 2억 2,000만 원을 초과할 가능성이 거의 희박하므로 이와 같이 특정하여 청구한 것이다.
[258] 원고들에 대한 피고 박수용의 채무와 피고 김수경의 채무는 같은 성질의 것이라 할 수는 없고, 원고들이 피고 박수용으로부터 가액배상을 받음과 동시에 김수경의 원고들에 대한 채무가 소멸한다고 보기도 어려우므로, 이를 부진정연대로 이론구성하는 것은 적절하지 않고, 또 그럴 필요도 없다. 그러나 수익자와 전득자가 공동피고로서 가액배상을 하는 경우 그들의 가액배상의무는 부진정연대관계에 있다(대법원 2001. 09. 04. 선고 2000다66416 판결; 이 부분에 대하여 명시적인 판례는 없으나, 원심판결인 수원지방법원 2000. 09. 27. 선고 99나16061 판결은 "각자" 배상을 명하였고, 대법원에서 그 부분의 설시를 그대로 인용하고 있음을 감안할 때 부진정연대책임을 수긍한 것으로 판단된다).
[259] 사해행위취소 판결이 확정되어야 가액배상의무가 확정되는 것이므로, 가액배상액에 대해서는 가집행선고를 할 수 없다.

라는 판결을 구합니다.

청 구 원 인

1. 피고 김수경에 대한 금전청구

가. 원고 소신캐피탈 주식회사의 채권

　　원고 소신캐피탈 주식회사(이하 '소신캐피탈'이라고 합니다)는 2012. 10. 8. 소외 주식회사 개성금속(이하 '개성금속'이라고 합니다)에게 10억 원을 변제기 2014. 11. 30., 이자 월 0.5%, 지연손해금 월 1%로 약정하여 대여하였습니다. 피고 김수경은 위 개성금속의 대표이사로서 위 대출금 채무를 담보하기 위하여 자신 소유의 용인시 구성면 언남리 115-1 공장용지 5,124㎡(이하 '공장용지'라고 합니다)에 수원지방법원 용인등기소 2012. 10. 8. 접수 제11887호로 채권최고액 15억 원의 근저당권을 설정하고, 개성금속의 위 대출금채무를 연대보증하였습니다.

　　개성금속이 위 차용금에 대한 변제기까지의 이자만 납부한 채 2014. 12. 1. 부도를 내고 도산하자, 원고 소신캐피탈은 2015. 4. 위 근저당권에 기하여 수원지방법원 2015타경8654호로 당시 시가 11억 원이던 위 공장용지에 대하여 임의경매를 신청하여, 2017. 1. 31. 9억 6,000만 원을 배당받았습니다. 위 9억 6,000만 원을 민법 제479조에 따라 개성금속에 대한 원고 소신캐피탈의 대출 원금 10억 원에 대한 변제기 다음날인 2014. 12. 1.부터 배당일인 2017. 1. 31.까지 2년 2개월 간의 지연손해금 2억 6,000만 원(10억 원 × 월 1% × 26월)과 원금에 순차로 변제충당하면, 2017. 1. 31. 현재 대출 원금 3억 원이 남게 됩니다.

　　그러므로 피고 김수경은 위 연대보증약정에 따라 원고 소신캐피탈에게 위 대여금 잔금 3억 원 및 이에 대한 최종 지연손해금 지급일 다음날인 2017. 2. 1.부터 이 사건 소장 부본 송달일까지는 월 1%의 비율에 의한 약정 지연손해금을, 그 다음날부터 다 갚는 날까지는 「소송촉진 등에 관한 특례법」 소정 연 15%의 비율에 의한 지연손해금을 각 지급할 의무가 있습니다.

나. 원고 소신신용보증보험 주식회사의 채권

　　원고 소신신용보증보험 주식회사(이하에서는 '소신신용'이라고 합니다)는 2013. 12. 1. 개성금속이 주식회사 신한은행(이하에서는 '신한은행'이라고 합니다)으로부터 2억 원을 변제기 2015. 11. 30., 이자 월 0.5%, 지연손해금 월 1%로 약정하여 대출 받을 때 그 대출금반환채무를 신용보증하였습니다. 이와 같은 신용보증 시 개성금속은, 원고 소신신용이 신한은행에 개성금속의 위 대출금을 대위변제할 경우 원고 소신신용에게 위 변제금 및 이에 대한 변제일부터 다 갚는 날까지 월 1%의 비율에 의한 지연손해금을 변제하기로 하였고, 피고 김수경은 개성금속의 원고 소신신용에 대한 위 구상채무를 연대보증하였습니다.

　　개성금속이 2014. 12. 1. 부도를 내자, 원고 소신신용은 2014. 12. 1. 당시까지 개성금속이 신한은행에 부담하고 있던 대출원리금 전액 2억 2,000만 원을 대위변제하였습니다. 따라서 피고 김수경은 원고 소신신용에게 2억 2,000만 원 및 이에 대한 2014. 12. 1.부터 이 사건 소장 부본 송달일까지는 월 1%의, 그 다음날부터 다 갚는 날까지는 「소송촉진 등에 관한 특례법」이 정한 연 15%의 각 비율에 의한 지연손해금을 지급할 의무가 있습니다.

2. 피고 유재석, 박수용, 김수철, 최종찬에 대한 사해행위취소 등 청구

가. 피고 김수경의 2015. 1. 31.자 사해행위

1) 피고 김수경의 2015. 1. 31.자 대물변제

피고 김수경은 2015. 1. 31. 동생의 아들(생질)인 피고 유재석에게 별지 목록 기재 제1부동산(이하에서는 부동산 표시 앞의 "별지 목록 기재" 부분을 생략합니다)을 자신의 채무 4억 원에 대한 대물변제조로 양도하기로 하고, 서울남부지방법원 영등포등기소 2015. 1. 31. 접수 제1912호로 2015. 1. 31. 매매를 원인으로 한 소유권이전등기를 마쳤습니다.

2) 2015. 1. 31. 당시 피고 김수경의 재산상태

2015. 1. 31. 당시 피고 김수경은 ① 원고 소신캐피탈에 10억 2,000만 원(대출원금 10억 원 + 이에 대한 지연손해금 월 1%씩 2월분 2,000만 원), ② 원고 소신신용에 2억 2,440만 원(대위변제원금 2억 2,000만 원 + 이에 대한 지연손해금 월 1%씩 2월분 440만 원), ③ 주식회사 국민은행에 1억 3,000만 원(제2부동산의 1번 근저당권의 피담보채무액), ④ 주식회사 하나은행에 5,000만 원(제2부동산의 2번 근저당권의 피담보채무액), ⑤ 최상수에게 1억 원(제2부동산의 3번 근저당권의 피담보채무액), ⑥ 주식회사 우리은행에 3억 원(제3부동산의 1번 근저당권의 피담보채무액), ⑦ 연흥보에게 1억 원(임차보증금반환채무), ⑧ 신용보증기금에 2,000만 원, ⑨ 피고 박수용에게 3,000만 원, ⑩ 피고 유재석에게 4억 원 등 도합 23억 7,440만 원의 채무를 지고 있었습니다.

반면에 2015. 1. 31. 당시 피고 김수경이 소유하고 있던 재산은 ㉠ 위 공장용지(당시 시가 11억 원), ㉡ 제1부동산(당시 시가 4억 원), ㉢ 제2부동산(당시 시가 5억 원), ㉣ 제3부동산(당시 시가 3억 3,000만 원) 등 도합 23억 3,000만 원 정도였으므로 이미 채무초과 상태에 있었습니다.

3) 피고 김수경의 사해의사 및 피고 유재석의 악의

피고 김수경의 위 대물변제행위는 원고 소신신용을 비롯한 일반채권자들[260]의 공동담보를 더욱 감소시키는 행위임을 알면서 행한 사해행위이고, 피고 유재석도 피고 김수

---

[260] 피고 김수경이 2015. 1. 31. 장미아파트를 대물변제한 행위는 원고 소신캐피탈에 대한 관계에서는 사해행위가 되지 않는다. 2015. 1. 31. 현재 소신캐피탈의 피고 김수경에 대한 연대보증금채권은 10억 2,000만 원 [10억 원 + (10억 원 × 0.01 × 2월)]에 불과한 반면, 원고가 근저당권을 설정받은 위 공장용지의 가액만도 11억 원에 달하고, 근저당권의 채권최고액도 15억 원으로 되어 있어, 우선변제권이 확보되어 있기 때문이다

경과의 신분관계상 위 대물변제가 원고 소신신용 등 일반채권자들에 대한 사해행위임을 알고 있었습니다.

  4) 사해행위취소 및 원상회복청구
   그러므로 원고 소신신용과 피고 유재석 사이에서, 피고 유재석과 피고 김수경이 제1부동산에 관하여 2015. 1. 31. 체결한 매매(대물변제)계약은 취소되어야 하고, 피고 유재석은 피고 김수경에게 위 부동산에 관하여 서울남부지방법원 영등포등기소 2015. 1. 31. 접수 제1912호로 마친 소유권이전등기의 말소등기절차를 이행할 의무가 있습니다.

나. 피고 김수경의 2016. 8. 31.자 사해행위
 1) 피고 김수경의 2016. 8. 31.자 매매
   피고 김수경은 2016. 8. 31. 그의 사위인 피고 박수용에게 제2부동산을 매도하고, 피고 박수용에게 서울중앙지방법원 등기국 2016. 9. 17. 접수 제80555호로 소유권이전등기를 마쳐주었습니다.

 2) 2016. 8. 31. 당시 원고들의 피보전채권
   2016. 8. 31. 당시 원고 소신신용은 피고 김수경에게 2억 6,620만 원(2014. 12. 1. 신한은행에 대위변제한 원금 2억 2,000만 원 및 이에 대한 2014. 12. 1.부터 2016. 8. 31.까지 21월간 월 1%의 비율에 의한 지연손해금)의 구상금채권을 가지고 있었습니다.
   당시 원고 소신캐피탈도 피고 김수경에게 원금 10억 원과 이에 대한 2014. 12. 1.부터 2016. 8. 31.까지의 지연손해금 2억 1,000만 원(10억 원 × 월 1% × 21월)을 합한 12억 1,000만 원의 연대보증금채권을 가지고 있었습니다.
   원고 소신캐피탈은 김수경에 대한 위 채권을 담보하기 위하여 위 공장용지에 수원지방법원 용인등기소 2012. 10. 8. 접수 제11887호로 채권최고액 15억 원의 1번 근저당권을 설정받았으나, 위 부동산의 2016. 8. 31. 당시의 가액은 11억 원에 불과하였습니다. 이 11억 원을 위 원리금 12억 1,000만 원에 지연손해금, 원본의 순서로 충당하면 원금 중 1억 1,000만 원이 남게 됩니다. 결국 2016. 8. 31. 당시, 원고 소신캐피탈은 피고 김수경에 대하여 위 근저당권으로 담보되지 않는 1억 1,000만 원의 채권을 가지고 있었습니다.

 3) 2016. 8. 31. 당시 피고 김수경의 재산상태
   2016. 8. 31. 당시 피고 김수경은 ① 원고 소신신용에 위 2억 6,620만 원, ② 원고 소신캐피탈에 위 12억 1,000만 원의 각 채무를 부담하고 있던 외에도, ③ 주식회사 국민은행에 1억 3,000만 원(제2부동산의 1번 근저당권의 피담보채무액), ④ 주식회사 하나은행에 5,000만 원(제2부동산의 2번 근저당권의 피담보채무액), ⑤ 최상수에게 1억 원(제2부동산의 3번 근저당권의 피담보채무액), ⑥ 주식회사 우리은행에 3억 원(제3부동산

의 1번 근저당권의 피담보채무액), ⑦ 연흥보에게 1억 원(임차보증금반환채무), ⑧ 신용보증기금에 2,000만 원, ⑨ 피고 박수용에게 3,000만 원 총 22억 620만 원의 각 채무를 부담하고 있었습니다.

반면에 2016. 8. 31. 당시, 피고 김수경이 소유하고 있던 재산은 ㉠ 위 공장용지(당시 시가 11억 원), ㉡ 제2부동산(당시 시가 5억 원), ㉢ 제3부동산(당시 시가 3억 3,000만 원)으로서 동인의 적극재산액은 합계 19억 3,000만 원에 불과하여, 피고 김수경은 채무초과 상태에 있었습니다.

4) 피고 김수경의 사해의사 및 피고 박수용의 악의

따라서 피고 김수경의 2016. 8. 31.자 제2부동산 매도행위[261][262]는 채무초과상태에 있던 피고 김수경이 원고들을 비롯한 일반채권자들의 공동담보를 더욱 감소시키는 행위임을 알면서 행한 사해행위이고,[263] 피고 박수용 역시 피고 김수경의 사위로서 이와 같은 사정을 잘 알고 있었습니다.

5) 사해행위취소 및 원상회복청구

제2부동산에 대한 위 매매계약 후, 주식회사 하나은행의 2번 근저당권설정등기는 2016. 9. 15. 그 피담보채무 5,000만 원이 변제되어 말소되었고, 최상수의 3번 근저당권설정등기도 2016. 9. 25. 피고 박수용이 그 피담보채무 1억 원을 변제하여 말소되었습니다.

원고들과 피고 박수용 사이에서, 피고 박수용과 피고 김수경이 제2부동산에 관하여 2016. 8. 31. 체결한 매매계약은 아래에서 원상회복을 구하는 범위 내에서는 사해행위로서 취소되어야 합니다.

그러므로 피고 박수용은, 제2부동산의 현재[264]의 가액 5억 원에서 말소된 2번 근저당권의 피담보채무액 5,000만 원, 3번 근저당권의 피담보채무액[265] 1억 원 및 아직 말

---

[261] 이 사건에서는 2015. 8. 31.자 매매는 염가매각일 뿐만 아니라, 이미 채무초과상태에서 공동담보를 더욱 부족하게 하는 행위이므로 사해행위가 된다.

[262] 일반적으로 법률행위가 처음부터 존재하지 아니하거나 무효인 경우에는 사해행위취소의 대상이 될 수 없으나, 통정허위표시는 사해행위취소의 대상이 될 수 있다(대법원 1998. 02. 27. 선고 97다50985 판결). 따라서 이 사건 "2016. 8. 31.자 매매"가 통정허위표시라 하더라도 사해행위취소의 대상이 될 수 있다. 그러나 통정허위표시는 그 의사표시가 허위표시여서 무효라고 주장하는 자(이 사건에서는 원고)가 주장·입증하여야 하는데, 이는 사해행위취소를 주장하여 입증하는 것보다 어렵다(사해행위의 경우에는 채무의 초과상태 등 객관적인 입증자료가 있으므로 입증이 보다 간편하다). 따라서 통정허위표시는 사해행위취소를 주장할 수 없는 경우(가령 채무초과상태에까지는 이르지 않은 경우나 실제로는 재산도피 목적으로 통정하여 재산 이전행위를 한 경우, 또는 사해행위취소의 제척기간이 도과한 경우)에나 주장하는 것이 효율적이다.

[263] 수익자의 악의에 대하여 실무에서는 원고가 그 악의에 관한 반증자료를 제출하고 이를 주장하는 경우가 많다. 수익자가 선의였음을 인정함에 있어서는 객관적이고도 납득할 만한 증거자료 등에 의하여야 하고, 채무자의 일방적인 진술이나 제3자의 추측에 불과한 진술 등에만 터잡아 그 사해행위 당시 수익자가 선의였다고 단정할 수는 없다(대법원 2006. 07. 04. 선고 2004다61280 판결).

[264] 이는 사실심 변론종결시의 가액을 의미한다(대법원 1998. 02. 13. 선고 97다6711 판결).

[265] 채권최고액이 아니라 실제 피담보채권액이다(대법원 1998. 02. 13. 선고 97다6711 판결 등).

소되지 않은 1번 근저당권266)의 사해행위 당시267)의 피담보채무액 1억 3,000만 원을 공제한 나머지 2억 2,000만 원268)269) 중, 원고 소신캐피탈에게는 사해행위 당시의 원금 1억 1,000만 원 및 이에 대한 위 사해행위일 다음날인 2016. 9. 1.부터 이 사건 변론종결일까지 월 1%의 비율에 의한 금원 및 각 이에 대한 이 판결확정일 다음날부터 다 갚는 날까지 민법이 정한 연 5%의 비율에 의한 지연손해금을, 원고 소신신용에게는270) 220,000,000원271) 및 이에 대한 이 판결확정일 다음날부터 다 갚는 날까지 연 5%의 비율에 의한 금원을 각 지급할 의무가 있습니다.272)

다. 피고 김수경의 2016. 9. 24.자 사해행위
  1) 피고 김수경의 2016. 9. 24.자 매매
    피고 김수경은 2016. 9. 24. 당시 시가 3억 3,000만 원 정도이던 제3부동산273)을 오빠인 피고 김수철에게 3억 원에 매도하는 매매계약을 체결하고 인천지방법원 부천지원 김포등기소 2016. 9. 25. 접수 제29757호로 소유권이전등기를 마쳐주었습니다. 피고 김수

---

266) 저당권이 소멸되어 가액배상을 하여야 할 경우, 말소된 저당권 이외에 말소되지 아니한 저당권이 있으면, 배상하여야 할 가액은 부동산 가액에서 말소된 저당권의 피담보채권액은 물론 말소되지 아니한 저당권의 피담보채권액도 공제하여 산정한다(대법원 1998. 02. 13. 선고 97다6711 판결 등 다수).
267) 사해행위 후 근저당권의 피담보채권 중 일부가 변제됨으로써 법원이 사해행위취소로 인한 원상회복으로 가액배상을 명하는 경우, 부동산의 시가(변론종결시의 가액)에서 공제할 근저당권의 피담보채권액은 일부 변제된 후가 아닌 사해행위 당시의 피담보채권액이다(대법원 2007. 07. 12. 선고 2005다65197 판결). 따라서 이 사건에서 박수용이 2017. 7. 31. 변제한 3,000만 원 및 당일까지의 지연손해금은 이 사건 가액배상액 산정 시 고려할 필요가 없다.
268) 이 사건에서 임차인 연홍보는 국민은행의 선순위 근저당권이 설정된 이후인 2013. 4. 29.에야 대항력을 취득하였고, 사해행위로 소유권이전등기가 마쳐진 이후인 2016. 9. 25.에야 확정일자를 받음으로써 제2부동산이 피고 김수경의 소유인 상태에서 경매가 되었을 경우 그 매각대금에서 우선변제 받을 수 없으므로, 피고 박수용은 이 사건 가액배상에서 그 임차보증금을 공제받을 수 없다(단, 대법원 2002. 03. 29. 선고 99다58556 판결은 99다51197, 51203 판결을 인용하면서도 이와 다소 모순되게 판시하고 있으나, 본 답안은 99다51197, 51203 판결에 따랐다).
269) 사해행위 당시 가압류집행을 해놓고 있던 가압류채권자의 채권액은 공제대상이 아니다(대법원 2003. 02. 11. 선고 2002다37474 판결). 채권자 평등의 원칙상 그 가압류만으로는 채권자의 공동담보가액에 아무런 영향을 미치지 않기 때문이다.
270) 채권자취소권은 채무자의 사해행위를 채권자와 수익자 또는 전득자 사이에서 상대적으로 취소하고 채무자의 책임재산에서 일탈한 재산을 회복하여 채권자의 강제집행이 가능하도록 하는 것을 본질로 하는 권리이므로, 원상회복을 가액배상으로 하는 경우에 그 이행의 상대방은 채권자이어야 한다(대법원 2008. 04. 24. 선고 2007다84352 판결).
271) 원고 소신신용이 청구할 권리가 있는 원상회복금은 원금 2억 2,000만 원(ⓐ) 및 이에 대한 대위변제일인 2014. 12. 1.부터 사해행위일인 2016. 8. 31.까지 월 1%의 비율에 의한 지연손해금 4,620만 원(ⓑ), 그리고 ⓐ에 대한 2016. 9. 1.이래 변론종결시까지의 월 1%의 비율에 의한 지연손해금을 모두 합한 금액인데, 수익자인 박수용이 반환하여야 할 가액이 2억 2,000만 원밖에 되지 않으므로 2억 2,000만 원만 청구한 것이다.
272) 소촉법 제3조 제1항 단서는 장래이행의 소에 해당하는 경우는 본문의 적용을 배제하고 있는데, 사해행위취소소송에서의 가액배상청구는 장래의 이행을 구하는 것으로서 위 조항 단서의 적용을 받으므로 그 지연손해금의 비율은 민사법정이율에 의하여야 한다.
273) 2016. 9. 24. 당시 김수경은 아직 언남리 토지를 소유하고 있었으므로, 당시 제3부동산은 김수경의 유일한 부동산이 아니었다. 실무에서는 채무자의 "유일한" 부동산 처분행위가 많이 문제되며, 이에 관한 법리는 [핵심판례] 참조.

철은 위와 같이 소유권이전등기를 마친 다음 2016. 9. 26. 제3부동산에 관하여 피고 최종찬과 근저당권설정계약을 체결하고, 인천지방법원 부천지원 김포등기소 2016. 9. 27. 접수 제33456호로 채권최고액 3억 원으로 하는 근저당권설정등기를 마쳐주었습니다.

2) 2016. 9. 24. 당시 피고 김수경의 재산상태

앞서 본 바와 같이 이미 2016. 8. 31. 당시 피고 김수경에 대하여 원고 소신신용은 2억 6,620만 원, 원고 소신캐피탈은 근저당권으로 담보되지 않는 1억 1,000만 원의 채권을 포함한 12억 1,000만 원의 채권을 가지고 있었으므로, 2016. 9. 24.에 이르러 피고 김수경은 원고들에게 위 각 금액을 초과하는 채무를 부담하고 있었습니다.

피고 김수경은 2016. 9. 24. 당시 원고들 외에도 ① 주식회사 국민은행에 1억 3,000만 원, ② 최상수에게 1억 원, ③ 신용보증기금에 2,000만 원의 각 채무를 부담하고 있었습니다.274)

결국 피고 김수경은 2016. 9. 24. 당시 17억 2,620만 원을 초과하는 채무를 부담하고 있던 반면, 적극재산은 당시 시가 11억 원이던 공장용지와 당시 시가 3억 3,000만 원이던 제3부동산밖에 없었으므로 채무초과 상태에 있었습니다.

3) 피고 김수경의 사해의사 및 피고 김수철, 최종찬의 악의

피고 김수경의 2016. 9. 24.자 제3부동산 매도행위는 채무초과상태에 있던 피고 김수경이 원고들을 비롯한 일반채권자들의 공동담보를 더욱 감소시키는 행위임을 알면서 행한 사해행위입니다. 피고 김수철은 피고 김수경의 오빠로서 이와 같은 사정을 잘 알고 있었고, 피고 최종찬도 김수철의 처남으로서 피고 김수철이 피고 김수경의 사해행위로 인하여 제3부동산을 취득한 사정을 잘 알고 있었습니다.

4) 사해행위취소 및 원상회복청구

그러므로 원고들과 피고 김수철, 최종찬 사이에서, 피고 김수철과 피고 김수경이 제3부동산에 관하여 2016. 9. 24. 체결한 매매계약은 취소되어야 하고, 그 원상회복으로서 피고 김수경에게, 피고 김수철은 제3부동산에 관하여 인천지방법원 부천지원 김포등기소 2016. 9. 25. 접수 제29757호로 마친 소유권이전등기의, 피고 최종찬은 같은 부동산에 관하여 같은 등기소 2016. 9. 27. 접수 제33456호로 마친 근저당권설정등기의 각 말소등기절차를 이행할 의무가 있습니다.275)276)

---

274) 연흥보가 제2부동산에 대한 임대차의 대항력을 갖춘 상태에서 제2부동산의 소유권이 2016. 9. 17. 박수용에게 이전되었으므로 김수경의 연흥보에 대한 제2부동산 임대차보증금반환채무는 박수용에게 이전되었고, 김수경의 위 채무는 소멸하였다(대법원 2013. 01. 17. 선고 2011다49623 전원합의체 판결 등).

275) 수익자, 전득자 모두 악의인 경우 채권자는 그 선택에 따라 수익자와 전득자 전부 또는 그 일부를 상대로 원물반환을 구할 수 있다. 물론 수익자 앞으로 소유권이전 후 근저당권일 말소된 경우에는 가액배상을 구하여야 하지만, 이 사건의 경우에는 매매계약 및 피고 김수철 앞으로의 소유권이전등기가 이루어지기 전에 주식회사 우리은행의 근저당권이 이미 말소되었으므로 원물반환을 구하여야 할 사안이다.

276) 이 사건에서는 수익자나 전득자 모두 악의이므로 수익자와 전득자에게 원물반환을 구하였다. 수익자가 악의

3. 결론

이상과 같은 이유로 원고들은 청구취지와 같은 판결을 구하기 위하여 본 소제기에 이르렀습니다. 끝.

증 명 방 법 (생략)

첨 부 서 류 (생략)

2017. 8. 21.
원고 소송대리인 변호사 오변론

서울중앙지방법원 귀중

■ **해 설**

지금까지 이행소송, 확인소송, 형성소송의 대표적인 기록을 살펴보았습니다. 모든 분야가 마찬가지겠지만 기록형에 있어서도 기본적인 형태를 숙지하는 것이 중요합니다.

실제 시험에서는 이렇게 채권자취소소송만 집중적으로 나오지는 않겠지만, 이번 기록을 통해 충분한 연습을 해보시기 바랍니다.

이후의 기록들에서는 앞에서 다루지 않았지만 중요한 쟁점, 그리고 실무적으로 중요한 쟁점을 다룰 예정입니다.

이고 전득자가 선의인 경우 원칙적으로 수익자를 상대로 가액배상을 구하여야 한다. 사해행위 목적물이 수익자로부터 전득자로 이전되어 등기까지 경료되었다면 수익자가 전득자로부터 목적물의 소유권을 회복하여 이를 다시 채무자에게 이전하여 줄 수 있는 특별한 사정이 없는 한 그로써 채권자에 대한 목적물의 원상회복의무는 법률상 이행불능의 상태에 있다고 봄이 상당하기 때문이다(대법원 1998. 05. 15. 선고 97다58316 판결).

8. [답변서 2]

원고의 소장과 그에 첨부된 증거자료 및 의뢰인들과의 상담 내용, 의뢰인들이 제공한 자료 등을 토대로 의뢰인들을 위하여 법원에 제출할 답변서를 작성하는 문제입니다. 답변서 작성일은 2017. 5. 30.으로 합니다.

수임번호 2017-25		**사건상담기록**	2017. 5. 24.	
의뢰인	서정섭 외 2인			
사 건	서울중앙지방법원 2017가합17025		제한(응소) 시한	
사건명	대출금반환청구		진술인	
상 담 내 용				

◎ 상담경위 :

　의뢰인 서정섭은 효자군인아파트주택재건축정비사업조합의 감사, 의뢰인 최국진은 주식회사 대륭건설의 대리, 의뢰인 정인철은 효자동애국전상군인회의 회장이다. 이들은 서울중앙지방법원 2017가합17025 대출금반환청구 사건의 피고 측 소송대리를 위임하기 위해 본 사무소를 내방, 상담하였다.

◎ 상담내용 :

1. 위 재건축정비사업조합(피고 조합)은 서울 종로구 효자동 330, 331, 334 지상에 건축되어 있는 아파트 5개 동을 철거하고 「도시 및 주거환경정비법」에 의해 재건축사업을 추진하기 위하여 설립되고 등기를 마침.

2. 조합장 최병환은 위 재건축사업을 위한 자금 일부를 금융기관으로부터 차입하여야 할 필요가 있자 이를 2013. 10. 1. 조합원 총회에 부의하였으나, 대출 의향을 표시한 국민은행 측이 제시한 대출이율이 너무 높아 일부 조합원들이 자금 차입에 반대하는 바람에 아무런 결론을 내지 못하였고, 이에 따라 그 대책을 협의하기 위해 개최된 2013. 10. 2.자 대의원회에서도 국민은행 측과 더 협의를 진행해본 다음 차입 여부를 결정하자고 정리되었는데(피고 조합 정관상 1억 원 이상의 자금 차입시 미리 대의원회 의결을 받아야 하게 되어 있음. 단, 이 사항을 등기하지는 않음), 최병환은 마치 그날 대의원회로부터 공사 수급인인 대륭건설(피고 회사)에게 지급할 중도금 15억 원의 차입을 승인 받은 양 대의원회 회의록 내용을 변조하여 이를 토대로 국

민은행에서 15억 원을 차입함. 감사 서정섭과 대의원 김희수는, 최병환이 회의록을 작성한다고 하여 그가 실제대로 회의록을 작성하리라 믿고 그에게 도장을 건네주면서 대신 찍으라고 하였고, 대의원회 회의록을 확인하지는 않았음.

3. 피고 조합은 신축할 아파트 총 200세대 중 50세대를 조합원 아닌 일반에 분양하여 그 사업비 일부를 조달하여야 하는데, 조합장 최병환이 턱없이 비싸게 공사도급계약을 체결하고(최병환과 재건축공사 수급인 대륙건설의 대표이사 최병진은 종형제간이며, 현재 최병진은 법원에서 직무집행정지 가처분을 받아 이현국이 그 직무를 대행하고 있음), 대륙건설이 계약서 내용대로 공사를 진척시키지 못했음에도 기성고 대금을 초과 지급하여, 일부 조합원들의 반발과 형사고소로 사업이 제대로 추진되지 못하는 바람에 아파트 공사는 현재 각 동마다 지상 8층 단계에서 중단되어 있는 형편임. 한편, 최병환은 현재 사문서위조 및 동행사 혐의로 불구속 기소되어 1심 재판이 진행 중임.

4. 그러나 위 공사 중단은 전적으로 대륙건설 측에게 귀책사유가 있고, 과다 지급한 기성고 대금과 부당한 공사 중단으로 인해 피고 조합이 대륙건설에게서 받을 지체상금을 합하면 국민은행 대출금 15억 원을 초과하여, 사실상 피고 조합은 위 대출과 관련하여 아무런 이익을 받은 바가 없음(더욱이 최병환은 위 대출금을 대륙건설에게 직접 지급하도록 함으로써, 피고 조합은 대출금을 국민은행에서 수령한 사실도 없음).

5. 피고 회사는 그 사장(대표이사) 최병진이 피고 회사를 대표하여 피고 조합의 국민은행에 대한 위 대출금 채무를 보증한 것이 사실이나, 피고 회사 자본금은 30억 원에 불과하고, 그 정관에 의하면 10억 원 이상의 채무 보증은 이사회 결의를 요하는 사항인데도, 최병진은 재건축공사를 도급받을 욕심에서(공사 수급 전부터 미리 피고 조합이 대출 시 보증인이 되기로 구두 약속하였음) 최병환의 부탁을 받고 임의로 보증을 해주었음.

최병진은 국민은행 광화문지점 차장 강정수와 사업상 거래로 잘 아는 사이이며, 피고 조합에 대한 이 사건 대출도 최병진이 피고 조합(최병환)에 알선하고 대출조건 등을 사실상 최병진이 강정수와 협의해 정하였음.

아무리 최병진이 사장으로서 회사를 대표할 권한이 있다고 하나, 회사와 아무런 관계가 없는 타인(피고 조합)의 채무를 보증한 것은 회사의 목적 범위를 초과한 것으로서 민법 제34조에 의해 무효라고 생각됨(이는 회사 고문 법무사의 의견임 – 회사 정관에 규정된 회사의 목적은 건설업, 토건업, 건축자재의 생산·판매업 및 이들 사업에 부수되는 사업으로 되어 있고, 타인 채무의 보증은 없음).

6. 위 효자동애국전상군인회(피고 군인회)는, 전상을 입은 예비역 군인들로서 효자군인아파트에 거주하는 사람 99명으로 구성된 친목단체인데, 법인 설립허가는 받은 바 없으나 규약과 이사 등 임원 및 임원회가 있음. 위 회원들은 그 전원이 피고 조합의 조합원으로서 위 아파트 재건축사업에 큰 관심을 가지고 있어 그 사업 추진시 최초 사업 제안을 하는 주도적 역할을 하였음.

7. 피고 운인회의 규약상 회장이 채무 부담 등 중요한 업무를 수행할 때는 미리 임원회에 이를 부의하여 그 승인을 얻어야 하도록 되어 있음에도, 회장 정인철은 임원회의 승인을 받지 않은 상태에서 보증서에 날인을 하였음.

   즉, 보증 당일 정인철이 피고 조합 사무실에 들렀던바, 조합장 최병환, 피고 회사 사장 최병진, 국민은행 직원 강정수가 모여서 대출계약을 하고 있었고, 최병환이 "이 분(정인철)은 효자동애국전상군인회 회장인데 나랑 같이 재건축사업을 추진하고 있다"며 강정수에게 소개하자 강정수가 정인철에게 보증서 1장을 써달라고 하였음. 이에 정인철이 "이 자리에서 갑자기 결정할 일이 아니고 임원회의 승인을 받아야 한다"라고 하였으나, 강정수가 "그냥 써주고 나중에 추인을 받으면 되지 않느냐"고 하여, 정인철은 재건축사업에 대하여 피고 군인회 회원들의 관심이 높고 사업 추진에 피고 군인회의 보증이 도움이 될 수도 있어 나중에 임원회의 승인을 쉽게 받을 수 있을 것으로 생각해 이에 응하였음.

   그 뒤 정인철은 이를 임원회와 총회에 보고하고 추인을 얻으려 하였으나 의견이 갈려 추인을 받지 못하였음. 이에 정인철은 법무사의 도움을 얻어 강정수 앞으로 위 보증이 무효라는 내용의 내용증명 통지서를 발송함. 끝.

변호사 오변론 법률사무소
전화번호 : 02-529-5871, 팩스 02-529-5877, 이메일 : mia@nate.com
서울특별시 서초구 서초동 271 정곡빌딩 309호

소 장

원 고 주식회사 국민은행
　　　　서울 중구 남대문로 84 (을지로 2가)
　　　　대표이사 김정원
　　　　송달장소 서울 종로구 자하문로13길, 11 (내수동) 광화문지점
　　　　지배인 강정수

피 고 1. 효자군인아파트주택재건축정비사업조합
　　　　　서울 종로구 자하문로13길, 330 (효자동) 효자군인아파트 관리실
　　　　　대표자 조합장 최병환
　　　　2. 주식회사 대륭건설
　　　　　서울 은평구 연서로18길, 110 (대조동) 609호
　　　　　대표이사 직무대행자 이현국
　　　　3. 효자동애국전상군인회
　　　　　서울 종로구 자하문로 13길, 330 (효자동) 1동 101호
　　　　　대표자 회장 정인철

대출금반환청구의 소

청 구 취 지

1. 피고들은 연대하여 원고에게 15억 원 및 이에 대한 2014. 12. 10.부터 2015. 10. 6.까지는 연 8%, 그 다음날부터 다 갚는 날까지는 연 20%의 각 비율에 의한 금원을 지급하라.

2. 소송비용은 피고들이 부담한다.

3. 제1항은 가집행할 수 있다.

라는 판결을 구합니다.

청 구 원 인

1. 소비대차약정

원고는 2013. 10. 7. 피고 효자군인아파트주택재건축정비사업조합과 금전 소비대차계약(공공 및 기타 운전자금 대출약정)을 체결하였는데, 위 피고의 요청에 따라 2013. 10. 7. 이후 위 피고에게 총 15억 원의 한도 내에서 금전을 대출하되 그 원금은 2015. 10. 6.에 상환 받고, 이자는 연 8%씩 계산하여 각 대출금 지급일로부터 매 1개월마다 지급받기로 약정하였습니다.

이에 따라 원고는 그 뒤 위 피고의 요청을 받고 2013. 10. 10. 위 피고에게 15억 원을 지급(대출)하였고, 위 피고의 위임을 받은 피고 주식회사 대륭건설이 이를 수령하였습니다.

2. 연대보증

피고 조합은 효자군인아파트 재건축사업을 위하여 도시 및 주거환경정비법에 의해 설립인가를 받았고, 위 법률 제18조 제1항에 의하여 법인격을 갖고 있으며, 피고 효자동애국전상군인회는 위 효자군인아파트에 거주하는 전상군인들로 결성된 법인격 없는 사단입니다.

피고 조합은 위 아파트 재건축사업을 피고 주식회사 대륭건설에 도급을 주었고, 이에 따라 피고 대륭건설과 피고 군인회는 2013. 10. 7. 원고와 피고 조합 간의 위 소비대차약정에 따른 피고 조합의 채무를 각 20억 원의 한도 내에서 연대보증하였습니다.

3. 채무불이행

그러나 피고 조합은 위 대출금에 대하여 2014. 12. 10. 이후의 이자를 지체하고 있고, 또 이미 상환약정일이 지났음에도 대출원금 15억 원을 상환하지 않고 있습니다. 이에 원고는 이를 지급받고자 청구취지와 같은 소를 제기합니다.

증 명 방 법

1. 갑 제1호증의 1(여신거래신청서)
2. 갑 제1호증의 2(여신거래약정서)
3. 갑 제1호증의 3, 4(각 근보증서)
4. 갑 제2호증의 1(재건축사업 공사계약서 사본)

5. 갑 제2호증의 2(회의록)

6. 갑 제3호증(인가서 사본)

7. 갑 제4호증(영수증 사본)

8. 갑 제5호증(각서)

첨 부 서 류 (생략)

2017. 5. 10.

원고 지배인 강정수 (인)

서울중앙지방법원 귀중

여신거래신청서
(기업자금용)

주식회사 국민은행 앞

다음과 같이 차용(여신거래)신청을 함에 있어 귀행 규정에 정한 사항을 이행함은 물론 은행여신거래기본약관의 각 조항이 적용됨을 확약하오니 승낙하여 주시기 바랍니다.

채무자	업체명	효자군인아파트주택재건축정비사업조합 대표자 최병환		업종	건설	취급품목	주택신축판매	업력	1년
	주소	서울 종로구 효자동 330 효자군인아파트 관리실		사업자등록번호	26-81-32345		법인등록번호	141171-0003821	
	사업장 소재지	상 동		주민등록번호			전화번호	02)732-0309	

신청내용	종류	금액	이율	기간	형식	구분	자금용도	채권보전
	공공 및 기타운전자금대출	일십오억 원	8%	24개월	증서	신규	조합사업비	시공사 연대보증

담보제공물건

종류	수량	담보조사가격	소유자	관계	선순위 채권		소 재 지
					채권자	금액	
합계							

연대보증인 내용						소요자금 명세	
성명 (업체명)	주민등록번호 (법인등록번호)	채무자와의 관계	전화번호	보증기준		내역	
				적용기준	실적	총소요액	
주식회사 대륭건설	110111-0630130	시공사	02)664-1230			융자액	
						기타 특이사항	

진행상황	상담일자	2013. 10. 1.	승인신청일	10. 5.	여신실행일자	10. 7. 이후
	접수일자	9. 18.	승인일자	10. 6.	여신계좌번호	978259-01-000605
	전결권자	수석심사역 협의회	전결적용항목		시공사 기업신용등급 : BB-등급	
	불승인(반송취소) 일자		불승인 사유			
	여신 섭외자	차장 강정수	담당자	대리 배무기	취급점포	광화문 지점

여신거래약정서

(기업용)

주식회사 국민은행 앞　　　　　　　　　　　　　　　　　　　2013. 10. 7.

본　인　효자군인아파트주택재건축정비사업조합(조합장 최병환) (인)
주　소　서울 종로구 효자동 330 효자군인아파트 관리실

본인은 주식회사 국민은행(이하 "은행"이라 합니다)과 아래의 조건에 따라 여신거래를 함에 있어 "은행여신거래기본약관(기업용)"이 적용됨을 승인하고, 다음 각 조항을 확약합니다.

제1조 거래조건

거래조건은 다음과 같습니다(거래방식이 수개로 되어 있는 경우 은행직원의 설명을 듣고 해당되는 □ 내에 ■로 표시합니다).

여신(한도) 금액	금 일십오억 원			
여신개시일	2013년 10월 7일	여신기간만료일 (최종상환기일)	2015년 10월 6일	
이자율 등	■ 고정(은행여신거래기본약관 제3조 제2항 제2호 선택)	여신기간만료일까지 연 8%	지연배상금률(은행여신거래기본약관 제3조 제5항 적용)	최고 연 %
	□ 변동(은행여신거래기본약관 제3조 제2항 제2호 선택)	□ 기준금리 +( )% □ 기타(MOR+6.03%)		
여신 실행 방법	□ 여신개시일에 전액 실행합니다. ■ 증빙서류나 기성고율, 시설, 현물 등에 의하여 은행이 자금 용도와 필요금액을 확인하고 분할 실행합니다. □ 일정한 요건을 갖춘 본인의 청구가 있는 대로 실행합니다. □ 기타			
상환방법	■ 여신기간 만료일에 전액 상환합니다. □ 여신개시일로부터 ( )년 ( )개월 동안 거치하고, ( )년 ( )월 ( )일부터 매 ( )개월 마다 분할상환합니다. □ 매월 ( )일에 [□원금균등, □원리금균등] 분할상환합니다.			
이자의 지급시기, 방법	□ 최초이자는 여신개시일에, 그 후의 이자는 지급한 이자의 계산 최종일에 선지급합니다. □ 어음기일 전일까지 선지급합니다. ■ 최초이자는 여신개시일로부터 (1)개월 이내에, 그 후의 이자는 지급한 이자의 계산 최종일 익일부터 (1)개월 이내에 지급합니다. □ 매월 ( )에 지급합니다.			
상계특약	적립신탁대출에 대하여 관련 월적립금이 계속하여 4회 이상 연체되는 경우 여신기간 만료일 이전이더라도 은행은 통지에 의하여 관련 예금과 대출금을 상계할 수 있기로 합니다.			

제2조 지연배상금

① 이자, 분할상환금, 분할상환원리금을 그 기일에 지급하지 아니한 때에는 지급하여야 할 금액에 대하여, 곧 지연 배상금을 지급하여야 합니다.

② 여신기간 만료일에 채무를 이행하지 아니하거나 은행여신거래기본약관 제7조에 의하여 기한의 이익을 상실한 때(은행여신거래기본약관 제9조에 의한 할인어음의 환매채무발생 포함)에는, 그때부터 여신잔액에 대하여, 곧 지연배상금을 지급하여야 합니다.

③ 적립식신탁대출의 경우, 상계전일까지는 지급하여야 할 이자에 대하여, 상계 후에는 대출금잔액에 대하여, 곧 지연배상금을 지급하기로 합니다.

제3조 차용총액 확정 및 분할상환기일표 통지

① 분할 실행하는 여신인 경우에는 여신의 사후관리를 위하여 필요한 자료를 은행의 요청이 있는 대로 제출하기로 합니다.

② 본인은 은행이 본인에 대한 신용평가시 기업의 외환리스크 현황 및 관리실태를 파악하기 위하여 요청하는 다음 각 호의 자료를 제출하기로 합니다.
1. 외환리스크 관리조직 및 관리규정 현황
2. 외환자금 조달 및 운용현황
3. 외환표시 파생상품 거래현황

제4조 기타 특약사항

본 대출금은 주택 재건축사업 공사비에만 사용키로 합니다. (인)

본인은 은행여신거래기본약관 및 이 약정서 사본을 확실히 수령하고 주요내용에 대하여 충분한 설명을 듣고 이해하였음.	본인	효자군인아파트재건축정비사업조합 조합장 최병환 (인)

근 보 증 서

★ 연대보증은 재산상 손실을 가져올 수도 있는 중요한 법률행위이므로 미리 뒷면 "연대보증인이 꼭 알아 두어야 할 사항"과 계약서의 내용을 잘 읽은 후 신중한 판단을 하시고,
★ 굵은선 □□□□ 으로 표시된 란(당사자란과 제1조 및 계약서 끝부분)은 보증인이 반드시 자필로 기재하시기 바랍니다.

주식회사 국민은행 앞　　　　　　　　2013. 10. 7.

연대보증인　　　주식회사 대륭건설(대표이사 최병진)
주　　소　　　서울 은평구 대조동 110 대륭빌딩 609호

연대보증인(이하 "보증인"이라 합니다)은 채무자가 주식회사 국민은행(이하 "은행"이라 합니다)에 현재 및 장래에 부담하는 제1조에서 정하는 범위의 모든 채무에 대하여 채무자와 연대하여 보증채무를 지며, 보증채무의 이행에 관하여도 은행여신거래기본약관 및 채무자가 따로 은행에 제출한 다음의 피보증채무에 관한 거래약정서의 각 조항이 적용됨을 승인하고, 아래 각 조항을 확약합니다.

제1조 보증채무의 내용
① 보증인은 아래의 내용에 따라서 보증채무를 부담합니다.
1. 채무자 : 성　명　효자군인아파트재건축정비사업조합
　　　　　　주　소　서울 종로구 효자동 330 효자군인아파트 관리실

2. 피보증채무의 범위
　은행은 피보증채무의 범위를 달리하는 다음의 세 유형 가운데 어느 하나를 보증인이 선택할 수 있음을 설명하였고 보증인은 그 가운데 포괄 근보증에서 정한 채무(이자, 지연배상금, 타 부대채무를 포함합니다)를 보증하기로 합니다.

(특정근보증)
채무자가 은행(본·지점)에 대하여 다음 약정서에 의한 거래로 말미암아 현재 및 장래에 부담하는 모든 채무(아래 약정의 상환기일 또는 거래기간을 보증인의 동의를 받아 연장한 때에는 그 채무 포함)
　　　　　　　년　　월　　일자　　　　약정서
　　　　　　　년　　월　　일자　　　　약정서

(한정근보증)
채무자가 은행(본·지점)에 대하여 다음 종류의 거래로 말미암아 현재 및 장래에 부담하는 모든 채무
　　　　　거래,　　　　　　　거래,　　　　　　　거래

(포괄근보증)
채무자가 은행(본·지점)에 대하여 현재 및 장래에 부담하는 다음 채무
　가. 어음대출, 증서대출, 당좌대출, 어음할인, 지급보증, 매출채권거래, 상호부금거래, 사채인수, 유가증권대여, 외국환거래 기타 여신거래로 말미암은 모든 채무
　나. 채권자와 제3자와의 위 "가"의 거래에 대한 보증채무
　다. 채권자가 제3자와의 위 "가"의 거래로 말미암아 취득한 어음 또는 수표상의 채무

3. 근보증한도액
　금 이십억 원

4. 근보증 결산기
　은행은 근보증 결산기를 정하는 다음의 세 유형 가운데 어느 하나를 설정자가 선택할 수 있음을 설명하였고, 보증인은 장래지정형에서 정한 날을 결산기로 하기로 합니다.

(지정형)
　　　　　　　　　　20　　　년　　　　월　　　　일

(자동확정형)
　　　　　　　　　　　　　　　　　　　　사유가 발생한 날

(장래지정형)
정하지 아니합니다. 단, 보증 약정일부터 3년이 경과하면 보증인은 서면통지에 의하여 근보증 결산기를 지정할 수 있기로 하되, 그 결산기는 통지 도달일부터 14일 이후가 되어야 하며, 이에 미달하는 때에는 통지 도달일부터 14일이 되는 날을 결산기로 합니다.

② 채무자의 은행에 대한 채무 중 다음의 금융기관 또는 이에 준하는 기관이 보증한 부분은 제1항 제2호 피보증 채무의 범위에서 제외합니다.
1. 은행법에 의한 금융기관 및 특별법에 의한 은행
2. 신용보증기금법에 의한 신용보증기금
3. 신기술사업금융지원에 관한 법률에 의한 기술신용보증기금

제2조 상계의 제한
　보증인은 주채무의 기일도래 전 또는 여신거래기본약관 제7조에 의한 기한의 이익상실(기업

자금의 경우 제9조에 의한 할인어음의 환매청구사유 발생 포함)에 따라 보증채무를 이행하여야 할 상태에 도달하기 전에는 채무자의 은행에 대한 예금 기타의 채권에 의한 주채무와의 상계로써 은행에 대항하지 않습니다.

제3조 다른 담보·보증약정과의 관계
① 보증인이 채무자의 은행에 대한 같은 피담보채무에 관하여 따로 담보를 제공하고 있거나 보증을 하고 있는 경우에는 별도의 약정이 없는 한 그 담보나 보증은 이 보증약정에 의하여 변경되지 아니하며 이 약정에 의한 보증책임과 별개의 것으로 누적적으로 적용됩니다.
② 담보가치의 하락 등을 대비한 은행의 청구에 의하여 같은 피담보채무에 관한 담보제공과 동시에 같은 금액으로 연대보증을 한 경우, 그 중 어느 하나의 일부 또는 전부를 이행한 때에는 제1항에 불구하고 그 이행한 범위 내에서 다른 책임도 면합니다.

제4조 담보 등의 변경·해지·해제
보증인이 동의를 한 때, 동등한 가치 이상의 담보 대체, 동등한 자력 이상의 보증인 교체 또는 일부 변제액에 비례한 담보나 보증의 해지·해제 등 보증인이 대위변제할 경우의 구상실현에 불리한 영향이 없을 때에는, 거래상 필요에 따라, 은행은 담보나 보증을 변경 또는 해지·해제할 수 있기로 합니다.

제5조 기타 특약사항   보증인: (인)

없 음

※ 보증인은 다음 사항을 읽고 본인의 의사를 사실에 근거하여 자필로 기재하여 주십시오.

1. 은행여신거래기본약관과 이 계약서 사본을 확실히 수령하였습니까?	수령함
2. 위 약관과 계약서의 중요한 내용에 대하여 설명을 들었습니까?	수령함
3. 채무자의 부채현황, 연체유무 및 신용불량 정보등의 내용에 대하여 설명을 들었습니까?	들었음

상담자	직위 : 차장	성명 : 강정수 인

근 보 증 서

★ 연대보증은 재산상 손실을 가져올 수도 있는 중요한 법률행위이므로 미리 뒷면 "연대보증인이 꼭 알아 두어야 할 사항"과 계약서의 내용을 잘 읽은 후 신중한 판단을 하시고,
★ 굵은선 □□□□ 으로 표시된 란(당사자란과 제1조 및 계약서 끝부분)은 보증인이 반드시 자필로 기재하시기 바랍니다.

주식회사 국민은행 앞   2013. 10. 7.

연대보증인   효자동애국전상군인회(회장 정인철)
주   소   서울 종로구 효자동 330 효자군인아파트 2동 304호

연대보증인(이하 "보증인"이라 합니다)은 채무자가 주식회사 국민은행(이하 "은행"이라 합니다)에 현재 및 장래에 부담하는 제1조에서 정하는 범위의 모든 채무에 대하여 채무자와 연대하여 보증채무를 지며, 보증채무의 이행에 관하여도 은행여신거래기본약관 및 채무자가 따로 은행에 제출한 다음의 피보증채무에 관한 거래약정서의 각 조항이 적용됨을 승인하고, 아래 각 조항을 확약합니다.

제1조 보증채무의 내용
① 보증인은 아래의 내용에 따라서 보증채무를 부담합니다.
1. **채무자** : 성 명 효자군인아파트재건축정비사업조합
              주 소 서울 종로구 효자동 330 효자군인아파트 관리실

2. **피보증채무의 범위**
   은행은 피보증채무의 범위를 달리하는 다음의 세 유형 가운데 어느 하나를 보증인이 선택할 수 있음을 설명하였고 보증인은 그 가운데 포괄 근보증 에서 정한 채무(이자, 지연배상금, 타 부대채무를 포함합니다)를 보증하기로 합니다.

   (특정근보증)
   채무자가 은행(본·지점)에 대하여 다음 약정서에 의한 거래로 말미암아 현재 및 장래에 부담하는 모든 채무(아래 약정의 상환기일 또는 거래기간을 보증인의 동의를 받아 연장한 때에는 그 채무 포함)
                  년   월   일자   약정서
                  년   월   일자   약정서

(한정근보증)
채무자가 은행(본·지점)에 대하여 다음 종류의 거래로 말미암아 현재 및 장래에 부담하는 모든 채무
　　　　　　거래,　　　　　　거래,　　　　　　거래

(포괄근보증)
채무자가 은행(본·지점)에 대하여 현재 및 장래에 부담하는 다음 채무
　가. 어음대출, 증서대출, 당좌대출, 어음할인, 지급보증, 매출채권거래, 상호부금거래, 사채인수, 유가증권대여, 외국환거래 기타 여신거래로 말미암은 모든 채무
　나. 채권자와 제3자와의 위 "가"의 거래에 대한 보증채무
　다. 채권자가 제3자와의 위 "가"의 거래로 말미암아 취득한 어음 또는 수표상의 채무

3. 근보증한도액
　금 이십억 원

4. 근보증 결산기
　은행은 근보증 결산기를 정하는 다음의 세 유형 가운데 어느 하나를 설정자가 선택할 수 있음을 설명하였고, 보증인은 장래지정형에서 정한 날을 결산기로 하기로 합니다.

(지정형)
　　　　　　20　　년　　　　월　　　　일

(자동확정형)
　　　　　　　　　　　　　　　　　사유가 발생한 날

(장래지정형)
정하지 아니합니다. 단, 보증 약정일부터 3년이 경과하면 보증인은 서면통지에 의하여 근보증 결산기를 지정할 수 있기로 하되, 그 결산기는 통지 도달일부터 14일 이후가 되어야 하며, 이에 미달하는 때에는 통지 도달일부터 14일이 되는 날을 결산기로 합니다.

② 채무자의 은행에 대한 채무 중 다음의 금융기관 또는 이에 준하는 기관이 보증한 부분은 제1항 제2호 피보증 채무의 범위에서 제외합니다.
1. 은행법에 의한 금융기관 및 특별법에 의한 은행
2. 신용보증기금법에 의한 신용보증기금
3. 신기술사업금융지원에 관한 법률에 의한 기술신용보증기금

제2조 상계의 제한
　보증인은 주채무의 기일도래 전 또는 여신거래기본약관 제7조에 의한 기한의 이익상실(기업

자금의 경우 제9조에 의한 할인어음의 환매청구사유 발생 포함)에 따라 보증채무를 이행하여야 할 상태에 도달하기 전에는 채무자의 은행에 대한 예금 기타의 채권에 의한 주채무와의 상계로써 은행에 대항하지 않습니다.

제3조 다른 담보·보증약정과의 관계
① 보증인이 채무자의 은행에 대한 같은 피담보채무에 관하여 따로 담보를 제공하고 있거나 보증을 하고 있는 경우에는 별도의 약정이 없는 한 그 담보나 보증은 이 보증약정에 의하여 변경되지 아니하며 이 약정에 의한 보증책임과 별개의 것으로 누적적으로 적용됩니다.
② 담보가치의 하락 등을 대비한 은행의 청구에 의하여 같은 피담보채무에 관한 담보제공과 동시에 같은 금액으로 연대보증을 한 경우, 그 중 어느 하나의 일부 또는 전부를 이행한 때에는 제1항에 불구하고 그 이행한 범위 내에서 다른 책임도 면합니다.

제4조 담보 등의 변경·해지·해제
보증인이 동의를 한 때, 동등한 가치 이상의 담보 대체, 동등한 자력 이상의 보증인 교체 또는 일부 변제액에 비례한 담보나 보증의 해지·해제 등 보증인이 대위변제할 경우의 구상실현에 불리한 영향이 없을 때에는, 거래상 필요에 따라, 은행은 담보나 보증을 변경 또는 해지·해제할 수 있기로 합니다.

제5조 기타 특약사항   보증인: (인)

없 음

※ 보증인은 다음 사항을 읽고 본인의 의사를 사실에 근거하여 자필로 기재하여 주십시오.

1. 은행여신거래기본약관과 이 계약서 사본을 확실히 수령하였습니까?	수령함
2. 위 약관과 계약서의 중요한 내용에 대하여 설명을 들었습니까?	수령함
3. 채무자의 부채현황, 연체유무 및 신용불량 정보등의 내용에 대하여 설명을 들었습니까?	들었음

상담자	직위 : 차장	성명 : 강정수 인

재건축사업 공사계약서

아래 사업의 사업주체인 효자군인아파트재건축정비사업조합(서울 종로구 효자동 330 효자군인아파트 관리실 조합장 최병환. 이하 "갑"이라 한다)과 시공사 주식회사 대륭건설(이하 "을"이라 한다)은 효자군인아파트 재건축사업에 필요한 사항을 정하기 위하여 상호간에 아래와 같이 약정하고 이를 증하기 위하여 본 계약서 2통을 작성하여 "갑"과 "을"이 기명날인한 후 각각 1통씩 보관한다.

- 아 래 -

1. 사업의 명칭 : 효자군인아파트 주택재건축정비사업
2. 사업의 위치 : 서울 종로구 효자동 330, 331, 334
3. 사업부지면적 : 18,731.00㎡ (5,666.10평)
4. 사업의 내용 : 관할 지방자치단체장이 승인한 건축시설의 신축공사
5. 사업 방법 : 기존건물 철거 후 아파트 5개동 및 부대복리시설 신축
6. 공사 시간 : 2013년 6월 1일부터 2015년 8월 31일까지
7. 공사대금 지급
   - ◆ 총 공사대금 : 52억 원
   - ◆ 계약금(선급금) 2억 원 : 계약 당일 지급
   - ◆ 1차 중도금 10억 원 : 기존 건물 철거작업 완료시 지급
   - ◆ 2차 중도금 15억 원(단, 금융기관 차입금으로 충당하며, 대출할 금융기관은 을이 알선하되, 대출이 성사될 경우 그 대출금 수령은 을이 직접 하거나 을의 입회하에 갑이 수령하여 그 자리에서 을에게 지급하기로 함).
   - ◆ 잔금 25억 원 : 준공검사와 동시에 지급
8. 지체상금 : 을은 공사완료가 지체될 경우 1일당 2,000만원을 갑에게 지불키로 함
9. 기타 : 갑과 을은 도시 및 주거환경정비법 및 동법 시행령, 동법 시행규칙, 주택건설기준 등에 관한 규정 및 규칙, 주택공급에 관한 규칙, 집합건물의 소유 및 관리에 관한 법률 등 관련법령과 조합의 규약(정관)을 준수하여 계약조건에 따라 당해 재건축정비사업이 성공적으로 완료되도록 상호 신의와 성실의 원칙에 따라 이 계약을 이행하기로 한다.
10. 특약 : 이 계약서에 없는 사항은 갑과 을이 합의하여 정하며, 합의가 안 될 경우 상법과 상관습에 따른다.

※ 별첨서류 : 공사설계도면 및 시방서 각 1부.

2013년 5월 23일

"갑"　주　소 : 서울 종로구 효자동 330 효자군인아파트 관리실
　　　명　칭 : 효자군인아파트주택재건축정비사업조합
　　　조합장 : 최　병　환 (인)

"을"　주　소 : 서울 은평구 대조동 110 대륭빌딩 609호
　　　명　칭 : 주식회사 대륭건설
　　　대표이사 : 최　병　진 (인)

회 의 록

 효자군인아파트주택재건축정비사업조합의 임시 대의원회를 다음과 같이 개최하였으므로 이를 증하기 위해 회의록을 작성함

1. 일   시 : 2013년 10월 2일
2. 장   소 : 본 조합 사무실
3. 참석자 : 재적 대의원 20인 중 20인 출석(출석 내용 별지와 같음)
            조합장 및 감사 각 출석
4. 의   안 : 재건축사업 자금 차입의 건
5. 의결내용 : 조합장이 공사 시공사인 ㈜대륭건설에 지급할 2차 중도금 15억 원을 국민은행으로부터 차입하여 충당하고자 한다고 보고하였던바, 일부 대의원이 이자가 너무 비싸고 상환조건이 다른 재건축단지에 비해 나쁘다며 재협상을 요구하였으나, 조합장이 시일이 촉박하다고 신속한 의사결정을 촉구함.
이에 거수 표결한 결과 참석한 대의원 20인 중 16인이 찬성함(조합장은 대의원이나 정관상 의결권이 없으므로 대의원 수에 산입하지 않음).

위 회의록 내용은 사실과 틀림이 없음을 확인함

2013년 10월 3일

확인인   1. 의장(조합장) 최병환 (인)
         2. 감사 서정섭 (인)
         3. 대의원(수석) 김희수 (인)

대의원 회의 참석자 명단

순번	직책	성 명	순번	직책	성 명
1	대의원	(2-306) 김희수	19	대의원	(5-202) 김주형
2	〃	(1-101) 전재선	20	〃	(5-207) 심경섭
3	〃	(1-107) 최순선			
4	〃	(1-201) 김형옥			
5	〃	(1-202) 권오운			
6	〃	(1-203) 박운영			
7	〃	(1-206) 한광숙			
8	〃	(1-303) 곽윤분			
9	〃	(1-306) 정윤순			
10	〃	(1-407) 권금자			
11	〃	(1-506) 지정융			
12	〃	(1-509) 최순규			
13	〃	(2-210) 손길식			
14	〃	(3-103) 심선녀			
15	〃	(3-204) 유경종			
16	〃	(3-409) 김남순			
17	〃	(4-505) 박상협			
18	〃	(4-508) 최난숙			

인 가 증

번호 : 2013-06-172
명칭 : 효자군인아파트주택재건축정비사업조합
주소 : 서울 종로구 효자동 330 효자군인아파트 관리실
대표자 : 최병환
정비사업 예정구역의 위치 및 면적 : 서울 종로구 효자동 330 외 2필지 18,731.00㎡
      (5,666.10평)

도시 및 주거환경정비법 제16조 제2항의 규정에 의하여 위와 같이 주택재건축정비사업조합의 설립을 인가합니다.

2013. 3. 30.

서울특별시장 박원순 (인)

영 수 증

일금 ₩15억원정

위 금액을 효자군인아파트주택재건축정비사업조합과 ㈜대륭건설 간에 기 약정된 공사도급계약에서 정한 2차 중도금조로 정히 수령함.

2013년 10월 10일

(주) 대륭건설
대표이사 최병진 (인)

효자군인아파트주택재건축정비사업조합   귀하

각   서

금일 본인이 귀 은행에 대한 효자군인아파트주택재건축정비사업조합의 대출금 채무 일체를 보증한바, 15일 내에 효자동애국전상군인회의 총회 및 임원회 승인을 필히 받아 위 은행에 제출할 것을 각서합니다.

2013년 10월 7일

효자동애국전상군인회 회장   정인철 (인)

국민은행장(광화문지점 차장 강정수)   귀하

발췌

정 관

효자군인아파트주택
재건축정비사업조합

제1장 총 칙

제1조(명칭)
① 본 조합의 명칭은 효자군인아파트주택재건축정비사업조합(이하 "조합"이라 한다)이라 한다.
② 본 조합이 시행하는 주택재건축사업의 명칭은 효자군인아파트 주택재건축정비사업(이하 "사업"이라 한다)이라 한다.

제2조(목적)
조합은 도시 및 주거환경정비법(이하 "법"이라 한다)과 이 정관이 정하는 바에 따라 제3조의 사업시행구역(이하 "사업시행구역"이라 한다) 안의 건축물을 철거하고 그 토지 위에 새로운 건축물을 건설하여 도시 및 주거환경을 개선하고 조합원의 주거안정 및 주거생활의 질적 향상에 이바지함을 목적으로 한다.

제3조(사업시행구역)
조합의 사업시행구역은 서울 종로구 효자동 330, 331, 334로서 토지의 총면적은 18,368평방미터(5,556.32평)로 한다. 다만, 사업시행상 불가피하다고 인정되어 관계 법령 및 이 정관이 정하는 바에 따라 추가로 편입되는 토지 등이 있을 경우에는 사업시행구역과 토지의 총면적이 변경된 것으로 본다.

제4조(사무소)
① 조합의 주된 사무소를 서울 종로구 효자동 330 효자군인아파트 관리실에 둔다.
② 조합 사무소를 이전하는 경우 대의원회 의결을 거쳐 이전할 수 있으며, 조합원에게 통지한다.

제6조(사업기간)
사업기간은 조합설립인가일부터 제57조에서 규정한 청산업무가 종료되는 날까지로 한다.

제8조(정관의 변경)
① 정관을 변경하고자 할 때에는 조합원 3분의 1 이상 또는 대의원 3분의 2 이상 또는 조합장의 발의가 있어야 한다.
② 정관의 변경에는 조합원 3분의 2 이상의 동의를 얻어 시장·군수의 인가를 받아야 한다. 다만, 도시 및 주거환경정비법시행령(이하 "영"이라 한다) 제32조의 경미한 변경에 해당하는 경우에는 조합원 과반수 출석과 출석조합원 과반수 찬성으로 변경한다.

제10조(조합원의 권리, 의무)
① 조합원은 다음 각호의 권리와 의무를 갖는다.
  1. 총회의 출석권·발언권 및 의결권
  2. 임원의 선임권 및 피선임권
  3. 대의원의 선출권 및 피선출권
  4. 토지 또는 건축물의 분양청구권
  5. 청산금·부과금과 이에 대한 연체금 및 지연손해금(이주지연, 계약지연, 조합원 분쟁으로 인한 지연 등을 포함함) 등의 비용납부의무

6. 그 밖에 관계법령 및 이 정관, 총회 등의 의결사항 준수의무
② 조합원의 권한은 평등하며 권한의 대리행사는 원칙적으로 인정하지 아니하되, 다음 각호에 해당하는 경우에는 권한을 대리할 수 있다. 이 경우 조합원의 자격은 변동되지 아니한다.
  1. 조합원이 권한을 행사할 수 없어 배우자, 직계존비속, 형제자매 중에서 성년자를 대리인으로 정하여 위임장을 제출하는 경우
  2. 해외거주자가 대리인을 지정한 경우

제4장 임　　원

제15조(임원)
① 조합에는 다음 각호의 임원을 둔다(조합장과 부조합장은 이사 정원에 포함한다).
  1. 조합장 1인 2. 부조합장 1인 3. 이사 7인 4. 감사 2인
② 조합 임원은 총회에서 조합원 과반수 출석과 출석 조합원 3분의 2 이상의 동의를 얻어 조합원 중에서 선임한다. 다만, 임기 중 궐위된 경우에는 조합원 중에서 대의원회가 이를 보궐선임한다.
③ 임원의 임기는 선임된 날부터 5년까지로 하되, 총회의 의결을 거쳐 연임할 수 있다.
④ 임기가 만료된 임원은 후임자가 선임될 때까지 그 직무를 수행한다.

제16조(임원의 직무 등)
① 조합장은 조합을 대표하고 조합의 사무를 총괄하며 총회와 대의원회의 의장이 된다.
② 이사는 조합장을 보좌하고, 조합원 총회와 대의원회에 부의할 사항을 심의하며 이 정관이 정하는 바에 의하여 조합의 사무를 분장한다.
③ 감사는 조합의 사무 및 재산상태와 회계에 관하여 감사하며 정기 총회에 감사결과보고서를 제출하여야 하며, 조합원 5분의 1 이상의 요청이 있을 때에는 공인회계사에게 회계심사를 의뢰하여 공인회계사가 작성한 감사보고서를 총회 또는 대의원회에 제출하여야 한다.
④ 감사는 조합의 재산관리 또는 조합의 업무집행이 공정하지 못하거나 부정이 있음을 발견하였을 때에는 대의원회 또는 총회에 보고하여야 하며, 조합장은 보고를 위한 대의원회 또는 총회를 소집하여야 한다.
⑤ 조합장 또는 이사가 자기를 위한 조합과의 계약이나 소송에 관련되었을 경우에는 감사가 조합을 대표한다.
⑥ 조합장이 유고 등으로 인하여 그 직무를 수행할 수 없을 때에는 감사, 부조합장, 상근이사 순으로, 이들이 복수인 때에는 연장자순에 의하여 그 직무를 대행한다.

제17조(임원의 결격사유 및 자격상실 등)
① 다음 각호의 자는 조합의 임원에 선임될 수 없다.
  1. 미성년자, 금치산자, 한정치산자
  2. 파산자로서 복권되지 아니한 자

3. 금고 이상의 실형의 선고를 받고 그 집행이 종료(종료된 것으로 보는 경우를 포함한다)되거나 집행이 면제된 날부터 2년이 경과하지 아니한 자
4. 법 또는 관련 법규의 징계절차에 의하여 면직 처분을 받은 때로부터 2년이 경과되지 아니한 자

② 임원이 제1항 각호의 1에 해당하게 되거나 선임 당시 그에 해당하는 자이었음이 판명된 때에는 당연 퇴임한다.

③ 제2항의 규정에 의하여 퇴임된 임원이 퇴임 전에 관여한 행위는 그 효력을 잃지 아니한다.

제5장 기　　관

제20조(총회의 설치)
① 조합에는 조합원 전원으로 구성하는 총회를 둔다.
② 총회는 정기총회, 임시총회로 구분하며 조합장이 소집한다.
③ 정기총회는 매년 1회, 회계연도 종료일부터 2월 이내에 개최한다. 다만, 특별한 안건이 없거나 부득이한 사정이 있는 경우에는 3월의 범위 내에서 사유와 기간을 명시하여 일시를 변경 또는 차기 총회로 연기할 수 있다.
④ 임시총회는 조합장이 필요하다고 인정하는 경우에 개최한다. 다만, 다음 각호의 1에 해당하는 때에는 조합장은 해당일로부터 2월 이내에 총회를 개최하여야 한다.
　1. 조합원 5분의 1 이상이 총회의 목적사항을 제시하여 청구하는 때
　2. 대의원 3분의 2 이상으로부터 개최요구가 있는 때
⑤ 제4항 각호의 규정에 의한 청구 또는 요구가 있는 경우로서 조합장이 2월 이내에 정당한 이유 없이 총회를 소집하지 아니하는 때에는 감사가 지체 없이 총회를 소집하여야 하며, 감사가 소집하지 아니하는 때에는 제4항 각호의 규정에 의하여 소집을 청구한 자의 대표가 시장, 군수의 승인을 얻어 이를 소집한다.
⑥ 총회는 미리 통지한 안건에 대해서만 의결할 수 있다.

제21조(총회의 의결사항)
총회는 법 제24조에 정한 사항을 의결한다.

제22조(총회의 의결방법)
① 총회는 법, 이 정관에서 특별히 정한 경우를 제외하고는 조합원 과반수 출석으로 개의하고 출석 조합원의 과반수 찬성으로 의결한다.
② 제1항의 규정에 불구하고 다음 각호에 관한 사항은 조합원 과반수 출석과 출석 조합원 3분의 2 이상의 찬성으로 의결한다.
　1. 정관 제1장 제1조 제1항의 개정 및 폐지에 관한 사항
　2. 정관 제3장 제13조 제1항의 개정 및 폐지에 관한 사항
③ 조합원은 서면 또는 제10조 제2항 각호에 해당하는 대리인을 통하여 의결권을 행사할 수 있다. 서면행사의 경우에는 제1항 및 제2항의 규정에 의한 출석으로 본다.

④ 조합원은 제3항의 규정에 의하여 출석을 서면으로 하는 때에는 안건내용에 대한 의사를 표시하여 총회 전일까지 조합에 도착되도록 하여야 한다.
⑤ 조합원은 제3항의 규정에 의하여 출석을 대리인으로 하고자 하는 경우에는 인감 또는 조합에 등록된 사용인감으로 대리인계를 작성하여 조합에 제출하여야 한다.
⑥ 총회 소집 결과 정족수에 미달되는 때에는 재소집하여야 하며, 재소집의 경우에도 정족수에 미달되는 때에는 대의원회로 총회를 갈음할 수 있다.
⑦ 의장은 총회의 질서를 유지하고 의사를 정리하며, 고의로 의사진행을 방해하는 발언, 행동 등으로 총회질서를 문란하게 하는 자에 대하여 그 발언의 정지, 제한 또는 퇴장을 명할 수 있다.

제24조(대의원회의 설치)

① 조합에 대의원회를 둔다.
② 대의원의 수는 10인 이상 30인 이하로 하되, 동별로 최소 1인의 대의원을 선출하여야 한다.
③ 대의원은 조합원 중에서 선출하며, 조합장을 제외한 조합 임원은 대의원이 될 수 없다.
④ 대의원이 궐위된 경우 그 보선은 대의원회에서 한다.
⑤ 대의원회는 조합장이 필요하다고 인정하는 때에 소집한다. 다만, 다음 각호의 1에 해당하는 때에는 조합장은 해당 일부터 14일 이내에 대의원회를 소집하여야 한다.
  1. 조합원 10분의 1 이상이 회의의 목적사항을 제시하여 소집을 청구하는 때
  2. 대의원의 3분의 1 이상이 회의의 목적사항을 제시하여 청구하는 때
⑥ 대의원회는 법 제25조의 규정에 의한 사항, 이 정관에서 따로 총회의 권한으로 정하지 아니하거나 대의원회의 의결사항으로 정한 사항을 의결한다.
⑦ 대의원회는 총회의 위 의결사항에 불구하고 다음 각호의 사항에 관하여 총회결의에 앞서 미리 심의·의결하여야 한다.
  1. 정관의 변경   2. 1억 원 이상의 자금 차입 또는 채무 보증
  3. 부동산의 처분   4. 공사도급계약   5. 관리처분계획

제26조(대의원회 의결방법)

① 대의원회는 법 및 이 정관에서 특별히 정한 경우를 제외하고는 대의원 과반수 출석으로 개의하고 출석 대의원 과반수의 찬성으로 의결한다. 다만, 조합장은 의결권이 없다.
② 대의원은 서면으로 대의원회에 출석하거나 의결권을 행사할 수 있다. 이 경우 제1항의 규정에 의한 출석으로 본다.

제31조(의사록의 작성 및 관리)

총회, 대의원회의 의사록 작성기준 및 관리 등은 다음 각호와 같다.
  1. 의사록에는 의사의 경과, 요령 및 결과를 기재하고 의장과 출석한 이사, 감사 또는 대의원이 기명날인하여야 한다.
  2. 의사록은 조합 사무소에 비치하여 조합원이 항시 열람할 수 있도록 하여야 한다.

제6장 재 정

제32조(조합의 회계)
① 조합의 회계는 매년 1월 1일부터 12월 말일까지로 한다.
② 조합의 예산, 회계는 기업회계의 원칙에 따르되 조합은 필요하다고 인정하는 때에는 다음 사항에 관하여 별도의 회계규정을 정하여 운영할 수 있다. 이 경우 회계규정을 정할 때는 미리 총회의 인준을 받아야 한다.
 1. 예산의 편성과 집행기준에 관한 사항
 2. 세입·세출예산서 및 결산보고서의 작성에 관한 사항
 3. 수입의 관리, 징수방법 및 수납기관 등에 관한 사항
 4. 지출의 관리 및 지급 등에 관한 사항
 5. 계약 및 채무관리에 관한 사항
③ 조합은 다음 각호의 1에 해당하는 경우 주식회사의 외부감사에 관한 법률 제3조 규정에 의한 감사인의 회계감사를 받아야 한다.
 1. 추진위원회에서 조합으로 인계되기 전까지 납부 또는 지출된 금액이 3억원 이상인 경우
 2. 사업시행인가 고시일 전까지 납부 또는 지출된 금액이 15억원 이상인 경우

제34조(정비사업비의 부과 및 징수)
조합은 조합원에게 공사비 등 사업에 소요되는 비용을 부과, 징수할 수 있다.

제10장 보 칙

제59조(약정의 효력)
조합이 사업시행에 관하여 시공자 및 설계자, 정비사업전문관리업자와 체결한 약정은 관계법령 및 이 정관이 정하는 범위 안에서 조합원에게 효력을 갖는다.

제60조(주택재건축정비사업조합 설립추진위원회 행위의 효력)
조합설립인가일 전에 조합의 설립과 사업시행에 관하여 추진위원회가 행한 행위는 관계법령 및 이 정관이 정하는 범위 안에서 조합이 이를 승계한 것으로 본다.

제61조(정관의 해석)
이 정관의 해석에 대하여 이견이 있을 경우 일차적으로 이사회에서 해석하고, 그래도 이견이 있을 경우는 대의원회에서 해석한다.

제62조(소송 관할법원)
조합과 조합원 간에 법률상 다툼이 있는 경우 소송 관할법원은 서울중앙지방법원으로 한다.

제63조(민법의 준용 등)
① 조합에 관하여는 도시 및 주거환경정비법에 규정된 것을 제외하고는 민법 중 사단법인에 관한 규정을 준용한다.
② 법, 민법, 이 정관에서 정하는 사항 외에 조합의 운영과 사업시행 등에 관하여 필요한 사항은 관계법령 및 관련 행정기관의 지침, 지시 또는 유권해석 등에 따른다.

[발췌]

규 약

효자동애국전상군인회

제1조(명칭) 본 회는 효자동애국전상군인회라 한다.

제2조(목적) 본 회는 회원 상호간의 친목 도모, 회원의 애경사 부조, 회원의 노후생활 부조를 목적으로 한다.

제3조(사무소)

① 본 회의 사무소는 서울 종로구 효자동 330 효자군인아파트 1동 101호에 둔다.

② 위 사무소는 임원회의 의결을 거쳐 이전할 수 있다.

제5조(규약의 변경)

① 본 규약을 변경하고자 할 때에는 회원 2분의 1 이상의 발의가 있어야 한다.

② 규약 변경에는 회원 3분의 2 이상의 동의를 얻어야 한다.

제9조(회원의 자격)

① 본 회의 회원은 전상군인으로서 효자동군인아파트 거주자로 한다.

② 본 회의 성립 후 본 회에 가입하고자 하는 자는 기존 회원의 추천을 받아 임원회의 동의를 받아야 한다.

제10조(회원의 권리, 의무)

① 회원은 다음 각호의 권리와 의무를 갖는다.

1. 총회의 출석권, 발언권 및 의결권
2. 임원의 선임권 및 피선임권
3. 본 회의 시설 사용권

② 회원의 권리와 의무는 평등하다.

제11조(임원 및 임원회)

① 본 회에 다음 각호의 임원을 둔다.

1. 회장 1인
2. 부회장 1인
3. 이사 5인
4. 감사 2인

② 위 임원으로 임원회를 구성하며 회장이 임원회의 의장을 겸한다.

③ 임원의 임기는 3년으로 한다.

④ 임기가 만료된 임원은 후임자가 선임될 때까지 그 직무를 수행한다.

제12조(임원의 직무 등)

① 회장은 본 회를 대표하고 회의 사무를 총괄한다.

② 부회장과 이사는 회장을 보좌하고, 총회와 임원회에 부의할 사항을 심의한다.

③ 감사는 본 회의 사무 및 재산상태와 회계에 관하여 감사한다.

④ 임원회는 총회에 앞서 다음 사항을 심의한다.

1. 규약의 변경
2. 본 회의 재산의 처분
3. 본 회의 부담이 되는 채무의 부담

4. 회비의 책정 및 징수
　　　5. 회비의 용도
　　　6. 회원의 가입 및 제명, 징계
　⑤ 임원회는 본 규약에서 총회의 권한으로 정하지 아니한 사항 일체를 최종적으로 심의 의결한다.

제13조(총회의 의결사항)
　총회는 다음 각호의 사항을 심의 의결한다.
　　　1. 규약의 변경
　　　2. 본 회 소유 부동산의 처분
　　　3. 회원의 제명, 징계
　　　4. 기타 임원회에서 부의한 사항

제14조(총회와 임원회의 의결방법)
　① 총회와 임원회는 이 규약에서 특별히 정한 경우를 제외하고는 회원 또는 임원 과반수 출석으로 개의하고 출석자의 과반수 찬성으로 의결한다.
　② 제1항의 규정에 불구하고 규약 변경과 회원의 제명은 재적 회원 과반수 찬성으로 의결한다.

제15조(회계)
　① 본 회의 회계는 매년 1월 1일부터 12월 말일까지로 한다.
　② 본 회의 재원은 회비, 그 이자, 후원금으로 충당한다.

서울중앙지방검찰청

사건번호   년 형제   호
수 신 자   서울중앙지방법원
제   목   **공소장**
　　　　　검사 정광수는 아래와 같이 공소를 제기합니다

I. 피고인 관련사항

피 고 인   최병환   세
　　　　　직업   재건축조합 조합장
　　　　　주거   서울특별시 종로구 효자동 군인아파트   동   호
　　　　　등록기준지 충청남도 연기군 조치원읍 신흥리

죄   명   사문서위조 위조사문서행사

적용법조   형법제   조제   조제   조제   조제   조제   조

구속여부   불구속

변 호 인   없음

II. 공소사실

피고인은 2013. 3. 30.경부터 현재까지 효자군인아파트주택재건축정비사업조합의 조합장으로 근무하는 자이다.

피고인은 위 재건축 사업비 충당을 위해 위 조합 명의로 대출을 받기 위해서는 위 조합 대의원회 의결이 필요하다는 것을 알고서, 사실은 2013. 10. 2. 개최된 위 조합 임시 대의원회에 국민은행으로부터의 15억 원 차입건이 상정되었으나 대의원들의 반대로 이를 의결하지 못하였음에도 불구하고, 위 재건축 사업비의 조달을 위한 차입 건에 관한 위 조합 대의원회 의결이 있었다는 내용의 대의원회 회의록을 위조한 후 이를 금융기관에 제출함으로써 대출을 받기로 마음먹었다.

가. 사문서위조

피고인은 2013. 10. 3.경 서울 종로구 효자동 330 소재 위 조합 사무실에서, "2013. 10. 2. 위 조합 대의원 20명이 조합 사무실에 출석하여, 위 조합이 국민은행으로부터 15억 원의 대출을 받을지 여부에 관하여 심의한 결과 16인의 대의원이 찬성하였으며, 이 내용을 자신과 감사 서정섭, 대의원 김희수가 확인한다"라는 내용의 대의원회 회의록을 작성한 후, 그 정을 모르는 위 서정섭, 김희수로부터 미리 회의록 작성을 위해 교부받은 도장을 그들의 이름 옆에 그 위임의 취지와 다르게 찍었다. 이로써 피고인은 행사할 목적으로 사실증명에 관한 사문서인 서정섭, 김희수 명의의 대의원회 회의록 1부를 위조하였다.

나. 위조사문서행사

피고인은 2013. 10. 5.경 서울 종로구 내수동 11 소재 국민은행 광화문지점에서 그 정을 모르는 위 지점 차장 강정수에게 위와 같이 위조된 대의원회 회의록 1부를 마치 진정하게 성립한 것처럼 교부하여 이를 행사하였다.

III. 첨부서류

없음

검사   인

통 지 서

수신 : 국민은행
　　　　서울 중구 남대문로 2가 9-1
　　　　대표이사 김 정 원(광화문지점 차장 강정수)

발신 : 정인철(효자동애국전상군인회 회장, 예비역 육군대령)
　　　　서울 종로구 효자동 330 효자군인아파트 2동 304호

1. 귀 은행의 무궁한 발전을 기원합니다.
2. 본 발신인은 군인회를 대표하여 효자군인아파트재건축조합의 귀 은행에 대한 2013. 10. 7.자 대출금채무 일체를 보증한 바 있으나, 이는 본 군인회의 규약(정관)에도 위반되고 민법 제276조 제1항에도 위반하는 것으로서 무효이므로(본인은 그 당시 귀 은행 차장 강정수의 권유를 받고 경황없이 보증서에 날인하였을 뿐입니다), 더 이상 본인이나 본 군인회에 대출금 상환요구를 하지 마시기를 통지합니다.
※ 별첨 : 본 회의 규약 사본 1통

　　　　　　　　　　　　　　정인철 (인)

이 우편물은 2017년 4월 2일 등기 제23987호에 의하여 내용증명 우편물로 발송하였음을 증명함
　광화문우체국장　㊞

국내등기/소포우편 종적 조회

국내등기/소포우편(택배)조회

발송인/수취인 정보	
발송인	정인철 (효자동애국전상군인회 회장)
수취인	국민은행장 (광화문지점 차장 강정수)

조회결과			
등기번호	우편물종류	취급구분	배달결과
17-2349	통상	보통/익일특급	2017. 4. 3. 배달완료

세부결과				
날짜	시간	현재위치	처리현황	상세설명 (배달결과)
2017. 4. 2.	10:39	서울광화문	접수	
2017. 4. 2.	14:32	서울우편집중국	도착	
2017. 4. 2.	17:12	서울우편집중국	발송	
2017. 4. 2.	18:37	서울중앙	도착	
2017. 4. 3.	09:34	서울중앙	배달준비	집배원. 엄세중
2017. 4. 3.	13:45	서울중앙	배달완료	(배달)
(수령인 : 이지수님 - 문서 수발 담당 대리)				

* 자세한 사항은 우체국콜센터(1588-1300번)로 문의하시기 바랍니다.

【모범답안】

답 변 서

사　　건　　2017가합17025　대출금반환

원　　고　　주식회사 국민은행

피　　고　　효자군인아파트주택재건축정비사업조합 외 2인
　　　　　　피고들 소송대리인 변호사 오변론
　　　　　　서울 서초구 서초동 271 정곡빌딩 309호
　　　　　　전화 02-013-9811, 팩스 02-013-9812, 전자우편 mia@nate.com

위 사건에 관하여 피고들 소송대리인은 다음과 같이 답변합니다.

청구취지에 대한 답변

1. 원고의 피고들에 대한 청구를 모두 기각한다.
2. 소송비용은 원고가 부담한다.

라는 판결을 구합니다.

청구원인에 대한 답변

1. 다투지 않는 사실[277]

피고 효자군인아파트주택재건축정비사업조합(이하 '피고 조합'이라 합니다)이 「도시 및 주거환경정비법」에 의해 설립된 법인으로서, 그 명의로 2013. 10. 7. 원고와 원고 주장과 같은 내용의 금전 소비대차약정을 체결하고 2013. 10. 10.에 15억 원을 대출받은 사실, 피고 주식회사 대륭건설(이하 '피고 회사'라 합니다)과 피고 효자동애국전상군인회(이하 '피고 군인회'라 합니다)가 피고 조합의 위 채무를 연대보증한 사실, 피고 군인회가 법인격 없는 사단인 사실은 다투지 않습니다.[278]

---

[277] 이 부분을 "다툼이 없는 사실" 또는 "다툼이 없는 부분"이라고 하는 것은 적절하지 못하다. 다툼이 있는지 여부는 원고와 피고의 주장을 대비하여 판단하여야 할 것인데, 이는 심판자인 법원의 역할이기 때문이다. 그리고 실제로 일부 다툼이 있는데도 피고 대리인의 판단 잘못으로 다툼이 없다고 잘못 표현하는 사례도 많이 있다.

2. 원고의 주장에 대하여[279]

원고는 피고 조합과의 이 사건 금전 소비대차약정과 피고 회사 및 피고 군인회와의 연대보증약정이 유효함을 전제로 위 대출금과 그 이자 등의 지급을 구하나, 이는 다음과 같이 이유가 없습니다.

가. 피고 조합에 관하여[280]

1) 금전 차입에 대한 법령상의 제한

피고 조합은 「도시 및 주거환경정비법」 제16조 제2항에 의하여 설립된 주택재건축정비사업조합으로서(갑 제3호증 참조),[281] 위 법률 제22조 제1항에 따라 조합장이 조합을 대표하고 그 사무를 총괄하나,[282] 타인으로부터 자금을 차입하는 경우 위 법률 제24조 제3항 제2호에 의해 그 차입 여부와 방법, 이율 및 상환방법에 관하여 조합원 총회의 의결을 거쳐야 합니다.

그리고 위와 같은 총회 의결을 요구하는 법률 규정은 강행 규정으로서 총회의 의결 없이 행한 조합장의 대표권 행사는 무효입니다(대법원 1995. 2. 24. 선고 94다31242 판결, 1996. 11. 15. 선고 95다27158 판결, 2001. 3. 23. 선고 2000다61008 판결, 2009. 3. 26. 선고 2009다2033 판결 참조).[283]

---

278) 다투지 않는 사실이라고 해서 이를 빠짐없이 모두 거시하여야 하는 것은 아니다. 주된 것, 요건사실이 되는 것, 쟁점이 되는 것 위주로 간단히 거시하면 족하다. 피고 대리인이 "다투지 않는 사실"에 쓰지 않은 부분이라도 실질적으로 다투지 않는 것이면 묵시적인 자백이 된다(민사소송법 제150조 제1항 참조).

279) 답변서에서 원고의 주장을 반박하고자 하는 때에는 이와 같은 소제목을 붙이고 원고 주장의 요지를 밝힌 다음 구체적인 반박을 하는 것이 짜임새 있고 이해하기 쉽다.

280) 소제목을 어떻게 붙이느냐는 답변서 등 소송문서의 단락 나누기를 어떻게 하는지에 따라 달라진다. 통상 글의 주제를 압축해서 표현하면 무난하나, 경우에 따라서는 글의 내용과 관련된 당사자나 청구를 표시하는 것도 좋다.

281) 「도시 및 주거환경정비법」에 의해 설립된 주택재건축정비사업조합은 동법 제18조 제1항에 의하여 법인격이 부여되며, 동조 제2항에 의하여 설립인가를 받아 주된 사무소 소재지에서 등기함으로써 성립한다. 이 조합은 그 성질상 영리를 목적으로 하지 않으므로 비영리 사단법인으로서의 성격을 가지고(이에 따라 위 법률은 위 조합에 정관, 조합장과 이사 등의 집행기관, 총회를 의무적으로 두도록 하고 있다. 동법 제20조, 제21조, 제24조 참조), 동법 제27조에 의하여 민법 중 사단법인에 관한 규정이 준용된다.

282) 민법상의 사단법인은 그 집행기관으로서 이사를 두어야 하고(민법 제57조), 이사는 내부적으로 법인의 사무(법률행위 및 사실행위 포함)를 집행하고(민법 제58조), 대외적으로 법인을 대표하며 대표에 관하여는 대리에 관한 규정이 준용된다(민법 제59조). 이 경우 정관에 다른 규정이 없으면 이사가 여럿이라도 각자 대표권을 가지나(민법 제59조 제1항), 「도시 및 주거환경정비법」은 주식회사의 대표이사와 유사하게 조합장에게만 대표권을 부여하고 있음에 주의하여야 한다.

한편, 재단법인이나 사단법인으로서 사회 일반의 이익에 이바지하기 위하여 학자금·장학금 또는 연구비의 보조나 지급, 학술, 자선에 관한 사업을 목적으로 하는 공익법인에 대하여는 민법 외에 「공익법인의 설립·운영에 관한 법률」이 적용되는바, 동법은 정관에 규정할 사항, 설립허가의 기준, 임원의 수와 임기, 이사회의 구성과 기능, 운영, 의결정족수, 감사의 직무, 재산관계 등에 대한 특칙을 두고 있다.

283) 자금 차입 시 조합원 총회의 의결을 거치도록 한 「도시 및 주거환경정비법」의 입법취지는, 그것이 조합원의 이해관계에 중대한 영향을 미치므로 조합원의 의사에 기해 신중히 처리하도록 하여 조합원의 권익을 보호하기 위한 것이다(이와 같이 「도시 및 주거환경정비법」의 강행규정에 따라서 조합원 총회의 의결이 없는 금전 차입행위가 무효로 되는 것은, 비법인사단의 금전 차입행위 내지 채무 보증행위는 총유물의 관리·처분행위가 아니라서 그 사원총회의 결의를 거치지 않았더라도 유효하다는 대법원 2004다60072 전원합의체 판결의 법

2) 조합원 총회 결의의 부존재

그런데 피고 조합의 조합장 최병환은 원고로부터 이 사건 대출을 받음에 있어 조합원 총회의 의결을 거친 바가 없으므로, 원고와 피고 조합 사이의 이 사건 금전 소비대차약정은 무효입니다.

원고는 조합원 총회 결의에 갈음하여 대의원회의 결의를 거쳤으므로 적법하다는 취지의 주장을 하는 듯하나,284) 갑 제2호증의 2 대의원회 회의록은 위조된 것으로서 그 같은 대의원회 결의가 없었을 뿐 아니라, 「도시 및 주거환경정비법」에 의하면 주택재건축정비사업조합의 대의원회는 총회의 의결사항 중 대통령령이 정하는 사항을 제외하고는 총회의 권한을 대행할 수 있으나(제25조 제2항), 동법 시행령은, 자금 차입에 관한 사항은 대의원회 의결로써 총회 결의에 갈음할 수 없도록 하고 있으므로(동법 시행령 제35조), 설사 대의원회가 실제로 이 사건 자금 차입을 의결하였더라도 그것만으로 원고와의 이 사건 금전 소비대차약정이 유효하게 되는 것은 아닙니다.285)

따라서 원고는 이에 기한 대출금의 반환 등을 청구할 권원이 없어 원고의 피고 조합에 대한 이 사건 청구는 이유가 없습니다.286)

나. 피고 회사에 관하여

1) 주채무의 부존재

원고와 피고 조합 간의 이 사건 금전 소비대차약정이 위와 같이 무효이므로, 이를 보증한 피고 회사에 대하여 그에 따른 보증채무가 발생할 여지가 없다 할 것이고, 따라서 이와 다른 전제에 선 원고의 피고 회사에 대한 이 사건 청구는 이 점에서부터 이유가 없습니다.287)

리와는 차원이 다른 문제이다).

284) 「도시 및 주거환경정비법」은 조합원 수가 100인 이상인 조합에 대의원회를 의무적으로 두도록 하고 있고(제25조 제1항), 피고 조합은 이에 따라 대의원회를 두었다. 한편, 원고가 이 같은 주장을 직접적·명시적으로 하지는 않았지만, 서증인 갑 제2호증의 2를 제출(첨부)함으로써 묵시적으로 그 같은 주장을 한 것으로 볼 수도 있다.

285) 피고 조합 정관 제24조 제7항에 의하면, 조합 대의원회는 1억 원 이상의 자금 차입 시 총회 결의에 앞서 이를 심의·의결하여야 한다고 규정하고 있는바, 이 역시 조합장의 대표권 제한에 해당한다. 따라서 이를 가지고 피고 조합이 원고에게 대항하려면 이를 정관에 기재한 것만으로는 부족하고 등기까지 하였어야 한다(「도시 및 주거환경정비법」 제27조 및 동법 시행령 제29조, 민법 제60조 참조).

이 사건의 경우 2013. 10. 2. 대의원회에 자금 차입 의안이 상정은 되었으나 의결이 없었고, 그 회의록인 갑 제2호증의 2는 위조된 것이므로 대의원회의 의결이 누락되어 피고 조합장의 금전 차입은 위 대표권 제한에 위반한 것이기는 하나, 위 제한 내용을 등기하지는 않았다는 것이므로 이로써 원고에게 대항할 수는 없다.

286) 사실관계에 법리를 적용하였으면 그 결론에서 원고의 주장 또는 그에 기초한 원고의 청구에 대한 당부를 언급해야 한다. 이 같은 청구의 당부에 대한 언급은 답변서의 마지막 결론 부분에서 할 수도 있으나, 피고가 여럿이거나 원고의 청구가 객관적으로 여러 개인 때는 각 해당되는 부분에서 언급하는 것이 좋다.

287) 이 사건 소는 공동소송이기는 하나 공동소송인(피고들) 독립의 원칙이 적용되는 통상 공동소송이므로(민사소송법 제66조), 원고와 피고 조합 간에 체결한 금전 소비대차약정이 무효가 되는 사유가 있더라도, 그에 관한 피고 조합의 소송상 주장이 당연히 피고 회사와 피고 군인회에까지 효력을 미치는 것은 아니다. 이는 설사 공동소송인들이 동일한 소송대리인을 선임하였더라도 마찬가지다. 따라서 각 피고는 자신에게 유리한 소송상의 주장을 각별로 하여야 한다. 다만, 그 주장을 간략히 압축할 수 있다.

2) 대표권 제한의 위반

　　피고 회사는 피고 조합으로부터 이 사건 주택재건축정비사업과 관련한 건축공사 등을 도급받은 수급인으로서, 정관상 건설업 및 토건업, 건축자재의 생산·판매업과 이들 사업에 부수되는 사업을 그 목적으로 하고 있어, 피고 조합의 원고에 대한 이 사건 차용금 채무의 보증은 피고 회사의 목적이나 그 영위하는 사업과 직접적인 관계가 없습니다.288)

　　그럼에도 피고 회사의 대표이사인 최병진은 자신과 종형제간인 피고 조합의 조합장 최병환이 추진하는 재건축사업을 돕고 위 건축공사를 수급하기 위한 목적에서, 자신이 평소 거래관계상 잘 알고 지내던 원고 지배인 강정수를 위 최병환에게 소개하고 원고와 피고 조합 간의 이 사건 대출을 알선하였으며, 피고 회사를 대표하여 위 채무를 보증까지 하였습니다.

　　한편, 피고 회사의 이 사건 연대보증 당시 그 자본총액은 30억 원이고 그 정관에 의하면 10억 원 이상의 채무 보증에는 이사회의 결의를 요하도록 되어 있습니다.289)

　　또한 상법 제393조 제1항에 의하면, 주식회사의 중요한 자산의 처분 및 양도, 대규모 재산의 차입 등 그 업무집행에 관하여는 이사회의 결의를 거치도록 되어 있고,290) 거

---

288) 이 사건에서 피고 회사의 정관에 기재된 목적으로 보아 피고 회사가 피고 조합의 채무를 보증하는 것은 그 목적 범위에 포함되지 않는 것으로 볼 여지도 있으나, 피고 회사는 피고 조합과 재건축공사 도급계약을 체결하여 거래관계를 맺었고, 위 채무 보증은 그 수급을 위한 필요에서 한 것이며, 위 보증행위의 객관적 성질에 비추어 그것이 피고 회사의 목적 범위를 벗어난 것이 명백하다고 보기 어렵다. 이에 따라 모범 답안에서는 이를 주장하지 않고, 다만 뒤에 나오는 이사회 결의에 의한 대표권 제한의 간접사실로만 언급하였다.
289) 주식회사의 경우에는 대표이사가 대외적으로 회사를 대표할 권한을 가지나(상법 제389조 제1항, 제2항, 제209조 제1항), 정관이나 이사회 결의로써 이를 제한할 수 있다(상법 제389조 제3항, 제209조 제2항, 제1조, 민법 제59조 제1항, 상법 제393조 제1항).
290) 주식회사의 이사회는 필요적 기관으로서 이사 전원으로 구성된다. 이는 민법상의 사단법인에 있어 이사가 여럿인 경우 그 업무집행은 정관에 다른 규정이 없으면 이사 과반수로써 결정하도록 한 것(민법 제58조 제2항)과 궤를 같이하는 것으로서, 주식회사의 이사회는 회사의 업무집행에 관한 의사결정기관이자 대표이사의 직무집행을 감독하는 기관이다.
　2001. 7. 24. 법률 제6488호로 개정되기 전의 상법 제393조 제1항은 위 의사결정에 관하여 "회사의 업무집행, 지배인의 선임 또는 해임과 지점의 설치·이전 또는 폐지는 이사회의 결의로 한다"고 규정하고 있었는바, 이에 대하여 대법원은 법률 또는 정관 등의 규정에 의하여 주주총회 또는 이사회의 결의를 필요로 하는 것으로 되어 있지 아니한 업무 중 이사회가 일반적·구체적으로 대표이사에게 위임하지 않은 업무로서 일상업무에 속하지 아니한 중요한 업무에 대하여는 이사회에게 그 의사결정권한이 있다고 판시하여(대법원 1997. 06. 13. 선고 96다48282 판결), 위 상법 규정에 불구하고 이사회는 주식회사의 중요한 업무집행에 관하여 일반적인 의사결정권이 있음을 확인하였다.
　이에 따라 위 2001. 7. 24.자 개정 상법 제393조 제1항은 "중요한 자산의 처분 및 양도, 대규모 재산의 차입, 지배인의 선임 또는 해임과 지점의 설치·이전 또는 폐지 등 회사의 업무집행은 이사회의 결의로 한다"고 하여 주주총회의 권한사항을 제외한 회사의 모든 업무집행에 관한 의사결정권은 이사회에 있음을 명시하였다. 한편 대법원은 이에 관하여, 주식회사의 중요한 자산의 처분 등을 이사회가 직접 결의하지 아니한 채 대표이사에게 일임할 수 없고, 이사회 규정상 그것이 이사회 부의사항으로 정해져 있지 않더라도 반드시 이사회 결의를 거쳐야 한다고 하고 있다(대법원 2005. 07. 28. 선고 2005다3649 판결).
　위에서 말하는 '대규모 재산의 차입'에 해당하는지 여부에 관하여 대법원은, 당해 차입재산의 가액, 회사의 규모, 회사의 영업 또는 재산의 상황, 경영상태, 당해 재산의 차입목적 및 사용처, 회사의 일상적 업무와 관련성, 당해 회사에서의 종래의 취급 등 여러 사정에 비추어 대표이사의 결정에 맡기는 것이 상당한지 여부에 따라 판단하여야 한다고 판시하고 있다(대법원 2008. 05. 15. 선고 2007다55811, 55828 판결 참조).

래 상대방이 이 같은 사항에 관하여 이사회의 결의를 거치지 않은 사실을 알았거나 알 수 있었던 경우 그러한 법률행위는 무효입니다(상법 제389조 제3항, 제209조 제2항, 대법원 2005. 7. 28. 선고 2005다3649 판결, 2008. 5. 15. 선고 2007다55811, 55828 판결 등 참조).[291]

20억 원을 한도로 정한 이 사건 차용금 채무 보증은 피고 회사의 자본금, 보증의 목적 및 경위, 회사의 일상적 업무와의 관련성 등에 비추어 상법 제393조 제1항 소정의 '대규모 재산의 차입'에 포함된다고 할 것입니다.[292] 그런데 위 최병진은 피고 회사를 대표하여 위와 같이 피고 조합의 이 사건 차용금 채무를 연대보증함에 있어 이사회 결의를 거치지 않았습니다. 이 같은 사실은 원고가 이에 관한 피고 회사의 이사회 회의록을 증거로 제시하지 못하고 있는 점을 보더라도 분명합니다.

그리고 원고를 대표하여 피고 회사와 이 사건 연대보증계약을 체결한 원고의 지배인(광화문지점 차장) 강정수는 위 최병진과 거래관계로 오랫동안 잘 알고 지내던 사이로서, 이 같이 피고 회사의 이사회 결의가 없었던 사실을 잘 알았거나 알 수 있었습니다. 즉 금융기관이 상사 회사에 자금을 대출하는 경우 위 상법규정 또는 차입 회사나 연대보증 회사의 정관 등에 따른 제한을 고려하거나, 그에 관계없이 이사회의 동의를 요구하고 이를 증빙하는 자료로서 이사회 회의록을 요구하는 것이 관행입니다(대법원 2009. 3. 26. 선고 2006다47677 판결 참조. 피고 회사는 다른 금융기관에 대한 사실조회를 통하여 이를 입증하겠습니다). 더욱이, 피고 회사의 자본금이 30억 원에 불과함에도 대표이사인 위 최병진은 피고 회사와 경영조직상 아무런 관계가 없는 피고 조합을 위하여 20억 원이나 되는 채무를 직접적 대가관계도 없이 보증하였고, 이 같은 사실을 위 강정수는 잘 알고 있었으므로, 강정수로서는 피고 회사 이사회가 이 같은 채무 보증을 승인하였는지 여부를 당연히 확인하였어야 할 특별한 사정이 있었으며, 이를 확인하였더라면 이사회 결의가 없었음을 쉽게 알 수 있었습니다.

그럼에도 위 강정수는 최병진으로부터 이사회 회의록을 제출받거나 이를 확인하지 않았습니다. 따라서 피고 회사의 이 사건 연대보증은 피고 회사의 목적 범위 내에 속한다고 할지라도 무효이므로, 원고의 피고 회사에 대한 이 사건 청구는 이 점에서도 이유가 없습니다.

---

291) 상법 제389조 제3항, 제209조 제2항은 주식회사 이사의 대표권 제한은 선의의 제3자에게 대항할 수 없다고 규정하고 있으나, 대법원은 이와 같이 선의인 상대방에게 과실이 있는 경우에는 회사가 대항할 수 있다고 해석한다.

292) 타인 채무의 보증이 위 상법 규정의 '대규모 재산의 차입'에 해당하는지 여부가 문제될 수 있으나, 앞서 본 바와 같이 정관에 이사회 부의사항으로 되어 있지 아니한 사항이라도 일상적인 업무가 아니면 반드시 이사회 결의를 요하고, 상법 제393조 제1항에 규정된 '대규모 재산의 차입' 등은 예시적인 것에 불과하므로, 채무 보증 역시 그것이 대규모여서 중요한 업무인 경우 당연히 이사회의 결의를 요한다.
　대법원 2000다20670 판결의 사안은 2001. 7. 24.자 개정 상법 시행 전의 것으로서, 회사 정관에 '중요한 업무 집행은 이사회 결의를 요한다'는 정함이 있는데도 대표이사가 이사회 결의 없이 타인 채무를 보증한 내용인바, 법원은 회사가 반대급부 없이 거액의 타인 채무를 보증한 것은 중요한 업무에 해당한다고 보았다. 한편, 대법원 2006다47677 판결의 사안 역시 위 개정 상법 시행 전의 것이나, 대법원은 정관 규정의 유무와 관계없이 타인 채무 보증을 이사회 결의사항으로 보고 있다.

다. 피고 군인회에 관하여
 1) 주채무의 부존재
　원고와 피고 조합 간의 이 사건 금전 소비대차약정이 위와 같이 무효이므로, 이를 보증한 피고 군인회에 대하여 그에 따른 보증채무가 발생할 여지가 없다 할 것이고, 따라서 이와 다른 전제에 선 원고의 피고 군인회에 대한 이 사건 청구 역시 이 점에서 이유가 없습니다.

 2) 피고 군인회의 목적 범위 초과
　법인은 정관으로 정한 목적 범위 내에서만 권리의무의 주체가 되므로(민법 제34조 참조) 이를 벗어난 법인의 행위는 무효라 할 것이며(대법원 2005. 5. 27. 선고 2005다480 판결 참조), 위 민법규정은 법인격 없는 사단에도 유추 적용됩니다(대법원 1996. 9. 6. 선고 94다18522 판결, 2008. 1. 18. 선고 2005다34711 판결 참조).
　그런데 피고 군인회는 효자군인아파트에 거주하는 전상 제대군인 99명으로 구성된 법인격 없는 사단으로서, 그 정관인 회원규약 제2조는 그 목적을 회원 상호간의 친목 도모, 회원의 애경사 부조, 회원의 노후생활 부조에 두고 있습니다. 그러므로 피고 군인회의 위 목적과 직간접적인 이해관계가 없는 타인 채무의 보증은 피고 군인회의 위 목적과 직간접적인 이해관계가 없는 타인 채무의 보증은 피고 군인회의 목적 범위를 벗어난 것입니다.
　한편, 피고 군인회 회장 정인철이 이 사건 연대보증을 할 때 위 최병환이 위 강정수에게 정인철을 소개하면서 정인철이 피고 군인회 회장이라며 그 신분을 명백히 밝혔습니다. 이 같은 사실과 강정수가 원고 은행 지점 차장이자 지배인으로서 보통인 이상의 지식과 교양을 갖고 있었던 사정을 감안하면, 위 강정수는 피고 군인회가 친목단체로서 정인철이 피고 군인회를 대표하여 피고 조합의 원고에 대한 이 사건 차용금 채무와 같은 타인의 채무를 보증하는 것이 외관상으로나 객관적으로 보아 직무 범위를 벗어난 것으로서 피고 군인회의 목적 범위에 속하지 않음을 잘 알았거나 알 수 있었습니다.293)
　따라서 위 정인철이 피고 군인회를 대표하여 한 이 사건 연대보증은 무효이므로, 이와 달리 그것이 유효임을 전제로 한 원고의 피고 군인회에 대한 이 사건 청구는 이유가 없습니다.

 3) 대표권 제한의 위반
　피고 군인회의 정관인 규약 제12조, 제13조에 의하면, 피고 군인회가 채무 부담행위

---

293) 비법인사단 대표자의 행위가 그 사단의 목적 범위를 벗어난 것인 때는 무효가 되고 민법 제35조 제2항의 유추에 의하여 그 대표자 등이 손해배상책임을 지게 된다. 상대방이 위와 같은 사정을 알았거나 알 수 있었는지 여부는 무효의 요건이 아니나, 앞서 본 바와 같이 목적 범위를 벗어난 것인지 여부는 외형적·객관적으로 판단하는 것이므로 거래 행위 당시 상대방이 인식 또는 인식 가능하였던 사정은 이 같은 판단에 큰 영향을 미친다. 또한 상대방이 대표자의 행위가 목적 범위를 벗어나 직무에 관한 행위가 아님을 알았거나 중대한 과실로 알지 못하였던 경우에는 손해배상책임도 물을 수 없다(대법원 2003. 07. 25. 선고 2002다27088 판결 등).

를 하고자 하는 경우에는 그 임원회의 의결을 거치도록 되어 있는바, 이는 대표자인 회장의 대표권을 정관으로써 제한하는 것에 해당하여 상대방이 이러한 의결이 없었음을 알았거나 과실로 인하여 알지 못하였던 경우 그에 따른 법률행위는 무효입니다(대법원 2003. 7. 22. 선고 2002다64780 판결, 2007. 4. 19. 선고 2004다60072, 60089 전원합의체 판결, 2008. 10. 23. 선고 2006다2476 판결 참조).[294][295]

그런데 위 정인철은 이 사건 연대보증 당시 위 강정수에게 미리 피고 군인회 임원회의 승인을 받아야 한다고 고지하였고, 이에 강정수는 우선 보증을 하고 나중에 임원회의 승인을 받아오라고 하면서 정인철로부터 이를 다짐하는 각서를 받았습니다.

따라서 위 강정수는 피고 군인회가 이 사건 차용금 채무를 보증함에 있어 임원회의 결의가 있어야 하는 사실과 그 보증 당시 결의가 없었던 사실을 잘 알고 있었으므로, 결국 피고 군인회의 이 사건 연대보증은 이 점에서도 무효이고, 원고의 피고 군인회에 대한 이 사건 청구는 이유 없습니다.

3. 결 론

이상과 같은 이유로 원고의 피고들에 대한 청구는 모두 이유 없으므로 이를 기각하여 주시기 바랍니다.[296]

증 명 방 법 (생략)

첨 부 서 류 (생략)

2017. 5. 30.

피고들 소송대리인 변호사 오변론

서울중앙지방법원 귀중

---

[294] 비법인사단에 대하여도 민법 제59조 제1항, 제41조가 유추 적용되어 정관이나 사원총회 결의로써 대표자의 대표권을 제한할 수 있다. 다만, 그 성질상 이를 등기할 여지가 없으므로 민법 제60조는 준용되지 않으며(위 대법원 2002다64780 판결 참조), 상대방이 이 같은 제한에 위반한 사실을 알았거나 이를 알 수 있었음에도 과실로 알지 못하였던 경우에만 이로써 그 무효를 주장할 수 있다. 이에 대한 주장·증명 책임은 사단이 진다.

[295] 이 사건에서 피고 군인회의 정관(규약)은 총유물의 처분에 관하여 그 유형별로 사원총회 또는 임원회 결의를 거치도록 하고 있으므로(제12조 제4항, 제4항, 제13조 제2호), 피고 군인회의 이 사건 채무 보증이 소극재산인 준총유물의 처분행위에 해당한다면 정관 제12조 제4항 제3호에 따라 임원회의 결의를 요한다고 할 것이고, 이것이 결여된 이상 그 보증은 무효가 될 것이다.

[296] 각 개별 청구에 대하여 해당되는 곳에서 그 당부를 언급한 경우에는 이와 같이 결론 부분을 간단히 기재한다.

■ 해설 - 민법총칙 중 법인 등 부분

법인이나 비법인사단, 조합이 시험에 출제될 수도 있습니다. 그럴 경우 문제될 수 있는 쟁점들이 나타나 있습니다.

■ 핵심 판례

가. 강행규정

사립학교법 제16조 제1항은 학교법인(일종의 재단법인이다)이 금전을 차입하거나 재산을 취득, 처분하는 등의 경우 이사회의 심의, 의결을 거치도록 하고 있는바, 대법원은 이 역시 강행규정으로 보아 이에 위반한 대표행위는 상대방의 선의, 악의를 불문하고 무효로 본다.[297] 또 사회복지사업법상의 사회복지법인이 동법 제32조에 준용되는 「공익법인의 설립·운영에 관한 법률」 제7조에 위반하여 이사회의 의결 없이 동 법인의 재산을 처분한 경우, 이 역시 상대방의 선의, 악의를 불문하고 무효이다.[298]

나. 목적범위 제한

상사 회사에 대하여도 상법에 특별한 규정이 없는 사항에 대하여는 민법이 적용되므로(상법 제1조 참조), 상사 회사도 민법 제34조에 의해 목적 범위를 초과하여서는 권리능력 및 행위능력이 없다. 이와 같이 회사의 권리능력은 회사의 설립 근거가 된 법률과 회사의 정관상의 목적에 의하여 제한되나 그 목적범위 내의 행위라 함은 정관에 명시된 목적 자체에 국한되는 것이 아니라 그 목적을 수행하는 데 있어 직접, 간접으로 필요한 행위는 모두 포함되고 목적수행에 필요한지의 여부는 행위자의 주관적, 구체적 의사가 아닌 행위 자체의 객관적 성질에 따라 판단하여야 한다.[299]

한편, 이를 판단함에 있어서는 거래행위를 업으로 하는 영리법인으로서 회사의 속성과 신속성 및 정형성을 요체로 하는 거래의 안전을 충분히 고려하여야 한다.[300]

다. 대표권 제한

민법상 사단법인의 이사의 대표권은 ① 법령, ② 정관, ③ 사원총회의 결의에 의하여 제한할

---

297) 대법원 1974. 06. 25. 선고 74다235 판결, 대법원 2000. 09. 05. 선고 2000다2344 판결 등 참조
298) 대법원 2002. 06. 28. 선고 2000다20090 판결 등 참조
299) 대법원 2005. 05. 27. 선고 2005다480 판결
300) 대법원 2005. 05. 27. 선고 2005다480 판결

수 있다(②, ③의 경우 민법 제59조 제1항 참조). 그 제한의 형태를 분류하면 ① 법인의 목적에 의한 제한(민법 제34조) 및 성질상 제한, ② 법인과 이사의 이익 상반행위에 따른 제한(민법 제64조), ③ 이사가 여럿인 경우 그 대표권 행사자의 제한(단독대표 또는 공동대표 등), ④ 대표권 행사의 범위 또는 그 방법(내부적 절차)의 제한 등으로 나눌 수 있다. 이 같은 이사의 대표권 제한을 위반한 경우 그에 따른 효력은 동일하지 아니하나, 그 제한 규정이 강행법규로서 효력규정인 경우 그 위반행위는 무효가 된다. 민법상 사단법인의 경우 법령에 의하지 아니한 대표권 제한은 정관에 기재하지 아니하면 효력이 없고(민법 제41조), 또한 이를 등기하지 않으면 선의, 악의, 과실 여부를 불문하고 제3자에게 대항할 수 없다(민법 제49조 제2항 제9호, 제60조).[301]

주식회사의 대표이사가 이사회의 결의를 거쳐야 할 대외적 거래행위에 관하여 이를 거치지 아니한 경우라도, 이와 같은 이사회결의 사항은 회사의 내부적 의사결정에 불과하므로 그 거래 상대방이 그와 같은 이사회결의가 없었음을 알았거나 알 수 있었을 경우가 아니라면 그 거래행위는 유효하고, 이 때 거래 상대방이 이사회결의가 없음을 알았거나 알 수 있었던 사정은 이를 주장하는 회사가 주장·증명하여야 할 사항에 속하므로, 특별한 사정이 없는 한 거래 상대방으로서는 회사의 대표자가 거래에 필요한 회사의 내부절차는 마쳤을 것으로 신뢰하였다고 보는 것이 일반 경험칙에 부합하는 해석이다.[302]

라. 비법인사단의 재산

비법인사단은 재산을 그 사원들이 총유 또는 준총유하고, 총유물의 관리, 처분은 정관 기타 규약에 달리 정함이 없으면 사원총회의 결의에 의하여야 하며(민법 제275조, 제276조, 제278조), 사원총회의 결의를 요함에도 이를 결여한 처분행위는 무효이다. 그리고 이에는 표현대리가 적용되지 않으며 상대방의 선·악의를 불문한다.[303]

그러나 대법원은, 비법인사단이 타인의 채무를 보증하는 행위는 총유물 자체의 관리·처분이 아니라 단순한 채무 부담행위에 해당한다고 보므로,[304] 이에 관하여 민법 제276조 제1항의 총유물 처분에 관한 법리가 적용될 수는 없다.

마. 조 합

조합채무는 조합원들이 조합재산에 의하여 합유적으로 부담하는 채무이고, 두 사람으로 이

---

301) 대법원 1975. 04. 22. 선고 74다410 판결, 대법원 1992. 02. 14. 선고 91다24564 판결
302) 대법원 2009. 03. 26. 선고 2006다47677 판결
303) 대법원 1989. 03. 14. 선고 87다카1574 판결, 대법원 2009. 02. 12. 선고 2006다23312 판결 등 참조
304) 대법원 2007. 04. 19. 선고 2004다60072, 60089 전원합의체 판결 참조

루어진 조합관계에 있어 그 중 1인이 탈퇴하면 탈퇴자와의 사이에 조합관계는 종료된다 할 것이나 특별한 사정이 없는 한 조합은 해산되지 아니하고, 조합원들의 합유에 속한 조합재산은 남은 조합원에게 귀속하게 되므로, 이 경우 조합채권자는 잔존 조합원에게 여전히 그 조합채무 전부에 대한 이행을 청구할 수 있다.[305]

   동업약정에 따라 동업자 공동으로 토지를 매수하였다면 그 토지는 동업자들을 조합원으로 하는 동업체에서 토지를 매수한 것이므로 그 동업자들은 토지에 대한 소유권이전등기청구권을 준합유하는 관계에 있고, 합유재산에 관한 소는 이른바 고유필요적공동소송이라 할 것이므로 그 매매계약에 기하여 소유권이전등기의 이행을 구하는 소를 제기하려면 동업자들이 공동으로 하지 않으면 안된다.[306]

[1] 2인 조합에서 조합원 1인이 탈퇴하면 조합관계는 종료되지만 특별한 사정이 없는 한 조합이 해산되지 아니하고, 조합원의 합유에 속하였던 재산은 남은 조합원의 단독소유에 속하게 되어 기존의 공동사업은 청산절차를 거치지 않고 잔존자가 계속 유지할 수 있다.

[2] 2인 조합에서 조합원 1인이 탈퇴하는 경우, 탈퇴자와 잔존자 사이에 탈퇴로 인한 계산을 함에 있어서는 특단의 사정이 없는 한 민법 제719조 제1항, 제2항의 규정에 따라 '탈퇴 당시의 조합재산상태'를 기준으로 평가한 조합재산 중 탈퇴자의 지분에 해당하는 금액을 금전으로 반환하여야 할 것이고, 이러한 계산은 사업의 계속을 전제로 하는 것이므로 조합재산의 가액은 단순한 매매가격이 아닌 '영업권의 가치를 포함하는 영업가격'에 의하여 평가하되, 당해 조합원의 지분비율은 조합청산의 경우에 실제 출자한 자산가액의 비율에 의하는 것과는 달리 '조합내부의 손익분배 비율'을 기준으로 계산하여야 하는 것이 원칙이다.

[3] 2인 조합에서 조합원 1인이 탈퇴하는 경우, 조합의 탈퇴자에 대한 채권은 잔존자에게 귀속되므로 잔존자는 이를 자동채권으로 하여 탈퇴자에 대한 지분 상당의 조합재산 반환채무와 상계할 수 있다고 한 사례.[307]

---

305) 대법원 1999. 05. 11. 선고 99다1284 판결
306) 대법원 1994. 10. 25. 선고 93다54064 판결
307) 대법원 2006. 03. 09. 선고 2004다49693 판결

9. [청구취지 및 청구원인 변경신청서]

[청구취지 및 청구원인 변경신청서 작성 유의사항]

- 이러한 유형의 사건은 처음부터 증거를 모두 수집하여 완벽한 소장을 작성하기 어렵기 때문에, 일단 대략적인 액수를 소장에 기재하고, 이후 감정결과에 따라 청구취지를 변경하는 경우가 많습니다. 본 기록에서도 이를 전제하여 청구취지 및 청구원인 변경신청서 작성을 제시하였습니다. 하지만 일부 형식적인 차이만 있을 뿐 소장 작성과 다를 바 없습니다.
- 실무에서는 소장을 원용하는 경우가 많으나, 본 답안에서는 소장 원용 없이 새롭게 작성하시기 바랍니다.
- 제출일자는 2017. 4. 30.으로 합니다.

〈참고자료〉

월별 호프만식 계수표(발췌)

경과월수	호프만계수	경과월수	호프만계수	경과월수	호프만계수	경과월수	호프만계수
1	0.9958	20	19.1718	39	36.0676	118	95.8099
2	1.9875	21	20.0913	40	36.9248	119	96.4784
3	2.9752	22	21.0074	101	84.1505	120	97.1451
4	3.9588	23	21.9199	102	84.8522	121	97.8099
5	4.9384	24	22.8290	103	85.5519	122	98.4729
6	5.9140	25	23.7347	104	86.2496	123	99.1341
7	6.8857	26	24.6369	105	86.9453	124	99.7934
8	7.8534	27	25.5358	106	87.6389	125	100.4509
9	8.8173	28	26.4313	107	88.3306	126	101.1067
10	9.7773	29	27.3235	108	89.0202	127	101.7606
11	10.7334	30	28.2124	109	89.7079	128	102.4128
12	11.6858	31	29.0980	110	90.3936	129	103.0632
13	12.6344	32	29.9804	111	91.0774	130	103.7119
14	13.5793	33	30.8595	112	91.7592	191	140.2912
15	14.5205	34	31.7354	113	92.4391	192	140.8468
16	15.4580	35	32.6081	114	93.1170	193	141.4010
17	16.3918	36	33.4777	115	93.7931	194	141.9540
18	17.3221	37	34.3441	116	94.4673	195	142.5058
19	18.2487	38	35.2074	117	95.1395	196	143.0562

소 장

원　　고　1. 박준성 (650311-1274240)
　　　　　2. 오영자 (730102-2835411)
　　　　　3. 박승준 (890818-1274228)
　　　　　4. 박승면 (940829-1274212)
　　　　　원고들 주소 이천시 장전동 837-4
　　　　　원고들 소송대리인 변호사 오변론
　　　　　서울 서초구 서초동 1234 승리빌딩 701호
　　　　　전화 02-012-9811, 팩스 02-012-9812, 전자우편 mir@nate.com

피　　고　청운라이온스클럽
　　　　　강원 양구군 양구읍 석현리 332-18
　　　　　대표자 회장 최우영

손해배상(산) 청구의 소

청 구 취 지

1. 피고는 원고 박준성에게 20,000,000원, 원고 오영자에게 2,000,000원, 원고 박승준, 같은 박승면에게 각 500,000원 및 각 이에 대한 2015. 11. 2.부터 이 사건 소장 부본 송달일까지는 연 5%의, 그 다음날부터 다 갚는 날까지는 연 15%의 각 비율에 의한 금원을 지급하라.

2. 소송비용은 피고들이 부담한다.

3. 제1항은 가집행할 수 있다.

라는 판결을 구합니다.

청 구 원 인

1. 당사자들의 지위

　　피고는 강원도 양구군 양구읍 석현리 332-18에 주소를 둔 지역사회 봉사 모임단체로서 법인격 없는 사단입니다. 원고 박준성은 피고에 고용되어 피고 건물신축공사 현장에서 형틀목수로 일을 하던 사람이며, 원고 오영자는 원고 박준성의 처, 원고 박승준, 박승면은 원고 박준성의 자식들입니다.

2. 피고의 손해배상책임

가. 원고 박준성은 위와 같이 피고에게 고용되어 2015. 11. 2. 16:00경 양구군 양구읍 석현리 535에 소재하는 청운라이온스클럽 회관 신축공사현장에서 작업 중, 건물 2층 옥상 외벽에 설치되어 있던 거푸집을 해체하기 위해 거푸집 중간에 설치된 지지목(속칭 '오비끼')을 딛고 위로 올라가려고 발을 올려놓는 순간, 위 지지목이 부러지면서 몸의 균형을 잃고 약 3미터 아래 지상으로 추락하고 말았습니다.

나. 그리하여 원고 박준성은 우측 대퇴골 전자하 골절, 우측 비골 외측과 골절 등의 상해를 입고 양구군 양구읍 소재 양구의원에서 응급조치 후 강릉시 사천면 방동리 415 아산재단 강릉병원으로 전원하여 수술을 받고 현재 보존적인 치료를 받고 있으나 완치되지 못하고 중증장해자가 되고 말았습니다.

다. 피고는 위와 같은 건물신축공사를 할 때는 공사인부가 불의에 추락하지 않도록 보호막설치 등 추락방지 시설을 하는 한편 사고예방을 위한 수시점검 및 안전교육 등 제반조치를 강구하여야 할 업무상주의의무가 있음에도 불구하고 아무런 조치도 없이 거푸집해체공사를 강행하였습니다.

라. 뿐만 아니라 이 사건 사고 이전부터 원고 박준성과 동료인부들이 공사책임자인 소외 정성길에게 '위험하니 보호막 등 안전장치를 설치해달라'고 요구하였으나 정성길은 이를 묵살하고 적극적으로 공사를 강행한 잘못을 저질렀습니다.

마. 그렇다면 피고는 직접 불법행위자로서 뿐만 아니라 위 건축중인 건물의 점유자 겸 소유자로서 이 사건 사고로 인하여 원고들이 입은 모든 손해를 배상할 책임이 있습니다.

3. 손해배상책임의 범위

가. 원고 박준성의 일실수익

 1) 원고 박준성은 1965. 3. 11.생으로 이 사건 사고 당시 만 50세 7개월 남짓한 남자로서, 그 기대여명은 28.56년이므로 특단의 사정이 없는 한 만 78세 정도까지는 생존할 수 있습니다(갑 제5호증의 1, 2 참조).

 2) 한편 원고 박준성은 이 사건 사고 이전부터 형틀목공(콘크리트 타설을 위하여 형틀 및 동발을 제작, 조립 및 해체작업을 하는 목수)으로 일하여 왔으며, 2015. 8. 23. 피고가 시공하는 현장에 고용되어 일당 150,000원씩을 받고 일을 하여 오다 이 건

사고를 당하였으며, 최소한 만 63세가 될 때까지인 2028. 3. 11.까지 매월 22일씩 형틀목공의 노임만큼의 수익을 얻을 수 있을 것으로 예상되는바, 원고 박준성이 이 사건으로 잃게 되는 일실수익은 추후 귀원의 신체감정을 통해 확정하여 청구하기로 하고 우선 15,000,000원을 청구합니다.

나. 원고 박준성의 기왕치료비 및 향후치료비

추후 청구하겠습니다.

다. 위자료

한 집안의 가장인 원고 박준성이 이 사건 사고로 인하여 불구의 몸이 됨으로써 그 자신은 물론 그와 가족관계에 있는 나머지 원고들도 상당한 정신적 고통을 받았음은 경험칙상 명백하므로, 피고는 그 고통을 금전으로 위자할 의무가 있습니다. 이 사건 사고의 발생경위 및 결과, 원고들의 나이, 전술한 신분관계 등 모든 사정을 고려해 볼 때 피고는 위자료로 원고 박준성에게 5,000,000원, 원고 오영자에게 2,000,000원, 원고 박승준, 박승면에게 각 500,000원을 지급해 주어야 합니다.

4. 결 론

그렇다면 결국 피고는 원고 박준성에게 20,000,000원(우선 청구 일실수익금 15,000,000원 + 위자료 5,000,000원), 원고 오영자에게 2,000,000원, 원고 박승준, 박승면에게 각 500,000원 및 이에 대한 2015. 11. 2.부터 이 사건 소장 부본 송달일까지는 연 5%의, 그 다음날부터 다 갚는 날까지는 연 15%의 각 비율에 의한 지연손해금을 지급할 의무가 있으므로, 원고들은 그 지급을 구하기 위하여 이 사건 청구에 이르렀습니다.

증 명 방 법

1. 갑 제1호증(제적 등본)
2. 갑 제2호증(주민등록표 등본)
3. 갑 제3호증(구급증명원)
4. 갑 제4호증(진단서)
5. 갑 제5호증의 1, 2 (생명표 표지 및 내용)

첨 부 서 류 (생략)

2016. 6. 9.
원고 소송대리인 변호사 오변론

수원지방법원 여주지원 귀중

증거설명서

사 건 2016가단7052 손해배상(산)
원 고 박준성 외 3
피 고 청운라이온스클럽

호증	서증명	작성일자	작성자	입증취지
갑1	제적 등본	2016. 6. 7.	사천면장	원고들의 가족관계사실
갑2	주민등록표등본	2016. 6. 7.	장전동장	원고들의 현 거주지 및 가족관계사실
갑3	구급증명원	2015. 12. 13.	홍천소방서장	이 건 사고로 119구급대에서 원고 박준성을 응급 후송한 사실
갑4	진단서	2015. 12. 5.	아산재단 강릉병원	이 건 사고로 원고 박준성이 부상한 사실
갑5의 1,2	생명표 표지 및 내용		통계청	원고 박준성의 평균여명 관계사실

2016. 6. 9.
원고들 소송대리인
변호사 오변론

수원지방법원 여주지원 귀중

등록번호 : 12112805　　　　　**진 단 서**　　　　　| 대 조 필 인 |
발행번호 : 2015-538　　　주민등록번호 : 650311-1274240　　| 인 |

환자 주소	이천시 장전동 837-4	
환자 성명		
병　　　명 임 상 적 ■ 최　종　□	1. 우측 대퇴골 전자하 골절 2. 우측 비골 외측과 골절 단, 정형외과 문제에 국한됨.	질병코드
발 병 일	2015. 11. 2.(보호자 진술에 의함)	
향 후 치 료 의 견	상기 환자 상발병일 발생한 상기 진단명으로 2015. 11. 8. #1에 대해, 2015. 11. 17. #2에 대해 관혈적 정복술 및 내고정술을 시행하였으며 #1에 미발견증 및 합병증에 대해 추후 진단 요함.	
비　　　고	제출용	

위와 같이 진단함

발행일　　　　　2015년 12월 5일
병·의원주소　　강원도 강릉시 사천면 방동리 415
병·의원명　　　아산재단 강릉병원 ☎ (033) 610-3114 (인)
면허번호　　　　57153
의사성명　　　　조재우　(인)

(참고)
1. 본인 확인은 진단 의사가 주민등록증과 대조(미성년자일때는 기타 본인을 특정할 수 있는 방법으로 대체할 수 있다.) 확인하고 날인한다.
2. 병명은 임상적(임푸렛숀)과 최종진단명을 택일 □표에 ■표로 표한다.
　 병명과 국제질병 분류번호를 함께 기입한다.

　　　　　　　　　　　　　　　　　　　아산재단 강릉병원　　　일반진단서

[토지] 강원도 양구군 양구읍 석현리 535   고유번호 1234-5678

[표 제 부]			(토지의 표시)		
표시번호	접 수	소재지번	지목	면적	등기원인 및 기타사항
1 (전 1)	2003년 3월 6일	강원도 양구군 양구읍 석현리 535	대	191㎡	
					부동산등기법 제177조의6 제1항의 규정에 의하여 2009년 05월 22일 전산이기

[갑 구]			(소유권에 관한 사항)		
순위번호	등기목적	접 수	등기원인	권리자 및 기타사항	
1 (전 2)	소유권이전	2014년 5월 20일 제2651호	2013년 3월 26일 환매특약부매매	소유자 청운라이온스클럽 3248-00675	
1-1 (전2-1)	환매특약	2014년 5월 20일 제2651호	2013년 3월 26일 특약	환매대금 금30,273,500원 환매기간 2013년 3월 26일부터 2018년 3월 25일까지 환매권자 양구군 3248 상기금액에 대하여 대금지급일로부터 환매권행사일까지 연 5퍼센트의 이율을 적용하여 산정한 금액을 가산 지급한다.	

[토지] 강원도 양구군 양구읍 석현리 535   고유번호 1234-5678

[을 구]   (소유권 이외의 권리에 관한 사항)

순위번호	등기목적	접 수	등기원인	권리자 및 기타사항
1 (전1)	근저당권설정	2015년 4월 6일 제13941호	2015년 4월 6일 설정계약	채권최고액 30,000,000원 채무자 청운라이온스클럽 양구군 양구읍 석현리 332-18 근저당권자 케이티링크스 주식회사 110345-0585392 서울 양천구 목동 477
				부동산등기법 제177조의6 제1항의 규정에 의하여 2014년 05월 22일 전산이기

수수료 1200원 영수함
관할등기소 : 춘천지방법원 양구등기소 / 발행등기소 : 법원행정처 등기정보중앙관리소

 이 증명서는 등기기록의 내용과 틀림없음을 증명합니다.
                서기 2016년 6월 7일
        법원행정처 등기정보중앙관리소 전산운영책임관

* 실선으로 그어진 부분은 말소등기사항을 표시함. * 등기기록에 기록된 사항이 없는 갑구 또는 을구는 생략함. * 증명서는 컬러 또는 흑백으로 출력 가능함.

답 변 서

사　　건　　2016가단7052 손해배상(산)

원　　고　　박준성 외 3

피　　고　　청운라이온스클럽

위 사건에 대하여 피고 소송대리인은 다음과 같이 답변합니다.

청구취지에 대한 답변

1. 원고들의 청구를 기각한다.

2. 소송비용은 원고들이 부담한다.

라는 판결을 구합니다.

청구원인에 대한 답변

1. 이 사건 계약의 성격

피고는 양구읍 석현리 택지개발지역에 클럽 회관 건물을 건축하기 위하여 2015. 8. 초 소외 석영민과 사이에, 골조공사부분을 공사대금 금 20,000,000원, 공사기간 2015. 8. 23.부터 동년 10. 23.까지 2개월 간으로 하는 내용의 도급계약을 체결하였고, 중기, 레미콘, 철근을 제외한 위 골조공사에 필요한 부자재 사용 등의 모든 비용을 시공사인 소외 석영민이 부담하기로 하였습니다.

피고와 소외 석영민 사이에 작성된 위 계약서의 명칭은 "건축노임계약서"로 되어 있으나, 그 실질은 위와 같은 내용의 골조부분 도급공사 계약이었습니다.

즉, 골조공사는 소외 석영민의 책임 하에 진행되었던 것이고, 당시 피고 측에서는 위 공사에 관하여 지시나 감독 등 전혀 관여한 바가 없으며, 단지 위 석영민, 원고 박준성 등에게 빵과 우유 등의 간식을 제공해 주었을 뿐입니다.

따라서 이 사건 계약은 그 성격이 '도급' 계약이며 그 공사와 관련하여 발생되는 사고에 대한 배상은 피고와는 전혀 무관한 것입니다.

2. 원고 박준성의 지위에 대하여

원고 박준성은 피고에게 고용되어 이 사건 공사 현장에서 일당 150,000원씩 받기로 하고 형틀목공으로 일하였다고 주장하고 있습니다.

그러나 피고는 원고 박준성을 고용한 적이 없으며, 단지 소외 석영민에게 전항에서 주장한 바와 같이 도급을 주었을 뿐입니다.

그리고 소외 박준성은 이 사건 사고로 병원에 입원해 있을 때 병문안을 온 피고 측에게, 「박준성 자신과 그의 형 소외 박영동, 그리고 소외 석영민이 동업을 하기로 하였는데, 석영민이 위 공사대금을 다 받고서도 자신에게는 일부만 지급하고 도망을 갔다」며 분개해 한 사실도 있습니다.

그렇다면 원고 박준성도 소외 석영민과 같은 수급자로서 자신의 책임하에 위 공사를 마무리지을 의무가 있는 자에 불과하고, 피고에게 고용된 자가 아닙니다.

3. 사고발생

이 사건 사고는 원고 박준성 측의 전적인 과실로 인해 발생된 것입니다.

을 제1호증 계약서를 보면 시공자 측에서 철구조물을 제공하도록 되어 있는데, 위 철구조물이란 형틀작업 시 그 형틀 등을 받쳐주는 철로 된 받침대[건축현장에서는 일명 '아시바'(足場)라고 통하므로 이하 '아시바'라 함]를 말하는 것인데, 시공자 측에서는 자신들이 보유하고 있던 아시바가 부족하여 이를 더 보충해야 했음에도 경비가 많이 든다는 이유로 더 보충하지 아니하고 공사를 강행하였고, 그러다 보니 2층 형틀을 받쳐주는 힘이 약할 수밖에 없었습니다.

원고 박준성은 지지목이 부러져 아래로 추락했다고 하는데 사고 후 피고 측이 사고현장을 둘러보았을 때는 원고 박준성이 추락했다고 주장하는 근처에 부러진 지지목이 없었습니다.

원고 박준성은 위 공사 기간 동안 거의 내내 슬리퍼를 신고 공사에 임하였는데, 이 사건 당시에도 슬리퍼를 신고 3미터 정도 높이에 올라갔다가 추락하였습니다. 이로 보아 위 박준성의 추락은 지지목이 부러져서 그런 것이 아니고 슬리퍼를 신고 있어 미끄러진 것이 분명합니다. 피고 측에서는 위 시공자들에게 간식을 제공하면서 위 박준성에게 「슬리퍼를 신고 일하면 위험하지 않느냐」고 수차례 얘기하였는데도, 위 박준성은 쓸데없이 참견하지 말라고 하면서 슬리퍼를 신고 공사를 해왔습니다.

4. 피고는 원고 박준성의 이 사건 사고에 대하여 배상의무가 없지만, 피고가 봉사단체인 만큼 피고 건물을 건축하다 다쳤기 때문에 위 박준성에게 병원비 등에 보태 쓰라고 금 3,000,000원을 지급해 준 적이 있습니다.

5. 원고 박준성이 주장하는 일당이나 가동연한은 인정할 수 없으며, 또한 위자료 청구 액수도 지나치게 많습니다.

6. 결 론

위에서 살펴본 바와 같이 이 사건 계약은 도급계약이고 피고 측에서는 위 공사에 대한 지시나 감독을 한 적이 없으므로, 그 수급자 중 한 명인 원고 박준성의 이 사건 사고로 인한 손해배상은 피고와는 무관합니다.

만에 하나, 위 손해에 대해 피고 측이 책임을 지는 법적 지위에 처해 있다 하더라도, 이 사건 사고는 위 박준성의 전적인 과실에 의한 것이므로 피고에게는 그 배상의무가 없고, 가사 있다 하더라도 피고의 과실은 극히 미미하며, 또한 기지급금 3,000,000원은 공제되어야 합니다.

증 명 방 법

을 제1호증   건축노임계약서

첨 부 서 류 (생략)

2016. 7. 1.

피고 소송대리인

변호사 박태형

수원지방법원 여주지원 귀중

건축노임계약서

○ 소재 : 양구읍 석현리 택지개발지역
○ 연건평 : 68평 (설계도면 참조)
○ 금액 : 이천만원(20,000,000)
○ 시공방법 : 골조공사 및 부자재 일절
  시공자부담 (단, 중기사용 레미콘 철근 제외)
○ 공사기간 : 2015. 8. 23. ~ 10. 23. (2개월간)
○ 공사대금 지불조건 : 바닥완료시 건축비 10% 지급
  1층 완료시 건축비 30% 지급
  2층 완료시 건축비 30% 지급
  옥탑 및 골조공사 완공시 전액 지급함.
  철구조물은 공사완료까지 대여한다.

상기와 같이 공사계약을 함
건축주 : 청운라이온스클럽
건축위원장 : 정성길 (인)
시공자 : 석영민 (인), 011-2387-3543
강릉시 입암동 입암1주공 303호   자 : 646-3547

위 사본임
변호사 박태형 (인)

준 비 서 면

사 건   2016가단7052 손해배상(산)
원 고   박준성 외 3
피 고   청운라이온스클럽

위 당사자 간의 손해배상(산) 청구사건과 관련하여 원고들 소송대리인은 다음과 같이 변론을 준비합니다.

다 음

1. **이 사건 계약의 성격에 관하여**

 가. 피고는 「소외 '석영민'과 사이에 청운라이온스클럽 회관 건물 신축공사 중 골조공사 부분을 공사대금 20,000,000원, 공사기간 2015. 8. 23.부터 동년 10. 23.까지 2개월로 하여 도급계약을 체결하였고, 피고는 위 공사에 관한 지시나 감독 등에 관여한 바 없으며, 다만 소외 석영민과 원고 박준성 등에게 빵과 우유 등 간식을 제공하였을 뿐이므로 위 공사와 관련하여 발생한 사고의 배상은 피고와는 무관하다」고 주장하고 있습니다.

 나. 그러나 위와 같은 피고의 주장은 피고가 건축주로서 이 사건 건축물공사에 전반적으로 책임과 감독의무가 있다는 사실을 망각한 주장입니다.
   피고는 피고와 소외 석영민의 이 사건 "골조공사 및 부자재 일절" 계약이 단순한 노임계약에 불과하다는 사실을 스스로 인정하면서도, 또 한편으로는 노임계약이 아닌 도급계약이라는 주장을 하고 있으므로 그 자체로 모순입니다.
   소외 석영민이 전문건설업자가 아닌 단순한 공사부분별 수급(일명 '오야지')에 의해 인부를 투입시켜 일을 하고 그에 대해 약정한 노임을 받아 정산하는 역할을 하는 사람에 불과하다는 사실은 피고가 명백히 잘 알고 있습니다.

2. **원고 박준성의 지위에 대한 주장에 대하여**

   피고는 원고 박준성이 소외 석영민과 동업하여 이 사건 공사를 수급받은 자로서 자신의 책임하에 공사를 할 의무자의 지위에 있는 사람에 불과하다고 하나, 피고가 건축주로서 건축물의 건축에 관한 공사를 발주하였으면, 피고는 응당 현장 관리인을 두어 스스로 그 공사를 행할 책임이 있습니다.

「건설산업기본법」은 원칙적으로 건설공사는 건설업등록을 한 건설업자에게 도급을 주어 시공하는 것을 원칙으로 하고 있으나(건설산업기본법 제25조 제1항), 이 사건 건물과 같이 경미한 건설공사는 그러하지 아니하고(동법 제9조 제1항 단서, 동법 시행령 제8조 제1항), 건축주가 이른바 '직영'하여 공사를 할 수 있습니다.

위와 같이 규정하고 있는 취지는 규모가 큰 건축공사는 위 법에 의하여 등록을 한, 일정 규모 이상의 자본력을 갖춘 건설업자만이 건축을 할 수 있도록 하는 대신 건설업자에게 보다 고도의 시공관리책임을 물을 수 있게 규정하고, 경미한 공사의 경우에는 시공관리의 부실 등으로 문제가 생기더라도 공사발주자 등의 자본력으로 이를 감당하게 하여도 문제가 적을 것이라는 차원에서일 것입니다.

따라서 피고는 이 사건 공사 현장에 현장관리인 등을 두어서 공사현장을 수시로 관리·감독할 의무가 있고, 실제로 정성길이 그 의무를 제대로 이행하였어야 하나 동인이 이를 제대로 이행하지 않은 것이며, 원고 박준성은 정성길의 지시·감독을 받는 단순한 노동자였을 뿐입니다.

3. 사고 발생에 관하여

가. 피고는 이 사건 사고가 원고 박준성의 전적인 과실에 의해 발생한 사고라고 주장하고 있으나 사실이 아닙니다. 피고가 제시한 을 제1호증 '건축노임계약서'를 보면 알 수 있는 바와 같이 소외 석영민은 전문기술 자격 보유자도 아니고, "골조공사 및 부자재 일절" 공사에 대하여 단순한 노임 계약을 하고 원고 박준성을 투입하여 일을 한 것뿐이며, 더구나 피고 회원인 정성길의 지시·감독에 따라 작업을 하였습니다.

그 당시 석영민이 교통사고로 병원에 입원하여 있었고, 원고 박준성 등은 일부 노임을 받지 못하여 공사 현장으로 나온 정성길에게 '더 이상 일을 할 수 없다'고 하였더니 정성길은 '노임 1,200만 원은 나가고 800만 원이 남아 있다'면서 '일을 해주면 석영민과 3자 대면해서 노임을 직불하여 주겠다'고 하였습니다.

그래서 원고 박준성 등이 작업을 하려는데, 아시바가 매어 있지 않아서 정성길에게 아시바를 해달라고 하자 정성길은 석영민이 해주기로 했다고 하였습니다. 원고 박준성 등은 '누가 아시바를 설치해 주든지 설치해 주어야 일을 한다'고 하자, 정성길은 '지금 석영민이 입원중이니 하는 수 없이 오비끼와 오비끼 사이에 각목이 받쳐져 있어 그걸 딛고 일을 하다가 각목이 부러져 추락하게 되었습니다.

나. 또한 11월 양구의 기온이라면 날씨가 상당히 추운데, 슬리퍼를 신고 작업을 한다는 것은 있을 수 없는 일입니다. 사고 당시 원고 박준성은 운동화를 신고 일을 하였고, 현재도 당시 신었던 운동화가 있을 뿐 아니라, 필요하다면 당시 함께 일을 하던 사람으로 하여금 이를 입증하도록 하겠습니다.

4. 피고의 일부 병원비 지급에 대하여

원고 박준성이 입원치료 중에 피고 측에서 치료비에 우선 사용하도록 금 300만 원을 지급하여 주어 이를 받은 사실이 있습니다. 그러나 이 돈은 결코 이 사건 사고의 합의금으로 받은 것이 아닙니다. 다만 치료비 일부금으로 지급받았을 뿐입니다.

현재까지 원고 박준성이 부담한 치료비 등 내역은 다음과 같습니다.

지출일자	지출금액	지출처	내역	증거
2015. 11. 17.	41,000원	사천의료기	ORIF SET	갑 9-1
2015. 12. 06.	15,000원	강릉의료기	목발1조+고무	갑 9-2
2015. 12. 05.	40,000원	강릉의료기	휠체어임차비	갑 9-3
2016. 01. 02.	2,536,490원	강릉병원	입원비	갑 9-4
합계	2,632,490원			

5. 원고 박준성의 임금

피고는 원고 박준성의 일당 150,00원을 인정할 수 없다고 하나 원고 박준성은 대목(목수 20년 생활 숙련공임)으로서 일당 150,000원은 결코 많은 것이 아니고 어느 현장이나 형틀목수의 임금은 일당 150,000원으로 동일합니다.

6. 결론

이상과 같이 피고의 답변은 사실과 다르며 특히 이 사건 사고 당시의 공사계약("골조공사 및 부자재 일절")은을 제1호증과 같이 피고와 소외 석영민의 단순한 노임계약이고, 게다가 원고 박준성은 그러한 계약사실조차 알지 못합니다.

처음부터 피고 클럽 회원인 정성길이 이 사건 공사를 지시하고 감독하여 왔음은 을 제1호증 '건축노임계약서'상으로도 나타나고, 현장인부들도 다 알고 있으므로 이러한 사실은 함께 일한 인부 등으로 하여금 입증케 하겠습니다.

이 사건 사고의 주원인은 원고 박준성 등이 안전하게 일을 할 수 있도록 받침대(속칭 아시바)와 안전망을 설치하고 작업을 시켜야 함에도 불구하고 안전시설(즉 받침대 시설)을 하지 않고 작업을 강행한 데 있으므로, 이 사건 사고에 대해서는 전적으로 피고가 그 책임을 져야 합니다.

입증방법 및 첨부서류

호증	서증명	작성일자	작성자	입증취지
갑 7-1	증인진술서	2016.10.31.	류철순	피고 건축공사 현장에서 원고 박준성에 대한 목수보조일을 하였고 당시 공사의 지시감독은 피고 회원 정성길이 하였으며 원고와 인부들이 피고에게 안전시설 받침대(아시바) 시설을 요구하였으나 응해주지 않은 사실
갑 7-2	인감증명서 (류철순)	2016.10.31.	강릉시 성덕동장	증인진술인의 인감증명 (기록에서는 생략)
갑 8-1,8-2	건설업임금실태 조사보고서 표지 및 내용		대한건설협회	원고 박준성의 1일 임금
갑 9-1~4	각 영수증		아산재단 강릉병원	원고 박준성이 이 사건 사고로 지출한 치료비

2016. 11. 5.
원고들 소송대리인
변호사 오변론 (인)

수원지방법원 여주지원 귀중

증 인 진 술 서

사건 : 2016가단7052 손해배상(산)
원고 : 박준성 외 3
피고 : 청운라이온스클럽

진술인(증인) 인적사항
이름 : 류철순 (850826-1273110)
주소 : 강릉시 입암동 입암대인 3차 506호
전화 : 643-7555

1. 진술인은 주소지에서 취업하고자 준비 중에 있습니다. 진술인은 과거에 박준성의 밑에서 일을 한 사실이 있는데, 당시 박준성이 공사현장에서 추락하여 그로 인하여 병원에 입원 치료를 받은 사실에 대하여 잘 알고 있습니다.

2. 진술인은 2015. 9. 초순경 강원도 양구군 양구읍 소재 청운라이온스클럽 신축공사 현장 내 골조공사 중 형틀목수일을 하는 박준성의 연락을 받고서 위 공사현장에서 일반 목수 보조일을 하게 되었습니다.

3. 당시 청운라이온스클럽에서 정성길이라는 사람이 공사현장에 나와 공사 지시와 감독을 하였고, 일하는 사람들은 그 사람의 지시에 따라서 일을 하였습니다.

4. 진술인이 공사현장에 간지 2달째인 2015. 11. 2. 16:00경 박준성은 공사현장 2층 옥상 외벽 오비끼에 의지하여 일을 하고 있었고, 진술인은 아래층에서 나무정리를 하던 중, 위에서 일하던 박준성이 밟고 있던 각목이 부러지는 바람에 아래로 추락하여 오른쪽 허벅지와 발목을 크게 다쳤습니다. 그때 저는 119에 전화하여 구급차를 불러 박준성을 병원에 후송한 사실이 있습니다.

5. 당시 박준성은 곤색 비슷한 색의 운동화(단화 비슷한 것)를 신고 있었습니다. 작업 환경이 좋지 않아 추락 사고가 날 염려가 있었기 때문에 저뿐 아니라 그곳에서 일하던 세 사람은 아시바 시설을 해달라고 하였고 그게 안되면 '너구리'(아래층에서 위층으로 오르내리는 시설)라도 해달라고 했는데도, 정성길은 그것도 해주지 않고 일을 시켰습니다.

6. 이상의 내용은 모두 진실임을 서약하며 이 진술서에 적은 사항의 신문을 위하여 법원이 출석요구를 하는 때에는 법정에 출석하여 증언할 것을 서약합니다.

2016. 10. 31.
위 진술인 류철순 (인)

위 사본임
변호사 오변론 (인)

준 비 서 면

사 건　2016가단7052 손해배상(산)
원 고　박준성 외 3
피 고　청운라이온스클럽

위 사건에 관하여 피고 소송대리인은 다음과 같이 변론을 준비합니다.

1. 원고 박준성이 이 사건 공사에 참여한 경위

　　피고 클럽 회원 소외 정성길은 자신의 사업장 근처에서 건축일을 하던 소외 석영민을 알게 되었는데, 때마침 피고 라이온스클럽 회관 건물을 신축하려던 참이어서 위 석영민에게 "레미콘과 철근, 펌프카장비대는 건축주가 부담하고 나머지 부자재와 노임으로 금 20,00,000원 정도에 건물골조공사를 할 수 있겠느냐?"고 물었습니다. 건축도면 판독 등 건축에 대해 전문적인 지식이 없었던 소외 석영민은 이에 대해 "도면을 판독할 줄 아는 사람이 있는데, 그 사람에게 문의하여 보겠다"면서, 정성길에게서 도면을 교부받아 원고 박준성에게 문의하였습니다. 도목수로서 건축 경험이 많은 원고 박준성은 그의 사촌형인 소외 박영동과 3명에서 일하면 상당한 이익이 발생할 것이라고 하여 위 3명이 동업계약을 하고 공사에 참여한 것입니다.

　　을 제1호증은 "건축노임계약서"라는 제목으로 작성되어, 마치 피고 라이온스클럽이 공사를 진행·감독하고 원고 박준성과 소외 석영민은 노동만을 제공한 것처럼 보이고, 원고도 이런 취지로 주장하나, 앞서 본 바와 같이 그 실질적인 계약내용은 도급계약에 해당하는 것이며, 원고 박준성은 석영민 등과 함께 피고 클럽 회관 건물 공사의 도급공사를 동업한 것입니다.

2. 사건의 경과

　　이 사건 사고가 나기 일주일 전쯤 원고 박준성이 소외 정성길을 찾아왔는데, 위 정성길은 '추운 날씨에 고생이 많다'면서 양구 소재 '보람갈비'라는 식당(업주 : 최수자)에서 식사를 대접하였습니다. 원고 박준성은 그 자리에서 '석영민에게 나갈 돈이 얼마나 되는가?'라고 물었고, 정성길은 「석영민이 양구 소재 '양구목재'상에서 외상으로 가져다 쓴 목재값 500여만 원을 제하면 거의 남아 있지 않다」고 답변하였습니다. 원고 박준성은 「3명이 동업을 하여 공사비가 나오면 비용을 제하고 같이 나눠 갖기로 하고 이 공사를 하였는데, 석영민이 혼자 착복하였다」고 몹시 분개해 하면서, 「일을 그만두고 이천으로 돌아가 버릴까 했는데

사장님(정성길)을 비롯한 주위분들이 너무 잘해 주어서 인간적으로 그냥 가지 못하겠고, 일을 끝마치겠다」고 하여 정성길도 고맙다고 하였습니다.

3. 아시바 문제

골조공사계약시 아시바는 소외 석영민과 원고 박준성 등이 자신의 비용으로 설치하여 골조공사가 끝나도 풀지 않고 나머지 다른 공사가 끝날 때까지 피고에게 대여하겠다고 약속하였습니다.

을 제1호증에도 "철구조물은 공사완료까지 대여한다"고 기재되어 있는 바, 원고 박준성이 소외 석영민과 동업한 골조공사가 끝난 후에도 건물 외부의 드라이비트(외벽공사) 마감 등을 위해서는 철골구조물 즉, 아시바가 필요하므로 박준성 등이 설치한 아시바를 공사 완료시까지 대여해 주겠다는 취지로 그와 같이 약정한 것입니다.

그런데, 막상 공사가 시작되자 원고 박준성은 '아시바 없이도 할 수 있는 공법이 있다'고 하면서 아시바를 설치하지 않고 편법으로 거푸집을 지상에서 제작한 후 크레인을 이용하여 건물 벽체에 부착하였습니다.

4. 감독문제

회원들이 2인 1조가 되어 수시로 공사장에 들러 인부들에게 빵과 우유 등 간식을 제공해 준 것은 격려하는 차원이었을 뿐입니다. 건축에 대해 전혀 알지도 못하는 회원들이 공사 감독을 할 수 있는 입장이 아니었고, 회원들은 각자 자신의 사업이 있어서 신축공사장에서 공사 감독을 할 시간도 여유도 없었습니다.

소외 정성길 역시 업자를 선정하고 자재를 매입하는 등의 행위만 주도적으로 진행한 것이지 공사자체를 감독한 것은 아닐 뿐만 아니라, 건축에 대해서는 잘 모르기 때문에 감독자체가 불가능합니다.

5. 도급 문제

소외 석영민과 원고 박준성, 원고 박준성의 형 소외 박영동은 부자재 포함 노임도급을 받아 자기의 계산과 비용으로 인부와 자재를 투입하여, 자재대금과 인건비를 지급하고 남은 금액만큼을 이익으로 챙기는 사람들이므로 수급자입니다.

6. 원고 박준성의 신발 문제

피고 클럽 회원 소외 김춘수가 목격한 바로는, 원고 박준성이 여름에는 슬리퍼를 끌고 다니면서 일을 하길래 '위험한 공사장에서 슬리퍼를 신고 다니다가 사고라도 나면 어쩌려고 그러느냐'고 하자, 박준성은 '사고가 나도 내가 나는데 당신이 무슨 상관이냐?'면서 도리어 화를 벌컥 내 더 이상 아무 말도 하지 못하였다고 합니다.

7. 병원비 문제 등

피고 클럽에서는 사고 후 도의적 차원에서 회원 소외 정성길, 김춘수, 이범래, 노명식, 박범호, 최성남이 3번이나 위문차 방문하였는데, 그때마다 원고 박준성은 미안해하면서 「돈이 없으니, 병원비만 도와줄 수 없겠는가?」하고 하소연하였고, 이에 클럽측은 봉사단체이기도 하여 도의적으로 도와주려고 1차로 금 3,000,000원을 교부했으나, 그 후 원고 박준성은 태도가 돌변하여 이 소송을 제기하였습니다.

8. 원고 박준성이 부담한 치료비

원고 박준성이 이 사건 사고로 인한 치료비로 원고 주장과 같이 2,632,490원을 지출한 점에 대해서는 피고도 이를 인정합니다.

2016. 11. 29.
위 피고 소송대리인
변호사 박태형 (인)

수원지방법원 여주지원 귀중

신 체 감 정 서 (성형외과)

사건번호 : 2016가단7052
성명 : 박준성
주민등록번호 : 650311-1274240
주소 : 이천시 장전동 837-4
감정일 : 2015년 9월 25일

[감정사항]
〈피감정인의 2015. 11. 2.경 부상에 관하여〉

1. 현재 피감정인의 신체에 존재하는 부상 또는 신체장애의 부위 및 정도
 (위 일자 이전의 다른 사고로 인한 신체장애가 존재하는 경우 이를 포함해서 표시)
 [답] 우측 하지 (대퇴부, 족부) 수술 반흔

2. 위 제1항의 장애 또는 부상 중 위 일자의 사고로 인한 부분은 무엇인지
 [답] 상동

3. 그 동안의 치료내용 및 경과
 [답] 해당사항 없음

4. 현재의 자각적 증상의 유무 및 그 내용과 정도
 [답] 해당사항 없음

5. 현재의 타각적 증상에 관하여
 가. 어떠한 증상이 있는지, 있다면 그 내용과 정도
  [답] 해당사항 없음

 나. 그와 같이 판단하는 근거
  [답] 해당사항 없음

6. 위 병적 증상의 원인이 되는 기왕증이 있는지 여부, 있다면 그 내용 및 정도(기여비율은 %로 표시)
 [답] 해당사항 없음

7. 향후 치료에 관하여

　가. 치료가 종결되었는지 여부

　　　[답] 환자가 원하는 경우 반흔 성형 수술 가능

　나. 향후치료가 필요하다면 그 치료의 내용과 치료시기 및 기간, 치료비 예상액 (특히, 치료시기 및 치료비의 지출시점을 가능한 한 구체적 일자로 특정)

　　　[답] 해당사항 없음

8. 치료종결 후 (향후치료 포함) 피감정인에게 남게 될 신체장애에 관하여

　가. 신체장애가 남게 되는지 여부

　　　[답] 해당사항 없음

　나. 남게 된다면 어떠한 후유증이 신체장애로 남게 되는지 (구체적으로), 그리고 그 신체장애를 객관적으로 증명할 수 있는지 여부

　　　[답] 해당사항 없음

　다. 특히, 피감정인에겐 추간판 탈출증이 있는 경우

　1) 그 부위, 크기, 탈출정도, 방향 및 그 경도, 신경근 압박부위와 그 정도 및 그 결과 나타나는 증세, 그 추간판탈출증이 연성인지, 경성인지의 여부 등 필요한 사항을 구체적으로 기재하고

　　　[답] 해당사항 없음

　2) 피감정인에게 남아 있는 추간판탈출의 장애가 위 일자 사고로 인한 것인지, 퇴행성 병변인지의 여부를 확인하고

　　　[답] 해당사항 없음

　3) 사고로 인한 장애와 퇴행성 병변이 복합적으로 나타날 경우에는 사고로 인한 기여도를 %로 표시

　　　[답] 해당사항 없음

　4) 또한 한시장애인지, 영구장애인지를 명확히 기재

　　　[답] 해당사항 없음

라. 신체장애가 영구적인 것인지, 아니면 개선가능한 한시적인 것인지, 한시적인 경우 그 기간이 언제부터, 몇 년 정도인지 기재

예 : 사고일로부터 3년, 감정일로부터 5년 등

[답] 해당사항 없음

마. 위 신체장애가 맥브라이드 노동능력상실평가표 (맥브라이드 테이블 14, 15, 1963년판)와 국가배상법시행령 별표 2. 노동능력상실표의 각 어느 항목에 해당하는지

[답] 해당사항 없음

바. 특히, 만약 적절한 항목이 없을 경우 준용할 만한 항목은 있는지, 또한 준용할 정도는 아니더라도 어느 항목의 몇 % 정도를 준용할 수 있는 것으로 봄이 상당한지를 표시

예 : 1) 맥브라이드테이블 14, 페이지 70, 관절강직, 모지 항목 중 -1-c 항에 해당 (일부해당의 경우 : ...항의 50%에 해당)

2) 국가배상법시행령 별표 2의 제12급 제6항에 해당

[답] 해당사항 없음

사. 피감정인이 왼손잡이인지 또는 오른손잡이인지 (팔이나 손에 장애가 있을 경우에 한함)

[답] 해당사항 없음

아. 피감정인이 형틀목수로서 그 직업에 종사할 경우 노동능력상실 정도(%로 표시하고, 적용할 직업계수를 기재)

[답] 해당사항 없음

자. 피감정인의 일반도시 또는 농촌 일용노동자로 종사하는 경우 그 노동능력의 상실정도 (%로 표시하고 적용한 직업계수를 기재)

[답] 해당사항 없음

9. 개호인

가. 필요한지 여부

[답] 해당사항 없음

나. 필요하다면 그 개호내용(음식물섭취, 착탈의, 대소변, 체위변경 등)

[답] 해당사항 없음

다. 개호내용에 비추어 의료전문가의 개호가 필요한지, 또는 성인 남녀의 개호로도 족한지의 여부

    [답] 해당사항 없음

라. 개호가 필요한 시간과 필요한 개호인의 수

    [답] 해당사항 없음

10. 보조구

   가. 피감정인이 휠체어, 의족 등 보조구나 의치 등이 필요한지 여부

    [답] 해당사항 없음

   나. 필요하다면, 그 종류, 필요기간, 소요개수, 개당가격, 수명 등

    [답] 해당사항 없음

   다. 보조구의 사용으로 개선될 수 있는 거동의 정도 및 착용훈련이 필요한 경우에는 그 훈련기간

    [답] 해당사항 없음

11. 위 후유증이 피감정인의 평균수명에 영향이 있는지, 있다면 그 단축되는 정도 및 그 근거자료

  [답] 해당사항 없음

12. 기타 참고사항

의료법인여주고려종합병원
여주군 여주읍 단현리 286-6번지   642-1988
성형외과전문의 장준혁 (의사면허 59675) (인)

신 체 감 정 서 (정형외과)

사건번호 : 2016가단7052
성명 : 박준성
주민등록번호 : 650311-1274240
주소 : 이천시 장전동 837-4

[감정사항]
〈피감정인의 2015. 11. 2.경 부상에 관하여〉

1. 현재 피감정인의 신체에 존재하는 부상 또는 신체장애의 부위 및 정도
   (위 일자 이전의 다른 사고로 인한 신체장애가 존재하는 경우 이를 포함해서 표시)
   [답] 우측 대퇴골 전자간하 골절

   우측 비골 외측과 골절

2. 위 제1항의 장애 또는 부상 중 위 일자의 사고로 인한 부분은 무엇인지
   [답] 우측 대퇴골 전자간하 골절, 우측 비골 외측과 골절

3. 그 동안의 치료내용 및 경과
   [답] 피감정인 박준성은 2015. 11. 2. 양구지역 건축현장에서 추락사고로 우측대퇴골 골절상 등 부상을 입고 2015. 11. 3. 아산재단 강릉병원에 입원 해당부위 관혈적 골절정복 및 금속판, 금속정 내고정 수술을 받고 2016. 1. 11. 퇴원하였으며, 그 후에도 관련 치료를 받은 사실이 있음.

4. 현재의 자각적 증상의 유무 및 그 내용과 정도
   [답] 환자 자각에 의한 우측 고관절부 동통을 호소하며 아래와 같이 관절 부분 강직이 있음.
   * 전굴 : 45°   * 신전 : 0°   * 내전 : 10°   * 외전 : 25°

5. 현재의 타각적 증상에 관하여
   가. 어떠한 증상이 있는지, 있다면 그 내용과 정도
      [답] 상술한 바와 같음
   나. 그와 같이 판단하는 근거

[답] ① 방사선 소견상 우측 대퇴골 전자간하 골절정복 및 금속판(길이 약 20cm 크기) 및 금속정 내고정 삽입상태며, 많은 양의 골절부 부가골 형성이 인지됨.

② 우측 비골 외측과 골절 정복 및 금속판 금속정 삽입 상태임.

6. 위 병적 증상의 원인이 되는 기왕증이 있는지 여부, 있다면 그 내용 및 정도(기여비율은 %로 표시)

[답] 해당사항 없음

7. 향후 치료에 관하여

가. 치료가 종결되었는지 여부

[답] 1차 수술 기준으로 향후 약 2년후 해당삽입 금속물 제거 수술이 요망됨. (①,② 병명 포함)

나. 향후치료가 필요하다면 그 치료의 내용과 치료시기 및 기간, 치료비 예상액 (특히, 치료시기 및 치료비의 지출시점을 가능한 한 구체적 일자로 특정)

[답] 입원 약 2주, 통원 6주

① 검사 및 방사선 촬영

② 수술 및 마취 (고관절, 족부 부위)

③ 주사 약대

④ 외고정 안정 및 처치료

⑤ 물리치료료 및 기타

합계 550만 원

* 추정 치료비이므로 경우에 따라서는 수가에 변동이 있을 수 있음

8. 치료종결 후 (향후치료 포함) 피감정인에게 남게 될 신체장애에 관하여

가. 신체장애가 남게 되는지 여부

[답] 현 상태에서는 장애가 있음

나. 남게 된다면 어떠한 후유증이 신체장애로 남게 되는지 (구체적으로), 그리고 그 신체장

애를 객관적으로 증명할 수 있는지 여부

[답] 우측 고관절 부분 강직으로 활동에 지장을 줌

* 전굴 약 45°에서 제한

* 신전　　 0°

* 내전　　 10°에서 제한

* 외전　　 25°에서 제한

다. 특히, 피감정인에게 추간판 탈출증이 있는 경우

1) 그 부위, 크기, 탈출정도, 방향 및 그 경도, 신경근 압박부위와 그 정도 및 그 결과 나타나는 증세, 그 추간판탈출증이 연성인지, 경성인지의 여부 등 필요한 사항을 구체적으로 기재하고

2) 피감정인에게 남아 있는 추간판탈출의 장애가 위 일자 사고로 인한 것인지, 퇴행성 병변인지의 여부를 확인하고

3) 사고로 인한 장애와 퇴행성 병변이 복합적으로 나타날 경우에는 사고로 인한 기여도를 %로 표시

4) 또한 한시장애인지, 영구장애인지를 명확히 기재

[답] 해당사항 없음

라. 신체장애가 영구적인 것인지, 아니면 개선가능한 한시적인 것인지, 한시적인 경우 그 기간이 언제부터, 몇 년 정도인지 기재

예 : 사고일로부터 3년, 감정일로부터 5년 등

[답] 첫 수술일로부터 약 3년간 한시장애로 인정됨

마. 위 신체장애가 맥브라이드 노동능력상실평가표 (맥브라이드 테이블 14, 15, 1963년판)와 국가배상법시행령 별표 2. 노동능력상실표의 각 어느 항목에 해당하는지

[답] 현재 맥브라이드 노동능력평가표에서

[관절강직] - (바) 고관절 - (II) - A - 2

고관절 - (II) - B - 1

에 적용되나 이는 향후(첫수술일) 약 3년간 한시장애임.

바. 특히, 만약 적절한 항목이 없을 경우 준용할 만한 항목은 있는지, 또한 준용할 정도는 아니더라도 어느 항목의 몇 % 정도를 준용할 수 있는 것으로 봄이 상당한지를 표시

  예 : 1) 맥브라이드테이블 14, 페이지 70, 관절강직, 모지 항목 중 -1-c 항에 해당 (일부해당의 경우 : …항의 50%에 해당)

    2) 국가배상법시행령 별표 2의 제12급 제6항에 해당

  [답] 해당사항 없음

사. 피감정인이 왼손잡이인지 또는 오른손잡이인지 (팔이나 손에 장애가 있을 경우에 한함)

  [답] 해당사항 없음

아. 피감정인이 형틀목수로서 그 직업에 종사할 경우 노동능력상실 정도(%로 표시하고, 적용할 직업계수를 기재)

  [답] 피감정인이 형틀목수로서 그 직업에 종사하는 경우 그에 대한 노동능력 상실정도는 약 32.8% (복합비율 산정)

  이는 향후 3년간 한시장애임 (2015. 11. 8. 수술)

자. 피감정인의 일반도시 또는 농촌 일용노동자로 종사하는 경우 그 노동능력의 상실정도 (%로 표시하고 적용한 직업계수를 기재)

  [답] 도시 일반노동자로서 약 23.5% 상실과

  농촌 일용 근로자로서 약 28.6% 상실이 각각 추산되며 이는 1차 수술일(2015. 11. 8.)로부터 향후 3년간 한시장애로 인정됨 (복합비율 산정)

9. 개호인

  가. 필요한지 여부

  나. 필요하다면 그 개호내용(음식물섭취, 착탈의, 대소변, 체위변경 등)

  다. 개호내용에 비추어 의료전문가의 개호가 필요한지, 또는 성인 남녀의 개호로도 족한지의 여부

  라. 개호가 필요한 시간과 필요한 개호인의 수

    [답] 해당사항 없음

10. 보조구

  가. 피감정인이 휠체어, 의족 등 보조구나 의치 등이 필요한지 여부

  나. 필요하다면, 그 종류, 필요기간, 소요개수, 개당가격, 수명 등

  다. 보조구의 사용으로 개선될 수 있는 거동의 정도 및 착용훈련이 필요한 경우에는 그 훈련기간

   [답] 해당사항 없음

11. 위 후유증이 피감정인의 평균수명에 영향이 있는지, 있다면 그 단축되는 정도 및 그 근거자료

  [답] 해당사항 없음

의료법인여주고려종합병원

여주군 여주읍 단현리 286-6번지   642-1988

정형외과전문의 변영석 (의사면허 12458) (인)

준 비 서 면

사 건 2016가단7052 손해배상(산)
원 고 박준성 외 3
피 고 청운라이온스클럽

위 당사자 간의 위 사건과 관련하여 원고들 소송대리인은 다음과 같이 변론을 준비합니다.

1. 피고가 주장한 동업에 관하여

피고는 원고 박준성, 소외 석영민, 같은 박영동이 동업으로 이 사건 관련 공사를 하였다고 주장하나 원고 박준성은 동업을 한 사실이 없습니다. 다만 피고 측의 건축위원장 정성길과 건축노임계약을 체결한 소외 석영민에게서 이 사건 건축공사현장에서 일을 해달라는 요청을 받고 일을 해주었을 뿐입니다. 공사 과정에서는 피고 클럽 회원인 정성길의 지시·감독을 받으면서 일을 하였습니다.

2. 공사현장의 자재에 관하여

피고는 원고 박준성이 소외 석영민 등과 동업으로 이 사건 공사를 도급받아 아시바 등을 원고 박준성 등의 비용으로 설치하기로 하였다고 주장하나 이는 전혀 사실이 아닙니다. 원고 박준성은 단순히 목수로서 일을 하고 그에 따른 노임을 받았으므로 아시바나 기타 자재 등과는 무관합니다. 아시바는 원고 박준성이 일을 시작하기 이전에 건물 앞면에 설치되어 있었는데, 원고 박준성 등이 뒤쪽에도 아시바를 설치해 달라고 요구하였으나 설치해 주지 않아 하는 수 없이 아시바 없이 작업을 하다 사고가 난 것입니다.

3. 작업시의 신발 착용에 대하여

피고는 원고의 과실상계 등을 감안하여서인지 '원고 박준성이 작업 시 슬리퍼를 신었다'라고 하나, 2015. 11. 2. 당시 양구의 날씨는 슬리퍼를 신을 만큼 기온이 온화하지 않았을 뿐 아니라, 건축공사장에서 슬리퍼를 신고 작업한다는 것은 상상도 할 수 없는 일입니다. 원고 박준성은 분명히 운동화를 신고 작업을 하였습니다. 원고 박준성과 함께 일하던 사람이 사고 직후에 119에 신고를 하고 출동한 구급차량에 동승하여 병원에 도착한 후 원고 박준성이 신고 있던 운동화를 벗겨준 사실도 있습니다.

4. 공사감독에 관하여

 피고 클럽 회원인 정성길이 철근, 레미콘 작업을 지시·감독하였고, 석영민은 위 정성길과 골조공사에 관하여 노임계약만 하고, 원고 박준성을 불러 목수분야 일을 시켰으며, 원고 박준성은 단지 목수일을 하고 노임은 일당으로 지급받았습니다. 피고 클럽 회원인 정성길은 이 사건 공사를 진행시키면서 일일이 지시·감독을 하였고, 건물의 높이를 도면보다 낮춰 지어 달라고 요구하는 등 세밀한 지시까지 한 사실도 있습니다. 이에 따라 이 사건 건물의 높이는 물론 출입문과 창문 등까지 원설계대로 하지 아니하고 그 위치 및 크기를 변경한 사실도 있습니다. 정성길은 이 사건 건물 건축공사 이전에도 자기 개인집 5층도 직영하여 건축하였다고 자랑삼아 이야기한 적도 있습니다.

 그럼에도 피고가 감독자도 없이 마치 원고 박준성과 일반 잡부들에게 알아서 작업을 하도록 하였다는 것은 일반 상식상 있을 수 없는 일입니다.

 따라서 피고의 이러한 주장 사실은 사실과 전혀 다르므로 변론기일이 지정되면 당시 공사현장에서 일하던 인부로 하여금 이러한 사실을 증언하게 하는 등으로 입증토록 하겠습니다.

2017. 1. 4.
원고들 소송대리인
변호사 오변론 (인)

수원지방법원 여주지원 귀중

수원지방법원 여주지원
증 인 신 문 조 서
(2017. 1. 23. 1차 변론조서의 일부)

사 건	2016가단7052 손해배상(산)	
증 인 성 명	정 성 길	
주민등록번호	740522-1338612	
직 업	인쇄소 경영	
주 소	강원도 양구군 양구읍 석현리 338-14	

판사
　증인에게 선서의 취지를 명시하고, 위증의 벌을 경고한 다음, 별지 선서서에 의하여 선서를 하게 하였다.

피고 대리인

1. 증인은 피고클럽 회원이며, 이 사건 공사계약 및 진행에 관여하여 이 사건에 관해 잘 알고 있다.

2.

가. 증인이 속해 있는 피고 클럽이 회관 건물을 신축하려 하고 있던 당시 건축일을 하던 소외 석영민을 알게 되어 위 석영민에게 "레미콘과 철근, 펌프카장비대는 건축주가 부담하고 나머지 부자재와 노임으로 금20,000,000원 정도에 건물 골조공사를 할 수 있겠느냐?"고 물었다.

나. 소외 석영민은 자신은 건축도면판독 등 건축에 대해 전문적인 지식이 없고, "도면을 판독할 줄 아는 사람이 있는데, 문의하여 보겠다."면서, 증인에게서 도면을 교부받았다.
　그 후 석영민은 원고 박준성에게 문의하였고, 도목수로서 경험이 많은 원고 박준성은 그의 사촌인 소외 박영동과 석영민 3명이서 함께 일하면 상당한 이익이 발생할 것이라고 판단하여 위 3명이 동업계약을 하고 피고 클럽 건물 골조공사에 참여한 것이다.

다. (이때 을 제1호증을 제시하며)
　을 제1호증은 "건축노임계약서"라는 제목으로 작성되어 마치 피고 라이온스클럽이 공사를 진행·감독하고 원고 박준성과 소외 석영민은 노동만을 제공한 것처럼 보이고, 원고도 이런 취지로 주장하나, 앞서 본 바와 같이 그 실질적인 계약내용은 도급계약에 해당하는 것이며, 원고 박준성은 석영민 등과 함께 피고 클럽 회관 공사의 도급공사를 동업한 것이다. 이것이 그 건축노임계약서이다.

3.

가. 원고 박준성이 이 사건 사고가 나기 일주일 전쯤 증인을 찾아왔는데, 증인은 '추운 날씨에 고생이 많다'고 하고 양구 소재 '보람갈비'라는 식당(업주 : 최수자)에서 원고 박준성에게 식사를 대접하였다. 원고 박준성은 그 자리에서 석영민에게 나갈 돈이 얼마나 남아 있는지 물었다.

나. 증인은 원고 박준성에게 소외 석영민이 양구 소재 '양구목재'상에서 외상으로 가져다 쓴 목재값 5,000,000원을 제하면 거의 남아 있지 않다고 답변하였고, 원고 박준성은 위 3명이 동업을 하여 공사비가 나오면 비용을 제하고 같이 나눠 갖기로 하고 이 공사를 하였는데, 석영민이 혼자 착복하였다고 몹시 분개해하면서 일을 그만두고 집으로 돌아가버릴까 했는데 증인을 비롯한 주위분들이 너무 잘해주어서 인간적으로 그냥 가지 못하겠고, 일을 끝마치겠다고 하여서 증인은 원고 박준성에게 고맙다고 하였다.

4.

가. 소외 석영민과 원고 박준성 등은 골조공사계약 시 아시바는 자신의 비용으로 설치하여 골조공사가 끝나도 풀지 않고 외벽공사 등의 나머지 다른 공사가 끝날 때까지 대여하겠다고 약속하였다.

나. 을 제1호증 계약서에 "철구조물은 공사완료까지 대여한다"라고 기재되어 있는바, 그것은 원고 박준성이 소외 석영민과 동업한 골조공사가 끝난 후에도 건물 외부의 드라이비트(외벽공사) 마감 등을 위해서는 철구조물 즉, 아시바가 필요하므로 박준성 등이 설치한 아시바를 공사 완료시까지 대여해 주겠다는 취지로 그와 같이 약정한 것이다.

다. 그런데, 막상 공사가 시작되자 원고 박준성은 '아시바 없이도 할 수 있는 공법이 있다'고 하면서, 아시바를 설치하지 않고 벽체를 공사장 부근에서 지상 제작하여 크레인으로 부착하였다.

5.

가. 피고 회원들이 2인 1조가 되어 수시로 공사 현장에 들러 인부들에게 빵과 우유 등 간식을 제공한 것은 인부들을 격려하는 차원이었다. 건축에 대해 전혀 알지도 못하는 회원들이 공사감독을 할 수 있는 입장이 아니었고, 회원들은 각자 자신의 사업이 있어서, 신축공사장에서 공사를 감독할 시간도 여유도 없었다.

나. 증인 역시 업자를 선정하고, 자재를 매입하는 등의 행위를 주도적으로 진행한 것이지 공사자체를 감독한 것은 아닐 뿐만 아니라 건축에 대해 잘 모르기 때문에 감독자체가 불가능하다.

6. 소외 석영민과 원고 박준성, 원고의 형 소외 박영동은 부자재 포함 노임도급을 받아 자기의 계산과 비용으로 인부와 자재를 투입하여, 자재대금과 인건비를 지급하고 남은 금액만큼을 이익으로 챙기는 것이므로 수급업자이다.

7. 클럽 회원 소외 김춘수가 목격한 바로는, 원고 박준성이 여름에는 슬리퍼를 끌고 다니면서 일을 하길래 '위험한 공사장에서 슬리퍼를 신고 다니다가 사고라도 나면 어쩌려고 그러냐'고 하자, 박준성은 '사고가 나도 내가 나는데 당신이 무슨 상관이냐'면서 도리어 화를 벌컥 내 더 이상 아무 말도 하지 못하였고, 나중에 10월경에는 운동화의 뒷축을 꺾어서 신고 다니는 것을 목격하였다고 한다.

8. 사고 후 도의적 차원에서 증인을 비롯 회원 김춘수, 이범래, 노명식, 박범호, 최성남이 위문차 원고 박준성을 3번 방문하였는데, 그때마다 원고 박준성은 미안해하면서 '돈이 없으니, 병원비만 도와줄 수 없겠냐'고 하소연하였고, 이에 클럽 측은 봉사단체이기도 하여 도의적으로 도와주려 1차로 3,000,000원을 교부했으나, 원고 박준성은 그 당시에는 가만히 있다가 태도가 돌변하여 이 소송을 제기하였다.

원고들 대리인

1. 증인은 피고 클럽 회원으로서 이 사건 건축공사를 건축위원장으로서 관장하여 공사를 하였다.
(을 제1호증 건축노임계약서를 제시하고)

2.

가. 이 건축노임계약서가 증인이 소외 석영민과 체결한 건물 골조공사에 대한 건축노임계약서이다.

나. 이 건축노임계약서 하단에 기재된 증인과 소외 석영민의 이름 옆에 증인과 소외 석영민은 각자 싸인을 하여 계약이 성립되었고 원고 박준성은 서명 날인한 사실이 없다.

3. 이 사건의 건축물 공사 이전에 증인 개인 소유 5층 건물을 건축할 때 증인 직영으로 공

사한 것은 아니다. 대규모 전문 건설업자에게 도급을 주어 공사를 하였다. 그러한 경험 등이 축적되어 증인이 피고 클럽의 이 사건 건축공사를 관장하기에 이른 것이다.

4. 문. 골조공사를 맡은 소외 석영민이 교통사고로 병원에 입원해 있을 때 증인이 원고 박준성에게서 연락을 받고 공사현장에 나갔더니 원고 박준성은 '소외 석영민에게서 노임을 받지 못하여 일을 그만둔다'라는 얘기를 하였지요.

답. 제가 원고 박준성에게서 연락을 받고 공사현장에 나갔던 것은 사실이나, 원고 박준성이 석영민에게서 이윤을 배분받지 못하여 일을 그만둔다는 이야기를 들은 것은 그때가 아니고, 석영민이 사고를 당하기 1주일 전쯤 식당에서입니다.

5. 문. 그래서 증인은 노임 2,000만 원 중 이미 지급된 돈이 1,200만 원이고 아직 노임 금 800만 원이 남아 있으니 일을 해주면 소외 석영민과 3자 대면을 하여 800만 원 범위 내에서 증인이 노임을 직불하여 주겠다고 하고 원고 박준성에게 일을 시켰지요.

답. 아닙니다. 제가 노임을 직불해 주겠다고 한 적은 없습니다. 또한 석영민과 원고 박준성 간에는 공사 이윤금을 배분하기로 한 것이지 원고 박준성이 석영민에게 노임을 받기로 한 것은 아닙니다.

6. 문. 증인이 오비끼를 구입하여 주어 원고 박준성은 이를 건물 앞면의 거푸집 공사에 이용하여 이를 거푸집에 부착하고, 뒤쪽에는 아시바를 설치하여 달라고 요구하였지만 설치하여 주지 아니하여, 원고 박준성이 아시바 없이 그대로 작업중 이 사건 사고가 발생하였지요.

답. 아닙니다. 부족한 오비끼는 제가 옆 공사장에서 (구입한 것이 아니라) 빌려 주었고, 원고 박준성이 거푸집을 부착해 달라거나 아시바를 설치해 달라고 요구한 적은 없습니다.

7. 문. 원고 박준성은 이 사건 사고 당시 운동화를 신고 있었지요.

답. 예. 원고 박준성은 운동화를 제대로 신고 다니다가 사고가 났습니다.

8. 문. 이 사건 건축공사는 전문건설업 면허가 있는 업체의 계약에 의한 공사가 아니고 다만 피고 클럽 회원인 증인이 공사를 관장하여 직영으로 공사를 하던 중 사고가 발생한 것이지요.

답. 아닙니다. 이 사건 공사를 도급받은 사람이 공사 진행, 지휘 등을 담당했고, 피고 클럽 회원이 담당한 것은 창호, 목재공사였습니다. 골조공사, 외부공사는 회원 중에 담당할 사람이 없어서 도급을 주어서 공사한 것입니다.

9. (을 제1호증 제시)
이 건축노임계약서에 기재되어 있는 전화번호 중에는 원고 박준성의 전화번호도 있는 것으로 알고 있다.

법원주사   김익수 (인)
판   사   홍성선 (인)

선 서

양심에 따라 숨김과 보탬이 없이
사실 그대로 말하고
만일 거짓말이 있으면
위증의 벌을 받기로 맹세합니다.

증인 : 정성길 (무인)
주민등록번호 : 740522-1338612
주소 : 강원 양구군 양구읍 석현리 338-14
직업 : 상업(인쇄소)

위 본인의 무인임
법원주사 김익수 (인)

사실확인서

주소 : 강원도 양구군 양구읍 석현리 2반
성명 : 김춘수   주민등록번호 : 601202-1338811

　상기 본인은 라이온스클럽 신축공사 중 클럽 회원으로 공사기간중 현장에 여러번 갔었는데 목수로 일을 하는 "다친사람"(박씨)이 공사 중에 슬리퍼를 신고 일을 하기에 '위험한데 슬리퍼를 신고 하느냐'고 2회에 걸쳐 말을 했더니 잔소리 한다는 식으로 대답을 해서, 그 후는 말을 하지 않았는데, 가을철에 들어서는 운동화를 꺾어 신고 일하는 것을 보았으며, 강릉병원에 입원중 회원 4명 "정성길, 본인(김춘수), 이성재, 문준상"과 함께 위문차 갔더니, "석영민"이 도주했으니 내가 내돈으로 병원비를 낼 수 없으니 누군가는 주어야 되지 않느냐고 말한 적이 있습니다.

　그 후 회관 공사를 마치고 회원 7~8명이 (지난번에 300만원 중) 병원비 잔액을 줄려고 찾아 갔었습니다. 그것도 건축위원장 "정성길"씨가 봉사단체에서 우리 회관을 짓다 다친 분을 몰라라 할 수 없으니 클럽이 어려움이 있더라도 우리가 도와주자는 말을 해 전회원이 동의하여 나머지 병원비를 주려고 "이천자택"을 방문하였는데, 의료보험 관계를 이야기하여 그 부분을 그날 참석한 회원 7~8명으로서는 확답을 할 수 없어 그냥 돌아오고 말았는데, 그후 법적으로 하여 저희 클럽으로서는 부득이 지금에 이르게 되었습니다.

위 내용에 가식이 없습니다.

2016. 12. 1.
김춘수 (인)

* 첨부된 인감증명서는 기록편의상 생략

사실조회회보서

사건번호 : 2016가단7052
성명 : 박준성
주민등록번호 : 650311-1274240
주소 : 이천시 장전동 837-4

[조회할 사항]

　피감정인 박준성 (650311-1274240)에 대한 신체감정서상 골절부위에 대해서 관혈적 정복수술로 인해 반흔이 남아있는데도 감정서에는 반흔성형수술치료비가 누락되어 있으므로 그 비용은 얼마정도인지 사실조회 하고자 함

[답] 반흔 성형술, 치료비 예상액 300만 원 (약 및 치료비 포함)
　　치료기간 약 4주
　　반흔 성형술 시기는 환자가 원하는 때 가능.

의료법인여주고려종합병원
여주군 여주읍 단현리 286-6번지　　642-1988
성형외과전문의　장준혁　(의사면허 59675) (인)

수원지방법원 여주지원
증 인 신 문 조 서

(2017. 4. 11. 3차 변론조서의 일부)

사 건	2016가단7052 손해배상(산)
증 인	성 명 류철순
	주민등록번호 850826-1273110
	직 업 택시기사
	주 소 강릉시 입암동 대인3차아파트 506호

판사

증인에게 선서의 취지를 명시하고, 위증의 벌을 경고한 다음, 별지 선서서에 의하여 선서를 하게 하였다.

원고들 대리인

1. 증인은 원고 박준성과 함께 피고 청운라이온스클럽 신축건물공사 현장에서 일을 하여 원고 박준성과 피고를 알고 있다.

2. 증인은 2015. 9. 초순경 강원도 양구군 양구읍 소재 피고 클럽 회관 건물 신축공사 현장 형틀목수인 원고 박준성의 연락을 받고 위 현장에서 보조일을 하게 되었다.

3. 피고 클럽에서 나온 소외 정성길이라는 사람이 위 공사 현장에서 일하는 사람들에게 지시하고 공사를 감독했다.

4. 증인이 공사 현장에 가서 일을 한 지 2달째인 2015. 11. 2. 16:00 위 신축건물공사 현장 2층 외벽 오비끼에 발을 딛고 이에 의지하여 일하던 원고 박준성이, 밟고 있던 각목이 부러지면서 추락하여 다치게 되었다.

5. 당시 원고 박준성은 오른쪽 허벅지와 발목을 다쳐 119에 신고되어 구급차량이 와 병원에 후송하였다. 그 뒤 입원하여 수술을 받았고, 기동이 불가능하였기 때문에 입원시부터 퇴원시까지 내내 원고 박준성의 처가 간병하였다.

6. 증인과 함께 일한 원고 박준성은 공사 감독으로 나온 정성길에게 안전시설인 아시바를 설치해 달라고 하였지만 해주지 않아 '그러면 너구리(아래층에서 위층으로 오르내리는 시설) 시설이라도 해달라'고 하였음에도 해주지 않았다.

7. 사고 당시 날씨가 쌀쌀하였고, 2층에서 일하다 추락한 원고 박준성은 곤색 비슷한 색의 운동화를 신고 있었다.

8. 증인은 원고 박준성이 처음 일을 하게 된 내용은 알지 못하지만, 그곳에서 모두 일당제로 일을 하였다.

9. 증인과 원고 박준성 그리고 그곳 현장에서 일하는 모든 사람은 피고 클럽에서 나온 정성길의 감독하에 그의 지시를 받아 일을 하였고, 원고 박준성은 물론 증인도 독자적으로 일을 한 것이 아니다.

10. 원고 박준성의 추락사고는, 피고 측의 감독자로 나온 정성길이 원고 박준성이나 증인 등의 요구대로 아시바 내지 너구리 시설만 하여 주었다면 미연에 방지할 수 있었다.

피고 대리인

1. (주신문 1, 2항에 대하여)

가. 증인은 이 사건 공사현장에서 2015. 9. 초부터 사고 시인 11. 초까지 목수 보조일을 하였다.

나. 원고 박준성은 증인의 이종사촌매형이고, 증인의 공사현장 경험은 2년 정도 된다.

2. (주신문 8항에 대하여) 피고 클럽이 소외 석영민에게 건물 골조공사를 도급주었다는 사실은 다른 사람들이 하는 이야기를 증인이 들어서 알고 있다.

3. (주신문 3, 9항에 대하여)

가. 피고 클럽 회원들은 두어 명씩 짝을 지어 공사현장에 들러서, 인부들에게 간식을 제공하는 등의 뒷바라지를 하였다.

나. 문. 소외 정성길을 비롯한 피고 클럽 회원들이 이 사건 건물 공사에 대하여 몇 마디 말한 것은 이들이 작업 인부들에게 간식 등을 제공하다가, 건축일을 잘 모르는 사람이 보아도 명백히 잘못되었다고 생각되는 사항이 보이자 의견 제시 차원에서 몇 가지 지적한 것에 불과하고, 작업 지시나 감독은 소외 석영민과 원고 박준성이 하였지요.

    답. 아닙니다. 정성길이 지시·감독했습니다.
        정성길이 공사현장에 상주하면서 작업의 종류, 내용 등을 구체적으로 지시하지는 않았지만, 수시로 현장에 들렀을 때, 박준성이 정성길에게 어떤 사안, 예를 들어 형틀을 만드는 일에 대해서 어떻게 할 것인지를 물으면, 정성길이 이러저러하게 했으면 좋겠다고 말하는 식으로 지시·감독을 했습니다.

4. (주신문 6, 10항에 대하여)

가. 소외 석영민이 공사 도중에 아시바가 부족하여 앞면만 설치하고는 옆면과 두시면은 아시바를 매지 않고 벽체를 공사장 부근 지상에서 제작하여 크레인으로 부착한다고 하였던 것을 증인은 알고 있다.

나. 문. 원고 박준성이 소외 정성길에게 아시바나 너구리의 설치를 요구한 사실이 있다고 증언했는데, 언제, 어디서 요구하였다는 것인가요.
　　답. 언제인지 그 시기는 기억하지 못하는데, 작업 현장에서 요구했습니다.

다. 문. 소외 석영민은 원고 박준성과 공동으로 아시바를 설치하여, 골조공사가 끝난 다음 피고클럽에서 드라이비트(외벽공사) 마감 등의 공사를 위해 피고 측에 빌려주기로 하였지요.
　　답. 저는 모르는 일입니다.

5. (주신문 7항에 대하여)

가. 문. 원고 박준성이 슬리퍼를 신고 다녀, 피고 클럽 회원인 소외 김춘수가 '위험한데 그런 신발을 신고 일하느냐'고 얘기를 하니, 원고 박준성은 잔소리를 한다고 하여 그 후에는 얘기를 하지 않게 된 것이지요.
　　답. 아닙니다.

나. 문. 원고 박준성이 사고 시에는 현장에서 운동화 뒷축을 꺾어 신고 작업하다가 다쳤는데, 알고 있나요.
　　답. 운동화를 신었던 것은 아는데, 꺾어 신었는지는 모릅니다.

판사

1. 증인이 이 사건 공사 현장에서 일하게 된 것은, 원고 박준성이 석영민의 승낙을 받고 증인에게 연락하여 이루어졌다.
2. 증인은 일당제로 일했고, 급여는 석영민에게서 받았다.

　　　　　　　　법원주사　　　　김익수 (인)
　　　　　　　　판　　사　　　　홍성선 (인)

선   서

양심에 따라 숨김과 보탬이 없이
사실 그대로 말하고
만일 거짓말이 있으면
위증의 벌을 받기로 맹세합니다.

증인 : 류철순 (인)
주민등록번호 : 850826-1273110
주소 : 강릉시 입암동 대인3차 506호
직업 : 강릉콜택시

"풍요로운 새 양구 건설"
양 구 군

정보통신망

| 255-800 강원도 양구군 양구읍 하리 34-5   전화 : 480-2436 |
| 민원봉사과 과장 : 정일주 담당 : 김봉석 담당자 : 조철영 |

문서번호   민원58550-697
시행일자   2017. 04. 22.   (1년)
공개여부   공개
경유
받음   수원지방법원

참조   민사 제1단독 재판부

제목   2016가단7052 손해배상(산) 관련자료 송부

1. 2016가단7052 손해배상(산) 사건 관련입니다.

2. 위 사건과 관련하여 귀원에서 요청하신 양구읍 석현리 535 소재 청운라이온스클럽 회관 건물에 대한 건축허가관련자료 문서송부촉탁서에 의거 관련문서를 송부하오니 업무에 참고하시기 바랍니다.

첨 부 : 1. 위 건물 신축허가시 제출된 허가 도면 일체(사본)
        2. 위 건물 착공시 제출된 착공신고서 일체(사본). 끝.

양 구 군 수 (인)

전결 민원봉사과장 정일주

착공신고서

건 축 주	청운라이온스클럽	주민등록번호	3240 - 00489
주 소	강원도 양구군 양구읍 석현리 332-18 번지		
허가(신고)번호	허가 제 07 호	허가(신고)일	2015년 5월 2일
대 지 위 치	강원도 양구군 양구읍 석현리	지번	535번지
착 공 예 정 일	2015년 7월 28일		

① 설계자	성 명	조숙현 서명	면허번호	제5029호
	사무소명	㈜종합건축사사무소 산	등록번호	강원도-건축사사무소-023
	주 소	강원도 춘천시 요선동 15-12번지 (전화 : 256-2994)		
② 공사시공자	성 명	서명 또는 인		
	회 사 명	직 영	면허번호	
	주 소		(전화 :)	
③ 공사감리자	성 명	조숙현 서명	면허번호	제5029호
	사무소명	㈜종합건축사사무소 산	등록번호	강원도-건축사사무소-023
	주 소	강원도 춘천시 요선동 15-12 번지 (전화 : 256-2994)		

④ 관계전문기술자

분 야		자 격 증	자격번호	주 소
[ ]	서명또는인			
[ ]	서명또는인			
[ ]	서명또는인			
[ ]	서명또는인			

건축법 제16조제1항 및 건축법시행규칙 제14조의 규정에 의하여 위와 같이 착공신고서를 제출합니다.

2015년 4월 일
건축주 청운라이온스클럽 (인)

양구군수 귀하

구비서류	1. 법 제9조의2의 규정에 의한 건축관계자 상호간 계약서 사본 (해당 사항이 있는 경우에 한함) 2. 별표 4의2의 설계도서(법 제8조의 규정에 의하여 허가를 받은 건축물에 한함) 3. 흙막이구조도면(지하 2층이상의 지하층을 설치하는 경우에 한함)

30304-24921일
'03.12.28. 제정승인

210mm×297mm
(보존용지(2종)70g/㎡)

"풍요로운 새 양구 건설"

양 구 군

정보통신망

255-800 강원도 양구군 양구읍 하리 34-5   전화 : 480-2436
민원봉사과 과장 : 정일주   담당 : 김봉석   담당자 : 조철영

문서번호 민원58551-0000
시행일자 2016. 06. 20.   (1년)
공개여부 공개
경유
수신   양구읍 석현리 535 청운라이온스클럽

참조   민사 제1단독 재판부

제 목   건축물사용승인서(증축등일괄)교부

---

1. 귀하의 무궁한 발전을 기원합니다.

2. 귀하께서 신청하신 건축물사용승인(증축등일괄처리)신청에 대하여 관계법령을 검토한 바 타당하기에 사용승인서를 교부하오니 건축허가서와 함께 당해 건축물내에 보관하시기 바랍니다.

첨 부 : 1. 사용승인서 1부
         2. 건축물사용시 유의사항 1부. 끝.

양 구 군 수 (인)

전결 민원봉사과장 정일주

사용승인서

귀하께서 제출하신 건축·대수선 또는 용도변경한 건축물의 사용승인서를 건축법 시행규칙 제16조의 규정에 의하여 교부합니다.

건축구분	신축(증축등일괄)	허가(신고)번호	2014-양구군-신축-07
건축주	청운라이온스클럽	주민등록번호	3240-00489
대지위치	강원도 양구군 양구읍 석현리 535번지		
대지면적(m^2)	191.00		
건축물 명칭		주용도	제1종근린생활시설 (소매점) 및 주택
건축면적(m^2)	113.51	건폐율(%)	59.42%
연면적(m^2)	280.58	용적율(%)	146.90%
가설건축물 존치기간			

※ 건축물의 용도/규모는 전체건축물의 개요입니다.

2016년 6월 20일

양구군수 (인)

사실확인서

주소 : 강원도 양구군 양구읍 석현리 2반
성명 : 김춘수   주민등록번호 : 601202-1338811

상기 본인은 위 주소지에 거주하며 국제라이온스 3730지구 청운라이온스클럽 회원으로서 클럽회관 골조공사 중 현장에 갔을 때 공사관계자(석영민씨)와 "정성길"씨가 설계도면을 보면서 말할 때, 공사관계자가 정성길씨에게 1층 높이가 높아 일이 힘들다고 하니 정성길씨가 그러면 알아서 하여 달라고 이야기하는 것을 옆에서 들었던 사실이 있음을 확인합니다.
위의 내용을 증명합니다.

2017. 8. 7.
김춘수 (인)

* 첨부된 공증인 김성환 사무소의 인증서는 기록편의상 생략

진 술 서

진술자 성명 : 권오협 (주민등록번호 : 710415-1274613)
　　　주소 : 강릉시 교동 37의 3, 현대아파트 404호

1. 본인은 철근을 시공하는 기술자로서, 2015년 9월경부터 12월경 사이에 강원도 양구읍 석현리에서 청운라이온스클럽이 시공하는 동 클럽 회관 건물의 철근공사를 하여 준 사실이 있습니다.

2. 당시 위 건물은 별도의 건설회사가 도급받아 하는 것이 아니었고 건축주 청운라이온스클럽이 직영하는 공사였습니다.

3. 청운라이온스클럽 측에서는 정성길이라는 사람이 현장에 수시로 나와 공사진행을 감독하였으며 철근도 구해다 주었고, 본인 등 철근 기술자들은 정성길이 대주는 철근으로 노무만 제공하였습니다.

4. 골조공사는 목수만 하는 것이 아니고, 먼저 기둥과 벽을 시공할 곳에 철근팀이 철근을 넣으면, 형틀목수팀이 거푸집으로 그 외곽을 싸고, 다시 철근팀이 들어가 상부의 바닥 및 보에 철근을 넣으면 목수팀이 형틀을 만드는 마지막 작업을 합니다. 이 과정이 끝나면 콘크리트를 부어 골조를 만드는데, 콘크리트를 붓기 전에 전기팀이나 설비팀이 들어와 전기배선을 할 곳에 관을 묻고, 하수와 상수가 들어오고 나갈 부분에 배관을 하고 나서 콘크리트를 붓습니다.

5. 위 라이온스클럽 회관 공사 시에도 위와 같은 과정을 거쳤으며, 본인은 공사일정을 정성길로부터 통보받고 형틀목수팀들과 협의하여 일을 하여 완료하였습니다.

6. 보통 이 정도의 건물에서는 당연히 외부에 비계(일명 '아시바')를 설치하는 것이 상례이고, 비계는 목수팀 뿐만 아니라, 철근, 외벽(벽돌이든 드라이비트건 간에), 설비팀들에게도 모두 필요한 것인데, 이 현장에는 설치되지 않고 있었습니다. 이에 본인을 비롯한 철근팀원들은 정성길에게 비계를 설치해 달라고 여러차례 이야기하였으나 정성길이 설치해 주지 않아 요령껏 겨우 작업을 하였습니다.

7. 당시 본인과 함께 철근일을 한 사람들 명단 및 주소 등 인적사항은 다음과 같습니다.

명 단(철근분야)		
성 명	주민등록번호	주 소
권오협	710415-1274613	강릉시 교동 37-3, 현대 404호
박운선		강릉시 노암동 837-15
진종철		강릉시 입암동 662-27
변재복		강릉시 구정면 어단1리 970
변용국		강릉시 입암동 662-16

8. 당시 형틀목수로 일을 한 사람들은 모두 5명이 있었으며, 박준성은 평소 본인이 안면이 있던 사람이어서 알고 있고, 나머지 사람들 중에는 현지 사람 1명을 제외한 사람들도 다소 안면이 있는 사람들이었는데, 최근에 박준성이 명단을 적어가지고 온 것을 보니 다음과 같은 사람들이었고, 다음 사람들이 현장에서 목수 일을 한 사람들이 맞습니다.

명 단 (목공분야)		
성 명	주민등록번호	주 소
석영민	581205-1346211	강릉시 입암동 641, 입암주공아파트 114동 303호
박준성	650311-1274240	강릉시 노암동 837-4
박영동	590604-1024713	강릉시 성산면 관음리 361
류철순	850826-1273110	강릉시 입암동 506-9 대인3차아파트 506호
김시현		양구읍 상3리 449 (7반)

9. 이상과 같이 본인이 경험한 사실을 사실 그대로 진술하는 바입니다. 끝.

첨 부 서 류

1. 인감증명(공증용) - 1통 (기록 편의상 생략)

2017. 8. 17.
위 진술자 권오협 (인)

* 첨부된 공증인 김성환 사무소의 인증서는 기록편의상 생략

2017년 상반기 적용

건설업 임금실태 조사 보고서

(시중노임단가)

대 한 건 설 협 회

I. 조 사 개 요

1. 조사목적 : 건설부문 시중임금 자료 제공

2. 법적근거 : 통계법 제17조에 의한 지정통계(승인번호 제365004호)

3. 조사연혁
   o 1990.11 통계작성승인 제329-21-04호
   o 1993.11 통계작성 승인번호 변경(승인번호 제36504호)
   o 1994. 9 표본수 조정(945개 → 1,300개 현장)
   o 1998. 5 조사 직종수 조정(173개 → 142개 직종)
   o 1998.10 조사 직종수 조정(142개 → 145개 직종)
   o 1999.12 지정통계로 변경승인(승인번호 제36504호)
   o 2005. 5 표본수 조정(1,300개 → 1,700개 현장)
   o 2009. 7 조사 직종수(145개 → 117개 직종) 및 표본수 조정(1,700 → 2,000개 현장)

4. 조사기준
가. 조사 기준기간 : 2016. 9. 1 ~ 9. 30
나. 조사 실시기간 : 2016. 10. 1 ~ 10. 31
다. 조사범위 : 전국의 2,000개 건설현장
   1) 공 사 직 종 : 건설공사업(종합 또는 전문) 등록업체의 현장
   2) 전 기 직 종 : 전기공사업 등록업체의 현장
   3) 정보 통신 직종 : 정보통신공사업 등록업체의 현장
   4) 문 화 재 직 종 : 문화재 보수 시공업체의 현장
   5) 원 자 력 직 종 : 원자력공사 시공업체의 현장

5. 조사방법
   o 자계식 우편조사·인터넷 조사와 타계식 현장실사 병행실시

6. 직종별 임금산출 방법

○ 직종별 임금 = $\dfrac{\text{직종별 조사된 총임금}}{\text{직종별 조사된 총인원}}$

- 이상치 처리방법 : 이상치에 대한 가중치 감소 방법 적용
- 사분위편차를 활용하여 이상치를 판단하고 이상치에 대한 가중치를 조정하여 영향력을 감소시키는 방법적용

7. 이용상의 주의사항

가. 통계전반에 걸쳐 사용한 「-」의 기호는 조사되지 않았거나, 비교불능을 나타냄.

나. 직종번호 앞의 「*」표시는 조사 현장수가 5개 미만인 직종, 「**」표시는 조사되지 않은 직종이므로 유의하여 적용 (Ⅱ.임금적용 요령 참조)

다. 본 조사임금은 1일 8시간 기준(단, 잠수부는 6시간 기준)금액임.

8. 평균임금현황

공표일 (조사기준)	전체직종	일반공사 직종	광전자 직종	문화재 직종	원자력 직종	기타 직종
2017. 1. 1 (2016년 9월)	179,690	169,999	262,656	213,706	214,801	191,745
2016. 9. 1 (2016년 5월)	175,071	165,389	254,913	208,944	216,386	185,041
2016. 1. 1 (2015년 9월)	168,571	159,184	240,606	204,251	209,359	175,270
2015. 9. 1 (2015년 5월)	163,339	154,343	228,408	197,308	211,249	166,795
2015. 1. 1 (2014년 9월)	158,590	149,959	225,312	190,064	202,459	163,185
2014. 9. 1 (2014년 5월)	155,796	147,352	220,954	184,513	205,402	160,079
2014. 1. 1 (2013년 9월)	150,664	142,586	213,715	176,705	206,068	152,362
2013. 9. 1 (2013년 5월)	148,380	140,833	211,106	172,081	198,225	150,490
2013. 1. 1 (2012년 9월)	141,724	134,901	206,053	162,750	179,988	144,950
2012. 9. 1 (2012년 5월)	138,571	132,168	204,110	156,713	175,792	141,355
2012. 1. 1 (2011년 9월)	132,576	126,684	191,119	149,495	165,930	136,032
2011. 9. 1 (2011년 5월)	129,029	123,735	185,429	144,563	159,211	129,806
2011. 1. 1 (2010년 9월)	124,746	120,031	176,985	138,912	151,994	123,801
2010. 9. 1 (2010년 5월)	123,031	118,090	174,848	138,670	152,852	121,205
2010. 1. 1 (2009년 9월)	119,717	114,847	165,652	137,030	147,659	117,682
2009. 9. 1 (2009년 5월)	117,333	111,664	156,581	130,640	146,190	110,820
2009. 1. 1 (2008년 9월)	117,524	111,661	153,277	134,021	146,937	110,576
2008. 9. 1 (2008년 5월)	114,642	108,559	147,292	132,221	146,159	106,679

- 중 략 -

Ⅲ. 개별직종노임단가

(단위 : 원)

번호	직종명	2017.1.1	2016.9.1	2016.1.1	2015.9.1	2015.1.1	2014.9.1
1001	작 업 반 장	생략					
1002	보 통 인 부	102,628	99,882	94,338	89,566	87,805	86,686
1003	특 별 인 부	123,074	120,716	115,272	111,771	108,245	106,569
생략							
1007	형 틀 목 공	174,036	168,448	160,431	152,831	151,091	143,562
생략							
1023	건 축 목 공	163,377	158,297	148,851	142,205	139,327	133,609
1024	창 호 공	151,907	147,229	139,607	133,792	132,695	126,072
생략							

【모범답안】

청구취지 및 청구원인 변경신청서

사 건   2016가단7052 손해배상(산)
원 고   박준성 외 3
피 고   청운라이온스클럽

위 사건에 관하여 원고들 소송대리인은 아래와 같이 청구취지와 청구원인을 변경합니다.

변경한 청구취지

1. 피고는 원고 박준성에게 59,358,361원, 원고 오영자에게 8,624,903원, 원고 박승준, 박승면에게 각 1,000,000원 및 각 이에 대한 2015. 11. 2.부터 이 사건 소장 부본 송달일까지는 연 5%의, 그 다음날부터 다 갚는 날까지는 연 15%의 각 비율에 의한 금원을 지급하라.
2. 소송비용은 피고가 부담한다.
3. 제1항은 가집행할 수 있다.
라는 판결을 구합니다.

변경한 청구원인

1. 당사자들의 지위

원고 박준성은 이 사건 사고로 직접 피해를 당한 피해자 본인이고, 원고 오영자는 그의 처, 원고 박승준, 박승면은 그의 아들들입니다.

피고는 사회봉사 및 회원 상호 간의 친목을 도모할 목적으로 구성되어 활동해온 비법인 사단입니다.

2. 손해배상책임의 발생

가. 사고의 발생

원고 박준성은 피고가 2015. 8.경부터 양구군 양구읍 석현리 535 지상에 피고 직영 공사로 건축하던 피고 회관 건물 공사에 일용 형틀목공으로 참여하여, 골조공사의 형틀(일명

'거푸집') 제작일을 해왔습니다.

원고 박준성은 2015. 11. 2. 위 신축 건물의 옥탑에 설치된 거푸집 해체 작업을 위하여, 거푸집 중간의 지상 약 3미터 높이에 설치된 지지목을 밟고 올라가려다가 지지목이 부러지는 바람에 중심을 잃고 추락하여, 우측 대퇴골 전자하 골절 및 우측 비골 외측과 골절상 등을 입었습니다.

원고 박준성은 2015. 11. 3. 아산재단 강릉병원에 입원하여 같은 달 8. 관혈적 정복수술 및 내고정술을 받은 뒤 2016. 1. 11. 퇴원하였고, 현재도 보존적인 치료를 받고 있으나, 아래에서 보는 바와 같이 후유장해가 남게 되었습니다.

나. 피고의 불법행위책임

피고는 피고 회원 정성길을 "건축위원장"으로 선임하여 현장 감독을 하게 하였는데, 정성길은 이 사건 사고 이전부터 원고 박준성과 동료 인부들이 '건물 높이가 높아 위험하니 보호막 등 안전장치를 설치해 달라'고 요구하였으나 이를 묵살하고 추락방지시설을 하지 않았고, 그 외에 사고예방을 위한 수시점검이나 안전교육 등 제반조치도 강구하지 않고 공사를 강행하였는바, 이는 근로기준법 제76조, 산업안전보건법 제23조 제3항에 의한 추락방지시설 설치의무를 위반한 것으로서 불법행위에 해당합니다.

따라서 피고는 민법 제750조, 제756조에 따라 이 사건 사고로 원고들이 입은 모든 손해를 비상해 주어야 할 것입니다.

피고는, 「이 사건 신축 건물의 골조공사를 소외 석영민에게 도급주었고, 원고 박준성은 소외 석영민에게 고용되어 일하다가 이 사건 사고를 당한 것이므로, 민법 제757조 본문에 따라 피고는 책임이 없다」고 주장하나, 피고가 석영민에게 위 공사를 도급준 적은 없습니다. 가사 피고가 석영민에게 위 골조공사를 도급한 것이 사실이라 가정하더라도, 피고 측의 위 정성길이 구체적으로 공사일정 및 진행과정을 관리·감독하였으므로, 피고와 석영민이 체결한 위 공사계약은 단순한 노무도급계약이고, 피고는 석영민에 대하여 실질적으로는 사용자의 지위에 있었습니다. 그런데 석영민도 위와 같이 추락방지시설을 하지 않았고, 그 외에 사고예방을 위한 수시점검이나 안전교육 등 사고 예방을 위한 충분한 조치 없이 공사를 강행하다가 이 사건 사고를 발생케 하였으므로, 피고는 역시 위와 같은 법리에 따른 손해배상책임이 있습니다.

만약 피고와 석영민 사이의 골조공사계약이 민법 제757조 본문 소정의 순수한 도급계약에 해당한다 하더라도, 피고는 이 사건 골조공사 외에 나머지 공사를 "직영"으로 시공하기로 하였으므로 거푸집 설치 및 해체를 위한 안전발판 등은 피고가 설치하였어야 하고, 피고의 수급인인 위 석영민이 추락방지시설 없이 거푸집 해체작업을 하는 것을 알았으면 이를 제지하였어야 함에도 이와 같은 의무를 게을리함으로써 이 사건 사고를 초래하였습니다. 따라서 피고는 민법 제750조에 따라 불법행위책임을 져야 할 것입니다.

또한 위와 같은 법리가 모두 적용되지 않는다 하더라도, 원고 박준성이 추락한 이 사건 신축중의 건물은 곧 건물 외벽에 설치된 거푸집 해체작업을 할 예정이었고, 거푸집을 해체하기 위해서는 거푸집을 맨 철사 등을 제거하여야 하는데, 안전발판을 밟지 않고서는 그와 같은 작업을 할 수가 없습니다. 그럼에도 그 당시 위 건물에는 거푸집 해체작업에 대비한 안전발판이나 기타 추락을 방지할 시설이 되어 있지 않았고 사람의 몸무게를 감당하기에 부족한 각목만이 듬성듬성 걸쳐져 있었을 뿐입니다. 당시 위 건물은 공사중의 건물이 통상적으로 갖추어야 할 안전성을 결하고 있었고, 이는 위 건물의 점유자 겸 소유자인 피고의 설치·보존상의 하자로 인한 것이므로, 피고는 민법 제758조의 공작물 점유자 또는 소유자로서의 책임을 져야 할 것입니다.308)

3. 손해배상책임의 범위

가. 원고 박준성의 수입상실액

1) 성별, 연령 및 기대여명

원고 박준성은 1965. 3. 11.생의 건강한 남자로서 이 사건 사고 당시 만 50세 7개월 남짓 되고 그 평균여명은 28.56년이므로 특단의 사정이 없는 한 78세까지는 생존할 수 있습니다.

2) 가동연한 및 소득실태

원고 박준성은 형틀목공으로 일하여 왔으므로 경험칙상 최소한 만 60세가 끝날 때인 2026. 3. 10.까지309) 형틀목공으로 매월 22일씩 일할 수 있습니다. 이 사건 사고일부터 원고 박준성이 퇴원한 날에 가까운 2016. 1. 2.경까지 형틀목공의 시중노임단가는 1일 160,431원, 2016. 5. 2.경의 그것은 168,448원, 2016. 9. 2.경의 그것은 174,036원입니다.310)

---

308) '건축중인 건물'의 공사인부들을 위한 안전조치 미비로 인하여 건축 현장에서 일하던 인부들이 상해를 입은 경우에도 민법 제758조에 따라 공작물의 설치·보존의 하자 책임을 물을 수 있는지 여부는 확실하지 않다. 대법원 1996. 07. 26. 선고 95다45156 판결은, 건축중인 건물의 내부에서 천장거푸집 해체작업을 하던 인부가 몸의 균형을 잃고 창틀을 통하여 추락하여 사망한 사안에서, 건축주로서는 그와 같은 추락을 방지할 만한 조치를 취할 의무가 있음에도 이를 위반하였다고 하여 건축주의 손해배상책임을 인정한 바 있다. 그런데 그 근거로서는 "사업주는 작업 중 근로자가 추락할 위험이 있는 장소, 토사·구축물 등이 붕괴될 우려가 있는 장소, 물체가 낙하·비래(飛來)할 위험이 있는 장소 기타 천재지변으로 인하여 작업수행상 위험발생이 예상되는 장소에는 그 위험을 방지하기 위하여 필요한 조치를 하여야 한다."는 규정(산업안전보건법 제23조 제3항)을 제시하기만 하고, 이와 같은 안전조치규정 위배행위가 곧 민법 제758조에 의한 책임을 인정하는 근거가 된다고 명시하고 있지는 않다. 다만 주석서에서는 "법령 또는 행정청의 내부준칙에 정하여진 안전성의 기준이 있다면, 이것이 공작물의 하자 여부를 판단하는 일응의 기준이 될 수 있을 것"이라고 하고 있다[민법주해(19), 6면]. 비록 확실한 주장은 아니지만, 모든 주장은 다 제출해 놓을 필요가 있으므로 이와 같은 주장도 해둘 필요가 있다.

309) ① 목공의 가동연한을 60세로 인정한 사례 : 본건 피해자가 60세가 끝날 때까지 목공으로 가동할 수 있다고 한 원심판단은 정당하다(대법원 1980. 04. 22. 선고 80다231 판결).
② 육체노동을 주된 내용으로 하는 생계활동의 가동연한은 만 55세를 넘는 것이므로 형틀목공의 가동연한을 만 55세가 끝날 때까지라고 인정한 원심판시는 위법하다(대법원 1990. 07. 13. 선고 90다카4324 판결).
③ 망인이 사고당시 형틀목공으로 근무하면서 일당을 받아왔고 그의 연령, 직업, 경력, 건강상태 등에 비추어 형틀목공으로서 매월 25일씩 60세가 될 때까지 가동할 수 있는 사실을 원심이 증거에 의하여 적법하게 확정한 다음, 이를 기초로 위 망인의 일실수익을 산정한 것은 정당하다(대법원 1990. 12. 26. 선고 90다10629 판결).

310) 기록 말미 부분에 있는 자료(건설업임금실태조사보고서; 이 통계자료는 인터넷상으로도 쉽게 검색이 가능하다)에 따르면 2015. 9. 1. 기준의 형틀목공의 1일 임금은 152,831원, 2016. 1. 1. 기준의 그것은 160,431

3) 노동능력상실률

원고 박준성이 이사건 사고로 인하여 입은 정형외과 부문 후유장해를 맥브라이드 노동능력상실 평가표상 '관절강직-(바) 고관절-(II)-A-2와 고관절-(II)-B-1항'에 의하여 복합비율로 산정하면, 원고 박준성은 1차수술일인 2015. 11. 8.부터 3년 간 형틀목공으로서의 노동능력을 32.8% 상실하였습니다(감정인 변영석의 신체감정서 참조).

4) 수입상실액의 계산

원고 박준성은 이 사건 사고일인 2015. 11. 2.부터 퇴원을 한 2016. 1. 11.까지는 형틀목공에 종사함으로써 얻을 수 있었을 수입금 전액을 얻지 못하였고, 퇴원일 다음날인 2016. 1. 12.부터 2018. 11. 8.(1차 수술일인 2015. 11. 8.부터 3년이 되는 날; 정형외과 신체감정서 8.라., 8.자. 참조)까지는 형틀목공으로서의 노동능력을 32.8% 상실하여 매월 그에 상응하는 수입을 순차적으로 얻지 못하는 손해를 입었습니다. 이와 같은 수입상실액을 연 5%의 비율에 의한 중간이자를 공제하는 호프만식 계산법에 따라 이 사건 사고 당시의 현가로 계산하면 아래와 같이 46,020,356원이 됩니다.

가) 이 사건 사고일인 2015. 11. 2.부터 2016. 1. 1.까지 2월 간
160,431원[311] × 22일 × 100/100 × 1.9875 = 7,014,845원
(원 미만은 버림. 퇴원일은 2016. 1. 11.이나 계산의 편의상 2016. 1. 1.까지 입원한 것으로 보아 호프만계수는 2월치를 적용함)

나) 2016. 1. 2.부터 2016. 5. 1.(사고일로부터 6월 후)까지 4월 간
160,431원[312] × 22일 × 32.8/100 × 3.9265(=5.9140-1.9875) = 4,545,591원
(원 미만은 버림)

다) 2016. 5. 2.부터 2016. 9. 1.(사고일로부터 10월 후)까지 4월 간
168,448원[313] × 22일 × 32.8/100 × 3.8633(=9.7773-5.9140) = 4,695,921원

라) 2016. 9. 2.부터 2018. 11. 8.(사고일로부터 36월 7일 후)까지 26월 7일간
174,036원[314] × 22일 × 32.8/100 × 23.7004(=33.4777-9.7773) = 29,763,999원
(원 미만은 버림; 사고일인 2015. 11. 2.부터 기산하면 2018. 11. 8.까지는 36월 7일이나 계산의 편의상 7일치는 버리고 호프만계수는 36월치인 33.4777만 적용함)

원, 2016. 9. 1.경 기준의 그것은 168,448원, 2017. 1. 1.경 기준의 그것은 174,036원으로 나와 있다. 그러나 위 기준일은 위 통계자료가 공표된 "공표일"을 의미하고, 위 통계임금의 조사시점은 매년 1월 1일 공표분의 경우 전년도 9월 1일~9월 30일, 9월 1일 공표분의 경우 당해 연도 5월 1일~5월 31일의 임금실태를 조사하여 통계를 낸 것이다(위 건설업임금실태조사보고서의 "조사개요" 중 "평균임금 현황" 부분 참조). 따라서 2015. 9.경의 임금은 2016. 1. 1. 공표일 기준 임금을 적용하여야 하고, 2016. 1. 2.경의 임금도 그날에 보다 가까운 2015. 9.경의 임금인 2016. 1. 1. 공표일 기준 임금을 적용하여야 한다. 이하 다른 기간의 일실수입액 산정에 있어서도 이와 같은 기준에 따랐다. 판례도 건설업임금실태조사보고서상의 임금 통계를 위와 같은 방식으로 적용하고 있다(대법원 2010. 03. 25. 선고 2009두19274 판결 참조).

311) 건설업임금실태조사보고서상으로는 2016. 1. 1. 공표일 기준 통계 임금
312) 건설업임금실태조사보고서상으로는 2016. 1. 2.에 근접한 시점인 2016. 1. 1. 공표일 기준 통계 임금(=2015. 9. 1.부터 동월 30일까지의 조사 임금)
313) 건설업임금실태조사보고서상으로는 2016. 9. 1. 공표일 기준 통계 임금
314) 건설업임금실태조사보고서상으로는 2017. 1. 1. 공표일 기준 통계 임금

마) 합계 : 46,020,356원

나. 원고 박준성의 기왕치료비

원고 박준성은 이 사건 사고로 인하여 치료비 및 치료관련비용으로 다음과 같이 2,632,490원을 지출하였습니다.

지출일자	지출금액	지출처	내역	증거
2015. 11. 17.	41,000원	사천의료기	ORIF SET	갑 9-1
2015. 12. 06.	15,000원	강릉의료기	목발1조+고무	갑 9-2
2015. 12. 05.	40,000원	강릉의료기	휠체어임차비	갑 9-3
2016. 01. 02.	2,536,490원	강릉병원	퇴원비	갑 9-4
합계	2,632,490원			

편의상 위 치료비 전액을 2016. 1. 2.(사고일로부터 2월 후)에 모두 지출한 것으로 보고 이 사건 사고일 당시의 현가로 산정하면 다음과 같은 계산방식에 따라 2,610,733원이 됩니다.
계산 : 2,632,490원×1/{1+[(5/100)×1/12×2]}=2,610,733원(원 미만은 버림)

다. 원고 박준성의 향후치료비

1) 원고 박준성은 이 사건 사고로 인한 1차 수술일(2015. 11. 8.)로부터 약 2년 후 이 사건 사고로 상해를 입은 부위에 삽입하여 고정한 금속물 제거 수술비 등으로 5,500,000원을 지출하여야 합니다. 이를 이 사건 사고일 당시의 현가로 산정하면 다음과 같은 계산방식에 따라 5,000,000원이 됩니다.
계산 : 5,500,000원×1/[1+5/100]×2][315)=5,000,000원(이 수술 시에는 2주 간의 입원치료도 필요하나, 계산의 편의상 입원사실은 수입상실액 계산에서 고려하지 않고, 위 수술은 사고일로부터 2년 후에 하는 것으로 하여 중간이자를 공제하였음)

2) 위 수술비 이외에 원고 박준성은 관혈적 정복수술로 남은 반흔성형수술치료비로도 3,000,000원을 추가로 지출하여야 합니다. 이 수술은 언제라도 가능하나, 편의상 이 사건 사고일 후로서 이 사건 변론종결일에 근접한 2017. 11. 2. 이를 지출할 것으로 예상하여[316) 이 사건 사고일 당시의 현가로 산정하면 다음과 같은 계산방식에 따라 2,727,272원이 됩니다.
계산 : 3,000,000원×1/[1+(0.05×2)]=2,727,272원(원 미만은 버림)

3) 따라서 원고 박준성은 향후치료비 등으로 7,727,272원을 지출하여야 하는 손해를 입었습니다.

---

315) 1/[1+(0.05×2)]는 월 단위 복식 호프만계수표의 2년에 해당하는 개월수(24개월)의 호프만계수(22.8290)에서 바로 직전 개월수(23개월)에 해당하는 호프만계수(21.9199)를 뺀 수치 0.9090을 적용할 수도 있다. 위 계수로 계산한 수치는 0.9091이 나오는데 0.9090을 적용하는 이유는 소수점 아래 4째자리 이하까지 고려하면 0.9091은 과다 청구하는 결과가 되므로 줄여서 적용하는 것이다.

316) 장래에 지출할 치료비를 아직 지출하지 않고 있는 경우 실무에서는 일반적으로 변론종결일 익일에 지출할 것으로 예상하여 사고일 당시의 현가로 계산한다.

라. 개호비

앞서 본 바와 같이 원고 박준성은 이 사건 사고로 말미암아 2015. 11. 3.부터 2016. 1. 11.까지 아산재단 강릉병원에서 입원치료를 받았는데, 혼자서는 일상적인 입원생활을 할 수 없었으므로 원고 오영자가 위 입원기간 내내 원고 박준성을 간병할 수밖에 없었습니다.[317] 따라서 원고 오영자는 최소한 도시일용노동을 하여 얻을 수 있는 2월 간의 수입을 상실하였고,[318] 이 사건 사고 당시를 전후한 시점의 도시일용보통임금은 1일 94,338원[319] 이므로,[320] 위 개호비를 연 5%의 비율에 의한 중간이자를 공제하는 호프만식 계산법에 따라 이 사건 사고 당시의 현가로 계산하면 5,624,903원(=94,338원×30×1.9875; 원 미만은 버림)이 됩니다.[321]

마. 위자료[322]

원고 박준성은 신체 건강한 남자로서 한 가정의 가장인데 이 사건 사고로 심한 상해를 입고 장애자가 됨으로써, 위 원고 본인은 물론 처, 자녀들도 극심한 정신적 충격을 받았고, 향후에도 그 고통이 심할 것임은 명백합니다. 피고는 원고들이 입은 정신적 고통을 금전으로나마 위자할 의무가 있다 할 것인바, 위자료로 원고 박준성에게 6,000,000원, 원고 오영자에게 3,000,000원, 원고 박승준, 박승면에게 각 1,000,000원씩을 지급하여야 합니다.

---

317) 병원에는 간호사가 있으나, 현실적으로 간호사에 의한 간호가 불충분하므로 보통 보호자 또는 간병인이 환자를 간병하는데, 이 경우 환자가 독립적으로 활동할 수 없는 이상 그 비용에 대하여 배상을 요구할 수 있다(대법원 1980. 06. 24. 선고 80다801 판결).

318) 피해자가 개호가 필요하게 되어 부모나 배우자 등 근친자의 개호를 받은 경우에는 실제로 개호비를 지출하지 않았고 또 지급청구를 받고 있지 않더라도 통상의 개인 비용 전액의 배상을 직접 청구할 수 있다. 문제는 피해자가 아니라 개호를 한 사람이 직접 개호비를 청구할 수 있는가 하는 것인데, 판례는 개호인이 부모나 배우자 등 근친자인 경우에는 그 근친자도 직접 배상청구를 할 수 있다고 하고 있다(대법원 1987. 12. 22. 선고 87다카1577 판결).

319) 입원한 날이 2015. 11. 3.이므로 개호비산정의 기준이 되는 임금은 2016. 1. 1. 공표일 기준임금(2015. 9. 1.부터 동월 30일까지의 조사 임금)이다.

320) 현재 하급심의 실무에서는 도시일용노동자의 경우 「시중노임단가×22일」로, 농촌일용노동자의 경우 「농가구입가격지수×25일」로 월평균노임을 산정하고 있다. "농가구입가격지수"는 [통계청 홈페이지 → KOSIS → 주제별통계 → 물가·가계 → 물가 → 농가판매 및 구입가격조사 → 농가구입가격지수의 검색 순서에 따라 검색할 수 있다. 그러나 개호비를 청구하는 경우 그 배상의 범위는 1월 30일분 또는 1년 365일분의 일용노임을 기준으로 함이 타당하다(대법원 1987. 12. 22. 선고 87다카1577 판결 참조). 개호는 그 개호를 필요로 하는 한 가동일수의 제한 없이 계속 개호를 하여야 하기 때문이다.

321) 개호일수 전체에 해당하는 전체 개호비용을 중간이자를 공제하는 방식에 따라 사고일 당시의 현가로 산정하려면, [94,338원×70일/1+{(2+10/30)}×(1/12)×5/100]의 수식에 따라 계산하여야 하나["(2+(10/30)}"은 월수(月數), "(1/12)×(5/100)"는 연 5%의 법정이율을 월단위 법정이율로 나눈 것임], 지나치게 복잡하므로 개호비 중 10일치는 버리고, 2개월만 개호를 한 것으로 하여 2개월치의 호프만계수를 곱하여 간략하게 계산하였다.

322) 위자료 산정에 있어서는 피해자 측의 사정뿐만 아니라 가해자 측의 사정도 참작하여야 한다. 피해자 측의 사정으로는 상해의 부위 및 정도, 피해자의 나이, 성별, 직업, 재산 및 교육정도 등을 고려하고, 가해자 측 사정으로는 가해자의 고의 또는 과실의 정도, 직업, 재산상태 등을 들 수 있다. 형사합의금도 실무에서는 통상 합의금액의 1/3이나 1/2을 위자료에서 공제하는 경향이다. 현재 재판실무상, 위자료는 대체로 원고들 가단(家團) 전체에 대한 금액(8,000만 원)을 기준으로 8,000만 원 × 노동능력상실률 × [1-(피해자(측) 과실 × 60%)]의 계산식으로 산출한다.

바. 기수령금 공제

원고 박준성은 이 사건 사고로 인한 손해배상금의 일부 변제조로 피고로부터 3,000,000원을 지급받았습니다.

4. 결론

따라서 피고는 원고 박준성에게 59,358,361원(수입상실액 46,020,356원 + 위자료 6,000,000원 + 기왕치료비 2,610,733원 + 향후치료비 7,727,272원 - 기수령금 3,000,000원), 원고 오영자에게 8,624,903원(위자료 3,000,000원 + 개호비 5,624,903원), 원고 박승준, 박승면에게 각 1,000,000원 및 각 이에 대한 2015. 11. 2.부터 이 사건 소장 부본 송달일까지는 민법 소정 연 5%의, 그 다음날부터 다 갚는 날까지는 '소송촉진 등에 관한 특례법' 소정 연 15%의 각 비율에 의한 지연손해금을 지급할 의무가 있습니다.

증 명 방 법 (생략)

첨 부 서 류 (생략)

2017. 4. 30.

원고 소송대리인 변호사 오변론

수원지방법원 여주지원 귀중

▣ 해설 - 채권각론 중 도급, 특수불법행위

손해배상액 부분은 실제 시험에서는 계산적인 문제 때문에 출제될 가능성이 낮지만 실무적으로는 중요한 부분입니다. 어떤 항목들이 문제되는지 가볍게 공부해두시면 되겠습니다.

도급은 기본적인 법리를 파악해두셔야 합니다.

▣ 핵심 판례 - 도급, 특수불법행위

1. 도 급

　도급계약에 있어서 도급인은 도급 또는 지시에 관하여 중대한 과실이 없는 한 그 수급인이 그 일에 관하여 제3자에게 가한 손해를 배상할 책임은 없는 것이고 다만 도급인이 수급인의 일의 진행 및 방법에 관하여 구체적인 지휘감독권을 유보하고 공사의 시행에 관하여 구체적으로 지휘감독을 한 경우에는 도급인과 수급인의 관계는 실질적으로 사용자와 피용자의 관계와 다를 바 없으므로, 수급인이나 수급인의 피용자의 불법행위로 인하여 제3자에게 가한 손해에 대하여 도급인은 민법 제756조 소정의 사용자 책임을 면할 수 없는 것으로서 위 지휘감독이란 실질적인 사용자관계가 인정될 정도로 구체적으로 공사의 운영 및 시행을 직접 지시, 지도하고 감시, 독려하는 등 공사시행방법과 공사진행에 관한 것이어야 할 것이다.[323]

　도급인이 수급인의 일의 진행 및 방법에 관하여 구체적인 지휘감독권을 보유한 경우에는 도급인과 수급인의 관계는 실질적으로 사용자 및 피용자의 관계와 다를 바 없으므로 수급인이 고용한 제3자의 불법행위로 인한 손해에 대하여 도급인은 민법 제756조에 의한 사용자책임을 면할 수 없다.[324]

　피고가 빌딩신축공사 중 미장공사부분을 甲에게 도급주면서 미장에 필요한 건축자재를 직접 공급하고, 그 공사장에 乙을 현장소장으로 상주시켜 전반적인 작업의 시행에 관하여 작업원들을 구체적으로 지휘·감독하였고, 甲은 그 미장공사 중 옥상으로의 모래운반작업을 丙에게 노무하도급 주어 丙이 원고와 원치공 丁을 일당으로 고용하여 작업을 하던중 丁의 업무집행상의 과실로 원고가 상해를 입은 경우 피고는 그의 현장소장인 乙을 통하여 노무하도급 받은 丙 및 그 작업원들을 직접 지시, 감독하는 관계에 있었으므로 이들에 대한 사용자로서 丁의 업무집행상의 과실로 인하여 원고가 입은 손해를 배상할 책임이 있다.[325]

　전부명령에 의하여 피전부채권은 동일성을 유지한 채로 집행채무자로부터 집행채권자에게 이전되고 제3채무자는 채권압류 전에 피전부채권자에 대하여 가지고 있었던 항변사유로서 전부채권자에 게 대항할 수 있다 할 것이므로, 도급인과 수급인 사이에 도급인이 수급인에게 지급하여야 할 공사대금을 수급인의 근로자들에게 임금지급조로 직접 지급하기로 약정하였다면, 도급인은 수급인의 근로자들에 대한 임금 상당의 공사대금에 대하여는 수급인에게 그 지급을 거부할 수 있고, 따라서 전부채권자에 대해서도 위와 같은 항변사유를 가지고 대항할 수 있다.[326]

---

323) 대법원 1991. 03. 08. 선고 90다18432 판결
324) 대법원 1988. 06. 14. 선고 88다카102 판결
325) 대법원 1990. 10. 30. 선고 90다카23592 판결

2. 특수불법행위

미성년자가 책임능력이 있어 그 스스로 불법행위책임을 지는 경우에도 그 손해가 당해 미성년자의 감독의무자의 의무위반과 상당인과관계가 있으면 감독의무자는 일반불법행위자로서 손해배상책임이 있고 이 경우에 그러한 감독의무위반사실 및 손해발생과의 상당인과관계의 존재는 이를 주장하는 자가 입증하여야 한다.[327]

지방자치단체가 설치·경영하는 학교의 교장이나 교사는 학생을 보호·감독할 의무를 지는 것이지만, 이러한 보호·감독의무는 교육법에 따라 학생들을 친권자 등 법정감독의무자에 대신하여 감독을 하여야 하는 의무로서 학교 내에서의 학생의 전 생활관계에 미치는 것은 아니고, 학교에서의 교육활동 및 이와 밀접 불가분의 관계에 있는 생활관계에 한하며, 그 의무범위 내의 생활관계라고 하더라도 교육활동의 때와 장소, 가해자의 분별능력, 가해자의 성행, 가해자와 피해자의 관계, 기타 여러 사정을 고려하여 사고가 학교생활에서 통상 발생할 수 있다고 하는 것이 예측되거나 또는 예측가능성(사고발생의 구체적 위험성)이 있는 경우에 한하여 교장이나 교사는 보호·감독의무 위반에 대한 책임을 진다.[328]

[1] 자동차의 소유자는 비록 제3자가 무단히 그 자동차를 운전하다가 사고를 내었다고 하더라도, 그 운행에 있어 소유자의 운행지배와 운행이익이 완전히 상실되었다고 볼 특별한 사정이 없는 경우에는 그 사고에 대하여 자동차손해배상보장법 제3조 소정의 운행자로서의 책임을 부담하고, 그 운행지배와 운행이익의 상실 여부는 평소의 자동차나 그 열쇠의 보관 및 관리상태, 소유자의 의사와 관계없이 운행이 가능하게 된 경위, 소유자와 운전자의 인적 관계, 운전자의 차량 반환의사의 유무, 무단운행 후 소유자의 사후승낙 가능성, 무단운전에 대한 피해자의 인식 유무 등 객관적이고 외형적인 여러 사정을 사회통념에 따라 종합적으로 평가하여 이를 판단하여야 한다.

[2] 자동차 사고의 피해자가 무단운전자의 차량에 동승한 자인 경우에는 그가 무단운행의 정을 알았는지의 여부가 자동차 소유자의 운행지배 내지 운행이익의 상실 여부를 판단하는 중요한 요소가 되는 것이지만, 피해자인 동승자가 무단운행에 가담하였다거나 무단운행의 정을 알고 있었다고 하더라도, 그 운행 경위나 운행 목적에 비추어 당해 무단운행이 사회통념상 있을 수 있는 일이라고 선해할 만한 사정이 있거나, 그 무단운행이 운전자의 평소 업무와

---

326) 대법원 2000. 05. 30. 선고 2000다2443 판결
327) 대법원 1994. 02. 08. 선고 93다13605 판결
328) 대법원 2000. 04. 11. 선고 99다44205 판결(만 14세 4개월의 중학교 2년생이 체육시간에 피해자의 잘못으로 체육교사로부터 단체기합을 받았다는 이유로 그 직후의 휴식기간에 피해자를 폭행하여 상해를 가한 경우, 가해자의 성행, 피해자와의 관계, 단체기합의 정도 등에 비추어 체육교사 또는 담임교사 등에게 사고에 대한 예측가능성이 없었다고 본 사례)

사실상 밀접하게 관련된 것이어서 소유자의 사후승낙 가능성을 전적으로 배제할 수 없는 사정이 있는 경우에는 소유자가 운행지배와 운행이익을 완전히 상실하였다고 볼 수 없다.

[3] 피보험자동차의 운전자가 무면허운전을 하였을 때 생긴 사고로 인한 손해에 대하여는 보상하지 않는다는 취지의 무면허운전 면책약관은 무면허운전이 보험계약자나 피보험자의 지배 또는 관리가 가능한 상황에서 이루어진 경우에 한하여 적용되고, 여기서 무면허운전이 보험계약자나 피보험자의 지배 또는 관리가 가능한 상황에서 이루어진 경우라 함은 보험계약자 또는 피보험자의 명시적 또는 묵시적 승인하에 이루어진 경우를 말하며, 이 경우에 있어서 묵시적 승인은 명시적 승인의 경우와 동일하게 면책약관의 적용으로 이어진다는 점에서 무면허운전에 대한 승인 의도가 명시적으로 표현되는 경우와 동일시할 수 있는 정도로 그 승인 의도를 추단할 만한 사정이 있는 경우에 한정되어야 하므로, 무면허운전이 보험계약자나 피보험자의 묵시적 승인하에 이루어졌는지 여부는 보험계약자나 피보험자와 무면허운전자의 관계, 평소의 차량의 운전 및 관리 상황, 당해 무면허운전이 가능하게 된 경위와 그 운행 목적, 평소 무면허운전자의 운전에 관하여 보험계약자나 피보험자가 취해 온 태도 등의 제반 사정을 함께 참작하여 인정하여야 한다.

[4] 자동차 소유자가 사고차량에 대한 운행지배와 운행이익을 상실하지 아니하였다는 판단과 제3자의 무면허운전에 대하여 명시적이거나 묵시적인 승인을 하지 아니하였다는 판단은 양립할 수 있다.[329]

---

329) 대법원 1999. 04. 23. 선고 98다61395 판결

10. [소장 6]

수임번호 2017-07	사건상담기록		2017. 9. 6.
의뢰인	이영구, 최영희	의뢰인 전화	이영구 752-6430
의뢰인 주소		의뢰인 팩스	
상 담 내 용			

○ 일원동 124 토지 관련

　의뢰인들은 2013. 10. 20. 서울 강남구 일원동 124 토지(나대지)를 서장대에게 임대하였는데(임대차 기간은 정하지 않음), 서장대는 위 토지상에 식당 건물을 지어 음식점 영업을 하기로 하였다. 이에 따라 의뢰인들은 서장대로부터 보증금 2억 원을 받았다.

　그런데 서장대는 식당 건물(경량철골조 근린생활시설 80㎡)을 지어 영업을 해오면서도 금년에 월차임을 3회나 제대로 납부하지 않고 있고(2017. 8. 17.자 통지서 참조. 의뢰인들은 매월 말에 차임을 지급받으면서 서장대의 요청으로 전달의 미납금에 우천 충당하지 않고 각각 당해 월의 차임에 충당하였고 8월분 임료는 받았다), 의뢰인들은 위 토지를 다른 목적으로 사용할 필요가 있어 2017. 8. 17. 서장대에게 임대차계약의 해제(해지)통지서를 보냈는데, 서장대는 임대차계약에 따라 의뢰인들 앞으로 위 건물의 소유권이전등기를 하고 이를 인도해야 함에도 이를 거부하면서 2017. 8. 22. 이상한 내용의 답신만을 보내왔다.

　의뢰인들은 어떻게 해서든지 위 건물의 소유권을 이전받고 싶으나, 현재 위 건물의 시가가 4억 원은 나가므로 서장대가 이를 내놓으려고 하지 않는 것도 무리는 아니다. 그래서 임대차계약 당시 서장대와 건축비용을 2억 원 이내로 하기로 합의하였는데, 이는 임대차계약 종료 시 건물을 의뢰인들이 이전받기로 했기 때문에 서장대가 너무 많은 돈을 들여 건물을 지으면 그가 약정을 어기고 딴 얘기를 할까봐 의뢰인들이 요구하여 계약서에 넣은 것이다. 서장대는 현재까지 음식점 영업을 계속하고 있다.

○ 정릉2동 567 지상 건물 관련

　의뢰인 최영희는 2014. 3. 5. 정우리로부터 서울 성북구 정릉2동 567 지상의 2층 건물(도로명 주소 : 서울 성북구 정릉로 510) 중 1층 부분을 임차하여, 아들 방희재와 같이 거주하면서 방희재로 하여금 철물점(상호 : 신양철물점. 사업자등록은 하지 않음)을 운영하게 하였다. 다만, 최영희는 개인 사정으로(의뢰인 이영구와 연인관계에 있어 주민등록을 그의 주소지에 해두고 있음) 주민등록을 옮기기 어려워 방희재의 주민등록만 위 철물점 주소로 전입하였다.

그런데 위 건물과 그 대지에 신한은행과 한일상호저축은행이 근저당권을 설정 받았고, 한일상호저축은행의 경매신청으로 매각이 이루어져 전태수라는 사람이 낙찰을 받았는데, 최영희는 법원에 배당요구기한 내에 배당요구서를 제출하였으나 전혀 보증금을 배당 받지 못하였고, 위 은행들만이 배당을 받고 배당기일에 배당금을 수령하였다. 최영희는 배당요구할 당시 임대차계약서를 분실하여 정우리의 확인서를 첨부하였는데 배당이 안 된 자세한 이유는 모른다(당시 법무사의 도움을 얻어 배당요구서를 제출하였는데, 법무사 말로는 임대차계약서가 없고 주민등록을 본인이 아닌 아들 앞으로 전입한 때문인 것 같다는 말을 들었다).

최영희는 2017. 9. 2.의 배당기일에 출석은 하였으나 법절차를 몰라서 배당이의라는 것을 하지 않았다(배당이의라는 말도 처음 듣는다). 전태수가 철물점을 비워달라는 서신을 보내왔는데, 이제는 임대차계약서를 찾았으니 지금이라도 보증금을 돌려받았으면 좋겠다. 보증금을 받아야 이사를 할 수 있는 형편이다.

○ **일원동 123 지상 건물 관련**

의뢰인 이영구는 2013. 8. 24. 그 소유로서 미등기상태인 서울 강남구 일원동 123 지상 단층 건물(건축물대장상은 창고, 실제 용도는 공장)을 서장대에게 보증금 1억 원, 월차임 120만 원에 임대하였고, 서장대는 그곳에서 지금까지 사업자등록을 하지 않은 채 "그린슈슈"라는 간판을 걸고 물수건 세탁공장을 운영해오고 있다.

그런데 서장대는 2017. 2.경 위 공장의 동쪽편 일부(약 21㎡ 정도)를 그의 처남 정원수(770217-1212501)에게 전대하여 정원수가 "이서방치킨"이라는 양념통닭집을 운영하고 있다. 서장대는 2017년 6월분(6. 27. ~ 7. 26.)과 7월분(7. 27. ~ 8. 26.) 월차임도 미납한 상태이다.

그 동안 매년 한번씩 1년 단위로 임대차기간을 합의 연장해주었는데, 서장대는 이영구가 더 이상 갱신을 해주지 않을 기미를 알아채고 2017. 7. 서면으로 갱신요구를 해왔지만, 무단으로 공장 일부를 전대한 것도 괘씸하고 위 식당건물 문제로 사이가 나빠져 이영구는 2017. 7. 23. 전화로 서장대에게 위 갱신요구에 응할 뜻이 없음을 표시하였다. 이제는 어떻게든 서장대와 모든 관계를 끊고 위 공장도 돌려받고 싶다. 끝.

※ 금융기관의 주소 및 대표자

1. 주식회사 기업은행

    서울 서초구 서초대로 658(서초동 660) 서초동지점

    대표이사 이영범

2. 주식회사 신한은행

    서울 성북구 청수장3길 93(정릉동 118) 성북동지점

    대표이사 신현기

3. 주식회사 한일상호저축은행

    서울 성북구 정릉로 530(정릉동 530)

    대표이사 구본승

※ 소액임차인의 자격과 보호되는 보증금의 액수(서울 지역)

법령	소액임차인의 요건	우선변제되는 금액
주임법시행령 제10,11조	△ 01.9.15.~08.8.20. 4,000만 원 이하 △ 08.8.21.~10.7.25. 6,000만 원 이하 △ 10.7.26.~13.12.31. 7,500만 원 이하 △ 14.1.1.~16.3.30. 9,500만 원 이하 △ 16.3.31.~현재 1억 원 이하	△ 01.9.15.~08.8.20. 1,600만 원 이하 △ 08.8.21.~10.7.25. 2,000만 원 이하 △ 10.7.26.~13.12.31. 2,500만 원 이하 △ 14.1.1.~16.3.30. 3,200만 원 이하 △ 16.3.31.~현재 3,400만 원 이하
상임법시행령 제2,6,7조	법적용대상 임차인의 보증금 (법 2조 1항 단서) 단, 예외가 있음	△ 02.11.1.~08.8.20. 24,000만 원 이하 △ 08.8.21.~10.7.25. 26,000만 원 이하 △ 10.7.26.~13.12.31. 30,000만 원 이하 △ 14.1.1.~현재 40,000만 원 이하	△ 02.11.1.~10.7.25. 1,350만 원 이하 △ 10.7.26.~13.12.31. 1,500만 원 이하 △ 14.1.1.~현재 2,200만 원 이하

소액임차인으로 보호되는 보증금액(법 14조)	△ 02.11.1.~ 10.7.25. 4,500만 원 이하 △ 10.7.26.~ 13.12.30. 5,000만 원 이하 △ 14.1.1.~현재 6,500만 원 이하	

※ 주의 : 위 법령규정의 변경은 각 소급효가 없음. 끝.

변호사 오변론 법률사무소
전화번호 : 02-550-2267, 팩스 02-550-2268, 이메일 : mir@nate.com
서울 서초구 서초동 1567 정곡빌딩 동관 1009호

부동산임대차계약서

임대인과 임차인은 다음과 같이 임대차계약을 체결한다.

1. 부동산의 표시

소 재 지	서울특별시 강남구 일원동 124				
토 지	지 목	잡종지	면 적	120㎡(	평)

2. 계약내용

제1조 (보증금 등) 임차인이 위 부동산을 전세 및 월세로 사용함에 있어 쌍방은 합의하에 아래 각 조항과 같은 조건으로 계약한다.

보증금	200,000,000원	월세금액	1,500,000원정(매월 말일 후불함)
계약금	~~원정은 계약시 지급하고~~		
중도금	~~원정은 년 월 일 지급하며~~		
잔 금	200,000,000	원정은 2013년 11월 1일 지급함.	
		전액 수령함. 이영구, 최영희 (인)	

제2조 (인도) 임대인은 2013. 11. 1. 임차인에게 위 부동산을 인도한다.
제3조 (임대기간) 임대기간은 2013. 11. 1.부터   .   .   .까지로 한다.
제4조 (양도·전대 금지) 임차인은 이 계약으로 인한 권리를 타에 양도·전대할 수 없다.
제5조 (원상회복 등) 임차인은 임대인의 승낙 없이는 위 부동산의 형상을 변경할 수 없다.

특약사항 : 1. 임차인은 자신의 비용으로 임차지 상에 건물을 축조하여 음식점영업을 할 수 있다. 단, 건축비는 2억원 이내로 하기로 한다.
2. 임차인은 본 임대차계약이 종료한 경우 원상회복에 갈음하여 위 건물의 소유권을 포기하고 즉시 임대인들에게 소유권이전등기를 넘기는 동시에 이를 인도해주기로 한다.
3. 임차인은 임대차기간 동안 토지와 건물에 대한 제세공과금을 모두 책임지며, 법령을 위반하여 임대인이 어떠한 불이익도 받게 해서는 안된다.
4. 임대차 계약기간은 임대인과 임차인 합의로 연 단위로 연장할 수 있다.

위 계약조건을 틀림없이 지키기 위하여 본 계약서를 2부 작성하여 임대인, 임차인 각자 1부씩 보관한다.

2013년 10월 20일

임대인	성명	이영구 ㊞	주민등록번호 541109-1395421
	성명	최영희 ㊞	주민등록번호 570321-2395426
	주소	서울특별시 도봉구 수유동 558 진흥아파트 103동 705호	
임차인	성명	서장대 ㊞	주민등록번호 650430-1672418
	주소	서울 용산구 갈월동 123	

[토지] 서울특별시 강남구 일원동 124   고유번호 1234-5678

[표 제 부]			(토지의 표시)		
표시번호	접 수	소재지번	지목	면적	등기원인 및 기타사항
1 (전 3)	1997년 9월 10일	서울특별시 강남구 일원동 124	잡종지	120㎡	부동산등기법시행규칙부칙 제3조 제1항의 규정에 의하여 2001년 6월 15일 전산이기

[갑 구]			(소유권에 관한 사항)	
순위번호	등기목적	접 수	등기원인	권리자 및 기타사항
1 (전 3)	소유권이전	1997년 3월 20일 제1093호	1997년 3월 15일 매매	소유자 최인선 250513-2110851 하남시 교문동 557
				부동산등기법시행규칙부칙 제3조 제1항의 규정에 의하여 2001년 6월 15일 전산이기
2	소유권이전	2002년 7월 10일 제8931호	2002년 7월 9일 매매	공유자 지분 2분의 1 이영구 541109-1395421 서울시 도봉구 수유동 558 진흥아파트 103동 705호 지분 2분의 1 최영희 570321-2395426 서울시 도봉구 수유동 558 진흥아파트 103동 705호

발행번호 1136LIKYDCP021311121   발행일:2017/9/3

326 제2장 청구원인 작성

[토지] 서울특별시 강남구 일원동 124   고유번호 1234-5678

순위번호	등기목적	접 수	등기원인	권리자 및 기타사항
[을 구]		(소유권 이외의 권리에 관한 사항)		
1	근저당권설정	2012년 11월 25일 제12300호	2012년 11월 24일 설정계약	채권최고액 300,000,000원 채무자 이영구 　서울시 도봉구 수유동 558 진흥아파트 103동 705호 근저당권자 주식회사 우리은행 110012-1110235 　서울시 서초구 서초동 534(서초동 지점)

수수료 1200원 영수함
관할등기소 : 서울중앙지방법원 등기국 / 발행등기소 : 법원행정처 등기정보중앙관리소

　이 증명서는 등기기록의 내용과 틀림없음을 증명합니다.
　　　　　　　　서기 2017년 9월 3일
　　　　법원행정처 등기정보중앙관리소 전산운영책임관

* 실선으로 그어진 부분은 말소등기사항을 표시함. * 등기기록에 기록된 사항이 없는 갑구 또는 을구는 생략함. * 증명서는 컬러 또는 흑백으로 출력 가능함.

[건물] 서울특별시 강남구 일원동 124   고유번호 1234-5678

[표 제 부]		(건물의 표시)		
표시번호	접 수	소재지번	건물내역	등기원인 및 기타사항
1	2014년 1월 20일	서울특별시 강남구 일원로 1204	경량철골조 스테인리스 판넬지붕 단층 근린생활시설 80㎡	

[갑 구]		(소유권에 관한 사항)		
순위번호	등기목적	접 수	등기원인	권리자 및 기타사항
1	소유권보존	2014년 1월 20일 제5259호		소유자 서장대 650430-1672418 서울시 용산구 갈월동 123

[을 구]		(소유권 이외의 권리에 관한 사항)		
순위번호	등기목적	접 수	등기원인	권리자 및 기타사항
1	근저당권설정	2014년 2월 23일 제9273호	2014년 2월 22일 설정계약	채권최고액 금 200,000,000원 채무자 서장대 서울시 용산구 갈월동 123 근저당권자 주식회사 기업은행 110012-1110235 서울시 서초구 서초동 660(서초동 지점)

--- 이하여백 ---

수수료 1000원 영수함   관할등기소 : 서울중앙지방법원 등기국
이 증명서는 등기기록의 내용과 틀림없음을 증명합니다.
　　　　　　　　　　　서기 2017년 9월 3일
　　　　　법원행정처 등기정보중앙관리소 전산운용책임관　이용민

* 실선으로 그어진 부분은 말소사항을 표시함. * 등기기록에 기록된 사항이 없는 갑구 또는 을구는 생략함.

발행번호 1136LIKYDCP021311121   1/1   발행일:2017/9/3

통 지 서

수 신 : 서장대
　　　　서울 강남구 일원동 124 "베이징까오야" 내

발 신 : 이영구, 최영희
　　　　서울 도봉구 수유동 558 진흥아파트 103동 705호
　　　　서울 도봉구 수유3길 505, 103동 705호(수유동, 진흥아파트)

1. 귀하의 사업이 번창하기를 기원합니다.

2. 본인들은 귀하에게 서울 강남구 일원동 124 나대지를 임대한 바 있습니다. 그런데 귀하는 2기분 이상의 월차임(2017년 4월분 30만 원, 2017년 5월분 70만 원, 2017년 7월분 50만 원)을 지체하고 있습니다. 이는 귀하와의 임대차계약을 종료시킬 사유가 된다고 할 것입니다.
　　그런데다 본인들은 위 토지를 다른 용도에 사용하고자 하므로 귀하에게 더 이상 임대할 수가 없는 사정입니다.

3. 이에 본인들은 귀하와의 임대차계약을 해제(해지)하오니 즉시 밀린 임료를 지급해 주시고, 임대차계약서 특약사항 제2조에 의거 귀하가 건축한 건물을 인도하고 소유권이전등기도 넘겨주시기 바랍니다.

2017년 8월 17일

발신인　이영구 (인)　최영희 (인)

이 우편물은 2017년 8월 17일 등기 제23987호에 의하여 내용
증명 우편물로 발송하였음을 증명함
서울 도봉우체국장 ㊞

답 신

수 신 자 : 1. 이영구
　　　　　　서울 도봉구 수유동 558 진흥아파트 103동 705호
　　　　　2. 최영희
　　　　　　서울 도봉구 수유동 558 진흥아파트 103동 705호

발 신 자 : 서 장 대
　　　　　서울 용산구 갈월로 100

1. 귀하들의 통지서는 2017. 8. 18.에 잘 받아보았습니다.

2. 귀하들도 잘 아시는 바대로 본인은 귀하들에게서 서울 강남구 일원동 124 나대지(도로명주소 : 강남구 일원로 1204)를 임차하여 귀하들과의 약속에 따라 2억원이나 돈을 들여 경량철골조 건물을 짓고 현재까지 위 건물에서 식당영업을 하고 있습니다. 그런데 아닌 밤중에 홍두깨도 유분수지 어떻게 계약한 지 3년도 안되었는데 나가라고 할 수 있는 것입니까?

　본인이 물론 일시 사정이 어려워 월차임을 제대로 지급하지 못한 일은 있지만, 귀하들도 잘 아시다시피 본인의 아들이 올해 3월달에 큰 교통사고를 당하여 혼수상태에 있는지라 사정이 어려워 부득이 그런 것이고, 본인이 금년 4월말에 일부 임료를 드리면서 이영구 사장님께 그런 사정을 말씀드리자 이 사장님도 안되었다면서 임료는 천천히 지급해도 되니 걱정말고 병간호나 잘 하라고 양해를 했던 사항입니다.

　그런데 이제 와서 이걸 트집잡아 계약을 깨겠다고 하는 것은 귀하들이 처음부터 본인의 재산을 가로채려고 본인의 돈을 들여 건물을 짓게 하고는(그 당시 귀하들은 분명히 계약기간을 정해 두면 오히려 본인에게 손해이니 기간을 정하지 말고 본인이 본전을 뽑고 충분히 이익을 볼 수 있도록 해주겠다고 입에 침이 마르도록 약속을 하였습니다. 그 말을 벌써 잊지는 않았겠지요?) 본전도 뽑기 전에 건물을 강탈하려는 것이라고 밖에 생각되지 않습니다.

3. 그러니 통지서 내용을 즉시 철회하시기 바랍니다. 만약 귀하들이 이에 응하지 않고 계속 억지를 부릴 양이면 본이도 법에 따라 아래 사항을 요구하니 이를 이행하여야 할 것입니다.

◇ 귀하들과의 임대차계약서에는 임대차기간의 종기가 없으나 주택임대차보호법에 의거 본인은 최소한 2년 동안 위 토지와 건물을 사용할 권리가 있습니다. 또 상가건물임대차보호법에 의하더라도 1년의 임대차기간이 보장될 뿐만 아니라 5년의 범위 내에서 계약기

간 연장을 요구할 권리도 있습니다(본인은 별첨과 같이 사업자등록도 하였습니다). 그러니 위 기간이 지날 때까지는 절대 귀하들의 요구에 응할 수 없습니다.

◇ 만약 귀하들의 통지대로 임대차계약이 종료하는 경우 귀하들은 법에 따라 본인이 축조한 건물을 매수하여야 하고, 위 건물은 지금도 2억 원 이상 나가므로 위 매매대금 2억 원을 본인에게 지급해주시기 바랍니다. 계약서에는 임대차 종료시 본인이 건물 소유권을 포기하고 귀하들에게 넘겨주기로 되어 있지만 이는 위와 같이 귀하들의 사기행위에 의한 것이므로 아무런 효력이 없습니다.

2017년 8월 22일

발신자 서 장 대 (인)

이 우편물은 2017년 8월 22일 등기 제23987호에 의하여 내용증명 우편물로 발송하였음을 증명함
서울 용산우체국장 ㊞

사 업 자 등 록 증
(등록번호 강남 13-144293)

① 명칭(상호) : 베이징까오야
② 대표자 : 서장대 (650430-1672418)
③ 개업 연월일 : 2014년 1월 22일
④ 사업장 소재지 : 서울특별시 강남구 일원동 124
⑤ 본점 소재지 : 상동
⑥ 사업의 종류 : 업태 음식숙박업   종목 일반음식점
⑦ 교부사유 : 신규
⑧ 주류판매 신고번호 : 2014-02002-23765498

2014년 1월 21일

서울강남세무서장 (인)

통 지 서

수 신 : 주식회사 기업은행 서초동지점장
         서울 서초구 서초대로 658

발 신 : 이영구 외 1

1. 귀 은행(귀점)은 서장대씨 소유인 서울 강남구 일원로 1204 건물에 관하여 2014. 2. 23. 근저당권설정등기를 필한 것으로 압니다.

2. 상기 서장대씨는 본인들에게서 위 건물 부지(서울 강남구 일원동 124)를 임차하여 건물을 신축한 것입니다.

3. 본인들은 2017. 8. 17.자로 서장대씨에게 별첨 문서 사본과 같이 동인과의 임대차계약을 해제(해지)하였으므로, 민법 제642조에 따라 귀 은행에 이를 통지하오니 업무에 참고하시고, 뒤에 다른 이의를 제기하는 일이 없도록 하여 주시기 바랍니다.

첨부 : 서장대씨에 대한 통지서 사본 1통

2017년 8월 18일

발신인 이영구 (인)
         최영희 (인)

이 우편물은 2017년 8월 18일 등기 제23987호에 의하여 내용증명 우편물로 발송하였음을 증명함
서울 도봉우체국장 ㊞

우편물배달증명서

수취인의 주거 및 성명 서울특별시 서초구 서초대로 658 기업은행 서초동지점장				
접수국명	서울 도봉	접수연월일		2017. 8. 18.
접수번호	제132349호	배달연월일		2017. 8. 21.
적 요 총무과 문서수발담당 이지수 ㊞				2017. 9. 3. **서울도봉우체국장** (서울도봉우체국장인)

[건물] 서울특별시 성북구 정릉2동 567　　　　　　　　　고유번호 1234-5678

[표 제 부]		(건물의 표시)		
표시번호	접 수	소재지번	건물내역	등기원인 및 기타사항
1 (전3)	2002년 7월 10일	서울특별시 성북구 정릉로 510	시멘트벽돌조 기와지붕 2층 주택 및 점포 1층 점포 66㎡ 2층 점포 66㎡	

[갑 구]		(소유권에 관한 사항)		
순위번호	등기목적	접 수	등기원인	권리자 및 기타사항
1 (전5)	소유권이전	2005년7월10일 제50179호	2005년7월1일 매매	소유자 정우리 511022-1396217 서울시 성북구 정릉2동 567
2	임의경매신청	2017년2월18일 제2842호	2017년2월16일 서울중앙지방법원의 임의경매개시결정(2017타경127)	채권자 주식회사 한일상호저축은행 111251-2110247 서울시 성북구 정릉동 530
3	소유권이전	2017년8월27일 제11500호	2017년8월21일 임의경매로 인한 매각	소유자 전태수 601001-1012517 서울시 성북구 삼선로 53
4	2번 임의경매신청 등기말소	2017년8월27일 제11501호	2017년8월21일 임의경매로 인한 매각	

[을 구]   (소유권 이외의 권리에 관한 사항)

순위번호	등기목적	접 수	등기원인	권리자 및 기타사항
~~1~~	~~근저당권설정~~	~~2006년9월1일 제88301호~~	~~2006년9월1일 설정계약~~	~~채권최고액 금 100,000,000원~~ ~~채무자 정우라~~ ~~서울시 성북구 정릉2동 567~~ ~~근저당권자 주식회사 신한은행 110034~~ ~~-1110453~~ ~~서울시 성북구 정릉동 118(성북동 지점)~~ ~~공동담보 동소 토지~~
~~2~~	~~근저당권설정~~	~~2013년6월10일 제44100호~~	~~2013년6월9일 설정계약~~	~~채권최고액 금 300,000,000원~~ ~~채무자 정우라~~ ~~서울시 성북구 정릉2동 567~~ ~~근저당권자 주식회사 한일상호저축은행 111251-2110247~~ ~~서울시 성북구 정릉동 530~~ ~~공동담보 동소 토지~~
3	1,2번 근저당권설정등기말소	2017년8월27일 제11502호	2014년 2월 22일 설정계약	

--- 이하여백 ---

수수료 1000원 영수함   관할등기소 : 서울중앙지방법원 등기국
이 증명서는 등기기록의 내용과 틀림없음을 증명합니다.
서기 2017년 9월 3일
법원행정처 등기정보중앙관리소 전산운용책임관   이용민 [인]

[등기정보중앙관리소 전산운용책임관 인]

* 실선으로 그어진 부분은 말소사항을 표시함. * 등기기록에 기록된 사항이 없는 갑구 또는 을구는 생략함.

발행번호 1136LIKYDCP021311121   2/2   발행일:2017/9/3

부동산임대차계약서

임대인과 임차인은 다음과 같이 임대차계약을 체결한다.
1. 부동산의 표시

소 재 지	서울성북구 정릉2동 567 지상 2층 건물 중 1층 점포			
건 물	구조/용도	철물점 30㎡, 방 30㎡, 화장실 6㎡	면 적	66㎡(약 20 평)

2. 계약내용

제1조 (보증금 등) 임차인이 위 부동산을 전세 및 월세로 사용함에 있어 쌍방은 합의하에 아래 각 조항과 같은 조건으로 계약한다.

보증금	50,000,000원	월세금액	원정(매월 일 후불함)
계약금	~~원정은 계약시 지급하고~~		
중도금	~~원정은 년 월 일 지급하며~~		
잔 금	50,000,000	원정은 2013년 3월 10일 지급함.	

제2조 (인도) 임대인은 2013. 3. 10. 임차인에게 위 부동산을 인도한다.
제3조 (임대기간) 임대기간은 2013. 3. 10.부터 2018. 3. 9.까지로 한다.
제4조 (양도·전대 금지) 임차인은 이 계약으로 인한 권리를 타에 양도·전대할 수 없다.
제5조 (원상회복 등) 임차인은 임대인의 승낙 없이는 위 부동산의 형상을 변경할 수 없다. 그러나 임대인의 동의가 있는 경우라 하더라도 계약 종료시에는 임차인이 원상회복하여 임대인에게 반환하여야 한다.
특약사항 : 임차인은 철물점의 상호("신양철물점")나 현상을 변경할 수 없다.
4. 임대차 계약기간은 임대인과 임차인 합의로 연 단위로 연장할 수 있다.

위 계약조건을 틀림없이 지키기 위하여 본 계약서를 2부 작성하여 임대인, 임차인 각자 1부씩 보관한다.

2013년 3월 5일

확정일자 제5339호

2013. 3. 15.
정릉제2동
동장의 인

임대인	성명	정우리 ㊞	주민등록번호 511022-1396217
	주소	서울 성북구 정릉2동 567	
임차인	성명	최영희 ㊞	주민등록번호 570321-2395426
	주소	서울 도봉구 수유동 558 진흥아파트 103동 705호	

주 민 등 록 표
(등 본)

이 등본은 세대별 주민등록표의 원본내용과 틀림없음을 증명합니다.
담당자 : 이봉민 (02) 563-2587
2017년 9월 3일

서울특별시 성북구 정릉2동장

세대주 성명(한자)	방희재(方熙在)	세 대 구 성 사유 및 일자	전입세대구성 2013-3-10	
번호	주 소 (통/반)		전입일/변동일	
			변 동 사 유	
현주소 전입	서울특별시 성북구 정릉로 510		2013-3-10	2013-3-10 전입
번호	세대주 관계	성명(한자) 주민등록번호	전입일/변동일	변 동 사 유
1	본인	방희재(方熙在) 840617-1011539	2013-03-10	전입
		== 이 하	여 백 ==	

서류발행일 2017년 9월 3일
서울특별시 성북구 정릉2동장

[정릉제2동 동장인 민원사무용]

수입증지
350원
서울특별시

[수입증지가 인영(첨부)되지 아니한
증명은 그 효력을 보증할 수 없습니다]

제 적 등 본

본적	인천직할시 북구 부개2동 117번지						
호적 편제	[편제일] 2005년 7월 6일 호주승계신고에 의하여 편제(인)						
호적 재제	[재제일] 2007년 04월 15일 [재제사유] 멸실우려(전산화)						
전산이기	[이기일] 2006년 11월 11일 [이기사유] 호적법시행규칙 부칙 제2조 제1항						
전호주와의 관계		방한식의 장남			전호적		
부	방한식	성별	남	본	입적 또는 신호적		
모	최영희			溫陽			
호주	방희재(方熙在)　　　제적				출 생	서기 1984년 06월 17일	
					주민등록 번 호	840617-1011539	
출생	[출생장소] 인천직할시 북구 부개2동 117 [신고일] 1984년 7월 5일　　[신고인] 부						
호주 승계	[호주승계일] 2005년 07월 01일　[호주승계사유] 전호주 사망 [신고일] 2005년 07월 06일						
부	최희수	성별	여	본	전호적	인천직할시 북구 부개2동 117 호주 방한식	
모	안영자			愛州			
처	최영희(崔英喜)　　　제적				입적 또는 신호적		
					출 생	서기 1957년 03월 21일	
					주민등록 번 호	570321-2395426	
출생	[출생장소] 부산직할시 동구 초량4동 802-12 [신고일] 1957년 03월 30일　　[신고인] 부						
혼인	[혼인신고일] 1980년 01월 10일　　[배우자] 방한식						
배우자 사망	[사망일] 2005년 07월 01일 [신고일] 2005년 07월 06일　　[신고인] 호주						

위 등본은 제적의 내용과 틀림없음을 증명합니다.
서기 2017년 9월 3일

인천직할시 북구 부개2동장　[부개2동 동장인]

배 당 요 구 서

사 건   2017타경127 부동산임의경매
채권자   주식회사 한일상호저축은행
채무자
겸   정 우 리
소유자

위 사건에 관하여 본인은 주택임대차보호법 소정의 임차인(임대인 : 정우리)으로서 아래와 같이 배당을 요구합니다.

1. 임대차 목적물 : 서울 성북구 정릉2동 567 지상 건물 중 1층 66㎡
2. 계약일자 : 2013. 3. 5.
3. 임대차기간 : 2013. 3. 10.부터 2018. 3. 9.
4. 임대차보증금 : 50,000,000원
5. 인도일자 : 2013. 3. 10.
6. 주민등록전입일자 : 2013. 3. 10.
7. 확정일자 : 2013. 3. 15.

첨부서류

1. 임대차계약확인서 1통(임대차계약서는 분실함)
2. 주민등록 등본 1통
3. 제적등본 1통

2017. 2. 26.
배당요구인(임차인) 최영희 (인)

서울중앙지방법원 귀중

확 인 서

1. 본인은 2013. 3. 5. 서울 성북구 정릉2동 567 시멘트 벽돌조 기와지붕 2층 주택 및 점포 중 1층 66㎡(신양철물점 30㎡, 방 30㎡, 화장실 6㎡)를 최영희씨(570321-2395426)에게 전세금 5,000만 원에 임대한 사실이 있습니다.

2. 임대차기간은 2013. 3. 10.부터 2018. 3. 9.까지이며 본인은 최영희 씨로부터 전세금을 정히 수령하였습니다.

3. 주민등록 전입신고는 최영희 씨의 개인 사정으로 아들의 명의로 하였으나 최영희씨와 아들 방희재 씨가 위 1층에 거주하면서 신양철물점을 운영하였습니다.

4. 이상과 같은 일은 틀림이 없기에 확인서를 작성합니다.

2017년 2월 20일

확인자 정우리 (인)
511022-1396217
서울 성북구 정릉2동 567

서울중앙지방법원
배 당 표

2017타경127 부동산임의경매

	배 당 할 금 액	금	250,327,500	
명세	매 각 대 금	금	250,327,000	
	지 연 이 자	금	0	
	전낙찰인의 경매보증금	금	0	
	항 고 보 증 금	금	0	
	보 증 금 이 자	금	500	
집 행 비 용		금	327,500	
실제배당할 금액		금	250,000,000	
매각부동산		서울 성북구 정릉2동 567 대 80㎡ 및 위 지상 시멘트벽돌조 기와지붕 2층주택 및 점포		
채 권 자		㈜ 신한은행	㈜ 한일 상호저축은행	
채권금액	원 금	10,000,000	150,000,000	
	이 자	13,000,000	170,000,000	
	비 용	0	0	
	계	23,000,000	320,000,000	
배 당 순 위		1	2	
이 유		근저당권자	근저당권자	
채권최고액		100,000,000	300,000,000	
배 당 액		23,000,000	227,000,000	
잔 여 액		227,000,000	0	
배 당 비 율		100%	70.9%	
공 탁 번 호		금제 호 (. . .)	금제 호 (. . .)	금제 호 (. . .)

2017. 9. 2.
판 사 노 재 호 (인)

최 고 서

방희재 귀하
서울 성북구 정릉2동 567
(1층 신양철물점)

1. 본인은 법원 경매절차를 통해 서울 성북구 정릉2동 567 대 80㎡ 및 위 지상 2층 건물(주택 및 점포)을 경락받아 소유권이전등기를 필한 소유자입니다.

2. 귀하는 대항력 없는 임차인이면서 위 건물 1층을 무단점유하고 있으므로 이 최고서를 받은 날로부터 15일 내로 1층 건물 부분을 본인에게 무위 인도해 주실 것을 최고합니다.

3. 귀하가 이에 응하지 않을 경우 소송에 의거 모든 법적 책임을 물을 것이니 유념하시기 바랍니다.

2017년 8월 30일

발신자 전태수 (인)

서울 성북구 삼선로 53

부동산임대차계약서 (임차인 보관용)

임대인과 임차인은 다음과 같이 임대차계약을 체결한다.

1. 부동산의 표시

소 재 지	서울특별시 강남구 일원동 123				
건 물	구 조	세멘블록조 슬레이트지붕 단층	면 적	150㎡(	평)

2. 계약내용

제1조 (보증금 등) 임차인이 위 부동산을 전세 및 월세로 사용함에 있어 쌍방은 합의하에 아래 각 조항과 같은 조건으로 계약한다.

보증금	100,000,000원	월세금액	1,200,000원정(매월 후불함)
계약금	15,000,000	원정은 계약시 지급하고, 영수함	
중도금	———	원정은 년 월 일 지급하며	
잔 금	85,000,000	원정은 2013년 8월 27일 지급함.	

제2조 (인도) 임대인은 2013. 8. 27. 임차인에게 위 부동산을 인도한다.
제3조 (임대기간) 임대기간은 2013. 8. 27.부터 (12)개월로 한다.
제4조 임차인은 임대인의 승인 하에 개축 또는 변조할 수 있으나 계약대상물을 명도 시에는 임차인이 일체 비용을 부담하여 원상복구 하여야 함.
제5조 임대인과 중개업자는 중개물건 확인설명서를 작성하여 서명 날인하고 임차인은 이를 확인 수령함. 다만 임대인은 중개물건 확인설명에 필요한 자료를 중개업자에게 제공하거나 자료수집에 따른 법령에 규정한 실비를 지급하고 대행케 하여야 함.
제6조 본 계약을 임대인이 위약 시는 계약금의 배액을 변상하며 임차인이 위약 시는 계약금을 무효로 하고 반환을 청구할 수 없음.
제7조 부동산중개업법 제20조 규정에 의하여 중개료는 계약당시 상방에서 법정수수료를 중개인에게 지불하여야 함.

위 계약조건을 틀림없이 지키기 위하여 본 계약서를 2부 작성하여 임대인, 임차인 각자 1부씩 보관한다.

2013년 8월 24일

임대인	성명	이영구 ㊞	주민등록번호 541109-1395421
	주소	서울특별시 도봉구 수유동 558 진흥아파트 103동 705호	
임차인	성명	치장대 ㊞	주민등록번호 650430-1672418
	주소	서울 용산구 갈월동 123	

갱신요청서

수신 : 이영구 사장님
　　　서울 도봉구 수유동 558 진흥아파트 103-705

발신 : 서장대
　　　서울 강남구 일원동 123 (그린슈슈)

1. 이 사장님의 가내 행운을 빕니다.

2. 귀하와 본인은 2013. 8. 24. 서울 강남구 일원동 123 지상 공장 건물에 대한 임대차계약을 체결한 바 있고, 그 동안 3회에 걸쳐 상호 합의 하에 계약기간을 1년씩 갱신 연장해왔습니다.

3. 위 갱신된 계약이 2017. 8. 26.자로 만료되므로 본인은 관련법 규정(상가건물임대차보호법)에 의거 다시 1년을 갱신해 줄 것을 요청하오니 빠른 회신 바랍니다.

2017년 7월 20일

발신인　　서장대 (인)

이 우편물은 2017년 7월 20일 등기 제23987호에 의하여 내용증명 우편물로 발송하였음을 증명함
서울 강남우체국장 (印)

【모범답안】

소 장

원　　고　1. 이영구 (541109-1395421)
　　　　　　　서울 도봉구 수유3길 505, 103동 705호(수유동, 진흥아파트)
　　　　　　2. 최영희 (570321-2395426)
　　　　　　　서울 성북구 정릉로 510 (신양철물점)
　　　　　원고들 소송대리인 변호사 오변론
　　　　　서울 서초구 서초동 1234 승리빌딩 701호
　　　　　전화 02-012-9811, 팩스 02-012-9812, 전자우편 mir@nate.com

피　　고　1. 서장대 (650430-1672418)
　　　　　　　서울 용산구 갈월로 100
　　　　　　2. 정원수 (770217-1212501)
　　　　　　　서울 강남구 일원동 123 (이서방치킨)
　　　　　　3. 주식회사 한일상호저축은행
　　　　　　　서울 성북구 정릉로 530
　　　　　　　대표이사 구본승

토지인도 등 청구의 소

청 구 취 지

1. 원고들에게, 피고 서장대는 2018. 2. 19.이 도래하면,[330]

가. 원고들로부터 각 1억 원을 지급받음과 동시에,[331] 별지 목록 기재 2. 건물 중 각 2분의 1 지분에 관하여 2018. 2. 19. 매매를 원인으로 한 소유권이전등기절차를 이행하고, 위 건물을 인도하고,

---

[330] 2018. 2. 19.의 도래는 가, 나 부분 모두에 적용되고, 가 부분과 나 부분의 상환이행금액이 다르므로 이들 관계를 분명히 하려면 이와 같이 가, 나.로 나누어 기재하는 것이 좋다.
[331] 피고 서장대가 매매대금과의 동시이행항변권을 행사해 올 것임은 분명하므로 원고들로서는 미리 상환이행을 구하여야 청구의 일부 기각을 피할 수 있다. 이하 임대차보증금 반환의 상환이행도 마찬가지다.

나. 원고들로부터 각자 1억 9,850만 원에서 2017. 9. 1.부터 별지 목록 기재 1.토지의 인도 완료일까지 월 150만 원의 비율에 의한 금액을 공제한 나머지 금원을 지급받음과 동시에 위 토지를 인도하라.
2. 원고 이영구에게, 피고 서장대가 원고 이영구로부터 1억 원에서 2017. 6. 27.부터 별지 목록 기재 3.건물의 인도 완료일까지 월 120만 원의 비율에 의한 금액을 공제한 나머지 금원을 지급받음과 동시에,
　　가. 피고 서장대는 위 3.건물을 인도하고,
　　나. 피고 정원수는 위 3.건물 중 별지 도면 표시 2, 3, 6, 5, 2의 각 점을 순차로 연결한 선내 부분 21㎡로부터 퇴거하라.
3. 원고 최영희에게, 피고 주식회사 한일상호저축은행은 5,000만 원 및 이에 대한 이 사건 소장 부본 송달일 다음날부터 다 갚는 날까지 연 15%의 비율에 의한 금원을 지급하라.
4. 소송비용은 피고들이 부담한다.
5. 제1항 중 인도 부분 및 제2, 3항은 가집행할 수 있다.[332]
라는 판결을 구합니다.

청 구 원 인

1. 피고 서장대, 정원수에 대한 청구

가. 별지 목록 기재 1.토지 및 2.건물에 관하여

　1) 토지 임대차 및 건물 축조

　　원고들은 2013. 10. 20. 피고 서장대에게, 원고들이 각 2분의 1 지분씩 공유하는 별지 목록 기재 1.토지를 임대차기간은 2013. 11. 1.부터로 하되 종기는 정함이 없는 것으로 하고, 임대차보증금은 2억 원, 월 차임은 150만 원(매월 말일 지급)[333]으로 약정하여 임대하였습니다.

　　위 1.토지는 나대지였는데, 피고 서장대는 원고들의 승낙을 얻어 자신의 비용으로 위 1.토지 상에 별지 목록 기재 2.건물을 신축하여 2014. 1. 20. 그 명의의 소유권보존등기를 마친 후 '베이징까오야'라는 상호로 현재까지 식당을 운영해오고 있습니다.

---

[332] 제1항 중 소유권이전등기절차 이행청구는 의사진술을 명하는 청구로서, 그 판결이 확정된 때에 의사를 진술한 것으로 보고(민사집행법 제263조 제1항) 별도의 집행행위를 요하지 않으므로, 그 성질상 가집행선고를 붙이지 아니할 상당한 이유가 있어(민사소송법 제213조 제1항 본문) 이를 붙이지 않는다.

[333] 임대차계약에 있어 임료는 목적물의 사용·수익에 대한 대가이므로(민법 제618조 참조) 그 사용·수익이 이루어진 후에 이를 지급함이 원칙이라 할 것이고, 이에 따라 민법은 동산, 건물, 대지의 차임은 매월말에, 기타 토지의 차임은 매년말에 지급하도록 규정하고 있다(제633조). 그러나 위 규정은 임의규정이므로 당사자의 합의가 있으면 이에 의한다. 그러므로 임대차계약상의 차임에 관하여는 그 지급주기(예컨대 연 단위, 월 단위, 3개월 단위 등)와 그 지급시기(선불인지 후불인지 및 그 지급날짜 등)를 분명히 밝혀야 그 지체 여부를 알 수 있다.

2) 임대차계약의 해지

위와 같이 임대차기간의 약정이 없는 경우 당사자는 언제든지 계약해지의 통고를 할 수 있는바(민법 제635조 제1항), 원고들은 이에 따라 2017. 8. 17. 피고 서장대에게 위 임대차계약의 해지를 통고하여 그 통지가 2017. 8. 18. 도달하였습니다.334)335)

따라서 위 임대차계약은 민법 제635조 제2항에 의해 위 해지통고가 도달한 날로부터 6월이 경과하는 2018. 2. 19. 종료한다고 할 것입니다.336)337) 피고 서장대는 위 임대차계약에 관하여 주택임대차보호법이나 상가건물임대차보호법이 적용되어야 한다고 주장할지 모르나,338) 위 임대차계약의 목적물은 토지로서 위 각 법률상의 주택이나 상가건물이 아니므로 이들 법률이 적용될 여지는 전혀 없습니다.339)

3) 차임 지체

피고 서장대는 2017년 4월분(4. 1.~4. 30.)340) 차임 중 30만 원, 5월분(5. 1.~5. 31.) 차임 중 70만 원, 7월분(7. 1.~7. 31.) 차임 중 50만 원, 합계 150만 원을 지급하지 않았습니다(8월분 차임은 지급받았습니다341)). 그러므로 원고들은 우선 이를 위 임대차보증금 2억 원에서 공제하고 그 나머지 1억 9,850만 원만을 피고 서장대에게 지급할 의무가 있습니다.342)

---

334) 임대차계약의 해지통고는 형성권의 행사로서 의사표시에 해당하므로 그 통고가 상대방에게 도달하여야 효력이 발생한다. 그러므로 통고일자, 그 도달사실 및 도달일자를 누락하지 않도록 주의하여야 한다.

335) 원고들은 피고 서장대가 2017년 4, 5, 7월분 차임 중 각 일부를 지급하지 않은 것이 민법 제641조, 제640조의 해지사유에 해당하는 것으로 보아 이에 따른 해지의 의사표시를 한 것으로도 보이나, 위 규정에 의한 해지권은 미지급된 차임의 합계액이 2기분 차임의 합계액 이상이어야 발생하므로, 단순히 그 차임 미지급이 2기 이상에 걸쳐 있다고 하여 해지권이 발생하지는 않는다. 따라서 변호사는 서증을 잘 분석하여 그 해지가 적법·유효하도록 법리 구성을 하여야 하는바, 서증에 원고들이 1.토지를 다른 용도에 사용하고자 하여 더 이상 임대할 수 없다는 기재가 있으므로 이를 민법 제635조에 의한 해지통고로 해석할 수 있을 것이다.

336) 해지통고는 그 의사표시가 도달한 날인 2017. 8. 18.에 일단 의사표시 자체의 효력은 발생하나, 그로부터 6월이 경과하여야 해지의 효력이 발생하는바, 초일 불산입의 원칙(민법 제157조 본문)에 따라 2017. 8. 18.은 위 6월에 산입되지 않으므로 2018. 2. 18. 24:00이 되어야 6월이 되고, 결국 그 6월이 경과한 다음날인 2018. 2. 19. 00:00에 해지의 효력이 발생한다.

337) 원고들은 피고 서장대에 대한 해지통고에 이어 그 해지 사실을 2.건물의 근저당권자인 기업은행에 통지하였으나 이는 불필요하다. 민법 제642조가 건물 담보자에게 해지의 통지를 요구하는 이유는, 그 건물 부지에 대한 임대차계약이 임차인의 차임 연체로 인하여 민법 제641조에 의해 해지되는 경우에 건물 담보권자로 하여금 지체 차임을 대위변제함으로써 자신의 담보권을 보존할 수 있는 등의 기회를 주기 위한 것이다. 따라서 그 해지사유가 민법 제629조, 제635조 등과 같이 차임 지체로 인한 것이 아닌 때에는 건물 담보권자가 자신의 담보권을 보존할 방법이 없기 때문에 민법 제642조가 준용될 여지가 없다.

338) 제시된 서증에 비추어 피고 서장대가 그 같은 주장을 해올 수 있고, 법원 역시 그 같은 오해를 할 수도 있으므로 미리 이를 밝혀주는 것도 좋다.

339) 임대차에 관하여는 그 규율 법령이 민법, 주택임대차보호법, 상가건물임대차보호법이 있고 각 법률마다 적용요건과 효과가 다르므로, 임대차계약이 문제되는 경우 항상 어떤 법률이 적용되어야 하는지 먼저 규명하여야 한다. 원고들과 피고 서장대 사이에서 2.건물은 임대차 계약의 목적물이 아니므로 주택임대차보호법이나 상가건물임대차보호법이 적용될 수 없다.

340) 단순히 4월분 차임이라고만 하면 구체적으로 언제부터 언제까지 발생한 것인지 알기 어려우므로 그 기간을 밝혀주어야 한다.

341) 이는 뒤에서 2017. 9. 1.부터의 차임 지급을 구하는 이유를 설명하기 위해서 필요하다.

342) 원고들이 피고 서장대와의 1.토지에 대한 임대차계약관계가 종료되었음을 전제로 이 사건 소로써 그 인도를

4) 건물의 매매

한편 위 임대차계약 당시 원고들과 피고 서장대는, 위 임대차계약의 종료시 피고 서장대는 그 원상회복에 갈음하여 위 2.건물의 소유권을 넘겨주기로 약정하였으나, 이는 임차인에게 불리한 약정으로서 민법 제652조, 제643조에 의해 효력이 없으므로343) 임차인인 피고 서장대는 위 2.건물에 대한 매수청구권을 행사할 수 있습니다.344)

그런데 피고 서장대는 2017. 8. 22.자 서신을 통해 위 2.건물에 대한 매수청구권을 행사하고345) 그 매매대금으로 시가 상당인 2억 원의 지급을 요구하였습니다.346) 따라서 위 임대차계약이 종료하는 2018. 2. 19. 위 2.건물 중 각 2분의 1 지분에 관하여 원고들과 피고 서장대 사이에 각 매매대금을 1억 원으로 하는 매매의 효력이 발생합니다.347)

5) 소결론

그러므로 피고 서장대는 원고들에게 2018. 2. 19.이 도래하면, 원고들로부터 각 1억 원을 지급받음과 동시에348) 별지 목록 기재 2.건물 중 각 2분의 1 지분에 관하여

구하고 있는 이상(더구나 그 보증금반환과의 상환이행을 구하고 있으므로 더욱 그러하다) 이 사건 소송절차 내에서 지체 차임을 보증금에서 공제하지 않고 따로 지급을 구하는 것은 적절하지 못하다. 왜냐하면 보증금과 관련하여 임대차계약 당사자 사이에는 임대차 종료시 지체차임 등은 따로 공제의 의사표시가 없어도 보증금에서 당연히 공제하기로 이미 명시적·묵시적 합의가 되어 있기 때문이다.

343) 이 사건의 경우 임대차기간의 정함이 없어 임대인인 원고들의 해지통고에 의해 언제라도 계약이 해지될 수 있고, 실제로 원고들의 해지로 계약이 종료된 사정, 보증금이나 차임을 특별히 시세보다 저렴하게 해준 일도 없는 등의 사정을 종합하면, 위 약정은 임차인 피고 서장대에게 불리한 것으로 판단된다.

344) 뒤에서 보는 바와 같이 2.건물에 대하여 피고 서장대가 기업은행 앞으로 근저당권을 설정하였으나, 이와 같이 제한물권설정등기 또는 가등기 등이 기입되어 있는 경우에도 매수청구권을 행사할 수 있다(대법원 1972. 05. 23. 선고 72다341 판결, 대법원 2008. 05. 29. 선고 2007다4356 판결). 이 경우에 그 건물의 매수가격은 건물 자체의 가격 외에 건물의 위치, 주변 토지의 여러 사정 등을 종합적으로 고려하여 매수청구권 행사 당시 건물이 현존하는 대로의 상태에서 평가된 시가 상당액을 의미하고, 여기에서 근저당권의 채권최고액이나 피담보채무액을 공제한 금액을 매수가격으로 정할 것은 아니다.

345) 지상물매수청구권은 형성권으로서 그 행사방법에 관하여 법률에 특별한 제한이 없으므로 재판상은 물론 재판 외에서도 행사할 수 있다. 한편, 위 권리는 임대차계약이 종료한 후에 행사함이 원칙이지만(대법원 1994. 07. 29. 선고 93다59717, 59724 판결 참조), 이 사건에서와 같이 임대차기간의 약정이 없어 민법 제635조에 의한 해지통고로써 일정한 기간 경과 후에 해지의 효력이 발생하는 경우, 임차인은 그 해지통고 이후이면 이를 행사할 수 있음은 물론이다. 다만, 이때는 그 매수청구권 행사의 의사표시가 있은 때가 아닌 해지의 효력 발생 시, 즉 임대차계약의 종료 시에 매매의 효력이 발생한다고 볼 것이다.

346) 매수청구권의 행사가 있으면 그 의사표시가 상대방(임대인)에게 도달한 때에 즉시 매매의 효력이 발생하고 매매대금 등의 결정은 부차적인 문제에 불과하다(대법원 1995. 07. 11. 선고 94다34265 전합합의체 판결). 이때 매매대금은 당사자 간에 합의가 없는 한 매매의 효력 발생시의 객관적 시가이다(대법원 1987. 06. 23. 선고 87다카390 판결). 따라서 이 사건에서 임차인 피고 서장대가 2억 원을 2.건물의 시가라고 주장하면서 그 지급을 구하였다고 하여 임대인 원고들이 이에 구속되는 것은 아니나, 위 2억 원은 실제의 시가 4억 원에 미달하여 원고들에게 유리하므로 원고들로서는 이를 용인하여 다툼 없는 사실로 결말짓는 것이 유리하다.

347) 원고들이 그 공유인 1.토지의 각 지분을 각각 임대한 것이 아니라 그 전부를 공동으로 임대하였으므로 그 임대차계약상의 보증금반환채무는 불가분적으로 원고들에게 귀속한다고 보아야 할 것이나(대법원 1998. 12. 08. 선고 98다43137 판결), 임차인이 지상물매수청구권을 행사함으로써 발생하는 건물에 대한 매매의 효력까지도 불가분적으로 귀속하는 것은 아니라 할 것이므로(통상 원고들의 의사도 이에 가깝다고 할 것이고, 이렇게 새겨도 임차인에게는 매매대금 지급시까지 건물의 인도 및 소유권이전등기의무에 대한 동시이행의 항변권이 있으므로 특별히 불리하게 되지 않는다), 원고들은 임대 목적물인 1.토지의 공유 지분에 따라 2.건물의 2분의 1 지분을 각각 매수한 것이라고 볼 것이다.

2018. 2. 19. 매매를 원인으로 한 소유권이전등기절차를 이행함과 아울러 위 건물을 인도하고, 원고들로부터 각자349) 위 임대차보증금 잔액 1억 9,850만 원에서 최종적으로 차임을 지급한 이후인 2017. 9. 1.부터 별지 목록 기재 1.토지의 인도 완료일까지 위 약정 차임 또는 그에 상당하는 부당이득350)으로서 월 150만 원의 비율에 의한 금액351)을 공제한 나머지 금원을 지급받음과 동시에 위 1.토지를 인도할 의무가 있습니다.352)

피고 서장대의 현 태도로 보아 2018. 2. 19. 이후 위 1.토지의 인도 완료일까지도 식당영업을 계속할 것임을 추인할 수 있으며, 그는 위 임대차계약의 해지통고에 따른 효력을 부인하며 임대차계약의 해지 효력 발생일 이후에도 그 인도의무 등을 이행하지 아니할 의사를 표시하고 있어 원고들은 위 소유권이전등기절차 및 인도의무 등의 이행을 미리 청구할 필요가 있습니다.353)

나. 별지 목록 기재 3.건물에 관하여

---

348) 임대인의 임대차보증금반환의무와 임차인의 목적물반환(인도)의무는 동시이행관계에 있다(대법원 1977. 09. 28. 선고 77다1241, 1242 전합합의체 판결 등).
한편, 원고들은 피고 서장대를 대위하여 기업은행에 근저당채무를 변제한 후 변제자대위를 하거나 구상권을 행사할 수 있을 뿐만 아니라, 장래 기업은행의 임의경매신청으로 인해 2.건물의 소유권을 상실한 경우 손해배상청구권을 취득하게 됨은 물론이지만, 사전에 위 근저당채무액에 상당한 돈을 피고 서장대에게 요구하거나 그 채무를 대위변제함이 없이 미리 상계한다든지, 등기의무자 아닌 그에게 근저당권설정등기의 말소를 청구할 수는 없다. 따라서 원고들은 매매대금 전액 지급과 상환으로 2.건물의 소유권이전 및 인도의무 이행을 구하는 판결을 받은 후 위 근저당채무를 대위변제하거나 그 상당액을 공탁하고 나서 상계를 한 다음 그 잔액을 지급하고 이들 자료를 첨부하여(매매대금을 지급한 사실은 강제집행의 개시요건이다) 2.건물의 소유권이전 및 인도의무에 대한 강제집행을 하는 수밖에 없다. 그런데 변제공탁의 경우 그로써 근저당권설정등기가 말소되지는 않으므로 대위변제하여 이를 말소한 후 2.건물의 소유권이전등기를 받는 쪽이 안전하고 일거에 문제를 해결하는 것이 된다.
349) 앞서 본 바와 같이 원고들이 1.토지를 공동으로 임대하였으므로 피고 서장대에 대한 보증금반환채무는 불가분채무이고, 따라서 각자 보증금지급의무를 진다.
350) 2018. 2. 19.부터는 임대차기간이 종료하여 임대차계약이 더 이상 존재하지 않으므로 피고 서장대가 2.건물의 매수청구권을 행사하였더라도 실제로 1.토지(와 2.건물)를 사용·수익하면 그 사용·수익은 부당이득이 된다(대법원 1997. 03. 14. 선고 95다15728 판결). 그러나 2017. 9. 1.부터 2018. 2. 18.까지는 임대차계약이 존속하므로 피고 서장대가 1.토지를 사용·수익한 여부와 관계없이 약정 차임을 지급할 의무가 있다.
한편, 특별한 사정이 없는 한 임대차계약 종료 이후 그 사용·수익에 따른 부당이득은 차임 상당액으로서, 약정 차임이 객관적 차임과 현저한 차이가 없는 이상 약정 차임을 부당이득액으로 추인할 수 있다.
351) 피고 서장대가 이미 지급을 지체한 차임에 대하여는 1.토지의 인도 완료일(보증금의 반환일)까지 상법 소정의 연 6%의 법정 지연손해금이 붙게 되고, 임대차보증금은 이 역시 담보하므로 이에 대해서도 공제를 주장할 수 있으나, 그 금액이 소액인 반면 계산이 복잡하므로 이 사건에서는 편의상 제외하였다.
352) 위와 같이 임차인이 이미 2.건물의 매수청구권을 행사한 이상 원고들은 2.건물의 철거를 청구할 수 없고, 그 같은 청구는 기각되게 된다. 그리고 1.토지의 인도와 2.건물의 철거청구에는 매매의 대상물인 2.건물의 인도를 구하는 청구가 포함된 것으로 볼 수 없으므로(대법원 1966. 05. 24. 선고 66다548 판결 등) 철거소송 계속 중에 임차인이 매수청구권을 행사한 경우에는 건물의 철거 대신 그 인도를 구하는 것으로 청구취지를 변경해야 한다.
353) 피고 서장대의 2017. 9. 1. 이후 1.토지 및 2.건물의 인도 완료일까지의 차임 또는 그 상당의 부당이득반환의무는 물론 1.토지와 2.건물의 인도의무 및 2.건물의 소유권이전등기의무 역시 소 제기 당시를 기준으로 하면 아직 이행기가 도래하지 않았으므로, 이에 대하여는 미리 청구할 필요가 있어야만 장래 이행의 소로서 그 청구가 허용된다(민사소송법 제251조, 대법원 2000. 08. 22. 선고 2000다25576 판결 등). 그러므로 이에 관한 사항을 누락해서는 안 된다.

1) 상가건물의 임대차

원고 이영구는 2013. 8. 24. 피고 서장대에게 자신의 소유로서 미등기상태인354) 별지 목록 기재 3.건물(건축물대장상으로는 창고, 실제 용도는 공장355))을 임대차기간 2013. 8. 27.부터 12개월, 임대차보증금 1억 원, 월임료 120만 원(매월 후불)으로 약정하여 임대하였는바,356) 피고 서장대는 현재까지 위 3.건물에서 '그린슈수'라는 상호로 물수건 세탁 공장을 운영하고 있습니다.357)

2) 임대차계약의 종료

한편 원고 이영구와 피고 서장대는 위 임대차기간이 만료한 2014. 8. 27.부터 2016. 8. 27.까지 3회에 걸쳐 쌍방 합의로 임대차계약을 갱신하였는바, 이에 따라 2016. 8. 27.에 갱신된 위 임대차계약기간은 2017. 8. 26.에 만료되었습니다.

피고 서장대는 2017. 7. 20.자 갱신요청서를 통하여 상가건물임대차보호법 제10조 제1항 본문에 의해 위 임대차계약의 갱신을 요구하였으나,358) 피고 서장대는 2017. 2. 경 위 3.건물 중 별지 도면 표시 2, 3, 6, 5, 2의 각 점을 순차로 연결한 선내 부분 21㎡를 피고 정원수에게 무단으로 전대하였으므로(피고 정원수는 그곳에서 '이서방치킨'이라는 양념통닭집을 운영하고 있습니다), 원고 이영구는 위 법률 제10조 제1항 단서 제4호에 따라 2017. 7. 23. 피고 서장대에게 전화로 갱신거절의 뜻을 표시하였습니다.359)

---

354) 원고 이영구는 임차인인 피고 서장대에 대한 관계에서는 임대차계약에 기하여 인도 및 차임, 차임 상당 부당이득의 반환을 구할 수 있으나, 전차인인 피고 정원수에 대한 관계에서는 소유권을 내세워야만 한다.

355) 상가건물임대차보호법 제2조에 의하여 동법의 적용 대상이 되는 상가건물은 부가가치세법 등에 의한 사업자등록의 대상이 되는 건물인바, 부가가치세법 등에서는 그것이 실제 영업(영리활동)에 사용되는 것이면 족하고 특별히 그 종류나 건축허가의 여부, 등기된 여부 등을 묻지 않고 있다. 따라서 공부상 용도가 창고라고 하더라도 실제 영리활동에 적합한 구조를 갖추고 영리활동이 계속적·반복적으로 영위되는 건물이면 동법의 적용대상이 될 수 있다.

356) 상가건물임대차보호법은 모든 상가건물의 임대차에 적용되는 것이 아니라 대통령령이 정하는 보증금을 초과하는 임대차에 대하여는 그 적용이 없다(동법 제2조 제1항 단서). 다만, 계약갱신청구권에 관한 동법 제10조 제1항, 제2항, 제3항 본문, 차임과 보증금의 증감에 관한 동법 제10조의2는 위 보증금을 초과하는 임대차에 대하여도 적용이 있다(동법 제2조 제3항).
원고 이영구와 피고 서장대 사이의 최종 임대차계약 당시(2016. 8. 27.에 갱신) 시행 중이던 상가건물임대차보호법시행령에 의하면 서울특별시의 경우 보증금이 4억 원 이하인 경우에만 동법이 적용된다(시행령 제2조 제1항 제1호). 한편, 보증금 외에 차임이 있는 경우에는 이를 대통령령으로 정한 비율에 의해 환산한 금액을 보증금에 가산하는바(동법 제2조 제2항), 동법시행령에 의하면 월차임에 100을 곱한 금액을 보증금에 가산하도록 하고 있다(시행령 제2조 제2, 3항). 따라서 이 사건에서는 보증금 1억 원과 월차임 120만 원에 100을 곱한 1억 2,000만 원을 합한 금액이 2억 2,000만 원으로서 위 3억 원에 미달하므로 동법이 모두 적용된다.

357) 피고 서장대가 '그린슈수'에 대하여 상가건물임대차보호법 제3조 제1항 소정의 대항요건인 사업자등록을 하지 않았으므로 대항력을 취득하지는 못하였으나, 이 대항력은 상가건물의 양수인 등 제3자에 대한 관계에서 임차권의 주장, 경매절차 등에서의 우선변제권 행사에만 필요하고 임대인과 임차인 상호간의 관계에서는 전혀 필요 없다. 즉, 대항력을 갖추지 않았더라도 상가건물임대차보호법 제9조, 제10조 등 많은 규정의 적용까지 배제되는 것은 아님에 주의하여야 한다.

358) 상가건물의 임차인은 전체 5년의 범위 내에서 임대차계약의 갱신을 요구할 수 있고, 특별한 사정 없이 이를 배제·제한하는 약정은 무효이다(상가건물임대차보호법 제10조 제2항, 제15조).

359) 임차인에게 상가건물임대차보호법 제10조 제1항 단서 각호의 사유가 있는 경우에도 임차인이 당연히 갱신요구권을 상실하는 것이 아니라, 임대인이 이 같은 사유를 들어 갱신요구를 거절할 수 있을 뿐이다. 즉, 임대인의 항변사유이지 임차인의 갱신요구권 상실사유가 아니다. 한편, 임대인이 임차인의 갱신요구 여부에 불구하고

3) 차임 지체

　　　피고 서장대는 2017년 6월분(6. 27.~7. 26.) 이후의 차임을 지급하지 않았습니다.360)

　　4) 소결론

　　　따라서 피고 서장대가 원고 이영구로부터 위 임대차보증금 1억 원에서 2017. 6. 27. 부터 위 3.건물의 인도 완료일까지 월 120만 원의 비율에 의한 차임361)을 공제한 나머지 금원을 지급받음과 동시에 원고 이영구에게, 피고 서장대는 임대차계약의 종료에 따라 위 3.건물을 인도하고, 피고 정원수는 원고 이영구의 소유권에 기한 방해배제의무로서 그 건물 중 위 21㎡로부터 퇴거362)할 의무가 있습니다.

2. 피고 주식회사 한일상호저축은행에 대한 청구

가. 주택 임대차

　　원고 최영희는 2013. 3. 5. 소외 정우리로부터 별지 목록 기재 4.건물 중 1층 점포

계약기간 만료 전 6월부터 1월까지 사이에 임차인에게 갱신거절 또는 조건의 변경에 대한 통지를 하지 아니하면 위 법률 제10조 제4항에 의하여 그 기간 만료 시 전 임대차와 동일한 조건으로(단, 임대차기간은 2013. 5. 8.부터는 동법 제10조 제4항에 의해 1년으로 된다) 다시 임대차한 것으로 간주되므로(즉, 묵시의 갱신이 이루어진다. 그리고 제10조 제4항에서 정하는 법정갱신에 대하여는, 임차인의 갱신요구권에 관하여 전체 임대차기간을 5년으로 제한하는 제10조 제2항의 규정은 적용되지 아니한다(대법원 2010. 06. 10. 선고 2009다64307 판결), 이를 막기 위해서는 반드시 임대인은 위 기간 내에 위와 같은 통지를 하여야만 한다.

360) 상가건물임대차보호법은 임차인이 3기의 차임액을 연체한 경우 임대인은 갱신요구를 거절할 수 있도록 하고 있는바(제10조 제1항 단서 제1호), 민법은 2기의 차임을 지체한 경우 계약 해지사유로 하고 있고(제640조), 주택임대차보호법은 2기의 차임을 지체한 경우 묵시의 갱신을 배제하고 있는 것(제6조 제3항)과 대비된다.
　그런데 이 사건에서와 같이 상가건물의 임차인이 2기 이상의 차임을 지체한 경우 민법 제640조에 의해 임대차계약을 해지할 수 있는지 의문이 있는바, 상가건물임대차보호법은 민법의 특별법이고(동법 제1조) 위와 같이 동법은 3기의 차임이 지체된 경우에만 임대인이 갱신요구를 거절할 수 있다고 규정한 취지에 비추어 2기분의 지체만으로는 해지할 수 없다고 해석된다. 주택임대차와 관련해서는 주택임대차보호법 제6조 제3항에 불구하고 민법 제640조에 의한 해지를 할 수 있다는 것이 통설이다.

361) 상가건물임대차보호법에 의하면 임대차가 종료한 경우에도 임차인이 보증금을 반환받을 때까지는 임대차관계가 존속하는 것으로 간주된다(제9조 제2항. 이는 주택임대차보호법 제4조 제2항과 같은 규정이다). 이를 통상 법정임대차관계로 부르며, 이는 보증금을 반환받을 때까지 그 정산을 위한 범위 내에서 임대차관계가 의제되는 것이므로 약정임대차와 달리 차용물을 사용·수익한 경우에만 차임을 지급할 의무를 진다는 것이 통설이다.

362) 피고 정원수는 원고 이영구 소유인 3.건물 일부의 점유자인바, 원고 이영구는 임차인인 피고 서장대와의 임대차관계가 해지 등에 의하여 종료하지 않은 한 소유권에 기하여서도 피고 정원수에게 직접 자기 앞으로의 인도를 청구할 수 없고 임차인인 피고 서장대 앞으로의 인도만을 청구할 수 있다(통설).
　이 사건에서는 이미 원고 이영구와 피고 서장대의 약정임대차계약 기간이 만료하였고, 앞서 본 바와 같이 임대차보증금의 반환과 동시에 법률에 의해 의제된 임대차계약도 종료하게 되므로 피고 서장대에 대한 임대차보증금의 반환과 상환으로 직접 자신 앞으로의 인도청구가 가능하다. 그 결과 피고 서장대는 임대차관계에서는 3.건물 전부에 대한 인도의무를 지고, 원고 이영구의 소유권에 대하여는 3.건물 중 직접 점유하고 있는 부분에 대하여만 인도의무를 지며(소유권에 기한 방해배제청구로서의 인도청구는 상대방이 직접 점유하는 부분에 대하여만 가능하고 간접점유하는 부분에 대해서는 할 수 없다. 대법원 2000. 04. 07. 선고 99다68768 판결 등), 피고 정원수는 원고 이영구의 소유권에 대하여만 3.건물 중 자신의 점유 부분을 인도할 의무를 진다.
　이 사건에서는 이 같은 복잡한 법률관계를 고려하여 편의상 피고 서장대에게는 3.건물 전부의 인도를 구하고, 피고 정원수에게는 인도에 갈음하여 그 점유 부분으로부터의 퇴거를 구하는 것으로 하였다. 퇴거는 소극적으로 점유를 해제하는 것에 불과하고 적극적으로 상대방에게 점유를 이전하는 것은 아니지만, 실질적으로는 큰 차이가 없다.

66㎡를 임대차기간 2013. 3. 10.부터 2018. 3. 9.까지, 임대차보증금(채권적 전세금) 5,000만 원으로 약정하여 임차하고, 2013. 3. 10. 보증금 전액을 지급함과 동시에 이를 인도받았습니다.

　위 점포는 임대차계약 당시 철물점 30㎡, 방 30㎡, 화장실 6㎡의 구조였는데, 원고 최영희는 이를 인도받은 즉시 아들인 소외 방희재와 함께 입주하여 현재까지 거주하고 있고, 위 방희재는 2013. 3. 10. 주민등록전입신고를 마쳤으며, 2013. 3. 15. 확정일자도 받았습니다.

나. 임의경매와 배당
　1) 한편 위 정우리는 위 4.건물 및 그 대지(서울 성북구 정릉2동 567 대 80㎡)에 관하여, 2006. 9. 1. 소외 주식회사 신한은행 앞으로 채권최고액 1억 원의 근저당권설정등기를 마쳐준 데에 이어 2013. 6. 10. 피고 주식회사 한일상호저축은행 앞으로 채권최고액 3억 원의 근저당권설정등기를 마쳐주었습니다.
　2) 그런데 피고 주식회사 한일상호저축은행이 임의경매를 신청하여 2017. 2. 16. 귀 법원 2017타경127호로 경매개시결정이 내려지고 경매절차가 진행된 결과, 소외 전태수에게 매각허가결정이 선고363)되고 2017. 8. 21. 대금이 납부되어364) 그가 소유권을 취득하였습니다.
　　한편, 원고 최영희는 2017. 2. 26. 배당요구를 하였는데,365) 귀 법원은 2017. 9. 2.의 배당기일에 실제 배당할 금액 2억 5,000만 원 중 2,300만 원을 1순위로 위 신한은행에 배당하고, 나머지 2억 2,700만 원은 2순위로 피고 주식회사 한일상호저축은행에 배당하는 내용의 배당표를 작성하여 배당을 실시하고, 원고 최영희에게는 전혀 배당을 하지 않았습니다.
　3) 그러나 원고 최영희는 주택임대차보호법 소정의 임차인으로서 피고 주식회사 한일상호저축은행과의 관계에 있어서는 우선하여 그 보증금 전액을 배당·변제받을 권리가 있습니다.
　　즉, ① 위 임대차 목적물인 점포는 비록 비주거용인 철물점이 일부 포함되어 있기는 하나, 그 면적이 주거용인 방과 화장실의 면적보다 작고, 원고 최영희와 방희재는 위 방과 화장실에서만 전적으로 기거하였을 뿐 그 외에 다른 주거가 없었으므로, 이는 주택임대차보호법 제2조의 주택에 해당하며,366) ② 주택임대차보호법 제3조 제1

---

363) 매각허가 여부의 재판은 결정으로 하지만, 이는 고지가 아닌 선고를 하여야 한다(민사집행법 제126조 제1항).
364) 등기부에 '2017년 8월 21일 임의경매로 인한 매각'으로 기재되어 있는바, 이는 매수인이 소유권을 취득하는 매각대금 납부일을 등기원인일자로 기재하도록 한 데에 따른 것이다.
365) 주택임대차보호법에 의한 대항요건 및 확정일자를 갖추거나 동법상의 임차권등기명령 또는 민법 제621조에 의한 임차권 등기를 한 임차인은 저당권자와 마찬가지로 경매절차에서 보증금의 우선변제권이 있으나(제3조의2 제2항, 제3조의3 제5항, 제3조의4 제1항), 경매신청등기 전까지 임차권등기를 하지 않은 경우에는 배당요구를 하여야만 배당을 받을 수 있다(민사집행법 제148조 제2, 4호, 대법원 1997. 02. 25. 선고 96다10263 판결 등). 이 배당요구는 경매절차상의 이해관계인이 되기 위한 권리신고(민사집행법 제90조 제4호)와는 다른 것이다.

항의 주민등록은 임차인 본인이 주민등록 전입신고를 하지 않았더라도 그 동거 가족이 주민등록을 하였으면 족하다고 할 것인데,367) 위와 같이 원고 최영희와 그 아들인 방희재가 위 주택을 인도받고 방희재가 주민등록 전입신고를 마쳤을 뿐만 아니라 2013. 3. 15.자로 확정일자368)까지 갖추었기 때문입니다.

다. 소결론

따라서 원고 최영희는 위 인도와 주민등록 및 확정일자 이후에 근저당권을 취득한 피고 주식회사 한일상호저축은행에 대한 관계에서는 주택임대차보호법 제3조의2 제2항 및 제8조에 의하여 그 보증금 전액을 우선 배당·변제받을 권리가 있음에도,369)370) 피고 주식회사 한일상호저축은행이 법률상의 원인 없이 이를 배당받았으므로 피고 주식회사 한일상

---

366) 4.건물의 1층은 비주거 부분인 영업 부분과 주거 부분이 혼재하는바, 이 경우 주택임대차보호법과 상가건물임대차보호법 중 어느 것이 적용되어야 하는지 문제된다(양 법률의 내용은 많은 부분에서 다르다). 위 법률들은 상호간의 관계나 그 적용상의 구별기준을 명시하고 있지 않은바, 양 법률은 선택적 관계가 아니라 배타적 관계에 있는 것으로 보아야 할 것이고, 그 구별의 기준은 영업 부분과 주거 부분 중 어느 것이 주된 부분인지에서 구해야 할 것이다. 한편, 임차한 주거용 건물의 일부가 비주거용으로 사용되는 경우에도 주택임대차보호법이 적용되는바(동법 제2조 후문), 주거용 건물인지 여부는 공부가 아닌 현황과 실제 용도를 기준으로 하고(대법원 1987. 03. 24. 선고 86다카823 판결 등), 일부가 비주거용인 경우에는 임대차의 목적, 전체 건물과 임대차 목적물의 구조와 형태, 임차인의 목적물 이용관계, 임차인이 그곳에서 일상생활을 영위하였는지 여부 등을 종합적·합목적적으로 고려하여 동법의 적용대상 여부를 결정한다(대법원 1988. 12. 27. 선고 87다카2024 판결 등).
이 사건에서는 주거 부분이 영업 부분인 철물점보다 크므로 주택임대차보호법을 적용하였다(더욱이 원고 최영희는 철물점에 대하여 사업자등록을 하지 아니하여 상가건물임대차보호법에 의한 대항력을 취득하지 못하였고, 따라서 동법 제5조 제2항이나 제14조에 의한 우선변제권을 행사할 수 없는 사정이 있다).
367) 대법원 1987. 10. 26. 선고 87다카14 판결, 대법원 1988. 06. 14. 선고 87다카3093, 3094 판결, 대법원 1989. 01. 17. 선고 88다카143 판결 등.
368) 주택임대차보호법상 대항력과 확정일자는 서로 다른 개념이고 그 효과도 다르다. 대항력은 주택의 인도와 주민등록만으로써 족하고, 이로써 임차 건물의 양수인 등에 대하여 임차권을 주장할 수 있는 효력이 있으나 확정일자를 못 갖추면 대항력 있는 임차인이라도 경매절차에서 우선변제권을 행사할 수 없다(제3조의2 제2항). 다만, 소액보증금에 해당하는 경우 확정일자가 없어도 우선 변제받을 수 있다(제8조).
369) 주택임대차보호법 제3조의2 제2항에 의해 임차인이 우선변제권을 행사하는 경우 다른 근저당권자와의 우열관계는 인도·주민등록·확정일자 중 최후로 된 날짜와 근저당권설정등기 날짜의 선후에 의한다. 제3조의2 제2항의 임차인이라도 소액임차인에게 우선할 수 없음은 물론이며, 같은 제3조의2 제2항의 임차인 상호간에는 그 요건을 갖춘 선후에 의한다. 이에 반해 소액임차인 상호간은 대항력의 선후 및 보증금의 액수에 상관없이 동순위가 되고, 다만 그 우선변제되는 일정액의 합산액이 주택과 대지 가액의 2분의 1을 초과하는 때에는 위 2분의 1 금액을 각 일정액의 비율로 배분한다. 아울러 원고 최영희와 같이 임차인이 제3조의2 제2항의 요건과 소액임차인 자격을 겸유하는 때는 먼저 소액임차인 지위에서 일정액을 배당받고 그 잔액은 제3조의2 제2항에 의해 배당받는다.
370) 원고 최영희는 주택임대차보호법 제3조의2의 요건을 신한은행의 근저당권설정등기 이후에야 갖췄으므로 신한은행에 우선할 수 없다. 그 결과 매수인(경락인)인 전태수에게도 대항력을 행사할 수 없게 된다(주택임대차보호법 제3조의5, 대법원 1987. 02. 24. 선고 86다카1936 판결, 대법원 2000. 02. 11. 선고 99다59306 판결 등). 또한, 동법 제8조에 의한 소액임차인은 2008. 8. 21.부터 2010. 7. 25.까지는 서울지역의 경우 그 보증금액이 6,000만 원 이하인 임차인은 이에 해당하나, 신한은행의 근저당권 설정 당시에는 동법상 보호되는 소액임차인의 보증금액은 4,000만 원 이하였고 그 후 동법상 보호되는 보증금액의 인상은 소급효를 갖지 못하므로(2001. 9. 15.자 및 2008. 8. 21.자, 2010. 7. 21.자 각 개정된 주택임대차보호법시행령 부칙 참조) 역시 신한은행에 우선할 수 없다. 따라서 원고 최영희는 한일상호저축은행에 대한 관계에서만 제3조의2 제2항의 우선변제권 및 제8조의 소액임차인으로서의 우선변제권을 주장할 수 있다.

호저축은행은 원고 최영희에게 부당이득의 반환으로서371) 위 보증금 상당액인 5,000만 원 및 이에 대하여 이 사건 소장 부본 송달 다음날부터 다 갚는 날까지 소송촉진 등에 관한 특례법에 의한 연 15%의 비율에 의한 지연손해금을 지급할 의무가 있습니다.372)

3. 결론

이상과 같은 이유로 원고는 청구취지와 같은 재판을 구합니다.373)

증 명 방 법 (생략)

첨 부 서 류 (생략)

2017. 9. 10.

원고 소송대리인 변호사 오변론

서울중앙지방법원374) **귀중**

---

371) 배당순서가 잘못된 경우 배당을 받을 채권자는 배당기일에 출석하여 이의를 진술하고 배당기일로부터 1주일 내에 배당이의의 소를 제기하여 승소판결이 확정되면 배당표의 잘못을 바로잡을 수 있다(민사집행법 제151조, 제154조). 따라서 원고 최영희와 같이 배당기일에 출석하지 않았거나 출석하였더라도 이의를 진술하지 않은 사람은 배당이의의 소를 제기할 수 없다.
그러나 주택임대차보호법 등에 의하여 우선변제권이 있는 사람은 배당이의를 하지 않았거나(배당기일에 출석하였으나 이의를 하지 않은 경우는 물론 배당기일에 출석조차 하지 않은 경우를 포함한다), 배당이의를 하였으나 배당이의의 소를 제기하지 않은 경우(민사집행법 제155조)에도 배당이의의 소가 아닌 일반 소송절차로서 후순위권리자에게 부당이득반환청구를 할 수 있다(대법원 1988. 11. 08. 선고 86다카2949 판결, 대법원 2002. 10. 22. 선고 2000다59678 판결 등). 나아가 대법원은 우선변제권 없는 일반 채권자(비 근저당채권자 등)에 대해서도 이를 허용한다(대법원 1993. 03. 26. 선고 92다52773 판결). 다만, 어느 경우에나 배당요구는 하였어야만 한다(대법원 1996. 12. 20. 선고 95다28304 판결 등).

372) 한일상호저축은행이 악의로 배당을 받은 경우에는 민법 제748조 제2항에 의하여, 이득을 취득한 배당표의 확정시부터 법정이자를 가산하여 지급할 의무를 지게 되나, 이 사건에서 원고 최영희가 확정일자 있는 임대차계약서를 경매법원에 제출하지도 않았고, 이에 따라 경매법원도 원고 최영희에게 우선변제권이 없는 것으로 판단한 것을 고려하면 위 은행이 악의였다고 보기는 어렵다.
한편 민법 제749조 제2항은, 선의의 수익자라도 패소한 때는 그 소를 제기한 때부터 악의의 수익자로 본다고 규정하고 있는바, 위 소는 부당이득반환청구의 소를 의미하며(대법원 1974. 07. 16. 선고 74다525 판결 참조), 그 소의 패소 확정 전에 미리 이를 전제로 소 제기 시부터 악의의 수익자로서의 반환을 구하는 것도 가능하다(대법원 1979. 08. 31. 선고 78다858 판결). 다만, 위 '소 제기 시'가 소장의 제출시인지 소장 부본의 송달시인지 다툼이 있는데 대법원 판결(대법원 1974. 07. 16. 선고 74다525 판결 및 대법원 1978. 10. 10. 선고 78다1273 판결)은 소장 제출시로 보고 있는 듯하다. 이 같은 판지에 따르면 소장 제출 시부터 소장 부본 송달 시까지는 법정이자의 지급을 구할 수 있으나, 그 기간이 단 며칠에 불과하고 이율도 낮으므로 이 사건에서는 편의상 이를 구하지 않았다.

373) 각각의 청구에서 이미 자세하게 소결론을 기재하였으므로 대결론에서는 이와 같이 간단하게 기재한다.

374) 피고 서장대의 보통재판적 소재지 관할법원은 서울서부지방법원이나(각급 법원의 설치와 관할구역에 관한 법률 제4조 별표 3 참조), 위 피고에 대한 소송 목적물인 1., 2., 3.부동산의 소재지 관할법원인 서울중앙지방법원에 특별재판적이 생긴다(민사소송법 제20조).

목 록

1. 서울 강남구 일원동 124 잡종지 120㎡
2. 위 지상(도로명 주소 : 서울 강남구 일원로 1204) 경량철골조 스테인리스 판넬 지붕 단층 근린생활시설 80㎡
3. 서울 강남구 일원동 123 지상 세멘블록조 슬레이트 지붕 단층 창고 150㎡
4. 서울 성북구 정릉로 510 시멘트벽돌조 기와 지붕 2층 주택 및 점포
      1층 점포 66㎡
      2층 점포 66㎡. 끝.

도   면[375]

---
[375] 소 제기 시에는 우선 임의로 그렸다가 측량감정 후 그 결과에 따라 청구취지 및 원인변경을 통하여 확정하면 된다.

▣ 해설 - 채권각론 중 임대차 부분

채권각론의 계약형태 중 앞서 다루었던 부분을 제외하면 가장 쟁점이 많은 분야가 임대차입니다. 여기서는 그동안 기록에 주로 나왔던 판례들을 정리하였습니다. 나머지 부분은 선택형 공부를 하면서 보충하시기 바랍니다.

▣ 핵심 판례 - 임대차

가. 주택임대차보호법의 적용범위

주택임대차보호법이 적용되는 임대차로서는 반드시 임차인과 주택의 소유자인 임대인 사이에 임대차계약이 체결된 경우에 한정된다고 할 수는 없고, 주택의 소유자는 아니지만 주택에 관하여 적법하게 임대차계약을 체결할 수 있는 권한(적법한 임대권한)을 가진 임대인과 임대차계약이 체결된 경우도 포함된다.[376]

나. 대항력

주택임대차보호법 제3조 제1항에 의한 대항력을 갖춘 주택임차인이 임대인의 동의를 얻어 적법하게 임차권을 양도하거나 전대한 경우에 있어서 양수인이나 전차인이 임차인의 주민등록 퇴거일로부터 주민등록법상의 전입신고기간내에 전입신고를 마치고 주택을 인도받아 점유를 계속하고 있다면 비록 위 임차권의 양도나 전대에 의하여 임차권의 공시방법인 점유와 주민등록이 변경되었다 하더라도 원래의 임차인이 갖는 임차권의 대항력은 소멸되지 아니하고 동일성을 유지한 채로 존속한다고 보아야 한다.[377]

다. 임차인에게 불리한 약정

임차인의 매수청구권에 관한 민법 제643조의 규정은 강행규정이므로 이 규정에 위반하는 약정으로서 임차인이나 전차인에게 불리한 것은 그 효력이 없는바, 임차인 등에게 불리한 약정인지의 여부는 우선 당해 계약의 조건 자체에 의하여 가려져야 하지만 계약체결의 경위와 제반 사정 등을 종합적으로 고려하여 실질적으로 임차인 등에게 불리하다고 볼 수 없는 특별한 사정을 인정할 수 있을 때에는 위 강행 규정에 저촉되지 않는 것으로 보아야 한다.[378]

---

376) 대법원 2008. 04. 10. 선고 2007다38908 판결
377) 대법원 1988. 04. 25. 선고 87다카2509 판결
378) 대법원 1992. 04. 14. 선고 91다36130 판결

토지 임대인과 임차인 사이에 임대차기간만료후 임차인이 지상건물을 철거하여 토지를 인도하고 만약 지상건물을 철거하지 아니할 경우에는 그 소유권을 임대인에게 이전하기로 한 약정은 민법 제643조 소정의 임차인의 지상물매수청구권을 배제키로 하는 약정으로서 임차인에게 불리한 것이므로 민법 제652조의 규정에 의하여 무효이다.[379]

라. 갱신요구 관련

구 상가건물 임대차보호법(2009. 1. 30. 법률 제9361호로 개정되기 전의 것) 제10조 제1항에서 정하는 임차인의 계약갱신요구권은 임차인이 임대차기간이 만료되기 6개월 전부터 1개월 전까지 사이에 계약의 갱신을 요구하면 그 단서에서 정하는 사유가 없는 한 임대인이 그 갱신을 거절할 수 없는 것을 내용으로 하여서 임차인의 주도로 임대차계약의 갱신을 달성하려는 것이다. 이에 비하여 같은 조 제4항은 임대인이 위와 같은 기간 내에 갱신거절의 통지 또는 조건 변경의 통지를 하지 아니하면 임대차기간이 만료된 때에 임대차의 갱신을 의제하는 것으로서, 기간의 만료로 인한 임대차관계의 종료에 임대인의 적극적인 조치를 요구한다. 이와 같이 이들 두 법조항상의 각 임대차갱신제도는 그 취지와 내용을 서로 달리하는 것이므로, 임차인의 갱신요구권에 관하여 전체 임대차기간을 5년으로 제한하는 같은 조 제2항의 규정은 같은 조 제4항에서 정하는 법정갱신에 대하여는 적용되지 아니한다.[380]

마. 건물 인도청구의 상대방

임대차 약정 등 건물을 인도할 의무가 있는 자는 간접 점유자도 피고 적격이 있으나,[381] 불법점유를 이유로 한 건물인도청구 소송에 있어서는 현실적으로 그 건물을 불법점유하고 있는 사람을 상대로 하여야 하고 불법점유자라 하더라도 그 건물을 타에 임대하여 현실적으로 점유하고 있지 않는 사람을 상대로는 청구할 수 없다.[382]

갑, 을, 원고의 순서로 부동산이 매도된 경우 중간등기생략에 관한 합의가 없는 한 순차로 전자를 대위하여 이전등기를 구한다.

채권자대위소송에서 채무자를 피고로 하지 아니하는 경우에도 채무자는 당사자에 준하여 특정되어야 할 필요성이 있으므로 청구취지에 채무자의 주민등록번호와 주소를 기재하여야 한다.

미등기 건물을 매수하였으나 소유권이전등기를 하지 못한 경우에는 위 건물의 소유권을 원

---

379) 대법원 1991. 04. 23. 선고 90다19695 판결
380) 대법원 2010. 06. 10. 선고 2009다64307 판결
381) 대법원 1983. 05. 10. 선고 81다187 판결.
382) 대법원 2000. 04. 07. 선고 99다68768 판결, 대법원 1999. 07. 09. 선고 98다9045 판결 등.

바. 동시이행관계

임대차계약의 기간이 만료된 경우에 임차인이 임차목적물을 명도할 의무와 임대인이 보증금 중 연체차임등 당해 임대차에 관하여 명도시까지 생긴 모든 채무를 청산한 나머지를 반환할 의무는 동시이행의 관계가 있다.[384]

사. 공제 항변 관련

부동산 임대차에 있어서 수수된 보증금은 차임채무, 목적물의 멸실·훼손 등으로 인한 손해배상채무 등 임대차에 따른 임차인의 모든 채무를 담보하는 것으로서 그 피담보채무 상당액은 임대차관계의 종료 후 목적물이 반환될 때에 특별한 사정이 없는 한 별도의 의사표시 없이 보증금에서 당연히 공제되는 것이므로, 임대보증금이 수수된 임대차계약에서 차임채권에 관하여 압류 및 추심명령이 있었다 하더라도, 당해 임대차계약이 종료되어 목적물이 반환될 때에는 그 때까지 추심되지 아니한 채 잔존하는 차임채권 상당액도 임대보증금에서 당연히 공제된다.[385]

임대인이 임차인을 상대로 차임연체로 인한 임대차계약의 해지를 원인으로 임대차목적물인 부동산의 인도 및 연체차임의 지급을 구하는 소송비용은 임차인이 부담할 원상복구비용 및 차임지급의무 불이행으로 인한 것이어서 임대차관계에서 발생하는 임차인의 채무에 해당하므로 이를 반환할 임대차보증금에서 당연히 공제할 수 있고, 한편 임대인의 임대차보증금 반환의무는 임대차관계가 종료되는 경우에 임대차보증금 중에서 목적물을 반환받을 때까지 생긴 임차인의 모든 채무를 공제한 나머지 금액에 관하여서만 비로소 이행기에 도달하는 것이므로, 임차인이 다른 사람에게 임대차보증금 반환채권을 양도하고, 임대인에게 양도통지를 하였어도 임차인이 임대차목적물을 인도하기 전까지는 임대인이 위 소송비용을 임대차보증금에서 당연히 공제할 수 있다.[386]

임대차보증금이 임대인에게 교부되어 있더라도 임대인은 임대차관계가 계속되고 있는 동안에는 임대차보증금에서 연체차임을 충당할 것인지를 자유로이 선택할 수 있으므로, 임대차계약 종료 전에는 연체차임이 공제 등 별도의 의사표시 없이 임대차보증금에서 당연히 공제되는 것

---

383) 대법원 1980. 07. 08. 선고 79다1928 판결.
384) 대법원 1977. 09. 28. 선고 77다1241 전원합의체 판결
385) 대법원 2004. 12. 23. 선고 2004다56554 판결
386) 대법원 2012. 09. 27. 선고 2012다49490 판결.

은 아니다. 그리고 임대인이 차임채권을 양도하는 등의 사정으로 인하여 차임채권을 가지고 있지 아니한 경우에는 특별한 사정이 없는 한 임대차계약 종료 전에 임대차보증금에서 공제한다는 의사표시를 할 수 있는 권한이 있다고 할 수도 없다.[387]

확정판결은 주문에 포함한 것에 한하여 기판력이 있는 것이므로, 확정판결의 기판력은 소송물로 주장된 법률관계의 존부에 관한 판단의 결론 자체에만 미치고 그 전제가 되는 법률관계의 존부에까지 미치는 것은 아니라고 할 것인바, 임대차보증금은 임대차 종료 후에 임차인이 임차목적물을 임대인에게 반환할 때 연체차임 등 모든 피담보채무를 공제한 잔액이 있을 것을 조건으로 하여 그 잔액에 대하여서만 임차인의 반환청구권이 발생하고, 또 임대차보증금의 지급을 명하는 판결이 확정되면 변론종결 전의 사유를 들어 당사자 사이에 수수된 임대차보증금의 수액 자체를 다투는 것은 허용되지 아니한다 하더라도, 임대차보증금 반환청구권 행사의 전제가 되는 연체차임 등 피담보채무의 부존재에 대하여 기판력이 작용하는 것은 아니다.[388]

아. 부당이득 관련

임대차는 당사자 일방이 상대방에게 목적물을 사용·수익하게 할 것을 약정하고 상대방이 이에 대하여 차임을 지급할 것을 약정하면 되는 것으로서 나아가 임대인이 그 목적물에 대한 소유권 기타 이를 임대할 권한이 있을 것을 성립요건으로 하고 있지 아니하므로, 임대차가 종료된 경우 임대목적물이 타인 소유라고 하더라도 그 타인이 목적물의 반환청구나 임료 내지 그 해당액의 지급을 요구하는 등 특별한 사정이 없는 한 임차인은 임대인에게 그 부동산을 명도하고 임대차 종료일까지의 연체차임을 지급할 의무가 있음은 물론, 임대차 종료일 이후부터 부동산 명도 완료일까지 그 부동산을 점유·사용함에 따른 차임 상당의 부당이득금을 반환할 의무도 있다고 할 것인바, 이와 같은 법리는 임차인이 임차물을 전대하였다가 임대차 및 전대차가 모두 종료된 경우의 전차인에 대하여도 특별한 사정이 없는 한 그대로 적용된다.[389]

임대차종료후 임차인의 임차목적물명도의무와 임대인의 연체차임 기타 손해배상금을 공제하고 남은 임대차보증금반환채무와는 동시이행의 관계에 있으므로 임차인이 동시이행의 항변권에 기하여 임차목적물을 점유하고 사용수익한 경우 그 점유는 불법점유라 할 수 없어 그로 인한 손해배상책임은 지지 아니하되, 다만 사용수익으로 인하여 실질적으로 얻은 이익이 있으면 부당이득으로서 반환하여야 한다.[390]

---

387) 대법원 2013. 02. 28. 선고 2011다49608 판결
388) 대법원 2001. 02. 09. 선고 2000다61398 판결
389) 대법원 2001. 06. 29. 선고 2000다68290 판결
390) 대법원 1989. 02. 28. 선고 87다카2114 판결

법률상의 원인 없이 이득하였음을 이유로 한 부당이득의 반환에 있어서 이득이라 함은 실질적인 이익을 가리키는 것이므로 법률상 원인 없이 건물을 점유하고 있다 하여도 이를 사용·수익하지 않았다면 이익을 얻은 것이라고 볼 수 없는 것인바, 임차인이 임대차계약 종료 이후에도 동시이행의 항변권을 행사하는 방법으로 목적물의 반환을 거부하기 위하여 임차건물부분을 계속 점유하기는 하였으나 이를 본래의 임대차계약상의 목적에 따라 사용·수익하지 아니하여 실질적인 이득을 얻은 바 없는 경우에는 그로 인하여 임대인에게 손해가 발생하였다 하더라도 임차인의 부당이득반환의무는 성립되지 않는다.391)

타인 소유의 토지 위에 권한 없이 건물을 소유하고 있는 자는 그 자체로서 특별한 사정이 없는 한 법률상 원인 없이 타인의 재산으로 토지의 차임에 상당하는 이익을 얻고 그로 인하여 타인에게 동액 상당의 손해를 주고 있다고 보아야 하는데, 건물 이외의 공작물의 소유를 목적으로 한 토지 전차인이 당해 토지 위에 권한 없이 공작물을 소유하고 있는 경우에도 이와 마찬가지로 풀이하여야 한다.392)

자. 지상물매수청구권

1) 강행규정

지상물매수청구권은 이른바 형성권으로서 그 행사로 임대인·임차인 사이에 지상물에 관한 매매가 성립하게 되며, 임차인이 지상물의 매수청구권을 행사한 경우에는 임대인은 그 매수를 거절하지 못하고, 이 규정은 강행규정이므로 이에 위반하는 것으로서 임차인에게 불리한 약정은 그 효력이 없다.393)

임대차 종료시에 건물을 철거하기로 한 특약은 다른 사정이 없는 한 민법 제643조 소정의 임차인의 건물매수청구권을 배제하기로 하는 약정으로서 임차인에게 불리한 것이어서 민법 제652조의 규정에 의하여 무효라고 할 것이다.394)

원심은 이 사건 건물은 원고들이 전 소유자인 위 잠협으로부터 이 사건 대지와 더불어 매수하려다가 낡고 노후되어 건물로서의 사용가치가 없고 다만 그 건축 목재만은 다소 가치가 있어 철거하게 되면 다른 건축자재로 쓸 가치는 있었지만 그 철거에도 상당한 금액이 소요되어 그 경제적 가치가 별로 없었으므로 매매대상에서 제외하기로 하여 위 잠협이 일시 사용하되 일정 기간이 지나면 무조건 철거하기로 약정하여 이 사건 대지에 대하여만 매매가 이루어진 사실, 이

---

391) 대법원 1992. 04. 14. 선고 91다45202 판결
392) 대법원 2007. 08. 23. 선고 2007다21856 판결
393) 대법원 1995. 07. 11. 선고 94다34265 전원합의체 판결
394) 대법원 1992. 10. 09. 선고 92다22435 판결

와 같은 중에 피고는 이 사건 건물을 전전 취득하였고 그 부지 소유자인 원고들이 그 철거를 요구하자 이 사건 건물을 위한 법정지상권의 존재여부에 관하여 서로 다투어 온 사실, 그러다가 피고가 원고들과의 사이에 이 사건 대지에 이 사건 건물을 위한 법정지상권이 존재하지 않을 시에는 이 사건 건물을 철거한다는 약정하에 이 사건 대지에 대한 임대차계약을 체결한 사실, 그 임대차계약이 기간만료로 종료되고, 이 사건 건물에 관하여는 당초부터 법정지상권이 발생할 여지가 없었던 사실을 인정한 다음, 위와 같이 이 사건 건물은 경제적 가치가 별로 없었던 것으로서 전 소유자인 위 잠협의 조건없는 철거약정이 있었고, 또한 피고가 법정지상권이 없으면 이 사건 건물을 철거할 수밖에 없는 처지에서 이 사건 대지에 법정지상권이 없으면 이 사건 건물을 철거하기로 약정하고 이 사건 대지를 임차하였다면 그와 같은 철거약정은 임차인 피고에게 일방적으로 불리한 약정이라고 볼 수는 없으므로 대지소유자에 대하여 민법 제643조 소정의 건물매수청구권을 행사할 수 없다고 해석함이 상당하다.[395)]

2) 임대차 종료 원인

토지임차인의 지상물매수청구권은 기간의 정함이 없는 임대차에 있어서 임대인에 의한 <u>해지통고</u>에 의하여 그 임차권이 소멸된 경우에도 마찬가지로 인정된다.[396)]

공작물의 소유 등을 목적으로 하는 토지임대차에 있어서 임차인의 <u>채무불이행</u>을 이유로 계약이 해지된 경우에는 임차인은 임대인에 대하여 민법 제283조, 제643조에 의한 매수청구권을 가지지 아니한다.[397)]

3) 기판력

건물의 소유를 목적으로 하는 토지 임대차에 있어서, 임대차가 종료함에 따라 토지의 임차인이 임대인에 대하여 건물매수청구권을 행사할 수 있음에도 불구하고 이를 행사하지 아니한 채, 토지의 임대인이 임차인에 대하여 제기한 토지인도 및 건물철거청구 소송에서 패소하여 그 패소판결이 확정되었다고 하더라도, 그 확정판결에 의하여 건물철거가 집행되지 아니한 이상 토지의 임차인으로서는 건물매수청구권을 행사하여 <u>별소로써</u> 임대인에 대하여 건물매매대금의 지급을 구할 수 있다.[398)]

4) 상대방

건물의 소유를 목적으로 하는 토지 임차인의 건물매수청구권 행사의 상대방은 원칙적으로 <u>임차권 소멸 당시의 토지소유자인 임대인</u>이고, 임대인이 임차권 소멸 당시에 이미 토지소유권을

---

395) 대법원 1993. 12. 28. 선고 93다26687 판결
396) 대법원 1995. 07. 11. 선고 94다34265 전원합의체 판결
397) 대법원 2003. 04. 22. 선고 2003다7685 판결
398) 대법원 1995. 12. 26. 선고 95다42195 판결

상실한 경우에는 그에게 지상건물의 매수청구권을 행사할 수는 없으며, 이는 임대인이 임대차계약의 종료 전에 토지를 임의로 처분하였다 하여 달라지는 것은 아니다.399)

갑이 토지를 취득할 당시에는 을과 병 사이에 그 토지에 대한 임대차계약이 존재하지 않고 있었다고 하더라도, 그 이전에 을이 병과의 사이에 건물의 소유를 목적으로 하는 임대차계약을 체결하였다가 그 계약이 종료되어 을이 병에 대하여 그 건물에 관한 매수청구권을 행사할 수 있었을 때에는, 을은 그 토지의 취득자인 갑에 대하여도 매수청구권을 행사할 수 있다.400)

5) 기 타

무릇 건물 소유를 목적으로 하는 토지임대차에 있어서 임차인 소유 건물이 임대인이 임대한 토지 외에 임차인 또는 제3자 소유의 토지 위에 걸쳐서 건립되어 있는 경우에는, 임차지 상에 서 있는 건물 부분 중 구분소유의 객체가 될 수 있는 부분에 한하여 임차인에게 매수청구가 허용된다.401)

민법 제643조의 규정에 의한 토지임차인의 매수청구권행사로 지상건물에 대하여 시가에 의한 매매유사의 법률관계가 성립된 경우에 토지임차인의 건물명도 및 그 소유권이전등기의무와 토지임대인의 건물대금지급의무는 서로 대가관계에 있는 채무이므로 토지임차인은 토지임대인의 건물명도청구에 대하여 대금지급과의 동시이행을 주장할 수 있다.402)

건물의 소유를 목적으로 한 토지임대차계약의 기간이 만료함에 따라 지상건물 소유자가 임대인에 대하여 행사하는 민법 제643조 소정의 매수청구권은 매수청구의 대상이 되는 건물에 근저당권이 설정되어 있는 경우에도 인정된다. 이 경우에 그 건물의 매수가격은 건물 자체의 가격 외에 건물의 위치, 주변 토지의 여러 사정 등을 종합적으로 고려하여 매수청구권 행사 당시 건물이 현존하는 대로의 상태에서 평가된 시가 상당액을 의미하고, 여기에서 근저당권의 채권최고액이나 피담보채무액을 공제한 금액을 매수가격으로 정할 것은 아니다. 다만, 매수청구권을 행사한 지상건물 소유자가 위와 같은 근저당권을 말소하지 않는 경우 토지소유자는 민법 제588조에 의하여 위 근저당권의 말소등기가 될 때까지 그 채권최고액에 상당한 대금의 지급을 거절할 수 있다.403)

건물들의 소유를 목적으로 한 임대차로 보이고, 원고가 기간의 약정없는 임대차계약을 해지함으로써 임대차가 종료하여 피고들이 원고에게 이 사건 토지를 인도하여야 하는 법률관계라면

---

399) 대법원 1994. 07. 29. 선고 93다59717 판결
400) 대법원 1996. 06. 14. 선고 96다14517 판결
401) 대법원 1996. 03. 21. 선고 93다42634 전원합의체 판결
402) 대법원 1991. 04. 09. 선고 91다3260 판결
403) 대법원 2008. 05. 29. 선고 2007다4356 판결

피고들은 원고에게 계약갱신청구의 유무에 불구하고 건물매수청구권을 행사하여 건물대금의 지급을 구할 수 있고(당원 1977.6.7. 선고 76다2324 판결 참조), 만일 피고들이 건물매수청구권을 행사하는 것이고 심리결과 위 권리가 인정된다면 원고의 건물철거 및 대지인도 청구는 기각되어야 하는 것이다(당원 1972.5.23. 선고 72다341 판결 참조).[404]

---

[404] 대법원 1995. 02. 03. 선고 94다51178 판결

11. [소장 7]

[유의사항]

　소장은 일차적으로 법령의 규정 및 현재의 판례 태도에 따라 작성합니다. 상대방에 대한 별도의 의사표시가 필요한 경우에는 본 소장의 송달로써 하고, 소외인에 대한 의사표시가 필요한 경우에는 소 제기 전에 그 의사표시가 도달된 것으로 간주하여 기재합니다(답안 작성에 필요한 날짜 등이 기록에 제시되지 않은 경우에는 'OO'로 기재하면 됩니다).

　원고는 이장남과 이차남으로 하고, 소장의 작성일과 접수일은 2017. 2. 19.로 하며, 가장 입증이 쉬운 방법을 택하여 한 번의 소송만으로 의뢰인의 요청을 만족시키도록 하고, 평창군과 배만수에 대한 소 제기는 제외합니다.

수임번호 2016-07	사건상담기록		2017. 2. 10.
의뢰인	이장남, 이차남	의뢰인 전화	
의뢰인 주소		의뢰인 팩스	
상 담 내 용			

1. 이거부는 2016. 4.경 뇌출혈로 쓰러져 2016. 12. 9. 사망하였는데, 상속인으로는 아들 3인(이장남, 이차남, 이삼남)이 있다. 이삼남은 부친의 사망선고가 되기 전에 부친의 인장을 도용하여 강원도 평창군 대관령면 횡계리 146-1 토지를 담보로 제공하고 돈을 빌려쓴 뒤 잠적하였다. 이차남이 상속재산을 조사하던 중, 위 146-1 토지의 지적공부가 이상함을 알게 되었다.

2. 박지주는 1972년경 위 146-1 토지에 관한 소유권보존등기를 마치고 그 등기필증(등기권리증)을 보관하다가 1974년경 위 토지를 이거부에게 매도하면서 등기필증을 이거부에게 넘겨주었는데, 거기에는 위 토지의 면적이 1,650㎡(499.12평 상당)로 기재되었고, 등기기록에도 그와 같이 기재되어 있다. 그러나 현 지적도 및 토지대장에는 위 146-1 토지의 면적이 990㎡라고 나온다. 아래 도면 중 7, 8, 5, 6, 7의 각 점을 차례로 연결한 선내의 ㉯ 부분이 현재 지적도상 146-1 토지로 된 부분이다. 이거부는 평생 위 토지를 판 적이 없다.

3. 원래의 146-1 토지(박지주가 소유권보존등기하던 당시의 토지)는 도면상 7, 8, 9, 4, 5, 6, 7의 각 점을 차례로 연결한 선내의 부분이었는데, 원래의 146-1 토지는 2011년경 '강원도 평창군 대관령면 횡계리 146-1 잡종지 990㎡'와 '같은 곳 146-1 잡종지 660㎡'로 분할되었다. 도면 중 7, 8, 5, 6, 7의 각 점을 차례로 연결한 선내의 ㉯ 부분이 146-1로 분할된 부분이고, 8, 9, 4, 5, 8의 각 점을 차례로 연결한 선내의 부분이 146-2로 분할된 부분이다. 분할된 경위를 알 수 없고, 평창군이 위 ㉯ 부분에 도로를 개설하면서 분할하였으리라고 추측될 뿐이다.

4. 2011년경에는 토지대장 및 지적도에서만 위와 같이 분할되었을 뿐 등기기록상으로 분할등기는 되지 않아 '146-1 잡종지 1,650㎡'로 등기되어 있었는데, 위 146-1 토지와 인접한 153 토지를 소유하던 문철수가 토지대장상 분할된 위 146-2 토지를 춘천지방법원 평창등기소 2016. 5. 19. 접수 제78901호로 자신의 명의로 소유권보존등기하고, 2016. 6. 25. 위 146-2 토지를 자신의 소유이던 153 토지에 합병하였다. 즉, 원래의 153 토지는 도면 표시 1, 2, 3, 4, 9, 8, 1의 각 점을 차례로 연결한 선내 부분인 1,221㎡였으나, 위 146-2 토지 660㎡를 합병한 뒤인 현재의 153 토지는 도면 표시 1, 2, 3, 4, 5, 8, 1의 각 점을 차례로 연결한 선내 부분인 1,881㎡가 되었다. 문철수가 위 146-2 토지에 관하여 자신의 명의로 소유권보존등기를 경료한 경위는 밝혀지지 않았다.

5. 이거부는 2014. 3. 7. 문철수에게 종전의 146-2 토지 부분(도면 중 8, 9, 4, 5, 8의 각 점을 차례로 연결한 선내의 부분)을 보증금 1억 원 등의 조건으로 임대하였다. 현재 문철수는 도면 중 10, 11, 12, 13, 10의 각 점을 차례로 연결한 선내의 ㉮ 부분 330㎡ 지상에 건물을 지어 소유하면서 위 146-2 토지 전체를 사용하여 음식점 영업을 하고 있다. 문철수는 2016. 8.경부터 별 이유 없이 월 차임 일부씩을 지급하지 않더니, 이거부가 사망한 직후에 "위 8, 9, 4, 5, 8의 각 점을 차례로 연결한 선내의 토지는 내(문철수) 소유이니 차임을 내지 않겠다."고 통보해왔다. 2016. 8. 이후로 문철수가 낸 차임은 ① 2016. 8. 6. 130만 원, ② 2016. 9. 6. 160만 원, ③ 2016. 10. 6. 130만 원, ④ 2016. 11. 6. 50만 원, ⑤ 2016. 12. 6. 160만 원뿐이다.

6. 평창군은 2011. 5. 1.부터 146-1 토지(위 도면 표시 ㉯ 부분, 현재 지적도상의 146-1 토지)에 포장도로를 개설하여 노선 버스가 다니도록 하는 등으로 이를 도로법상의 '도로'로 사용하고 있다. 평창군은 위 도로 사용에 관하여 보상을 하거나 사용승낙을 받은 일이 없으며 수용절차를 밟은 적도 없다. 이거부는 생존 시에 평창군에게 위 146-1 토지의 보상을 요구하였으나, 평창군에서는 통보서만 보내왔다. 그 후 이차남도 평창군에게 임대료를 지급해달라고 요구하였으나, 평창군에서는 응답이 없었다.

7.

가. 의뢰인은 원래의 146-1 토지 중 지적도에서 사라진 부분을 되찾고, 임대 토지를 최대한 빨리 반환받아 달라고 한다. 또한 임대 토지를 반환받을 때까지 발생할 차임만큼의 금액도 받아내고, 도면의 ㉮ 부분에 있는 건물에 관하여도 가장 유리하게 대처해달라고 한다. 의뢰인은 도면의 ㉮ 부분에 있는 건물을 철거하고 나대지로 만들어 매도할 예정이라고 한다.

나. 아울러 의뢰인은 도로로 편입된 토지에 관해서도 법률상 가능한 권리구제방법을 찾아 소송을 제기하여 달라고 한다. 위 146-1 토지의 임대료를 감정받아 본 결과는 별첨 '감정평가서' 기재와 같다.

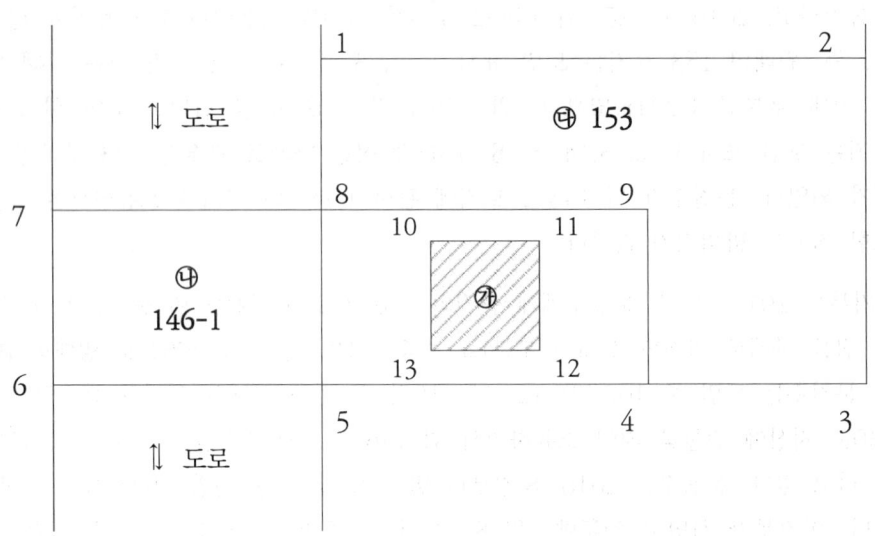

변호사 오변론 법률사무소
전화번호 : 02-3480-9811, 팩스 02-3480-9812, 이메일 : mir@nate.com
서울 서초구 서초동 1234 승리빌딩 701호

[토지] 강원도 평창군 대관령면 횡계리 146-1　　　고유번호 1234-5678

[표 제 부]			(토지의 표시)			
표시번호	접 수	소재지번	지목	면적	등기원인 및 기타사항	
1 (전 1)	1986년 2월 10일	강원도 평창군 대관령면 횡계리 146-1	잡종지	1,650㎡	분할로 인하여 등기 제407호에서 이기	
					부동산등기법시행규칙부칙 제3조 제1항의 규정에 의하여 2004년 6월 15일 전산이기	

[갑 구]			(소유권에 관한 사항)	
순위번호	등기목적	접 수	등기원인	권리자 및 기타사항
1 (전 2)	소유권이전	1974년 10월 13일 제3259호	1974년 9월 20일 매매	소유자 이거부 340928-1273591 서울시 영등포구 영등포동 135
				부동산등기법시행규칙부칙 제3조 제1항의 규정에 의하여 2004년 6월 15일 전산이기
2	소유권이전	2016년 12월 31일 제25495호	2016년 12월 9일 상속	공유자 지분 3분의 1 이장남 600209-1273697 　미국 일리노이주 시카고시 웨스트스트리트 881 지분 3분의 1 이차남 631225-1273694 　서울시 서초구 서초대로14길 53, 5호 　(서초동, 방배하이빌) 지분 3분의 1 이삼남 660509-1273696 　서울시 영등포구 영등포로86길 135

[토지] 강원도 평창군 대관령면 횡계리 146-1   고유번호 1234-5678

[을구]		(소유권 이외의 권리에 관한 사항)		
순위번호	등기목적	접 수	등기원인	권리자 및 기타사항
1	근저당권설정	2016년 12월 17일 제24273호	2016년 12월 17일 설정계약	채권최고액 금 50,000,000원 채무자 이삼남 　서울시 영등포구 영등포로86길 135 근저당권자 배만수 701201-1115431 　서울시 중구 남대문로 1가 14

수수료 1000원 영수함
관할등기소 : 춘천지방법원 평창등기소 / 발행등기소 : 법원행정처 등기정보중앙관리소

　　이 증명서는 등기기록의 내용과 틀림없음을 증명합니다.
　　　　　　　　　　서기 2017년 1월 3일
　　　　　　법원행정처 등기정보중앙관리소 전산운영책임관

* 실선으로 그어진 부분은 말소등기사항을 표시함. * 등기기록에 기록된 사항이 없는 갑구 또는 을구는 생략함. * 증명서는 컬러 또는 흑백으로 출력 가능함.

발행번호 1136LIKYDCP021311121　　　　2/2　　　　발행일:2017/1/3

[토지] 강원도 평창군 대관령면 횡계리 153 　　　　고유번호 1234-5678

[표 제 부]			(토지의 표시)		
표시번호	접 수	소재지번	지목	면적	등기원인 및 기타사항
~~1~~	~~1988년 7월 21일~~	~~강원도 평창군 대관령면 횡계리 153~~	~~잡종지~~	~~1,221㎡~~	부동산등기법시행규칙부칙 제3조 제1항의 규정에 의하여 2004년 6월 15일 전산이기
2	2016년 6월 25일	강원도 평창군 대관령면 횡계리 153	잡종지	1,881㎡	합병으로 인하여 잡종지 660㎡를 강원도 평창군 대관령면 횡계리 146-2에서 이기

[갑 구]				(소유권에 관한 사항)	
순위번호	등기목적	접 수	등기원인	권리자 및 기타사항	
1	소유권이전	1988년 7월 21일 제10054호	1988년 7월 20일 매매	소유자 문철수 500725-1357890 서울시 서초구 서초동 330	
				부동산등기법시행규칙부칙 제3조 제1항의 규정에 의하여 2004년 6월 15일 전산이기	
2	합병한 잡종지 660㎡에 대한 이기 소유권보존	2016년 5월 19일 제8901호		소유자 문철수 500725-1357890 서울시 서초구 서초동 330	
				합병으로 인하여 순위 제2번 등기를 강원도 평창군 대관령면 횡계리 146-2에서 이기 접수 2016년 6월 25일 제8950호	
3	소유권이전	2016년 7월 21일 제9050호	2016년 7월 19일 서울중앙지방법원의 가압류결정 (2016카합12517)	청구금액 금 210,000,000원 채권자 최부자 541212-2265413 서울시 서초구 서래로10길 100, 203동 305호(서초동, 서초아파트)	

[토지] 강원도 평창군 대관령면 횡계리 153　　　고유번호 1234-5678

[을 구]		(소유권 이외의 권리에 관한 사항)		
순위번호	등기목적	접 수	등기원인	권리자 및 기타사항
1	근저당권설정	2016년 6월 26일 제9001호	2016년 6월 25일 설정계약	채권최고액 금 150,000,000원 채무자 문철수 　서울시 서초구 서초동 330 근저당권자 정경영 660225-1972042 　하남시 언월동 874

수수료 1000원 영수함
관할등기소 : 춘천지방법원 평창등기소 / 발행등기소 : 법원행정처 등기정보중앙관리소

　　이 증명서는 등기기록의 내용과 틀림없음을 증명합니다.
　　　　　　　　　　서기 2017년 1월 3일
　　　　　법원행정처 등기정보중앙관리소 전산운영책임관

* 실선으로 그어진 부분은 말소등기사항을 표시함. * 등기기록에 기록된 사항이 없는 갑구 또는 을구는 생략함. * 증명서는 컬러 또는 흑백으로 출력 가능함.

발행번호 1136LIKYDCP021311121　　　2/2　　　발행일:2017/1/3

고유번호	4545011400-10096-02			토지대장	도면번호	8	발급번호	050115-0072-01
토지소재	강원도 평창군 대관령면 횡계리				장번호	2-1	처리시각	15시 44분 10초
지번	146-1	축척	1:1200		비고		작성자	박창진㊞

토 지 표 시				소 유 자			
지목	면적	사 유		변동일자	주 소		
(08)잡종지	*1650*			변동원인	성명 또는 명칭		등록번호
(08)잡종지	*990*	(20)2011년 4월 23일 분할되어 본번에-2를 부함		1972년 3월 11일	경기도 파주읍 법원리 245		
		이 하 여 백		(02)소유권보존	박지주		300725-1051710
				1974년 10월 13일	서울시 영등포구 영등포동 135		
				(03)소유권이전	이거부		340928-1273591
				- 이하여백 -			

등급수정 년월일	1985. 9. 1. 수정	1989. 7. 1. 수정	1990. 7. 1. 수정	1992. 4. 1. 수정	1995. 1. 1. 수정	2000. 1. 1. 수정	2008. 1. 1. 수정	2012. 1. 1. 수정
토지등급 (기준수확량등급)	54	57	60	63	70	150	182	301

토지대장에 의하여 작성한 등본입니다.

2017년 1월 3일

강원도 평창군수의인

평 창 군

우 25374 강원도 평창군 평창읍 군청길 77 전화 334-2114
도시과 도시과장 홍기표 담당주사 이윤극 담당자 이상민

수신 : 이 거 부 귀하   2016. 7. 21.
       수원시 단원구 신길동 324
참조 :
제목 : 공공용지편입(도로) 미불용지 보상금 수령통보
----

1. 군정 발전을 위하여 협조하여 주시는 귀하께 진심으로 감사드립니다.
1. 귀하께서 보상 신청하신 공공용지 편입(도로) 미불용지 보상금을 다음과 같이 보상할 계획이오니, 2016. 10. 31.까지 별지 보상절차 안내서를 참고하여 소유권이전과 동시에 보상금을 청구하여 주시기 바랍니다.

보 상 내 용

소재지	분할전 토지			분할후 (도로편입) 토지			㎡당단가	보상액
	지번	지목	지적	지번	지목	지적(㎡)		
대관령면 횡계리				146-1	도로(등기기록상으로 '잡종지')	990	100,000	99,000,000원

붙임 : 미불용지 보상절차 안내서 1부. 끝.

강원도 평창군수 (강원도 평창군수의인)

* 본 기록에서는 "보상절차 안내서"의 첨부를 생략함

토지이용계획확인(신청)서				처리기간	
				1일	
신청인	성 명	이차남	주 소	서울특별시 서초구 서초대로14길 53, 5호(서초동, 방배하이빌)	
대상지	토 지 소 재 지		지 번	지 목	지 적(m²)
	강원도 평창군 대관령면 횡계리		146-1	잡종지	990
확인내용	1	국토이용	용도지역	도시지역	
			용도지구	[해당없음]	
			개발계획등의수립여부	[해당없음]	
	2	도시계획	용도지역	일반상업지역	
			용도지구	[해당없음]	
			구역	[해당없음]	
			지구단위계획 구역	[해당없음]	
			도시계획시설	도로	
			기타	[해당없음]	
	3	군사시설	[해당없음]		
	4	농 지	[해당없음]		
	5	산 림	[해당없음]		
	6	자 연 공 원	[해당없음]		
	7	수 도	[해당없음]		
	8	하 천	건설과 문의바람		
	9	문 화 재	[해당없음]		
	10	전 원 개 발	[해당없음]		
	11	토 지 거 래	[해당없음]		
	기 타				

귀하의 신청에 대한 현재의 토지이용계획사항을 위와 같이 확인합니다.(인)

2016년 12월 11일
강원도 평창군수 평창군수의인

수수료

천원
(관할시, 군 또는 구가 아닌 경우에는 2천원)

수입증지가 첨부되지 아니한 증명은 그 효력을 보증할 수 없습니다.

不動産賃貸借契約書

임대인(이거부)과 임차인(문철수)은 다음과 같이 임대차계약을 체결한다.
1. 부동산의 표시

소 재 지	강원도 평창군 대관령면 횡계리 146-2				
토 지	지목	잡종지	면 적	660㎡(199.6평)	
건 물	구조 : 용도		면 적	㎡(평)	

2. 계약내용
제1조 (보증금 등) 임차인이 위 부동산을 전세 및 월세로 사용함에 있어 쌍방은 합의하에 아래 각 조항과 같은 조건으로 계약한다.

보증금	금 壹億 원정 ₩100,000,000		월세금액	210만 원(매월 6일 후불)
계약금	10,000,000	원정은 계약시 지급하고		
중도금		원정은 년 월 일 지급하며		
잔 금	90,000,000	원정은 2014년 3월 7일 지급함.		

제2조 (인도) 임대인은 2014. 3. 7. 임차인에게 위 부동산을 인도한다.
제3조 (임대기간) 임대기간은 2014. 3. 7.부터 2019. 3. 6.까지로 한다.
제4조 (양도·전대 금지) 임차인은 이 계약으로 인한 권리를 타에 양도·전대할 수 없다.
제5조 (원상회복 등) 임차인은 임대인의 승낙 없이는 위 부동산의 형상을 변경할 수 없다. 그러나 임대인의 동의가 있는 경우라 하더라도 계약 종료시에는 임차인이 원상회복하여 임대인에게 반환하여야 한다.
* 특약 : 임차인은 위 토지 중 100평 정도에 건물을 축조하여 식당 영업을 할 수는 있으나, 임대차기간이 만료되면 임차인의 비용으로 이를 철거하여야 하며, 건물과 관련하여 다른 청구는 할 수 없다.

위 계약조건을 틀림없이 지키기 위하여 본 계약서를 2부 작성하여 임대인, 임차인 각자 1부씩 보관한다.

2014년 3월 7일

임대인	성명	이거북 ㊞	주민등록번호 340928-1273591
	주소	서울특별시 영등포구 영등포동 135	전화 255-9546
임차인	성명	문철수 ㊞	주민등록번호 500725-1357890
	주소	서울특별시 서초구 서초동 330	전화 597-2647

[건물] 강원도 평창군 대관령면 횡계리 146-2　　　　　고유번호 1234-5678

[표 제 부]　　　（건물의 표시）

표시번호	접 수	소재지번	건물내역	등기원인 및 기타사항
1	2014년 7월 20일	강원도 평창군 대관령면 횡계리 146-2	시멘트벽돌조 슬래브지붕 단층 근린생활시설 330㎡	

[갑 구]　　　（소유권에 관한 사항）

순위번호	등기목적	접 수	등기원인	권리자 및 기타사항
1	소유권보존	2014년 7월 20일 제5259호		소유자 문철수 500725-1357890 서울시 서초구 서초동 330

[을 구]　　　（소유권 이외의 권리에 관한 사항）

순위번호	등기목적	접 수	등기원인	권리자 및 기타사항
~~1~~	근저당권설정	2015년 6월 16일 제39273호	2015년 6월 15일 설정계약	채권최고액 금 100,000,000원 채무자 문철수 　서울시 서초구 서초동 330 근저당권자 박영수 701225-1936417 　서울시 서초구 방배동 231

--- 이하여백 ---

수수료 1000원 영수함　　관할등기소 : 춘천지방법원 평창등기소
　이 증명서는 등기기록의 내용과 틀림없음을 증명합니다.
　　　　　　　　　　　　　　　서기 2017년 1월 3일
　　　　　　　　법원행정처 등기정보중앙관리소 전산운용책임관　이용민　[등기정보중앙관리소 전산운용책임관 인]

* 실선으로 그어진 부분은 말소사항을 표시함. * 등기기록에 기록된 사항이 없는 갑구 또는 을구는 생략함.

발행번호 1136LIKYDCP021311121　　　　　　　　발행일:2017/1/3

감정평가서

강원도 평창군 대관령면 횡계리
146-1

한국감정원
KOREA APPRAISAL BOARD

기간별 실질임료

기간	면적(㎡)	기초가격(원/㎡)	이 기간의 실질임료총액 (원/990㎡)	이 기간의 매월 실질임료 (원/990㎡)
1995. 02. 19.-1998. 02. 18.	990	10,000	3,960,000	110,000
1998. 02. 19.-2002. 02. 18.	990	20,000	10,560,000	220,000
2002. 02. 19.-2004. 02. 18.	990	30,000	7,920,000	330,000
2004. 02. 19.-2009. 02. 18.	990	100,000	66,000,000	1,100,000
2009. 02. 19.-2014. 02. 18.	990	200,000	133,200,000	2,220,000
2014. 02. 19.-2016. 12. 18.	990	240,000	89,760,000	2,640,000

※ 위 감정결과는 2016. 12. 31.을 기준('현재')으로, 임대차보증금이 없는 상태를 전제로 한 것임.

※ 2018. 12. 18.까지의 임대료도 2016. 12. 31. 현재의 감정결과를 그대로 원용할 수 있음.

【모범답안】

소　장

원　　고　1. 이장남 (600209-1273697)
　　　　　　　미국일리노이주 시카고시 웨스트스트리트 881
　　　　　2. 이차남 (631225-1273694)
　　　　　　　서울 서초구 서초대로14길 53, 5호(서초동, 방배하이빌)
　　　　　원고들 소송대리인 변호사 오변론
　　　　　서울 서초구 서초동 1234 승리빌딩 701호
　　　　　전화 02-012-9811, 팩스 02-012-9812, 전자우편 mir@nate.com

피　　고　1. 문철수 (500725-1357890)
　　　　　　서울 서초구 서초동 330
　　　　　2. 최부자 (541212-2265413)
　　　　　　서울 서초구 서래로10길 100, 203동 305호(서초동, 서초아파트)
　　　　　3. 정경영 (660225-1972042)
　　　　　　하남시 언월동 874

소유권보존등기말소 등 청구의 소

청　구　취　지

1. 원고들에게,

가. 피고 문철수는,

　1) 별지 목록 기재 3.토지 중 별지 도면 표시 8, 9, 4, 5, 8의 각 점을 차례로 연결한 선내의 660㎡에 관하여 춘천지방법원 평창등기소 2016. 5. 19. 접수 제8901호로 마친 소유권보존등기의 말소등기절차를 이행하고,

　2) 원고들로부터 각자 1억 원에서 2016. 10. 7.부터 위 1)항 기재 토지 660㎡의 인도완료일까지[405] 월 210만 원의 비율에 의한 돈을 공제한 나머지 돈을 지급받음과 동시에,[406] 별지 목록 기재 3.토지 중 별지 도면 표시 10, 11, 12, 13, 10의 각 점을

---

[405] 정확하게는 '건물의 철거 및 인도완료일까지'라고 해야 하겠지만, 토지의 인도는 피고 소유 건물의 철거를 전제로 하는 것이므로, 이와 같이 표기하였다.

[406] 만약 피고 문철수가 건물철거 및 토지인도는 임대차보증금반환과 동시이행이라는 항변을 해 올 가능성이 없

차례로 연결한 선내의 ㉮ 부분 지상 시멘트벽돌조 슬래브지붕 단층 근린생활시설 330㎡[407]를 철거하고,[408)409)] 위 1)항 660㎡ 토지를 인도하고,[410]

나. 피고 최부자, 정경영은 위 소유권보존등기의 말소등기에 대하여 승낙의 의사표시를 하라.[411)412)]

2. 소송비용은 피고들이 부담한다.

3. 제1항 중 철거 및 인도 부분은 가집행할 수 있다.

라는 판결[413]을 구합니다.

다면, 청구취지에서는 '원고들로부터 ~지급받음과 동시에' 부분을 빼고 「피고 문철수는 원고들에게 (토지 중) 별지 도면 표시 10, 11, 12, 13, 10의 각 점을 차례로 연결한 선내의 ㉮부분 지상 (건물을) 철거하고, (토지를) 인도하고, 2016. 10. 7.부터 (토지의) 인도완료일까지 월 ~의 비율에 의한 돈을 지급하라」고 쓰면 된다. 그러나 소송지연을 바라는 피고 문철수는 응당 동시이행의 항변을 할 터이므로, 원고들로서는 이에 동시이행의 형태로 청구취지를 쓰는 것이 좋다.

407) '...의 각 점을 차례로 연결한 선내의 ○부분 지상(하) ☆☆조 △△지붕 ◇층 ▽▽시설 ★★㎡' 형태로 기재한다. 다만 '◇층' 부분은 '▽▽시설' 뒤에 기재할 수도 있다. 이 사건 건물의 경우 건물 전체가 1층 건물이므로 아예 앞부분에 층수를 표시하여 '단층 근린생활시설'이라고 표기하였다. 2층 이상 건물의 경우 일정 층 부분에 대하여 철거를 구할 수도 있는데, 이런 경우에는 건물 전체를 등기기록의 표제부와 동일하게 기재한 후 '◇층'을 '▽▽시설' 뒤에 기재하는 것이 좋다.

408) 판례는 없으나 소유자에 대한 '철거' 청구는 퇴거의 개념까지 포함한다는 것이 일반적인 견해이다. 이론상으로 건물철거의 집행을 위한 퇴거는 건물인도 집행의 경우와 마찬가지로 그 집행의 전제인 채무자의 건물에 관한 '점유의 해제'로 논의되고 있으며, 실무상으로도 철거 판결만으로 집행을 하고 있다. 그러나 소유자 아닌 제3자가 건물을 점유하고 있다면 제3자에 대한 '퇴거'까지 구하여야 한다.

409) 이 사건 건물에 박영수의 근저당권이 설정되어 있지만, 박영수는 이로써 원고들에게 대항할 수 없다. 박영수에 대한 배려는 민법 제642조에 의한 것뿐이다. 철거 판결이 내려지면 그 철거는 대체집행의 방법으로 이루어지는데, 근저당권자뿐만 아니라 철거의무자(건물소유자)의 금전채권자나 압류채권자 등도 대항할 수 없고, 가등기나 처분금지가처분이 되어 있더라도 마찬가지이다.

410) 이와 달리, '1. 피고 문철수는 원고들로부터 1억 원을 지급받음과 동시에 (건물을) 철거하고, (토지를) 인도하라. 2. 피고 문철수는 원고들에게 2016. 10. 7.부터 위 철거 및 인도완료일까지 월 210만 원의 비율에 의한 돈을 지급하라.'는 형태로 청구하면 안 된다. 이미 발생한 지체임료청구채권과 토지 공유자의 무단점거자에 대한 부당이득반환청구채권은 분할채권이므로 원고들이 다른 공유자인 이삼남의 청구권까지 행사할 수는 없기 때문이다(대법원 1979. 1. 30. 선고 78다2088 판결 참조).

411) 문철수 명의의 소유권보존등기에 기하여 정경영의 근저당권설정등기, 최부자의 가압류기입등기가 마쳐졌기 때문에, 위 소유권보존등기는 문철수에 대한 소유권보존등기말소의 승소판결만으로 말소할 수 없고, 부동산등기법 제57조 제1항에 따라 소유권보존등기말소에 대한 정경영, 최부자의 승낙이 있어야 말소할 수 있다. 동인들의 승낙을 받거나 또는 승낙에 갈음하는 승소판결을 받으면 등기관은 위 소유권보존등기를 말소하면서 동법 제57조 제2항에 따라 직권으로 정경영의 근저당권설정등기와 최부자의 가압류기입등기를 말소한다.

412) 정경영에 대하여는 소유권에 기한 물권적 방해배제청구권의 행사로서 동인 명의의 근저당권설정등기의 말소를 구할 수도 있다. 실무에서는 정경영에 대하여 문철수 명의의 소유권보존등기 말소에 대한 승낙청구소송을 제기하는 것이 아니라 정경영 명의의 근저당권설정등기 자체에 대한 말소청구소송을 제기하는 것이 보통이다. 가압류·가처분기입등기처럼 등기관의 직권 또는 법원의 촉탁에 의하여 경료된 등기는 그 말소등기도 등기관리관의 직권 또는 법원의 촉탁에 의하여 행하여져야 하므로, 최부자에 대해서는 가압류기입등기의 말소등기청구소송을 제기할 수 없고 이처럼 승낙청구소송을 제기해야 한다.

413) 판결이 확정되면, 원고들은 피고 문철수를 대위하여 지적소관청인 강원도 평창군청에 153 토지 중 종전의 146-2 토지에 해당하는 부분에 대한 분필을 신청하고, 그에 기한 토지대장이 만들어지면, 피고 문철수를 대위하여 분필등기를 한다. 그 후 종전의 146-2 토지 부분으로 분할된 토지 부분에 관한 피고 문철수 명의의 소유권보존등기에 대한 말소등기를 한 다음, 이러한 자료들을 제출하면서 평창군청에 종전의 146-2 토지로 분필된 토지의 토지대장상 소유자 기재를 문철수에서 이거부의 상속인들로 정정해달라는 신청을 하여 소유자

청 구 원 인

1. 소유권보존등기말소 등 청구

가. 별지 목록 기재 1., 2.의 각 토지는 원래 등기기록상으로는 '강원도 평창군 대관령면 횡계리 146-1 잡종지 1,650㎡('원래의 146-1 토지'라고 부릅니다) 1필지로 등기되어 있던 토지입니다. 소외 이거부는 전(前) 소유자로부터 이를 매수하여 1974. 10. 13. 소유권이전등기를 마치고 소유하다가 2016. 12. 9. 사망하였고, 원고들 및 소외 이삼남이 동인의 아들들로서 이를 1/3 지분씩 상속하였습니다.

나. 원래의 146-1 토지는 2011. 4. 23. 토지대장과 지적도상으로 '강원도 평창군 대관령면 횡계리 146-1 잡종지 9900㎡(별지 목록 기재 1.토지)와 같은 곳 146-2 잡종지 660㎡(별지 목록 기재 2.토지. 현재의 지적도에 횡계리 153 토지로 표시된 부분 중 별지 도면 표시 8, 9, 4, 5, 8의 각 점을 차례로 연결한 선내의 부분 660㎡)의 2필지로 분필되었으나, 등기기록에는 여전히 원래의 146-1 토지 1필지로 등기되어 있습니다.

다. 피고 문철수는 원래의 146-1 토지가 위와 같이 토지대장과 지적도상으로만 분필되어 있는 것을 이용하여 아무런 권원 없이 위 146-2 토지를 춘천지방법원 평창등기소 2016. 5. 19. 접수 제8901호로 자신의 명의로 소유권보존등기하고 '강원도 평창군 대관령면 횡계리 153 잡종지 1,221㎡'에 합병한 후 2016. 6. 25. 합병등기까지 마쳤습니다.

라. 피고 문철수가 위 146-2 토지에 관하여 경료한 위 소유권보존등기는 위 토지에 관하여 이미 소유권보존등기가 마쳐진 후 중복하여 이루어진 무효의 등기이므로 말소되어야 하고, 원고들은 위 토지에 관한 공유지분권자의 보존행위로서 피고 문철수에게 동인 명의의 소유권보존등기 전부의 말소를 구할 권리가 있습니다.

마. 위 146-2 토지가 원래의 153 토지에 합병된 후, 합병 후의 153 토지(별지 목록 기재 3.토지)에 관하여 춘천지방법원 평창등기소 2016. 6. 26. 접수 제9001호로 피고 정경영의 근저당권설정등기와 같은 등기소 2016. 7. 21. 접수 제9050호로 피고 최부자의 가압류등기가 마쳐졌는데, 앞서 본 것처럼 위 146-2 토지에 관한 피고 문철수 명의의 소유권보존등기는 무효이어서 말소되어야 하고, 피고 정경영과 최부자는 등기기록상 이해관계 있는 제3자들로서 피고 문철수의 위 말소등기에 대하여 각 승낙할 의무[414]가 있습니다.

2. 건물철거 및 토지인도 청구

가. 이거부는 2014. 3. 7. 피고 문철수에게 별지 목록 기재 3.토지 중 별지 도면 표시 8, 9, 4, 5, 8의 각 점을 차례로 연결한 선내의 660㎡(위 합병 전의 146-2 잡종지 660

명의를 회복한다.

[414] 부동산등기법은 등기에 공신력을 인정하지 않기 때문에, 변경·경정등기와는 달리 말소등기에 관한 제3자는 원칙적으로 승낙의무를 부담한다. 그러나 말소대상인 등기의 명의인이 실체법상 무권리자라 하더라도 제3자가 실체법상 무권리자가 아닌 경우에는 그 제3자[예컨대 민법 제108조(통정한 허위의 의사표시) 제2항에 의한 선의의 제3자]는 승낙의무를 지지 아니한다.

㎡. '위 임대토지'라고 부릅니다)를 임대보증금 1억 원, 월 차임 210만 원(매월 6일 후 납), 임대차기간 2014. 3. 7.부터 2019. 3. 6.까지로 정하여 임대하고, 2014. 3. 7. 위 임대보증금을 받은 후 위 임대토지를 피고 문철수에게 인도하여 현재까지 피고 문철수가 위 임대토지를 점유·사용하고 있습니다.

나. 위 임대차약정에 따라 피고 문철수는 위 임대토지 중 별지 도면 표시 10, 11, 12, 13, 10의 각 점을 차례로 연결한 선내의 ㉮부분 330㎡ 지상에 시멘트벽돌조 슬래브지붕 단층 근린생활시설 330㎡('이 사건 건물'이라고 부릅니다)를 축조하고 위 임대토지를 사용하여 왔으나, 2016. 8.부터는 매월 6일에 후불로 지급하기로 한 월 차임을 제대로 지급하지 않았습니다.

다만, 피고 문철수는 아무런 설명 없이[415] 2016. 8. 6. 130만 원, 그해 9. 6. 160만 원, 그해 10. 6. 130만 원, 그해 11. 6. 50만 원, 그해 12. 6. 160만 원을 이거부에게 지급하였습니다. 위 합계금 630만 원을 민법 제477조 제3호에 따라 2016. 8. 6.부터 연체된 피고 문철수의 월 차임 채무에 차례로 변제충당하면, 2016. 7. 7.부터 2016. 10. 6.까지의 3개월분 지체차임 630만원에 충당되므로, 결국 피고 문철수는 2016. 10. 7. 이래 현재까지의 월 차임 납입을 연체하고 있습니다.

다. 이거부는 2016. 12. 9. 사망하여 이거부의 피고 문철수에 대한 위 임대차계약상의 권리의무를 원고들과 이삼남이 공동 상속하였습니다.

라. 현재 피고 문철수가 연체한 차임액은 약정된 차임액의 2기[416]분 이상에 달하므로, 위 임대토지의 2/3지분권자인 원고들은 공유자의 관리행위로서 민법 제641조, 제640조에 따라 이 사건 소장 부본 송달로써[417] 피고 문철수와의 위 임대차계약을 해지[418]합니다.[419][420] 또한 원고들은 이 사건 건물에 근저당권을 설정받은 소외 박영수에 대해서도

---

[415] 피고 문철수가 지급한 돈이 연체된 임료에 법정충당된 사실을 설시하기 위하여 이와 같이 기재할 필요가 있다.

[416] 민법 제640조 소정의 '2기의 차임 연체'란 차임의 연체가 2기 연속되어야 한다는 뜻이 아니라 연체액의 합산액이 통산하여 2기분에 달하면 된다는 뜻이다.

[417] 소장 부본 송달 또는 내용증명우편 등으로 해지의 의사표시를 할 수 있다. 소장 부본 송달까지는 시일이 소요되므로, 내용증명우편으로 해지를 하는 것이 더 빠르다. 이럴 경우 통상적으로 '배달증명부 내용증명우편'으로 통지한다.

[418] 당사자의 일방 또는 쌍방이 수인인 경우에는 계약의 해지나 해제는 그 전원으로부터 또는 전원에 대하여 하여야 한다(민법 제547조 제1항). 이 사건에서 이삼남도 원고가 되었거나, 소송 외에서 원고들과 이삼남이 모두 이 사건 임대차계약을 해지한다면 문제가 없는데, 이삼남이 빠진 상태에서 일부 공유자들인 원고들만이 이 사건 임대차계약을 해지할 수 있는가 하는 점은 심각한 문제가 되나 이에 관한 판례는 없다. 다만 「수탁자의 사망으로 인하여 수탁자의 지위가 공동상속되었을 때 신탁해지의 의사표시가 그 공동상속인 일부에게만 이루어졌다면 신탁해지의 효과는 그 일부 상속인에게만 발생하는 것이고, 이때에는 해제권의 불가분에 관한 민법 제547조의 규정은 그 적용이 없고, 그 일부에 한하여 신탁해지의 효과가 발생하는 것일 뿐 수탁자나 수탁자의 지위를 승계한 사람이 수인이라 하여 그 전원에게 신탁해지의 의사표시를 동시에 하여야만 그 효과가 발생하는 것은 아니라 할 것이다」라는 판례(대법원 1992. 06. 09. 선고 92다9579 판결)가 있다. 앞서 본 바와 같이 공유물에 대한 임대차계약의 해제·해지는 관리행위이므로 공유물에 대한 임대차계약의 해제·해지에는 민법 제547조가 적용되지 않는다고 보아야 한다.

[419] "건물의 소유를 목적으로 한 토지의 임대차에 있어서 임차인의 차임연체로 임대차계약이 해지되었을 때에는 임차인에게 그 지상건물에 관한 매수청구권이 발생하지 아니한다."(대법원 1994. 02. 22. 선고 93다44104

피고 문철수와의 임대차계약을 해지한다는 사실을 통지하여, 그 통지는 2017. ○. ○. 박영수에게 도달하였습니다.421)422)

마. 그러므로 원고들은 위 임대토지의 공유자로서 공유자의 방해배제청구권에 기하여, 또는 이 사건 임대차계약에 기한 민법 제615조의 원상회복청구권에 기하여,423) 별지 목록 기재 3.토지 중 별지 도면 표시 10, 11, 12, 13, 10의 각 점을 차례로 연결한 선내 ㉮ 부분 지상의 이 사건 건물의 철거와 위 임대토지의 인도를 청구할 권리가 있습니다.

바. 피고 문철수는 지금도 위 임대토지를 사용하여 영업행위를 하고 있고,424) 장래에도 동일한 행위를 계속425)할 것으로 예상됩니다. 한편, 피고 문철수에 대한 임대보증금반환채무는 원고들 및 소외 이삼남이 불가분적으로 부담하게 되었습니다.426)427) 그러므로 원

판결). 건물의 '철거' 및 토지 '인도'를 수임한 변호사로서는 피고 문철수의 매수청구권 행사를 피하는 방법을 연구해 보아야 하고, '차임연체를 원인으로 한 해지'는 그 적절한 방법이 된다. 피고 문철수의 건물매수청구권이 인정된다면, 원고 측은 철거할 건물을 상당한 가액에 매수하는 결과가 되어 손해이다.

420) 임차인의 차임연체를 이유로 민법 제640조에 의하여 해지를 할 경우에는 상당한 기간을 정하여 최고할 필요가 없다(대법원 1977. 06. 28. 선고 77다402, 403 판결).

421) 위 임대토지 상의 건물에 관하여 박영수가 근저당권을 설정받았으므로, 임대차계약의 해지 사실을 박영수에게도 통지하여야 하고, 박영수가 통지를 받은 날로부터 상당한 기간이 경과하여야 임대차계약해지의 효력이 생긴다(민법 제642조, 제288조). 따라서 박영수에게도 해지를 통지한 사실과 그 통지의 도달 사실도 본 임대차 해지의 요건사실이 된다.

422) 이 사건 건물에 근저당권을 취득한 박영수를 피고로 지정하여 문철수의 이 사건 건물에 관한 보존등기말소에 대한 승낙이나 근저당권설정등기의 말소를 구하는 것은 옳지 않다. 원고들이 피고 문철수의 이 사건 건물에 관한 소유권보존등기에 대하여 말소를 구한다면 박영수는 등기상 이해관계 있는 제3자이기 때문에 박영수에 대하여도 승낙을 구할 필요가 있으나(부동산등기법 제1항), 이 사건에서는 건물의 '철거'를 구하는 것이므로, 박영수에게 건물 소유권보존등기의 말소에 대한 승낙을 구할 필요가 없기 때문이다. 또한 원고들은 박영수에게 근저당권설정등기말소를 구할 권원도 없다. 원고들이 피고 문철수에 대하여 이 사건 건물의 '철거' 판결을 받아 건물을 철거하면 이 사건 건물은 멸실된다. 이 경우 건물의 소유권 등기명의인인 문철수가 멸실등기를 하여야 하나(동법 제43조 제1항), 만약 철거일로부터 1개월 내에 문철수가 멸실등기를 하지 않는다면 토지 공유자인 원고들이 문철수를 대위하여 건물에 대한 멸실등기를 할 수 있다(동법 제43조 제2항). 다만 소유권 외의 권리가 등기되어 있는 건물의 멸실등기 신청을 받은 등기관은 그 권리의 등기명의인(이 사건에서는 박영수)에게 1개월 이내의 기간을 정하여 그 기간까지 이의를 진술하지 아니하면 멸실등기를 한다는 뜻을 알리게 되어 있다(동법 제45조 제1항). 멸실등기가 이루어지면 건물에 관한 저당권자 등의 존재 여부에 관계없이 해당 등기기록은 폐쇄되고(부동산등기규칙 제103조), 위 건물 및 건물등기기록은 없어져 원고들은 목적을 달성한다. 박영수는 토지의 사용에 관한 대항력 있는 권리를 확보하지 못한 이 사건 건물에 관하여 근저당권을 설정받은 것부터 잘못이고, 원고들과는 직접적인 관계가 없다.

423) 임대인이 임대목적물의 소유자일 때에는 계약상의 반환청구권과 아울러, 물권적 청구권으로서의 반환청구권도 갖게 된다.

424) "임차인이 임대차계약 종료 이후에도 동시이행의 항변권을 행사하는 방법으로 목적물의 반환을 거부하기 위하여 임차건물부분을 계속 점유하기는 하였으나 이를 본래의 임대차계약상의 목적에 따라 사용·수익하지 아니하여 실질적인 이득을 얻은 바 없는 경우에는 그로 인하여 임대인에게 손해가 발생하였다 하더라도 임차인의 부당이득반환의무는 성립되지 아니한다 할 것이다(대법원 2001. 02. 09. 선고 2000다61398 판결). 따라서 「임차인이 계속 본래의 용도에 따라 사용하고 있다」는 사실은 부당이득반환청구의 요건사실이 된다.

425) 장래의 이행을 명하는 판결을 하기 위하여는 채무의 이행기가 장래에 도래하는 것뿐만 아니라 의무불이행사유가 그때까지 존속한다는 것을 변론종결당시에 확정적으로 예정할 수 있는 것이어야 한다(대법원 1987. 09. 22. 선고 86다카2151 판결).

426) 공동임대인들의 임대보증금반환채무는 불가분채무이고(대법원 1998. 12. 08. 선고 98다43137 판결 참조), 공동임대인 중 1인이 임대차계약의 존속 중 사망하게 되면, 그 상속인들 역시 다른 공동임대인과 함께 보증금반환채무에 대한 불가분채무를 부담한다고 보아야 한다(명백한 대법원 판례는 없고, 하급심 판결 중 서울중

고들은 각자 위 임대보증금 1억 원에서 2016. 10. 7. 이후 위 임대차계약 해지가 효력을 발생할 때까지의 지체차임 및 그 후 피고 문철수가 위 임대토지를 실제로 반환할 때까지 피고 문철수가 얻을 약정 차임 상당의 부당이득액을 뺀 잔액만을 피고 문철수에게 반환할 의무가 있고,[428] 이는 피고 문철수의 위 임대토지상의 이 사건 건물 철거 및 위 임대토지의 인도와 동시이행관계에 있습니다.

사. 따라서 피고 문철수는 원고들로부터 각자 1억 원에서 2016. 10. 7.부터 위 임대토지의 인도완료일까지 월 210만 원의 비율에 의한 돈을 뺀 나머지 돈을 지급받음과 동시에, 이 사건 건물을 철거하고, 위 임대토지를 인도할 의무가 있습니다.

3. 결론

이상과 같은 이유로 원고들은 청구취지와 같은 판결을 구하기 위하여 본 소를 제기합니다.

증 명 방 법 (생략)

첨 부 서 류 (생략)

2017. 2. 19.
원고 소송대리인 변호사 오변론

서울중앙지방법원 귀중

앙지방법원 1998. 10. 20. 선고 98가합32293 판결은 이와 같은 취지로 판시하였다).

427) 민법상 다수당사자의 채권관계는 원칙적으로 분할채권관계이고 채권의 성질상 또는 당사자의 약정에 기하여 불가분으로 하는 경우에 한하여 불가분채권관계로 되는 것이다(대법원 1992. 10. 27. 선고 90다13628 판결). 「건물의 공유자가 공동으로 건물을 임대하고 보증금을 수령한 경우, 특별한 사정이 없는 한 그 임대는 각자 공유지분을 임대한 것이 아니라 임대목적물을 다수의 당사자로서 공동으로 임대한 것이고 그 보증금반환 채무는 성질상 불가분채무에 해당한다고 보아야 한다」(대법원 1998. 12. 08. 선고 98다43137 판결).

428) 앞서 본 바와 같이, 원고들의 임대보증금반환채무는 불가분채무로 볼 수 있으나, 대법원은 임대차계약이 해지된 후 임대인이 임차인에 대하여 갖게 되는 부당이득반환청구채권은 가분채권이라고 보고 있다. 임대차보증금은 임대차계약 종료에 따라 목적물을 인도할 때까지 임대차와 관련하여 발생하는 임차인의 모든 채무(차임, 공과금, 부당이득금, 손해배상 등)를 담보하는 것이므로(대법원 1988. 01. 19. 선고 87다카1315 판결 등), 위 이삼남이 취득한 지체 차임 등을 포함하여 임대토지의 반환 시까지 생긴 지체 차임 및 부당이득은 공동상속인 이삼남 및 원고들의 특별한 의사표시를 기다리지 않고 피고 문철수의 임대보증금에서 당연히 공제된다.

목 록

1. 강원도 평창군 대관령면 횡계리 146-1 잡종지 990㎡
2. 강원도 평창군 대관령면 횡계리 146-2 잡종지 660㎡
3. 강원도 평창군 대관령면 횡계리 153 잡종지 1,881㎡. 끝.

■ 해설 - 물권법 중 등기 부분

물권법에서도 기본적인 보존등기 말소 파트입니다. 실무에서는 현재까지도 보존등기말소 소송이 종종 이루어지고 있습니다.

■ 핵심 판례

가. 소유권

건물의 구조와 형태가 구분소유권의 객체가 될 수 있을 정도에 이르고 토지의 부합물로 볼 수 없는 미완성 건물을 건축주로부터 양수받아 나머지 공사를 진행하여 그 구조와 형태 등이 건축허가의 내용과 사회통념상 동일하다고 인정될 정도로 건물을 축조한 경우, 그 건물의 소유권의 원시취득자(=양수인)[429]

구 조선임야조사령 등 관련 규정에 따라 작성된 임야원도에 어떤 사람의 성명이 기재되어 있는 경우, 그 사람이 토지의 소유자로 사정받았다고 추정할 수 없다.[430]

어느 토지가 여러 필지로 분할된 경우에 분할전의 토지와 분할되어 나온 토지에 관하여 각기 소유명의자를 달리하는 소유권보존등기가 병존하고 있다면 그 두개의 등기는 실질적으로 동일한 토지부분에 관한 한 동일토지에 대한 중복등기이다.[431]

공유자 사이에 공유물을 사용·수익할 구체적인 방법을 정하는 것은 공유물의 관리에 관한 사항으로서 공유자의 지분의 과반수로써 결정하여야 할 것이고, 과반수의 지분을 가진 공유자는 다른 공유자와 사이에 미리 공유물의 관리방법에 관한 협의가 없었다 하더라도 공유물의 관리

---

[429] 대법원 2006. 11. 09. 선고 2004다67691 판결
[430] 대법원 2012. 05. 24. 선고 2012다11198 판결
[431] 대법원 1988. 03. 22. 선고 87다카2568 판결

에 관한 사항을 단독으로 결정할 수 있으므로, 과반수의 지분을 가진 공유자가 그 공유물의 특정 부분을 배타적으로 사용·수익하기로 정하는 것은 공유물의 관리방법으로서 적법하며, 다만 그 사용·수익의 내용이 공유물의 기존의 모습에 본질적 변화를 일으켜 '관리' 아닌 '처분'이나 '변경'의 정도에 이르는 것이어서는 안 될 것이고, 예컨대 다수지분권자라 하여 나대지에 새로이 건물을 건축한다든지 하는 것은 '관리'의 범위를 넘는 것이 될 것이다.[432]

판례는, 공유물에 대한 임대차계약의 체결 내지 공유물에 대한 사용·수익 방법의 결정은 관리행위에 속한다고 판시하였고,[433] 임대차계약의 해지를 관리행위로 본다.[434]

나. 물권적 청구권

특정채권의 보전을 위하여 부동산 인도청구 등 방해배제청구권을 대위행사하는 경우 채무자에게 이행할 것을 청구할 수도 있고, 직접 채권자에게 이행할 것을 청구할 수도 있다.[435]

소유자가 자신의 소유권에 기하여 실체관계에 부합하지 아니하는 등기의 명의인을 상대로 그 등기말소나 진정명의회복 등을 청구하는 경우에, 그 권리는 물권적 청구권으로서의 방해배제청구권(민법 제214조)의 성질을 가진다. 그러므로 소유자가 그 후에 소유권을 상실함으로써 이제 등기말소 등을 청구할 수 없게 되었다면, 이를 위와 같은 청구권의 실현이 객관적으로 불능이 되었다고 파악하여 등기말소 등 의무자에 대하여 그 권리의 이행불능을 이유로 민법 제390조상의 손해배상청구권을 가진다고 말할 수 없다. 위 법규정에서 정하는 채무불이행을 이유로 하는 손해배상청구권은 계약 또는 법률에 기하여 이미 성립하여 있는 채권관계에서 본래의 채권이 동일성을 유지하면서 그 내용이 확장되거나 변경된 것으로서 발생한다. 그러나 위와 같은 등기말소청구권 등의 물권적 청구권은 그 권리자인 소유자가 소유권을 상실하면 이제 그 발생의 기반이 아예 없게 되어 더 이상 그 존재 자체가 인정되지 아니하는 것이다. 이러한 법리는 선행소송에서 소유권보존등기의 말소등기청구가 확정되었다고 하더라도 그 청구권의 법적 성질이 채권적 청구권으로 바뀌지 아니하므로 마찬가지이다.[436]

토지의 경우 토지조사부에 소유자로 등재되어 있는 자는 재결에 의하여 사정내용이 변경되었다는 등 반증이 없는 이상 토지 소유자로 사정받아 그 사정이 확정된 것으로 추정되어 토지를 원시적으로 취득하게 되고, 소유권보존등기의 추정력은 보존등기 명의인 이외의 자가 당해

---

432) 대법원 2001. 11. 27. 선고 2000다33638 판결
433) 대법원 1962. 04. 04. 선고 62다1 판결, 대법원 2002. 05. 14. 선고 2002다9738 판결, 대법원 2001. 12. 11. 선고 2000다13948 판결 등
434) 대법원 2010. 09. 09. 선고 2010다37905 판결
435) 대법원 1980. 07. 08. 선고 79다1928 판결, 대법원 1995. 05. 12. 선고 93다59502 판결.
436) 대법원 2012. 05. 17. 선고 2010다28604 전원합의체 판결

토지를 사정받은 것으로 밝혀지면 깨진다. 그러나 사정 이후에 사정명의인이 토지를 다른 사람에게 처분한 사실이 인정된다면 사정명의인 또는 상속인들에게는 소유권보존등기 명의인을 상대로 등기의 말소를 청구할 권원이 없다.437)

건물철거는 그 소유권의 종국적 처분에 해당되는 사실행위이므로 원칙으로는 그 소유자(민법상 원칙적으로는 등기명의자)에게만 그 철거처분권이 있다 할 것이고, 예외적으로 건물을 전 소유자로부터 매수하여 점유하고 있는 등 그 권리의 범위 내에서 그 점유중인 건물에 대하여 법률상 또는 사실상 처분을 할 수 있는 지위에 있는 자에게도 그 철거처분권이 있다.438)

부동산의 공유자 중 한 사람은 공유물에 대한 보존행위로서 그 공유물에 관한 원인무효의 등기 전부의 말소를 구할 수 있고, 진정명의회복을 원인으로 한 소유권이전등기청구권과 무효등기의 말소청구권은 어느 것이나 진정한 소유자의 등기명의를 회복하기 위한 것으로서 실질적으로 그 목적이 동일하고 두 청구권 모두 소유권에 기한 방해배제청구권으로서 그 법적 근거와 성질이 동일하므로, 공유자 중 한 사람은 공유물에 경료된 원인무효의 등기에 관하여 각 공유자에게 해당 지분별로 진정명의회복을 원인으로 한 소유권이전등기를 이행할 것을 단독으로 청구할 수 있다.439)

다. 장래이행의 소

일반적으로 채무자가 채무의 이행기 도래 전부터 채무의 존재나 범위를 다투기 때문에 이행기가 도래하거나 조건이 성취되었을 때에 임의의 이행을 기대할 수 없는 경우에는 미리 청구할 필요가 인정된다.440) 한편, 이행기 미도래 또는 조건 미성취의 청구권에 있어 이행기 도래 또는 조건 성취 시 채무자의 무자력으로 인하여 집행곤란 또는 이행불능에 빠질 사유가 있다는 것만으로는 미리 청구할 필요가 있다고 할 수 없다.441)

장래의 이행을 명하는 판결을 하기 위하여는 채무의 이행기가 장래에 도래하는 것뿐만 아니라 의무불이행사유가 그때까지 존속한다는 것을 변론종결당시에 확정적으로 예정할 수 있는 것이어야 하며 이러한 책임기간이 불확실하여 변론종결당시에 확정적으로 예정할 수 없는 경우에는 장래의 이행을 명하는 판결을 할 수 없다.442)

---

437) 대법원 2011. 05. 13. 선고 2009다94384,94391,94407 판결
438) 대법원 2003. 01. 24. 선고 2002다61521 판결
439) 대법원 2005. 09. 29. 선고 2003다40651 판결
440) 대법원 1993. 11. 09. 선고 92다43128 판결
441) 대법원 2000. 08. 22. 선고 2000다25576 판결
442) 대법원 1987. 09. 22. 선고 86다카2151 판결

물건의 점유로 인한 차임 상당의 손해배상뿐 아니라 부당이득에 대하여도 미리 청구할 필요가 인정된다.[443]

채무자가 피담보채무 전액을 변제하였다고 하거나, 피담보채무의 일부가 남아 있음을 시인하면서 그 변제와 상환으로 담보목적으로 경료된 소유권이전등기의 회복을 구함에 대하여 채권자는 그 소유권이전등기가 담보목적으로 경료된 것임을 다투고 있는 경우, 채무자의 청구 중에는 만약 그 소유권이전등기가 담보목적으로 경료된 것이라면 소송 과정에서 밝혀진 잔존 피담보채무의 지급을 조건으로 그 소유권이전등기의 회복을 구한다는 취지까지 포함되어 있는 것으로 해석하여야 하고, 그러한 경우에는 장래이행의 소로서 미리 청구할 필요도 있다.[444]

---

443) 대법원 1975. 04. 22. 선고 74다1184 전원합의체 판결
444) 대법원 1996. 11. 12. 선고 96다33938 판결

12. [소장 8]

수임번호 2016-07		사건상담기록		2016.
의뢰인			의뢰인 전화	
의뢰인 주소			의뢰인 팩스	
상 담 내 용				

1. 이석화는 외사촌 동생 최정수의 엄진수에 대한 토지 매매 잔금 지급을 연대보증하였다. 최정수는 2014. 3. 31.까지로 약정하였던 잔금 지급기일을 2014. 12. 말까지로 연장 받았는데 그때 엄진수는 「믿을 수 없으니 담보를 제공하라」고 요구하였다.

2. 이석화는 위 잔금 지급을 담보하기 위하여 서초동 1650-4 토지를 엄진수 명의로 이전하는 내용으로 제소전화해를 해 주었다. 엄진수는 화해전에 「연기된 잔금 지급일까지 잔금을 지급받지 못하면 제소전화해조서를 집행하겠으며, 다만 2014. 12. 말까지 잔금을 지급받으면 제소전화해는 없던 일로 하겠다」고 하였다.

3. 엄진수는 약속과 달리 제소전화해조서를 받자마자 그 조서에 기하여 위 부동산을 자신의 명의로 이전등기하였다. 이석화가 항의하자 엄진수는 「약속한 대로 돈만 갚으면 등기 명의는 언제든지 돌려줄 것이니 걱정말라」고 하였다. 최정수가 2014. 12. 말이 지나도 잔금을 갚지 못하자 엄진수는 위 부동산이 자신의 소유가 되었다는 통지를 보내왔다.

4. 엄진수는 대기업에 다니다 퇴직한 아들 엄창길이 카페를 개업한다고 하면서 돈을 대 달라고 하자, 서영익에게서 2,000만 원을 차용하고 이석화와는 상의 없이 위 부동산에 서영익 앞으로 근저당권을 설정해 주었다. 현재까지 이자는 연체 없이 갚고 있으나 원금은 전혀 갚지 못하고 있다. 서영익은 변제기까지의 이자와 원금만 받으면 언제든지 근저당권을 말소해주겠다고 한다.

5. 엄창길은 사업자금이 추가로 더 필요하여 정순만에게서 2억 원을 차용하였다. 이때 엄진수는 엄창길을 위하여 위 부동산에 정순만 앞으로 가등기를 설정해주고 만약 엄창길이 위 차용원리금을 변제하지 못할 시에는 그 차용원리금 변제조로 위 부동산을 양도하기로 하였다. 엄진수는 이런 사실을 이석화에게는 알려주지 않았다.

6. 엄창길은 정순만에게 위 차용원리금 전액을 갚지 못하고 있는데, 정순만은 엄창길에게만 2015. 11. 6. 한 차례 채무 변제를 독촉한 후 엄진수에게서 미리 받아가지고 있던 인감증명서 등 등기서류를 제출하고 정순만 앞으로 가등기에 기한 본등기를 마쳤다. 엄진수는 나중에야 본등기가 마쳐진 사실을 알게 되었다.

7. 이석화에게서 위 부동산을 임차한 전승우가 위 부동산에서 주차장영업을 하고 있었는데, 위와 같이 본등기를 마친 정순만은 자신이 소유권자라고 주장하면서 용역업체 직원을 동원하여 2016. 6. 9. 전승우를 강제로 몰아내고, 현재 자신이 위 부동산에서 주차장영업을 하고 있다.

8. 현재 위 부동산의 가액은 15억 원을 상회하고 있어, 이석화는 불가피하다면 물어야 할 채무를 물어주고라도 위 부동산을 되찾고 싶다. 전승우는 정순만에게서 위 부동산을 인도받아 임대차기간 만료일까지는 주차장영업을 계속하고 싶다. 인도 외의 다른 문제는 나중에 별도로 처리할 생각이다. 끝.

변호사 오변론 법률사무소
전화번호 : 02-550-2267, 팩스 02-550-2268, 이메일 : mir@nate.com
서울 서초구 서초동 1567 정곡빌딩 동관 1009호

부동산매매계약서

매도인과 매수인은 합의 하에 다음과 같이 부동산 매매 계약을 체결한다.

1. 부동산의 표시
  서울 은평구 불광동 721 잡종지 3,720㎡

2. 계약내용
제1조 매수인은 위 부동산을 대금 530,000,000원에 매수하되, 매매대금은 다음과 같이 지불하기로 한다.
  1. 계약금 : 금 3천만원을 계약 당시 지불한다.
  2. 잔금   : 금 5억 원을 2014. 3. 31. 지불한다.

제2조 매도인은 잔금과 상환으로 위 부동산을 매수인에게 인도한다.
제3조 매도인은 매매 대금의 잔금을 수령함과 동시에 소유권이전등기에 필요한 모든 서류를 매수인에게 교부하여 소유권을 이전한다.
제4조 매도인은 위 부동산에 설정된 저당권, 지상권, 임차권 등 소유권의 행사를 제한하는 사유가 있거나, 조세공과 기타 부담금의 미납금 등이 있을 때에는 잔금 수수일까지 그 권리의 하자 및 부담 등을 제거하여 완전한 소유권을 매수인에게 이전하여야 한다. 다만 승계하기로 합의하는 권리 및 금액은 그러하지 아니한다.

※ 특약사항
① 매도인은 계약금 수령과 동시에 매수인 앞으로 소유권이전등기를 경료한다.
② 매수인은 잔금 5억 원을 2014년 3월 31일까지 지급하고 지체 시에는 매월 1%의 지연손해금을 지급한다.
③ 이석화(591108-2369301)는 위 잔금채무를 연대보증한다.

2014년 2월 1일

매도인	성명	엄진수 ㊞	주민등록번호 500519-1027513
	주소	서울 종로구 관철동 251	
매수인	성명	최정수 ㊞	주민등록번호 670417-2249616
	주소	인천 북구 십정동 58-3	

[토지] 서울특별시 은평구 불광동 721　　　　　고유번호 1234-5678

[표 제 부]			(토지의 표시)		
표시번호	접 수	소재지번	지목	면적	등기원인 및 기타사항
1 (전 4)	2007년 7월 5일	서울특별시 은평구 불광동 721	잡종지	3,720㎡	부동산등기법 제177조의6 제1항의 규정에 의하여 2008년 3월 17일 전산이기

[갑 구]				(소유권에 관한 사항)
순위번호	등기목적	접 수	등기원인	권리자 및 기타사항
1 (전 7)	소유권이전	2007년 9월 10일 제30291호	2007년 8월 10일 매매	소유자 엄진수 500519-1027513 부동산등기법 제177조의6 제1항의 규정에 의하여 2008년 3월 17일 전산이기
2	소유권이전	2014년 2월 11일 제2007호	2014년 2월 1일 매매	소유자 최정수 670417-2249616 인천 북구 십정동 58-3

[을 구]				(소유권 이외의 권리에 관한 사항)
순위번호	등기목적	접 수	등기원인	권리자 및 기타사항
1	근저당권설정	2014년 3월 30일 제3059호	2014년 3월 29일 설정계약	채권최고액 금 600,000,000원 채무자 최정수 　인천 북구 십정동 58-3 근저당권자 주식회사 토마토저축은행 　207456-2469325 　서울시 중구 무교동 84

수수료 800원 영수함

관할등기소 : 서울서부지방법원 용인등기소 / 발행등기소 : 법원행정처 등기정보중앙관리소

　이 증명서는 등기기록의 내용과 틀림없음을 증명합니다.
서기 2016년 7월 10일
법원행정처 등기정보중앙관리소 전산운영책임관

* 실선으로 그어진 부분은 말소등기사항을 표시함. * 등기기록에 기록된 사항이 없는 갑구 또는 을구는 생략함. * 증명서는 컬러 또는 흑백으로 출력 가능함.

발급확인번호 0682-ALIK-YDCP　　　　　　　　　　　　　　발행일:2017/7/10

서울중앙지방법원
화 해 조 서

사　　건　　2014자1209 소유권이전등기 등
신 청 인　　엄진수 (500519-1027513)
　　　　　　서울 종로구 관철동 251
　　　　　　대리인 변호사 윤재풍
피신청인　　이석화 (591108-2369301)
　　　　　　서울 서초구 서초동 1650-1 동성빌딩 지층
판　　사　　서성훈　　　　　　　기　　일 : 2014. 3. 23. 10:00
　　　　　　　　　　　　　　　　장　　소 : 제503호 법정
법원주사　　최화석　　　　　　　공개여부 : 공 개
신 청 인　　대리인 변호사 윤재풍　　　　　　　　　　　　　출석
피신청인　　이석화　　　　　　　　　　　　　　　　　　　　출석

위 당사자는 다음과 같이 화해하였다.

화 해 조 항

1. 피신청인은 신청인에게 서울 서초구 서초동 1650-4 잡종지 300㎡에 관하여 2014. 3. 23. 매매를 원인으로 한 소유권이전등기절차를 이행한다.

2. 화해비용은 각자가 부담한다.

청 구 의 표 시
신 청 취 지

위 화해조항과 같은 취지의 신청을 구함.

신 청 원 인

1. 신청인은 2014. 2. 1. 서울 은평구 불광동 721 잡종지 3,720㎡를 신청외 최정수에게 대금 5억 3,000만 원에 매도하였는데, 최정수는 위 토지에 병원을 지을 예정이고 신청인이 계약금만 받은 상태에서 위 토지를 이전등기해주면 이를 담보로 융자를 받아 잔금을 지급하겠으니 등기를 먼저 넘겨달라고 요청하였습니다. 신청인은 이를 응낙하고 당일 계약금 3,000만 원만 받고 최정수 앞으로 소유권이전등기를 해주었습니다.

2. 당시 최정수는 늦어도 2014. 3. 말까지는 잔금 5억 원을 지급하되 지연 시에는 매월 1%의 지연손해금을 가산하여 지급하기로 하였고, 피신청인은 이를 연대보증하였습니다.

3. 피신청인과 최정수는 2014. 3. 20.경 신청인을 찾아와, 사정이 생겨 2014. 3. 말까지 잔금 지급이 어려우니 이를 2014. 12. 말까지 연기해달라고 요청하였습니다. 다만 지연손해금은 2014. 4. 1.부터 지급하겠다고 하였습니다. 신청인은 위 요청을 받아들이되, 피신청인이 위 연대보증금 채무를 담보하기 위하여 피신청인 소유인 서울 서초구 서초동 1650-4 잡종지 300㎡를 매매의 형식으로 신청인에게 이전하기로 약정하였습니다.

4. 이에 당사자 쌍방은 위 화해조항과 같이 화해를 하기로 하고 후일 발생할 수 있는 분쟁을 방지하고자 본 신청에 이른 것입니다.

법원주사　최 화 석 (인)
판　　사　서 성 훈 (인)

[토지] 서울특별시 서초구 서초동 1650-4　　　　고유번호 1234-5678

[표 제 부]　　　　（토지의 표시）

표시번호	접 수	소재지번	지목	면적	등기원인 및 기타사항
1 (전 3)	1996년 7월 5일	서울특별시 서초구 서초동 1650-4	잡종지	300㎡	부동산등기법 제177조의6 제1항의 규정에 의하여 2005년 3월 17일 전산이기

[갑 구]　　　　（소유권에 관한 사항）

순위번호	등기목적	접 수	등기원인	권리자 및 기타사항
1 (전 7)	소유권이전	2004년7월1일 제5162호	2004년6월10일 매매	소유자 이석화 591108-2369301 서울 서초구 서초동 1650-1　　부동산등기법 제177조의6 제1항의 규정에 의하여 2005년 3월 17일 전산이기
2	소유권이전	2014년3월27일 제1153호	2014년3월23일 매매	소유자 엄진수 500519-1027513 서울 종로구 관철동 251
3	소유권이전청구권가등기	2014년11월5일 제2063호	2014년11월5일 매매예약	가등기권자 정순만 670513-1577696 서울 송파구 잠실동 226
	소유권이전	2016년1월17일 제1624호	2015년11월6일 매매예약완결	소유자 정순만 670513-1577696 서울 송파구 잠실동 226

[을 구]　　　　（소유권 이외의 권리에 관한 사항）

순위번호	등기목적	접 수	등기원인	권리자 및 기타사항
1	근저당권설정	2014년 9월 11일 제1971호	2014년 9월 11일 설정계약	채권최고액 금 30,000,000원 채무자 엄창길　　서울 서초구 서초동 779 근저당권자 서영익 650329-1129817　　서울 동대문구 휘경동 52 세경아파트 103동 503호

수수료 800원 영수함

관할등기소 : 서울중앙지방법원 등기국 / 발행등기소 : 법원행정처 등기정보중앙관리소
이 증명서는 등기기록의 내용과 틀림없음을 증명합니다.
서기 2016년 7월 10일
법원행정처 등기정보중앙관리소 전산운영책임관

발급확인번호 0682-ALIK-YDCP　　　　　　　　　　발행일:2016/7/10

통 고 서

수신 : 이석화
　　　　서울 서초구 서초동 1650의1 동성빌딩 지층
발신 : 엄진수
　　　　서울 종로구 관철동 251

1. 귀하의 건승을 기원합니다.

2. 최정수 씨가 본인에게서 서울 은평구 불광동 721 토지를 매수하고 등기를 먼저 넘겨가고는 잔금 5억 원을 2014. 3. 말까지 지급하기로 한 데 대하여 귀하가 연대보증한 사실은 귀하도 잘 아시는 내용입니다. 본인은 최정수 씨와 귀하의 요청으로 변제기를 2014. 12. 말까지로 연장까지 해주었습니다.

3. 본인은 귀하가 본인에게 2014. 12. 31.까지 5억 4,500만 원(원금 5억 원 + 2014. 4. 1.부터 12. 31.까지의 월 1%의 비율에 의한 지연손해금)을 지급해오면 귀하와 약정한 대로 귀하가 본인에게 담보로 제공한 서울 서초구 서초동 1650-4 토지의 소유 명의를 귀하 명의로 환원해 주려고 하였습니다.

4. 그러나 위 지급기일이 훨씬 지난 현재까지도 귀하나 최정수 씨는 잔금 5억 원은 물론 지연손해금도 지급하지 않고 있으므로 본인은 귀하와의 약속대로 서울 서초구 서초동 1650-4 토지를 위 잔금 및 지연손해금의 지급에 갈음하여 본인 소유로 귀속시키고자 합니다.

5. 위 서초동 토지의 현재 시가는 5억 5,000만 원이고 본인이 귀하에게 받을 돈도 금일 현재 5억 5,000만 원으로서 본인이 귀하에게 별도로 지급할 돈은 없습니다.

2015년 1월 31일
발신인 엄진수 (인)

이 우편물은 2015년 1월 31일 등기 제23987호에 의하여 내용증명 우편물로 발송하였음을 증명함
서울 종로우체국장 ㊞

감정평가서

의뢰인	이석화
목적물	서울특별시 서초구 서초동 1650-4 잡종지 300㎡

삼익감정평가사사무소

(토지) 평가표

감정평가사	장길상 (인)		기 호	
조 사 자	권영식 (인)			

평가가액 (원)	기준기간	2014. 3. 1.~ 2014. 6. 30.	2014. 7. 1.~ 2014. 12. 31.	2015. 1. 1.~ 2015. 12. 31.
	평가가액 (원)	₩800,000,000	₩1,100,000,000	₩1,500,000,000

평가의뢰인	이석화	평가목적		평가용
채무자	이석화	제출처		참조용
소유자 (등기부상명의인)	정순만	평가조건		시가
목록 표시 근거	등기사항전부 증명서	가격시점	조사기간	작성일자
		위 기준시점	2016. 7. 1.~ 2016. 7. 10.	2016. 7. 10.

평가내용	공 부(의뢰)		사 정		평가가격	
	종별	면적 또는 수량	종별	면적 또는 수량	단가	금액
	잡종지	300㎡	잡종지	300㎡	생략	생략
	합계	300㎡	합계	300㎡		

차 용 증 (각서)

金   이억 원(₩200,000,000) 整

1. 엄창길은 금일 정순만에게서 금 이억(200,000,000)원을 정히 차용하며 이를 2015. 11. 4.까지 틀림없이 상환할 것을 각서한다. 이자는 월 5%로 한다.

2. 엄진수는 엄창길의 위 차용원리금채무를 담보하기 위하여 엄진수 소유의 서울 서초구 서초동 1650-4 잡종지 300㎡에 정순만 앞으로 가등기를 설정해 준다.

3. 엄창길이 위 상환약정일까지 위 차용원리금을 상환하지 못할 시에는 엄진수는 위 엄창길의 위 차용원리금 변제조로 위 잡종지 300㎡를 정순만에게 양도하고, 위 잡종지에 정순만 명의로 소유권이전의 본등기를 해주기로 한다.

4. 엄진수는 위 본등기의무의 확실한 이행을 위하여 위 가등기 시부터 본등기에 필요한 모든 서류를 작성하여 정순만에게 맡겨 두어야 하고, 인감증명서도 유효기간이 만료되기 5일 전까지 수시로 새로이 발급받아 정순만에게 맡겨 두어야 한다.

2014. 11. 5.

1. 위 차용인

    성명 : 엄창길 (인)

    주소 : 서울 서초구 서초동 779

    주민등록번호 : 810623-1027519

2. 위 가등기설정자

    성명 : 엄진수 (인)

    주소 : 서울 종로구 관철동 251

    주민등록번호 500519-1027513

정순만 사장님 귀하

등 기 권 리 증

권리자 정순만

법무사 홍철수 사무소

서울 서초구 서초동 888 진일타워 210호
TEL 02-557-3458, FAX 02-557-3459

매매예약계약서

○ **예약 당사자의 표시 :**
   예약자(갑)   엄진수 (500519-1027513)
                        서울 종로구 관철동 251
   예약권리자(을)   정순만 (670513-1577696)
                        서울 송파구 잠실동 226

○ **부동산의 표시 :** 서울 서초구 서초동 1650-4 잡종지 300㎡

예약자 엄진수를 갑이라 칭하고, 예약권리자 정순만을 을이라 칭하여 아래와 같이 매매예약을 체결한다.

아 래

제1조   갑은 을에게 위 부동산을 대금 3억 2,000만 원에 매도할 것을 예약하며 을은 이를 승낙한다.
제2조   본 매매예약의 매매완결일자는 예약권리자가 통지한 때에 매매가 완결된 것으로 본다.
제3조   제2조에 의하여 매매가 완결되었을 때에는 갑, 을 간에 위 부동산에 관한 매매계약이 성립되며, 갑은 을에게 위 부동산에 관하여 매매로 인한 소유권이전등기절차를 이행하고 위 부동산을 인도한다.
제4조   을은 갑에게 본 예약의 증거금으로 예약 당일에 금 3억 2,000만 원을 지급하였으며 갑은 이를 수령하였다. 이 금액은 제1조의 대금에서 공제한다.
제5조   갑은 본 예약체결과 동시에 위 부동산에 대하여 을에게 매매예약에 의한 소유권이전청구권 보전의 가등기절차를 이행한다.
제6조   본 예약에 의한 등기신청비용, 등록세 등은 을이 부담한다.

상기 계약을 증명하기 위하여 본 계약서 2통을 작성하여 갑, 을 쌍방이 기명날인 후 각자 1통을 소지한다.

2014년 11월 5일

   예 약 자 (갑)   엄진수 (500519-1027513) (인)
                       서울 종로구 관철동 251
   예약권리자 (을)   정순만 (670513-1577696) (인)
                       서울 송파구 잠실동 226

접 수	2014년 11월 5일
	제 2063 호
	# 등 기 필 (인)

내용증명에 대한 답신

수신인 : 이석화
　　　　서울 서초구 서초동 1650-1 동성빌딩 지층
발신인 : 정순만
　　　　서울 송파구 잠실동 226

1. 귀하의 내용증명우편을 받고 다음과 같이 답변드립니다.

2. 결론부터 말씀드린다면 본인은 서초동 1650-4 토지를 적법하게 취득하였고, 귀하는 그 당시 등기명의자도 아니었으므로 본인에게 어떤 권리도 없습니다.

3. 귀하 주장대로 본인이 2015. 11. 6. 엄창길 씨에게 한 차례만 통지하고 위 서초동 1650-4 토지에 대한 본등기를 넘겨온 것은 사실입니다. 그러나 본인에게서 돈을 빌려간 사람은 엄창길 씨이니 이는 당연하고, 또 한 차례만 통보하면 되는 것이지 여러 차례 통보할 것은 아니지 않습니까?

4. 본등기를 하기 전에 엄진수 씨에게 어떤 통지도 하지 않은 것은 사실이지만 엄진수 씨는 담보만 제공한 분인 데다가, 이 분은 저에게 인감증명서까지 미리 맡겨 놓고 있었고, 인감증명서 시효가 만료될 때마다 미리 새로운 인감증명서를 발급받아 주었기 때문에 처음 가등기를 할 때부터 본인이 언제 본등기를 넘겨오더라도 용인할 수밖에 없는 상태에 있던 분입니다. 그래서 엄진수 씨에게는 굳이 돈을 갚으라든지, 또 본등기를 하겠다든지 등의 통지를 할 필요도 없었습니다. 이런 이유로 엄진수 씨는 지금까지 본인에게 아무 이의도 제기하지 못하고 있습니다.

5. 이상과 같이 답변드리오니 향후로는 더 이상 본인의 토지에 대하여 미련을 갖지 마시기를 앙망합니다.

2016년 6월 26일
정순만 拜 (인)

※ 추신 : 서초동 1650-4 토지에서 주차장 영업을 하던 전승우라는 사람은 지난 6월 9일자로 본인이 내보냈습니다. 그 사람이 계속 항의를 해오고 있는데, 본인이 소유자인 이상 본인에게는 할 말이 없고, 귀하가 보증금을 내주시든지 하여 해결해 주셔야 할 것입니다. 더 이상 그 사람이 본인에게 다른 요구를 하지 않도록 주의해 주시기 바랍니다. 나는 위 토지의 소유자이므로 전승우라는 사람을 내보낼 정당한 권리가 있습니다.

답 신

수신인 : 이석화
　　　　 서울 서초구 서초동 1650-1 동성빌딩 지층
발신인 : 엄진수
　　　　 서울 종로구 관철동 251

제 목 : 서초동 1650-4 토지 건

1. 인사 말씀 생략하옵고,
   이석화 사장님, 이미 종전에도 내가 내용증명우편으로 서초동 1650-4 토지가 내 소유로 귀속되었다고 말씀드렸습니다. 그러므로 비록 사장님 사정이 딱하게 되었다 하더라도 이제는 나에게 자꾸 말씀하실 일은 아닙니다. 그러기에 왜 처음부터 토지매매대금을 지체하셨는지요? 그 토지매매대금만 정확히 지급해 주셨더라면 이런 일은 절대 없었을 것입니다.

2. 굳이 내 사정까지 말씀드리면 사실은 아들 사업 자금 대주려다가 재산만 날린 꼴이 되었습니다. 나도 정순만 씨가 위 토지를 본등기하여 넘겨가는 줄은 전혀 모르고 있었는데, 나중에야 아들이 알려주어 알았습니다. 그 이전에는 어떤 통지나 전화도 없었습니다. 나는 아들이 돈을 잘 갚고 있는 줄로만 알고 있었습니다. 내가 나중에야 알고 어떻게든 다시 돌려받으려고 하였지만, 정순만 씨는 그럴 사람이 아닙니다. 만약 위 토지를 꼭 되찾아 오시려면 내가 아니라 정순만 씨에게 사정을 해보시는 것이 좋겠습니다.

3. 서영익 씨에게서는 2014. 9. 11. 2,000만 원을 변제기 2016. 9. 10., 이자 및 지연손해금률 월 2%로 약정하여 차용하였고 현재까지 이자는 연체 없이 갚고 있으나 원금만은 전혀 갚지 못하고 있습니다. 서영익 씨는 내가 이석화 사장님에게서 위 부동산을 넘겨받은 구체적인 경위는 알지 못하고 있지만, 변제기까지의 나머지 이자와 원금만 받으면 언제든지 근저당권을 말소해주겠다고 합니다.

4. 귀하의 만수무강을 기원합니다.

　　　　　　　　　　　　　　 2016년 6월 10일
　　　　　　　　　　　　　　 발신인 엄진수 (인)

부동산임대차계약서

임대인과 임차인은 다음과 같이 임대차계약을 체결한다.

1. 부동산의 표시

소 재 지	서울 서초구 서초동 1650-4		
토 지	잡종지	면 적	300㎡(평)

2. 계약내용

제1조 (보증금 등) 임차인이 위 부동산을 전세 및 월세로 사용함에 있어 쌍방은 합의하에 아래 각 조항과 같은 조건으로 계약한다.

보증금	100,000,000원	월세금액	2,000,000원정(매월 8일 후불함)
계약금	없음		
중도금	~~원정은 년 월 일 지급하며~~		
잔 금	없음		

제2조 (인도) 임대인은 2013. 6. 9. 임차인에게 위 부동산을 인도한다.
제3조 (임대기간) 임대기간은 2013. 6. 9.부터 2018. 6. 8.까지로 한다.

위 계약조건을 틀림없이 지키기 위하여 본 계약서를 2부 작성하여 임대인, 임차인 각자 1부씩 보관한다.

2013년 6월 5일

임대인	성명	이석화 ㊞	주민등록번호 591108-2369301
	주소	서울 서초구 서초동 1650-1	
임차인	성명	정승욱 ㊞	주민등록번호 540315-1257662
	주소	서울 서대문구 연희로 221	

【모범답안】

소 장

원　　고　　1. 이석화 (591108-2369301)
　　　　　　　　서울 서초구 서초동 1650-1
　　　　　　2. 전승우 (540315-1257662)
　　　　　　　　서울 서대문구 연희로 221
　　　　　　원고들 소송대리인 변호사 오변론
　　　　　　서울 서초구 서초동 1234 승리빌딩 701호
　　　　　　전화 02-012-9811, 팩스 02-012-9812, 전자우편 mir@nate.com

피　　고　　1. 정순만 (670513-1577696)
　　　　　　　　서울 송파구 잠실동 226
　　　　　　2. 엄진수 (500519-1027513)
　　　　　　　　서울 종로구 관철동 251

소유권이전등기말소 등 청구의 소

청 구 취 지

1. 별지 목록 기재 부동산에 관하여,

가. 피고 엄진수는 원고 이석화에게서 5억 원 및 이에 대한 2014. 4. 1.부터 다 갚는 날까지 월 1%의 비율에 의한 금원을 지급받은 다음 원고 이석화에게 서울중앙지방법원 등기국 2014. 3. 27. 접수 제1153호로 마친 소유권이전등기의 말소등기절차를 이행하고,

나. 피고 정순만은 피고 엄진수에게,
　1) 위 같은 등기국 2016. 1. 17. 접수 제1624호로 마친 소유권이전등기의 말소등기절차를 이행하고,
　2) 소외 엄창길에게서 2억 원 및 이에 대한 2014. 11. 5.부터 다 갚는 날까지 연 25%의 비율에 의한 금원을 지급받은 다음 위 같은 등기국 2014. 11. 5. 접수 제2063호로 마친 소유권이전등기청구권가등기의 말소등기절차를 이행하라.

2. 피고 정순만은 원고 전승우에게 별지 목록 기재 부동산을 인도하라.
3. 소송비용은 피고들이 부담한다.

4. 제2항은 가집행할 수 있다.
라는 판결을 구합니다.

청 구 원 인

1. 원고 이석화의 청구

가. 피고 엄진수에 대한 청구

1) 소외 최정수는 2014. 2. 1. 피고 엄진수에게서 서울 은평구 불광동 721 잡종지 3,720㎡를 매수하면서 잔금 5억 원을 2014. 3. 31.까지 지급하되 지체 시 월 1%의 비율에 의한 지연손해금을 지급하기로 약정하였는데, 원고 이석화는 최정수의 위 잔금 지급 채무를 연대보증하였습니다.

2) 최정수가 위 잔금의 변제기를 2014. 12. 말로 연기 받았는데, 원고 이석화는 2014. 3. 23. 위 채무를 담보하기 위하여 동 원고 소유의 별지 목록 기재 부동산에 관하여 피고 엄진수 앞으로 2014. 3. 23. 매매를 원인으로 한 소유권이전등기를 마쳐주기로 제소전화해를 해주었습니다. 피고 엄진수는 위 제소전화해조서에 기하여 서울중앙지방법원 등기국 2014. 3. 27. 접수 제1153호로 별지 목록 기재 부동산에 관한 소유권이전등기를 마쳤습니다.

3) 소비대차계약상의 차용금채무가 아닌 다른 채무의 담보를 위하여 채무자가 채권자 앞으로 부동산의 소유권을 이전하여 양도담보를 설정한 경우 '가등기담보 등에 관한 법률'(이하 '가등기담보법'이라 함)은 적용되지 않으나, 그 소유권이전등기가 채무 변제를 갈음하여 확정적인 대물변제로 한 것이라는 특약이 없는 한[445] 정산절차를 요하는 '약한 의미의 양도담보' 계약을 한 것으로 추정됩니다.[446][447] 채권자가 그에 따른 정산절차를 마치지 않은 이상 변제기가 지났다는 것만으로는 그 부동산의 소유

---

[445] 소비대차 아닌 원인으로 발생한 채권의 담보를 위해서 가등기나 양도담보가 이루어진 경우, 채무자 보호를 위하여 대법원은, 당사자 사이에 정산절차를 배제하기로 하는 확정적인 대물변제의 특약이 없는 이상 정산절차를 예정하고 있는 약한 의미의 양도담보로 해석하려고 한다. 확정적인 대물변제의 특약이 있는 경우에는 채권이 소비대차에 기한 것이 아니라면 민법 제607조, 제608조도 적용되지 않으므로 그 유효성을 인정할 수밖에 없다.

[446] 민법 제607조, 제608조나 가등기담보법은 소비대차와 관련한 채권의 담보에만 적용된다. 소비대차 외의 원인으로 발생한 채권의 담보를 위해서도 가등기나 양도담보(매도담보, 재매매예약, 환매 등 포함)를 할 수 있는데, 이를 규율하는 법은 없으므로, 당사자 간의 약정과 판례로써 규율할 수밖에 없다.

[447] 원고 이석화와 피고 엄진수가 제소전화해를 하기 전에 「변제기 전에는 제소전화해조서를 집행하지 않는다」고 약정하였고, 피고 엄진수가 그 약정에 반하여 변제기 전에 위 조서를 집행하여 소유권이전등기를 마쳤다고 하더라도 위 조서에 원고 이석화의 소유권이전등기의무가 명시되어 있으므로 피고 엄진수 명의로 마쳐진 소유권이전등기가 무효라고 할 수는 없다. 부집행의 약속은 집행 단계에서 이를 주장하여 집행을 저지할 수 있을 뿐인데, 소유권이전등기와 같이 의사의 진술을 명하는 집행권원(판결, 화해조서)은 그 집행권원의 확정과 동시에 집행이 완료되는 것이므로 집행 단계에서 이를 저지할 수도 없다. 또한 제소전화해는 소송행위이고, 소송행위에는 민법 제109조, 제110조의 규정이 적용될 여지가 없으므로, 위 제소전화해가 피고 엄진수의 사기 등 기망에 의하여 착오로 이루어졌다고 주장하면서 그 효력을 부인하는 것도 불가능하다(대법원 1984. 05. 29. 선고 82다카963 판결).

권을 취득할 수 없고, 설령 소유권이전등기가 제소전화해에 의하여 이루어진 것이더라도 마찬가지입니다.448)

4) 피고 엄진수는 2015. 1. 31. 위 부동산의 시가가 5억 5,000만 원에 불과하여 당시까지의 매매잔대금 채무액과 같다는 이유로 원고 이석화에게 '지급할 정산금이 없다'는 취지의 통지를 해 왔으나, 위 통지 당시449) 위 부동산의 가격은 15억 원 정도였습니다.

5) 양도담보채권자가 정산절차의 일환으로 담보 부동산의 가액을 평가하고 공제될 채무액을 계산하여 채무자 등에게 정산 통지를 하였더라도 그 부동산의 평가나 채무액 계산이 부동한 경우, 정당한 평가·계산을 통한 정산금을 지급하기 전까지는 정산절차가 마쳐지지 않아 이미 소유권이전등기를 마쳤다 하더라도 채권자는 소유권을 취득할 수 없습니다.450) 따라서 피고 엄진수는 원고 이석화에게서 5억 원 및 이에 대한 2014. 4. 1.부터 다 갚는 날까지 월 1%의 비율에 의한 금원451)을 지급받은 다음 원고 이석화에게 위 소유권이전등기의 말소등기절차를 이행할 의무가 있습니다.452)453)454)

---

448) 대법원 1985. 10. 22. 선고 84다카2472, 2473 판결, 대법원 1987. 11. 10. 선고 87다카62 판결, 대법원 1992. 05. 26. 선고 91다28528 판결 등 참조. 종래에는 제소전화해가 가지고 있는 기판력을 이용하여 민법 제607조, 제608조나 가등기담보법의 제한을 회피할 목적으로 제소전화해가 많이 이용되었다. 그러나 대법원은 기판력을 침해하지 않고서도 채무자를 보호하기 위하여 제소전화해의 내용을 가능한 한 '약한 의미의 양도담보' 계약으로 해석하여 왔다. 제소전화해에 터잡아 '약한 의미의 양도담보'에 해당하는 소유권이전등기가 마쳐졌지만 채권자가 정산절차를 마치지 않아 소유권을 취득하지 못한 경우라 하더라도 다른 원인무효 사유가 없는 한 이로써 바로 그 등기가 원인무효는 아니므로, 채무자 등은 채무를 변제한 다음에 또는 채무 변제를 조건으로 그 등기의 말소를 구하여야 한다.

449) 피고 엄진수가 2015. 1. 31. 원고 이석화에게 통고서를 보낸 것은 담보권의 실행(정산)통지라고 볼 수 있다. 가등기담보법은 청산금 계산에 있어 부동산의 가액은 실행통지 시의 가액으로 한다고 명시하나(동법 제4조 제1항. 통지의 도달시가 아니라 통지시), 동법의 적용대상이 아닌 양도담보 등에 있어서는 판례의 태도가 분명치 않다. 다만, 처분정산의 경우에는 처분시이다(대법원 2002. 01. 25. 선고 2000다12952 판결). 가등기담보법의 기준대로 해석함이 공평하므로 통지 후 부동산의 가액이 상승하였더라도 정산금 산정(부동산의 가액 및 채무액의 산정)은 실행통지 시를 기준으로 하여야 한다.

450) 대법원 1992. 09. 01. 선고 92다10043, 10050 판결, 대법원 1994. 06. 28. 선고 94다3087, 3094 판결, 대법원 1996. 07. 30. 선고 96다6974, 6981 판결 등 참조. 이는 가등기담보법의 적용과는 관계없이 모두 해당된다. 이 경우 채권자가 나름대로 평가한 청산금의 액수가 객관적인 청산금의 평가액에 미치지 못한다고 하더라도 담보권 실행통지로서의 효력이나 청산기간의 진행에는 영향이 없으므로 채권자는 다시 정당한 금액을 평가하여 청산통지를 할 필요가 없고, 채무자 등은 정당하게 평가된 청산금을 지급받을 때까지 목적부동산의 소유권이전등기 및 인도 채무의 이행을 거절하면서 피담보채무 전액을 채권자에게 지급하고 채권담보의 목적으로 마쳐진 가등기의 말소를 구할 수 있을 뿐이다. 채무자 등이 정당한 청산금의 지급이 없었다는 이유로 동시이행 항변을 하는 경우에는 법원은 담보권 실행통지 당시의 부동산 시가와 선순위 채권액 등을 심리하여 정당한 청산금의 수액을 확정한 후 채무자에게 정당한 청산금의 지급과 상환으로 가등기에 기한 본등기 및 인도채무를 이행할 것을 명하여야 한다.

451) 채무자가 채무를 변제하고 담보가등기 또는 양도담보로 이루어진 소유권이전등기의 말소를 구하는 때에는 변제시까지 발생한 원금, 이자, 지연손해금, 기타 채무자가 부담하기로 된 비용(예컨대 가등기나 양도담보 설정비용, 부동산 감정료 등) 전액을 변제하여야 한다(가등기담보법 제11조 본문 참조). 가등기담보법의 적용 대상이 아닌 경우에도 같다. 가등기담보법에서는 채무자의 변제와 그에 따른 말소청구는 변제기 경과 후 10년(제척기간) 내에만 허용된다(동법 제11조 단서).

452) 원고 이석화는 자신의 채무를 변제하지 않고 담보물의 소유권을 포기하는 대신 정산금의 지급을 청구할 수도 있고 채무를 변제하고 양도담보등기의 말소를 구할 수도 있다. 정산금의 지급을 청구하는 경우에는 정산금을 지급받는 때에 소유권은 채권자에게 확정적으로 귀속된다. 이 두 권리는 논리적으로 모순되지 않고 양립이

나. 피고 정순만에 대한 청구

1) 소외 엄창길은 2014. 11. 5. 피고 정순만에게서 2억 원을 변제기 2015. 11. 4., 이자 월 5%로 약정하여 차용하였습니다. 피고 엄진수와 피고 정순만은, 엄창길이 피고 정순만에게 위 차용원리금채무를 변제하지 못할 경우 피고 엄진수가 별지 목록 기재 부동산을 피고 정순만에게 양도한다는 내용의 대물변제예약을 체결하고, 형식상으로는 같은 날짜 위 부동산에 관한 매매예약을 원인으로455) 피고 정순만에게 위 같은 등기국 2014. 11. 5. 접수 제2063호로 소유권이전청구권가등기를 마쳐주었습니다.

2) 위 대물변제예약을 한 2014. 11. 5.456) 위 부동산의 시가는 11억 원이었고, 그 전에 소외 서영익457) 앞으로 2014. 9. 11.자 채권최고액 3,000만 원의 근저당권설정등기가 되어 있었으며, 2014. 11. 5.의 그 피담보채무는 2,000만 원이었으므로, 위 부동산의 시가에서 위 근저당권의 피담보채무액을 공제하면 2014. 11. 5.의 그 실질 가액은 10억 8,000만 원입니다.458)

가능한데, 청구원인이 양립 가능하면 양자를 선택적으로 청구할 수도 있고, 순서를 정하거나 주위적·예비적 청구로 나누어 청구할 수도 있다. 전자의 경우 법원은 자유로이 어느 청구원인이든 선택하여 인용할 수 있고, 모든 청구원인이 이유 없으면 청구를 전부 기각하게 된다. 후자의 경우에는 법원은 그 순서에 따라 판단한다. 이때의 예비적 청구는 본래의 의미의 예비적 청구와 다르므로 부진정 예비적 청구라고도 부르며, 실질은 선택적 청구로서 '순위를 붙인 선택적 청구'라고도 한다. 이 답안에서는 원고 이석화의 의사에 따라 말소등기를 구하였다. 정산금을 구하는 청구를 한다면 다음과 같이 기재할 수 있다. [피고 엄진수는 원고 이석화에게, 9억 5,000만 원 및 이에 대한 이 사건 소장 부본 송달 다음날부터 다 갚는 날까지 연 15%의 비유에 의한 금원을 지급하라.] 그러나 이 사건에서는 피고 엄진수의 자력이 없으므로 거의 무익한 청구가 된다.

453) 원고 이석화가 엄진수에 대한 소유권이전등기의 말소판결을 받더라도 그 판결에 기하여 바로 말소등기를 할 수는 없다. 엄진수의 소유권이전등기에 터잡아 서영익의 근저당권설정등기가 마쳐져 있으므로, 서영익에게서 엄진수의 소유권이전등기말소에 대한 승낙을 받거나(부동산등기법 제57조) 그에 갈음하는 판결을 받아야 한다. 그러나 뒤에서 보는 바와 같이 서영익의 근저당권설정등기는 유효하므로 승낙에 갈음하는 판결을 받을 수 없다. 결국 소유권이전등기말소판결을 집행하기 전에 서영익에게 근저당권의 피담보채권을 임의로 변제하고 동인의 근저당권을 말소한 다음 소유권이전등기말소 판결을 집행하여야 한다.

454) '미리 청구할 필요'도 요건사실이지만, 이 사안에서는 이미 피고 엄진수의 청산통지사실 자체가 미리 청구할 필요를 나타내므로 별도로 기재할 필요가 없다.

455) 피고 엄진수와 정순만 사이의 매매예약이 순수한 매매예약이 아니라 대물변제예약이라는 것은 뒤에서 전개할 법리에 직접 관련되므로, 매매예약이 대물변제예약의 의사로써 형식적으로 이루어진 것이라는 취지를 명시하여야 한다.

456) 민법 제607조, 제608조와 가등기담보법은 대물변제 등의 예약 당시를 기준으로 재산권의 가액이 차용액 및 이자의 합산액을 초과하는 때에만 적용되므로(가등기담보법 제1조, 제2조 제1호), 가등기담보법이 적용되는가를 판단하기 위해서는 반드시 예약 당시를 기준으로 재산권의 가액과 차용액 및 이자를 산정하여야 한다.

457) 피고 엄진수 명의로 마쳐진 소유권이전등기는 담보 목적의 신탁적 양도로서 대외적 관계에서는 피고 엄진수가 적법한 소유권자이므로, 같은 피고가 정산절차를 거치지 않고 담보계약에 위반하여 이를 제3자(선악을 불문한다)에게 처분하더라도 유효하고 양도담보설정자는 제3자에게 대항할 수 없다(대법원 1962. 12. 27. 선고 62다724 판결 등 참조). 따라서 소외 서영익의 근저당권설정등기는 유효하고, 서영익은 변제기까지의 이자와 원금만 지급받으면 근저당권설정등기를 말소해주겠다고 하고 있으므로, 미리 변제를 조건으로 말소를 구할 소의 이익도 없다. 다만, 양도담보권자인 엄진수의 배임행위에 서영익이 적극 가담하여 근저당권을 설정받은 사실을 원고 이석화가 입증할 수 있다면「반사회적행위로서 무효」(대법원 1979. 07. 24. 선고 79다942 판결, 대법원 1984. 06. 12. 선고 82다카672 판결, 대법원 2004. 06. 24. 선고 2002다18237 판결)라는 주장을 하여 말소를 구할 수 있겠으나, 이 사건 기록에는 그와 같은 사정이 나타나 있지 않다.

458) 예약이후에 이루어진 선순위 근저당채무의 변제는 위 판단에 영향을 미치지 않는다.

3) 엄창길과 피고 정순만은 이자율을 월 5%(연 60%)로 약정하였으나 그 차용 당시 이자제한법과 「이자제한법 제2조 제1항의 최고이자율에 관한 규정」에 따르면 최고이자율은 연 25%였으므로,459) 이를 넘는 부분은 동법 제2조 제3항에 따라 효력이 없습니다. 따라서 위 차용 원금과 약정 변제기인 2015. 11. 4.까지의 이자제한법상의 이자는 합계 2억 5,000만 원[2억 원 + (2억 원 × 0.25 × 1년)]이어서460) 차용 당시 위 부동산의 실질 가액이 차용원리금을 초과하므로, 위 대물변제예약에 관하여는 민법 제607조, 제608조와 가등기담보법이 적용됩니다.

4) 가등기담보법에 따라 채권자가 가등기담보권을 실행하여 본등기를 청구하려면, 채권의 변제기 후에 청산금의 평가액을 채무자 등461)에게 통지하여 그 통지가 도달한 날부터 2월의 청산기간이 경과하여야 하고, 이에 위반한 특약으로서 채무자 등에게 불리한 것은 무효입니다(동법 제3조, 제4조 제2항, 제4항).462) 위 '채무자 등'에는 담보가등기 목적 부동산의 물상보증인도 포함되는데(동법 제2조 제2호), 피고 정순만이 물상보증인인 피고 엄진수에게는 이러한 실행 통지를 한 적이 없으므로, 청산기간은 개시되지 않았습니다. 그러므로 피고 정순만은 위 부동산의 소유권을 취득하지 못하였고(동법 제4조 제2항),463) 피고 정순만이 마친 소유권이전등기는 원인무효입니다. 따라서 피고 정순만은, 피고 엄진수에게 위 소유권이전등기의 말소등기절차를 이행할 의무가 있고, 소외 엄창길에게서 2억 원 및 이에 대한 2014. 11. 5.부터 다 갚는 날까지 연 25%의 비율에 의한 금원을 지급받은 다음 피고 엄진수에게 위 소유권이전청구권가등기의 말소등기절차를 이행할 의무가 있습니다.

5) 원고 이석화는 피고 엄진수에게 앞서 본 바와 같은 소유권이전등기청구권이 있고, 피고 엄진수는 이를 부인하면서, 피고 정순만에게 위 소유권이전등기말소청구 및 소유권이전청구권가등기말소청구권을 행사하지 않고 있습니다. 이에 원고 이석화는 피고 엄진수를 대위하여464) 피고 정순만에게 위 소유권이전등기의 말소 및 소유권이전

---

459) 2014. 6. 11. 연 25%로 개정된 「이자제한법 제2조제1항의 최고이자율에 관한 규정」은 시행일인 2014. 7. 15. 이후 최초로 계약을 체결하거나 갱신하는 분부터 적용된다.

460) 민법 제607조, 제608조나 가등기담보법이 적용되는지 아닌지를 판단할 때에는 그 차용액의 이자 역시 이자제한법에 의한 제한이자를 기준으로 계산하여야 한다(대법원 1962. 10. 18. 선고 62다291 판결; 대법원 1970. 12. 22. 선고 70다2295 판결; 대법원 1991. 07. 26. 선고 90다15488 판결 등 참조). 엄창길의 경우에 이를 적용하면 차용액과 약정 변제기까지의 이자는 합쳐서 2억 5,000만 원이고(이자제한법을 적용하지 않은 경우의 3억 2,000만 원보다 적다.) 담보 부동산의 가액이 이를 초과하여 가등기담보법이 적용된다.

461) 채무자, 물상보증인, 제3취득자를 말한다(가등기담보법 제2조 제2호). 따라서 물상보증인이나 제3취득자가 있으면 이들과 채무자에게 함께 통지하여야 한다. 통지 대상자가 복수인 경우에는 최종적으로 통지가 도달한 때에 통지의 효력이 발생한다(통설).

462) 단, 특약이 채무자에게 불리하더라도 청산기간이 경과한 후에 행하여진 것으로서 제3자의 권리를 해하지 않는 것은 유효하다(동법 제4조 제4항 단서).

463) 대법원 2002. 04. 23. 선고 2001다81856 판결.

464) 양도담보설정자는 채무 변제 후의 등기명의 회복을 위한 소유권이전등기청구권 또는 소유권이전등기말소청구권에 기하여 양도담보권자를 대위하여 제3자명의의 원인무효 등기의 말소를 구할 수 있다(대법원 1988. 01. 19. 선고 85다카1792 판결; 대법원 1970. 07. 24. 선고 70다805 판결).

청구권가등기의 말소등기절차의 이행을 구합니다.

2. 원고 전승우의 청구

원고 전승우는 2013. 6. 5. 원고 이석화 소유의 서울 서초구 서초동 1650-4 잡종지 300㎡를 임대차기간 2013. 6. 9.부터 2018. 6. 8.까지, 임대차보증금 1억 원, 월 임대료 200만 원으로 약정하여 원고 이석화에게서 임차하고 이를 사용하여 왔습니다.

피고 정순만은 2016. 6. 9. 용역업체 직원을 동원하여 강제로 원고 전승우를 별지 목록 기재 부동산에서 내보내고 현재 위 부동산을 점유·사용 중입니다.

가등기담보법의 적용 대상인 담보계약의 경우 채무자는 채권자가 정당한 청산금을 지급하기 전까지 소유권이전등기나 인도를 거절할 수 있습니다(동법 제4조 제3항). 소비대차계약상의 채권이 아닌 다른 채권의 담보를 위한 양도담보가 이루어진 경우, 담보권자는 담보권 실행을 위한 환가절차의 일환으로서 채무자 또는 직접점유자인 제3자에게 담보물의 인도청구를 할 수 있지만,[465)466)] 그 경우에도 채무자나 적법한 권원에 기하여 점유 중인 제3자에 대하여 소유권에 기한 인도청구를 할 수는 없습니다.

원고 전승우는 원고 이석화에게서 위 부동산을 임차하여 적법하게 점유중이었으므로, 피고 정순만은 원고 전승우에게 별지 목록 기재 부동산의 인도를 구할 권원이 없습니다. 따라서 원고 전승우의 적법한 점유를 침탈한 피고 정순만의 점유는 부적법하므로, 원고 전승우는 민법 제204조에 따라 피고 정순만에게 위 부동산의 인도를 구할 권리가 있습니다.[467)]

3. 결 론

이상과 같은 이유로 원고들은 본 소 제기에 이르렀습니다.

---

465) 대법원 1991. 11. 08. 선고 91다21770 판결 등 참조. 가등기담보법의 적용 대상인 담보계약의 경우 정당한 청산금을 지급하기 전까지 채무자는 소유권이전등기나 인도를 거절할 수 있고(동법 제4조 제3항), 채무액을 변제하고 소유권이전등기의 말소를 청구할 수도 있다(동법 제11조 본문 참조). 법문에는 규정이 빠졌으나 가등기의 말소청구도 당연히 가능하다고 해석된다. 채권자가 청산금을 지급하였더라도 정당한 청산금에 못미치면 소유권이전등기나 인도청구를 거절당할 수 있고, 이를 배제하는 내용의 처분정산은 가등기담보법 시행 후에는 허용되지 않는다(대법원 2002. 04. 23. 선고 2001다81856 판결; 대법원 2002. 12. 10. 선고 2002다42001 판결 참조).

466) 가등기담보법의 적용 대상이 아닌 담보계약의 경우 대법원은 채권자가 소유권을 취득하기 전이라도 환가를 위하여 인도가 필요한 경우에는 채무자 또는 직접점유자인 제3자에게 인도를 청구할 수 있다고 하고 있다. 이 경우 그 인도청구의 권원은 담보계약상의 권리이지 소유권이 아니므로 청구권원을 분명히 하여야 한다. 따라서 귀속정산의 경우에는 특별히 별도의 환가절차가 필요하지 않는 한 인도를 청구할 수 없는 것으로 해석할 수밖에 없다. 인도 청구의 상대방인 '제3자'에는 채무자에게서 적법한 점유권원을 취득한 자도 포함한다. 변제기 도과 후에는 채무자라도 채권자의 인도청구를 거부할 수 없기 때문이다.

467) 민법 제204조에 의하면 점유를 침탈당한 점유자는 침탈을 당한 때로부터 1년의 제척기간 내에 그 물건의 반환을 구할 수 있다. 다만, 점유자가 점유회수청구의 상대방에 대하여 하자 있는 점유를 하는 경우에는 점유회수의 소를 제기할 수 없다. 손해배상청구도 가능하나(동법 제204조), 이 경우의 손해배상은 일반 불법행위로 인한 손해배상과 다를 바 없으므로, 그 행사기간은 민법 제766조의 소멸시효에 따른다고 해석하고 있다(민법주해, 제4권, 제451면).

증 명 방 법 (생략)

첨 부 서 류 (생략)

2016. 10. 4.
원고 소송대리인 변호사 오변론

서울중앙지방법원 귀중

▣ 해설 – 물권법 중 가등기담보 부분

비전형담보는 수험생 입장에서 상대적으로 어려운 부분입니다. 이번 기록형 문제를 통해서 실제로 어떤 방식으로 가등기담보가 이루어지는지 학습하시기 바랍니다.

▣ 핵심 판례

가. 근저당권

근저당권이라 함은 그 담보할 채권의 최고액만을 정하고 채무의 확정을 장래에 유보하여 설정하는 저당권을 말하고, 이 경우 그 피담보채무가 확정될 때까지의 채무의 소멸 또는 이전은 근저당권에 영향을 미치지 아니하므로, 근저당부동산에 대하여 소유권을 취득한 제3자는 피담보채무가 확정된 이후에 그 확정된 피담보채무를 채권최고액의 범위 내에서 변제하고 근저당권의 소멸을 청구할 수 있다고 할 것인바, 피담보채무는 근저당권설정계약에서 근저당권의 존속기간을 정하거나 근저당권으로 담보되는 기본적인 거래계약에서 결산기를 정한 경우에는 원칙적으로 존속기간이나 결산기가 도래한 때에 확정되지만, 이 경우에도 근저당권에 의하여 담보되는 채권이 전부 소멸하고 채무자가 채권자로부터 새로이 금원을 차용하는 등 거래를 계속할 의사가 없는 경우에는, 그 존속기간 또는 결산기가 경과하기 전이라 하더라도 근저당권설정자는 계약을 해제하고 근저당권설정등기의 말소를 구할 수 있고, 존속기간이나 결산기의 정함이 없는 때에는 근저당권설정자가 근저당권자를 상대로 언제든지 해지의 의사표시를 함으로써 피담보채무를 확정시킬 수 있으며, 이러한 계약의 해제 또는 해지에 관한 권한은 근저당부동산의 소유권을 취득한 제3자도 원용할 수 있다고 할 것이다.[468]

근저당권의 양도에 의한 부기등기는 기존의 근저당권설정등기에 의한 권리의 승계를 등기부상 명시하는 것뿐으로, 그 등기에 의하여 새로운 권리가 생기는 것이 아닌 만큼 근저당권설정등기의 말소등기청구는 양수인만을 상대로 하면 족하고, 양도인은 그 말소등기청구에 있어서 피고적격이 없다.[469]

동일한 당사자가 동일목적물에 관하여 동일거래관계로 인하여 발생되는 채무를 담보하기 위하여 순위가 다른 여러개의 근저당권을 설정한 경우에 있어서도 그 각 근저당권은 모두 그 설정계약에서 정한 거래관계로 인하여 발생된 여러개의 채무 전액을 각 그 한도 범위안에서 담보하는 것이라 할 것이므로 그 담보물의 경매대금이 채무 전액을 만족시키지 못할 때에는 변제충당의 방법으로 그 경매대금수령으로 인하여 소멸할 채무를 정할 것이지 위 경매대금을 선순위 근저당권설정시에 발생된 채무에 우선적으로 변제충당할 것은 아니다.[470]

나. 가등기담보

가등기담보 등에 관한 법률은 재산권 이전의 예약에 의한 가등기담보에 있어서 재산의 예약 당시의 가액이 차용액 및 이에 붙인 이자의 합산액을 초과하는 경우에 적용되는바, 재산권 이전의 예약 당시 재산에 대하여 선순위 근저당권이 설정되어 있는 경우에는 재산의 가액에서 피담보채무액을 공제한 나머지 가액이 차용액 및 이에 붙인 이자의 합산액을 초과하는 경우에만 적용된다.[471]

건축주가 타인의 대지를 매수하여 연립주택을 신축하면서 대지 소유자와의 합의에 따라 대지 매매대금 채무의 담보를 위하여 그 연립주택에 관한 건축허가 및 그 소유권보존등기를 대지 소유자의 명의로 하여 두었다면, 완성된 연립주택은 일단 이를 건축한 건축주가 원시적으로 취득한 후 대지 소유자 명의로 소유권보존등기를 마침으로써 담보 목적의 범위 내에서 대지 소유자에게 그 소유권이 이전되었다고 보아야 하고, 이러한 경우 원시취득자인 건축주로부터 연립주택을 적법하게 임차하여 입주하고 있는 임차인에 대하여 대지 소유자가 그 소유자임을 내세워 명도를 구할 수는 없다.[472]

---

468) 대법원 2001. 11. 09. 선고 2001다47528 판결
469) 대법원 1995. 05. 26. 선고 95다7550 판결
470) 대법원 1987. 05. 26. 선고 86다카2950 판결
471) 대법원 2006. 08. 24. 선고 2005다61140 판결
472) 대법원 1996. 06. 28. 선고 96다9218 판결

다. 유동집합물

집합물(集合物)이란 '개개의 물건이 독자의 존재성을 잃지 않으면서 그 총체가 독립한 권리의 객체가 되는 경우에 있어 그 물건의 총체' 또는 '계속성을 가진 공동목적물로서 객관적으로 결합하여 일반 거래관념상 단일한 것으로 취급되는 다수 물건의 집합'으로 정의된다. 예컨대, 한 무리의 가축, 서고 내의 서적, 점포 내의 상품, 창고 내의 제품이나 원자재 등이다. 물건은 단일물, 합성물(선박이나 건물과 같이 복수의 단일불이 결합하여 하나의 새로운 물건을 구성하는 것), 집합물로 구분되는데, 우리 민법은 이에 관하여 아무런 규정을 두고 있지 않으나 일물일권주의를 채택하고 있는 것으로 이해된다. 집합물을 이러한 일물일권주의에 포섭하기 위해서는 구성물들을 복수의 단일물이 아닌 하나의 물건으로 포괄할 필요가 있는데, 대법원도 종류, 수량, 소재장소 등을 지정하는 방법으로 특정할 수만 있다면 전체를 하나의 물건으로 보아 권리의 객체로 삼을 수 있다고 하여 창고 내의 원자재, 양어장 내의 뱀장어, 목장 내의 돼지 등에 대하여 이를 긍정한다.[473]

집합물을 이루는 개개 물건이 처분, 사멸, 번식, 신규반입 등을 통해 증감 변동함으로써 유동성을 갖는 집합물을 유동집합물이라고 하는데, 번식이나 신규반입 등으로 새로이 집합물의 구성을 이루는 물건에 대하여도 양도담보권 등 종전의 권리가 미치는가는 계약 당사자의 의사에 달려 있고, 그에 대하여 권리를 배제하기로 하는 특약이 없는 이상 권리가 미친다는 명시적 약정이 없더라도 당해 집합물의 성질, 채무자에 의한 소비나 처분을 허용하고 있는지 등을 종합하여 이를 인정할 경우가 많으며, 이러한 경우 양도담보권자가 그때마다 설정자와 별도의 양도담보권 설정계약을 맺거나 점유개정의 의사표시를 하지 아니하더라도 집합물은 한 개의 물건으로서의 동일성을 잃지 않고, 양도담보권의 효력은 항상 현재의 집합물 전체에 미친다.[474]

---

473) 대법원 1988. 10. 25. 선고 85누941 판결, 대법원 1988. 12. 27. 선고 87누1043 판결, 대법원 1990. 12. 26. 선고 88다카20224 판결 등 참조
474) 위 대법원 85누941 판결, 87누1043 판결, 88다카20224 판결 참조

13. [소장 9]

수임번호 2016-07		사건상담기록		2016. 10. 16.
의뢰인	서우석 (480517-1225313)		의뢰인 전화	02-594-6075
의뢰인 주소	서울 강서구 공항동 723-15 대영오피스텔 810호		의뢰인 팩스	02-596-3258
상 담 내 용				

1. 이영주와의 관계

가. 의뢰인은 2012. 1. 10. 이영주에게 서울 양천구 신월동 239 대 210㎡를 1억 9,050만 원에 매도하였고, 계약금과 중도금을 약정대로 받았으며, 잔금은 2013. 1. 10. 받기로 약정하였다.

의뢰인은 2013. 1. 10.이 지나도 잔금수령을 거절하고 이영주의 등기이전 요구에 응하지 않았다. 위 토지 인근의 주민이 「도시 및 주거환경정비법」 소정의 주택재건축사업을 추진하였는데, 재건축사업이 성사되면 의뢰인은 위 토지를 재건축사업조합에 비싼 값으로 넘길 계획이었기 때문이다. 그래서 매매계약일로부터 5년 내에 재건축사업조합설립인가를 받으면 매매계약을 해제할 수 있도록 이영주와 구두 약속도 하였다.

위 재건축사업조합의 설립추진위원회가 2012년 말경 안전진단을 의뢰하였기에, 의뢰인은 잔금 수수와 등기이전을 미루자고 이영주에게 제의하였다. 그러나 이영주는 위 구두 약속을 부인하며 빨리 잔금을 받고 등기를 넘겨달라고 요구해 왔다. 이영주는 2013. 2. 16. 의뢰인을 상대로 위 토지의 등기이전 등을 구하는 소(서울남부지방법원 2013가합13150)를 제기하였다.

나. 의뢰인은 위 소송에서 3심까지 전부 패소하였다. 그러나 의뢰인은 위 판결 내용에 대부분 승복하지 않는다.

1) 소유권이전등기를 명한 부분

신월동 239 토지의 매매계약 당시 앞서 말한 바와 같은 해제권 유보약정을 확실히 하였고 입회인인 정성진도 이를 알고 있다. 위 재건축사업조합의 설립추진위원회는 위 1, 2심 재판 중에는 「도시 및 주거환경정비법」 제13조 소정의 조합설립을 위한 추진위원회 구성을 승인만 받은 상태였다가 2016. 6. 30. 서울시장으로부터 재건축사업조합설립인가를 받았다. 의뢰인은 위 매매계약이 해제되기를 바랐기 때문에 위 소송에서 잔금 7,145만 원의 동시이행 항변을 하지 않았고, 이영주는 아직 자신의 명의로 소유권이전등기를 하지 않고 있다.

2) 2011. 3. 23.자 대여금

2011. 3. 23. 의뢰인이 이영주로부터 5,000만 원을 2012. 3. 22.까지 갚기로 하고 이자는 연 24%로 약정해서 빌린 것은 사실이다.

3) 2012. 2. 28.자 대여금

의뢰인은 3,000만 원을 빌린 일이 없다. 이영주는 2012. 2.경 경매에 나온 서울 강서구 공항동 723-16 대 300㎡를 매수하기로 하면서, 경매절차상의 매수인을 의뢰인 명의로 해달라고 의뢰인에게 부탁하였다. 위 토지의 1차 매각기일인 2012. 2. 28. 14:00 의뢰인은 이영주의 지시대로 3억 원에 매수신고를 하여, 최고가 매수신고인으로 매각허가결정을 받은 다음 2012. 3. 16. 잔대금을 지급하여, 2012. 3. 20. 의뢰인 명의로 소유권이전등기가 마쳐졌다.

이영주는 1차 매각기일에 매수신청의 보증금으로 3,000만 원을 의뢰인의 예금계좌(신한은행 398-04-115370)로 송금하여 의뢰인이 이를 찾아 집행관에게 냈고, 2012. 3. 16.에는 의뢰인과 이영주가 동행하여 이영주가 가지고 온 매각 잔대금 2억 7,000만 원을 의뢰인 명의로 냈다. 이영주는 그 뒤 의뢰인에게 위 토지를 매각해 달라고 하여 의뢰인은 매수인을 알선해 주었고, 이영주는 2012. 6.경 의뢰인과 함께 매수인을 만나 의뢰인 명의로 매매계약을 체결하고 매도대금(4억 2,000만 원)을 직접 받았으며, 의뢰인은 이영주의 지시대로 매수인에게 소유권이전등기까지 마쳐주었다.

따라서 2012. 2. 28. 송금한 3,000만 원은 이영주가 의뢰인의 이름으로 경매 부동산을 매수하려고 경매보증금으로 보낸 것인데도, 이영주는 그 송금증을 이용하여, 마치 의뢰인에게 3,000만 원을 대여한 양 법원을 기망하여 승소판결을 얻었다.

4) 어음금

의뢰인은 2012. 8.경 조병수와 공동으로 서울 강서구 화곡동 127 대 330㎡를 매수하여 건물을 지어 분양한 후 이익을 나누기로 하면서, 토지 매수자금을 조병수가 대고 건축비용은 의뢰인이 대기로 하였다. 그리하여 조병수는 2012. 9. 1. 위 토지를 이영주에게서 자신의 명의로 대금 4억 원에 매수하면서 계약금 3억 원을 지급하였다. 당일 매매 쌍방은 잔금 지급 전에도 매수인이 위 토지를 사용할 수 있도록 특약하면서, 조병수는 잔금과 지연손해금의 지급을 위해 액면금과 지급기일을 백지로 한 약속어음 1장을 발행하여 이영주에게 교부하였는데, 의뢰인도 이영주의 요구에 따라 위 약속어음에 배서를 하였다.

조병수가 잔금을 마련하지 못하여 의뢰인과 조병수는 동업을 해지하였고, 조병수는 2012. 11. 20.경 위 토지를 오창수에게 전매하였는데, 오창수는 이영주에 대한 잔금 1억 원을 책임지고 갚기로 하였다. 의뢰인과 조병수는 이영주에게 이 사실을 알리면서 등기를 오창수에게 넘겨달라고 요청하였고, 이영주는 위 토지에 관하여 오창수 앞으로 소유권이전등기를 넘겨주었다.

오창수는 2012. 12. 1. 이영주에게 7,500만 원만 지급하고 나머지를 지급하지 않다가 위 토지에 하나은행 앞으로 근저당권을 설정하였다. 그러자 이영주는 위 어음에 액면금을 2,500만 원, 지급기일을 2013. 2. 1.로 보충 기재하고 지급제시하였다. 오창수가 위 매매잔금을 전부 갚기로 했으니 의뢰인과 조병수는 위 매매잔금이나 어음금을 지급할 의무가 없는데도, 이영주가 의뢰인을 괴롭히려고 법원을 속여 위와 같은 판결을 받았다.

다. 의뢰인이 소송사기죄로 고소하겠다고 하자, 이영주는 위 확정판결의 금전채권 중 일부에 대해서는 강제집행을 하지 않겠다고 약속하였다.

그럼에도 이영주는 위 확정판결을 집행권원으로 하고 판결상의 금전채권 전액을 청구금액으로 하여 2015. 5. 30. 서울 강서구 개화동 산 38 임야 992㎡에 관하여 강제경매신청을 하여, 그 배당기일에 1억 원을 배당받아 갔다.

라. 이와 별도로 의뢰인은 2011. 7. 19. 이영주에게서 1억 원을 변제기 2016. 7. 18., 이자율 연 15%, 지연손해금률 연 24%로 약정하여 빌렸고, 그 담보로 2011. 7. 21. 의뢰인 소유인 서울 양천구 신월동 240 토지에 근저당권설정등기를 마쳐주었다.

의뢰인은 2016. 7. 18. 이영주에게 원금 1억 원과 5년분 이자 7,500만 원을 합한 1억 7,500만 원을 지급할 터이니 근저당권설정등기를 말소해 달라고 요구했으나, 이영주는 근저당권설정등기를 할 때 등록세와 비용 등으로 합계 500만 원이 들었으니 그 돈도 받아야 말소해 주겠다면서 거절하였다. 위 차용 시 등록세와 비용 등을 의뢰인이 부담하기로 약정한 일은 없다.

이영주는 2016. 7. 19. 신월동 240 토지에 관하여 임의경매를 신청하여 절차가 진행 중인데, 법원에 알아보니 현재까지 경매비용으로 150만 원이 지출되었고 제1회 매각기일은 정해지지 않았다고 한다.

마. 의뢰인은, ① 위 확정판결의 내용 중 바로잡을 수 있는 부분을 바로잡고, ② 위 확정판결의 내용 중 바로잡을 수 없는 부분은 그에 따른 손실을 최소화하며, ③ 단시일에 돈을 갚을 수 없지만, 돈을 갚을 때까지만이라도 신월동 240 토지의 경매절차를 정지시켜 달라고 한다.

2) 2011. 3. 23.자 대여금

   2011. 3. 23. 의뢰인이 이영주로부터 5,000만 원을 2012. 3. 22.까지 갚기로 하고 이자는 연 24%로 약정해서 빌린 것은 사실이다.

3) 2012. 2. 28.자 대여금

   의뢰인은 3,000만 원을 빌린 일이 없다. 이영주는 2012. 2.경 경매에 나온 서울 강서구 공항동 723-16 대 300㎡를 매수하기로 하면서, 경매절차상의 매수인을 의뢰인 명의로 해달라고 의뢰인에게 부탁하였다. 위 토지의 1차 매각기일인 2012. 2. 28. 14:00 의뢰인은 이영주의 지시대로 3억 원에 매수신고를 하여, 최고가 매수신고인으로 매각허가결정을 받은 다음 2012. 3. 16. 잔대금을 지급하여, 2012. 3. 20. 의뢰인 명의로 소유권이전등기가 마쳐졌다.

   이영주는 1차 매각기일에 매수신청의 보증금으로 3,000만 원을 의뢰인의 예금계좌(신한은행 398-04-115370)로 송금하여 의뢰인이 이를 찾아 집행관에게 냈고, 2012. 3. 16.에는 의뢰인과 이영주가 동행하여 이영주가 가지고 온 매각 잔대금 2억 7,000만 원을 의뢰인 명의로 냈다. 이영주는 그 뒤 의뢰인에게 위 토지를 매각해 달라고 하여 의뢰인은 매수인을 알선해 주었고, 이영주는 2012. 6.경 의뢰인과 함께 매수인을 만나 의뢰인 명의로 매매계약을 체결하고 매도대금(4억 2,000만 원)을 직접 받았으며, 의뢰인은 이영주의 지시대로 매수인에게 소유권이전등기까지 마쳐주었다.

   따라서 2012. 2. 28. 송금한 3,000만 원은 이영주가 의뢰인의 이름으로 경매 부동산을 매수하려고 경매보증금으로 보낸 것인데도, 이영주는 그 송금증을 이용하여, 마치 의뢰인에게 3,000만 원을 대여한 양 법원을 기망하여 승소판결을 얻었다.

4) 어음금

   의뢰인은 2012. 8.경 조병수와 공동으로 서울 강서구 화곡동 127 대 330㎡를 매수하여 건물을 지어 분양한 후 이익을 나누기로 하면서, 토지 매수자금을 조병수가 대고 건축비용은 의뢰인이 대기로 하였다. 그리하여 조병수는 2012. 9. 1. 위 토지를 이영주에게서 자신의 명의로 대금 4억 원에 매수하면서 계약금 3억 원을 지급하였다. 당일 매매 쌍방은 잔금 지급 전에도 매수인이 위 토지를 사용할 수 있도록 특약하면서, 조병수는 잔금과 지연손해금의 지급을 위해 액면금과 지급기일을 백지로 한 약속어음 1장을 발행하여 이영주에게 교부하였는데, 의뢰인도 이영주의 요구에 따라 위 약속어음에 배서를 하였다.

조병수가 잔금을 마련하지 못하여 의뢰인과 조병수는 동업을 해지하였고, 조병수는 2012. 11. 20.경 위 토지를 오창수에게 전매하였는데, 오창수는 이영주에 대한 잔금 1억 원을 책임지고 갚기로 하였다. 의뢰인과 조병수는 이영주에게 이 사실을 알리면서 등기를 오창수에게 넘겨달라고 요청하였고, 이영주는 위 토지에 관하여 오창수 앞으로 소유권이전등기를 넘겨주었다.

오창수는 2012. 12. 1. 이영주에게 7,500만 원만 지급하고 나머지를 지급하지 않다가 위 토지에 하나은행 앞으로 근저당권을 설정하였다. 그러자 이영주는 위 어음에 액면금을 2,500만 원, 지급기일을 2013. 2. 1.로 보충 기재하고 지급제시하였다. 오창수가 위 매매잔금을 전부 갚기로 했으니 의뢰인과 조병수는 위 매매잔금이나 어음금을 지급할 의무가 없는데도, 이영주가 의뢰인을 괴롭히려고 법원을 속여 위와 같은 판결을 받았다.

다. 의뢰인이 소송사기죄로 고소하겠다고 하자, 이영주는 위 확정판결의 금전채권 중 일부에 대해서는 강제집행을 하지 않겠다고 약속하였다.

그럼에도 이영주는 위 확정판결을 집행권원으로 하고 판결상의 금전채권 전액을 청구금액으로 하여 2015. 5. 30. 서울 강서구 개화동 산 38 임야 992㎡에 관하여 강제경매신청을 하여, 그 배당기일에 1억 원을 배당받아 갔다.

라. 이와 별도로 의뢰인은 2011. 7. 19. 이영주에게서 1억 원을 변제기 2016. 7. 18., 이자율 연 15%, 지연손해금률 연 24%로 약정하여 빌렸고, 그 담보로 2011. 7. 21. 의뢰인 소유인 서울 양천구 신월동 240 토지에 근저당권설정등기를 마쳐주었다.

의뢰인은 2016. 7. 18. 이영주에게 원금 1억 원과 5년분 이자 7,500만 원을 합한 1억 7,500만 원을 지급할 터이니 근저당권설정등기를 말소해 달라고 요구했으나, 이영주는 근저당권설정등기를 할 때 등록세와 비용 등으로 합계 500만 원이 들었으니 그 돈도 받아야 말소해 주겠다면서 거절하였다. 위 차용 시 등록세와 비용 등을 의뢰인이 부담기로 약정한 일은 없다.

이영주는 2016. 7. 19. 신월동 240 토지에 관하여 임의경매를 신청하여 절차가 진행 중인데, 법원에 알아보니 현재까지 경매비용으로 150만 원이 지출되었고 제1회 매각기일은 정해지지 않았다고 한다.

마. 의뢰인은, ① 위 확정판결의 내용 중 바로잡을 수 있는 부분을 바로잡고, ② 위 확정판결의 내용 중 바로잡을 수 없는 부분은 그에 따른 손실을 최소화하며, ③ 단시일에 돈을 갚을 수 없지만, 돈을 갚을 때까지만이라도 신월동 240 토지의 경매절차를 정지시켜 달라고 한다.

2. 주우식과의 관계

가. 의뢰인은 2013. 9. 11. 서울 양천구 신월동 32-7 대 1,157㎡를 주우식에게서 7억 원에 매수하고 계약금 5,000만 원을 지급하였다.

위 토지 일대는 높이 15m 이상의 건축이 제한되어 있었으나, 주민들이 건축고도 제한을 해제해 달라는 민원을 주무 부처인 국토해양부에 제출한 상태이었고, 위 민원이 곧 받아들여져 고도제한이 해제된다는 소문이 파다하여, 의뢰인은 위 토지에 10층짜리 아파트를 건축할 계획을 하고 있었다. 평당 100만 원이던 위 토지의 가격은 고도제한이 해제되리라는 기대 때문에 평당 200만 원으로 올랐고, 의뢰인도 평당 200만 원에 위 토지를 매수하였다. 의뢰인은 위 매매 당시 자신의 계획을 주우식에게 말하였고, 주우식도 곧 고도제한이 해제되니 전혀 문제가 없다고 장담하였다. 위 매매를 소개하고 계약서 작성에 입회한 조영호(주우식의 이웃 사람)도 같은 말을 하였다.

나. 고도제한이 해제되기를 기다리느라고 의뢰인이 위 매매 잔대금의 지급을 미루던 중, 국토해양부에서는 2014. 3.경 위 민원에 대하여 '고도제한을 해제할 수 없다'고 회신하였다.

다. 주우식은 의뢰인을 상대로 지급명령을 신청하였고, 이는 2014. 4. 29. 확정되었다(당시 의뢰인의 아들이 지급명령을 송달받고도 의뢰인에게 연락을 늦게 한 탓에, 의뢰인은 이의신청을 하지 못하였다).

라. 주우식은 위 확정된 지급명령을 근거로 하여 의뢰인의 제3자에 대한 채권에 관하여 추심명령과 전부명령을 각기 받았고 이는 2016. 10. 15. 의뢰인과 제3채무자들에게 송달되었다.

마. 의뢰인은, ① 주우식과의 매매계약을 손해 없이 파기하되, 부득이하다면 계약금을 포기하더라도 계약을 파기하고, ② 2건의 명령(추심, 전부)에 대해서도 구제받을 길을 찾아 달라고 한다.

변호사 오변론 법률사무소

전화번호 : 02-550-2267, 팩스 02-550-2268, 이메일 : mir@nate.com
서울 서초구 서초동 1567 정곡빌딩 동관 1009호

[작성 유의사항]

상담기록을 토대로 의뢰인을 위하여 제기할 소의 소장을 작성하시오.

① 예비적·선택적 청구, 법리상 명백하게 배척될 청구는 하지 말고, 상대방의 주장이 예상되는 부분에 대하여는 그 주장을 가정하여 미리 반박하시오(예 : "피고는 ~라고 주장할지 모르나…").

② 작성날짜는 2016. 10. 17.로 하고, 이자 또는 지연손해금 계산 시 'O'월을 년으로 환산할 때에는 'O/12'년으로 계산하되 소수점 셋째 자리 이하는 버리시오.

토지매매계약서

매도인과 매수인은 합의 하에 다음과 같이 매매 계약을 체결한다.

1. 부동산의 표시
서울 양천구 신월동 239 대 210㎡

2. 계약내용
제1조 매수인은 위 부동산을 대금 190,500,000원에 매수하되, 매매대금은 다음과 같이 지불하기로 한다.
 1. 계약금 : 금 19,050,000원을 계약 당시 지불한다.
 2. 중도금 : 금 1억 원을 2012. 7. 10. 지불한다.
 3. 잔금   : 금 71,450,000원을 2013. 1. 10. 지불한다.

제2조 (동시이행 의무) 매도인은 매수인으로부터 매매 잔금을 받음과 동시에 매수인에게 소유권이전등기에 필요한 모든 서류를 교부하고 이전등기신청에 협력하여야 하며 또한 위 부동산을 인도하여야 한다.
제3조 (해제권 등) 매수인이 매도인에게 중도금을 지급할 때까지는, 매도인은 계약금의 배액을 상환하고 이 계약을 해제할 수 있으며, 매수인은 계약금을 포기하고 이 계약을 해제할 수 있다.
※ 특약
이 계약에 따른 매매대금은 별도로 정산되어야 하고, 매도인과 매수인 사이의 기존 또는 향후의 금전거래를 이유로 상계할 수 없다.

2012년 1월 10일

매도인	성명	서우석 ㊞	주민등록번호 510517-1225313
	주소	서울 강서구 공항동 723-15 대영오피스텔 810호	
매수인	성명	이영주 ㊞	주민등록번호 510217-1527310
	주소	서울 강서구 염창동 538-6	
입회인	성명	정성진 ㊞	주민등록번호 540325-1456799
	주소	서울 강서구 화곡동 478-9	

서울남부지방법원

제 민사부

판 결

사　　건	2013가합13150 소유권이전등기 등
원　　고	이영주 (510217-1527310)
	서울 강서구 염창동 538-6
	소송대리인 변호사 이영국
피　　고	서우석 (510517-1225313)
	서울 강서구 공항동 723-15 대영오피스텔 810호
	소송대리인 변호사 김수정
변론종결	2013. 7. 11.
판결선고	2013. 7. 25.

주　　문

1. 피고는 원고에게 서울 양천구 신월동 239 대 210㎡에 관하여 2012. 1. 10. 매매를 원인으로 한 소유권이전등기절차를 이행하라.

2. 피고는 원고에게 1억 500만 원 및 그 중 5,000만 원에 대하여는 2012. 3. 23.부터 다 갚는 날까지 연 24%의, 나머지 5,500만 원에 대해서는 2013. 2. 23.부터 다 갚는 날까지 연 20%의 각 비율에 따른 금원을 지급하라.

3. 소송비용은 피고가 부담한다.

4. 제2항은 가집행할 수 있다.

청 구 취 지

주문과 같다.

이 유

1. 소유권이전등기 청구에 관한 판단

갑 제1호증(매매계약서), 갑 제2호증(중도금 영수증)의 각 기재에 의하면, 원고는 2012. 1. 10. 피고로부터 청구취지 제1항 기재 토지를 대금 1억 9,050만 원에 매수한 사실을 인정할 수 있고 반증 없다. 위 인정 사실에 따르면, 피고는 원고에게 주문 제1항 기재와 같은 소유권이전등기절차를 이행할 의무가 있다.

피고는, 위 매매계약 당시 위 토지 인근의 삼화아파트 재건축사업이 추진되어 위 매매계약일로부터 5년 내에 재건축조합 설립인가가 있으면 매도인인 피고가 위 매매계약을 해제할 수 있기로 약정하였고, 이 사건 답변서 부본의 송달로써 이를 해제한다고 항변하므로 살피건대, 증인 정성진의 증언만으로는 위와 같은 해제사유가 발생한 사실을 인정하기에 부족하고 달리 이를 인정할 증거가 없으므로, 위 항변은 더 나아가 살펴볼 필요 없이 이유 없다.

2. 금원지급 청구에 관한 판단

가. 대여금

원고가 2011. 3. 23. 피고에게 5,000만 원을 이율 연 24%, 변제기 2012. 3. 22.로 약정하여 대여한 사실은 원·피고 사이에 다툼이 없고, 갑 제3호증의 1(예금통장), 2(무통장입금증)의 각 기재와 변론 전체의 취지를 종합하면, 원고가 2012. 2. 28. 피고에게 이자 및 변제기의 약정 없이 3,000만 원을 대여한 사실을 인정할 수 있으며, 을 제1호증(부동산등기부 등본)의 기재는 위 인정에 방해가 되지 않고 달리 이를 뒤집을 만한 반증이 없다.

나. 어음금

1) 갑 제4호증의 1(약속어음 표지), 2(약속어음 이면)의 각 기재와 변론 전체의 취지를 종합하면, 소외 조병수가 2012. 9. 1. 수취인란을 백지로 하여 액면금 2,500만 원, 발행지 및 지급지 서울특별시, 지급장소 하나은행 신정동지점, 지급기일 2013. 2. 1.로 된 약속어음 1장을 발행하였고, 피고는 같은 날 위 약속어음에 거절증서 작성의무를 면제한 채 백지식 배서를 한 사실, 원고는 위 어음을 취득하여 최후 소지인으로서 수취인란에 원고의 이름을 기재하고 2013. 2. 1. 위 약속어음을 위 지급장소에 지급제시하였으나 예금 부족으로 지급을 받지 못한 사실을 인정할 수 있고 반증 없다.

2) 피고는, 자신과 동업자인 소외 조병수가 2012. 9. 1. 원고에게서 서울 강서구 화곡동 127 대 330㎡를 공동으로 매수하고 그 잔금 1억 원을 지급하기 위해 조병수 명의로 액면금 및 지급기일이 공란으로 된 약속어음 1장을 발행하고 피고는 이에 배서하여 원고에게 교부하였는데, 그 뒤 피고와 위 조병수는 위 토지를 소외 오창수에게 전매하고 원고의 동의를 얻어 원고에 대한 위 1억 원의 잔대금 지급채무를 오창수가 면책적으로 인수하여 직접 이행키로 약정하였으나, 그 뒤 위 오창수가 2012. 12. 초경 원고에게 7,500만 원만을 지급하자 원고는 나머지 2,500만 원을 지급받기 위해 액면금과 지급기일을 위와 같이 보충한 후 피고를 상대로 이 사건 소로써 그 지급을 구하고 있는데, 원고에 대한 피고의 원인채무인 매매잔대금 지급채무가 위와 같이 면책적으로 오창수에게 인수되었으므로 원고의 위 어음금 지급청구는 이유 없다고 항변한다.

그러나 을 제2호증(부동산등기부 등본) 및 을 제3호증(인증서)의 각 기재만으로는, 위와 같은 경위로 위 어음이 발행, 배서되었고 면책적 채무인수가 있었음을 인정하기에 부족하고, 달리 이를 인정할 만한 증거가 없으므로 피고의 항변은 이유 없다.

다. 소결론

따라서 피고는 원고에게 위 합계 1억 500만 원(대여금 8,000만 원 + 어음금 2,500만 원) 및 그 중 2011. 3. 23.자 대여금 5,000만 원에 대하여는 변제기 다음날인 2012. 3. 23.부터 다 갚는 날까지 약정 이율인 연 24%의, 2012. 2. 28.자 대여금 및 어음금의 합계 5,500만 원에 대하여는 각 변제기 및 지급제시일 이후로서 원고가 구하는 이 사건 소장 부본 송달 다음날인 2013. 2. 23.부터 다 갚는 날까지 소송촉진 등에 관한 특례법에 정해진 연 20%의 각 비율에 따른 지연손해금을 지급할 의무가 있다.

3. 결 론

원고의 이 사건 청구는 모두 이유 있어 주문과 같이 판결한다.

재판장   판사   최은오

판사   김영덕

판사   최재희

서 울 고 등 법 원

제 민 사 부

판 결

사 건	2013나1620 소유권이전등기 등
원고, 피항소인	이영주 (510217-1527310)
	서울 강서구 염창동 538-6
	소송대리인 변호사 이영국
피고, 항소인	서우석 (510517-1225313)
	서울 강서구 공항동 723-15 대영오피스텔 810호
	소송대리인 변호사 김수정
제1심 판결	서울남부지방법원 2013. 7. 25. 선고 2013가합13150 판결
변 론 종 결	2014. 1. 6.
판 결 선 고	2014. 1. 20.

주 문

1. 피고의 항소를 기각한다.
2. 항소비용은 피고가 부담한다.

청구취지 및 항소취지

청구취지 : 피고는 원고에게 서울 양천구 신월동 239 대 210㎡에 관하여 2012. 1. 10. 매매를 원인으로 한 소유권이전등기절차를 이행하고, 1억 500만 원 및 그 중 5,000만 원에 대하여는 2012. 3. 23.부터 다 갚는 날까지 연 24%의, 나머지 5,500만 원에 대하여는 이 사건 소장 부본 송달 다음날부터 다 갚는 날까지 연 15%의 각 비율에 의한 금원을 지급하라.

항소취지 : 1심 판결을 취소하고 원고의 청구를 기각한다.

이 유

이 법원이 이 사건에 관하여 설시할 이유는 1심 판결문의 기재와 같으므로 민사소송법 제420조에 의하여 이를 모두 인용한다.

그렇다면 원고의 청구는 이유 있어 이를 모두 인용할 것인바, 이와 결론을 같이한 1심 판결은 정당하고 피고의 항소는 이유 없으므로, 피고의 항소를 기각하기로 하여 주문과 같이 판결한다.

재판장 판사 송강후

판사 이병현

판사 한호주

대 법 원

제 부

판 결

사 건	2014다793 소유권이전등기 등
원고, 피상고인	이영주 (510217-1527310)
	서울 강서구 염창동 538-6
	소송대리인 변호사 이영국
피고, 상고인	서우석 (510517-1225313)
	서울 강서구 공항동 723-15 대영오피스텔 810호
	소송대리인 변호사 김수정
원 심 판 결	서울고등법원 2014. 1. 20. 선고 2010나1620 판결
판 결 선 고	2015. 5. 4.

주 문

상고를 기각한다.

상고비용은 피고가 부담한다.

이 유

이 사건 기록과 상고이유서를 살펴보아도 상고심절차에 관한 특례법 제4조 제1항 각호의 사유를 찾아볼 수 없으므로, 심리를 속행하지 아니하고 상고를 기각하기로 관여 법관의 의견이 일치되어 주문과 같이 판결한다.

재판장　대법관　한흥모

　　　　대법관　최현우

주　심　대법관　임효량

　　　　대법관　김홍주

[토지] 서울특별시 강서구 공항동 723-16　　　고유번호 1234-5678

[표 제 부]　　　(토지의 표시)

표시번호	접 수	소재지번	지목	면적	등기원인 및 기타사항
1 (전 2)	1996년 3월 8일	서울특별시 강서구 공항동 723-16	대	300㎡	
					부동산등기법시행규칙부칙 제3조 제1항의 규정에 의하여 1996년 7월 14일 전산이기

[갑 구]　　　(소유권에 관한 사항)

순위번호	등기목적	접 수	등기원인	권리자 및 기타사항
1 (전 2)	소유권이전	1993년5월6일 제3245호	1993년 5월 3일 매매	소유자 최맹호 520325-1349454 서울 강서구 공항동 723-4
				부동산등기법시행규칙부칙 제3조 제1항의 규정에 의하여 1996년 7월 14일 전산이기
2	임의경매신청	2011년10월6일 제4925호	2011년10월4일 서울남부지방법원의 경매개시결정 (2011타경5017)	채권자 주식회사 우리은행 110111-0012345 서울 중구 남대문로 1가 2
3	소유권이전	2012년3월20일 제5275호	2012년3월16일 임의경매로 인한 매각	소유자 서우석 510517-1225313 서울 강서구 공항동 723-15 대영오피스텔 810호
4	2번 임의경매신청등기 말소	2012년3월20일 제5275호	2012년3월16일 임의경매로 인한 매각	
5	소유권이전	2012년6월21일 제49275호	2012년6월21일 매매	소유자 정연숙 640305-2536549 서울 관악구 신림동 435

[토지] 서울특별시 강서구 공항동 723-16   고유번호 1234-5678

[을구]		(소유권 이외의 권리에 관한 사항)		
순위번호	등기목적	접수	등기원인	권리자 및 기타사항
1 (전3)	근저당권설정	2007년8월7일 제54345호	2007년8월7일 설정계약	채권최고액 금 300,000,000원 채무자 최맹호 　서울 강서구 공항동 723-4 근저당권자 주식회사 우리은행 　110111-0012345 　서울 중구 남대문로 1가 2
2	1번 근저당권설정등기말소	2012년3월20일 제5275호	2012년3월16일 임의경매로 인한 매각	

수수료 1000원 영수함
관할등기소 : 서울남부지방법원 강서등기소 / 발행등기소 : 법원행정처 등기정보중앙관리소

　이 증명서는 등기기록의 내용과 틀림없음을 증명합니다.
　　　　　　　서기 2015년 10월 10일
　　　　　법원행정처 등기정보중앙관리소 전산운영책임

* 실선으로 그어진 부분은 말소등기사항을 표시함. * 등기기록에 기록된 사항이 없는 갑구 또는 을구는 생략함. * 증명서는 컬러 또는 흑백으로 출력 가능함.

[토지] 서울특별시 강서구 화곡동 127　　　　　고유번호 1234-5678

[표 제 부] (토지의 표시)

표시번호	접 수	소재지번	지목	면적	등기원인 및 기타사항
1 (전 2)	1998년 6월 3일	서울특별시 강서구 화곡동 127	대	330㎡	부동산등기법시행규칙부칙 제3조 제1항의 규정에 의하여 2001년 7월 14일 전산이기

[갑 구] (소유권에 관한 사항)

순위번호	등기목적	접 수	등기원인	권리자 및 기타사항
1 (전 2)	소유권이전	1999년4월9일 제5423호	1999년4월9일 매매	소유자 이영주 510217-1527310 서울 강서구 염창동 538-6 부동산등기법시행규칙부칙 제3조 제1항의 규정에 의하여 2001년 7월 14일 전산이기
2	소유권이전	2012년12월1일 제52705호	2012년11월23일 매매	소유자 오창수 620310-1638219 서울 동대문구 이문동 921

[을 구] (소유권 이외의 권리에 관한 사항)

순위번호	등기목적	접 수	등기원인	권리자 및 기타사항
1	근저당권설정	2013년1월30일 제301호	2013년1월29일 설정계약	채권최고액 금 500,000,000원 채무자 오창수　서울 동대문구 이문동 921 근저당권자 주식회사 하나은행　110145-1033358　서울 중구 남대문로 2가 534

수수료 800원 영수함

관할등기소 : 서울남부지방법원 강서등기소 / 발행등기소 : 법원행정처 등기정보중앙관리소

　이 증명서는 등기기록의 내용과 틀림없음을 증명합니다.
　　　　　　　서기 2016년 10월 10일
　　　　　법원행정처 등기정보중앙관리소 전산운영책임관

* 실선으로 그어진 부분은 말소등기사항을 표시함.

발급확인번호 0682-ALIK-YDCP　　　　　　　　　　　발행일:2016/7/10

확 인 서

  본인이 서우석 씨 통장에 2012년 2월 하순께 금 3仟萬원을 입금한 일이 있으나 이는 빌려준 것이 아니라 본인이 경매로 취득한 토지 경매보증금조로 입금한 것이므로, 서우석 씨를 상대로 재판한 것에 대해서 대단히 미안하게 생각하고, 깊이 사죄드립니다.

  그리고 이에 대한 사죄의 뜻으로 본인은 후에 경매를 하더라도 본인이 2011년 3월 23일 서우석씨에게 대여한 5仟萬원 중 2仟萬원에 한해서는 원금과 그에 대한 이자, 지체손금을 법원에 청구금액으로 요구(강제집행)하지 않겠습니다.

2015년 5월 21일
확인인 이영주 (인)

[토지] 서울특별시 강서구 개화동 산 38   고유번호 1234-5678

[표 제 부]   (토지의 표시)

표시번호	접 수	소재지번	지목	면적	등기원인 및 기타사항
1 (전 8)	2008년9월1일	서울특별시 강서구 개화동 산 38	임야	992㎡	부동산등기법시행규칙부칙 제3조 제1항의 규정에 의하여 2008년 9월 14일 전산이기

[갑 구]   (소유권에 관한 사항)

순위번호	등기목적	접 수	등기원인	권리자 및 기타사항
1 (전 8)	소유권이전	2010년9월6일 제7689호	2010년9월5일 매매	소유자 서우석 510517-1225313 서울 강서구 공항동 723-15 대영오피스텔 810호 부동산등기법시행규칙부칙 제3조 제1항의 규정에 의하여 2011년 9월 14일 전산이기
2	~~강제경매신청~~	~~2015년6월2일 제7354호~~	~~2015년6월1일 서울남부지방법원의경매개시결정 (2015타경4830)~~	~~채권자 이영주 510217-1527310 서울 강서구 염창동 538-6~~
3	소유권이전	2015년9월26일 제8018호	2015년9월11일 강제경매로 인한 매각	소유자 박병석 760319-1239876 서울 강서구 공항동 569
4	2번 강제경매 신청등기 말소	2015년9월26일 제8018호	2015년9월11일 강제경매로 인한 매각	

--- 이하여백 ---

수수료 800원 영수함

관할등기소 : 서울남부지방법원 강서등기소 / 발행등기소 : 법원행정처 등기정보중앙관리소

이 증명서는 등기기록의 내용과 틀림없음을 증명합니다.

서기 2016년 10월 10일

법원행정처 등기정보중앙관리소 전산운영책임관

발급확인번호 0682-ALIK-YDCP   발행일:2016/10/10

서울남부지방법원
배 당 표

2015타경4830 부동산강제경매

배 당 할 금 액		금	102,670,000	
명 세	매 각 대 금	금	102,658,000	
	지 연 이 자	금	0	
	전낙찰인의 경매보증금	금	0	
	항 고 보 증 금	금	0	
	보 증 금 이 자	금	12,000	
집 행 비 용		금	2,100,000	
실제배당할 금 액		금	100,570,000	
매각부동산		서울 강서구 개화동 산 38 임야 992㎡		
채 권 자		서울특별시	이영주	
채 권 금 액	원 금	570,000	105,000,000	
	이 자	0	61,480,000	
	비 용	0	0	
	계	570,000	166,480,000	
배 당 순 위		1	2	
이 유		조세채권자	집행채권자	
채권최고액		570,000	166,480,000	
배 당 액		570,000	100,000,000	
잔 여 액		100,000,000	0	
배 당 비 율		100%	56.37%	
공 탁 번 호		금제 호 (. . .)	금제 호 (. . .)	금제 호 (. . .)

2015. 9. 22.
판 사 노 재 호 (인)

[토지] 서울특별시 양천구 신월동 240   고유번호 1234-5678

[표 제 부] (토지의 표시)

표시번호	접 수	소재지번	지목	면적	등기원인 및 기타사항
1 (전 2)	1998년6월9일	서울특별시 양천구 신월동 240	대	660㎡	
					부동산등기법시행규칙부칙 제3조 제1항의 규정에 의하여 2001년 7월 14일 전산이기

[갑 구] (소유권에 관한 사항)

순위번호	등기목적	접 수	등기원인	권리자 및 기타사항
1 (전 5)	소유권이전	2000년 6월 9일 제8768호	2000년 6월 8일 매매	소유자 서우석 510517-1225313 서울 강서구 공항동 723-15 대영오피스텔 810호
				부동산등기법시행규칙부칙 제3조 제1항의 규정에 의하여 2001년 7월 14일 전산이기
2	임의경매신청	2016년7월23일 제30214호	2016년7월20일 서울남부지방법원의 경매개시결정(2016타경8029)	채권자 이영주 510217-1527310 서울 강서구 염창동 538-6

[을 구] (소유권 이외의 권리에 관한 사항)

순위번호	등기목적	접 수	등기원인	권리자 및 기타사항
1	근저당권설정	2011년7월21일 제65421호	2011년7월19일 설정계약	채권최고액 금 300,000,000원 채무자 서우석 서울 강서구 공항동 723-15 대영오피스텔 810호 근저당권자 이영주 510217-1527310 서울 강서구 염창동 538-6

수수료 1000원 영수함
관할등기소 : 서울남부지방법원 강서등기소 / 발행등기소 : 법원행정처 등기정보중앙관리소

이 증명서는 등기기록의 내용과 틀림없음을 증명합니다.
서기 2016년 10월 10일
법원행정처 등기정보중앙관리소 전산운영책임관

* 실선으로 그어진 부분은 말소등기사항을 표시함. * 등기기록에 기록된 사항이 없는 갑구 또는 을구는 생략함. * 증명서는 컬러 또는 흑백으로 출력 가능함.

부동산매매계약서

매도인과 매수인은 합의 하에 다음과 같이 매매 계약을 체결한다.

1. 부동산의 표시
서울특별시 양천구 신월동 32-7 대 1,157㎡

2. 계약내용
제1조 매수인은 위 부동산을 대금 7억에 매수하되, 매매대금은 다음과 같이 지불하기로 한다.
  1. 계약금 : 금 50,000,000원을 계약 당시 지불한다.
  ~~2. 중도금 : 금   을   지불한다.~~
  3. 잔금   : 금 650,000,000원을 2013. 12. 31. 지불한다.

제2조 매도인은 2013. 12. 31. 잔금과 상환으로 위 부동산을 매수인에게 인도한다.
제3조 매도인은 위 부동산의 소유권 행사를 방해하는 저당권 설정·공과금의 미납 등 제반 사항을 제거하여 매매 대금의 잔금을 수령함과 동시에 소유권이전등기에 필요한 모든 서류를 매수인에게 교부하여 소유권을 이전한다.
제4조 위 부동산에 관하여 발생한 수익과 공과금 등의 지출 부담은 부동산의 인도일을 기준으로 하여 그 전일까지는 매도인에게, 그 이후부터는 매수인에게 귀속한다.
제5조 민법 제565조에 불구하고 매수인이 매도인에게 잔금을 지급할 때까지 매도인은 계약금의 배액을 상환하고 이 계약을 해제할 수 있으며, 매수인은 계약금을 포기하고 이 계약을 해제할 수 있다.

2013년 9월 11일

매도인	성명	주우식 ㊞	주민등록번호 530329-1033517
	주소	서울 강서구 염창동 820-3	
매수인	성명	서우식 ㊞	주민등록번호 510517-1225313
	주소	서울 강서구 공항동 723-15 대영오피스텔 810호	
입회인	성명	조영호 ㊞	주민등록번호 571109-1325412
	주소	서울 강서구 화곡동 82-17	

서울남부지방법원

지 급 명 령

사 건	2014차42619 매매대금
원 고	주우식 (530329-1033517)
	서울 강서구 염창동 820-3
피 고	서우석 (510517-1225313)
	서울 강서구 공항동 723-15 대영오피스텔 810호

2014. 4. 14. 송달 2014. 4. 29. 확정 (인)

청구취지와 원인   별지와 같다.

채무자는 채권자에게 별지 청구취지 기재의 금액을 지급하라.
채무자는 이 명령이 송달된 날부터 2주일 이내에 이의신청을 할 수 있다.

2014. 4. 10.

사법보좌관   주 선 호

> 위 정본임(채무자 서우석에 대한 강제집행을 실시하기 위한 것임).
> 2014. 4. 30.
> 법원주사보 정중희 (인)

※1. 채무자가 위 기간 이내에 <u>이의신청서를 제출하지 않으면</u> 이 지급명령은 확정판결과 같은 효력을 가집니다.

2. 채무자가 이의신청을 하는 경우에는 이의신청서와 별도로 지급명령의 신청원인에 대한 구체적인 진술을 적은 답변서를 함께 제출하거나, 늦어도 지급명령을 송달받은 날부터 30일 이내에 <u>답변서를 제출하여야</u> 합니다.

당사자의 표시

채권자   주우식 (530329-1033517)
          서울 강서구 염창동 820-3
채무자   서우석 (510517-1225313)
          서울 강서구 공항동 723-15 대영오피스텔 810호

매매대금 청구 독촉사건

신 청 취 지

채무자는 채권자에게 금 650,000,000원 및 이에 대한 이 사건 지급명령 정본 송달 다음날부터 다 갚는 날까지 연 15%의 비율에 의한 금원을 지급하라.

신 청 원 인

1. 채권자는 2013. 9. 11. 채무자에게 서울 양천구 신월동 32-7 대 1,157㎡(350평)를 대금 7억 원에 매도하고 당일 계약금 5,000만 원을 수령하였습니다.

2. 그러나 채무자는 아직까지 잔금을 지급하지 않고 있으므로 채권자는 채무자에게 위 잔금을 지급받기 위하여 본 신청에 이른 것입니다. 끝.

서울남부지방법원

결 정

사 건	2016타채19707 채권압류 및 추심명령
채 권 자	주우식 (530329-1033517)
	서울 강서구 염창동 820-3
채 무 자	서우석 (510517-1225313)
	서울 강서구 공항동 723-15 대영오피스텔 810호
제3채무자	이보영
	서울 강서구 공항동 723-15 대영오피스텔 706호

주 문

채무자의 제3채무자에 대한 별지 기재 채권을 압류한다.
제3채무자는 채무자에게 위 채권에 관한 지급을 하여서는 아니 된다.
채무자는 위 채권의 처분과 영수를 하여서는 아니 된다.
채권자는 위 압류채권을 추심할 수 있다.

청구금액

금 40,000,000원(단, 서울남부지방법원 2014차42619 매매대금청구사건의 원금 중 일부)

이 유

채권자는 위 청구금액을 변제받기 위하여 서울남부지방법원 2014차42619 매매대금 청구사건의 집행력 있는 지급명령 정본에 근거하여 이 사건 신청을 하였고, 이 사건 신청은 정당하므로 주문과 같이 결정한다.

2016. 10. 4.

사법보좌관   고 요 함

압류 및 추심할 채권의 표시

금 40,000,000원 정

단, 채무자(임대인)가 제3채무자(임차인)에게 서울 강서구 공항동 723-15 대영오피스텔 706호를 임대하고 제3채무자로부터 지급받을 임대료채권 중 위 금액에 이르기까지의 금액. 끝.

서울남부지방법원

결 정

사　　건	2016타채19710 채권압류 및 전부명령
채 권 자	주우식 (530329-1033517)
	서울 강서구 염창동 820-3
채 무 자	서우석 (510517-1225313)
	서울 강서구 공항동 723-15 대영오피스텔 810호
제3채무자	최석구
	서울 강서구 공항동 723-15 대영오피스텔 705호

주 문

채무자의 제3채무자에 대한 별지 기재 채권을 압류한다.
제3채무자는 채무자에게 위 채권에 관한 지급을 하여서는 아니 된다.
채무자는 위 채권의 처분과 영수를 하여서는 아니 된다.
위 압류된 채권은 지급에 갈음하여 채권자에게 전부한다.

청구금액

금 610,000,000원(단, 서울남부지방법원 2014차42619 매매대금청구사건의 원금 중 일부)

이 유

채권자는 위 청구금액을 변제받기 위하여 서울남부지방법원 2014차42619 매매대금 청구사건의 집행력 있는 지급명령 정본에 근거하여 이 사건 신청을 하였고, 이 사건 신청은 정당하므로 주문과 같이 결정한다.

2016. 10. 4.

사법보좌관　　　고 요 함

압류 및 추심할 채권의 표시

금 610,000,000원 정

단, 채무자가 2014. 9. 5. 제3채무자에게 서울 강서구 공항동 723-15 대영오피스텔 705호를 매도하고 제3채무자로부터 지급받을 매매대금 중 위 금액에 이를 때까지의 금액. 끝.

【모범답안】

소　　장

원　　고　　서우석 (510517-1225313)
　　　　　　　서울 강서구 공항동 723-15 대영오피스텔 810호
　　　　　　소송대리인 변호사 오변론
　　　　　　서울 서초구 서초동 1234 승리빌딩 701호
　　　　　　전화 02-012-9811, 팩스 02-012-9812, 전자우편 mir@nate.com

피　　고　　1. 이영주 (510217-1527310)
　　　　　　　서울 강서구 염창동 538-6
　　　　　　2. 주우식 (530329-1033517)
　　　　　　　서울 강서구 염창동 820-3

손해배상(기) 등 청구의 소

청　구　취　지

1. 피고 이영주는 원고에게 690만 원 및 이에 대한 2015. 9. 22.부터 이 사건 소장 부본 송달일까지는 연 5%의, 그 다음날부터 다 갚는 날까지는 연 15%의 각 비율에 따른 돈을 지급하라.
2. 피고 이영주의 원고에 대한 귀 법원 2013. 7. 25. 선고 2013가합13150 판결에 기초한 금전채권의 강제집행은 1억 원을 초과하는 부분에 한하여 불허한다.
3. 원고의 피고 이영주에 대한, 서울 양천구 신월동 239 대 210㎡에 관한 2012. 1. 10.자 매매계약에 따른 소유권이전등기의무는 존재하지 아니함을 확인한다.
4. 피고 주우식의 원고에 대한 귀 법원 2014. 4. 10.자 2014차42619 지급명령에 기초한 강제집행을 불허한다.
5. 소송비용은 피고가 부담한다.
라는 판결을 구합니다.

청　구　원　인

1. 피고 이영주에 대한 청구

가. 확정판결과 강제집행

1) 피고 이영주는 자신이, ① 2012. 1. 10. 원고에게서 서울 양천구 신월동 239 토지를 매수하였고, ② 2011. 3. 23. 원고에게 이자율 연 24%, 변제기 2012. 3. 22.로 정하여 5,000만 원을 대여하였으며, ③ 2012. 2. 28. 원고에게 3,000만 원을 이자와 변제기 없이 대여하였고, ④ 소외 조병수가 2012. 9. 1. 액면금 2,500만 원, 지급기일 2012. 2. 1.로 하여 발행하고 원고가 배서한 약속어음 1장을 교부받아 취득하였다고 주장하여, 2013. 2. 16. 원고를 상대로 귀 법원 2013가합13150호로 소유권이전등기 및 금전 지급을 구하는 소를 제기하였습니다.

2) 귀 법원은 2013. 7. 25. "피고는 원고에게 서울 양천구 신월동 239 대 210㎡에 관하여 2012. 1. 10. 매매를 원인으로 한 소유권이전등기절차를 이행하고, 1억 500만 원 및 그 중 5,000만 원(2011. 3. 23.자 대여금)에 대하여는 2012. 3. 23.부터 다 갚는 날까지 연 24%의, 나머지 5,500만 원(2012. 2. 28.자 대여금 및 어음금의 합계액)에 대하여는 2013. 2. 23.부터 다 갚는 날까지 연 20%의 비율에 따른 금원을 지급하라"[475]는 내용으로 위 피고 전부 승소판결을 선고하였습니다.

3) 원고는 이에 항소(서울고등법원 2013나1620)하였으나 2014. 1. 20. 항소기각되었고, 그에 대한 상고(대법원 2014다793)도 2015. 5. 4. 기각되어 위 1심 판결이 확정되었습니다.[476]

4) 위 피고는 위 확정판결을 집행권원으로 삼아 2015. 5. 30. 원고 소유인 서울 강서구 개화동 산 38 토지에 관하여 강제경매신청(귀 법원 2015타경4830)을 하였고 2015. 9. 22. 배당기일에 1억 원을 배당받았습니다.

나. 강제집행의 부당성

1) 판결의 편취

위 확정판결 내용 중 2012. 2. 28.자 대여금청구 부분은, 대여 사실이 없음에도 위 피고가 법원을 기망하여 승소판결을 얻은 것입니다.

가) 위 피고는 2012. 2.경 경매에 나온 서울 강서구 공항동 723-16 대 300㎡를 매수하면서 원고에게, 경매절차상의 매수인을 원고 명의로 해달라고 부탁하였고 원고는 승낙하였습니다.

나) 위 토지의 1차 매각기일인 2012. 2. 28. 14:00 원고는 위 피고의 지시대로 3억 원에 매수신고를 하여 최고가 매수신고인이 되고 매각허가결정을 받은 다음, 2012. 3. 16. 잔대금을 지급하고 2012. 3. 20. 원고 명의로 소유권이전등

---

[475] 연 15%로 개정된 「소송촉진 등에 관한 특례법 제3조제1항 본문의 법정이율에 관한 규정」은 2015. 10. 1.부터 시행되었으며 개정 이전에는 연 20%였다.

[476] 원고와 피고 이영주 사이의 판결은 2, 3심에서 변경되지 않고 1심판결대로 확정되었다. 만약, 상소심에서 1심 판결 전부나 일부가 변경된 때에는 변경 내용을 표시하여야 한다.

기를 마쳤습니다.

위 매각대금은 위 피고가 전액 출연하였는데, 위 피고는 1차 매각기일에 매수신청보증금 3,000만 원을 원고의 예금계좌로 송금하여 원고가 그 돈을 집행관에게 제공하였고, 2012. 3. 16. 원고와 위 피고가 동행하여 위 피고가 갖고 온 매각 잔대금 2억 7,000만 원을 원고 명의로 냈습니다.

다) 원고는 그 뒤 위 피고의 요청에 따라 위 공항동 723-16 토지의 매수인을 알선해 주었고, 위 피고는 2012. 6.경 원고와 함께 매수인인 소외 정연숙을 만나 원고 명의로 매매계약을 체결하고 매매대금(4억 2,000만 원)을 직접 받았으며, 원고는 위 피고의 지시대로 정연숙에게 2012. 6. 21. 소유권이전등기를 마쳐주었습니다.

라) 즉, 2012. 2. 28. 원고의 예금계좌에 입금된 3,000만 원은 원고가 빌린 돈이 아니고 위 피고를 위하여 사용된 매수신청 보증금이었습니다. 그런데도 위 피고는 위 돈을 원고에게 빌려주었다고 거짓주장을 하고 위 금액의 송금증을 마치 대여사실의 증거인 양 제출함으로써 법원을 기망하여 승소판결을 받았습니다(원고는 전 소송에서 위와 같은 사정에 대한 증거자료를 제대로 제출하지 못해 패소하였습니다).

2) 부집행 합의

원고가 위 판결확정 후 위 피고를 소송사기죄로 고소하겠다고 하자, 위 피고는 2015. 5. 21. 잘못을 시인하면서 사죄의 뜻으로 2011. 3. 23.자 대여금채권 중 원금 2,000만 원과 그 이자 및 지연손해금 부분에 대해서는 강제집행을 하지 않겠다는 약속을 하였습니다.

그럼에도 위 피고는 위 확정판결상의 금전채권 전액을 청구금액으로 하여[477] 위와 같이 강제경매를 신청하였습니다.

3) 소결론

가) 위 배당기일인 2015. 9. 22. 현재[478] 위 피고가 위 집행권원에 의하여 집행할 수 있는 금전채권은, ① 2011. 3. 23.자 대여금 중 원금 3,000만 원과 이에 대한 2012. 3. 23. 이후의 연 24%의 비율에 따른 지연손해금 2,520만 원(3,000만 원 × 0.24 × 3.5년), ② 위 어음금 2,500만 원과 이에 대한 2013. 2. 23. 이후의 연 20%의 비율에 따른 지연손해금 1,290만 원(2,500만 원 × 0.2 × 2.58년[479])의 합계 9,310만 원(3,000만 원 + 2,520만 원 + 2,500만 원 + 1,290만 원)인데도, 위 피고는 이를 넘는 1억 원을 배당받아 취득하였습니다.

---

477) 이는 배당표에 기재된 원금과 이자를 살펴보면 알 수 있다. 의뢰인이 법원에서 송달받은 강제경매개시결정(정본)을 보아도 분명하게 알 수 있는데, 의뢰인에게 결정(정본)이 없다면 경매법원에 문서송부촉탁신청을 하여 입수할 수 있다.

478) 배당기일에 집행채권자인 피고 이영주가 배당을 받음으로써 배당금은 그 확정판결상의 집행채권에 변제충당되므로 배당일을 기준으로 원리금을 계산하여야 한다.

479) 계산의 편의상 소수점 셋째 자리 이하를 버리고 계산하였다.

나) 확정판결에 의한 권리라 하더라도 신의를 좇아 성실히 행사되어야 하고 그 행사가 권리남용이 되는 경우에는 허용되지 않습니다.

위 피고는 원고에게 손해를 끼침과 동시에 자신의 불법한 이득을 꾀하고자, 위와 같이 실재하지 않는 권리가 존재하는 것처럼 허위의 주장을 하고 법원을 기망하는 등 부정한 방법으로 실체적 권리관계와 일부 다른 내용의 확정판결을 받았고, 그 후 자신의 잘못을 시인하면서 그 확정판결상 일부 채권의 강제집행을 하지 않기로 약속하고도 이에 위반하여 강제집행을 하였는데, 위 확정판결로써 확정된 권리의 성질과 내용, 판결의 성립 경위, 판결 성립 후 집행에 이르기까지의 사정, 집행이 당사자에게 미치는 영향 등 모든 사정을 종합해 볼 때 위 확정판결에 기한 위 강제집행은 현저히 부당하고, 상대방인 원고에게 이를 수인토록 함은 정의에 반하며 권리남용에 해당하여 사회생활상 용인될 수 없습니다.

다) 따라서 위 피고가 위 배당금 중 690만 원(1억 원 - 9,310만 원)을 받아간 행위는 불법행위이므로,[480] 위 피고는 원고에게 그 손해배상으로서 690만 원 및 이에 대하여 불법행위 후 손해가 발생한 날인 2015. 9. 22.부터 이 사건 소장 부본 송달일까지는 민법에 정해진 연 5%의, 그 다음날부터 다 갚는 날까지는 소송촉진 등에 관한 특례법에 정해진 연 15%의 각 비율에 따른 지연손해금을 지급할 의무가 있고, 위 확정판결의 금전 지급을 명한 부분 중 아직 강제집행이 종료하지 않은 부분(1억 원을 초과한 부분)은 강제집행이 불허되어야[481] 합니다.

---

[480] 피고 이영주가 확정판결로 강제집행을 하고 배당기일인 2015. 9. 22. 현재 정당하게 배당을 받을 수 있는 채권액은 9,310만 원에 불과하므로 이를 초과한 690만 원은, 실제로는 존재하지 않는 2011. 2. 28.자 대여금채권에 관하여 판결을 편취하고 그에 기하여 집행한 결과이자 2015. 5. 21.자 부집행 합의에 위반하여 집행한 결과이다.

전자에서 불법행위책임이 생기는 데에는 의문이 없다. 후자는 부집행합의에 반하는 것으로서 채무(계약)불이행책임을 구성하는 동시에 고의로 타인(원고)의 소유권(강제집행 대상 부동산)을 침해한 것이 되어 불법행위책임도 생기는데, 청구권경합설을 취하고 있는 우리 대법원 판례(대법원 1983. 03. 22. 선고 82다카1533 전원합의체 판결 등 참조)에 따르면 원고는 양자 중 어느 것이나 선택하여 행사할 수 있다. 원고가 후자에 대하여도 불법행위책임을 추궁할 경우 피고 이영주의 손해배상채무는 손해발생 시에 이행기가 도래하고 즉시 이행지체에 빠지므로(대법원 1975. 01. 28. 선고 74다2021 판결 등 참조), 배당일인 2015. 9. 22.부터 민법 제397조 제1항에 의한 연 5%의 지연손해금 지급의무가 발생한다.

[481] 이 사건에서 강제집행이 종료한 금전채권 부분을 특정하는 방법은 배당액 1억 원으로 표시하는 방법 외에, 위 배당금액을 여러 개의 집행채권에 변제충당 한 후 남은 채권을 표시하는 방법도 생각할 수 있으나, 후자와 같이 표시하더라도 나중에 집행채권자가 추가 강제집행을 신청하여 배당하게 되면 그 집행법원은 배당일 현재의 전체 집행채권액(집행권원상의 금전채권 전액)을 계산한 다음 1차 집행상의 배당액을 뺀 나머지에 대하여만 배당을 하게 될 것이어서 후자와 같이 표시하여도 별다른 계산의 편리 등을 꾀할 수 없으므로, 전자와 같은 간단한 방법으로 표시하여도 무방하다.

집행채권자가 정당하게 받을 채권액을 넘는 1차 배당을 받은 경우 2차 집행에 착수할 수 없지만, 이에 위반하여 2차 집행신청을 하더라도 집행기관은 그 사실을 알 수 없어 집행이 개시될 수 있으므로(1차 집행 후 민사집행법 제159조 제3항에 따라 집행권원에 집행채권 일부가 배당되었다는 취지가 기재되어 있더라도 그것만으로 쉽게 알기는 어려울 것이다), 이 경우 집행채무자는 민사집행법 제16조에 의하여 집행에 관한 이의신청을 할 수 있고(집행법원이 집행기관이 아닌 때는 이에 따른 집행 불허 결정이 나면 이를 민사집행법 제49조 제1호의 서류로서 집행기관에 제출한다), 부동산의 경매집행인 경우에는 민사집행법 제86조에 의하여 경매개시결정에 대해 이의신청을 하여 구제받을 수 있다.

다. 소유권이전등기의무의 부존재
   1) 원고는 2012. 1. 10. 피고 이영주에게 청구취지 제3항 기재 토지를 대금 1억 9,050만 원에 매도하였습니다. 위 매매계약 당시 원고와 위 피고는, 위 토지 인근 지역의 재건축사업이 추진되어 위 매매계약일로부터 5년 내에 재건축사업조합의 설립인가가 있으면 매도인인 원고가 위 매매계약을 해제할 수 있기로 약정하였습니다.
   2) 위 재건축사업조합의 설립추진위원회는 2016. 6. 30. 서울시장으로부터 재건축정비사업조합 설립인가를 받았습니다.
   3) 원고는 위 약정을 근거로 이 사건 소장 부본의 송달로써 위 매매계약을 해제합니다.
   4) 따라서 청구취지 제3항 기재 토지에 관하여 원고는 2012. 1. 10.자 매매계약에 따른 소유권이전등기의무가 없습니다. 그런데 위와 같이 판결이 확정되면 민사집행법 제263조 제1항에 의하여 소유권이전등기의무 이행을 위한 의사진술이 있은 것으로 의제되어, 청구이의의 소로써 위 소유권이전등기의무의 이행을 명한 확정판결의 집행력을 배제할 수 없지만, 피고 이영주는 아직 그 명의로 소유권이전등기를 넘겨 가지 않았으므로, 원고는 피고 이영주를 상대로 위 소유권이전등기의무의 부존재확인을 구할 이익이 있습니다.[482]

2. 피고 주우식에 대한 청구

가. 토지 매매계약의 체결
   1) 원고는 2013. 9. 11. 피고 주우식에게서 서울 양천구 신월동 32-7 대 1,157㎡를 7억 원에 매수하고 당일 계약금 5,000만 원을 지급하였으며, 잔금 6억 5,000만 원을 2013. 12. 31. 지급하기로 약정하였습니다.
   2) 위 토지 일대는 높이 15m 이상의 건축이 제한되어 있었으나, 고도제한이 해제된다는 소문이 있어 원고는 위 토지에 10층짜리 아파트를 지을 계획으로 위 토지를 매수하였습니다. 원고는 위 매수 당시 자신의 계획과 매수동기를 위 피고에게 알렸고, 위 피고도 곧 고도제한이 해제되니 전혀 문제가 없다고 장담하였습니다. 그 전까지 평당 100만 원이던 위 토지의 가격은 고도제한이 해제되리라는 소문 때문에 평당 200만 원으로 올랐고, 원고도 평당 200만 원에 위 토지를 매수하였습니다.
   3) 그 뒤 고도제한이 해제되지 아니하여 원고는 위 잔금 지급기일이 지나도 잔금을 지

---

[482] 신월동 239 토지의 소유권이전등기를 명한 확정판결은 동시이행이나 조건부 판결이 아니어서 확정 시 의사진술이 있은 것으로 간주되는데(이와 관련하여서는 핵심 판례 중 95다37458 부분 참조), 피고 이영주는 승소판결이 확정된 후에도 위 토지의 소유권이전등기를 하지 않았다. 이 상태에서 원고는 이에 관하여 청구이의의 소를 제기할 수는 없고 소유권이전등기의무 부존재확인 청구의 소를 제기할 수 있다(매매계약의 해제 사유인 재건축조합 설립인가가 확정판결의 사실심 변론종결일 후에 발생하였으므로 기판력에 반하지 않는다).
만약 이영주가 위 소송 도중에 소유권이전등기를 마친 때에는 그 소유권이전등기의 말소등기청구 소를 제기하여(소송 중이라면 청구취지를 변경하여야 한다) 구제받을 수 있다. 만일 위 소송의 판결 전에 이영주가 위 토지를 선의의 제3자에게 처분하고 소유권이전등기를 넘기면 원고는 소유권을 상실하고(이를 막으려면 이영주의 등기와 동시에 처분금지가처분을 하여야 한다), 이영주에게 손해배상이나 부당이득반환을 청구할 수 있을 뿐이다.

급하지 않았는데, 주무 부처인 국토해양부에서는 2014. 3.경 위 토지 일대의 고도제한을 해제할 수 없다고 밝혔습니다.

나. 지급명령
위 피고는 원고를 상대로 하여 귀 법원 2014차42619호로 매매대금청구의 지급명령을 신청하였고, 귀 법원은 2014. 4. 10. '채무자는 채권자에게 금 6억 5,000만 원 및 이에 대한 2014. 4. 15.부터 다 갚는 날까지 연 15%의 비율에 의한 금원을 지급하라"는 지급명령을 발하였으며, 이는 2014. 4. 29. 확정되었습니다.

다. 매매계약의 실효
1) 원고는 위 토지의 건축 고도제한이 해제될 것으로 믿고 그 해제 후에 고층 주택을 지을 계획으로 위 토지를 매수하였고 매도인인 위 피고도 이러한 사실을 잘 알고 있었으므로, 원고는 민법 제109조에 의하여 이 사건 소장 부본 송달로써 위 매매계약을 취소합니다.
2) 또한 위 매매계약 당시 원고와 위 피고는, 원고가 잔금을 지급할 때까지 계약금을 포기하고 매매계약을 해제할 수 있기로 약정하였는데, 만일 위 취소가 효력이 없다면 원고는 위 약정에 기하여 이 사건 소장 부본 송달로써 위 매매계약을 해제합니다.[483]
3) 그러므로 위 매매계약이 유효함을 전제로 한 위 지급명령에 기한 강제집행은 불허되어야 합니다.[484]

3. 결 론
이상과 같은 이유로 원고는 청구취지와 같은 재판을 구합니다.

---

[483] 신월동 32-7 토지의 매매계약에 관하여 착오에 의한 취소를 주장한다면 이와 동시에 해제를 주장할 수는 없다. 따라서 해제는 예비적 또는 선택적으로 주장하여야 한다. 취소의 효력이 해제의 효력보다 크고, 취소되면 계약금도 반환받을 수 있으므로 이를 주위적 주장(청구원인)으로 함이 원고에게 유리하다. 이처럼 청구이의의 사유(원인)가 여럿이면 이를 동시에 주장하여야 하는데(민사집행법 제44조 제3항. 당해 소송의 사실심 변론종결시까지 이를 모두 주장하라는 취지이다), 청구이의의 소가 패소 확정된 뒤에 다른 사유를 들어 다시 청구이의의 소를 제기한 경우에는 전소의 기판력에 저촉되어 기각판결을 받게 된다.

[484] 청구이의의 사유는 원칙으로 변론종결 후(변론 없이 한 판결의 경우에는 판결 선고 후, 조정·화해 조서나 조정에 갈음하는 결정의 경우에는 그 조서나 결정의 성립 후)에 생긴 것이어야 하나(민사집행법 제44조 제2항. 다만 상계와 민법 제283조, 제643조에 의한 지상물매수청구권은 변론종결 전에 발생한 것이라도 예외적으로 청구이의의 사유가 된다), 지급명령(민사집행법 제58조 제3항), 공정증서(민사집행법 제59조 제3항), 이행권고결정(소액사건심판법 제5조의8 제3항) 등이 집행권원인 때에는 시적 제한이 없다. 이 사건에서 착오로 인한 취소와 해제권 유보약정에 기한 해제는 지급명령의 발령 전에 존재하였던 사유이나 이에 따라 청구이의의 사유가 된다.

증 명 방 법 (생략)

첨 부 서 류 (생략)

2016. 10. 17.
원고 소송대리인 변호사 오변론

서울남부지방법원 귀중

■ 해설 – 민사집행법

민사집행법을 충실히 공부하지 않았다면 어떻게 소장을 작성해야 하는지 막막할 수 있는 문제입니다. 수험에 있어서 강약조절을 고려한다면 가볍게 보고 넘어가면 될 것으로 판단되지만, 실무에서는 꼭 알아야 하는 부분이므로 결론 정도는 공부해두시기 바랍니다.

■ 핵심 판례

가. 권리남용

확정판결 등 집행권원에 기한 강제집행이 권리남용이 되는 경우로는, 처음부터 확정판결 등에 흠이 있는 경우(실체상·절차상 하자가 있는 경우), 확정판결 등의 내용에 흠이 없으나 확정이나 집행권원의 성립 후 집행을 통하여 권리남용이 되는 경우가 있다.

특히 후자를 판결의 부정이용이라고도 하는데 예로는, ① 교통사고 피해자가 식물인간상태에 있음을 전제로 기대여명까지의 손해에 대한 일시불 배상을 명하는 판결이 확정된 후 피해자의 증상이 현저히 개선되어 노동능력 전부나 일부를 회복하였음에도 가해자의 재산에 강제집행을 하는 경우(정기금 지급을 명한 경우에는 민사소송법 제252조의 규정이 있음), ② 토지 임대인이 임차인을 상대로 임차인이 축조한 건물의 철거와 토지인도 및 지체임료 지급을 구하여 승소 확정판결을 얻은 후, 금전 지급을 명한 부분으로 철거할 건물에 대하여 강제경매를 신청하여 그 경매절차에서 당해 건물이 철거될 예정인 점을 고려하여 그 가격은 폐자재 가격 정도로 감정이 되었으나, 집행채권자가 경락 후에도 그 건물을 철거하지 않을 듯한 언질을 하여 고가에 경락이 되어 배당을 받고 난 뒤에 다시 건물 철거 및 토지 인도의 강제집행을 한 경우(①, ②에 대하여는 일본의 판례가 있다), ③ 판결 확정 후 부집행 합의를 하고도 집행을 한 경우, ④ 판결 확정 후 채무의 일부를 변제받고도 그 전부에 대하여 집행을 한 경우 등을 생각할 수 있다.

확정판결에 의한 권리행사가 신의에 좇은 성실한 권리행사로 볼 수 없어 권리남용에 해당하여 용인될 수 없다고 하기 위해서는, 확정된 권리의 성질과 내용, 판결의 성립 경위, 판결 성립 후 집행에 이르기까지의 사정, 집행이 당사자에게 미치는 영향 등 제반 사정을 종합하여 채권자에게 악의 또는 부정한 목적이 있거나 집행의 결과가 현저히 정의에 반하여 사회생활상 용인될 수 없는 특별한 사정이 있어야 하고, 단순히 채권자가 소송 당시 그 주장 내용이 실체관계와 다르다는 것을 알고 있었다는 것만으로는 이에 해당하지 않는다.

이와 같은 견지에서 "소송사기는 법원을 속여 자기에게 유리한 판결을 얻음으로써 상대방의 재물 또는 재산상 이익을 취득하는 범죄로서, 이를 쉽사리 유죄로 인정하게 되면 누구든지 자기에게 유리한 주장을 하고 소송을 통하여 권리구제를 받을 수 있는 민사재판제도의 위축을 가져올 수밖에 없으므로, 피고인이 그 범행을 인정한 경우 외에는 그 소송상의 주장이 사실과 다름이 객관적으로 명백하고 피고인이 그 주장이 명백히 거짓인 것을 인식하였거나 증거를 조작하려고 하였음이 인정되는 때와 같이 범죄가 성립되는 것이 명백한 경우가 아니면 이를 유죄로 인정하여서는 아니 되고, 단순히 사실을 잘못 인식하였다거나 법률적 평가를 잘못하여 존재하지 않는 권리를 존재한다고 믿고 제소한 행위는 사기죄를 구성하지 아니한다." [485]

나. 착오에 의한 취소

동기의 착오가 법률행위의 내용의 중요 부분의 착오에 해당함을 이유로 표의자가 법률행위를 취소하려면 그 동기를 당해 의사표시의 내용으로 삼을 것을 상대방에게 표시하고 의사표시의 해석상 법률행위의 내용으로 되어 있다고 인정되면 충분하고 당사자들 사이에 별도로 그 동기를 의사표시의 내용으로 삼기로 하는 합의까지 이루어질 필요는 없지만, 그 법률행위의 내용의 착오는 보통 일반인이 표의자의 입장에 섰더라면 그와 같은 의사표시를 하지 아니하였으리라고 여겨질 정도로 그 착오가 중요한 부분에 관한 것이어야 한다.[486]

다. 판결의 편취

판결의 편취(騙取)란 악의 또는 불법한 수단으로 상대방과 법원을 속여 본래 있어서는 아니 될 내용의 확정판결을 취득하는 것을 말한다. 이는 실체적인 것과 절차적인 것으로 나눌 수 있

---

485) 대법원 2004. 06. 25. 선고 2003도7124 판결
486) 대법원 1997. 09. 30. 선고 97다26210 판결

다. 증거서류를 위조하거나 허위 증언을 하게 하는 등으로 실체관계를 왜곡하는 것은 전자에 해당하고, 당사자의 성명을 모용하는 것, 상대방의 주소를 알면서도 이를 은폐하여 공시송달로 판결을 받는 것, 상대방의 주소를 허위로 기재하고 자신이나 제3자가 소장 부본 등을 송달받고 자백간주 판결을 받는 것, 소취하 합의를 하고도 소 취하를 하지 않은 채 상대방의 소송 관여를 방해하고 승소판결을 받는 것 등은 후자에 해당한다. 편취된 판결을 사위판결(詐僞判決)이라고도 한다.

라. 청구이의의 소

확정판결 등 집행권원이 성립한 후 부집행 합의가 있게 되면 이도 청구이의의 사유가 된다.[487] 청구이의의 대체적인 사유는, ① 청구권원의 전부 또는 일부의 소멸, ② 청구권의 귀속 변동, ③ 청구권의 효력 정지, 제한, 집행권원에 표시된 이행기의 미도래, ④ 상속의 한정승인, ⑤ 판결의 편취(권리남용), 집행권원의 무효, ⑥ 청구권의 성립 기초사정의 변경 등이다. 기판력이 없는 집행권원의 경우에는 청구권의 원시적 부존재도 그 사유가 된다.

편취된 확정판결에 기한 강제집행 등 권리행사가 권리남용으로서 불법행위가 되는 경우에 판결상 채무자는 강제집행이 종료되기 전이면 청구이의의 소에 의하여 집행력의 배제를 구할 수 있다.[488] 강제집행이 종료되어 확정판결이 갖는 집행력이 행사되어버린 경우에는 청구이의의 소로써 집행력의 배제를 구할 소의 이익이 없게 되므로, 이때에는 강제집행의 결과로 채권자가 얻은 이익 상당액을 불법행위책임에 따른 손해배상으로써 전보받을 수 있다.[489] 따라서 청구이의의 소송 도중에 강제집행이 종료한 때에는 손해배상청구의 소로 청구를 변경하여야 한다. 확정판결 등에 기한 강제집행이 불법행위를 구성하는 경우 대법원은 그 변론종결 후인 집행 시에 그 집행으로써 비로소 새로운 사정이 생긴 것으로 보아 기판력에 반하지 않는다고 본다.[490] 그러나 위와 같은 사유가 있는 경우에도 확정판결 등 집행권원이 재심의 소나 청구이의의 소에 의하여 취소되지 않는 한 그 집행권원에 의한 강제집행은 그 자체로서 법률상 원인이 없는 것이 아니므로 그 강제집행의 결과로 얻은 이익은 부당이득이 되지 않는다.[491] 다만 집행증서 등 기판력 없는 집행권원상의 채권이 무효인 경우 그에 기한 강제집행은 부당이득이 된다.[492]

---

487) 대법원 1993. 12. 10. 선고 93다42979 판결, 대법원 1996. 07. 26. 선고 95다19072 판결 참조.
488) 대법원 1984. 07. 24. 선고 84다카572 판결, 대법원 1997. 09. 12. 선고 96다4862 판결 참조
489) 대법원 1968. 11. 19. 선고 68다1624 판결, 대법원 2001. 11. 13. 선고 99다32899 판결 참조
490) 대법원 위 84다카572 판결 참조
491) 대법원 1977. 12. 13. 선고 77다1753 판결, 대법원 1991. 02. 26. 선고 90다6576 판결, 대법원 1995. 06. 29. 선고 94다41430 판결, 대법원 2000. 05. 16. 선고 2000다11850 판결 참조
492) 대법원 2005. 04. 15. 선고 2004다70024 판결 참조

소유권이전등기절차의 이행을 명하는 것과 같은 의사진술을 명하는 판결의 경우 그 판결이 확정된 때 판결 자체로써 의사진술이 있는 것으로 보게 되어(민사집행법 제263조 제1항. 다만 동시이행이나 조건부 판결의 경우에는 민사집행법 제263조 제2항에 의하여 집행문부여를 필요로 하고 그 집행문이 부여된 때에 의사진술이 있는 것으로 간주됨) 판결의 확정과 동시에 광의의 집행절차가 종료되므로, 그에 따른 등기가 이루어지기 전이라도 그 집행력 배제를 구하기 위한 청구이의의 소를 제기할 소의 이익이 없다.[493]

집행권원상의 집행채권 일부에 대하여만 강제집행이 종료하고 일부에 대하여는 강제집행이 종료되지 않은 경우에는 그 일부에 대하여 청구이의의 소를 제기할 수 있다.[494]

---

493) 대법원 1995. 11. 10. 선고 95다37568 판결
494) 대법원 2001. 11. 13. 선고 99다32899 판결, 대법원 2003. 02. 14. 선고 2002다64810 판결 참조

14. [소장 10]

수임번호 2016-07		**사건상담기록**		2016. 10. 16.
의뢰인	이기석 (550909-1357975)		의뢰인 전화	010-100-8884
의뢰인 주소	서울 강서구 화곡동 321-7		의뢰인 팩스	02-463-3977
		상 담 내 용		

1. 토지에 대한 강제경매

가. 의뢰인은 2015. 6. 20. 이재수에게서 서울 강서구 방화동 532-9 대 120㎡를 매수하였으나 아직 등기를 넘겨오지 못하였다. 그런데 장사성이라는 사람이 이재수에게 5,000만 원의 채권이 있다면서 어음공정증서를 집행권원으로 삼아 위 토지에 관하여 강제경매를 신청하여 현재 경매절차가 진행 중이다.

나. 위 공정증서의 작성 촉탁과 약속어음의 발행은 이재수의 아들 이자춘이 권한 없이 한 것이다. 즉, 이자춘은 이재수의 주민등록증, 인감도장을 훔쳐서 이를 이용하여 이재수의 인감증명서를 발급받은 다음, 이재수가 자신에게 5,000만 원의 차용 및 공정증서 작성의 촉탁 등을 위임한다는 위임장을 위조하고, 이재수의 대리인인 양 행세하여, 2015. 7. 14.경 장사성에게서 4,000만 원을 빌리고 그 담보로 액면금 5,000만 원으로 된 약속어음 1장을 이재수 명의로 발행·교부하였으며, 위 어음금의 지급을 지체한 때에는 즉시 강제집행을 받더라도 이의가 없음을 인낙하는 취지의 공정증서 작성을 촉탁하였다. 그 뒤 이자춘은 편지를 남기고 행방불명이 되었다.

2. 유체동산(소)에 대한 가압류집행

가. 의뢰인은 2015. 3. 13. 고향 후배인 서배달에게 1억 원을 대여하고, 그 담보로 서배달이 서울 강서구 개화동 산 57 '푸른 목장'에서 사육하던 소(牛) 40두를 점유개정의 방법으로 양도받았다.

나. 그런데 장사성은 2016. 9. 17. 위 목장의 소 전부인 45두에 관한 가압류결정을 받은 뒤 2016. 9. 19. 그 가압류결정의 집행을 하였다. 집행관은 위 가압류된 소를 민사집행법 제296조 제5항 단서에 의해 2016. 10. 하순경 경매할 예정이라고 한다.

다. 장사성은 2015. 8. 25. 서배달에게 1억 5,000만 원을 대여하면서 서배달의 채무담보를 위해 위 목장에서 사육 중이던 소 전부를 양도받았고, 그러한 내용의 '양도담보부 금전소비대차 약정서'를 작성하여 인증을 받았으며, 이를 근거로 위 가압류결정을 받았다.

3. 의뢰인의 희망 사항

위 2건의 경매를 막아달라.

변호사 오변론 법률사무소
전화번호 : 02-550-2267, 팩스 02-550-2268, 이메일 : mir@nate.com
서울 서초구 서초동 1567 정곡빌딩 동관 1009호

토지매매계약서

매도인과 매수인은 합의 하에 다음과 같이 매매 계약을 체결한다.

1. 부동산의 표시
서울 강서구 방화동 532의 9 대 120㎡

2. 계약내용
제1조 매수인은 위 부동산을 대금 120,000,000원에 매수하되, 매매대금은 다음과 같이 지불하기로 한다.
  1. 계약금 : 금 20,000,000원을 계약 당시 지불한다.
  2. 중도금 : 금 50,000,000원을 2015. 10. 20. 지불한다.
  3. 잔금 : 금 50,000,000원을 2016. 6. 20. 지불한다.

제2조 (동시이행 의무) 매도인은 매수인으로부터 매매 잔금을 받음과 동시에 매수인에게 소유권이전등기에 필요한 모든 서류를 교부하고 이전등기신청에 협력하여야 하며 또한 위 부동산을 인도하여야 한다.
제3조 (해제권 등) 매수인이 매도인에게 중도금을 지급할 때까지는, 매도인은 계약금의 배액을 상환하고 이 계약을 해제할 수 있으며, 매수인은 계약금을 포기하고 이 계약을 해제할 수 있다.

2015년 6월 20일

매도인	성명	이재수 ㊞	주민등록번호 580515-1226012
	주소	서울 강서구 양천로14나길 7(방화동)	
매수인	성명	이기석 ㊞	주민등록번호 580909-1357975
	주소	서울 강서구 화곡동 321-7	

서울남부지방법원

결 정

사 건	2016타경50393 부동산강제경매
채 권 자	장사성 (431006-1533751)
	고양시 일산동구 호수로 129(장항동 56)
채 무 자 겸 소 유 자	이재수 (580515-1226012) 서울 강서구 양천로14나길 7(방화동)

주 문

아래 부동산에 대하여 경매절차를 개시하고 채권자를 위하여 이를 압류한다.
청구금액   금 50,000,000원

이 유

위 채권에 대한 강제집행을 위하여 공증인가 법무법인 고양종합법률사무소 2015. 7. 14. 작성 2015년 증서 제914호의 집행력 있는 공정증서 정본에 기한 채권자의 이 사건 신청은 이유 있으므로 주문과 같이 결정한다.

부동산의 표시

1. 서울 강서구 방화동 532-9 대 120㎡ 끝.

2016. 6. 9.

사법보좌관   고 요 함

고양시 일산구 마두동 79-3 호수빌딩 317호　공증인가　법무법인 고양종합법률사무소　전화031-920-1100　팩스031-920-1101

2015년 증서 제914호

공 정 증 서 등 본

| 고양시 일산구 마두동 79-3 호수빌딩 317호 | 공증인가 | **법무법인 고양종합법률사무소** | 전화031-920-1100 팩스031-920-1101 |

어 음 공 정 증 서

관계자 표시
관계 발행인
성명(명칭) 이재수
주소(소재지) 서울 강서구 양천로14나길 7(방화동)
직업—주민(법인)등록번호 580515-1226012
관계 수취인
성명(명칭) 장사성
주소(소재지) 고양시 일산동구 호수로 129(장항동 56)
직업 상업 주민(법인)등록번호 431006-1533751
관계 발행인의 대리인
성명(명칭) 이자춘
직업 상업 주민(법인)등록번호 880729-1230157
주소(소재지) 서울특별시 강서구 방화동 532-9
위 촉탁인 발행인 이재수의 대리인 이자춘은 본직에 대하여 이 증서에 부착된
어음의 발행 및 기명날인을 자인하며 위 어음의 소지인에게 위 어음금의 지급을
지체할 때에는 즉시 강제집행을 받더라도 이의가 없음을 인낙하는 취지의 공정
증서 작성을 촉탁인 수취인 장사성과 함께 촉탁하고 각 서명날인 하였다.

약 속 어 음

장사성　귀하

금　₩50,000,000※

위의 금액을 귀하 또는 귀하의 지시인에게 이 약속어음과 상환으로 지급하겠습니다.

지 급 기 일	2015년 8월 14일	발 행 일	2015년 7월 14일
지 급 지	서울특별시	발 행 지	서울특별시
지 급 장 소	서울특별시	주　　소	
		발 행 인	이재수 (인)

고양시 일산구 마두동 공증 **법무법인 고양종합법률사무소** 전화031-920-1100
79-3 호수빌딩 317호 인가 팩스031-920-1101

어 음 공 정 증 서
촉탁인
발행인 이재수 대리인 이자춘
수취인 장사성
본직은 위 촉탁인들-----이 제시한 주민등록증, 운전면허증
에 의하여 그 사람이 틀림없음을 인정하였다.
본직은 이에 위 어음에 대하여 즉시 강제집행 할 것을 인낙한 이 공정증서를
2015년 7월 14일 이 사무소에서 작성하였다.
같은 날 본직은 이 사무소에서 위 촉탁인들의 청구에 의하여 정본은
수취인 장사성----에게 등본은 발행인 대리인 이자춘-----에게
각 작성 교부한 바 이들은 각자 이를 수령하였다.

| 고양시 일산구 마두동 79-3 호수빌딩 317호 | 공증인가 | **법무법인 고양종합법률사무소** | 전화031-920-1100 팩스031-920-1101 |

2015년 증서 제914호

2015년 7월 14일
공증인가 법무법인 고양종합법률사무소
고양시 일산동구 마두동 79-3 호수빌딩 317호
공증담당 변호사 최종웅 (인)   공증인가법무법인고양종합법률사무소인

아버지께

　불효자식 자춘은 할 말이 없습니다.

　지금까지 부모님은 어려운 살림에도 불구하고 저를 대학까지 보내주셨으나 저는 학업에 충실하지 못한 채 중도에 불량한 친구들과 어울려 학업을 중단하였고, 땅을 팔아 마련해 주신 사업자금으로 게임방을 차렸으나 이마저도 도박으로 남의 손에 넘어갔습니다.

　아버지. 빚쟁이들에게 시달려 도저히 집에서 살 수가 없습니다. 아버지 주민등록증과 인감도장을 훔쳐 고양시 소재 부동산소개업소에서 장사성이라는 할아버지를 소개받아 돈 4,000만 원을 빌려서 우선 이자를 갚았습니다. 아버지 승낙 없이 한 짓 용서해 주십시오.

　어디 원양어선이라도 타고 일을 해서 아버지가 저를 뒷바라지 해주느라 탕진한 돈을 꼭 벌어 오겠습니다. 그때까지 기다려 주시고 못난 소자를 용서해 주십시오.

2015년 8월 16일
불효자 자춘 올림

고양시 일산구 마두동 79-3 호수빌딩 317호	공증인가	**법무법인 고양종합법률사무소**	전화031-920-1100 팩스031-920-1101

2015년 제3018호

인 증 서

금전소비대차약정서

금액 1억원(100,000,000)정

위 금액을 다음 조건으로 차용합니다.
상환일자 : 2016년 9월 12일
이자 : 없음
지연배상금 : 연 20%

1. 위 채무에 대한 담보로 서울 강서구 개화동 산 57 '푸른 목장' 내 차용인이 사육중인 소 전부를 양도담보로 제공합니다.
   ○ 젖소(홀스타인종) 성우 15두
   ○ 고깃소(쇼트혼종) 성우 5두
   ○ 한우 송아지 10두
   ○ 고깃소(쇼트혼종) 송아지 10두
   ◎ 합계 40두(현재 목장에 있는 전부임)
2. 차용인은 금일 이후 위 소를 성실하게 사육 관리하겠으며 번식이나 신규입식하는 소에 대하여도 담보권의 효력이 미침을 확인합니다.
3. 위 상환일까지 차용금을 변제하지 못할 경우 귀하의 요구에 따라 즉시 소를 인도할 것을 약속합니다.

2016년 3월 13일
위 차용인 서 배 달 (인)
551130-1225409
서울 강서구 괴안동 707

이기석 사장님 귀하

| 고양시 일산구 마두동 | 공증 | **법무법인 고양종합법률사무소** | 전화031-920-1100 |
| 79-3 호수빌딩 317호 | 인가 | | 팩스031-920-1101 |

인 증

위 소비대차약정서 ─────────────────── 에 기재된

(진술인)서배달은 ───────────────

본직의 면전에서 위 사서증서에 기명날인하였다. ───────

본직은 위 촉탁인이 제시한 주민등록증 ─────────── 에 의하여

그 사람이 틀림없음을 인정하였다. ───────

2015년 3월 13일 이 사무소에서 위 인증한다.

공증인가 **법무법인 고양종합법률사무소** [공증인가법무법인고양종합법률사무소인]

고양시 일산구 마두동 79-3 호수빌딩 317호

공증담당변호사 조 진 채 (인)

서 울 남 부 지 방 법 원
유체동산가압류조서

사 건	:	2016가본2354
채 권 자	:	장사성 (431006-1533751)
		고양시 일산동구 호수로 129(장항동 56)
채 무 자	:	서배달 (551130-1225409)
		서울 강서구 괴안동 707
집 행 권 원	:	의정부지방법원 고양지원 2016카합31203 유체동산가압류결정
청 구 금 액	:	원금 1억 5,000만 원
집 행 비 용	:	95만 원
집 행 일 시	:	2016. 9. 19. 16:00
집 행 장 소	:	서울 강서구 개화동 산 57 푸른 목장

1. 위 집행권원에 의한 채권자의 위임에 의하여 집행장소에서 채무자를 만나 집행권원을 제시하고 가압류할 뜻을 고지한 후 채무자의 자 서갑석을 참여시키고 별지 목록 기재 물건을 가압류하였다.
2. 가압류 물건은 집행관이 점유하고 봉인의 방법으로 가압류물임을 명백히 한 후, 채권자의 승낙을 얻어 채무자에게 보관시켰다.
3. 보관자에게는 가압류 물건의 점유는 집행관에게 옮겼으므로 누구든지 이를 처분하지 못하며 이를 처분 또는 은닉하거나 가압류표시를 훼손하는 경우에는 벌을 받을 것임을 고지하였다.
4. 이 절차는 같은 날 17:00에 종료하였다.

이 조서를 현장에서 작성하여 집행참여자에게 읽어준 즉 승인하고, 다음에 서명날인하였다.

2016. 9. 19.

집행관 정봉수 (인)
채권자 장사성 (인)
채무자 서배달 (인)
참여자 성명 서갑석 (인) 주민등록번호 850125-1225679
주소 서울 강서구 괴안동 707
참여자 성명   (인) 주민등록번호
주소

목 록

서울 강서구 개화동 산 57 푸른 목장 내에 있는 아래 소 전부
○ 젖소(홀스타인종) 성우 13두
○ 고깃소(쇼트혼종) 성우 8두
○ 한우 송아지 11두
○ 고깃소(쇼트혼종) 송아지 13두
◎ 합계 45두

고양시 일산구 마두동 79-3 호수빌딩 317호 공증인가 **법무법인 고양종합법률사무소** 전화031-920-1100 팩스031-920-1101

2015년 제6523호

인 증 서

양도담보부 금전소비대차 약정서

채권자 장사성 (431006-1533751)
　　　　고양시 일산동구 호수로 129(장항동 56)
채무자 서배달 (551130-1225409)
　　　　서울 강서구 괴안동 707

1. 채권자와 채무자는 다음과 같은 조건으로 금전을 대차하기로 하고 서명날인한다.
   - 금액 : 일억오천만원(150,000,000원)
   - 상환일자 : 2017. 8. 24.(단, 이자 연체 시에는 즉시 상환함)
   - 이자 : 월 5%

2. 위 채무에 대한 담보로 서울 강서구 개화동 산 57 '푸른 목장' 내 채무자가 사육중인 소 전부를 양도담보로 제공한다.
   - 젖소(홀스타인종) 성우 15두
   - 고깃소(쇼트혼종) 성우 5두
   - 한우 송아지 10두
   - 고깃소(쇼트혼종) 송아지 10두
   ◎ 합계 40두(현재 목장에 있는 전부임)

3. 채무자는 금일 이후 위 소를 성실하게 사육 관리하기로 하며 번식이나 신규 입식하는 소에 대하여도 담보권의 효력이 미침을 확인한다.

4. 위 상환일까지 차용금을 변제하지 못할 경우 채권자의 요구에 따라 즉시 소를 인도하며, 채권자가 어떠한 강제집행을 하더라도 이의하지 않기로 한다.

　　　　　　　　　　　　　　2015년 8월 25일
　　　　　　　　　　　　　　채권자 장사성 (인)
　　　　　　　　　　　　　　채무자 서배달 (인)

| 고양시 일산구 마두동 79-3 호수빌딩 317호 | 공증인가 | **법무법인 고양종합법률사무소** | 전화031-920-1100
팩스031-920-1101 |

2015년 제6523호

인 증

위 양도담보부 금전소비대차약정서 ──────────── 에 기재된

(진술인) 장사성, 서배달은 ────────

본직의 면전에서 위 사서증서에 기명날인하였다. ────

본직은 위 촉탁인이 제시한 주민등록증 ──────── 에 의하여

그 사람이 틀림없음을 인정하였다. ────

2015년 8월 25일 이 사무소에서 위 인증한다.

공증인가 **법무법인 고양종합법률사무소** (공증인가법무법인고양종합법률사무소인)

고양시 일산구 마두동 79-3 호수빌딩 317호

공증담당변호사 조 진 채 (인)

【모범답안】

소 장

원 고 이기석 (580909-1357975)
서울 강서구 화곡동 321-7
소송대리인 변호사 오변론
서울 서초구 서초동 1234 승리빌딩 701호
전화 02-012-9811, 팩스 02-012-9812, 전자우편 mir@nate.com

피 고 장사성 (431006-1533751)[495]
고양시 일산동구 호수로 129(장항동 56)

청구이의 등 청구의 소

청 구 취 지

1. 피고의,

가. 소외 이재수에 대한 공증인가 법무법인 고양종합법률사무소 2015. 7. 14. 작성 2015년 증서 제914호 공정증서에 기초한 강제집행,

나. 소외 서배달에 대한 의정부지방법원 고양지원 2016카합31203 유체동산 가압류결정에 기초하여[496] 2016. 9. 19. 별지 목록[497] 기재 물건에 대하여 한 가압류집행을

각 불허한다.

---

[495] 공정증서에 대한 청구이의의 소의 관할법원은 당해 공증인사무소의 소재지가 아니라 채무자의 보통재판적 소재지 법원이고(민사집행법 제59조 제4항), 이 사건에서는 채무자인 이재수의 주소지 관할법원인 서울남부지방법원이다. 제3자이의의 소의 관할법원은 집행법원인데(민사집행법 제48조 제2항), 가압류사건의 집행법원은 당해 가압류집행을 하였거나 할 법원이지만, 유체동산 가압류의 경우 집행기관은 법원이 아닌 집행관이므로 당해 가압류집행을 하였거나 할 집행관의 직무관할구역, 즉 당해 유체동산 가압류집행을 실시할 곳이나 실시한 곳을 관할하는 법원(가압류결정을 한 법원이 아님)이 집행법원이다(민사집행법 제3조, 대법원 1967. 03. 29.자 67그3 결정 참조). 이 사건에서 유체동산(소)에 대한 가압류집행 장소는 서울남부지방법원의 관할에 속하므로, 가압류명령을 발한 의정부지방법원 고양지원이 아닌 서울남부지방법원이 제3자이의의 소의 관할법원이다.

[496] 가압류집행에 대한 제3자이의에는 통상 '...가압류결정의 집행력 있는 정본에 기초하여...'라는 문구 대신 곧바로 가압류결정에 기초한 것으로 표시한다. 가압류결정은 판결과 달리 확정절차나 집행문부여절차가 없기 때문이다. 그러나 위와 같은 문구를 넣었다고 해서 틀린 것은 아니다.

[497] 소장의 내용에 '별지 목록'을 인용하였으면 소장의 끝에 반드시 별지 목록을 붙여야 한다. 여기서는 첨부를 생략한다. 내역은 유체동산가압류조서의 목록과 같다.

2. 소송비용은 피고가 부담한다.
라는 판결을 구합니다.

청 구 원 인

1. 청구이의

가. 원고는 소외 이재수에게서 2015. 6. 20. 서울 강서구 방화동 532-9 대 120㎡를 1억 2,000만 원에 매수하였습니다.[498]

나. 피고는 이재수에 대하여 공증인가 법무법인 고양종합법률사무소 2015. 7. 14. 작성 2015년 증서 제914호 집행증서[499]에 의한 5,000만 원의 약속어음금채권이 있다면서, 위 집행증서를 집행권원으로 삼아 위 토지에 대하여 귀 법원 2016타경50393호로 강제경매를 신청하였습니다.[500]

다. 그러나 위 약속어음의 발행 및 공정증서 작성 촉탁은 무권대리인에 의한 것으로서 무효입니다.[501] 즉, 이재수의 아들인 소외 이자춘은 이재수의 주민등록증과 인감도장을 훔치고 이를 이용하여 이재수의 인감증명서를 발급받은 다음, 이재수가 자신에게 5,000만 원의 차용 및 그와 관련한 공정증서 작성의 촉탁 등을 위임한다는 내용의 위임장을 위조하였습니다.

이자춘은 그 뒤 이재수의 대리인으로 행세하여, 피고에게서 2015. 7. 14.경 4,000만 원을 빌리고 그 담보로 액면금 5,000만 원, 발행일 2015. 7. 14., 지급기일 2015. 8. 14.로 된 약속어음 1장을 이재수의 명의로 발행·교부하였고, 위 어음금 지급을 지체하

---

[498] 이는, 원고가 이재수를 대위하여 피고 장사성을 상대로 청구이의의 소를 제기하기 위한 소송요건사실(피보전권리)이므로, 꼭 필요하다.

[499] 공정증서는 공증인, 공증일자, 증서번호(통상 연도와 일련번호로 되어 있다)로써 특정하여 표시한다. 공정증서 가운데 채무자가 강제집행을 인낙하는 취지의 기재가 있어 집행권원이 되는 것을 집행증서라고 한다.

[500] 청구이의의 소는 집행권원이 성립한 뒤 강제집행이 끝나기 전이면 언제나 제기할 수 있고 집행 개시나 집행문 부여 유무는 상관이 없다. 따라서 집행 개시 여부는 청구이의의 소의 소송요건이나 청구원인사실이 아니지만, 이 사건에서는 원고가 집행채무자인 이재수를 대위하므로 대위의 필요성, 즉 보전의 필요성으로서 원고의 이재수에 대한 소유권이전등기청구권에 위험이 존재하여야 하므로 이를 기재하였다. 피고 장사성이 방화동 532-9 토지에 대하여 강제집행을 개시함으로써 비로소 원고의 권리가 위험에 빠지게 되었다.

[501] 집행권원인 공정증서의 작성 촉탁이 집행채무자의 무권대리인에 의해 이루어진 경우에는 집행채무자에 대한 관계에서 증서는 무효이고(당연 무효라는 의미가 아니라 실체법상의 효력이 발생하지 않는다는 뜻이다) 집행력이 발생하지 아니한다(대법원 1984. 06. 26. 선고 82다카1758 판결, 대법원 1989. 12. 12. 선고 87다카3125 판결 참조). 공정증서의 촉탁행위 및 강제집행의 인낙의 의사표시는 공증인에 대한 채무자의 단독적 소송행위로서 일정한 방식에 의하게 되어 있으므로(공증인법 제25조 내지 제56조의2), 집행채무자 본인이 무효인 촉탁행위(무권대리행위)에 대하여 추인을 하려면 추인의 의사표시도 당해 공증인에 대하여 이를 공증하는 방식으로 하여야 하고, 공증인에게 구두로 추인의 의사를 표시하거나 무권대리인에게 그러한 의사를 표시하더라도 무효인 집행증서가 유효하게 되지는 않는다(대법원 1983. 02. 08. 선고 81다카621 판결 참조).

위와 같이 공정증서의 작성 촉탁행위 및 강제집행 인낙의 의사표시는 소송행위여서 민법상의 표현대리가 적용되지 아니한다(대법원 1983. 02. 08. 선고 81다카621 판결 참조). 이자춘은 원인행위인 약속어음 발행행위도(금전차용행위도) 권한 없이 대리하였는데, 약속어음의 무권대리 발행은 굳이 언급하지 않아도 되지만 그것이 공정증서에 첨부되어 있으므로 사실관계를 분명히 하는 차원에서 기재하였다.

면 즉시 강제집행을 받더라도 이의가 없음을 인낙하는 취지의 공정증서 작성을 촉탁하였습니다.
라. 따라서 이재수는 피고에게 위 어음금을 지급할 채무가 없고, 위 집행증서는 정당한 대리권이 없는 자의 촉탁에 의한 것이어서 효력이 없습니다. 원고는 이재수에 대하여 위 토지에 관한 소유권이전등기청구권을 가진 채권자로서 그 청구권을 보전하기 위해 이재수를 대위하여[502] 위 집행증서에 기한 강제집행의 불허[503]를 구합니다.

2. 제3자이의

가. 원고는 2015. 3. 13. 소외 서배달에게 1억 원을 대여하고, 그 담보로 서배달이 서울 강서구 개화동 산 57 소재 '푸른 목장'에서 사육 중이던 소(牛) 40두를 점유개정의 방법으로 양도받았습니다.[504]
즉, 서배달은 원고에게 위 목장의 소 전부를 담보의 목적으로 양도하고 점유개정의 방법으로 인도함으로써, 대외적인 관계에서 원고가 그 소유권을 취득하고 서배달은 소유권을 상실하여 무권리자가 되었습니다.[505]

나. 위와 같이 목장에서 사육되는 소를 '유동집합물'로서 양도담보의 목적물로 삼은 경우에는 번식, 사망, 판매, 구입(신규입식) 등에 따른 증감변동에 불구하고 별도의 양도담보설정계약이나 점유개정이 없더라도 양도담보권은 그 증감 변동된 소 전부에 대하여 미칩니다.

---

[502] 청구이의의 소 제기는 채권자대위의 대상이 된다(대법원 1992. 04. 10. 선고 91다41620 판결). 원고는 이재수에 대한 특정물 채권자이므로 대위권 행사에 있어 이재수의 무자력은 필요 없다.

[503] 집행증서가 무효인 경우 집행채무자는 청구이의의 소로써 집행력의 배제를 구할 수 있다(대법원 1989. 12. 12. 선고 87다카3125 판결, 대법원 1998. 08. 31. 선고 98마1535, 1536 결정 참조). 집행문이 부여된 이후이면 집행문부여에 대한 이의신청(민사집행법 제34조, 제59조 제2항. 대법원 1999. 06. 23.자 99그20 결정 참조), 집행문부여에 대한 이의의 소(민사집행법 제45조, 제59조 제4항)로써도 구제받을 수 있다.

[504] 동산에 대한 양도담보는 소유권 양도의 형식에 의하여야 하므로 채권자가 양도담보권을 취득하려면 동산을 인도받아야 한다(민법 제188조 제1항). 따라서 인도는 요건사실이다. 여기의 인도에는 현실의 인도를 비롯하여 간이인도, 점유개정에 의한 인도, 목적물 반환청구권의 양도에 의한 인도가 모두 포함된다(민법 제188조 제2항, 제189조, 제190조).

[505] 양도담보에 대하여 가등기담보법이 적용되는 경우에는 외형상으로는 담보채권자에게 소유권이 이전되어 있더라도 동법상의 청산절차(청산금의 지급)가 끝나기 전까지는 대내적, 대외적인 관계에서 담보물의 소유권은 채무자에게 있으나(동법 제4조 제2항), 가등기담보법이 적용되지 않는 경우에는 대법원 판례가 취하는 '신탁적 양도설'에 따르면 대내적 소유권은 채무자에게, 대외적 소유권은 채권자에게 귀속한다(대법원 1982. 07. 13. 선고 81다254 판결, 대법원 1984. 09. 11. 선고 83다카1623 판결, 대법원 1999. 09. 07. 선고 98다47283 판결, 대법원 2004. 10. 28. 선고 2003다30463 판결 등 참조). 이 사건에서 유체동산인 소에 대한 양도담보는 가등기담보법의 적용 대상이 아니므로 대외적 소유권은 양도담보권자인 원고에게 귀속하고, 채무자인 서배달은 대외적 관계에서 소유권을 상실한다. 그 뒤에 피고 장사성이 무권리자인 서배달과 양도담보계약을 체결하였더라도 선의취득이 성립하지 않는 이상 양도담보권을 취득할 수 없다(위 대법원 2003다30463 판결, 2004도1751 판결 및 대법원 2005. 02. 18. 선고 2004다37430 판결 참조).
위 법리는 선행 양도담보권자인 원고가 점유개정의 방법으로 양도담보권을 취득한 경우에도 적용되는데, 같은 동산을 각 점유개정의 방법으로 양수한 양수인들 사이에서는 먼저 현실의 인도를 받은 사람이 적법한 소유권을 취득한다는 법리(대법원 1975. 01. 28. 선고 74다1564 판결, 대법원 1989. 10. 24. 선고 88다카26802 판결 참조)와는 다음에 주의하여야 한다.

다. 그런데 피고는 2016. 9. 17. 의정부지방법원 고양지원 2016카합31203호로 채무자를 서배달로 한 유체동산가압류결정을 받은 뒤 같은 달 19. 별지 목록 기재 소에 대한 가압류집행을 하였습니다.

피고는 자신이 2015. 8. 25. 서배달에게 1억 5,000만 원을 대여하고 위 목장에서 사육 중이던 소를 점유개정의 방법으로 담보를 위하여 양도받았다고 주장할지 모르나, 원고가 양도받은 후 피고가 서배달과 양도담보계약을 체결하였더라도 선의취득이 인정되지 않는 한 피고는 무권리자인 서배달과의 양도담보약정에 기하여 양도담보권을 유효하게 취득할 수가 없는데, 피고는 현실의 인도가 아닌 점유개정의 방법으로 소를 인도받았으니 선의취득이 성립할 여지가 없고,[506] 따라서 아무런 권리를 취득하지 못하였습니다.

라. 원고는 별지 목록 기재 소에 대한 적법한 양도담보권자로서 그 소유권에 기하여,[507] 그에 관한 위 2016. 9. 19.자 가압류집행의 불허를 구할 권리가 있습니다.

3. 결 론

이상과 같은 이유로 원고는 청구취지와 같은 재판을 구합니다.

증 명 방 법 (생략)

첨 부 서 류 (생략)

2016. 10. 17.

원고 소송대리인 변호사 오변론

서울남부지방법원 귀중

---

[506] 점유개정으로 동산의 소유권 등을 취득한 때는 선의취득이 성립되지 아니한다(대법원 1978. 01. 17. 선고 77다1872 판결, 대법원 1997. 06. 27. 선고 96다51332 판결 참조).

[507] 제3자이의의 소를 제기하려면 집행채권자에 대하여 집행목적물의 양도나 인도를 거절할 수 있는, 대항력 있는 권리(소유권에 한하지 않으며, 소유권자라도 대항력이 없는 때도 있다)를 가져야 하는데(민사집행법 제48조 제1항, 제92조 제1항. 대법원 1982. 10. 26. 선고 82다카884 판결, 대법원 1988. 09. 27. 선고 84다카2267 판결 등 참조), 대외적으로 소유권을 주장할 수 있는 양도담보권자도 이에 해당한다(대법원 1971. 03. 23. 선고 71다225 판결 등 참조).

■ 해설 - 민사집행법 부분

앞의 문제와 마찬가지입니다. 실무에서는 꼭 알아두어야 하므로 여력이 있다면 확실하게 공부하시는게 좋지만, 그렇지 않다면 결론 정도라도 숙지하시기 바랍니다.

■ 핵심 판례

가. 추인의 방식

공정증서상의 집행인낙의 의사표시는 공증인가 합동법률사무소 또는 공증인에 대한 채무자의 단독 의사표시로서 성규의 방식에 따라 작성된 증서에 의한 소송행위이어서, 대리권 흠결이 있는 공정증서 중 집행인낙에 대한 추인의 의사표시 또한 당해 공정증서를 작성한 공증인가 합동법률사무소 또는 공증인에 대하여 그 의사표시를 공증하는 방식으로 하여야 함으로, 그러한 방식에 의하지 아니한 추인행위가 있다 한들 그 추인행위에 의하여는 채무자가 실체법상의 채무를 부담하게 됨은 별론으로 하고 무효의 채무명의가 유효하게 될 수는 없다.[508]

나. 제3자이의의 소

제3자이의의 소는 타인에 의해 현실적으로 강제집행이 개시된 경우 집행 목적물(채권도 포함한다)[509]에 대한 관계에서 구체적 집행력의 배제를 구하는 것이므로,[510] 구체적 집행력의 배제가 아니라 추상적 집행력의 배제를 구하는 청구이의의 소와 달리 반드시 집행이 개시되었어야 한다(특정물에 대한 인도 집행의 경우 집행 개시와 동시에 집행이 종료되므로 집행 전에도 가능하다고 보는 견해가 있다). 집행행위가 있으면 충분하고 반드시 경매집행에 한하는 것은 아니며, 경매의 경우 강제경매이든 임의경매이든 불문한다. 본집행은 물론 가집행도 무방하고, 보전처분(가압류, 가처분)의 집행에 대해서도 가능하다.[511] 그러나 강제집행 종료 전까지만 허용되고 집행이 종료되면 다른 구제수단에 의하여야 한다. 배당절차가 필요한 경우에 집행의 종료란 배당까지 마친 것을 의미한다.[512]

---

508) 대법원 1991. 04. 26. 선고 90다20473 판결
509) 대법원 1996. 11. 22. 선고 96다37176 판결, 대법원 1997. 08. 26. 선고 97다4401 판결, 대법원 1999. 06. 11. 선고 98다52995 판결 참조
510) 대법원 1977. 10. 11. 선고 77다1041 판결 참조
511) 대법원 1977. 10. 11. 선고 77다1041 판결, 대법원 1982. 10. 26. 선고 82다카884 판결, 대법원 1997. 08. 29. 선고 96다14470 판결 참조
512) 대법원 1996. 11. 22. 선고 96다37176 판결, 대법원 1997. 10. 10. 선고 96다49049 판결 참조

15. [소장, 보전처분신청서 및 공시송달신청서 11]

1. 첨부된 "사건상담기록"은 사연생 변호사(주소 : 서울 서초구 서초동 504 화성빌딩 707호)가 의뢰인 임진희와 상담한 내용 일부를 녹음하여 녹취해 놓은 것이다. 이 기재내용과 별첨자료들 및 소송진행경과에 대한 설명을 기초로 사연생 변호사가 의뢰인 임진희를 위하여 법원에 제출할 각 서면을 작성하시오.

가. 소장 작성일은 2019. 1. 1.자로 소장 및 보전처분(단, 부동산가압류 및 유체동산가압류는 제외)신청서를 작성하시오. (단, 이 서면들 작성에 있어서 피고들 사이에는 공동소송의 요건이 충족된 것으로 보아 피고가 여러 명이라 하더라도 하나의 소장으로 작성할 것이며, 원고가 패소하는 부분이 생기지 않도록 하시오.)

나. 사연생 변호사가 소를 제기하였으나 김성길에 대한 소장 부본이 송달불능되었는데, 그 이유는 그가 서울 성북구 돈암동[609-10(5통7반)]에 2014. 9. 11. 전입하여 거주하다가 2017. 7. 중순경 무단가출하여 현재는 행방을 알 수 없기 때문이며, 김성길의 주민등록도 2009. 5. 20. 직권말소되어 있는 상태라면, 사연생 변호사가 김성길에 대한 소장의 송달을 위하여 2019. 2. 5.자로 제출할 서면.

2. 사연생 변호사가 임진희와 상담할 때 임진희가 진술한 내용을 일단 진실한 것으로 보고, 임진희의 의사를 존중하여 사실관계 및 법률이론을 구성하여야 하며, 임진희에게 가장 이득이 되도록 작성하시오.

3. 각 증거서류에 있는 서명/날인 란에는 유효한 서명/날인이 있는 것으로 가정하시오.

4. 본 기록에 나타나 있지 않은 것으로서, 위 각 서면 작성에 꼭 필요한 사항들이 있으면 "○○○"으로 표시하시오.

상 담 일 지

임진희 : 안녕하세요. 변호사님. 그동안 잘 계셨지요. 작년 사건은 변호사님 도움으로 잘 끝났는데, 다른 문제가 또 하나 생겨서 변호사님 도움을 받을까 하구요. 그리고 늦었지만 새해 복 많이 받으십시오.

변호사 : 아, 그동안 잘 지내셨어요. 임사장님도 새해 복 많이 받으십시오. 그런데 어떤 문제인데요.

임진희 : 제가 서울 용산전자상가에서 '한길브랜드'라는 휴대전화기 총판점을 하고 있는 것은 변호사님께서도 잘 알고 계시잖습니까? 그 장사를 하면서 제가 판매한 휴대전화기 대금을 받지 못하고 있는 것이 있어서요.

변호사 : 네, 상세히 말씀해 보세요.

임진희 : 제가 거래하던 사람 중에 김성길이라는 사람이 있는데요. 이 사람은 서울 강남지하철역 지하상가에서 '한국전자'라는 상호로 휴대전화기와 디지털 카메라 등을 판매하는 매장을 운영하고 있습니다. 처음부터 이 사람을 제가 만나지 말았어야 했는데, 운이 나빴던지 2015년 3월 경에 제 친구 홍덕수와의 술자리에서 처음 만나 알게 되었거든요. 처음에는 사람이 아주 좋아 보이더라고요.

변호사 : 예, 그런데 임사장님은 그 사람 때문에 현재 어떤 문제로 곤란을 겪고 있으신지요.

임진희 : 아, 예 변호사님이 바쁘시니 빨리 말씀드리겠습니다. 아, 그런데 만난지 얼마 되지도 않은 2015년 8월경 김성길이 저를 찾아와 휴대전화기를 대량으로 자신에게 공급해 달라고 하더군요. 제가 누구입니까. 제가 그래도 이 방면에서는 전문가인데 그리 쉽게 거래를 해줄 리가 있습니까? 그래서 저는 김성길의 재력이나 사업규모를 알지 못하여 안된다고 하였지요. 제가 원래 처음부터 큰 거래를 하는 사람이 아니거든요.

변호사 : 아, 임사장님은 워낙 신중하신 분이니까....그래서 그 다음은 어떻게 되었습니까?

임진희 : 그랬더니 그 며칠 후 김성길이 홍덕수와 함께 다시 저를 찾아왔더라고요. 또 똑같은 부탁을 하면서....김성길만 왔더라면 제가 절대 그런 거래를 안했을 터인데, 제가 원체 정에 약한지라...홍덕수는 김성길이 틀림없는 사람이라고 하면서, 만약 김성길을 믿지 못하겠다면 홍덕수 자신이 연대보증을 서겠다고 하드만요. 저는 홍덕수가 평소 상당한 재력가라고 알고 있었지만, 만사 불여튼튼이라는 말도 있고, 또

이미 말씀드린 바와 같이 제가 워낙 신중한 사람일 뿐만 아니라 홍덕수가 당시 특별히 경영하는 사업도 없어, 홍덕수 이외에 충분한 자력이 있는 사람이 추가로 연대보증을 한다면 김성길의 요청을 수락하겠다고 하였지요. 그러자 홍덕수는 그 자리에서 바로 자신과 동서지간이라고하는 한기준을 연대보증인으로 세우겠다고 하면서 한기준이라는 사람에게 전화를 하여 동의를 구하더군요.

변호사 : 그래서 어떻게 되었습니까?

임진희 : 결국 계약을 체결하였지요 뭐.

변호사 : 그 계약 내용을 말씀해 보시고, 어떤 문제가 있는지 말씀해 보세요.

임진희 : 2015년 9월. 15. 계약을 체결하였는데요, 상세한 내용은 제가 말씀드릴 것 없이 이 계약서("공급계약서") 내용과 같습니다. 아 참, 이 계약서에 명기하지 않았지만 대금날짜를 어길 경우에는 연 15%의 이자를 붙여서 받기로 구두 약속을 하였습니다. 이왕 법적으로 문제삼는 마당에 저는 이 이자도 꼭 받아야 하겠습니다.

변호사 : 이 "공급계약서"에는 홍덕수와 한기준이 보증인으로 되어 있지 않는데요?

임진희 : 아, 예 홍덕수와 한기준으로부터는 별도로 이와 같이 "각서"를 받았습니다. "각서"를 받으면 효력이 없는가요?

변호사 : 서류 명칭이 "각서"로 되어 있더라도, 연대보증의 의사가 명백히 나타나 있으면 됩니다. 잘 받아 두셨습니다. 그런데 위 계약이 어떻게 문제를 일으키게 되었습니까?

임진희 : 저는 위 계약에서 정한 일정에 따라 김성길의 매장에 위 휴대전화기 250개를 모두 배달해 주었는데요., 김성길은 2015년 10월 말경 갑자기 저에게 전화를 걸어 말을 빙빙 돌리더니, 결국은 '연말이라 자금사정이 좋지 못하다'며 2015. 11. 15.에 지급하기로 약정한 위 휴대전화기 대금 1차분 40,000,000원 중 20,000,000원만 우선 지급할 것이니 나머지 대금 20,000,000우너의 지급기일을 2주일만 연기대 달라고 사정을 하더군요.

변호사 : 그래서요?

임진희 : 물으나마나지요. 연말에 자금사정이 좋은 장사꾼이 어디 있습니까? 저는 안된다고 하였는데, 원체 정에 약하다 보니 또 김성길의 말에 넘어갔지요.

변호사 : 그래서 결국 지급기일을 연기해 주었습니까?

임진희 : 그렇지요 뭐. 김성길은 2015년. 11. 29.에 거래처로부터 수금할 돈이 있는데 그 돈을 우선적으로 저에게 지급하겠다고 하면서 그때까지만이라도 지급기일을 늦춰 달라고 하더군요. 그래서 저는 홍덕수의 얼굴오 있고 또 홍덕수와 한기준이 각서

까지 써주었기 때문에 할 수 없이 2015. 11. 15.에 받아야 할 돈 중 20,000,000원만 받고, 나머지는 김성길의 요청대로 지급기일은 2015. 11. 30.로 연기해 주었습니다.

변호사 : 그래서 그 이후에는 어떻게 되었습니까?

임진희 : 제가 장사를 하면서 이렇게 속아본 적은 없는데, 이번에는 크게 당한 것 같습니다. 김성길이 2015. 11. 30. 보내주기로 약속한 대금 20,000,000원이 송금되지 않아 저의 직원을 보내 약속한 대금의 지급을 독촉하였더니, 피고 김성길은 거래처로부터 수금이 되지 않아 대금을 지급하지 못하였으니 조금만 더 기다려 달라고 사정하더구먼요. 그래서 제가 구체적인 방안을 대라고 하였더니 제대로 제시하지 못하였습니다. 저의 장사 경험에 비추어 보면 구체적으로 지급방법을 제시하는 것도 믿을 수 없지만, 아무런 구체적인 지급방법을 제시하지 않는 경우에도 거의 거짓말이거든요. 그래서 제가 냉정하게 바로 갚으라고 했습니다.

변호사 : 임사장님이 김성길에게 보낸 직원이 누구인가요?

임진희 : 신기철이라는 직원입니다.

변호사 : 현재의 상황은 어떤 상태입니까?

임진희 : 그 이후 저도 부도가 날 판이라 거듭해서 독촉하였으나, 김성길은 곧 지급하겠다고 하면서 차일피일 미루기만 할 뿐 기한을 연기해준 나머지 1차분 휴대전화기대금은 물론 2015. 12. 15.에 주기로 했던 2차분 대금도 전혀 주지 않고 있습니다. 그런데 최근 들리는 소문에 의하면 김성길이 매장을 너무 키우다가 외상구매를 너무 많이 하여 자금사정이 매우 좋지 않답니다. 곧 부도가 난다는 말도 있고, 이미 중국으로 도주하였다는 말도 있는데, 자세한 사정을 알 수 없습니다. 만나 주어야 알지요.

변호사 : 그러면, 임사장님은 받지 못한 휴대전화기대금만 받으시면 되십니까? 그 문제만 해결해 드리면 되겠습니까?

임진희 : 아닙니다. 다른 문제도 하나 있습니다. 한기준과의 문제인데요, 저는 전자제품을 보관할 창고를 신축하기 위하여 그 부지를 물색하고 있었는데, 또 운이 나빴는지 홍덕수가 끼어들어 자신의 동서인 한기준 소유 부동산 중 창고 부지로 적합한 곳이 있는 것 같다고 하더군요. 그래서 한기준으로부터 부동산을 샀는데, 한기준이 아직 그 등기를 넘겨주지 않고 있습니다. 홍덕수가 생전에 저와 무슨 악연이 있었는지 모르겠습니다. 이거 사기죄로 고소할 수 없을까요?

변호사 : 사기죄가 되는지 여부는 일단 상세한 말씀을 들어보고 판단해보기로 하지요. 계속 말씀해 보세요.

임진희 : 이것도 결국 제가 당한 것 같은데, 저는 2016. 3. 23.에 피고 한기준으로부터 그 소유 토지를 샀는데, 그 매매계약서가 이것 (별첨 "토지매매계약서")입니다.

변호사 : 매매대금은 모두 지급하였습니까? 그런데 한기준에 대해서는 이미 그때 앞서 김성길과의 휴대전화기 매매계약에 따라 임사장님이 보증책임을 물을 수도 있었는데, 그런 상황이라면 휴대전화기 대금을 정산하고 매매대금을 지급하던지 하였어야 하지 않을까요?

임진희 : 아, 그 문제는 말입니다. 당시 제가 김성길로부터 대금을 받지 못하고 있기는 하였지만, 김성길이가 계속 조만간 갚겠다고 하여, 설마 한기준에게까지 보증금청구를 하는 사태는 벌어지지 않을 거라고 생각했기 때문에, 한기준의 김성길에 대한 보증문제는 아예 생각도 하지 못하였던 것이지요. 게다가 저는 이 토지문제와 김성길에 대한 문제는 따로다로 정리하고 싶습니다. 합치면 문제가 복잡해질 것 같아서요.

변호사 : 매매대금은 이 "토지매매계약서"에 적힌 대로 주었습니까?

임진희 : 저는 원래 확실한 사람입니다. 계약금 , 중도금은 모두 계약서에 적힌대로 지급하였습니다. 다만 잔금은 당시 제가 자금 회전이 되지 않아 기한을 조금 연기해달라고 하였는데, 한기준이 거절하였습니다. 그러면서 한기준이 말하기를 다른 곳에 팔면 두 배 이상의 값으로 팔 수 있다고 하였습니다. 저는 그 땅이 마음에 들고, 사실 주변 시세에 비하여 싸게 샀기 때문에, 어떻게든 탈이 나지 않도록 하기 위하여 급전을 만들어 잔금지급기일인 2016.. 6. 22.에 잔금지급장소인 서울 강남구 삼성동 327 소재 황제공인중개사 사무실에서 만나자고 하였는데, 한기준이 무슨 장난을 하려는 속셈인지 약속장소에 나타나지 않았고 전화도 받지 않더군요. 그 후 우여곡절 끝에 한기준을 만나서, 여러 차례에 걸쳐 위 부동산에 관한 소유권이전등기를 해줄 것을 요구하였으나 한기준은 계약 이후 땅값이 많이 올랐으니 6천만 원을 더 지급하라고 요구하는 등 억지를 부리며 지금까지 소유권이전등기를 해주지 않고 있습니다. 제가 보기에는 이들이 거의 계획적으로 이러는 것이 아닌가 생각합니다. 그렇지 않습니까? 두 처남 동서가 저와는 아무런 일면식도 없던 김성길으 소개하여 거액의 돈을 물리게 해놓고, 제가 돈이 궁한 상태일 것이라는 것을 알면서 자신의 부동산을 또 팔고는 잔대금을 받을고 하지도 않으니 말입니다.

변호사 : 그러면, 제가 어떻게 해드리면 될까요?

임진희 : 누구를 상대로 하든 소를 제기하여 , 제가 받지 못한 휴대전화기대금을 받아 주십시오. 받기만 하면 수임료는 변호사님께서 달라는 대로 드리겠습니다. 그리고 제

가 산 토지를 한시라도 빨리 제 명의로 넘겨받을 수 있도록 해주십시오. 소송이든 기타 다른 조치든 모두 변호사님께 일임합니다.

변호사 : 김성길이나 홍덕수, 그리고 한기준의 재산으로는 어떤 것이 있는지 혹시 파악하고 계신 것이 있습니까?

임진희 : 김성길이 영업을 하던 ㄴ가게 내의 물품 이외에는 별다른 재산이 없습니다. 한기준에 대해서도 위 토지 외에는 별로 아는 것이 없습니다. 제가 이번 사건과는 별도로 한기준에게 돈을 보낼 일이 있어 한기준의 구좌로 돈을 보낸 적이 있는데, 그 구좌번호는 이미 잊어 버렸습니다. 다만, 그때 지나가는 말로 듣기로는 한기준이 주식회사 신한은행 논현역지점(주식회사 신한은행 본점 주소지 : 서울 중구 남대문로 1가 567, 대표이사 최행장; 논현역지점 ; 서울 강남구 논현동 277, 지점장 박행수)과 거래한다고 하였습니다.

변호사 : 일단 민사소송만 제기하는 것으로 하고, 형사고소가 가능한지 여부는 차후 다시 검토해보기로 하지요. 그리고 한기준에 대하여 소유권이전등기 청구를 하더라도, 한기준에 대한 보증금청구는 별도로 청구하도록 하겠습니다.

임진희 : 예, 알겠습니다. 모두 변호사님께서 알아서 처리해 주십시오.

변호사 : 좋습니다. 그런데 김성길의 주민등록이 되어 있는 주소를 알고 계시는가요. 소를 제기하면 송달이 되어야 하는데, 김성길의 가게로 송달하면 어차피 송달이 안될 것 같아서요.

임진희 : 예, 제가 알고 있기로는 성북구 돈암동 609-10, 5통 7반으로 알고 있습니다. 그리고 주민등록번호는 601021-1156921로 알고 있습니다.

변호사 사연생 (전화) 02-3480-9812, e-mail :yssa@hanmail.net
서울특별시 서초구 서초동 504 화성빌딩 707호.

供 給 契 約 書

매도인 한길브랜드
    대표 임 진 희
    서울특별시 용산구 원효로2가 21

매수인 한국전자
    대표 김 성 길
    서울특별시 강남구 역삼동 819 강남역 지하상가 301호

한길브랜드(대표 임진희)는 한국전자(대표 김성길)에게 휴대전화기(품명 LS-SH350)250개를 개당 400,000원씩 합계 1억 원에 공급하기로 하고, 그 구체적인 조건을 아래와 같이 정한다.

- 아 래 -

1. 임진희는 2015. 10. 16. 휴대전화기 100개를, 2015. 11. 15. 휴대전화기 150개를 각각 김성길의 영업장소인 서울 강남역 지하상가 한국전자로 배달해 준다.

2. 김성길은 위 물품대금 1억 원 중 40,000,000원은 2015. 11. 15.까지, 나머지 60,000,000원은 2015. 12. 15.까지 임진희의 국민은행 예금계좌(101-02-56-10474)로 송금하여 지급한다.

3. 기타 사항은 상관례에 따른다.

2015년 9월 15일

매도인 임 진 희(서명/날인)

매수인 김 성 길(서명/날인)

각 서

임진희 (한길브랜드) 사장님 귀하

김성길(한국전자)이 2015. 9. 15. 귀하로부터 매수한 휴대전화기 250개의 대금을 지급하지 아니하는 경우 김성길과 연대하여 지급할 것을 보증하기로 하여 이에 각서합니다.

2015. 9. 15.

각서인

홍덕수(서명/날인) ㊞
서울특별시 관악구 봉천동 1564-8 태중아파트 102-101
(581107-1324378)

한기준(서명/날인) ㊞
서울특별시 강남구 논현동 133 강남아파트 201-109
(560129-1048296)

등기부 등본(말소사항 포함) - 토지

[토지]경기도 고양시 일산서구 덕이동 245   고유번호 1102-1996-110485

[표 제 부] 토지의 표시					
표시번호	접 수	소재지번	지목	면적	등기원인 및 기타사항
1 (전 4)	~~1997년 12월 8일~~	~~경기도 고양시 일산 덕이동 245~~	대	350㎡	부동산등기법 제177조의6 제1항의 규정에 의하여 2000년 3월 17일 전산이기
2		경기도 고양시 일산서구 덕이동 245	대	350㎡	2005년 5월 16일 행정구역 변경으로 인하여 2005년 5월 18일 등기

[갑 구] (소유권에 관한 사항)				
순위번호	등기목적	접수	등기원인	권리자 및 기타사항
1 (전 4)	소유권이전	1996년 8월 21일 제13259호	1996년 8월 16일 매매	소유자 김찬희 510408-2789001 서울 종로구 삼청동 180
2	소유권이전	2003년 9월 20일 제15605호	2003년 8월 17일 매매	고유자 한기준 560129-1048296 서울 강남구 논현동 133 강남아파트 201동 109호

--- 이 하 여 백 ---

수수료 금 1,200원 영수함   관할등기소 의정부지방법원 고양지원 등기과
이 등본은 부동산 등기부의 내용과 틀림없음을 증명합니다.
서기 2019년 1월22일

의정부지방법원 고양지원 등기과   등기관   오 철 수 (서명/날인)

- 실선으로 그어진 부분은 말소사항을 표시함. * 등기부에 기록된 사항이 없는 갑구또는 을구는 생략함.
- 발행번호   11020011002190720109612505LBO11495WOG295021312245   발행일 2019/1/22

【모범답안】

소 장

원 고   임 진 희
　　　　서울 서초구 반포1동 20-14 한성아파트 109동 306호
　　　　소송대리인 변호사 사연생
　　　　서울 서초구 서초동 504 화성빌딩 403호
　　　　전화 02-3480-9811, 팩스 02-3480-9812
　　　　전자우편　yssa@hanmail.net

피 고   1. 김 성 길
　　　　　　서울 성북구 돈암동 609-10(5통 7반)
　　　　2. 홍 덕 수
　　　　　　서울 관악구 봉천동 1564-8 태중아파트 102동 101호
　　　　3. 한 기 준[513]
　　　　　　서울 강남구 논현동 133 강남아파트 201동 109호

물품대금 등 청구의 소[514]

청 구 취 지

1. 원고에게,

가. 피고들은 연대하여 8,000만 원 및 그 중 2,000만 원에 대하여는 2015. 12. 1.부터 6,000만 원에 대하여는 2015. 12. 16.부터 각 다 갚는 날까지 연 15%의 비율에 의한 금원을 지급하고,

나. 피고 한기준은 원고로부터 1억 900만 원을 지급받음과 동시에 고향시 일산서구 덕이동

---

513) 이 수습기록 사안 중 물품대금청구 부분은 피고 김성길, 홍덕수, 한기준 사이에 공동소송의 요건이 구비되어 있으나, 피고 한기준에 대한 소유권이전등기청구 부분은 다른 피고들과의 사이에 공동소송의 요건이 구비되어 있다고 할 수 없다. 그러나 공동소송의 주관적 요건은 직권조사사항이 아니라 항변(이의)사항이며, 공동피고로 된 당사자들이 공동소송의 요건과 관련하여 이의를 제기하는 경우도 많지 않기 때문에, 실무에서는 공동소송의 요건에 관하여 다소 문제가 있더라도 편의상 공동 소송의 형태로 소를 제기하는 경우가 많다.

514) 수 개의 청구가 병합되어 있는 때에는 주된 청구 또는 대표적인 청구 하나만을 골라 그것을 사건명으로 하여 '등'자를 붙이고 그 뒤에 '청구의 소'라고 기재한다. 전형적인 사건명에 대해서는 민사실무Ⅰ참조.

245 대350㎡에 관하여 2016. 3. 23. 매매를 원인으로 한 소유권이전등기절차를 이행하라.
2. 소송비용은 피고들이 부담한다.
3. 제1항의 가항은 가집행 할 수 있다.515)

라는 판결을 구합니다.

청 구 원 인

1. 물품대금청구

가. 원고는 2015. 9. 15. 피고 김성길에게 휴대전화기(LS-SH350) 250개를 대당 40만원씩 총대금 1억 원에 배도하면서, 그 중 100개는 2015. 10. 16.에, 150개는 2015. 11. 15.에 각 인도하고, 그 대금 중 4,000만원(이하 '제1차 대금'이라 한다)은 2015. 11. 15.에, 6,000만 원(이하 '제2차 대금'이라 한다)은 2015. 12. 15.에 각 지급하기로 하되(갑 제1호증), 피고 김성길이 위 매매대금의 지급을 지체할 때에는 지급기일 다음날부터 다 갚는 날까지 연 15%의 비율에 의한 지연손해금을 가산하여 지급하기로 약정하였으며(구두약정), 피고 홍덕수, 한기준은 위 계약 당시 피고 김성길의 위 물품대금채무를 연대보증하였습니다(갑 제2호증).

그 후 원고는 피고 김성길에게 위 약정대로 위 휴대전화기 250개를 모두 인도하였고,516) 피고 김성길의 요청으로 제1차 대금 중 2,000만 원의 지급기일을 2015. 11. 30.로 연기해 주었습니다.

나. 그러나 피고 김성길은 2015. 11. 15. 원고에게 제1차 대금 중 2,000만 원을 지급한 이외에는 나머지 물품대금을 지급하지 않고 있습니다.

다. 따라서 피고들은 연대하여 원고에게 위 물품대금 8,000만 원(제1차 대금 중 잔액 2,000만 원 + 제2차 대금 6,000만 원) 및 그 중 2,000만 원에 대하여는 제1차 대금 지급기일 다음날인 2015. 12. 1.부터, 6,000만 원에 대하여는 제2차 대금 지급기일 다음날인 2015. 12. 16.부터 각 다 갚는 날까지 연 15%의 비율에 의한 약정지연손해금을 지급할 의무가 있습니다.

2. 소유권이전등기청구

가. 원고는 2016. 3. 23. 피고 한기준으로부터 고양시 일산서구 덕이동 245 대350㎡(이하 '이 사건 토지'라고 한다 ; 갑 제3호증)를 대금 2억 1,000만 원에 매수하면서 계약금 2,100만 원은 계약 당일에 지급하고, 중도금 8,000만 원은 2016. 5. 22.에, 잔금 1억 900만 원은 2016. 6. 22. 소유권이전등기에 필요한 서류와 상환으로 각 지급하기로 약

---

515) 소유권이전등기청구 부분은 의사의 진술을 명하는 청구로서 그 판결이 확정되어야만 의사의 진술이 있는 것으로 간주되기 때문에(민집 제263조) 가집행선고를 구할 수 없다.

516) 물품대금청구만 할 것이라면 '인도' 사실은 요건사실이 아니나, 지연손해금까지 청구하기 위해서는 '인도'사실도 기재하여야 한다.

정하였습니다(갑 제4호증).

원고는 위 계약금과 중도금을 약정대로 지급하였으나, 잔금은 피고 한기준의 수령기피로 아직 지급하지 못하고 있습니다.

나. 그러므로 피고 한기준은 원고로부터 잔금 1억 900만 원을 지급받음과 동시에, 원고에게 이 사건 토지에 관하여 2016. 3. 23. 매매를 원인으로 한 소유권이전등기절차를 이행할 의무가 있습니다.

3. 결 어

이상과 같은 이유로 원고는 본소를 제기하기에 이르렀습니다.

입 증 방 법

갑 제1호증(공급계약서)
2. 갑 제2호증(각서)
3. 갑 제3호증(등기부등본-토지)
4. 갑 제4호증(토지매매계약서)

첨 부 서 류

위 입증방법	각 4통[517]
2. 영수필확인서 및 영수필통지서	각 1통
3. 송달료납부서	1통
4. 소송위임장	1통
5. 소장부본	3통[518]

2019. 1. 11.

원고 소송대리인 변호사 사연생(서명/날인)

서울중앙지방법원 귀중

---

[517] 피고(3인)용 3통 + 법원제출용 1통
[518] 예고등기가 필요한 경우가 아니므로 피고(3인)용만 첨부하면 충분하다.

【모범답안】

부동산처분금지가처분신청서

채권자　임 진 희
　　　　서울 서초구 반포1동 20-14 한성아파트 109동 306호
　　　　소송대리인 변호사 사연생
　　　　서울 서초구 서초동 504 화성빌딩 403호
　　　　전화 02-3480-9811, 팩스 02-3480-9812
　　　　전자우편　yssa@hanmail.net

채무자　한 기 준
　　　　서울 강남구 논현동 133 강남아파트 201동 109호

피보전권리의 내용　2016. 3. 23.자 매매에 기한 소유권이전등기청구권
목적물의 가액　　　금 ○○○○○○원[519]

신 청 취 지

채무자는 고양시 일산서구 덕이동 245 대 350㎡에 관하여 양도, 저당권·전세권·임차권의 설정 기타 일체의 처분행위를 하여서는 아니 된다.
라는 결정을 구합니다.

신 청 이 유

1. **피보전채권**

가. 채권자는 2016. 3. 23. 채무자로부터 고양시 일산서구 덕이동 245 대 350㎡(이하 '이 사건 토지'라 한다 ; 소갑 제1호증)를 대금 2억 1,000만 원에 매수하면서 계약금 2,100만 원은 계약 당일에 지급하고, 중도금 8,000만 원은 2016. 5. 22.에, 잔금 1억 900만

---

[519] 시가를 기재한다. 부동산의 경우에는 통상 [부동산가격공시 및 감정평가에 관한 법률]에 의하여 공시된 가액을 기재한다.

원은 2016. 6. 22. 소유권이전등기에 필요한 서류와 상환으로 각 지급하기로 하였습니다(소갑 제2호증).

채권자는 위 계약금과 중도금을 약정대로 지급하였으나, 잔금은 채무자의 수령기피로 아직 지급하지 못하고 있습니다.

나. 그러므로 채무자는 채권자로부터 잔금 1억 900만 원을 지급받음과 동시에, 채권자에게 이 사건 토지에 관하여 2016. 3. 23. 매매를 원인으로 한 소유권이전등기절차를 이행할 의무가 있습니다.

2. 보전의 필요성

채권자는 채무자를 상대로 소유권이전등기청구의 소를 제기하려고 준비 중인바, 아무런 보전조치 없이 위 소송을 제기하면, 후일 채권자가 이 소송에 승소하더라도 채무자가 이 사건 토지를 제3자에게 처분할 경우 그 판결이 집행불능에 이를 염려가 있습니다.

3. 결 어

이상과 같은 이유로 채권자는 본 신청에 이르렀습니다. 다만, 담보제공은 공탁보증보험증권[520](○○보험 주식회사 증권번호 제○○○○호)을 제출하는 방법에 의할 수 있도록 허가하여 주시기 바랍니다.

소 명 방 법

1. 소갑 제1호증(등기부등본-토지)
2. 소갑 제2호증(토지매매계약서)

첨 부 서 류[521]

1. 위 소명방법	각 1통
2. 송달료납부서	1통
3. 위임장	1통

---

[520] 이 공탁보증보험증권은 민사소송규칙 제222조 제1항의 "지급보증위탁계약을 맺은 문서"에 해당되며, 실무상 이와 같이 '공탁보증보험증권'이라고 한다.
[521] 인지는 인지 자체를 매입하여 신청서에 첨부하여야 하며, 인지액은 가처분신청서는 2,000원, 담조제공허가신청서는 500원이다.

2019. 1. 11.

채권자의 신청대리인 변호사 사연생(서명/날인)

서울중앙지방법원 귀중

【모범답안】

채권가압류신청서

채권자   임 진 희
          임 진 희
          서울 서초구 반포1동 20-14 한성아파트 109동 306호
          소송대리인 변호사 사연생
          서울 서초구 서초동 504 화성빌딩 403호
          전화 02-3480-9811, 팩스 02-3480-9812
          전자우편 yssa@hanmail.net

채무자   한 기 준
          서울 강남구 논현동 133 강남아파트 201동 109호

제3채무자   주식회사 신한은행(취급점[522] : 논현역지점)
            서울 중구 남대문로 1가 567
            송달장소 서울 강남구 논현동 277 주식회사 신한은행 논현역지점[523]
            대표이사 최 행 장

청구채권의 내용 : 2015. 9. 15.자 연대보증약정에 따른 연대보증금 청구채권

청구금액 : 8,000만 원 및 그 중 2,000만 원에 대하여는 2015. 12. 1.부터, 6,000만 원에 대하여는 2015. 12. 16.부터 각 다 갚는 날까지 연 15%의 비율에 의한 금원[524]

---

522) 실무상으로는 '소관'이라고 표시하기도 한다.

523) 기재하지 않을 수도 있으나, 실무상으로는 신속한 송달 등을 위하여 송달장소를 별도로 기재하기도 한다(민사실무Ⅰ 참조).

524) 과거에는 청구금액에 장래의 지연손해금을 포함하는 경우 그 종기가 확정되지 아니하여 압류의 경합 여부를 판단하기가 곤란하고 따라서 제3채무자의 지위가 불안해진다는 이유로 압류신청시까지의 원리금만을 청구금액으로 삼아 가압류를 하는 것이 실무의 관계였으나, 민사집행법은 압류의 경합이 없더라도 제3채무자에게 집행공탁권을 인정함으로써 이러한 문제점을 해결하였으므로 ○제는 청구금액에 장래의 지연손해금을 포함시키는 것이 가능하다도 할 것이다. 다만, 아직도 실무에서는 압류의 경합 등을 쉽게 판단하기 위해 장래의 일정 시점까지의 지연손해금을 포함하여 확정금액으로 신청하도록 유도하기도 한다. 부동산등기부에 가압류기입등기를 하는 경우에는, 가압류촉탁서에 청구금액과 관련한 이자 또는 다른 조건 등이 있다하더라도 이는 기재하지 않는 것이 실무이다.

신 청 취 지

채무자의 제3채무자에 대한 별지 목록 기재의 채권을 가압류 한다.
제3채무자는 채무자에게 위 채권에 관한 지급을 하여서는 아니 된다.
라는 결정을 구합니다.

신 청 이 유

1. 피보전채권[525]

가. 채권자는 2015. 9. 15. 신청외 김성길에게 휴대전화기(LS-SH350) 250개를 대당 40만원씩 총 1억 원에 매도하면서, 그 중 100개는 2015. 10. 16.에, 150개는 2015. 11. 15.에 각 인도하고, 그 대금 중 4,000만 원(이하 '제1차 대금'이라 한다)은 2015. 11. 15.에,, 6,000만 원(이하 '제2차 대금'이라 한다)은 2015. 12. 15.에 각 지급받기로 하되(소갑 제1호증), 김성길이 위 매매대금의 지급을 지체할 때에는 지급기일 다음날부터 다 갚는 날까지 연 15%의 비율에 의한 지연손해금을 가산하여 지급하기로 약정하였으며(구두약정), 채무자는 위 계약 당시 김성길의 위 물품대금채무를 연대보증하였습니다(소갑 제2호증)
그 후 채권자는 김성길에 위 약정대로 휴대전화기 250개를 모두 인도하였고,[526] 김성길의 요청으로 제1차 대금 중 2,000만 원의 지급기일을 2015. 11. 30.로 연기해 주었습니다.

나. 그러나 김성길은 2015. 11. 15. 원고에게 제1차 대금 중 2,000만 원을 지급한 이외에는 나머지 물품대금을 지급하지 않고 있습니다.

다. 따라서 채무자는 김성길과 연대하여 채권자에게 위 물품대금 8,000만 원(제1차 대금 중 잔액 2,000만 원 + 제2차 대금 6,000만 원) 및 그 중 2,000만 원에 대하여는 제1차 대금 지급기일 다음날인 2015. 12. 1.부터, 6,000만 원에 대하여는 제2차 대금 지급기일 다음날인 2015. 12. 16.부터 각 다 갚는 날까지 연 15%의 비율에 의한 약정지연손해금을 지급할 의무가 있습니다.

---

[525] 보전처분의 요건은 크게 두가지, 즉 '피보전권리의 존재' 및 '보전의 필요성'이다(민사집행법 제301조, 제276조, 제277조). 따라서 보기에 간명하도록 이화 같이 제목을 기재하였다. 그러나 굳이 제목을 기재하지 않고 써도 되고, 또 제목을 기재하더라도 가령 '물품대금청구채권', '이 사건 신청의 급박성' 등의 제목을 붙여도 된다. 모두 다 피보전권리의 존재, 보전의 필요성 등을 나타내기에 충분하기 때문이다.

[526] 물품대금청구만 할 것이라면 '인도'사실은 요건사실이 아니나, 지연손해금까지 청구하기 위해서는 '인도'사실도 기재하여야 한다.

2. 보전의 필요성

채권자는 채무자를 상대로 본안의 소를 제기하려고 준비 중인바, 채무자의 재산은 제3채무자에 대한 별지 목록 기재 채권 이외에는 드러난 것이 없고, 그 사이에 채무자가 별지 목록 기재 채권을 처분하거나, 제3채무자로부터 수령하여 이를 소비하면 채권자가 채무자를 상대로 한 본안소송에서 승소하더라도 강제집행을 하지 못할 염려가 있습니다.

3. 결 어

이상과 같은 이유로 채권자는 본 가압류 신청에 이르렀습니다. 다만 담보제공은 공탁보증보험증권(○○보험 주식회사 증권번호 제○○○○호[527])을 제출하는 방법에 의할 수 있도록 허가하여 주시기 바랍니다.

소 명 방 법[528]

1. 소갑 제1호증(공급계약서)[529]
2. 소갑 제2호증(각서)

첨 부 서 류

1. 위 소명방법   각 1통
2. 법인등기부 등본[530]   1통
3. 송달료납부서   1통
4. 위임장   1통

---

[527] 미리 공탁보증보험증권을 발급받아 보전처분을 신처할 수eh 있는바(민사집행규칙 제204조) 이 경우에는 이와 같은 문구를 쓴다. 미리 공탁보증보험증권을 발급받지 않았기 때문에 공탁보증보험증권번호를 특정할 수 없다 하더라도, 신청서에는 '공탁보증보험증권을 제출하는 방식에 의하여 공탁금을 납부할 수 있도록 허가해 달라'는 문구를 쓰는 것이 일반적이며, 이에 따라 법원은 공탁보증보험증권 제출명령이 내려져 신청인측이 공탁보증보험증권을 제출하면 비로소 가압류결정이 내려진다. 채권가압류의 경우 담보액은 통상 청구채권의 2/5 정도이고, 급여채권이나 영업자의 예금채권가압류시에는 그 절반의 범위내에서 현금공탁을 하게 된다.

[528] 소장에서와 달리 보전처분신청서는 '입증'방법이라고 하지 않고 '소명'방법이라고 한다. 소명방법은 소명의 즉시성 때문에(민사소송법 제299조 제1항) 서증 또는 즉시 조사할 수 있는 검증물 등에 한정된다.

[529] 증명이 아닌 '소명'이므로 "소갑 제○호증"이라고 표기한다.

[530] 당사자가 법인인 EO에는 대표자, 당사자가 법인 아닌 사단이나 재단인 때에는 대표자 또는 관리인의 각 자격을 증명하는 서면(법인등기부등본이나 초본, 대표자 증명서 등)과 다사자능력을 판단할 자료(정관, 규약 등)을 첨부하여야 한다(민사소송규칙 제63조).

2019. 1. 11.

채권자의 신청대리인 변호사 사 연 생(서명/날인) 행림희열

서울중앙지방법원531) 귀중

---

531) 가압류사건은 가압류할 물건이 있는 곳을 관할하는 지방법원이나 본안의 관할법원이 관할한다(민사집행법 제278조). '본안의 관할법원'이란 본안이 이미 계속된 경우에는 그 법원이고, 본안이 계속되기 전이라면 본안소송이 제기될 때 이를 관할할 수 있는 법원이다. 이 사건의 경우 서울중앙지방법원은 본안의 관할법원이다 (이미 소가 계속된 상태라면 그런 의미에서, 앞으로 소를 제기할 경우라면 역시 관할권이 있다는 의미에서).

목 록(가압류할 채권의 표시)

금   원

　　채무자(560129 - 1048296)532)가 제3채무자(취급점 : 논현역지점)에 대하여 가지는 다음 예금채권 중 다음에서 기재한 순서에 따라533) 청구금액에 이를때까지의534) 금액.

다 음535)

1. 압류되지 않은 예금과 압류된 예금이 있는 때에는 다음 순서에 의항 가압류 한다.
가. 선행압류 · 가압류가 되지 않은 예금
나. 선행압류 · 가압류가 된 예금

2. 여러 종류의 예금이 있는 때에는 다음 순서에 의하여 가압류한다.
가. 정기예금, 나, 정기적금, 다. 보통예금, 라. 당좌예금, 마. 별단예금

3. 같은 종류의 예금이 여러 계좌에 있는 때에는 계좌번호가 빠른 예금부터 가압류 한다.

끝.

---

532) 원활하게 가압류가 되도록 하기 위해서는 채무자의 주민등록번호를 반드시 명기할 필요가 있다.

533) 보통 실무에서는 이 부분을 기재하지 않고, 단순히 '청구금액에 이를 때까지의 금액'이라고만 기재하는 경우가 많다. 그러나 법원에서 가압류 결정을 내릴 때에는 이와 같이 기재한다.

534) '채무자가 제3채무자에 대하여 가지는 예금채권 중 위 청구금액'이라고 기재하지 않도록 주의한다. 대법원은 「압류할 채권의 표시를 '채무자가 제3채무자에 대하여 가지는 예금채권 중 위 청구금액'이라고 기재한 것은 압류명령의 송달 당시 가지고 있는 예금잔액에 대한 반환채권만을 의미하므로, 경정결정에 의하여 장래에 입금될 예금도 압류목적채권에 포함된다고 볼 여지가 있는 '채무자가 제3채무자에 대하여 가지는 예금채권 중 위 청구금액에 이를때까지의 금액'이라고 고치는 것은 압류목적채권의 동일성에 변경을 가하는 것이므로 경정결정에 소급효가 없다.」고 판시하고 있다(대법원 2001. 09. 25. 선고 2001다48583 판결). 따라서 가압류 결정 송달 이후에 증가된 예금반환채권에도 가압류의 효력이 확실히 미치도록 하기 위해서는 "... 위 청구금액에 이를 때까지의 금액"이라는 문구를 넣어야 한다.

535) 이 부분 이하도 실제 실무에서 변호사가 신청서를 제출할 때에는 잘 기재하지 않는 것이긴 하나, 법원에서 가압류 결정을 내릴 때에는 기재하고 있으므로, 신청서에 기재하는 것이 좋을 것이다.

[별지 1]

가압류신청 진술서[536]

(가압류신천 진술서는 각주 24)의 내용에 따라 법원에 비취된 양식으로 하므로, 이하 생략)

---

536) 가압류를 신청하는 경우 채권자는 **법원 접수실 창구에 비치되어 있는 가압류신청 진술서**를 작성하여 이를 가압류신청서에 첨부하여 제출한다. 만일 가압류를 신청할 때 가압류신청 진술서를 첨부후지 아니하거나, 고의로 진술사항을 누락하거나 허위로 진술한 사항이 발견된 경우에는 특별한 사정이 없는 한 보정명령 없이 신청을 기각할 수 있다(보전처분 신청사건의 사무처리요령). 또한 채무자가 여럿인 경우에는 각 사람별로 이 서면을 작성하여야 한다.

【모범답안】

공시송달신청

사 건 2019가합○○○○ 물품대금 등
원 고 임 진 희
피 고 김 성 길 외 2

　위 당사자 사이의 귀원 2019가합 ○○○○ 물품대금 등 청구사건에 관하여 피고 김성길에 대한 소장부본 등의 서류가 송달불능되었는바, 위 피고는 2014. 9. 11. 서울특별시 돈암동 609-10(5통7반)에 전입하여 거주하다가, 2017. 7. 중순경 가출하여 동인의 주민등록도 2018. 5. 20. 직권말소되었고, 거소나 기타 송달가능한 장소조차 알 수 없으므로, 위 피고에 대한 소장 부본 등 서류들을 공시송달하여 주시기 바랍니다.

소 명 방 법

1. 말소자주민등록표 초본　　　　　　　1통537)

2019. 2. 5.

원고 소송대리인 변호사 사 연 생(서명/날인)

서울중앙지방법원 제○민사부 귀중

---

537) 민사소송법 제194조 제2항은 공시송달의 요건을 '소명'하라고 규정하고 있으나, 어떤 자료를 제출하여야 한다고까지 규정하고 있지는 않다. 과거에는 통·반장 작성의 불거주확인서, 인근 주민 작성의 불거주 확인서, 친·인척 작성의 불거주확인서 등을 제출하여 소명하는 경우가 많았으나, 현재의 실무는 일단 소장을 제출하여 주민등록지 등으로 송달되도록 한 후 '이사불명' 등으로 송달불능이 되면, 동사무소에 주민등록말소 신청을 하고, 동사무소에 현장 확인을 거쳐 주민등록을 말소하면, 그 말소자 주민등록초본을 제출하여 공시송달의 요건을 소명하는 경우가 많다.

판례색인

대법원 1955. 05. 14. 선고 4286민상231 판결 ······ 160
대법원 1962. 04. 04. 선고 62다1 판결 ················385
대법원 1962. 10. 18. 선고 62다291 판결 ············ 409
대법원 1963. 09. 12. 선고 63다354 판결 ············ 140
대법원 1966. 05. 24. 선고 66다548 판결 ············ 349
대법원 1968. 11. 19. 선고 68다1624 판결 ·········· 452
대법원 1969. 10. 28. 선고 69다1084 판결 ············ 90
대법원 1970. 07. 24. 선고 70다805 판결 ············ 409
대법원 1970. 12. 22. 선고 70다2295 판결 ·········· 409
대법원 1971. 03. 23. 선고 71다225 판결 ············ 475
대법원 1972. 05. 23. 선고 72다341 판결 ············ 348
대법원 1972. 12. 26. 선고 72다2013 판결 ············ 13
대법원 1973. 03. 20. 선고 73다165 판결 ············ 140
대법원 1974. 06. 25. 선고 74다235 판결 ············ 250
대법원 1974. 07. 16. 선고 74다525 판결 ············ 354
대법원 1975. 01. 28. 선고 74다1564 판결 ·········· 474
대법원 1975. 01. 28. 선고 74다2021 판결 ·········· 447
대법원 1975. 04. 22. 선고 74다1184 전원합의체 판결 ·21, 387
대법원 1975. 04. 22. 선고 74다410 판결 ············ 251
대법원 1975. 05. 27. 선고 74다1393 판결 ············ 85
대법원 1975. 05. 27. 선고 74다1393 판결) ············ 7
대법원 1977. 06. 07. 선고 76다2324 판결 ············ 13
대법원 1977. 06. 28. 선고 68다2022 판결 ·········· 200
대법원 1977. 06. 28. 선고 77다105 판결 ············ 146
대법원 1977. 06. 28. 선고 77다402, 403 판결 ··· 382
대법원 1977. 09. 28. 선고 77다1241 전원합의체 판결 358
대법원 1977. 09. 28. 선고 77다1241, 1242 전합합의체 판결 ··· 349
대법원 1977. 10. 11. 선고 77다1041 판결 ·········· 476
대법원 1977. 12. 13. 선고 77다1753 판결 ·········· 452
대법원 1978. 01. 17. 선고 77다1872 판결 ·········· 475
대법원 1978. 03. 28. 선고 77다2298 판결 ·········· 160
대법원 1978. 10. 10. 선고 78다1273 판결 ·········· 354
대법원 1979. 07. 24. 선고 79다942 판결 ············ 408
대법원 1979. 08. 31. 선고 78다858 판결 ············ 354
대법원 1979. 09. 11. 선고 79다381 판결 ············· 82

대법원 1980. 04. 22. 선고 80다231 판결 ············ 312
대법원 1980. 05. 27. 선고 80다482 판결 ············· 43
대법원 1980. 06. 24. 선고 80다801 판결 ············ 315
대법원 1980. 07. 08. 선고 79다1928 판결 17, 358, 385
대법원 1981. 04. 14. 선고 80다2614 판결 ············ 44
대법원 1982. 05. 25. 선고 81다595 판결 ············· 90
대법원 1982. 07. 13. 선고 81다254 판결 ············ 474
대법원 1982. 10. 26. 선고 82다카884 판결 ··475, 476
대법원 1982. 12. 28. 선고 82다카349 판결 ············ 47
대법원 1983. 02. 08. 선고 81다카621 판결 ········ 473
대법원 1983. 03. 22. 선고 82다카1533 전원합의체 판결 447
대법원 1983. 05. 10. 선고 81다187 판결 ············ 357
대법원 1984. 01. 24. 선고 83다카1152 판결 ······ 100
대법원 1984. 05. 29. 선고 82다카963 판결 ········ 406
대법원 1984. 06. 12. 선고 82다카672 판결 ········ 408
대법원 1984. 06. 26. 선고 82다카1758 판결 ······ 473
대법원 1984. 07. 24. 선고 84다카572 판결 ········ 452
대법원 1984. 09. 11. 선고 83다카1623 판결 ······ 474
대법원 1984. 10. 10. 선고 84다카453 판결 ········ 141
대법원 1985. 04. 09. 선고 84다카1131 전원합의체판결 70
대법원 1985. 10. 22. 선고 84다카2472, 2473 판결 407
대법원 1986. 09. 09. 선고 86다카792 판결 ··159, 160
대법원 1986. 09. 23. 선고 85다카1957 판결 ······ 160
대법원 1986. 12. 23. 선고 86다카1751 판결 ········· 17
대법원 1987. 02. 24. 선고 86다카1936 판결 ······ 353
대법원 1987. 03. 24. 선고 86다카823 판결 ········ 353
대법원 1987. 05. 26. 선고 86다카2950 판결 ······ 412
대법원 1987. 06. 23. 선고 87다카390 판결 ·· 14, 348
대법원 1987. 09. 22. 선고 86다카2151 판결 382, 386
대법원 1987. 10. 13. 선고 87다카1093 판결 ········· 47
대법원 1987. 10. 26. 선고 87다카14 판결 ·········· 353
대법원 1987. 10. 28. 선고 87다카1409 판결 ··········· 6
대법원 1987. 11. 10. 선고 87다카62 판결 ·········· 407
대법원 1987. 12. 22. 선고 87다카1577 판결 ······ 315
대법원 1988. 01. 19. 선고 85다카1792 판결 ······ 409
대법원 1988. 01. 19. 선고 87다카1315 판결 ······ 383

대법원 1988. 03. 22. 선고 87다카2568 판결 …… 384
대법원 1988. 04. 25. 선고 87다카2509 판결 …… 356
대법원 1988. 06. 14. 선고 87다카3093, 3094 판결 353
대법원 1988. 06. 14. 선고 88다카102 판결 …… 317
대법원 1988. 09. 27. 선고 84다카2267 판결 …… 475
대법원 1988. 10. 25. 선고 85누941 판결 ………… 413
대법원 1988. 11. 08. 선고 86다카2949 판결 …… 354
대법원 1988. 12. 27. 선고 87누1043 판결 ………… 413
대법원 1988. 12. 27. 선고 87다카2024 판결 …… 353
대법원 1989. 01. 17. 선고 88다카143 판결 …… 353
대법원 1989. 02. 28. 선고 87다카2114 판결 …… 359
대법원 1989. 03. 14. 선고 87다카1574 판결 …… 251
대법원 1989. 04. 25. 선고 88다카4253, 4260 판결 105
대법원 1989. 10. 24. 선고 88다카26802 판결 …… 474
대법원 1989. 12. 12. 선고 87다카3125 판결 473, 474
대법원 1990. 02. 27. 선고 89다카1381 판결 …… 161
대법원 1990. 07. 13. 선고 90다카4324 판결 …… 312
대법원 1990. 10. 30. 선고 90다카23592 판결 …… 317
대법원 1990. 11. 23. 선고 90다카27198 판결 …… 151
대법원 1990. 12. 26. 선고 88다카20224 판결 …… 413
대법원 1990. 12. 26. 선고 90다10629 판결 …… 312
대법원 1991. 02. 26. 선고 90다6576 판결 ………… 452
대법원 1991. 03. 08. 선고 90다18432 판결 …… 317
대법원 1991. 03. 27. 선고 90다13536 판결 …… 100
대법원 1991. 04. 09. 선고 89다카1305 판결 …… 44
대법원 1991. 04. 09. 선고 91다3260 판결 …… 362
대법원 1991. 04. 23. 선고 90다19695 판결 …… 357
대법원 1991. 04. 26. 선고 90다20473 판결 …… 476
대법원 1991. 06. 25. 선고 90다14225 판결 …… 45
대법원 1991. 07. 26. 선고 90다15488 판결 …… 409
대법원 1991. 08. 13. 선고 91다13717 판결 …… 199
대법원 1991. 11. 08. 선고 91다21770 판결 …… 410
대법원 1991. 11. 26. 선고 91다23103 판결 …… 43
대법원 1991. 12. 10. 선고 91다29828 판결 …… 141
대법원 1992. 02. 11. 선고 91다41118 판결 ……… 67
대법원 1992. 02. 14. 선고 91다24564 판결 …… 251
대법원 1992. 04. 10. 선고 91다41620 판결 …… 474
대법원 1992. 04. 14. 선고 91다36130 판결 …… 356
대법원 1992. 04. 14. 선고 91다45202 판결 …… 360
대법원 1992. 05. 12. 선고 91다2151 판결 ………… 69
대법원 1992. 05. 26. 선고 91다28528 판결 …… 407
대법원 1992. 06. 09. 선고 92다9579 판결 …… 381
대법원 1992. 07. 14. 선고 92다5713 판결 ………… 69
대법원 1992. 09. 01. 선고 92다10043, 10050 판결 407

대법원 1992. 10. 09. 선고 92다22435 판결 …… 360
대법원 1992. 10. 27. 선고 90다13628 판결 …… 383
대법원 1992. 10. 27. 선고 91다483 판결 ………… 105
대법원 1992. 11. 10. 선고 92다4680 전원합의체 판결 10
대법원 1992. 11. 24. 선고 92다10890 판결 …… 141
대법원 1993. 01. 19. 선고 92다31323 판결 ……… 70
대법원 1993. 02. 12. 선고 92다23193 판결 ……… 89
대법원 1993. 03. 09. 선고 92다48413 판결 ……… 85
대법원 1993. 03. 26. 선고 92다52773 판결 …… 354
대법원 1993. 09. 28. 선고 92다55794 판결 ……… 89
대법원 1993. 11. 09. 선고 92다43128 판결 …… 386
대법원 1993. 12. 10. 선고 93다42979 판결 …… 452
대법원 1993. 12. 28. 선고 93다26687 판결 …… 361
대법원 1994. 02. 08. 선고 93다13605 판결 …… 318
대법원 1994. 02. 22. 선고 93다44104 판결 …… 382
대법원 1994. 03. 11. 선고 93다57704 판결 …… 104
대법원 1994. 04. 26. 선고 93다24223 전원합의체 판결 88
대법원 1994. 05. 27. 선고 93다21521 판결 ……… 90
대법원 1994. 06. 28. 선고 94다3087, 3094 판결 407
대법원 1994. 07. 29. 선고 93다59717 판결 …… 362
대법원 1994. 07. 29. 선고 93다59717, 59724 판결 ·348
대법원 1994. 10. 21. 선고 94다17109 판결 ……… 17
대법원 1994. 10. 25. 선고 93다54064 판결 …… 252
대법원 1994. 12. 27. 선고 94다19242 판결 ……… 87
대법원 1995. 02. 03. 선고 94다51178 판결 …… 363
대법원 1995. 02. 10. 선고 94다28468 판결 ……… 44
대법원 1995. 03. 24. 선고 94다47728 판결 ……… 42
대법원 1995. 04. 14. 선고 94다58148 판결 ……… 47
대법원 1995. 05. 12. 선고 93다59502 판결 · 17, 385
대법원 1995. 05. 12. 선고 94다20464 판결 …… 104
대법원 1995. 05. 23. 선고 94다39987 판결 ……… 44
대법원 1995. 05. 26. 선고 95다7550 판결 ………… 412
대법원 1995. 06. 29. 선고 94다41430 판결 …… 452
대법원 1995. 06. 30. 선고 94다14582 판결 …… 155
대법원 1995. 07. 11. 선고 94다34265 전원합의체 판결 360, 361
대법원 1995. 07. 11. 선고 94다34265 전합합의체 판결 348
대법원 1995. 10. 13. 선고 94다57800 판결 ………… 6
대법원 1995. 11. 10. 선고 95다37568 판결 …… 453
대법원 1995. 12. 26. 선고 95다42195 판결 …… 361
대법원 1996. 02. 09. 선고 95다27998 판결 ……… 17
대법원 1996. 02. 15. 선고 95다38677 전원합의체 판결 86, 87
대법원 1996. 03. 21. 선고 93다42634 전원합의체 판결 362
대법원 1996. 04. 12. 선고 95다28892 판결 ……… 42
대법원 1996. 05. 14. 선고 95다50875 판결 …… 151

대법원 1996. 06. 14. 선고 96다14517 판결 ········ 362
대법원 1996. 06. 28. 선고 96다9218 판결 ········ 412
대법원 1996. 07. 26. 선고 95다19072 판결 ········ 452
대법원 1996. 07. 30. 선고 96다6974, 6981 판결 407
대법원 1996. 10. 29. 선고 96다23207 판결 ········ 153
대법원 1996. 11. 12. 선고 96다33938 판결 ········ 387
대법원 1996. 11. 22. 선고 96다37176 판결 ········ 476
대법원 1996. 12. 20. 선고 95다28304 판결 ········ 354
대법원 1997. 02. 25. 선고 96다10263 판결 ········ 352
대법원 1997. 03. 14. 선고 95다15728 판결 ········ 349
대법원 1997. 06. 13. 선고 96다48282 판결 ········ 246
대법원 1997. 06. 27. 선고 96다51332 판결 ········ 475
대법원 1997. 08. 26. 선고 97다4401 판결 ········ 476
대법원 1997. 08. 29. 선고 96다14470 판결 ········ 476
대법원 1997. 09. 12. 선고 96다4862 판결 ········ 452
대법원 1997. 09. 30. 선고 97다26210 판결 ········ 451
대법원 1997. 10. 10. 선고 96다49049 판결 ········ 476
대법원 1997. 10. 10. 선고 97다8687 판결 ········ 151
대법원 1997. 12. 23. 선고 97다37753 판결 ········ 13
대법원 1998. 02. 13. 선고 97다6711 판결153, 204, 205
대법원 1998. 02. 27. 선고 97다50985 판결 ········ 204
대법원 1998. 03. 13. 선고 95다48599, 48605 판결 200
대법원 1998. 04. 10. 선고 97다56822 판결 ········ 44
대법원 1998. 04. 14. 선고 97다44089 판결 ········ 44
대법원 1998. 05. 12. 선고 97다57320 판결 ········ 155
대법원 1998. 05. 15. 선고 97다58316 판결 ·152, 207
대법원 1998. 06. 26. 선고 98다11826 판결 ·159, 161
대법원 1998. 08. 31. 선고 98마1535, 1536 결정 ·474
대법원 1998. 09. 22. 선고 98다23393 판결 ········ 47
대법원 1998. 11. 13. 선고 96다25692 판결 ········ 10
대법원 1998. 11. 27. 선고 97다41103 판결 ········ 87
대법원 1998. 12. 08. 선고 98다43137 판결 348, 382, 383
대법원 1999. 02. 05. 선고 97다33997 판결 ········ 84
대법원 1999. 03. 18. 선고 98다32175 전원합의체 판결 65
대법원 1999. 04. 09. 선고 99다2515 판결 ········ 199
대법원 1999. 04. 23. 선고 98다61395 판결 ········ 319
대법원 1999. 05. 11. 선고 99다1284 판결 ········ 252
대법원 1999. 06. 11. 선고 98다52995 판결 ········ 476
대법원 1999. 07. 09. 선고 98다9045 판결 ········ 357
대법원 1999. 08. 24. 선고 99다26481 판결 ········ 159
대법원 1999. 09. 07. 선고 98다19578 판결 ········ 140
대법원 1999. 09. 07. 선고 98다47283 판결 ········ 474
대법원 1999. 11. 12. 선고 99다29916 판결 ········ 151
대법원 1999. 11. 9. 선고 99다50101 판결 ········ 153

대법원 2000. 02. 11. 선고 99다59306 판결 ········ 353
대법원 2000. 02. 25. 선고 99다53704 판결 46, 146, 152
대법원 2000. 03. 10. 선고 99다61750 판결 ········ 141
대법원 2000. 03. 24. 선고 99다27149 판결 ········ 47
대법원 2000. 04. 07. 선고 99다68768 판결 ·351, 357
대법원 2000. 04. 11. 선고 99다23888 판결 ········ 10
대법원 2000. 04. 11. 선고 99다44205 판결 ········ 318
대법원 2000. 04. 25. 선고 2000다11102 판결 ·62, 67
대법원 2000. 05. 16. 선고 2000다11850 판결 ···· 452
대법원 2000. 05. 30. 선고 2000다2443 판결 ········ 318
대법원 2000. 06. 13. 선고 2000다15265 판결 ···· 199
대법원 2000. 06. 23. 선고 2000다16275, 16282 판결 ·20, 42
대법원 2000. 07. 28. 선고 99다6180 판결 ········ 198
대법원 2000. 08. 22. 선고 2000다25576 판결 ·349, 386
대법원 2000. 09. 05. 선고 2000다2344 판결 ······ 250
대법원 2000. 09. 29. 선고 2000다3262 판결 ······ 156
대법원 2001. 01. 05. 선고 98다39060 판결 ········ 85
대법원 2001. 02. 09. 선고 2000다61398 판결 ·359, 382
대법원 2001. 03. 09. 선고 2000다66119 판결 ······ 85
대법원 2001. 03. 27. 선고 2000다43819 판결 ······ 89
대법원 2001. 04. 24. 선고 2000다41875 판결 ···· 155
대법원 2001. 06. 01. 선고 99다63183 판결 ········ 158
대법원 2001. 06. 12. 선고 99다20612 판결 ········ 153
대법원 2001. 06. 12. 선고 99다51197 판결 ········ 154
대법원 2001. 06. 29. 선고 2000다68290 판결 ···· 359
대법원 2001. 07. 10. 선고 99다34390 판결 ········ 103
대법원 2001. 07. 27. 선고 2000다73377 판결 ···· 148
대법원 2001. 09. 04. 선고 2000다66416 판결 143, 154, 155, 200
대법원 2001. 09. 04. 선고 2001다14108 판결 ···· 156
대법원 2001. 09. 20. 선고 99다37894 전원합의체 판결46
대법원 2001. 09. 25. 선고 2001다48583 판결 ···· 496
대법원 2001. 11. 09. 선고 2001다47528 판결 ···· 412
대법원 2001. 11. 13. 선고 2001다55222 판결 ······ 89
대법원 2001. 11. 13. 선고 2001다55222, 55239 판결 90
대법원 2001. 11. 13. 선고 99다32899 판결 ·452, 453
대법원 2001. 11. 27. 선고 2000다33638 판결 ···· 385
대법원 2001. 11. 27. 선고 2000다33638, 33645 판결 21
대법원 2001. 12. 11. 선고 2000다13948 판결 ···· 385
대법원 2001. 12. 11. 선고 2001다64547 판결 ···· 154
대법원 2001. 12. 27. 선고 2000다73049 판결 ···· 199
대법원 2001. 12. 27. 선고 2001다33734 판결 ···· 153
대법원 2002. 01. 25. 선고 2000다12952 판결 ···· 407
대법원 2002. 01. 25. 선고 2001다52506 판결 ···· 105
대법원 2002. 02. 26. 선고 2000다25484 판결 ······ 66

대법원 2002. 03. 26. 선고 2001다72968 판결 ······ 42
대법원 2002. 03. 29. 선고 99다58556 판결 ········ 205
대법원 2002. 04. 23. 선고 2001다81856 판결 ·409, 410
대법원 2002. 04. 26. 선고 2001다59033 판결 ········ 9
대법원 2002. 05. 14. 선고 2000다62476 판결 ·65, 67
대법원 2002. 05. 14. 선고 2002다9738 판결 ·21, 385
대법원 2002. 05. 31. 선고 2002다1673 판결 141, 161
대법원 2002. 06. 14. 선고 2002다14853 판결 ···· 140
대법원 2002. 06. 28. 선고 2000다20090 판결 ···· 250
대법원 2002. 09. 10. 선고 2002다34581 판결 ········ 7
대법원 2002. 10. 22. 선고 2000다59678 판결 ···· 354
대법원 2002. 11. 08. 선고 2002다41589 판결 148, 150, 151, 154, 157
대법원 2002. 12. 10. 선고 2002다42001 판결 ···· 410
대법원 2003. 01. 24. 선고 2002다61521 판결 17, 386
대법원 2003. 02. 11. 선고 2002다37474 판결 ·24, 153, 205
대법원 2003. 02. 14. 선고 2002다64810 판결 ···· 453
대법원 2003. 04. 22. 선고 2003다7685 판결 ···· 361
대법원 2003. 05. 13. 선고 2003다16238 판결 ······ 67
대법원 2003. 06. 24. 선고 2001다4705 판결 ······ 100
대법원 2003. 07. 11. 선고 2003다19558 판결 ···· 198
대법원 2003. 07. 25. 선고 2002다27088 판결 ···· 248
대법원 2003. 11. 13. 선고 2002다57935 판결 ······ 17
대법원 2003. 11. 14. 선고 2003다21872 판결 140, 159
대법원 2003. 11. 28. 선고 2003다50061 판결 ···· 151
대법원 2003. 12. 12. 선고 2002다33601 판결 ···· 104
대법원 2003. 12. 12. 선고 2003다40286 판결 ···· 156
대법원 2004. 01. 16. 선고 2003다30890 판결 ······ 68
대법원 2004. 06. 24. 선고 2002다18237 판결 ···· 408
대법원 2004. 06. 25. 선고 2003도7124 판결 ······ 451
대법원 2004. 10. 28. 선고 2003다30463 판결 ···· 474
대법원 2004. 12. 23. 선고 2004다56554 판결 ···· 358
대법원 2005. 02. 18. 선고 2004다37430 판결 ···· 474
대법원 2005. 04. 15. 선고 2004다70024 판결 ···· 452
대법원 2005. 05. 27. 선고 2005다480 판결 ········ 250
대법원 2005. 06. 09. 선고 2004다17535 판결 ···· 157
대법원 2005. 07. 28. 선고 2005다3649 판결 ···· 246
대법원 2005. 09. 29. 선고 2003다40651 판결 ···· 386
대법원 2005. 10. 14. 선고 2003다60891 판결 24, 154
대법원 2005. 11. 10. 선고 2005다34667 판결 ······ 18
대법원 2005. 11. 25. 선고 2005다51457 판결 ···· 147
대법원 2006. 03. 09. 선고 2004다49693 판결 ···· 252
대법원 2006. 07. 04. 선고 2004다61280 판결 ·156, 204
대법원 2006. 08. 24. 선고 2004다26287 판결 ·66, 67
대법원 2006. 08. 24. 선고 2005다61140 판결 ···· 412

대법원 2006. 11. 09. 선고 2004다67691 판결 ···· 384
대법원 2006. 11. 10. 선고 2005다35516 판결 ······ 65
대법원 2006. 11. 24. 선고 2005다39594 판결 ······ 69
대법원 2007. 04. 19. 선고 2004다60072, 60089 전원합의체 판결 ·· 251
대법원 2007. 05. 10. 선고 2006다82700, 82717 판결 144
대법원 2007. 05. 10. 선고 2006다82700, 82717 판결 105
대법원 2007. 07. 12. 선고 2005다65197 판결 ···· 205
대법원 2007. 07. 26. 선고 2007다23081 판결 ···· 148
대법원 2007. 08. 23. 선고 2007다21856 판결 ···· 360
대법원 2007. 11. 29. 선고 2007다54849 판결 ···· 150
대법원 2008. 01. 18. 선고 2006다41471 판결 ·85, 86
대법원 2008. 04. 10. 선고 2007다38908 판결 ···· 356
대법원 2008. 04. 24. 선고 2007다84352 판결 ·146, 205
대법원 2008. 05. 15. 선고 2007다55811, 55828 판결 246
대법원 2008. 05. 29. 선고 2007다4356 판결 348, 362
대법원 2008. 06. 12. 선고 2008다8690 판결 ···· 138
대법원 2008. 06. 26. 선고 2004다32992 판결 ······ 45
대법원 2008. 07. 10. 선고 2005다24981 판결 ······ 88
대법원 2008. 10. 23. 선고 2007다72274 판결 ······ 69
대법원 2008. 11. 13. 선고 2006다1442 판결 143, 147
대법원 2009. 01. 15. 선고 2007다61618 판결 25, 42, 153
대법원 2009. 02. 12. 선고 2006다23312 판결 ···· 251
대법원 2009. 02. 12. 선고 2008두20109 판결 ······ 68
대법원 2009. 03. 26. 선고 2006다47677 판결 ···· 251
대법원 2009. 06. 11. 선고 2008다7109 판결 ···· 158
대법원 2009. 07. 09. 선고 2009다23313 판결 ······ 45
대법원 2009. 07. 16. 선고 2007다15172, 15189 전원합의체 판결 ·· 44
대법원 2009. 09. 10. 선고 2006다73102 판결 ······ 46
대법원 2009. 09. 10. 선고 2008다85161 판결 ···· 150
대법원 2009. 10. 15. 선고 2006다43903 판결 ······ 46
대법원 2009. 10. 15. 선고 2009다48633 판결 102, 104
대법원 2010. 02. 25. 선고 2009다87621 판결 ·86, 88
대법원 2010. 03. 25. 선고 2009두19274 판결 ···· 313
대법원 2010. 05. 13. 선고 2010다6345 판결 ········ 68
대법원 2010. 06. 10. 선고 2009다64307 판결 351, 357
대법원 2010. 09. 09. 선고 2010다28031 판결 ········ 6
대법원 2010. 09. 09. 선고 2010다37905 판결 ···· 385
대법원 2010. 09. 16. 선고 2008다97218 전원합의체 판결 90
대법원 2010. 09. 30. 선고 2007다2718 판결 ···· 150
대법원 2010. 12. 9. 선고 2009다59237 판결 ········ 42
대법원 2011. 05. 13. 선고 2009다94384, 94391, 94407 판결 ·· 386

대법원 2011. 06. 10. 선고 2011다8980 판결 …… 152
대법원 2011. 06. 30. 선고 2011다8614 판결 …… 88
대법원 2011. 07. 28. 선고 2010다76368 판결 …… 85
대법원 2012. 01. 12. 선고 2011다82384 판결 … 199
대법원 2012. 02. 09. 선고 2009다72094 판결 ·86, 88
대법원 2012. 02. 09. 선고 2011다77146 판결 … 146
대법원 2012. 05. 17. 선고 2010다28604 전원합의체 판결 …………………………………… 385
대법원 2012. 05. 17. 선고 2011다87235 전원합의체 판결 …………………………………… 105
대법원 2012. 05. 24. 선고 2012다11198 판결 … 384
대법원 2012. 08. 23. 선고 2012다45184 판결 … 148
대법원 2012. 09. 27. 선고 2012다49490 판결 … 358
대법원 2012. 10. 18. 선고 2010다52140 전원합의체 판결 …………………………………… 70
대법원 2012. 10. 25. 선고 2011다107375 판결 ·· 149
대법원 2012. 10. 25. 선고 2012다45566 판결 …… 45
대법원 2013. 01. 17. 선고 2011다49623 전원합의체 판결 …………………………………… 206
대법원 2013. 02. 28. 선고 2011다49608 판결 … 359
대법원 2013. 04. 11. 선고 2009다62059 판결 …… 71
대법원 2013. 05. 09. 선고 2012다108863 판결 ·· 102
대법원 2013. 09. 12. 선고 2011다89903 판결 … 149
대법원 2013. 11. 28. 선고 2013다48364,48371 판결 ·13
대법원 2014. 06. 12. 선고 2011다76105 판결 …… 66
대법원 2015. 05. 21. 선고 2012다952 전원합의체 판결 153
대법원 2015. 11. 17. 선고 2012다2743 판결 …… 157

신관악 민사법학회

[글샘 주요발행도서]
- 환경법전 (글샘, 2017)
- 대법원전원합의체판결집(글샘, 2018)
- 민사집행법 정리(글샘, 2018)
- 민사재판실무 종합문제(개정판)(글샘, 2018)
- 민사실무Ⅱ 각주판례집(글샘, 2018)
- 형사특별법(글샘, 2018)
- 민사재판실무 GUIDE(글샘, 2018)
- 형사재판실무 GUIDE(글샘, 2018)
- 형사재판실무·민사재판실무 메모법(글샘, 2018)
- 주제별 형사판례정리 Ⅰ,Ⅱ(전2권)(글샘, 2019)
- 주제별 민사판례정리 Ⅰ,Ⅱ,Ⅲ(전3권)(글샘, 2019)
- 요건사실론(제2판)(글샘, 2019)
- 주제별 형사판례정리Ⅲ(추록)(글샘, 2018)
- 주제별 민사판례정리Ⅳ(추록)(글샘, 2018)

유형별 민사기록형 연습문제

발행일 : 2019년 04월 23일
발행인 : 이기철
발행처 : 도서출판 글샘
주　소 : 서울시 관악구 호암로 582 B01호(신림동, 해동빌딩)
연락처 : 전화 : 02-6338-9423, 010-3771-9423. 팩　스 : 02-6280-9423
공　급 : 010-9909-6376
출판등록 : 2017.08.30. 제2017-000052호
E-mail : gulsam2017@naver.com

저자와 협의하여 인지를 생략함

파본은 바꿔드립니다. 본서의 무단전제·복제 행위를 금합니다.
정가 : 32,000 원　　　ISBN :(979-11-88946-22-8)

「이 도서의 국립중앙도서관 출판시도서목록(CIP)은 서지정보유통지원시스템 홈페이지(http://seoji.nl.go.kr)와 국가자료공동목록시스템(http://www.nl.go.kr/kolisnet)에서 이용하실 수 있습니다.(CIP제어번호: CIP2019013303)